PREFACE

C e livre, cher lecteur, est publié afin de répondre aux questions que tous, à un moment ou à un autre, nous nous posons face à cette controverse entre les ténèbres et la lumière, le péché et la justice, le mal et le bien, la mort et la vie. Nous avons conscience de ces dualités et comprenons notre implication dans ce conflit.

Différentes questions se posent : Comment cette controverse a-t-elle commencé ? A-t-elle toujours eu lieu ? Quel est mon rôle et de quoi suis-je responsable ? Je me trouve dans ce monde, sans l'avoir choisi. Est-ce un bon ou un mauvais signe pour moi ? Quels grands principes sont impliqués ? Combien de temps la controverse continuera-t-elle ? Quelle en sera la fin ?

La question devient encore plus personnelle : comment la controverse dans mon propre cœur [la lutte entre l'égoïsme et l'amour] peut-elle se transformer en victoire pour le bien à toujours ? Qu'en dit la Bible ? Que nous enseigne Dieu à propos de cette question d'importance éternelle ?

Le but de ce livre, cher lecteur, est d'aider l'âme troublée à trouver la bonne solution à tous ces problèmes. Il est écrit par une personne ayant senti et compris que l'Eternel est bon, et appris, par une communion étroite avec Dieu et l'étude de Sa Parole, que le Seigneur est avec ceux qui Le craignent.

L'auteur nous présente clairement les grandes lignes de ces vingt-et-un derniers siècles, afin de nous permettre de mieux comprendre les principes de cette grande controverse, dans laquelle la vie de l'univers est impliquée.

Le livre s'ouvre sur les dernières scènes de l'histoire de Jérusalem, la cité des élus de Dieu, après le rejet de l'Homme du Calvaire venu pour sauver l'humanité. A partir de là, en suivant les grands moments des nations, il nous révèle les persécutions des enfants de Dieu au cours des premiers siècles, la grande apostasie qui suivit dans son église, le réveil mondial de la réformation au cours duquel certains grands principes de la controverse sont clairement manifestés, la terrible leçon de l'histoire de France, le renouveau et l'exaltation des Ecritures et leur influence salutaire, le réveil religieux des derniers jours, l'ouverture de la radieuse fontaine de la Parole de Dieu, avec ses merveilleuses révélations de lumière et de connaissance pour faire face à la sinistre progression de tous les artifices des ténèbres.

Le conflit imminent, dans lequel aucun d'entre nous ne pourra rester neutre, nous est présenté avec simplicité, puissance et lucidité. Après quoi, la victoire éternelle et glorieuse du bien sur le mal, de la lumière sur les ténèbres, de la joie sur la tristesse, de l'espérance sur le désespoir, de la gloire sur la honte, de la vie sur la mort, et de l'amour éternel sur la haine nous est exposée, redonnant force, courage et espoir à l'âme découragée.

L'ardent désir de l'auteur était de voir ce livre diffusé à profusion, comme exprimé dans les lignes suivantes : "La Grande Controverse devrait être largement diffusée. Elle renferme l'histoire du passé, du présent et de l'avenir. Dans son esquisse des scènes finales de l'histoire de ce monde, elle rend un puissant témoignage en faveur de la vérité. Je désire ardemment voir ce livre plus largement diffusé qu'aucun de mes autres ouvrages, car dans La Grande Controverse, le dernier message d'avertissement au monde est donné plus distinctement que dans d'autres publications" (Lettre 281, 1905).

Grâce à de nombreuses éditions et traductions, ce souhait s'est réalisé, et cet ouvrage sans précédent ne cesse de se répandre dans le monde entier. Le lecteur constatera que l'auteur écrit d'une manière vigoureuse et franche, exposant l'erreur et suggérant des solutions basées sur l'infaillible Parole de Dieu.

Les précédentes éditions de ce livre ont amené de nombreuses âmes au Véritable Berger ; notre prière est que cette édition porte elle aussi autant de fruits à la gloire de Dieu.

Les Editeurs.

TABLE DES MATIÈRES

faite à la Bible. — Rites blasphématoires. — La déesse Raison. — Le romanisme et la révolution. — Le règne de la terreur. — Prophétie accomplie. — Les Ecritures exaltées. — Sociétés missionnaires et sociétés bibliques. — La Bible partout.

CHAPITRE XLII
FIN DE LA CONTROVERSE

Retour du Christ sur la terre. — La résurrection des méchants. — Le Mont des Oliviers. — Descente de la Nouvelle Jérusalem. — Le dernier assaut de Satan. — Christ sur le trône de Sa gloire. — Le couronnement final. — Le jugement des méchants. — Les livres de mémoire. — Une vue panoramique. — Les scènes de la rédemption. — La croix du Calvaire. — Résultats de la rébellion. — Manifestation de la justice divine. — Le feu de la destruction. — Suppression du mal. — La demeure des rachetés. — La Cité de Dieu. — Le cantique universel.

INTRODUCTION

Avant l'entrée du péché dans le monde, Adam pouvait s'entretenir librement avec son Créateur ; mais depuis que l'homme s'est séparé de Dieu par le péché, ce grand privilège a été refusé à la race humaine. Le plan de la rédemption, néanmoins, a offert aux habitants de la terre un moyen de se mettre en rapport avec le ciel. Dieu communique avec les hommes par Son Esprit, et, par des révélations faites à Ses serviteurs fidèles, une lumière divine a été répandue dans le monde. "C'est poussés par l'Esprit Saint que des hommes saints ont parlé de la part de Dieu" 2 Pier. 1 : 21.

Durant les vingt-cinq premiers siècles de l'histoire humaine, il n'y eut pas de révélation écrite. Ceux qui avaient été enseignés de Dieu firent part de leurs connaissances à d'autres ; ces connaissances passèrent ainsi de père en fils, à travers plusieurs générations successives. La rédaction de la Parole écrite commença au temps de Moïse. Les connaissances inspirées prirent dès lors la forme d'un livre inspiré. A partir de Moïse, l'historien de la création et de la promulgation de la loi, ce travail se poursuivit à travers la longue période de mille six cents ans, jusqu'à Jean, le narrateur des plus sublimes vérités de l'Evangile.

La Bible nous dit qu'elle vient de Dieu ; pourtant elle a été écrite par la main de l'homme, et la diversité de styles de ses différents livres atteste l'individualité de ses différents écrivains. Les vérités révélées sont toutes "inspirées de Dieu" 2 Tim. 3 : 16 ; pourtant elles sont exprimées dans le langage des hommes. C'est que l'Etre suprême et infini a illuminé par Son Esprit l'intelligence et le cœur de Ses serviteurs ; Il leur a donné des songes et des visions ; Il leur a montré des symboles et des figures ; et à leur tour, ces derniers ont revêtu la parole humaine des pensées de Dieu.

Les dix commandements furent prononcés par Dieu Lui-même, et écrits de Sa propre main. Leur composition est divine et non humaine. Mais la Bible, ce recueil de vérités divines transportées dans un langage humain, est un mélange de divinité et d'humanité. Ce même mélange, cette même union des deux éléments exista dans la nature du Christ, qui fut en même temps le Fils de Dieu et le Fils de l'homme. On peut donc dire de la Bible ce qui fut dit du Christ, que "la Parole a été faite chair, et elle a habité parmi nous" Jean 1 : 14.

Ecrits à des époques différentes et par des hommes de conditions sociales, d'occupations et de facultés tant intellectuelles que spirituelles très diverses, les livres de la Bible nous offrent à la fois d'intéressants contrastes de styles et une grande diversité de sujets. Ses différents écrivains se servent d'expressions variées ; souvent, une même vérité est présentée par l'un d'une manière plus frappante que par un autre. Or, comme plusieurs de ses auteurs nous présentent un même sujet sous des aspects et à des points de vue divers, il peut arriver parfois au lecteur superficiel, inattentif ou conditionné, de se croire en présence de divergences ou de contradictions là où le lecteur réfléchi et respectueux, pénétrant plus avant et discernant un sens plus profond, ne découvre qu'une lumineuse harmonie.

Présentée par différents personnages, la vérité nous apparaît sous ses différents aspects. Un auteur est plus vivement impressionné par l'aspect de son sujet qui s'accorde le mieux avec ses expériences ou avec ses facultés de perception et d'appréciation, et il le perçoit avec force ; un autre sera plutôt frappé par quelque autre face du même sujet. Ainsi, guidé par l'Esprit Saint, chacun d'eux nous fait part de ce qui s'est présenté à son esprit avec le plus de vigueur. Nous trouvons chez chacun une approche différente de la vérité, mais également, une harmonie parfaite entre tous. Aussi les vérités ainsi révélées forment, en s'unissant les unes aux autres, un tout magnifiquement adapté aux hommes dans toutes les circonstances et tous les besoins de la vie.

Il a ainsi plu à Dieu de communiquer Sa vérité au monde par des instruments humains ; et c'est Lui-même qui, par Son Esprit, prépara des hommes pour cette œuvre et les rendit capables de l'accomplir. Il guida leur esprit dans le choix de ce qu'ils devaient dire et écrire. Confiés à des vases de terre, ces trésors n'en sont pas moins célestes. Communiqué par le moyen imparfait du langage humain, ce témoignage n'en est pas moins le témoignage de Dieu. Aussi l'enfant de Dieu obéissant et croyant, y contemple la gloire d'une puissance divine, pleine de grâce et de vérité.

Dans Sa Parole, Dieu a donné aux hommes les connaissances nécessaires au salut. Les Saintes Ecritures doivent être reçues comme ayant une autorité absolue, comme une révélation infaillible de Sa volonté. Elles constituent la règle du caractère, le révélateur des dogmes et la pierre de touche de l'expérience religieuse. "Toute Ecriture est inspirée de Dieu, et utile pour enseigner, pour convaincre, pour corriger, pour instruire dans la justice, afin que l'homme de Dieu soit accompli et propre à toute bonne œuvre" 2 Tim. 3 : 16, 17.

Le fait que Dieu a révélé Sa volonté aux hommes par Sa Parole n'a cependant pas rendu inutile pour eux la présence continuelle et les directions de l'Esprit Saint. Le Sauveur promit au contraire que l'Esprit faciliterait à Ses serviteurs la compréhension de Sa Parole, qu'Il illuminerait Ses enseignements et leur en donnerait le sens. Or, comme l'Esprit de Dieu inspira la Bible, il est impossible à l'enseignement de l'Esprit d'être opposé à celui de la Parole.

L'Esprit n'a pas été donné — ni ne peut jamais être donné — pour remplacer la Bible. Car les Ecritures déclarent explicitement que la Parole de Dieu est la règle par laquelle tous les enseignements et toutes les manifestations religieuses doivent être éprouvés. L'apôtre Jean nous dit : "N'ajoutez pas foi à tout esprit ;

mais éprouvez les esprits, pour savoir s'ils sont de Dieu, car plusieurs faux prophètes sont venus dans le monde" 1 Jean 4 : 1. Esaïe dit également : "A la loi et au témoignage ! S'ils ne parlent pas en accord avec cette parole, c'est qu'il n'y a pas de lumière en eux !" Esa. 8 : 20.

Cette œuvre de l'Esprit Saint a souvent été discréditée par des personnes qui, se disant instruites par lui, prétendent n'avoir plus besoin d'être guidées par la Parole de Dieu. Elles sont sous l'empire d'impressions qu'elles considèrent comme étant la voix de Dieu dans l'âme. Mais l'Esprit qui les conduit n'est pas l'Esprit de Dieu. Le principe qui pousse à se laisser guider par des impressions et à négliger les Ecritures, ne peut mener qu'à la confusion, à la séduction et à la ruine. Il fait prospérer l'œuvre du malin. Or, précisément en vue de l'importance vitale du ministère de l'Esprit Saint au sein de l'église du Christ, Satan s'efforce, par les erreurs d'extrémistes et de fanatiques, à rabaisser l'œuvre de l'Esprit Saint aux yeux des hommes, et à porter le peuple de Dieu à négliger cette source de force que son Seigneur a Lui-même mise à sa portée.

D'après la Parole de Dieu même, l'Esprit Saint devait continuer son œuvre à travers toute la période de la dispensation chrétienne. A côté des révélations qui devaient être incorporées dans le canon sacré, l'Esprit Saint ne cessa pas, à travers toute l'époque de la formation du canon des Ecritures de l'Ancien et du Nouveau Testament, de communiquer des lumières à des personnages isolés. La Bible elle-même nous montre des hommes recevant, par l'Esprit Saint, des avertissements, des censures, des conseils et des instructions qui ne se rapportaient nullement à la composition des Ecritures. Elle mentionne également des prophètes ayant existé à différentes époques, et dont aucune prophétie ne nous a été rapportée. C'est de la même manière qu'après l'achèvement du canon des Ecritures, l'Esprit Saint devait continuer son œuvre, éclairant, avertissant et consolant les enfants de Dieu.

Voici, en effet, la promesse que Jésus fit à ses disciples : "Mais le Consolateur, l'Esprit Saint, que le Père enverra en Mon nom, vous enseignera toutes choses et vous rappellera tout ce que Je vous ai dit." "Quand le Consolateur sera venu, l'Esprit de vérité, il vous conduira dans toute la vérité ; … et il vous annoncera les choses à venir" Jean 14 : 26 ; 16 : 13. L'Ecriture nous enseigne formellement que ces promesses, loin d'être limitées aux jours apostoliques, s'adressent à l'église du Christ de tous les âges. Le Sauveur donne cette assurance aux fidèles : "Et voici, Je suis avec vous tous les jours, jusqu'à la fin du monde" Mat. 28 : 20. Paul déclare également que les manifestations et les dons de l'Esprit ont été placés dans l'église "pour le perfectionnement des saints en vue de l'œuvre du ministère et de l'édification du corps du Christ, jusqu'à ce que nous soyons tous parvenus à l'unité de la foi et de la connaissance du Fils de Dieu, à l'état d'homme parfait, à la mesure de la stature parfaite du Christ" Eph. 4 : 12, 13.

Le même apôtre écrivant aux mêmes frères d'Ephèse leur donne en ces termes le but de ses prières en leur faveur : "que le Dieu de notre Seigneur Jésus-Christ, le Père de gloire vous donne un esprit de sagesse et de révélation par Sa connaissance, qu'Il illumine les yeux de votre cœur, pour que vous sachiez quelle est l'espérance à laquelle vous êtes appelés, ...et quelle est l'infinie grandeur de Sa puissance envers nous qui croyons" Eph. 1 : 17-19. Le ministère de l'Esprit Saint éclairant leur esprit et dévoilant à leur intelligence les choses profondes de Dieu, voilà le bienfait que l'apôtre Paul demandait à Dieu pour les Ephésiens.

Après la merveilleuse effusion de l'Esprit Saint au jour de la Pentecôte, Pierre, exhortant le peuple à la repentance et au baptême au nom du Christ pour la rémission des péchés, leur dit : "... Vous recevrez le don du Saint-Esprit. Car la promesse est pour vous, pour vos enfants, et pour tous ceux qui sont au loin, en aussi grand nombre que le Seigneur notre Dieu les appellera" Act. 2 : 38, 39.

Le Seigneur a annoncé par le prophète Joël qu'une manifestation spéciale de Son Esprit aurait lieu dans le temps qui précéderait immédiatement les scènes du grand jour de Dieu, Joël 2 : 28. Cette prophétie reçut un accomplissement partiel lors de l'effusion de l'Esprit Saint au jour de la Pentecôte ; mais elle aura un accomplissement plus complet dans la manifestation de la grâce divine qui marquera l'œuvre finale de l'Evangile.

Dans tous les siècles, l'église du Christ a été exposée aux fureurs de Satan. On peut suivre à travers toute l'histoire du passé la même haine pour les principes de la loi de Dieu, la même perfidie systématique qui donne à l'erreur la couleur de la vérité, qui substitue les lois humaines aux lois de Dieu, et qui pousse les hommes à adorer la créature plutôt que le Créateur. Les efforts de Satan pour noircir le caractère de Dieu, pour donner aux hommes une fausse conception de leur Créateur, pour les porter à en avoir peur et à le haïr plutôt qu'à l'aimer, ses tentatives pour mettre de côté la loi de Dieu, poussant ainsi les hommes à se considérer dégagés de ses obligations, et ses persécutions dirigées contre ceux qui osaient résister à ses séductions, ne se sont jamais relâchés. On retrouve tout cela dans l'histoire des patriarches, des prophètes et des apôtres, dans celle des martyrs et des réformateurs. Aussi Dieu a-t-il toujours donné à Son peuple Son Esprit et Sa grâce, afin de le mettre à même de résister à la puissance du malin. Quand les apôtres du Seigneur reçurent pour mission de porter cet Evangile dans le monde entier, et de le consigner pour tous les siècles à venir, ils furent tout particulièrement éclairés par l'Esprit de Dieu.

Mais la grande controverse entre le bien et le mal croîtra en intensité jusqu'au dernier moment. Il nous est dit que quand l'église approchera de sa délivrance finale, Satan travaillera avec une plus grande puissance. Il descendra "animé d'une grande colère, sachant qu'il a peu de temps" Apoc. 12 : 12. Il agira "avec toutes sortes de miracles, de signes et de prodiges mensongers" 2 Thés. 2 : 9. Depuis six mille ans, cet esprit supérieur qui fut un jour le plus élevé des anges, s'est consacré entièrement à une œuvre de séduction et de ruine. Toutes les ressources d'habileté et d'astuce sataniques qu'il a accumulées, toute la cruauté qui s'est développée en lui durant ces luttes séculaires, seront multipliées et exercées contre le peuple de Dieu dans le conflit final. C'est dans ce temps de péril que les disciples du Christ devront porter au monde l'avertissement relatif à la seconde venue du Christ et que l'église du Seigneur devra se préparer à paraître devant lui "sans tache et irrépréhensible" 2 Pierre 3 : 14. A ce moment-là, l'effusion de la grâce de la puissance divine ne sera pas moins nécessaire à l'église qu'aux jours apostoliques.

Grâce à l'illumination de l'Esprit Saint, les scènes du conflit séculaire entre le bien et le mal m'ont été présentées. A diverses reprises, il m'a été donné de contempler les péripéties de la grande controverse entre Jésus-Christ, le Prince de la vie, l'Auteur de notre salut, et Satan, le prince du mal, l'auteur du péché, le premier transgresseur de la sainte loi de Dieu. L'inimitié qu'il nourrit contre le Fils de Dieu, a été manifestée contre Ses disciples. A travers toute l'histoire du passé, nous trouvons chez lui la même haine des principes de la loi de Dieu, la même politique mensongère par laquelle l'erreur se présente sous les couleurs de la vérité, les lois humaines sous le manteau de la loi de Dieu, et le culte de la créature sous celui du Créateur. Satan s'efforce de dénaturer le caractère de Dieu, d'entraîner les hommes à aimer une fausse conception du Créateur, et ainsi de Le considérer avec terreur et avec haine plutôt qu'avec amour, ses efforts pour mettre de côté la loi divine conduisant le peuple à penser par lui-même, dégagé de ces exigences ; sa persécution à ceux qui osent résister à ses tromperies a été résolument poursuivies dans tous les âges. Ses agissements sont visibles dans l'histoire des patriarches, des prophètes, des apôtres, des martyrs et des réformateurs.

Au cours de ce grand conflit final, Satan emploiera les mêmes stratagèmes, manifestera le même esprit, et travaillera au même but que dans les siècles précédents. Ce qui a été sera, à ceci près que la lutte qui approche revêtira un caractère d'intensité sans précédent dans les annales de l'humanité. Les séductions de Satan seront plus subtiles, ses assauts plus déterminés. Il égarerait même les élus s'il était possible, Marc 13 : 22.

Comme l'Esprit de Dieu avait éclairé mon esprit sur les grandes vérités de Sa parole, et sur les scènes du passé et du futur, j'ai été conviée à faire connaître aux autres ce qui a ainsi été révélé, à retracer l'histoire de la controverse dans les siècles passés, et cela tout particulièrement en vue de mettre en lumière la grande lutte de l'avenir qui s'approche rapidement. Pour m'acquitter de cette mission, je me suis efforcée de choisir les évènements de l'histoire de l'église et de les grouper de manière à faire ressortir la réapparition des grandes vérités qui ont été données au monde à différentes époques, qui ont excité la rage de Satan et l'inimitié d'une église mondanisée, et qui ont été maintenues par le témoignage de ceux qui "n'ont pas aimé leur vie jusqu'à craindre la mort" Apoc. 12 : 11.

Ces annales du passé peuvent nous servir d'avertissement concernant le conflit qui est devant nous. En les regardant à la lumière de la Parole de Dieu, avec le secours de Son Esprit Saint, il nous sera possible de démasquer les stratagèmes du malin et de voir les dangers que devront fuir ceux qui voudront être trouvés "sans tache" devant le Seigneur à Son retour. Les grands évènements qui ont marqué les progrès de la réforme dans les siècles passés appartiennent à l'histoire ; ils sont universellement connus et parfaitement constatés dans le monde protestant ; ce sont des faits que personne ne peut contester.

C'est cette histoire que j'ai brièvement retracée, le cadre de cet ouvrage m'obligeant à condenser les faits dans un espace restreint, compatible avec une claire compréhension des enseignements qui en ressortent. Ici et là, lorsque j'ai trouvé un historien qui avait rassemblé les faits et en avait donné, en peu de lignes, une vue d'ensemble, ou qui avait groupé les détails sous une forme concise, j'ai reproduit ses paroles. A part quelques cas, les auteurs en question n'ont pas été nommés, vu qu'ils n'étaient pas cités comme autorités, mais parce que leurs paroles contenaient une description déjà faite et parfois saisissante. Dans le récit de l'œuvre et des manières de voir de ceux qui poursuivent l'œuvre de la Réforme au temps actuel, il a été fait, de temps à autre, un usage analogue de leurs écrits.

Le but de cet ouvrage n'est pas tant d'apporter de nouvelles vérités relatives aux luttes du passé que de faire ressortir des faits et des principes qui ont une portée sur les évènements futurs. En effet, envisagés comme faisant partie de la grande controverse entre les puissances de la lumière et celles des ténèbres, tous ces faits du passé revêtent une signification nouvelle ; il s'en dégage des faisceaux de lumière qui projettent d'abondants rayons sur l'avenir et qui viennent illuminer le sentier de ceux qui, comme les réformateurs des siècles passés, seront appelés, au péril de tout ce qui leur est cher ici-bas, à rendre témoignage à la vérité.

Dérouler les scènes de la grande controverse entre la vérité et l'erreur, dévoiler les pièges de Satan et indiquer les moyens de lui résister avec succès, présenter une solution au grand problème du mal par la lumière projetée sur l'origine et la fin du péché rendent pleinement manifestes la justice et l'amour de Dieu dans Ses voies envers Ses créatures, montrer enfin le caractère saint et immuable de Sa loi : tel est l'objet de cet ouvrage. Que par son influence des âmes soient délivrées de la puissance des ténèbres, et qu'elles aient "part à l'héritage des saints dans la lumière", à la louange de Celui qui nous a aimés et qui S'est donné pour nous, telle est l'ardente prière de l'auteur !

Ellen G. White.

CHAPITRE I

LA DESTRUCTION DE JÉRUSALEM

« Si toi aussi, au moins en ce jour qui t'est donné, tu connaissais les choses qui appartiennent à ta paix ! Mais maintenant elles sont cachées à tes yeux. Il viendra sur toi des jours où tes ennemis t'environneront de tranchées, t'enfermeront, et te serreront de toutes parts ; ils te détruiront, toi et tes enfants au milieu de toi, et ils ne laisseront pas en toi pierre sur pierre, parce que tu n'as pas connu le temps où tu as été visitée [1]. »

Du sommet du Mont des Oliviers, Jésus contemplait Jérusalem. Il avait devant Lui un riant et paisible tableau. C'était la fête de Pâque, et les enfants de Jacob étaient accourus de tous pays pour célébrer la grande fête nationale. Au milieu des jardins, des vignes et de pentes verdoyantes parsemées de tentes de pèlerins, s'élevaient les collines portant des terrasses, les splendides palais et les remparts massifs de la capitale d'Israël. La fille de Sion semblait dire dans sa fierté : "Je suis assise comme reine … je ne verrai point de deuil."

Aussi belle qu'auparavant, elle se considérait aussi sûre de la faveur de Dieu qu'au temps où, bien des siècles en arrière, le chantre royal s'écriait : "Belle est la colline, joie de toute la terre, la montagne de Sion ; …c'est la ville du Grand Roi [2]." On se trouvait en face des magnifiques constructions du temple. Les rayons du soleil couchant éclairaient la blancheur de neige de ses murailles de marbre et faisaient miroiter les lames d'or de la porte, de la tour et du toit. Parfait en beauté, il était l'orgueil de la nation juive.

Quel enfant d'Israël n'aurait-il pas considéré ce spectacle sans un tressaillement de joie et d'admiration ? Mais des pensées tout autres occupaient l'esprit de Jésus. "Comme Il s'approchait de la ville, Jésus, en la voyant, pleura sur elle [3]." Au milieu de l'allégresse universelle de Son entrée triomphale, pendant qu'on agitait des branches de palmier, tandis que de joyeux hosannas réveillaient les échos des collines et que des milliers de voix le proclamaient roi, le Rédempteur du monde était envahi par une douleur soudaine et mystérieuse. Lui, le Fils de Dieu, le Messie promis d'Israël dont le pouvoir avait vaincu la mort et ravi au sépulcre ses victimes, était en pleurs. Ces larmes ne provenaient pas d'un chagrin ordinaire, mais d'une souffrance morale intense, impossible à refouler.

Ce n'était pas pour Lui qu'il répandait des larmes, quoiqu'Il sût bien ce qui L'attendait. Il avait devant les yeux le jardin de Gethsémané, lieu qui devait être témoin de Sa terrible angoisse. Non loin de là était le Calvaire, l'endroit de la crucifixion. Sur le sentier qu'Il allait fouler, d'horribles ténèbres devaient Le surprendre lorsqu'Il offrirait Son âme en sacrifice pour le péché. Pourtant, ce n'était pas la contemplation de ces scènes qui jetait une ombre sur Lui dans cette heure de joie. Aucune prévision de Son angoisse surhumaine ne venait assombrir cet esprit généreux, sans égoïsme. Il pleurait sur le sort qui attendait les milliers d'habitants de Jérusalem, à cause de l'aveuglement et de l'impénitence de ceux qu'Il venait secourir et sauver.

L'histoire de plus d'un millier d'années de privilèges et de faveurs accordés au peuple choisi se présentait aux regards de Jésus. Le Seigneur avait fait de Sion Sa sainte demeure. C'est là que les prophètes avaient descellé leurs rouleaux et proclamé leurs avertissements. C'est là que les sacrificateurs avaient fait monter l'encens et offert journellement le sang des agneaux égorgés, préfigurant l'Agneau de Dieu. C'est là que Jéhovah s'était révélé, dans une gloire visible, dans la Shekinah, au-dessus du propitiatoire. Si Israël, comme nation, était resté dans l'obéissance, Jérusalem aurait subsisté à toujours, comme la métropole élue de Dieu [4]. Mais l'histoire de ce peuple favorisé était un récit d'infidélités et de révoltes. Il avait résisté à la grâce de Dieu, abusé de ses privilèges, négligé les occasions de grâce.

Dans cet oubli et cette apostasie, Dieu avait traité Israël comme un père aimant traite son fils rebelle, le reprenant, l'avertissant, le corrigeant, continuant à dire, dans la tendre compassion d'un cœur de père : "Comment t'abandonnerais-Je ?" Lorsque les exhortations, les répréhensions et les remontrances n'eurent servi à rien, Dieu envoya à Son peuple le plus grand don du ciel ; que dis-je, Il lui avait donné tout le ciel dans ce seul Don.

Le Fils de Dieu Lui-même fut envoyé pour plaider avec la cité impénitente. C'était Christ qui avait transporté Israël hors d'Egypte, comme une belle vigne [5]. Il l'avait plantée "sur un coteau fertile." Ses soins vigilants l'avaient entourée d'une haie. Il avait envoyé Ses serviteurs pour la soigner. "Qu'y avait-il encore à faire à Ma vigne, que Je n'aie pas fait pour elle ?" s'écrie-t-Il. Et quoiqu'Il n'y eût trouvé que "des grappes sauvages", alors qu'Il s'était attendu à ce "qu'elle produisît des raisins [6]", plein de sollicitude et d'espoir, Il était venu Lui-même dans Sa vigne pour y chercher des fruits. Peut-être, serait-elle par là sauvée de la destruction ?

Pendant trois ans, le Seigneur de gloire était allé çà et là parmi Son peuple, "allant de lieu en lieu faisant du bien, et guérissant tous ceux qui étaient sous l'empire du diable [7]", relevant les cœurs abattus, rendant la vue aux aveugles, nettoyant les lépreux, ressuscitant les morts et prêchant l'Evangile aux pauvres [8]. A toutes les classes s'adressait ce généreux appel : "Venez à Moi, vous tous qui êtes fatigués et chargés, et Je vous donnerai du repos [9]."

Quoiqu'on Lui rendît le mal pour le bien, et la haine pour Son amour [10], Il avait fermement poursuivi Sa mission de miséricorde. Jamais Il n'avait repoussé ceux qui cherchaient Sa grâce. Sans asile, exposé journellement aux accusations et à la faim, Il avait vécu pour secourir les nécessiteux et alléger les fardeaux des hommes, pour les exhorter à recevoir le don de la vie. Les flots de la miséricorde, repoussés par ces cœurs endurcis, revenaient plus pressés, plus nombreux, inexprimables d'amour et de pitié. Mais Israël s'était détourné de Son meilleur ami, de Son seul soutien. Les supplications de Son amour avaient été méprisées, Ses conseils rejetés et Ses avertissements ridiculisés.

L'heure de grâce et de sursis s'écoulait rapidement ; la coupe de colère que Dieu différait depuis si longtemps de verser, était presque pleine. Le sombre nuage de malheur qui s'accumulait depuis des âges d'apostasie et de rébellion était sur le point de fondre sur un peuple coupable, et Celui qui seul pouvait les sauver de ce sort imminent avait été reçu sans égard, maltraité, rejeté, et devait être bientôt crucifié. Lorsque Christ serait pendu à la croix du Calvaire, les jours d'Israël, comme peuple favorisé et béni de Dieu, toucheraient à leur fin. Un monde gagné n'est rien en comparaison de la perte d'une seule âme. Mais en regardant Jérusalem, Jésus entrevoyait le malheur de toute une ville, d'une nation tout entière : cette ville, cette nation qui avait été autrefois choisie de Dieu, Son trésor particulier.

Les prophètes avaient pleuré sur l'apostasie d'Israël et sur les terribles désolations qui avaient fondu sur le peuple à cause de ses péchés. Quelle ne devait donc pas être la douleur de Celui dont le regard prophétique embrassait non pas les années, mais les siècles [11] ! Il voyait l'ange destructeur l'épée levée contre la ville qui avait été si longtemps la demeure de Dieu. De la cime du Mont des Oliviers, l'endroit même occupé plus tard par Titus et son armée, Il regardait, au-delà de la vallée, les parvis et les portiques sacrés, et, les yeux troublés par les larmes, Il voyait, dans une effrayante perspective, les murailles entourées d'armées étrangères. Il entendait le trépignement des troupes rassemblées pour la bataille. Il entendait dans la ville assiégée les mères et les enfants demandant du pain à grands cris. Il voyait sa sainte et belle maison, ses palais et ses tours livrés aux flammes, et la place où s'élevaient ces édifices n'être plus qu'un monceau de ruines.

Regardant à travers les âges, Il voyait le peuple de l'alliance dispersé dans tous les pays, comme les débris d'un naufrage sur une côte déserte. Il voyait dans la rétribution temporelle qui allait tomber sur ses enfants, la première goutte seulement de cette coupe de colère qu'ils devraient boire jusqu'à la lie dans le jugement final. La pitié et l'amour angoissé qui agitaient Son âme divine s'exprimèrent dans ces tristes paroles : "Jérusalem, Jérusalem, qui tues les prophètes et qui lapides ceux qui te sont envoyés, combien de fois ai-Je voulu rassembler tes enfants, comme une poule rassemble ses poussins sous ses ailes, et vous ne l'avez pas voulu [12] !" O nation favorisée entre toutes, si tu avais connu le temps de ta visitation et les choses qui appartiennent à ta paix ! J'ai retenu l'ange de la justice, Je t'ai appelée à la repentance, mais en vain. Ce ne sont pas simplement des serviteurs, des messagers, des prophètes que tu as refusé d'entendre et rejetés, mais le Saint d'Israël, le Rédempteur. Si tu es détruite, tu en es seule responsable : "Et vous ne voulez pas venir à Moi pour avoir la vie [13] !"

Christ voyait dans Jérusalem le symbole d'un monde endurci dans l'incrédulité et la rébellion, se précipitant au-devant des justes jugements de Dieu. Les malheurs d'une race déchue, oppressant Son âme, faisaient sortir de Ses lèvres ce cri excessivement amer. Il voyait l'histoire du péché tracée dans la misère humaine, dans les larmes et le sang ; Son cœur était ému d'une pitié infinie pour les affligés et les souffrants de la terre ; Il désirait ardemment les secourir tous. Mais Il savait que même Sa main ne pourrait pas détourner le déluge des maux humains, car peu chercheraient la seule source de délivrance. Il était désireux de souffrir et de mourir pour mettre le salut à leur portée ; mais peu viendraient à Lui pour avoir la vie.

La Majesté du ciel en larmes ! Le Fils du Dieu infini troublé en son esprit, courbé par l'angoisse ! Cette scène remplit le ciel entier d'étonnement. Elle nous révèle l'excessive culpabilité du péché ; elle montre combien est rude la tâche, même pour la puissance infinie, de sauver le coupable des conséquences de la transgression de la loi de Dieu. Jésus, regardant à travers l'avenir jusqu'à la dernière génération, voyait le monde plongé dans une tromperie fatale semblable à celle qui devait causer la destruction de Jérusalem. Le péché capital des Juifs fut leur rejet de Christ. Le péché capital du monde chrétien serait son rejet de la loi de Dieu, le fondement de Son gouvernement au ciel et sur la terre. Les préceptes de Dieu seraient méprisés et foulés aux pieds. Des millions d'hommes courbés sous le joug du péché, esclaves de Satan, condamnés à la seconde mort, refuseraient d'écouter les paroles de vérité aux jours où ils seraient visités. Terrible aveuglement ! Egarement étrange !

Deux jours avant la Pâque, quand Jésus eut quitté le temple pour la dernière fois, après avoir démasqué l'hypocrisie des principaux des Juifs, Il alla de nouveau avec Ses disciples sur le Mont des Oliviers et s'assit avec eux sur un talus herbeux d'où l'on dominait toute la ville. Une fois de plus, Son œil contemplait ses murailles, ses tours et ses palais. Une fois encore, Il considérait le temple et son éblouissante splendeur, diadème merveilleux couronnant la sainte montagne.

Un millier d'années auparavant, le Psalmiste avait magnifié la faveur que Dieu avait manifestée envers Israël, en faisant de Sa sainte maison le lieu de Sa demeure : "Sa tente est à Salem, et Sa demeure à Sion [14]." "Il préféra la tribu de Juda, la montagne de Sion qu'Il aimait. Et Il bâtit Son sanctuaire comme les lieux élevés [15]." Le premier temple avait été érigé durant la période la plus prospère de l'histoire d'Israël. Le roi David avait à cet effet réuni d'immenses richesses, et les plans de sa construction avaient été faits d'après les directives de l'inspiration divine. Salomon, le plus sage des monarques d'Israël, avait achevé le travail. Ce temple était la construction la plus magnifique que le monde eût jamais vue. Et pourtant, le Seigneur avait déclaré par le prophète Aggée, concernant le second temple, que "la gloire de cette dernière maison sera plus grande que celle de la première." "J'ébranlerai toutes les nations : les trésors de toutes les nations viendront, et Je remplirai de gloire cette maison, dit l'Eternel des armées [16]."

Après la destruction du temple par Nébucadnetsar, environ cinq cents ans avant la naissance du Christ, il fut rebâti par un peuple qui était revenu d'une captivité de soixante-dix ans, dans un pays dévasté et presque désert. Il y avait parmi eux des vieillards qui avaient vu la gloire du temple de Salomon et qui pleurèrent lorsqu'on jeta les fondements du nouvel édifice qui devait être si inférieur au premier. Le sentiment prédominant, à cette époque, est décrit avec force par le prophète : "Quel est parmi vous le survivant qui ait vu cette maison dans sa gloire première ? Et comment la voyez-vous maintenant ? Telle qu'elle est, ne paraît-elle pas comme rien à vos yeux [17] ?" Alors fut donnée la promesse que la gloire de cette dernière maison dépasserait celle de la première.

Mais le second temple n'égalait pas le premier en magnificence ; il ne fut pas non plus sanctifié par les signes visibles de la présence divine comme l'avait été le premier. Aucune manifestation surnaturelle ne marqua sa dédicace. On ne vit aucune nuée glorieuse remplir le sanctuaire nouvellement érigé ; aucun feu descendant du ciel ne consuma le sacrifice placé sur l'autel. La Shekinah n'habitait plus entre les chérubins dans le lieu très saint ; l'arche, le propitiatoire et les tables du témoignage ne s'y trouvaient plus. Aucune voix ne descendait du ciel pour faire connaître au sacrificateur la volonté de Jéhovah.

Pendant des siècles, les Juifs avaient vainement essayé de montrer l'accomplissement de la Parole de Dieu donnée par Aggée ; l'orgueil et l'incrédulité aveuglaient leurs esprits quant à la vraie signification des paroles du prophète. Le second temple ne fut pas honoré de la nuée reflétant la gloire de Dieu, mais de la présence personnelle de Celui en qui habitait la plénitude de la divinité : Celui qui était Dieu Lui-même manifesté en chair. Le "Désiré des nations" était véritablement entré dans Son temple, lorsque l'homme de Nazareth était venu enseigner et guérir dans ses parvis sacrés. C'est par la présence du Christ, et par cela seul, que le second temple dépassa le premier en gloire. Mais Israël avait repoussé le don du ciel. Avec l'humble Prophète qui venait de sortir par sa porte dorée, la gloire du temple avait pour toujours disparu. Déjà s'accomplissaient les paroles du Sauveur : "Voici, votre maison vous sera laissée déserte [18]."

Les disciples avaient été remplis de crainte et d'étonnement lorsque Christ avait prédit la ruine du temple, et ils désiraient comprendre plus complètement le sens de Ses paroles. Richesse, travail, talent architectural, tout avait été mis à contribution pendant quarante ans pour rehausser ses splendeurs. Hérode le Grand y avait déposé les richesses des Romains et les trésors des Juifs. L'empereur du monde lui-même l'avait enrichi de ses dons. Des blocs de marbre blanc massifs, d'une grandeur fabuleuse, expédiés de Rome dans ce but, formaient une partie de sa structure ; et c'était là-dessus que les disciples avaient attiré l'attention de leur Maître, en disant : "Maître, regarde, quelles pierres, et quelles constructions [19] !"

Jésus avait répondu par ces solennelles et effrayantes paroles : "Je vous le dis en vérité, il ne restera pas ici pierre sur pierre qui ne soit renversée [20]." Les disciples associaient dans leur esprit la ruine de Jérusalem aux évènements de la venue personnelle du Christ dans une gloire temporelle, pour s'emparer du trône de l'empire universel, pour punir les Juifs impénitents, et pour affranchir la nation du joug des Romains. Le Seigneur leur avait dit qu'Il viendrait une seconde fois. C'est pourquoi, à la mention du jugement qui allait fondre sur Jérusalem, ils songèrent immédiatement à cette venue ; et comme ils entouraient le Sauveur, sur le Mont des Oliviers, ils Lui demandèrent : "Dis-nous, quand cela arrivera-t-il, et quel sera le signe de ton avènement et de la fin du Monde [21] ?"

L'avenir était miséricordieusement voilé aux disciples. S'ils avaient alors compris ces deux terribles réalités : les souffrances et la mort du Rédempteur, et la destruction de la ville et du temple, ils auraient été paralysés d'horreur. Christ leur présenta comme l'esquisse du tableau historique des évènements principaux devant avoir lieu avant la fin des temps. Ses paroles ne furent pas alors entièrement comprises ; mais le sens devait en être dévoilé à mesure que le peuple de Dieu aurait besoin des instructions qui s'y trouvent renfermées. La prophétie qu'Il prononça avait un double sens : tandis qu'elle prédisait la ruine de Jérusalem, elle préfigurait aussi les terreurs du dernier et grand jour.

Jésus déclara à Ses disciples attentifs les jugements qui allaient fondre sur l'Israël apostat, et spécialement les châtiments vengeurs qui le frapperaient pour avoir rejeté et crucifié le Messie. Des signes indubitables précéderaient ce terrible évènement. L'heure effroyable viendrait, soudaine et inattendue. Aussi le Sauveur donna-t-il cet avertissement à Ses disciples : "Lorsque vous verrez l'abomination de la désolation, dont a parlé le prophète Daniel, établie en lieu saint, — que celui qui lit fasse attention ! — alors, que ceux qui seront en Judée fuient dans les montagnes [22]." Lorsque les étendards idolâtres des Romains se dresseraient sur le territoire sacré qui s'étendait à quelque distance autour des murailles de la ville, les disciples devaient chercher leur salut dans la fuite. Lorsqu'on verrait ce signe d'avertissement, ceux qui voudraient échapper devaient s'enfuir sans tarder. On devait obéir au signal donné, aussi bien dans la Judée que dans la ville de Jérusalem. Celui qui serait au haut de sa maison ne devait pas y descendre pour sauver ce qu'il avait de plus précieux. Ceux qui travailleraient aux champs et aux vignes, ne devaient pas retourner en arrière pour prendre les vêtements qu'ils avaient ôtés, pendant leur travail, à cause de la chaleur du jour. Ils ne devaient pas hésiter un instant, de crainte d'être enveloppés dans la destruction générale.

Sous le règne d'Hérode, Jérusalem avait non seulement été magnifiquement embellie, mais par la construction de tours, de murailles, de forteresses, ajoutées à sa situation exceptionnelle, elle avait été rendue apparemment imprenable. Celui qui, à cette époque, eût prédit publiquement sa destruction, eût été appelé, comme Noé de son temps, un fou, un alarmiste. Mais Christ avait dit : "Le ciel et la terre passeront, mais mes paroles ne passeront point [23]." A cause des péchés des Juifs, la colère de Dieu avait été déclarée contre Jérusalem, et leur incrédulité opiniâtre rendait leur malheur certain.

Le Seigneur avait déclaré par le prophète Michée : "Ecoutez donc ceci, chefs de la maison de Jacob, et princes de la maison d'Israël, vous qui avez en horreur la justice, et qui pervertissez tout ce qui est droit, vous qui bâtissez Sion avec le sang, et Jérusalem avec l'iniquité ! Ses chefs jugent pour des présents, ses sacrificateurs enseignent pour un salaire, et ses prophètes prédisent pour de l'argent ; et ils osent s'appuyer sur l'Eternel, ils disent : L'Eternel n'est-il pas au milieu de nous ? Le malheur ne nous atteindra pas [24]."

Ces paroles décrivaient fidèlement les habitants de Jérusalem, corrompus et remplis de propre justice. Tandis qu'ils prétendaient observer rigoureusement les préceptes de la loi, ils en transgressaient tous les principes. Ils haïssaient Christ dont la pureté et la sainteté révélaient leur iniquité. Ils l'accusaient de tout le mal qui les frappait en conséquence de leurs péchés. Bien que le connaissant sans péché, ils avaient déclaré que sa mort était nécessaire au salut de la nation. "Si nous le laissons faire, tous croiront en lui, et les Romains viendront détruire et notre ville et notre nation [25]", avaient dit les gouverneurs juifs. Mais si Christ était sacrifié, ils pourraient devenir une fois de plus un peuple fort et uni. Voilà comment ils raisonnèrent ; et ils approuvèrent la parole de leur souverain sacrificateur : il valait mieux la mort d'un seul homme, plutôt que toute la nation périsse.

C'est ainsi que les principaux des Juifs avaient "bâti Sion de sang, et Jérusalem d'iniquité." Et pourtant, tandis qu'ils faisaient mourir leur Sauveur parce qu'Il réprimait leurs péchés, ils se considéraient dans leur propre justice, comme le peuple favorisé de Dieu et s'attendaient à ce que le Seigneur les délivrât de leurs ennemis. "C'est pourquoi", continue le prophète, "à cause de vous, Sion sera labourée comme un champ, Jérusalem deviendra un monceau de pierres, et la montagne du temple un sommet couvert de bois [26]."

Pendant quarante ans, après que le sort de Jérusalem eût été prononcé par le Christ même, le Seigneur retardât ses jugements sur la ville et la nation. La patience de Dieu fut merveilleuse envers ceux qui avaient rejeté Son Evangile et mis Son Fils à mort. La parabole de l'arbre stérile représente les voies de Dieu envers la nation juive. Le commandement avait été donné : "Coupe-le ; pourquoi occupe-t-il la terre inutilement [27] ?" Mais la miséricorde divine l'avait encore épargné pour un peu de temps. Il y avait encore bien des Juifs ignorants du caractère et de l'œuvre du Christ. Et les enfants n'avaient pas joui des occasions de recevoir la lumière que leurs parents avaient méprisée. Par la prédication des apôtres et de leurs compagnons, Dieu voulait faire luire la lumière à leurs yeux. Il voulait leur permettre de voir comment la prophétie avait été accomplie, non seulement dans la naissance et dans la vie du Christ, mais dans Sa mort et dans Sa résurrection. Les enfants ne furent pas condamnés pour les péchés de leurs parents ; mais lorsque, connaissant toute la lumière donnée à ces derniers, les enfants rejetèrent celle qui leur avait été accordée à eux-mêmes, ils furent participants des péchés de ces derniers et comblèrent la mesure de leur iniquité.

La longue patience de Dieu envers Jérusalem ne fit qu'encourager les Juifs dans leur impénitence obstinée. Dans leur haine et leur cruauté envers les disciples de Jésus, ils rejetèrent la dernière offre de la grâce. Alors Dieu leur retira Sa protection, et laissa le champ libre à Satan et à ses anges, de sorte que la nation fut abandonnée à l'influence du chef qu'elle avait choisi. Leurs enfants avaient méprisé la grâce du Christ, qui les aurait rendus capables de vaincre leurs mauvais penchants, et ces penchants finirent par les dominer. Satan souleva en eux les passions les plus violentes et les plus viles de l'âme. Les hommes ne raisonnèrent plus : ils étaient hors de sens, gouvernés par leurs impulsions et une rage aveugle. Ils devinrent d'une cruauté satanique. Dans la famille et dans la nation, dans la haute comme dans la basse classe, tous étaient remplis de soupçons, d'envie, de haine, d'esprit de discorde, de révolte, de meurtre. Il n'y avait de sécurité nulle part. Amis et parents se trahissaient les uns les autres. Des parents tuaient leurs enfants, et des enfants leurs parents. Les gouverneurs du peuple ne pouvaient se gouverner eux-mêmes. Des passions indomptées en faisaient des tyrans. Les Juifs avaient accepté de faux témoignages pour condamner le Fils de Dieu, et maintenant les délations rendaient leurs propres vies incertaines. Ils avaient dit longtemps, par leurs actes : "Eloignez de notre présence le Saint d'Israël [28]." Maintenant leur désir était accompli. Satan était à la tête de la nation, et les premières autorités civiles et religieuses étaient ses instruments.

Les chefs des factions opposées s'unissaient parfois pour dépouiller et torturer leurs malheureuses victimes, puis, de nouveau, ils se jetaient les uns sur les autres et se massacraient sans miséricorde. La sainteté du temple lui-même ne put arrêter leur horrible férocité. Les adorateurs furent frappés devant l'autel, et le sanctuaire fut souillé des corps des victimes. Pourtant, dans leur présomption aveugle et blasphématoire, les instigateurs de ces affreux désordres déclaraient publiquement qu'ils n'avaient aucune crainte que Jérusalem fût détruite, car c'était la ville de Dieu même. Pour mieux fonder leur pouvoir, ils corrompirent de faux prophètes pour proclamer, jusqu'au moment même où les légions romaines assiégeaient le temple, que le peuple devait attendre de Dieu la délivrance. Jusqu'à la fin, des multitudes crurent fermement que le Très-Haut s'interposerait pour écraser leurs adversaires. Mais Israël avait méprisé la protection divine, et maintenant il n'avait aucune défense. Malheureuse Jérusalem ! Déchirée par des dissensions intestines, le sang de ses enfants, massacrés les uns par les autres, rougissait les pavés de ses rues, tandis que les armées étrangères sapaient ses fortifications et tuaient ses hommes de guerre !

Toutes les prédictions faites par le Christ sur la destruction de Jérusalem s'accomplirent à la lettre. Les Juifs éprouvèrent la véracité de cette parole d'avertissement : "On vous mesurera avec la mesure dont vous mesurez [29]."

Des signes et des miracles apparurent, prédisant le désastre et le sort de Jérusalem. On vit une comète, ressemblant à une épée de feu, suspendue toute une année au-dessus de la ville. On aperçut une lumière surnaturelle planer au-dessus du temple. Des chariots de guerre, prêts au combat, parurent dans les nuages ; des voix mystérieuses firent entendre dans les parvis du temple ces sinistres paroles d'avertissement : "Partons d'ici." La porte de l'Est du parvis intérieur, qui était d'airain, et si lourde qu'une vingtaine d'hommes avaient peine à la fermer, ayant des gonds enfoncés profondément dans de solides blocs de pierres, s'ouvrit à minuit sans intervention visible *(Milman, the History of the Jews, book 13)*.

Pendant sept ans, on vit un homme parcourir sans cesse les rues de Jérusalem, annonçant les malheurs qui allaient fondre sur la ville. Jour et nuit, on entendait son chant de mort : "Une voix de l'Orient, une voix de l'Occident, une voix des quatre vents, une voix contre Jérusalem et contre le temple, une voix contre l'époux et l'épouse ; et une voix contre tout le peuple" *(Milman, the History of the Jews, book 13)*. Cet être étrange fut emprisonné et battu de verges ; mais aucune plainte ne sortit de ses lèvres. Aux insultes et aux mauvais traitements, il ne faisait qu'une réponse : "Malheur à toi Jérusalem !" Son cri d'avertissement ne cessa que lorsqu'il fut tué pendant le siège qu'il avait annoncé.

Pas un chrétien ne mourut dans la destruction de Jérusalem. Christ avait prévenu ses disciples, et tous ceux qui croyaient à ses paroles prirent garde à l'apparition des signes. "Lorsque vous verrez Jérusalem investie par des armées", avait dit Jésus, "sachez alors que sa désolation est proche. Alors, que ceux qui seront en Judée fuient dans les montagnes, que ceux qui seront au milieu de Jérusalem en sortent [30]." Après que les Romains eurent entouré la ville, sous Cestius Gallus, ils abandonnèrent tout à coup le siège, au moment même où tout paraissait être favorable à une attaque immédiate. En effet, les assiégés, désespérant de pouvoir résister, étaient sur le point de se rendre, lorsque le général romain retira ainsi ses forces sans motif apparent. Mais la providence miséricordieuse de Dieu dirigeait les évènements pour le bien de Son peuple. Les chrétiens dans l'attente avaient vu le signe qui leur avait été promis. Alors tous ceux qui voulurent obéir aux avertissements du Sauveur eurent une occasion dont ils purent profiter. Les évènements furent dirigés de telle manière que ni les Juifs ni les Romains ne s'opposèrent à la fuite des chrétiens. Les Juifs de Jérusalem, voyant la retraite de Cestius Gallus, poursuivirent l'armée qui se retirait ; et pendant que les forces ennemies étaient en lutte, les fidèles eurent l'occasion de quitter la ville. A ce moment là, les ennemis qui auraient pu gêner leur fuite avaient quitté la contrée. En effet à l'époque du siège, les Juifs étaient assemblés à Jérusalem pour célébrer la fête des Tabernacles, de sorte que les chrétiens habitant la campagne purent s'échapper sans être inquiétés. En grande hâte, ils s'enfuirent en un lieu sûr : la ville de Pella, en Pérée, au-delà du Jourdain.

Les forces juives, poursuivant Cestius Gallus et son armée, tombèrent sur l'arrière-garde avec une telle fureur qu'elle fut menacée d'une destruction totale. Les Romains n'effectuèrent leur retraite qu'avec la plus grande peine. Les Juifs n'éprouvèrent presque pas de pertes, et retournèrent triomphants à Jérusalem. Mais cet apparent succès les servit mal. Il leur inspira un esprit de résistance obstiné qui, lorsque Titus reprit le siège, attira sur la ville en détresse des maux indescriptibles.

Terribles furent les calamités qui fondirent sur Jérusalem lorsque Titus reprit le siège de la ville. Elle se trouva enveloppée d'armées à l'époque de la Pâque, alors que des millions de Juifs se trouvaient réunis dans ses murs. Les vivres qui s'y trouvaient auraient pu nourrir ses habitants des années, s'ils avaient été sagement conservés ; mais ils furent détruits par les factions toujours en lutte, dont la jalousie et les vengeances enlevèrent toute possibilité de résister avec succès. Les Juifs éprouvèrent alors toutes les horreurs de la faim. Une mesure de blé se vendait un talent. Un grand nombre de gens se glissaient la nuit en dehors des murailles, afin d'apaiser leur faim en mangeant des herbes et des plantes sauvages, et cela bien que beaucoup fussent découverts et punis par la torture et la mort. Certains mâchaient le cuir de leurs boucliers et de leurs sandales. Ceux qui étaient au pouvoir employaient les tortures les plus inhumaines pour forcer les habitants affamés à découvrir le peu de vivres qu'ils pouvaient avoir cachés. Et il n'était pas rare de voir ces cruautés exercées par des hommes bien nourris eux-mêmes, et qui désiraient simplement se préparer des provisions pour l'avenir.

Des milliers de Juifs périrent par la famine et par la peste. Il semblait que l'affection naturelle eût totalement disparu. On voyait des enfants arracher la nourriture de la bouche de leurs vieux parents. La question du prophète : "Une femme oublie-t-elle l'enfant qu'elle allaite [31] ?" recevait cette réponse dans l'enceinte de la malheureuse ville : "Les femmes, malgré leur tendresse, font cuire leurs enfants ; ils leur servent de nourriture, au milieu du désastre de la fille de mon peuple [32]."

Les chefs romains cherchèrent à frapper de terreur les Juifs, et ainsi à les engager à se rendre. Ceux qui étaient faits prisonniers et qui résistaient, étaient battus de verges, torturés et crucifiés devant les murailles de la ville. Chaque jour l'ennemi en faisait mourir ainsi des centaines, et l'affreux supplice continua jusqu'à ce que, le long de la vallée de Josaphat et au Calvaire, on vît des croix en si grand nombre qu'elles se touchaient presque toutes. Avec quelle terrible exactitude ne fut pas exaucée la prière qu'ils avaient faite au Calvaire, quarante ans auparavant : "Que son sang retombe sur nous et sur nos enfants [33] !"

Titus aurait bien voulu mettre fin à ces affreuses scènes, et épargner à Jérusalem la pleine mesure de son malheur. Il était rempli d'horreur en voyant les corps morts amoncelés le long des vallées. Plein de ravissement, il avait contemplé le temple du sommet du Mont des Oliviers, et avait commandé qu'on n'en touchât pas une pierre. Avant de tenter l'assaut de cette place forte, il fit un ardent appel aux chefs juifs, les conjurant de ne pas l'obliger à souiller de sang ce saint lieu. S'ils voulaient s'avancer et combattre dans quelque autre lieu, aucun soldat romain ne violerait la sainteté du temple. Josèphe lui-même, dans un appel des plus éloquents, les conjura de se rendre, et ainsi de se sauver eux-mêmes, avec leur ville et leur lieu de culte. Mais ils répondirent à ses paroles par d'amères malédictions. Ils lancèrent des dards contre ce dernier médiateur humain qui s'interposait pour eux. Les Juifs avaient rejeté les exhortations du

Fils de Dieu ; aussi les remontrances et les menaces ne faisaient-elles que les rendre plus déterminés à résister jusqu'à la fin. Les efforts de Titus pour sauver le temple furent vains. Un plus Grand que lui avait déclaré qu'il ne resterait pierre sur pierre qui ne fût renversée.

L'aveugle opiniâtreté des chefs juifs et les crimes révoltants perpétrés dans la ville assiégée, excitèrent bientôt l'horreur et l'indignation des Romains, de sorte qu'à la fin, Titus se décida à prendre le temple d'assaut. Il résolut pourtant de le sauver si possible de la destruction ; mais ses ordres ne furent pas suivis. Un soir qu'il s'était retiré dans sa tente, les Juifs, sortant précipitamment du temple, attaquèrent les soldats hors du lieu saint. Dans la lutte, un soldat jeta par une fenêtre un brandon dans le vestibule, et immédiatement le feu se communiqua aux chambres lambrissées de cèdre qui entouraient le lieu saint ; Titus, suivi de ses généraux et de ses légionnaires, se précipita sur le lieu de l'incendie, et commanda aux soldats d'éteindre les flammes. On ne prit pas garde à ses paroles. Dans leur fureur, les soldats jetèrent des brandons enflammés dans les chambres adjacentes au temple, puis tuèrent de leurs épées un grand nombre de ceux qui y avaient trouvé un abri. Le sang coula à flots sur les degrés du temple. Des milliers de Juifs périrent. Au milieu du bruit de la bataille, on entendit des voix s'écrier : "I-Kabod !" — la gloire s'en est allée.

Lorsque Titus entra, le feu n'avait pas encore atteint le lieu saint proprement dit, et, contemplant sa splendeur sans pareille, il fut poussé à faire un dernier effort pour le sauver de la ruine. Mais, en sa présence, un soldat lança une torche allumée entre les tentures des portes, et en un instant les flammes éclatèrent dans le sanctuaire. Bientôt, leur intense lueur éclaira les murailles des lieux saints, éclatantes d'or, et une aveugle fureur s'empara des soldats. Les chefs ne purent plus maîtriser ces hommes stimulés par le désir de piller et remplis de rage par la résistance des Juifs.

Le superbe et colossal édifice qui couronnait le Mont Morija était en flammes. Les tours du temple lançaient des colonnes de feu et de fumée. Tandis que ce brasier courroucé avançait, dévorant tout devant lui, le sommet de la colline flambait comme un volcan. On entendait, mêlés au crépitement du feu, les cris des soldats, le fracas des bâtiments qui s'effondraient, les clameurs frénétiques de tous, jeunes et vieux, sacrificateurs et gouverneurs. La montagne même semblait se faire l'écho de ce tumulte. L'effrayante lumière de l'incendie éclairait toute la contrée environnante, et le peuple accouru sur les collines, considérait cette scène avec terreur.

Après la destruction du temple, toute la ville tomba bientôt au pouvoir des Romains. Les chefs juifs s'enfuirent de leurs imprenables tours, et Titus les trouva abandonnées. Il les considéra avec étonnement, et déclara que Dieu les lui avait livrées ; car aucune machine de guerre, même des plus puissantes, n'aurait rien pu contre ces énormes murailles. La ville et le temple furent rasés jusqu'aux fondements, et le terrain où s'élevait la maison de Dieu fut "labouré comme un champ [34]." Pendant le siège et le massacre qui suivit, plus d'un million de personnes périrent ; les survivants furent emmenés captifs, vendus comme esclaves, conduits à Rome pour mettre en valeur le triomphe du vainqueur, jetés aux bêtes féroces des cirques, ou dispersés, errants et sans asile, sur toute l'étendue de la terre.

En mettant le comble à leur endurcissement, les Juifs avaient forgé leurs propres chaînes. La destruction de leur nation et tous les maux qui suivirent leur dispersion ne furent que le fruit de leurs œuvres. Le prophète l'avait dit : "Ce qui cause ta ruine, Israël, c'est que tu as été contre Moi", "car tu es tombé par ton iniquité" Osée 13 : 9 ; 14 : 1. Maints auteurs citent les souffrances du peuple juif comme l'accomplissement d'un décret divin. Par cette erreur, le grand séducteur s'efforce de masquer son œuvre. C'est à cause de leur mépris obstiné de la miséricorde et de l'amour divins que les Juifs avaient éloigné d'eux la protection de Dieu, et Satan put les diriger selon sa propre volonté. Les horribles cruautés commises pendant le siège de Jérusalem démontrent la façon dont Satan traite ceux qui se soumettent à lui.

Nous ne savons pas tout ce que nous devons à Christ pour la paix et la protection dont nous jouissons. C'est la puissance de Dieu qui empêche l'humanité de passer complètement sous l'empire de Satan. Les cœurs désobéissants et ingrats ont mille motifs d'être reconnaissants de ce que la grâce et la patience de Dieu tiennent en échec le pouvoir cruel et plein de malice du diable. Mais lorsque les hommes dépassent les limites du support divin, cette barrière est renversée. Dieu n'agit pas envers le pécheur comme exécuteur de la loi envers la transgression ; mais Il livre à eux-mêmes ceux qui rejettent sa grâce, afin qu'ils récoltent ce qu'ils ont semé. Tout rayon de lumière rejeté, tout avertissement méprisé ou négligé, toute passion tolérée, toute transgression de la loi de Dieu, est une semence qui portera son infaillible moisson. Lorsque le pécheur résiste obstinément à l'Esprit de Dieu, cet Esprit s'éloigne de lui, et c'est alors que le malheureux n'a plus la force de résister aux mauvaises passions de son âme, et n'a plus de protection contre la malice et l'inimitié de Satan. La destruction de Jérusalem est un avertissement terrible et solennel pour tous ceux qui se jouent des offres de la grâce divine et qui repoussent les exhortations de la miséricorde de Dieu. Jamais Dieu ne donna un témoignage plus marqué de sa haine pour le péché et de la punition certaine qui tombera sur le coupable.

La prophétie du Sauveur concernant les jugements qui devaient fondre sur Jérusalem doit avoir un autre accomplissement, dont cette terrible scène n'est qu'une faible image. Dans le sort de la ville choisie, nous pouvons voir la malédiction d'un monde qui a rejeté la miséricorde de Dieu et piétiné Sa loi. Les périodes de ténèbres sont le registre de la misère humaine dont la terre a été témoin durant ces longs siècles de crime. Dans ce constat, le cœur se serre, et l'esprit se trouble. Terribles ont été les résultats du rejet de l'Autorité du Ciel. Mais une scène encore plus sombre est présentée dans la révélation du futur. Les récits du passé — la longue succession de tumultes, de conflits, de révolutions, les "batailles des guerriers … avec des bruits confus, et les vêtements roulés dans le sang" Esaïe 9 : 5 — que sont-ils, en contraste avec les terreurs de ce jour où l'Esprit de Dieu sera entièrement retiré aux méchants, lorsque le déchaînement des passions humaines et de la fureur satanique ne sera plus tenu en échec ! Alors, comme jamais auparavant, le monde contemplera les résultats du règne de Satan.

Mais en ce jour, comme au temps de la destruction de Jérusalem, le peuple de Dieu sera délivré, chacun de ceux qui sera trouvé inscrit parmi les vivants, Esaïe 4 : 3. Christ a déclaré qu'Il viendra une seconde fois pour rassembler Ses fidèles avec Lui : "Alors le signe du Fils de l'homme paraîtra dans le ciel, toutes les tribus de la terre se lamenteront, et elles verront le Fils de l'homme venant sur les nuées du ciel avec puissance et une grande gloire. Il enverra Ses anges avec la trompette retentissante, et ils rassembleront Ses élus des quatre vents, depuis une extrémité des cieux jusqu'à l'autre [35]." Alors ceux qui n'obéissent pas à l'Evangile seront "consumés par le souffle de Sa bouche et détruits par l'éclat de Son avènement [36]." Comme dans l'Israël d'autrefois, les méchants se détruisent eux-mêmes ; ils tombent par leur iniquité. Par une vie de péché, ils se sont placés si loin de l'harmonie avec Dieu, leur nature s'est tellement avilie avec le mal, que la manifestation de Sa gloire est pour eux un feu consumant.

Que les hommes prennent garde de ne pas négliger la leçon que renferment pour eux les paroles du Christ. De même qu'Il a averti Ses disciples de la destruction de Jérusalem, leur donnant un signe de sa ruine imminente, à laquelle ils pourraient échapper, Il a aussi prévenu le monde du jour de la destruction finale, et lui a donné des signes de son approche, afin que tous ceux qui le veulent, puissent fuir la colère à venir. Jésus déclare : "Il y aura des signes dans le soleil, dans la lune, et dans les étoiles ; et sur la terre, il y aura de l'angoisse chez les nations" Luc 21 : 25 ; Mat. 24 : 29 ; Marc 13 : 24-26 ; Apoc. 6 : 12-17. Ceux qui voient ces signes avant-coureurs de Sa venue doivent "savoir que le Fils de l'homme est proche, à la porte [37]." "Veillez donc", telles sont Ses paroles de mise en garde. Ceux qui prennent garde à l'avertissement ne seront pas laissés dans les ténèbres, pour que ce jour les surprenne ignorants. Mais pour ceux qui ne veulent pas veiller, "le jour du Seigneur viendra comme un voleur dans la nuit [38]."

Le monde n'est pas plus disposé aujourd'hui à prêter attention à l'avertissement, que ne l'étaient les Juifs au temps du Christ. A quelque moment qu'il survienne, le jour du Seigneur prendra les méchants au dépourvu. Alors que la vie humaine suivra son cours régulier, que les hommes seront absorbés par les plaisirs, par les affaires, le trafic et le gain ; que les conducteurs religieux vanteront les progrès et les lumières du siècle, et que le peuple s'endormira dans une fausse sécurité, — alors, de même que le voleur s'introduit dans une maison mal gardée, une soudaine destruction surprendra les insouciants et les impies, "et ils n'échapperont point [39]."

1 Luc 19 : 42-45.

2 Ps. 48 : 3.

3 Luc 19 : 41.

4 Jér. 17 : 21-25.

5 Ps. 80 : 9.

6 Esa. 5 : 1-4.

7 Act. 10 : 38.

8 Luc 4 : 18 ;
    Mat. 11 : 5.

9 Mat. 11 : 28.

10 Es. 19 : 50.

11 Jér. 9 : 1 ; 13 : 17.

12 Mat. 23 : 37.

13 Jean 5 : 40.

14 Ps. 76 : 3.

15 Ps. 78 : 68, 69.

16 Aggée 2 : 9, 7.

17 Aggée 2 : 3.

18 Mat. 23 : 38.

19 Marc 13 : 1.

20 Mat. 24 : 2.

21 Mat. 24 : 3.

22 Mat. 24 : 15, 16 ;
    Luc 21 : 20, 21.

23 Mat. 24 : 35.

24 Michée 3 : 9-11.

25 Jean 11 : 48.

26 Michée 3 : 12.

27 Luc 13 : 7.

28 Esa. 30 : 11.

29 Mat. 7 : 2.

30 Luc 21 : 20, 21.

31 Esa. 49 : 15.

32 Lam. 4 : 10 ;
    Deut. 28 : 56, 57.

33 Mat. 27 : 25.

34 Jér. 26 : 18.

35 Mat. 24 : 30, 31.

36 2 Thés. 2 : 8.

37 Mat. 24 : 33.

38 Marc 13 : 35 ;
    1 Thés. 5 : 2-5.

39 1 Thés. 5 : 2-5.

CHAPITRE II

LA PERSÉCUTION AUX PREMIERS SIÈCLES

L orsque le Christ révéla à Ses disciples le sort de Jérusalem et les scènes du second avènement, Il prédit aussi ce qui arriverait à Son peuple, depuis le moment où Il serait enlevé du milieu d'eux jusqu'à ce qu'Il revienne avec puissance et gloire pour les délivrer. Du Mont des Oliviers, Jésus voyait l'orage qui allait fondre sur l'église apostolique, et, pénétrant plus avant dans l'avenir, Son œil discernait les tempêtes cruelles et dévastatrices qui, dans les siècles de ténèbres et de persécution qui suivraient, devaient s'abattre sur Ses disciples. En quelques paroles brèves, d'une signification terrible, Il prédit la conduite des puissants de ce monde envers l'église de Dieu [1]. Les disciples du Christ auraient à suivre le sentier d'humiliation, d'opprobre et de souffrances que leur Maître avait parcouru. L'inimitié qui éclatait alors contre le Rédempteur du monde, se manifesterait plus tard contre tous ceux qui croiraient en son nom.

L'histoire de l'église primitive témoigna de l'accomplissement des paroles du Sauveur. Les puissances de la terre et de l'enfer se coalisèrent contre Christ en la personne de Ses disciples. Le paganisme pressentit que si l'Evangile devait triompher, ses temples et ses autels seraient détruits, c'est pourquoi il mit tous ses efforts à renverser le christianisme. Les feux de la persécution furent allumés. Les chrétiens furent dépouillés de leurs biens, chassés de leurs maisons. Ils "ont soutenu un grand combat au milieu des souffrances [2]." Ils "subirent les moqueries et le fouet, les chaînes et la prison [3]." Un grand nombre scellèrent leur foi de leur sang. Nobles et esclaves, riches et pauvres, savants et ignorants furent mis à mort sans miséricorde.

Ces persécutions, qui commencèrent sous Néron, vers l'époque du martyre de Paul, sévirent avec plus ou moins de violence pendant des siècles. On accusait faussement les chrétiens des crimes les plus horribles ; on disait qu'ils étaient la cause des grandes calamités : des famines, des pestes et des tremblements de terre. Comme ils étaient devenus les objets de la haine et des soupçons du peuple, il y avait des gens prêts à accuser, par l'appât du gain, ceux qui étaient innocents. On les condamnait comme traîtres et sacrilèges, comme rebelles envers l'empire et ennemis de la religion, comme la peste de la société. Un grand nombre furent livré aux bêtes ou brûlés vifs dans les amphithéâtres.

Les uns étaient crucifiés, les autres couverts de peaux d'animaux sauvages, et jetés dans l'arène pour y être déchirés par des chiens furieux. Leur punition devint le principal amusement des fêtes publiques. De grandes foules accouraient pour se repaître du spectacle de leurs souffrances, et acclamer de rires et d'applaudissements les angoisses de leur mort.

Partout où les chrétiens se réfugiaient, ils étaient poursuivis comme des bêtes sauvages. Ils furent obligés de chercher une retraite dans les lieux désolés et solitaires. "Dénués de tout, persécutés, maltraités, eux dont le monde n'était pas digne, errants dans les déserts et les montagnes, dans les cavernes et les antres de la terre [3]." Les catacombes de Rome servirent d'abri à des milliers d'entre eux. De longues galeries avaient été creusées sons la ville pour extraire du sol la pierre qui avait servi à construire les vastes édifices de la capitale, et ces galeries formaient un réseau inextricable de passages s'étendant à plusieurs kilomètres en dehors des murailles. C'est dans ces retraites souterraines qu'un grand nombre de disciples du Christ, soupçonnés et proscrits, trouvèrent une demeure ; c'est là aussi que plusieurs furent enterrés. Lorsque Celui qui donne la vie réveillera ceux qui ont combattu le bon combat, bien des martyrs, morts pour l'amour du Christ, sortiront de ces sombres cavernes.

Ces témoins du Christ conservèrent la pureté de leur foi au milieu des plus violentes persécutions. Quoique destitués de tout confort, privés de la lumière du soleil, faisant leur demeure dans le sein ténébreux mais hospitalier de la terre, ils ne proféraient aucune plainte. Ils s'encourageaient les uns les autres, par des paroles de foi, de patience et d'espérance, à endurer les privations et les douleurs. La perte de tous leurs biens terrestres ne pouvait les forcer à renoncer à leur foi en Christ. Les épreuves et les persécutions n'étaient que des étapes qui les rapprochaient de leur repos et de leur récompense.

Comme maints serviteurs de Dieu dans les temps anciens, plusieurs furent "livrés aux tourments, et n'acceptèrent pas de délivrance, afin d'obtenir une meilleure résurrection [4]." Ils se rappelaient les paroles de leur Maître, que lorsqu'ils seraient persécutés à cause du Christ, ils devaient se réjouir, car leur récompense serait grande dans les cieux, et que c'est ainsi qu'avaient été persécutés les prophètes avant eux. Ils se réjouissaient d'êtres comptés dignes de souffrir pour la vérité, et des chants de triomphe dominaient le crépitement des flammes de leurs bûchers. Regardant en haut par la foi, ils voyaient Christ et les anges les considérant du ciel, les suivant avec le plus profond intérêt, et approuvant leur fermeté. Une voix leur disait, du trône de Dieu : "Sois fidèle jusqu'à la mort, et je te donnerai la couronne de vie [5]."

Les efforts de Satan pour détruire l'église du Christ par la violence furent vains. La grande controverse dans laquelle les disciples du Christ donnèrent leur vie ne cessa pas lorsque ces fidèles témoins tombèrent à leur poste. Ils vainquirent par leur défaite. Les ouvriers de Dieu étaient mis à mort ; mais Son œuvre se poursuivait constamment. L'Evangile continua à se répandre, et le nombre de ses adhérents à augmenter. Il pénétra dans des régions inaccessibles, même aux aigles de Rome. Dans une défense adressée à des magistrats romains qui poussaient à la persécution, un chrétien leur disait : "Condamnez-nous, tourmentez-nous, écrasez-nous : votre injustice est la preuve de notre innocence ; c'est pourquoi Dieu permet que nous soyons persécutés. Mais vos cruautés les plus raffinées ne servent de rien : c'est un attrait de plus pour notre religion. Nous multiplions à mesure que vous nous moissonnez ; notre sang est une semence de chrétiens" *(Tertullian, Apology, par. 50).*

Des milliers étaient emprisonnés et mis à mort ; mais d'autres s'élevaient pour prendre leur place. Et ceux qui étaient martyrs de leur foi étaient mis à l'abri par Christ, et comptés par Lui comme ayant vaincu. Ils ont combattu le bon combat, et doivent recevoir la couronne de gloire lorsque Christ viendra. Les souffrances que les chrétiens enduraient les rapprochaient les uns des autres, et de leur Rédempteur. L'exemple de leur vie et le témoignage de leur mort étaient des témoins perpétuels de la vérité ; aussi, là où l'on s'y attendait le moins, Satan voyait les siens abandonner son service, et s'engager sous la bannière du Christ.

Le prince des ténèbres disposa alors ses plans de manière à lutter avec plus de succès contre le gouvernement de Dieu : il dressa sa bannière dans l'église chrétienne. S'il pouvait réussir à tromper les disciples du Christ, et les pousser à déplaire à Dieu, leur force, leur vertu et leur fermeté tomberaient, et ils deviendraient pour lui une proie facile.

Le grand adversaire essaya alors de gagner par des artifices ce qu'il n'avait pu obtenir par la force. La persécution cessa, et fut remplacée par les dangereux attraits de la prospérité temporelle et des honneurs mondains. Les idolâtres furent amenés à recevoir une partie de la foi chrétienne, tandis qu'ils rejetaient d'autres vérités essentielles. Ils professèrent accepter Jésus comme Fils de Dieu, et croire en Sa mort et en Sa résurrection ; mais ils n'étaient pas convaincus de péché, et n'éprouvaient aucun besoin de repentance ou d'un changement du cœur. En faisant quelques concessions de leur côté, ils proposèrent aux chrétiens d'en faire aussi, afin que tous pussent s'unir sur le terrain d'une profession de foi en Christ.

L'église courut alors un péril en regard duquel la prison, la torture, le feu et l'épée avaient été des bienfaits. Il y eut des chrétiens qui furent fermes, qui déclarèrent ne pouvoir faire aucun compromis. D'autres consentirent à céder ou à changer quelques points de leur foi, et à s'unir à ceux qui accepteraient une partie du christianisme, prétendant que cela pourrait être le moyen de les amener à une complète conversion. Ce fut un temps d'amer chagrin pour les fidèles disciples du Christ. Sous le manteau d'un prétendu christianisme, Satan s'insinuait dans l'église pour corrompre la foi et détourner les esprits de la Parole de vérité.

A la fin, la plupart des chrétiens consentirent à faire ce compromis, et il se forma une union entre le christianisme et le paganisme. Quoique les idolâtres aient fait profession d'être convertis, s'unissant à l'église, ils continuèrent à s'attacher à l'idolâtrie, ne changeant que les objets de leur adoration contre les images de Jésus, et même de Marie et des saints. Le levain empesté de l'idolâtrie, apporté ainsi dans l'église, continua son œuvre néfaste. Des doctrines malsaines, des cérémonies païennes et des rites superstitieux furent incorporés à ses croyances et à son culte. A mesure que les disciples du Christ s'alliaient aux idolâtres, la religion chrétienne se corrompait, et l'église perdait sa pureté et sa puissance. Il en fut pourtant qui ne se laissèrent pas séduire par ces tromperies. Ils gardèrent leur fidélité envers l'Auteur de la vérité, et adorèrent Dieu seul.

Il y a toujours eu deux classes de personnes parmi ceux qui professent être les disciples du Christ. Tandis que les uns étudient la vie du Sauveur et s'efforcent sincèrement de se corriger de leurs défauts et de se conformer au divin Modèle, l'autre classe évite les vérités claires et pratiques qui découvrent leurs erreurs. Même dans son état le plus pur, l'église ne fut pas composée entièrement de chrétiens vrais, purs et sincères. Notre Seigneur enseigna que ceux qui se laissent aller volontairement au péché ne doivent pas être reçus dans l'église ; pourtant, il s'adjoignit des hommes qui avaient des défauts de caractère, et leur accorda l'avantage de Ses enseignements et de Son exemple, afin qu'ils aient l'occasion de voir et de corriger leurs erreurs. Parmi les apôtres, il y eut un traître. Judas fut accepté, non pas à cause de ses défauts de caractère, mais malgré ses défauts. Il fut joint aux disciples afin que par les instructions et l'exemple du Christ, il puisse apprendre ce qui constitue le caractère chrétien, et être amené par là à reconnaître ses erreurs, à s'en repentir, et, avec l'aide de la grâce divine, à purifier son âme "en obéissant à la vérité." Mais Judas ne marcha pas dans la lumière que son Seigneur faisait luire sur son sentier. En se laissant aller au péché, il attira sur lui les tentations de Satan. Les mauvais traits de son caractère prirent le dessus. Il soumit son esprit aux directives des puissances des ténèbres. Il s'irritait lorsqu'on le reprenait pour ses défauts ; et il fut ainsi amené à commettre l'épouvantable crime de trahir son Maître. Ainsi agissent ceux qui aiment le mal en professant la piété ; ils haïssent ceux qui troublent leur paix en condamnant leur conduite coupable. Lorsqu'une occasion favorable se présentera, comme Judas, ils trahiront ceux qui ont voulu les reprendre pour leur bien.

Les apôtres rencontraient dans l'église des gens qui professaient la piété, tout en aimant faire le mal en secret. Ananias et Saphira étaient des trompeurs, prétendant faire un entier sacrifice à Dieu, tandis que, par avarice, ils gardaient pour eux une partie de leurs biens. L'Esprit de vérité révéla aux apôtres le vrai caractère de ces trompeurs, et le jugement de Dieu débarrassa l'église de cette tache faite à sa pureté. Cette preuve signalée de l'Esprit scrutateur du Christ fut une terreur pour les hypocrites et les ouvriers d'iniquité. Ils ne purent longtemps demeurer en rapport avec ceux qui, par leurs habitudes et leurs dispositions, étaient de constants représentants du Christ ; et lorsque les épreuves et les persécutions frappèrent Ses disciples, ceux-là seuls qui avaient la volonté de renoncer à tout pour l'amour de la vérité, désirèrent suivre leur Sauveur. Ainsi, aussi longtemps que dura la persécution, l'église demeura relativement pure. Mais lorsqu'elle cessa, il y entra des convertis moins sincères et moins pieux, et Satan trouva la voie préparée pour s'y faire un pied-à-terre.

Mais il n'y a aucun accord entre le Prince de la lumière et le prince des ténèbres ; et il ne peut y avoir union entre leurs disciples. Lorsque les chrétiens consentirent à s'unir à ceux qui n'étaient qu'à demi sortis du paganisme, ils entrèrent dans une voie qui devait les éloigner de plus en plus de la vérité. Satan triomphait d'avoir pu tromper un si grand nombre de disciples du Christ. Alors il leur fit sentir encore davantage son pouvoir, et leur inspira le désir de persécuter ceux qui demeuraient fidèles à Dieu. Personne ne savait aussi bien comment s'opposer à la vraie foi chrétienne que ceux qui avaient été autrefois ses défenseurs ; aussi ces chrétiens apostats, s'unissant à leurs compagnons demi-païens, dirigèrent leurs coups contre les points essentiels de la doctrine du Christ.

Pour résister aux tromperies et aux abominations déguisées qui s'introduisaient dans l'église sous les vêtements sacerdotaux, il fallait que ceux qui voulaient être fidèles se résignent à une lutte désespérée. La Bible n'était pas acceptée comme règle de foi. La croyance à la liberté religieuse était appelée hérésie, et ses partisans étaient haïs et proscrits.

Après une longue et pénible lutte, les fidèles, peu nombreux, résolurent de rompre toute union avec l'église apostate, si elle refusait encore de se débarrasser de toute erreur et de toute idolâtrie. Ils virent que s'ils voulaient obéir à la Parole de Dieu, leur séparation était une nécessité absolue. Ils n'osaient tolérer des erreurs fatales à leurs âmes, et donner un exemple qui mettrait en péril la foi de leurs enfants et des enfants de leurs enfants. Pour assurer la paix et l'unité, ils étaient prêts à faire toutes les concessions compatibles avec leur fidélité envers Dieu ; mais ils sentaient que la paix elle-même serait payée trop cher au prix du sacrifice de leurs principes. Si l'union, pensaient-ils, ne peut être acquise qu'en compromettant la vérité et la justice, alors qu'il y ait désunion et même guerre !

Il serait heureux, pour le monde et l'église, que les principes qui animaient ces âmes intrépides renaissent dans les cœurs de ceux qui professent être le peuple de Dieu. Il existe une indifférence alarmante touchant les doctrines qui sont à la base de la foi chrétienne, et l'on voit se répandre l'opinion selon laquelle elles n'ont après tout pas une importance vitale. Cette dégénérescence fortifie les agents de Satan, de sorte que les fausses théories et les séductions fatales auxquelles les fidèles d'autrefois résistèrent au péril de leur vie, sont envisagées favorablement par des milliers de gens qui professent être les disciples du Christ.

Les premiers chrétiens étaient véritablement un "peuple particulier." Leur conduite sans reproche et leur foi inébranlable étaient un blâme constant qui troublait la paix des impies. Quoique peu nombreux, sans fortune, sans position ni titres honorifiques, ils étaient la terreur des ouvriers d'iniquité, partout où leur doctrine et leur caractère étaient connus. C'est pourquoi les méchants les haïssaient, comme l'impie Caïn haïssait son frère Abel. La même raison qui poussa Caïn à tuer Abel, porta ceux qui dédaignaient les avertissements de l'Esprit Saint, à mettre à mort les enfants de Dieu. C'est pour la même raison que les Juifs avaient rejeté et crucifié le Sauveur : parce que la pureté et la sainteté de Son caractère étaient un constant reproche à leur égoïsme et leur corruption. Depuis les jours du Christ jusqu'à notre époque, Ses fidèles disciples ont excité la haine et l'opposition de ceux qui aiment et suivent les voies du péché.

Comment l'Evangile peut-il donc être appelé un message de paix ? Lorsque le prophète Esaïe prédit la naissance du Messie, il lui attribue le titre de "Prince de paix." Lorsque les anges annoncent aux bergers que Christ est né, ils chantent au-dessus des plaines de Bethléhem : "Gloire à Dieu dans les lieux très hauts, paix sur la terre et bienveillance envers les hommes [6]." Il y a une contradiction apparente entre cette déclaration prophétique et les paroles du Christ : "Je ne suis pas venu apporter la paix, mais l'épée [7]." Mais, bien compris, ces passages s'harmonisent parfaitement. L'Evangile est un message de paix. La nature du christianisme est telle que, reçu et pratiqué, il répandrait la paix, l'accord et le bonheur sur toute l'étendue de la terre. La religion du Christ unit dans un lien de fraternité tous ceux qui acceptent Ses enseignements. La mission de Jésus fut de réconcilier l'homme avec Dieu, et par conséquent, avec son semblable. Mais le monde est essentiellement sous l'influence de Satan, l'ennemi le plus acharné du Christ. L'Evangile présente aux hommes des principes de vie qui contrastent entièrement avec leurs habitudes et leurs désirs, et ils se rebellent contre ses enseignements. Ils haïssent la pureté qui révèle et condamne leurs péchés, et ils persécutent ceux qui les engagent à se soumettre à ses justes et saintes exigences. C'est dans ce sens, — parce que les vérités sublimes qu'il apporte excitent la haine et la lutte — que l'Evangile est appelé une épée.

La providence mystérieuse qui permet que les justes soient persécutés par les méchants, a été une cause de grande perplexité pour beaucoup de chrétiens faibles en la foi. Il en est même qui sont prêts à abandonner leur confiance en la Providence, parce que Dieu permet aux hommes les plus dégradés de prospérer, alors qu'ils exercent leur puissance cruelle pour affliger et tourmenter les hommes les meilleurs et les plus purs. Comment se fait-il, se demande-t-on, que Celui qui est juste et miséricordieux, et dont la puissance est infinie, tolère une telle injustice et une telle oppression ? Cette question ne nous regarde pas. Dieu nous a donné des preuves suffisantes de Son amour pour que nous n'ayons pas à douter de Sa bonté lorsque nous ne comprenons pas les dispensations de Sa providence. Le Sauveur, prévoyant les doutes qui viendraient assaillir l'âme de Ses disciples dans les jours d'épreuve et de tristesse, leur dit : "Souvenez-vous de la parole que Je vous ai dite : Le serviteur n'est pas plus grand que son maître. S'ils m'ont persécuté, ils vous persécuteront aussi [8]." Jésus souffrit pour nous plus qu'aucun des disciples ne pourra jamais souffrir de la cruauté des méchants. Ceux qui sont appelés à souffrir la torture et le martyre ne font que suivre les pas du Fils bien-aimé du Père.

"Le Seigneur ne tarde pas dans l'accomplissement de la promesse [9]." Il n'oublie ni ne néglige Ses enfants ; mais Il permet aux méchants de révéler leur vrai caractère, afin que ceux qui désirent faire sa volonté ne soient pas déçus à leur égard. De plus, les justes passent par la fournaise de l'affliction, afin qu'ils puissent être eux-mêmes purifiés ; pour que leur exemple en convainque d'autres de la réalité de leur foi et de leur piété, et pour que leur conduite pieuse condamne également les impies et les incrédules.

Dieu permet aux méchants de prospérer et de révéler l'inimitié qu'ils ont contre Lui, afin que lorsqu'ils auront rempli la mesure de leur iniquité, tous les hommes puissent reconnaître, dans leur entière destruction, la justice et la miséricorde divines. Il se hâte, le jour de la vengeance, où tous les transgresseurs de la loi de Dieu, les oppresseurs de Son peuple, recevront le salaire de leurs actions ; où tout acte de cruauté et d'injustice envers les enfants de Dieu sera puni comme s'il eût été commis contre Christ Lui-même.

Il est une autre question, plus importante, qui devrait attirer l'attention des églises de nos jours. L'apôtre Paul déclare que "tous ceux qui veulent vivre pieusement en Jésus-Christ seront persécutés [10]." Comment se fait-il donc que la persécution semble sommeiller d'une manière si générale ? La seule raison est que l'église a conformé sa piété à celle du monde, et n'excite par conséquent aucune opposition. La religion à la mode, qui prévaut de nos jours, n'est pas la foi pure et simple qui distinguait la foi des chrétiens aux jours du Christ et des apôtres. C'est ce compromis avec le péché ; c'est le fait que les grandes vérités de la Parole de Dieu sont envisagées avec indifférence ; c'est l'absence de cette piété vitale dans l'église, qui font que le christianisme jouit d'une telle popularité dans le monde. Que la foi et la puissance de l'église primitive renaissent, et l'on verra revivre l'esprit de persécution, et les bûchers se rallumer.

---

1 Mat. 24 : 9, 21, 22.   6 Luc 2 : 14.

2 Héb. 10 : 32.   7 Mat. 10 : 34

3 Héb. 11 : 36-38.   8 Jean 15 : 20.

4 Héb. 11 : 35.   9 2 Pier. 3 : 9.

5 Apoc. 2 : 10.   10 2 Tim. 3 : 12.

CHAPITRE III

L'APOSTASIE

L'apôtre Paul, dans sa seconde épître aux Thessaloniciens, prédit la grande apostasie qui résulterait du rétablissement du pouvoir papal. Il déclare que les jours du Christ ne viendraient pas "que l'apostasie soit arrivée auparavant, et qu'on ait vu paraître l'homme du péché, le fils de perdition, qui s'oppose et s'exalte lui-même au-dessus de tout ce qu'on appelle Dieu, ou de ce qu'on adore, jusqu'à s'asseoir dans le temple de Dieu, se proclamant lui-même Dieu [1]." Et plus loin, l'apôtre avertit ses frères que le "mystère d'iniquité agit déjà [1]." Même à cette époque reculée, il voyait se glisser dans l'église des erreurs qui devaient préparer la voie au développement de la papauté.

Peu à peu, furtivement et en silence d'abord, puis plus ouvertement à mesure qu'il prenait des forces et qu'il s'emparait des esprits, le mystère d'iniquité poursuivit son œuvre séductrice et blasphématoire. Presque imperceptiblement, les coutumes du paganisme s'introduisirent dans l'église chrétienne. Les terribles persécutions dont l'église avait souffert sous le paganisme, avaient arrêté pour un moment dans son sein cette tendance à faire des compromis avec le monde et à se conformer à ses coutumes. Mais dès que la persécution cessa et que le christianisme fut entré dans les cours et les palais des rois, l'église mit de côté l'humble simplicité du Christ et des apôtres, pour adopter la pompe et l'orgueil des prêtres et des gouverneurs païens. Il substitua les théories et les traditions humaines aux commandements de Dieu. La prétendue conversion de l'empereur Constantin, au commencement du quatrième siècle, causa de grandes réjouissances ; et le monde, sous couvert d'une justice apparente, pénétra dans l'église. Dès lors, l'œuvre de la corruption fit de rapides progrès. Alors que le paganisme paraissait vaincu, il était réellement vainqueur. Son esprit dirigeait l'église, et ceux qui faisaient profession de servir le Christ incorporaient ses doctrines, ses cérémonies, et ses superstitions à leur foi et à leur culte.

Ce compromis entre le paganisme et le christianisme eut pour résultat le développement de "l'homme du péché" prédit dans la prophétie, comme s'opposant à Dieu et s'élevant au-dessus de tout ce qu'on appelle Dieu. [Un autre exemple de compromis entre le paganisme et le christianisme par l'empereur

Constantin est le changement du jour de repos du sabbat (samedi) au dimanche (1er jour de la semaine), le 7 mars 321.] Ce système gigantesque de fausse religion est un chef-d'œuvre de la puissance de Satan : un monument de ses efforts pour s'asseoir sur le trône du monde et pour gouverner la terre selon sa volonté.

Satan avait autrefois tenté de faire un compromis avec Christ. Il était allé trouver le Fils de Dieu dans le désert de la tentation, et, Lui ayant montré tous les royaumes du monde et leur gloire, il Lui avait offert de les Lui remettre s'Il voulait reconnaître la suprématie du prince des ténèbres. Christ avait repoussé ce présomptueux tentateur et l'avait forcé à se retirer. Mais Satan obtint plus de succès en présentant la tentation à l'homme. Pour se procurer les avantages et les honneurs du monde, l'église rechercha la faveur et le soutien des grands de la terre. Après avoir ainsi rejeté Christ, elle fut poussée à faire acte de soumission au représentant du "prince de ce monde" à l'évêque de Rome.

Une des principales doctrines de l'église romaine enseigne que le pape, investi d'une autorité suprême sur les évêques et les pasteurs de toutes les parties du monde, est le chef visible de l'église universelle du Christ. Bien plus, le pape s'est attribué les titres mêmes de la divinité. Il se donne le titre de "Seigneur Dieu le pape" s'attribuant l'infaillibilité, il exige que tous les hommes lui rendent hommage. Ainsi, ce que demandait Satan dans le désert de la tentation, il le demande encore par l'intermédiaire de l'église de Rome, et des foules sont prêtes à lui rendre hommage.

Mais ceux qui craignent et révèrent Dieu, repoussent cette prétention qui offense le ciel, comme Christ a repoussé les sollicitations de son ennemi artificieux. "Tu adoreras le Seigneur, ton Dieu, et tu le serviras lui seul [2]." Dieu n'a jamais laissé entendre dans Sa Parole qu'il eût choisi un homme pour être la tête de l'église. La suprématie papale est directement opposée à l'enseignement des Saintes Ecritures. Le pape ne peut avoir sur l'église du Christ qu'une autorité usurpée.

Les partisans de la papauté persistent à accuser les Protestants d'hérésie et leur reprochent de s'être séparés obstinément de l'église ; mais ces accusations se tournent contre eux-mêmes. Ce sont eux qui ont abandonné la bannière du Christ et se sont séparés de la foi "qui a été transmise aux saints une fois pour toutes [3]."

Satan savait très bien que les Saintes Ecritures permettraient aux hommes de discerner ses tromperies et de résister à sa puissance. C'est par cette Parole Sainte que le Sauveur du monde avait résisté à ses attaques. A chaque assaut, le Christ se servait du bouclier de la vérité éternelle, en disant : "Il est écrit." A chaque suggestion de l'adversaire, Il opposait la sagesse et la puissance de la Parole. Satan, pour conserver son influence sur les hommes et établir l'autorité de l'usurpateur papal, devra les tenir dans l'ignorance des Ecritures. La Bible, exaltant Dieu et plaçant les hommes bornés dans leur vraie position, ces vérités sacrées devaient être cachées et supprimées. Telle est la logique qu'adopta l'église romaine. Pendant des centaines d'années, la circulation de la Bible fut prohibée. Il fut défendu au peuple de la lire ou de l'avoir dans leurs maisons, et des prêtres et des prélats sans principe interprétèrent ses enseignements de manière à soutenir leurs prétentions. C'est ainsi que le pape finit par être presque universellement reconnu comme le vicaire de Dieu sur la terre, revêtu de l'autorité de l'église et de l'Etat.

Ce qui démasquait l'erreur ayant été écarté, Satan put agir selon sa volonté. La prophétie avait déclaré que la papauté "espérerait changer les temps et la loi [4]." Il ne fut pas lent à tenter cette œuvre. Pour procurer aux convertis du paganisme de quoi remplacer le culte des idoles et favoriser ainsi leur adhésion au christianisme, on introduisit graduellement dans le culte chrétien l'adoration des images et des reliques. Le décret d'un concile général établit finalement ce système d'idolâtrie *(2nd concile de Nicée, 787 ap. J.-C.)*. Pour compléter cette œuvre sacrilège, Rome eut la hardiesse de retrancher de la loi de Dieu le second commandement, qui défend l'adoration des images, et de diviser le dixième commandement, afin de conserver le nombre total.

Cette disposition à faire des concessions au paganisme habitua l'église à négliger toujours plus l'autorité de Dieu. Satan machina contre le quatrième commandement, et essaya de mettre de côté le saint Sabbat, jour que Dieu avait béni et sanctifié [5], pour élever à sa place le jour de fête observé par les païens sous le nom de "vénérable jour du soleil." On ne tenta pas d'abord ce changement ouvertement. Dans les premiers siècles, le vrai Sabbat avait été gardé par tous les vrais chrétiens. Ils étaient jaloux de la gloire de Dieu, et, croyant que Sa loi est immuable, ils conservaient la sainteté de Ses préceptes avec un soin jaloux. Mais Satan, par ses agents, travailla avec une grande subtilité au but qu'il désirait atteindre. Afin de diriger l'attention du peuple sur le jour du soleil [dimanche], on en fit d'abord une fête en l'honneur de la résurrection du Christ. On tint en ce jour des services religieux, quoiqu'il fût considéré comme un jour de récréation, le Sabbat étant encore saintement observé.

Afin de préparer la voie à l'œuvre qu'il voulait accomplir, Satan avait poussé les Juifs, avant l'avènement du Christ, à charger le Sabbat des plus rigoureuses exigences, faisant de son observation un fardeau. Prenant alors avantage de la façon fausse sous lequel il l'avait fait envisager, il le fit mépriser comme étant une institution juive. Tandis que les chrétiens continuaient à observer le premier jour [dimanche] comme une joyeuse fête, il les poussa, afin de montrer leur haine du judaïsme, à faire du Sabbat un jour de jeûne, un jour sombre et triste.

Dans la première partie du quatrième siècle, l'empereur Constantin proclama un décret établissant le dimanche comme jour de fête publique à travers tout l'empire romain *(Appendice, note 1)*. Le "jour du soleil" était révéré par ses sujets païens et honoré par les chrétiens, c'était la stratégie de l'empereur d'unir les intérêts discordants du paganisme et du christianisme. Il était pressé de le faire par les évêques de l'église, qui inspiraient par l'ambition et la soif du pouvoir, réalisaient que si le même jour était observé aussi bien par les chrétiens que par les païens, cela contribuerait à l'acceptation apparente du christianisme par les païens, et ainsi favoriserait ainsi la puissance et la gloire de l'église. Cependant, si beaucoup de chrétiens pieux furent graduellement amenés à regarder le dimanche comme possédant un certain degré de sainteté, ils conservaient néanmoins le vrai Sabbat comme le jour saint de l'Eternel et l'observaient dans l'obéissance au quatrième commandement.

Le grand séducteur n'avait pas encore accompli son œuvre. Il était résolu à réunir le monde chrétien sous sa bannière et à exercer sa puissance par son vice-roi, l'orgueilleux pontife qui prétendait être le représentant du Christ. Il parvint à son but par le moyen des païens à demi convertis, des prélats ambitieux, et des églises qui aimaient le monde. De temps à autre, de grands conciles se tinrent. Les dignitaires de l'église y étaient convoqués de toutes les parties du monde. Dans presque chaque concile, le Sabbat que Dieu avait institué fut rabaissé toujours un peu plus bas, tandis que le premier jour était exalté dans la même proportion. Ainsi la fête païenne finit par être honorée comme une institution divine, tandis que le Sabbat de la Bible fut déclaré une relique du judaïsme, et que ses observateurs furent regardés comme dignes d'être maudits.

Le grand apostat avait réussi en s'exaltant lui-même "au-dessus de tout ce qu'on appelle Dieu, ou de ce qu'on adore [6]." Il avait osé changer le seul précepte de la loi divine qui révèle indubitablement à toute l'humanité le Dieu vivant et vrai. Dans le quatrième commandement, Dieu est révélé comme le Créateur des cieux et de la terre et se trouve par là distingué des faux dieux. Ce fut comme mémorial de l'œuvre de la création que le septième jour fut sanctifié comme un jour de repos à l'usage de l'homme. Il était destiné à rappeler à l'esprit des hommes le souvenir du Dieu vivant comme auteur de leur existence et objet de leur respect et de leur culte. Satan fait tous ses efforts pour détourner les hommes de leur soumission à Dieu et de l'obéissance à Sa loi ; voilà pourquoi il dirige surtout ses efforts contre ce commandement qui proclame Dieu comme Créateur du monde.

De nos jours, les protestants avancent, que la résurrection du Christ au premier jour, fit de ce jour le Sabbat chrétien. Mais ils manquent de preuves bibliques à l'appui. Ni le Christ, ni ses apôtres n'ont donné un tel honneur à ce jour. L'observation du premier jour comme institution chrétienne tire son origine de ce "mystère de l'iniquité [7]", qui commençait déjà à faire son œuvre au temps de Paul. Où et quand le Seigneur adopta-t-Il cet enfant de la papauté ? Quelle bonne raison peut-on donner en faveur d'un changement que l'Ecriture ne sanctionne pas ?

Au sixième siècle, la papauté s'était fermement établie. Elle avait fixé le siège de sa puissance dans la cité impériale, et l'évêque de Rome avait été déclaré chef de l'église entière. Le paganisme avait fait place à la papauté. Le dragon avait donné à la bête "sa puissance, et son trône, et une grande autorité [8]", *(Appendice, note 2)*. Et c'est alors que commencèrent les 1260 ans de l'oppression papale prédite par les prophéties de Daniel et de l'Apocalypse [9]. Les chrétiens furent forcés de choisir : renoncer à leur foi et accepter les cérémonies et le culte du pape, ou passer leur vie dans les cellules des cachots, souffrir la mort par la roue, le bûcher ou la hache du bourreau. Alors s'accomplirent les paroles de Jésus : "Vous serez même livrés par vos pères et vos mères, par vos frères, par vos parents, et par vos amis ; et ils en feront mourir plusieurs d'entre vous ; et vous serez haïs de tout le monde, à cause de mon nom [10]." La persécution contre les fidèles sévit avec une fureur plus grande que jamais auparavant, et le monde devint un vaste champ de bataille. Pendant des centaines d'années, l'église du Christ dut se réfugier dans le secret et l'obscurité. Voici ce que dit le prophète : "Et la femme s'enfuit dans un désert, où Dieu lui avait préparé un lieu, afin qu'elle y fût nourrie pendant mille deux cent soixante jours [11]."

L'avènement de l'église romaine au pouvoir marque le commencement du sombre Moyen Age. A mesure que son pouvoir croissait, l'obscurité augmentait. La foi que l'on avait en Christ, le vrai fondement, fut reportée sur l'évêque de Rome. Au lieu de se confier au Fils de Dieu pour le pardon des péchés et le salut éternel, le peuple s'adressa au pape, ainsi qu'aux prêtres et aux prélats, auxquels il déléguait son autorité. On lui enseignait que le pape était son médiateur sur cette terre, que personne ne pouvait s'approcher de Dieu que par lui, et, de plus, qu'il tenait pour lui la place de Dieu, et qu'il devait par conséquent lui obéir implicitement. Dévier à ces exigences suffisait pour attirer sur soi les châtiments les plus sévères, tant du corps que de l'âme. C'est ainsi que les esprits furent détournés de Dieu et dirigés sur des hommes faillibles, sujets à l'erreur et cruels, et plus encore, soumis au prince des ténèbres lui-même, lequel exerçait son pouvoir par leur intermédiaire. Le péché s'était déguisé sous un manteau de sainteté. Lorsque les Ecritures sont mises de côté et que l'homme se considère lui-même comme suprême, on ne rencontre plus que la fraude, la tromperie et les péchés dégradants. Lorsque les lois et les traditions humaines sont élevées au-dessus des lois divines, on voit se manifester la corruption qui résulte toujours du rejet de la loi de Dieu.

C'étaient là des jours de péril pour l'église du Christ. Les chrétiens restés fidèles à la vérité étaient, hélas, peu nombreux. Quoique la vérité ne fût jamais sans témoins, il semblait parfois que l'erreur et la superstition envahiraient tout, et que la vraie religion serait bannie de la terre. On perdit de vue l'Evangile ; les cérémonies religieuses furent multipliées et le peuple fut chargé de devoirs rigoureux.

Non seulement on enseignait aux hommes à considérer le pape comme médiateur, mais aussi à se confier en ses propres œuvres pour la propitiation de ses péchés. De longs pèlerinages, des actes de pénitence, le culte des reliques, la construction d'églises, de reliquaires et d'autels, le versement de grandes sommes à l'église, tout cela, et bien d'autres choses semblables, étaient les moyens recommandés pour apaiser la colère de Dieu ou s'attirer sa faveur. Dieu était rendu semblable aux hommes, se fâchant pour des bagatelles, et étant apaisé par des présents, par des dons ou des actes de pénitence.

Alors que le vice dominait jusque parmi les chefs de la hiérarchie, l'influence de l'église romaine ne cessait de croître. Vers la fin du VIIIème siècle, les évêques de Rome prétendirent que dans les premiers âges de l'église, les évêques de Rome avaient possédé le même pouvoir spirituel qu'ils s'attribuaient alors. Pour fonder cette prétention, il fallait employer quelque moyen qui lui donne un semblant d'autorité ; et cela fut aussitôt suggéré par le père du mensonge. Des moines forgèrent d'anciens écrits. On découvrit des décrets de conciles dont on n'avait jamais entendu parler auparavant, établissant la suprématie universelle du pape dès les temps de la primitive église. Ainsi, l'église qui avait rejeté la vérité acceptait avidement ces fraudes.

Les quelques fidèles qui bâtissaient sur le vrai fondement [12] étaient plus perplexes et embarrassés à mesure que ces décombres de fausses doctrines obstruaient l'œuvre de Dieu. Semblables à ceux qui construisaient les murailles de Jérusalem aux jours de Néhémie, quelques-uns étaient prêts à dire : "Les forces manquent à ceux qui portent les fardeaux, et les décombres sont considérables ; nous ne pourrons pas rebâtir la muraille [13]." Certains, fatigués de lutter constamment contre la persécution, les tromperies, l'iniquité, et tous les autres obstacles que Satan pouvait imaginer pour empêcher les travaux de ceux qui avaient jusqu'alors été de fidèles constructeurs, se découragèrent, et par amour de la paix et de la sécurité pour leurs biens et leur vie, se détournèrent du vrai fondement. D'autres, que n'ébranlaient pas l'opposition de leurs ennemis, déclarèrent sans crainte : "Ne les craignez pas ! Souvenez-vous du Seigneur, grand et redoutable [14]", et ils continuèrent leur ouvrage, chacun ayant ceint son épée au côté [15].

Le même esprit de haine et d'opposition à la vérité a inspiré dans tous les âges les ennemis de Dieu, et Ses serviteurs ont dû exercer en tout temps la même vigilance et la même fidélité. Les paroles du Christ aux premiers disciples s'appliquent à ceux qui Le suivent jusqu'à la fin des temps. "Ce que Je vous dis, Je le dis à tous : Veillez [16]."

Les ténèbres paraissaient s'épaissir. L'adoration des images devenait plus commune. On leur brûlait des cierges en leur offrant des prières. Les coutumes les plus absurdes et les plus superstitieuses se répandaient. La superstition s'emparait tellement de l'esprit des hommes que la raison elle-même semblait avoir abdiqué. Les prêtres et les évêques étant eux-mêmes amateurs de plaisirs sensuels et corrompus, on pouvait bien s'attendre à ce que le peuple qui les regardait comme des exemples, fût aussi plongé dans l'ignorance et le vice.

On fit un pas de plus dans la voie des prétentions papales lorsque, au onzième siècle, le pape Grégoire VII proclama l'excellence de l'église romaine. L'une de ces propositions déclarait que, conformément aux Ecritures, l'église n'avait jamais erré, et ne se tromperait jamais. Mais les preuves bibliques n'accompagnaient pas ses assertions. L'orgueilleux pontife prétendit avoir le pouvoir de déposer les empereurs, et déclara qu'il n'appartenait à personne de changer une sentence prononcée par lui ; mais qu'il était de son ressort de changer les décisions de tous les autres.

Un exemple frappant du caractère tyrannique de ce défenseur de l'infaillibilité se trouve dans la manière dont il traita l'empereur allemand Henri IV. Ce monarque, ayant osé faire fi de l'autorité du pape, fut excommunié et détrôné. Abandonné et menacé par ses nobles dont la révolte était encouragée par le mandat du pape, Henri, terrifié, vit bientôt la nécessité de se réconcilier avec Rome. Accompagné de sa femme et d'un fidèle serviteur, il traversa les Alpes en plein hiver pour aller s'humilier devant le pontife. Lorsqu'il atteignit le château de Canossa, où Grégoire s'était retiré, il fut conduit, complètement seul, dans la cour extérieure. Là, il fut obligé d'attendre, pieds nus et tête nue, légèrement vêtu, par un rigoureux froid d'hiver, pour obtenir la permission de paraître devant le pape. Ce ne fut pas avant d'avoir jeûné pendant trois jours et en faisant confession, qu'il put obtenir son pardon du pontife. Et même alors, ce ne fut que sous la condition que l'empereur attende la sanction papale avant de reprendre l'exercice de la royauté. Et Grégoire, s'enorgueillissant de son triomphe, se vanta d'avoir pour mission "d'abaisser l'orgueil des rois."

Quel contraste frappant entre l'orgueil excessif de ce pontife hautain et la douceur et l'humilité du Christ. Jésus se représente Lui-même comme se tenant à la porte des cœurs pour en demander l'entrée, afin d'y apporter le pardon et la paix. Il disait à Ses disciples : "Quiconque veut être le premier parmi vous, qu'il soit votre esclave [17]."

A mesure que les siècles passaient, les erreurs que Rome soutenait allaient en augmentant. Avant même que la papauté fût établie, les enseignements des philosophes païens avaient attiré l'attention, et avaient exercé leur influence dans l'église. Beaucoup de gens se disant convertis tenaient encore aux dogmes de leur philosophie païenne. Ils continuaient non seulement à les étudier eux-mêmes mais les conseillaient aux autres comme moyen d'étendre leur influence parmi les païens. C'est ainsi que de graves erreurs se mêlèrent à la foi chrétienne. Une des principales, est la croyance en l'immortalité naturelle de l'homme et de son état conscient dans la mort. Cette doctrine fut le fondement sur lequel Rome établit l'invocation des saints et l'adoration de la vierge Marie. De là procéda également l'hérésie des tourments éternels, qui fit bientôt partie de la foi catholique.

Alors la voie fut préparée pour l'introduction d'une autre invention du paganisme, que Rome nomma purgatoire, hérésie employée pour terrifier les foules crédules et superstitieuses. Cette hérésie affirme l'existence d'un lieu de tourment, où les âmes de ceux qui n'ont pas mérité les tourments éternels souffrent le châtiment de leurs péchés, et de là, lorsqu'elles sont purifiées, sont admises au ciel.

Mais il fallait encore forger une autre doctrine pour que Rome pût tirer profit des craintes et des vices de ses adhérents. On trouva la doctrine des indulgences. Rémission entière des péchés passés, présents et futurs, et délivrance de toutes punitions et pénalités méritées, furent promises à tous ceux qui s'enrôleraient dans les guerres du pontife pour étendre sa domination temporelle, pour punir ses ennemis, ou pour détruire ceux qui oseraient nier sa suprématie spirituelle. On enseigna ainsi au peuple qu'en payant quelque somme d'argent à l'église, on pouvait se libérer de ses péchés, et libérer également les âmes des amis décédés, qui étaient tourmentées dans les flammes. Voilà par quels moyens Rome remplit ses coffres, et entretint la magnificence, le luxe et le vice des prétendus représentants de Celui qui n'avait pas un lieu où reposer Sa tête.

L'ordonnance scripturaire de la sainte cène avait été supplantée par le sacrifice idolâtre de la messe. Les prêtres prétendirent convertir, par leurs sophismes insensés, le simple pain et le vin, en "chair et en sang réels de Jésus-Christ" *(Cardinal Wiseman, The Real Presence of the Body and Blood of Our Lord Jesus Christ in the Blessed Eucharist, Proved From Scipture, lecture 8, sec. 3, par. 26)*. Avec une présomption blasphématoire, ils prétendirent ouvertement pouvoir "créer Dieu, Créateur de tout ce qui existe." Tous les chrétiens furent tenus, sous peine de mort, d'ajouter foi à cette horrible hérésie qui est une insulte contre le ciel. Des multitudes de gens refusant de la reconnaître, furent livrés aux flammes.

Au treizième siècle, le plus terrible instrument de torture de la papauté fut établi : l'Inquisition. Le prince des ténèbres travaillait avec les chefs de la hiérarchie papale. Dans leurs conciliabules secrets, Satan et ses anges dirigeaient les esprits des méchants, tandis qu'un ange de Dieu, invisible à tous, inscrivait le terrible récit de leurs décrets iniques, et écrivait l'histoire d'actes trop horribles pour paraître devant les yeux des humains. "La grande Babylone" était "enivrée du sang des saints." Le sang de millions de martyrs crie vengeance, de la terre au ciel, contre cette puissance apostate.

La papauté était devenue le despote du monde. Rois et Empereurs fléchissaient devant les décrets du pontife romain. Les destinées des hommes, à ces instants et pour l'éternité, semblaient être sous son contrôle. Durant des siècles, les doctrines de Rome avaient été reçues implicitement partout, ses rites pratiqués avec respect, et ses fêtes généralement observées. Son clergé était honoré et libéralement entretenu. Jamais, depuis, l'église romaine n'a atteint un si haut degré de dignité, de magnificence ou de puissance.

Mais "le midi de la papauté [son apogée] était le minuit du monde [l'heure la plus sombre]", *(J. A. Wylie, The History of Protestantism, B. 1, ch. 4)*. Les Saintes Écritures étaient presque inconnues, non seulement du peuple, mais des prêtres. Comme les pharisiens d'autrefois, les membres du clergé haïssaient la lumière qui dévoilait leurs péchés. Ayant mis de côté la loi de Dieu, ce modèle de justice, ils exerçaient un pouvoir sans limite, et se livraient au vice d'une manière effrénée. La fraude, l'avarice et les dérèglements régnaient partout. Les hommes ne reculaient devant aucun crime pour acquérir richesse ou influence. Les palais des papes et des prélats étaient témoins de scènes de la plus vile débauche. Quelques-uns des pontifes régnants furent coupables de crimes si révoltants que les princes séculiers cherchèrent à déposer ces dignitaires de l'église comme des monstres trop vils pour être tolérés. Pendant des siècles, le monde ne fit aucun progrès ni dans les arts, ni dans les sciences ni dans la civilisation en général. Une paralysie morale et intellectuelle avait frappé la chrétienté.

La condition du monde sous la puissance romaine nous présente un tableau à la fois frappant et effrayant de l'accomplissement des paroles d'Osée : "Mon peuple est détruit, parce qu'il lui manque la connaissance. Puisque tu as rejeté la connaissance, je te rejetterai, …puisque que tu as oublié la loi de ton Dieu, j'oublierai aussi tes enfants. Il n'y a point de vérité, point de miséricorde, point de connaissance de Dieu dans le pays. Il n'y a que parjures et mensonges, assassinats, vols et adultères ; on use de violence, on commet meurtre sur meurtre [18]." Voilà quel fut le résultat d'avoir banni la Parole de Dieu.

---

1 2 Thés. 2 : 3, 4, 7.	8 Apoc. 13 : 2	14 Néh. 4 : 14.
2 Luc 4 : 8.	9 Dan. 7 : 25 ;	15 Eph. 6 : 17.
3 Jude 3.	Apoc. 13 : 5-7.	16 Marc 13 : 37.
4 Dan. 7 : 25.	10 Luc 21 : 16, 17.	17 Mat. 20 : 27.
5 Gen. 2 : 2, 3.	11 Apoc. 12 : 6.	18 Osée 4 : 6, 1, 2.
6 2 Thés. 2 : 4.	12 1 Cor. 3 : 10, 11.	
7 2 Thés. 2 : 7.	13 Néh. 4 : 10.	

CHAPITRE IV

LES VAUDOIS

Au milieu des ténèbres qui descendirent sur la terre pendant la longue période de la suprématie papale, la lumière de la vérité ne put être entièrement éteinte. Dans tous les âges, Dieu eut des témoins : des hommes qui avaient foi en Christ comme seul Médiateur entre Dieu et l'homme, qui regardaient la Bible comme la seule règle de la vie, et qui sanctifiaient le vrai Sabbat. Les générations futures ne sauront jamais combien le monde doit à ces hommes. Ils furent diffamés, leurs motivations furent méconnues, leurs caractères bafoués, leurs écrits repoussés et faussement représentés ou interprétés. Mais pourtant ils demeurèrent fermes, et d'âge en âge ils gardèrent leur foi dans sa pureté, comme un héritage sacré pour les générations à venir.

L'histoire des fidèles enfants de Dieu, durant des centaines d'années après que Rome eût obtenu le pouvoir, n'est connue que du ciel. On ne la trouve pas dans les annales de l'humanité, à l'exception des censures et des accusations portées contre eux par leurs persécuteurs. La politique de Rome était de faire disparaître toute trace de divergence touchant ses doctrines et ses décrets. Tout ce qui était hérétique [contraire à la foi catholique], qu'il s'agisse des personnes ou des écrits, était détruit. Une seule expression de doute, une question touchant à l'autorité des dogmes romains, pouvait coûter la vie à riches et pauvres, grands et petits. Rome tenta également de détruire tous les récits trahissant sa cruauté envers les dissidents. Les conciles romains ont condamné aux flammes tous les livres et écrits contenant de tels récits. Avant l'invention de l'imprimerie, il n'y avait que très peu de livres, et ces derniers avaient un format qui les rendait peu facile à mettre à l'abri du danger ; il y avait donc bien peu d'obstacles pour empêcher les partisans de Rome d'exécuter leurs desseins.

Aucune église, dans les limites de la juridiction romaine, ne put jouir bien longtemps sans maltraitance physique de la liberté de conscience [droit de choisir sa religion]. Dès que la papauté eut le pouvoir, elle étendit le bras pour supprimer tous ceux qui refuseraient de reconnaître son autorité, et les églises se soumirent les unes après les autres à sa domination.

Le christianisme primitif avait de bonne heure pris racine en Grande-Bretagne. L'Evangile, reçu par les Bretons dans les premiers siècles de notre ère, n'avait pas été corrompu alors par le romanisme. La persécution, sous les empereurs païens, s'étendant jusque dans ces côtes lointaines, fut le seul don que reçurent de Rome les premières églises de la Grande-Bretagne. Bien des chrétiens, qui fuyaient la persécution en Angleterre, trouvèrent un refuge en Ecosse. De là l'Evangile fut porté en Irlande. Dans toutes ces contrées, il fut reçu avec joie.

Mais le paganisme reprit le dessus lorsque les Saxons envahirent la Grande-Bretagne. Les conquérants, refusant de se laisser instruire par leurs esclaves, les chrétiens furent forcés de se réfugier dans les montagnes et les landes désertes. Pourtant, la lumière de la vérité, cachée pour un moment, ne fut pas éteinte. Au siècle suivant, elle brilla en Ecosse d'un tel éclat qu'elle s'étendit plus loin. D'Irlande sortirent le pieux Colomban [VIème siècle] et ses collaborateurs, qui, réunissant autour d'eux les chrétiens dispersés, se fixèrent dans l'île isolée d'Iona. Cette île devint le centre de leurs travaux missionnaires. Un des principaux évangélistes étant un observateur du Sabbat de la Bible, cette vérité fut introduite parmi les populations. Il s'établit à Iona une école d'où sortirent de jeunes missionnaires qui se rendirent non seulement en Ecosse et en Angleterre, mais aussi en Allemagne, en Suisse et même en Italie.

Mais Rome avait jeté les yeux sur la Grande-Bretagne et avait décidé de l'amener sous son obéissance. Au sixième siècle, ses missionnaires entreprirent la conversion des Saxons encore païens. Ils furent favorablement reçus par les fiers barbares et décidèrent plusieurs milliers de personnes à professer la foi romaine. Comme les conversions augmentaient, les prêtres romains et leurs convertis entrèrent en lutte avec les chrétiens primitifs. Un contraste frappant se présenta. Ces derniers étaient simples, humbles et en accord avec les Ecritures dans leur foi et dans leur vie, tandis que les premiers faisaient étalage de la superstition, la pompe et l'arrogance papales. Les émissaires de Rome demandèrent à ces églises chrétiennes de reconnaître la suprématie du souverain pontife. Les Bretons répondirent humblement que leur désir était d'aimer tous les hommes, que le pape n'avait pas de droit à la suprématie dans l'église, et qu'ils ne pouvaient lui accorder que la soumission due à tout disciple du Christ. On chercha à maintes reprises à les amener à se soumettre à Rome ; mais ces humbles chrétiens, étonnés et effrayés de l'orgueil que montraient les représentants de Rome, répondirent fermement qu'ils ne connaissaient pas d'autre maître que Christ. Alors le véritable esprit de la papauté se révéla. Le chef romain leur dit : "Si vous ne voulez pas recevoir des frères qui vous apportent la paix, vous recevrez des ennemis qui vous apporteront la guerre. Si vous ne vous unissez pas à nous pour indiquer la voie du salut aux Saxons, vous recevrez d'eux le coup de la mort" *(J. H. Merle D'Aubigné, History of the Reformation of the Sixteenth Century, b. 17, ch. 2).* Ces menaces n'étaient pas vaines. La guerre, les intrigues et la tromperie, tout fut employé contre ces témoins d'une foi biblique, jusqu'à ce que les églises de Bretagne soient détruites ou forcées à se soumettre à l'autorité du pape.

Dans d'autres pays situés en dehors de la juridiction de Rome, vivaient, pendant des siècles, des groupes de chrétiens qui demeurèrent presque entièrement exempts de la corruption papale. Entourés de païens, ils avaient, au cours des siècles, accepté quelques-unes de leurs erreurs ; mais ils continuèrent à regarder la Bible comme seule règle de foi, et adhéraient à maintes vérités bibliques. Ces chrétiens croyaient à la perpétuité de la loi de Dieu et observaient le Sabbat du quatrième commandement. On trouvait dans l'Afrique centrale et parmi les Arméniens d'Asie, des églises qui avaient cette foi et cette pratique.

Mais les Vaudois du Piémont [XIIème siècle] furent au premier rang parmi ceux qui résistèrent aux prétentions de la puissance papale. Pendant des siècles, les églises du Piémont maintinrent leur indépendance ; mais le temps vint où Rome exigea leur soumission. Après avoir lutté sans résultat contre sa tyrannie, les chefs des églises vaudoises reconnurent à contrecœur la suprématie de la puissance devant laquelle toute la terre semblait s'incliner. Un grand nombre refusa pourtant de se soumettre à l'autorité du pape. Ils étaient résolus à ne se soumettre qu'à Dieu, et à conserver la pureté et la simplicité de leur foi. Une séparation eut lieu. Quelques-uns des protestataires traversèrent les Alpes, et levèrent l'étendard de la vérité dans les pays étrangers. D'autres se retirèrent dans des vallées moins connues, parmi les montagnes, et gardèrent là leur liberté de servir Dieu...

Les croyances religieuses des Vaudois se fondaient sur la Parole de Dieu, véritable base du christianisme, et étaient en contraste frappant avec les erreurs de Rome. Mais ces laboureurs et vignerons, séparés du monde dans leurs obscures retraites, n'étaient pas d'eux-mêmes arrivés à la vérité qu'ils opposaient aux dogmes et hérésies de l'église apostate. Leur foi n'était pas une acquisition récente. Leur croyance religieuse était un héritage de leurs pères. Ils luttaient pour la foi de l'église apostolique : "la foi qui a été transmise aux saints une fois pour toutes."

Parmi les principales causes qui avaient amené la séparation entre la vraie église et Rome, se trouvait la haine de cette dernière pour le Sabbat de la Bible. Ainsi qu'il avait été prédit par la prophétie, le pouvoir papal jeta la vérité à terre. La loi de Dieu fut foulée aux pieds, tandis que les traditions et les coutumes des hommes furent exaltées. Les églises qui étaient sous le gouvernement de la papauté furent dès l'origine obligées d'honorer le premier jour de la semaine [dimanche]. Au milieu des erreurs et de la superstition prédominantes, beaucoup d'enfants de Dieu eux-mêmes furent jetés dans un tel désarroi, que tout en observant le Sabbat [samedi], ils évitaient également de travailler le premier jour. Mais cela ne satisfit pas les chefs de l'église romaine. Ils demandèrent non seulement de sanctifier le premier jour, mais de profaner le Sabbat ; et ils accusèrent avec violence ceux qui osaient l'honorer. Ce n'est qu'en fuyant le pouvoir romain qu'on pouvait obéir en paix à la loi de Dieu.

Les Vaudois furent les premiers de tous les peuples de l'Europe à obtenir une traduction des Ecritures [la Bible d'Olivétan de 1535 Canton de Neuchâtel en Suisse est aujourd'hui la Bible d'Ostervald de 1881 révisée en 1996]. Des centaines d'années avant la Réforme, ils possédaient des manuscrits de la Bible entière dans leur propre langue. Ils avaient la vérité sans altération, et cela les rendait spécialement les objets de la haine et de la persécution. Ils déclaraient que l'église romaine était l'apostate Babylone de l'Apocalypse et, au péril de leur vie, ils s'élevèrent pour résister à ses corruptions. Sous la pression d'une longue persécution, quelques-uns compromirent leur foi, abandonnant peu à peu leurs principes distinctifs ; mais d'autres tinrent fermement à la vérité.

Pendant des siècles de ténèbres et d'apostasie, il y eut des Vaudois qui niaient la suprématie de Rome, qui rejetaient le culte des images comme une idolâtrie, et qui observaient le vrai Sabbat. Ils gardèrent leur foi au milieu des tempêtes d'opposition les plus violentes. Quoique poursuivis par les piques savoyardes, et décimés par les bûchers romains, ils demeurèrent les inflexibles témoins de la Parole et de la gloire de Dieu.

Ce fut à l'abri des hauts remparts des montagnes — dans tous les âges, refuge des persécutés et des opprimés — que les Vaudois trouvèrent un lieu de sûreté. C'est là que le flambeau de la vérité resta allumé durant la longue nuit qui tomba sur la chrétienté. C'est là que, pendant un millier d'années, des témoins de la vérité gardèrent la foi ancienne.

Dieu avait préparé à son peuple un sanctuaire d'une majestueuse grandeur, bien approprié aux puissantes vérités qui leur étaient destinées. Pour ces fidèles exilés, les montagnes étaient un emblème de la justice immuable de Dieu. Ils montraient à leurs enfants les sommets altiers dans leur imposante majesté. Ils leur parlaient de Celui en qui il n'y a ni variation ni ombre de changement, dont la parole est aussi stable que les collines éternelles. Dieu a affermi les montagnes sur leurs bases et les a revêtues de puissance ; aucun bras, si ce n'est celui de la puissance infinie, ne pourrait les changer de leur place. Il a de même établi Sa loi, le fondement de Son gouvernement au ciel et sur la terre. Le bras de l'homme peut atteindre son semblable et lui ôter la vie ; mais ce même bras pourrait tout aussi difficilement arracher les montagnes de leurs fondements et les précipiter dans la mer que de changer un iota ou un trait de la loi de Dieu, ou de supprimer la moindre des promesses laissées à ceux qui font Sa volonté. Dans leur fidélité à Sa loi, les serviteurs de Dieu devraient être aussi fermes que les collines éternelles.

Les montagnes qui entouraient leurs hautes vallées étaient des témoins constants de la puissance créatrice de Dieu et une assurance infaillible de Ses soins protecteurs. Ces pèlerins apprenaient à aimer les silencieux symboles de la présence de Dieu. Ils ne se plaignaient pas de leur sort pénible ; ils n'étaient pas seuls dans les solitudes des montagnes. Ils étaient reconnaissants à Dieu qui leur procurait un asile contre la colère et la cruauté des hommes. Ils se réjouissaient dans la liberté qu'ils avaient de Le servir. Souvent, lorsqu'ils étaient poursuivis par leurs ennemis, la hauteur des montagnes leur offrait une sûre défense. Du haut des rochers inaccessibles, ils chantaient en louant Dieu, et les armées de Rome ne pouvaient réduire au silence leurs chants d'action de grâce.

La piété de ces disciples du Christ était simple, pure et fervente. Ils estimaient les principes de la vérité plus importants que maisons et champs, qu'amis et parents, et même que leur propre vie. Ils cherchaient à inculquer ces principes dans l'esprit de la jeunesse. Dès leur jeune âge, les enfants étaient instruits dans les Ecritures, et on leur enseignait à observer comme sacrées les exigences de la loi de Dieu. Les exemplaires de la Bible étaient rares ; c'est pourquoi l'on confiait à la mémoire ses précieuses paroles. Beaucoup d'entre eux pouvaient réciter de grandes portions de l'Ancien et du Nouveau Testament. La pensée de Dieu s'unissait aux scènes sublimes de la nature et aux bienfaits de la vie journalière. Les petits enfants apprenaient à être reconnaissants envers Dieu comme dispensateur de toute faveur et de tout bien.

Les parents, quoique tendres et affectueux, aimaient trop sagement leurs enfants pour les laisser s'accoutumer à faire leur propre volonté. Ils avaient devant eux une vie d'épreuves et de privations, peut-être la mort des martyrs. On les habituait dès l'enfance à endurer les renoncements, à se soumettre à l'autorité, et néanmoins à penser et à agir d'eux-mêmes. On leur apprenait très jeunes à porter la responsabilité de leurs actes, à se tenir sur leurs gardes dans leurs discours, et à comprendre la sagesse du silence. Une parole indiscrète, parvenant aux oreilles de leurs ennemis, pouvait mettre en danger non seulement la vie de celui qui l'avait dite, mais aussi celle de centaines de ses frères ; tant les ennemis de la vérité, semblables à des loups affamés, poursuivaient sans relâche ceux qui osaient manifester librement leur foi.

Les Vaudois avaient sacrifié leur prospérité en ce monde pour l'amour de la vérité ; avec une patience persévérante, ils arrivaient à gagner péniblement leur vie. Chaque parcelle de terre cultivable dans les montagnes était soigneusement entretenue ; les vallées et les coteaux moins fertiles étaient cultivés de manière à continuer de rendre leurs produits. L'économie et un renoncement rigoureux formaient une partie de l'éducation que les enfants recevaient comme seul héritage. On leur enseignait que, conformément aux desseins de Dieu, la vie est une discipline, et qu'ils ne pouvaient subvenir à leurs besoins que par le travail personnel, la prévoyance, l'économie et la foi en Dieu. Cette éducation était une école de labeurs et de fatigues ; mais elle était salutaire ; c'est précisément ce dont l'homme a besoin dans son état de chute : l'école que Dieu a donnée pour son éducation et son développement.

Tandis qu'on habituait la jeunesse aux peines et à la fatigue, on ne négligeait pas la culture de leur intelligence. On leur enseignait que toutes leurs facultés appartiennent à Dieu, et que tous doivent les cultiver et les développer pour Son service.

Par leur pureté et leur simplicité, les églises vaudoises ressemblaient à l'église des jours apostoliques. Rejetant la suprématie des papes et des prélats, elles conservaient les Saintes Ecritures comme étant la seule autorité suprême et infaillible. Contrairement aux arrogants prêtres de Rome, leurs pasteurs suivaient l'exemple du Maître qui "était venu non pour être servi, mais pour servir." Ils paissaient le troupeau de Dieu, le conduisaient aux verts pâturages et aux fontaines vivantes de Sa Sainte Parole. Loin des monuments de la pompe et de l'orgueil des hommes, on s'assemblait, non pas dans de magnifiques églises ou dans de grandes cathédrales, mais à l'ombre des monts, dans les vallées des Alpes ou encore, en cas de danger, dans quelque rocher fortifié, pour y écouter la parole de la vérité des serviteurs de Christ. Les pasteurs ne se contentaient pas de prêcher l'Evangile, mais ils visitaient les malades, instruisaient les enfants, reprenaient les égarés, s'efforçaient d'aplanir les différends et de maintenir la concorde et l'amour fraternel. En temps de paix, ils étaient entretenus par les offrandes volontaires du peuple ; mais, comme Paul, le faiseur de tentes, chacun apprenait quelque métier ou profession pour subvenir, le cas échéant, à ses propres besoins.

Les jeunes recevaient l'instruction de leurs pasteurs. Alors que l'attention était donnée aux différentes branches de l'enseignement général, la Bible était leur étude principale. Les évangiles de Matthieu et de Jean étaient appris par cœur, avec plusieurs des Epîtres. Ils étaient aussi employés à copier la Parole de Dieu. Certains manuscrits contenaient la Bible entière, d'autres seulement de brèves parties, auxquelles de simples commentaires du texte étaient ajoutés par ceux qui étaient capable d'exposer les Ecritures. Ainsi étaient remis en évidence les trésors de vérité si longtemps cachés par ceux qui cherchaient à s'exalter eux-mêmes au-dessus de Dieu.

Grâce à un travail patient, infatigable, accompli parfois dans les sombres cavernes de la terre, à la lumière des torches, les Ecritures étaient copiées verset après verset, chapitre après chapitre. Ainsi l'œuvre se poursuivait, la volonté révélée de Dieu brillant comme de l'or pur ; combien plus brillante, claire et plus puissante elle apparaissait en raison des épreuves endurées par amour pour elle, à ceux-là seuls qui étaient engagés dans un tel travail. Les anges de Dieu entouraient ces fidèles ouvriers.

Satan avait poussé les évêques et les prélats romains à cacher la Parole de vérité sous les décombres de l'erreur, de l'hérésie et de la superstition ; mais, de la manière la plus merveilleuse, elle demeura pure à travers tous les sombres siècles du Moyen Age [du Vème au XVème siècle]. Elle ne portait pas le sceau de l'homme, mais celui de Dieu Lui-même. Les hommes ont fait des efforts incessants pour obscurcir le sens clair et simple des Ecritures, et pour les opposer à elles-mêmes ; mais, semblable à l'arche voguant sur l'immensité des eaux, la Parole de Dieu maîtrise les tempêtes qui la menacent de destruction. Comme la mine renfermant de riches veines d'or et d'argent les cache au-dessous de la surface, de sorte que tous ceux qui veulent découvrir ses précieux filons doivent creuser dans les entrailles de la terre, ainsi les Saintes Ecritures ont des trésors de vérité qui ne sont révélés qu'à ceux qui les recherchent sérieusement, humblement, et avec prière. Dieu a voulu que la Bible soit un livre de leçons étudié dans tous les temps par toute l'humanité, dans l'enfance, dans la jeunesse et dans l'âge mûr. En donnant Sa Parole aux hommes, Il leur donna une révélation de Lui-même. Chaque nouvelle vérité qu'on y discerne, révèle un autre côté du caractère de son Auteur. L'étude des Ecritures constitue un moyen par lequel

Dieu amène les hommes en communion plus intime avec leur Créateur et leur donne une connaissance plus claire de Sa volonté. C'est le lien de communication entre Dieu et l'homme.

Lorsque les jeunes Vaudois avaient passé quelque temps dans leurs écoles de montagnes, on en envoyait quelques-uns compléter leur éducation dans les grandes villes où s'ouvrait devant eux un horizon de pensées et d'observations plus étendu que dans leurs demeures escarpées. Les jeunes gens qu'on envoyait ainsi étaient exposés à la tentation ; ils étaient témoins des vices de l'époque ; ils avaient à affronter les astucieux agents de Satan qui cherchaient à les faire tomber dans les plus subtiles hérésies et dans les séductions les plus dangereuses. Mais leur éducation reçue dans l'enfance avait été telle qu'ils étaient préparés à résister à tout cela.

Dans quelque école qu'ils soient, ils ne devaient se fier à personne. Leurs vêtements étaient confectionnés de manière à cacher leur plus grand trésor : les précieux manuscrits des Ecritures. Ils portaient ainsi avec eux ce fruit d'un travail qui avait duré des mois et des années, et chaque fois qu'ils le pouvaient, sans exciter les soupçons, ils en remettaient avec précaution quelque fragment entre les mains de gens prêts à recevoir la vérité. Dès leur plus tendre enfance, les jeunes Vaudois avaient été élevés avec ce but en vue ; ils comprenaient leur œuvre et l'accomplissaient fidèlement. Il arrivait que des jeunes gens, dans ces établissements scolaires, se convertissent à la vraie foi et, fréquemment, ces principes pénétraient dans tout l'établissement sans que pourtant les disciples du pape puissent, au moyen des recherches les plus minutieuses, remonter à la source de ce qu'ils appelaient une hérésie corruptrice.

L'Esprit de Jésus-Christ est un esprit missionnaire. Le premier désir d'un cœur régénéré est d'amener d'autres âmes au Sauveur. Telle était l'aspiration des Vaudois : ils sentaient que Dieu exigeait d'eux, autre chose que de maintenir simplement la vérité dans leurs propres montagnes. Une responsabilité solennelle de faire luire leur lumière sur ceux qui étaient dans les ténèbres reposait sur eux ; par la puissance de la Parole de Dieu ils devaient briser la servitude que Rome avait imposée. Ils avaient pour règle que tous ceux qui désiraient se vouer au ministère devaient servir trois ans dans le champ missionnaire avant de pouvoir se charger d'une église chez eux. Au moment du départ, les mains des serviteurs de Dieu posées sur leurs têtes, ces jeunes gens voyaient dans l'avenir non pas la richesse ou la gloire terrestre, mais une vie de peines et de dangers, et peut-être le sort du martyr. Ces missionnaires commençaient leurs travaux dans les plaines et les vallées situées au pied de leurs montagnes, allant deux à deux comme les disciples qu'envoyait Jésus. Ces collaborateurs n'étaient pas toujours ensemble, mais ils se rejoignaient pour prier et se consulter, se fortifiant les uns les autres dans la foi.

Leur mission aurait été inutile s'ils en avaient fait connaître la nature ; c'est pourquoi on les voyait cacher leur mission réelle sous le déguisement de quelque industrie, le plus ordinairement celle de marchands ou colporteurs. Ils offraient des soieries, des joyaux et autres articles de valeur, et ils étaient reçus comme marchands par ceux qui les auraient repoussés comme missionnaires. Ils priaient sans cesse que Dieu leur donne de la sagesse pour offrir un trésor plus précieux que l'or et les joyaux. Ils portaient avec eux des parties de la Parole de Dieu cachées dans leurs vêtements ou leurs marchandises, et partout où ils pouvaient le faire sans danger, ils appelaient l'attention sur le contenu de ces manuscrits. Lorsqu'ils remarquaient que l'intérêt était suscité, ils en donnaient quelques fragments comme présent.

Les pieds nus et couverts de vêtements grossiers, ces missionnaires passaient à travers de grandes villes et traversaient des contrées très éloignées des vallées qui les avaient vues naître, répandant partout la précieuse semence. Des églises s'élevaient sur leur passage, et le sang des martyrs rendait témoignage à la vérité. Le jour de Dieu révélera une riche moisson d'âmes recueillies par ces fidèles chrétiens. La Parole de Dieu, voilée et silencieuse, accueillie joyeusement dans les cœurs d'hommes pieux, se frayait ainsi un chemin dans la chrétienté.

Pour les Vaudois, les Ecritures n'étaient pas seulement un récit de ce que Dieu avait fait en faveur des hommes dans les temps passés et une révélation des responsabilités et des devoirs du présent, mais une révélation des périls et des gloires à venir. Ils croyaient que la fin de toutes choses n'était pas éloignée. Comme ils étudiaient la Bible avec prières et avec larmes, ils étaient profondément impressionnés par ses précieuses déclarations et sentaient vivement qu'il était de leur devoir de faire connaître à d'autres ses vérités salutaires. Ils voyaient le plan du salut clairement révélé dans ses pages sacrées, et ils trouvaient des consolations, de l'espérance et la paix dans leur foi en Jésus. La lumière divine qui illuminait leur entendement et réjouissait leurs cœurs, les poussait ardemment à répandre ses rayons bienfaisants sur ceux qui étaient dans les ténèbres de l'apostasie papale.

Ils voyaient des multitudes de gens, sous la direction du pape et des prêtres, cherchant vainement à obtenir leur pardon en faisant souffrir leur corps pour le péché de leur âme [la mortification]. Instruits à se confier en leurs bonnes œuvres pour être sauvés, ils regardaient sans cesse à eux-mêmes, pensant à leur culpabilité, se voyant exposés à la colère de Dieu, affligeant l'âme et le corps, sans parvenir à trouver aucun repos. C'est ainsi que des hommes consciencieux étaient liés par les doctrines de Rome. Des milliers d'âmes abandonnaient parents et amis et passaient leur vie dans les cellules d'un couvent. D'autres cherchaient vainement à obtenir la paix de la conscience par des jeûnes répétés, de cruelles flagellations, des veilles prolongées ; ou bien ils se prosternaient pendant des heures sur les pierres froides et humides de leurs sombres demeures ; ou encore ils faisaient de longs pèlerinages, des pénitences humiliantes, et enduraient de terribles tortures. Accablés par le sentiment du péché et hantés par la crainte de la colère vengeresse de Dieu, ils souffraient jusqu'à s'épuiser, puis mouraient sans un seul rayon de lumière ou d'espérance.

Les Vaudois désiraient ardemment rompre le pain de vie à ces âmes affamées, leur dévoiler les messages de paix renfermés dans les promesses de Dieu et leur montrer Christ, leur seule espérance de salut. Ils considéraient comme une erreur, la doctrine enseignant que les bonnes œuvres seules peuvent racheter de la transgression à la loi de Dieu. La confiance aux mérites de l'homme empêche de considérer l'amour infini du Christ. Jésus se sacrifia jusqu'à la mort en faveur de l'homme, car notre race déchue ne peut rien faire pour se recommander à Dieu. Les mérites d'un Sauveur crucifié et ressuscité sont le fondement de la foi chrétienne. La dépendance de l'âme envers le Christ est aussi réelle, et son union avec Lui par la foi devrait être aussi intime que celle d'un membre au corps ou d'un sarment au cep.

Les enseignements des papes et des prêtres avaient poussé les hommes à considérer le caractère de Dieu, et même du Christ, comme sévère, sombre et effrayant. Le Sauveur était représenté comme tellement dépourvu de sympathie envers l'homme déchu, qu'il fallait invoquer la médiation des prêtres et des saints. Il tardait à ceux dont l'esprit avait été éclairé par la Parole de Dieu, de montrer à ces âmes Jésus comme un Sauveur compatissant et aimant, tendant les bras à tous ceux qui veulent aller à Lui avec le fardeau de leurs péchés, de leurs craintes et de leurs faiblesses. Il leur tardait de débarrasser le chemin des cœurs des obstacles que Satan y avait amoncelés pour empêcher les hommes à apercevoir les promesses de Dieu, et de venir à Lui directement, confessant leurs péchés, et obtenant le pardon et la paix.

Le missionnaire vaudois dévoilait avec un ardent empressement aux esprits avides d'instruction, les précieuses vérités de l'Evangile. Il dévoilait prudemment les portions écrites des Saintes Ecritures. Sa plus grande joie était de faire naître l'espérance dans les âmes dont la conscience était troublée par le sentiment du péché. Ces âmes ne pouvaient voir en Dieu qu'un vengeur attendant de pouvoir exécuter les décisions de Sa justice. Les lèvres tremblantes d'émotion et les larmes aux yeux, souvent même à genoux, il montrait à ses frères les précieuses promesses qui révèlent la seule espérance du pécheur. C'est ainsi que la vérité pénétrait dans bien des esprits obscurcis, dont elle dissipait les tristesses, jusqu'à ce que le Soleil de Justice brille dans les cœurs, portant la guérison dans ses rayons. Il lui arrivait souvent d'avoir à lire et à relire certaines portions des Ecritures, l'auditeur désirant les entendre répéter, comme s'il voulait s'assurer qu'il avait bien entendu. On désirait spécialement se pénétrer des paroles suivantes : "Le sang de Jésus-Christ Son Fils nous purifie de tout péché [1]." "Et comme Moïse éleva le serpent dans le désert, il faut de même que le Fils de l'homme soit élevé, afin que quiconque croit en Lui ne périsse point, mais qu'il ait la vie éternelle [2]."

Bien des gens étaient désabusés quant aux prétentions de Rome. Ils comprenaient combien est vaine la médiation des hommes ou des anges en faveur du pécheur. Quand la vraie lumière descendait dans leur esprit, ils s'écriaient joyeusement : "Christ est mon prêtre ; Son sang est mon sacrifice ; Son autel est mon confessionnal." Ils se confiaient entièrement dans les mérites du Christ, répétant ces paroles : "sans la foi, il est impossible de lui être agréable [3]." "Il n'y a sous le ciel aucun autre nom qui ait été donné parmi les hommes, par lequel nous devions être sauvés [4]."

L'assurance de l'amour d'un Sauveur semblait trop difficile à comprendre pour quelques-unes de ces âmes agitées. Le soulagement qu'elle apportait était si grand, la lumière qui en découlait était si vive, qu'elles paraissaient transportées au ciel. Elles plaçaient avec confiance leur main dans celle du Christ ; elles posaient leurs pieds sur le Rocher des siècles. Toute crainte de la mort était bannie. Elles pouvaient alors désirer la prison ou le bûcher si elles pouvaient ainsi honorer le nom de leur Rédempteur.

La Parole de Dieu était ainsi portée et lue dans des lieux secrets, parfois à une seule âme, parfois à un petit groupe de personnes avides de lumière et de vérité. Souvent on passait la nuit entière à méditer sur ces choses. L'étonnement et l'admiration de ceux qui entendaient ces messagers de miséricorde étaient tels qu'ils étaient souvent forcés de cesser leur lecture jusqu'à ce que les auditeurs puissent saisir les bonnes nouvelles du salut. Souvent on entendait des paroles telles que celles-ci : "Dieu acceptera-t-il réellement mon offrande à moi ? M'accordera-t-il, à moi, sa paix ? Veut-il me pardonner, moi ?" On lisait la réponse : "Venez à moi, vous tous qui êtes fatigués et chargés, et je vous donnerai du repos [5]."

La foi saisissait les promesses, et on entendait cette joyeuse réponse : "Plus de longs pèlerinages à faire ; plus de pénibles voyages aux lieux saints. Je puis aller à Jésus tel que je suis, coupable et souillé, et Il ne méprisera pas la prière de la repentance. "Tes péchés te sont pardonnés." "Les miens, même les miens, peuvent être pardonnés."

Un flot de joie sainte remplissait le cœur, et le nom de Jésus était magnifié par la louange et l'action de grâce. Ces âmes heureuses retournaient chez elles pour répandre la lumière de la vérité, pour redire à d'autres, autant qu'il leur était possible, leur nouvelle expérience ; pour leur dire qu'ils avaient trouvé le chemin de la vie et de la vérité. Il y avait dans les paroles des Ecritures une puissance étrange et solennelle qui parlait directement au cœur de ceux qui soupiraient après la vérité. C'était la voix de Dieu, et Elle portait la conviction à ceux qui l'entendaient.

Le messager de la vérité continuait son chemin ; mais son apparence humble, sa sincérité, son sérieux et sa profonde ferveur étaient le sujet de fréquentes remarques. Dans bien des cas, on ne lui avait pas demandé d'où il venait, et où il allait. Ses auditeurs avaient d'abord été si surpris, et ensuite si débordants de gratitude et de joie, qu'ils n'avaient pas songé à le questionner. Lorsqu'ils l'avaient invité à les accompagner dans leurs demeures, il leur avait répondu qu'il devait visiter les brebis perdues du troupeau. Et ils se demandaient si ce ne pouvait pas être un ange du ciel.

Dans bien des cas, on ne revoyait plus le messager de la vérité. Il était parti pour d'autres pays, ou il consumait ses jours dans quelque cachot inconnu, ou encore ses os blanchissaient peut-être au lieu où il avait rendu témoignage à la vérité. Mais les paroles qu'il avait laissées ne pouvaient être détruites. Elles accomplissaient leur œuvre dans les cœurs des hommes ; leurs résultats bénis ne seront pleinement connus qu'au jour du jugement.

Les missionnaires vaudois envahissaient le royaume de Satan ; les puissances des ténèbres, alarmées, devinrent plus vigilantes. Chaque effort fait pour avancer la vérité était observé par le prince de ce monde, et il excitait les craintes de ses agents. Les responsables religieux virent un danger pour leur cause dans les travaux de ces humbles marchands ambulants. Si on n'empêchait pas la lumière de la vérité d'éclairer, elle dissiperait les sombres nuages d'erreur qui enveloppaient le peuple, elle attirerait les esprits vers Dieu seul, et détruirait certainement la suprématie de Rome.

L'existence même de ce peuple, gardant la foi de l'église primitive, était un témoignage constant contre l'apostasie romaine, et, en conséquence, excitait la haine et la persécution la plus violente. Le refus des Vaudois d'abandonner les Ecritures était également une offense que Rome ne pouvait tolérer. Elle résolut de les effacer de la surface de la terre. Alors se déchaînèrent contre le peuple de Dieu caché dans les montagnes une série d'atroces croisades. Des inquisiteurs suivirent leurs traces, et souvent se répéta la scène de l'innocent Abel tombant devant Caïn le meurtrier.

On vit souvent leur contrée fertile dévastée, leurs demeures et leurs temples détruits, de sorte que là où florissaient autrefois les champs et les demeures d'un peuple industrieux, il ne restait qu'un désert. Comme les animaux sauvages deviennent plus féroces lorsqu'ils ont goûté le sang, ainsi la rage des disciples du pape ne faisait qu'augmenter à la vue des souffrances de leurs victimes. Un grand nombre de ces témoins d'une foi pure furent poursuivis à travers les montagnes, ou sur les hauts rochers, et pourchassés dans les vallées où ils se cachaient au sein des grandes forêts.

On ne pouvait porter aucune accusation contre le caractère moral de ce peuple proscrit. Leurs ennemis mêmes déclaraient que c'étaient des gens paisibles, tranquilles et pieux. Leur grand tort était qu'ils ne voulaient pas adorer Dieu suivant la volonté du pape. Et pour ce crime, on les accablait de toutes les humiliations, de tous les outrages et de toutes les tortures que les hommes ou les démons purent inventer.

Lorsque Rome résolut un jour d'exterminer cette secte exécrée, *(Innocent VIII, 1487)* le pape lança contre eux une bulle, les condamnant comme hérétiques, et les livrant à l'épée. Ils ne furent pas accusés de paresse, de mauvaise foi, ou de désordre ; il y était déclaré que c'étaient des gens ayant une apparence de piété et de sainteté qui séduisait "les brebis du vrai troupeau." C'est pourquoi le pape ordonnait que, s'ils ne voulaient pas abjurer [renoncer solennellement à sa religion], "cette secte malicieuse et abominable devait être écrasée comme des serpents venimeux" (Wylie, b. 16, ch. I). Ce hautain pontife ne savait-il pas que ses paroles étaient enregistrées dans les livres du ciel, et qu'il devrait en rendre compte au jour du jugement ? "Toutes les fois que vous avez fait ces choses à l'un de ces plus petits de mes frères, c'est à moi que vous les avez faites [6]", dit Jésus.

Cette bulle invitait tous les fidèles à prendre part à la croisade contre les hérétiques. Et pour les stimuler dans cette œuvre sanglante, elle les absolvait de toutes charges et peines ecclésiastiques ; elle déliait ceux qui se joignaient à cette croisade de tous les serments qu'ils pouvaient avoir faits ; elle légalisait le titre de toute propriété qu'ils avaient pu acquérir illégalement et promettait la rémission de tous les péchés de ceux qui tueraient quelque hérétique. Elle annulait tout contrat fait en faveur des Vaudois ; elle ordonnait à leurs domestiques de les quitter, défendait à qui que ce soit de les aider, et autorisait tout le monde à s'emparer de leurs biens. Ainsi le bras séculier envoyait la force armée contre ces paisibles cultivateurs et artisans, avec permission illimitée de piller, de ravir et de tuer ; et tout cela au nom de Celui qui a dit : "Le Fils de l'homme n'est pas venu pour faire périr les hommes, mais Il est venu pour les sauver" *(Wylie, b. 16, ch. I)*. Ce document révèle avec clarté quel esprit l'a dicté. C'est le rugissement du dragon qu'on y entend, et non la voix du Christ.

Les chefs catholiques ne voulaient pas conformer leur caractère au parfait modèle de la loi de Dieu ; ils érigeaient un modèle à leur guise et décidaient d'obliger tous les hommes à s'y conformer parce que Rome l'exigeait. Les plus horribles tragédies eurent lieu. Des prêtres et des papes corrompus et blasphémateurs firent l'œuvre que Satan leur inspirait. Rien ne trouvait grâce dans leur cœur. L'esprit même qui avait poussé les Juifs à faire mourir Jésus et à frapper les apôtres, l'esprit qui avait animé le sanguinaire Néron contre les chrétiens de son temps, était à l'œuvre pour exterminer de la terre ceux qui étaient aimés de Dieu.

Les persécutions qui frappèrent ce peuple pendant bien des siècles furent endurées par eux avec une patience et une constance qui honorent leur Rédempteur. Malgré les croisades dirigées contre eux et les massacres dont ils souffraient, ils continuaient à envoyer leurs missionnaires pour répandre la précieuse vérité. Ils étaient poursuivis jusqu'à la mort ; mais leur sang arrosait la semence répandue, et elle ne manquait pas de porter son fruit. C'est ainsi que les Vaudois rendirent témoignage à la vérité, des siècles avant l'apparition de Luther. Dispersés dans plusieurs pays, ce sont eux qui jetèrent les semences de la Réforme qui commença au temps de Wiclef, s'étendit au près et au loin au temps de Luther, et qui doit être continuée jusqu'à la fin des temps par ceux qui consentent à souffrir toutes choses "à cause de la Parole de Dieu et du témoignage de Jésus [7]."

---

1 1 Jean 1 : 7.   5 Mat. 11 : 28.

2 Jean 3 : 14, 15.   6 Mat. 25 : 40.

3 Héb. 11 : 6.   7 Apoc. 1 : 9.

4 Act. 4 : 12.

CHAPITRE V

JEAN WICLEF

L a guerre faite à la Bible avait été si violente qu'il ne demeurait parfois que peu d'exemplaires. Mais Dieu n'avait pas permis l'entière destruction de Sa Parole. Ses vérités ne devaient pas être cachées pour toujours. Il pouvait tout aussi facilement rompre les chaînes qui retenaient la Parole de vie dans l'obscurité et l'impuissance, qu'ouvrir les portes de fer des prisons afin de mettre en liberté Ses serviteurs. Dans différents pays d'Europe, des hommes furent poussés par l'Esprit de Dieu à chercher la vérité comme des trésors cachés. Providentiellement dirigés vers les Saintes Ecritures, ils étudièrent ses pages sacrées avec un intense intérêt. Ils étaient disposés à accepter la lumière quoiqu'il leur en coûte. Même s'ils ne pouvaient pas tout comprendre clairement, ils furent capables d'y découvrir bien des vérités longtemps ensevelies. Comme des messagers envoyés du ciel, ils allèrent çà et là, rompant les chaînes de l'erreur et de la superstition et appelant des âmes, depuis longtemps réduites à l'esclavage, à se lever et à proclamer leur liberté.

Excepté parmi les Vaudois, la Parole de Dieu avait été pendant des siècles enfermée dans des langues connues seulement des savants ; mais le temps était venu où les Ecritures devaient être traduites et mises à la portée des habitants de différents pays dans leurs langues natales. Le monde avait traversé les ténèbres du Moyen Age. Ces sombres heures s'évanouissaient, et dans bien des contrées apparaissaient les signes de l'aurore qui allait se lever.

Au quatorzième siècle se leva en Angleterre "l'étoile du matin de la Réformation." Jean Wiclef fut le héraut de la réforme, non seulement pour l'Angleterre, mais pour toute la chrétienté. La protestation solennelle qu'il lui avait été donné d'élever contre Rome devait se faire entendre à toujours. Elle ouvrit la lutte qui devait avoir pour résultat direct l'émancipation des individus, des églises et des nations.

Wiclef avait reçu une éducation libérale ; et pour lui, la crainte du Seigneur était le commencement de la sagesse. Il se distingua pendant ses études autant par la ferveur de sa piété que par ses talents remarquables et sa solide érudition. Dans sa soif de connaissance, il fut instruit dans la loi civile et canonique, et il s'efforça de se familiariser avec toutes les branches des connaissances humaines. On put reconnaître dans ses travaux ultérieurs la valeur de l'éducation qu'il avait reçue dans sa jeunesse. Versé dans le courant de la philosophie spéculative de son époque, il put facilement en démontrer les erreurs ; et l'étude qu'il fit des lois nationales et ecclésiastiques le prépara à défendre la liberté civile et religieuse. Tandis qu'il pouvait manier les armes tirées de la Parole de Dieu, il comprenait à fond la tactique et les armes des savants. La puissance de son génie, l'étendue et la profondeur de ses connaissances lui valaient à la fois le respect de ses amis et de ses ennemis. Ses partisans voyaient avec joie que leur champion était au nombre des esprits les plus influents de leur nation. Aussi ses adversaires n'eurent-ils pas l'occasion de discréditer la cause de la Réforme en exposant l'ignorance ou la faiblesse de ses défenseurs.

Etant encore au collège, Wiclef commença à étudier les Ecritures. A cette époque où les Livres Saints existaient uniquement en langues anciennes, seuls les savants avaient accès à la source de la vérité, fermée aux classes inférieures. La voie de l'œuvre du futur réformateur se trouvait ainsi préparée. Des hommes de science, qui avaient étudié la Bible dans les langues originales, avaient saisi l'importante vérité de la grâce comme don gratuit, qui s'y trouve révélée. Ils avaient propagé cette vérité dans leurs enseignements, et avaient amené des âmes à la connaissance des divins oracles.

Lorsque l'attention de Wiclef fut attirée sur les Ecritures, il se mit à leur étude avec la même ardeur qui lui avait permis d'acquérir la science des écoles. Jusqu'alors il avait éprouvé un vide de l'âme que n'avaient pu remplir ni ses études scolastiques ni les enseignements de l'église.

Il trouva dans la Parole de Dieu ce qu'il avait vainement cherché ailleurs. Il y trouva révélé le plan du salut ; Christ y était présenté comme le seul Avocat de l'homme. Il vit que Rome avait délaissé les sentiers de la Bible pour les traditions humaines. Il se consacra au service du Christ, et résolut de proclamer les vérités qu'il avait découvertes.

Pas plus que les réformateurs qui lui succédèrent, Wiclef ne vit, au début de son ministère, où son œuvre devait le conduire. Il ne s'opposa pas délibérément à Rome. Mais son ardeur pour la vérité ne pouvait manquer de l'entraîner dans un conflit avec l'erreur. A mesure qu'il discernait plus clairement les erreurs de la papauté, il enseignait avec plus de ferveur les enseignements Bibliques. Sa connaissance des Ecritures, son esprit pénétrant, la pureté de sa vie, son intégrité et son courage indomptable, lui acquirent la confiance et l'estime générales. C'était un docteur capable et sincère, un prédicateur éloquent, et sa vie journalière était une démonstration des vérités qu'il prêchait. Il accusa le clergé d'avoir banni les Saintes Ecritures, et demanda qu'on rétablisse dans l'église l'autorité de la Bible. En voyant le péché régner en maître dans l'église romaine, bien des gens s'étaient dégoûtés de leur croyance ; aussi approuvèrent-ils joyeusement et ouvertement les vérités qui leur étaient présentées ; mais les prêtres romains tremblèrent de rage quand ils virent que ce réformateur acquérait une influence plus grande que la leur.

Wiclef était un penseur clairvoyant, et l'erreur n'échappait pas à son œil pénétrant ; il attaqua donc hardiment différents abus sanctionnés par l'autorité de Rome. Pendant qu'il était chapelain du roi, il s'était vivement opposé au paiement du tribut auquel le pape prétendait de la part du roi d'Angleterre, et avait déclaré que l'autorité qu'il s'arrogeait sur les princes séculiers était contraire à la raison et à la Parole de Dieu. Les exigences du pape avaient excité une grande indignation en Angleterre, de sorte que les enseignements de Wiclef exercèrent une influence sur les esprits des dirigeants de la nation. Le roi et les nobles s'unirent pour repousser la prétention qu'élevait le pontife à l'autorité temporelle, et ils refusèrent le paiement de l'impôt réclamé par Rome. La suprématie papale reçut ainsi un coup redoutable en Angleterre.

Un autre abus que le réformateur attaqua, et contre lequel il lutta longtemps et vigoureusement, fut l'institution des moines mendiants. Ces mendiants foisonnaient en Angleterre, et leur présence était funeste à la grandeur et à la prospérité de la nation. Education, industrie, morale, tout souffrait de leur influence néfaste. Leur vie d'oisiveté et de mendicité n'était pas seulement une perte considérable pour les ressources du peuple, mais elle entraînait du mépris pour les travaux utiles. La jeunesse était démoralisée et corrompue. Par leur influence, beaucoup étaient incités à entrer au couvent et se consacraient à la vie monastique, et cela non seulement sans le consentement de leurs parents, mais souvent à leur insu et contrairement à leur volonté. L'un des anciens pères de l'église catholique, élevant les exigences de la vie monastique au-dessus de l'amour et du devoir filial, avait déclaré : "Si tu vois ton père se coucher devant ta porte avec pleurs et lamentations, et si ta mère te montre le corps qui t'a porté et le sein qui t'a allaité, n'hésite pas à les fouler aux pieds pour aller droit au Christ." Par cette "monstrueuse inhumanité", comme Luther la qualifia plus tard : "préférant davantage le loup et le tyran que le chrétien et l'homme", les cœurs des enfants étaient endurcis contre leurs parents *(Barnas Sears, The Life of Luther, p. 70, 69)*. Ainsi, les chefs de la hiérarchie romaine, à l'instar des pharisiens d'autrefois, anéantissaient le commandement de Dieu par leur tradition. En conséquence, les familles étaient dans la désolation et les parents étaient privés de la compagnie de leurs fils et leurs filles.

Même les étudiants des universités étaient trompés par les fausses insinuations des moines, et poussés à se joindre à leurs ordres. Beaucoup s'en repentaient ensuite, en voyant qu'ils avaient flétri leur vie, et causé du chagrin à leurs parents. Mais une fois tombés dans leurs pièges, il ne leur était plus possible de reconquérir leur liberté. Bien des parents, craignant l'influence des moines, refusaient d'envoyer leurs fils aux universités, préférant les garder chez eux plutôt que de les exposer à leur influence et de les voir rejoindre, sans leur consentement, et parfois même à leur insu, la vie monacale. Comme conséquence, les écoles languissaient, et l'ignorance était générale.

Le pape avait conféré à ces moines mendiants le droit de confesser et d'accorder le pardon. Ce fut la source de bien des maux. Les moines, pour augmenter leurs gains, étaient si disposés à donner l'absolution, que les criminels de toutes classes accouraient auprès d'eux, et il en résulta que le vice s'accrut rapidement. On voyait les pauvres et les malades abandonnés, tandis que les dons qui auraient pu les soulager étaient portés aux moines, qui demandaient avec des menaces des aumônes au peuple, dénonçant l'impiété de ceux qui retenaient les dons destinés à leurs œuvres. Leurs richesses, malgré leur vœu de pauvreté, allaient en augmentant. Leurs splendides édifices et leurs tables luxueuses faisaient ressortir davantage la pauvreté croissante de la nation. Et pendant qu'ils passaient leur temps dans le luxe et le plaisir, ils envoyaient à leur place des hommes ignorants qui pouvaient seulement raconter des histoires merveilleuses, des légendes et des plaisanteries pour amuser les gens et réduire plus complètement au silence les tromperies des moines. Pourtant, ils réussissaient à maintenir leur influence, ainsi que le respect superstitieux du peuple, et à faire croire aux gens que la reconnaissance de la suprématie du pape, l'adoration des saints et les dons faits aux moines, était la somme de tous les devoirs religieux, et un moyen certain de leur assurer une place au ciel.

Des hommes savants et pieux s'étaient en vain efforcés d'amener une réforme parmi les moines. Mais Wiclef, avec une connaissance plus claire du cœur humain, attaqua le mal par la racine. Il déclara que le système monastique même était faux, et qu'on devait l'abolir. Cela provoqua des discussions et des recherches. Comme les moines parcouraient le pays, vendant les indulgences papales, bien des gens se prirent à douter de la possibilité d'acheter le pardon avec de l'argent, et se demandèrent s'il n'était pas préférable de demander le pardon à Dieu plutôt qu'au pontife de Rome. Certains, alarmés par la rapacité des religieux dont la cupidité semblait insatiable, disaient : "Les moines et les prêtres de Rome nous rongent comme un cancer. Il faut que Dieu nous délivre, ou le peuple périra" *(D'Aubigné, b. 17, ch. 7).*

Pour cacher leur avarice, les moines prétendaient suivre l'exemple du Sauveur qui, disaient-ils, avait vécu d'aumônes ainsi que ses disciples. Cette prétention fut fatale à leur cause. Elle poussa bien des gens à chercher la vérité dans le Nouveau Testament, ce que Rome redoutait plus que tout. Les esprits furent ainsi attirés vers la source de la vérité, que l'église avait tant de soucis à cacher.

A mesure que Wiclef étudiait la Bible, ses enseignements lui devenaient de plus en plus clairs. Il vit comment l'église de Rome avait perverti et faussé l'Evangile du Christ. Il commença à écrire et à publier des traités contre les moines, cherchant moins à entrer en discussion avec eux qu'à attirer les esprits sur les enseignements de la Bible et sur son Auteur. Il enseigna que le pape n'avait pas davantage le pouvoir de remettre ou de pardonner les péchés que les prêtres ordinaires, et qu'aucun homme ne peut être réellement excommunié, à moins d'avoir d'abord attiré sur lui la condamnation de Dieu. Il n'aurait pas pu mieux entreprendre pour renverser ce système colossal de domination spirituelle et temporelle, érigé par le pape, et dans lequel des millions d'âmes étaient retenues captives.

Wiclef fut à nouveau appelé à défendre les droits de la couronne d'Angleterre contre les empiétements de Rome ; et étant nommé ambassadeur royal, il passa deux ans aux Pays-Bas, en conférence avec les envoyés du pape. Dans ses rapports avec des ecclésiastiques de France, d'Italie et d'Espagne, il eut l'occasion de jeter un coup d'œil dans les coulisses, et de voir bien des choses qu'il n'aurait pu voir en Angleterre. Il y apprit des choses importantes qui devaient donner plus de caractère et de précision à ses futurs travaux. Jamais auparavant il n'avait complètement compris les principes ou la politique de la cour papale. Au travers des ambassadeurs de Grégoire, il lisait le caractère de la hiérarchie. Il retourna en Angleterre pour répéter ses précédents enseignements, plus ouvertement, et avec un plus grand zèle. Il déclara que les dieux de Rome étaient l'avarice, l'orgueil et la fourberie.

Dans un de ses traités, parlant du pape et de ses collecteurs, il s'exprima ainsi : "Ils enlèvent de notre pays les moyens d'existence des pauvres et bien des milliers de marks de l'argent du roi sont utilisés chaque année pour des sacrements et des choses spirituelles qui ne sont que l'hérésie maudite de trafic de biens spirituels, et font reconnaître et maintenir cette hérésie par toute la chrétienté. Certes, si notre royaume avait une énorme montagne d'or, que personne d'autre ne toucherait que le collecteur de ce prêtre orgueilleux et mondain, par la suite, cette montagne disparaîtrait ; car il enlève continuellement de l'argent de notre pays, ne rapportant rien d'autre que la malédiction de Dieu pour son trafic de biens spirituels" *(John Lewis, History of the Life and Sufferings of J. Wiclif, p. 37)*.

Peu après son retour en Angleterre, Wiclef fut nommé recteur de Lutterworth, et comme sa nomination provenait du roi, c'était une preuve que son franc-parler n'avait pas déplu au monarque. Son influence se fit sentir dans l'attitude de la cour, aussi bien que sur l'opinion publique.

Les foudres papales furent alors lancées contre lui. Trois bulles furent envoyées en Angleterre : à l'université, au roi et aux prélats, toutes trois ordonnant qu'on prenne des mesures immédiates et décisives pour réduire au silence le prédicateur d'hérésie *(Augustus Neander, General History of the Christian Religion and Church, period 6, sec. 2, pt. I, par. 8)*. Pourtant, avant l'arrivée des bulles, les évêques, dans leur zèle, avaient cité Wiclef à comparaître devant eux pour lui faire son procès. Mais deux des princes les plus puissants du royaume l'accompagnèrent devant le tribunal, et le peuple qui entourait l'édifice fit irruption dans la salle, intimidant tellement les juges, que la séance fut suspendue, et le réformateur put s'en aller en paix.

Un peu plus tard, Edouard III que, dans sa vieillesse, les prélats avaient cherché à influencer contre le réformateur, mourut, et le protecteur de Wiclef devint régent du royaume.

Mais l'arrivée des bulles papales imposait à l'Angleterre le devoir impérieux d'arrêter et d'emprisonner l'hérétique. Ces mesures impliquaient directement l'échafaud. Il paraissait certain que Wiclef serait bientôt victime de la vengeance de Rome. Mais Celui qui avait déclaré autrefois à un patriarche : "Ne crains point ; je suis ton bouclier [1]", étendit de nouveau Sa main pour protéger Son serviteur. La mort surprit, non le réformateur, mais le pontife qui avait décrété sa perte. Grégoire XI mourut, et le tribunal chargé d'examiner Wiclef fut dissout.

La providence de Dieu continua à disposer les évènements de manière à favoriser le développement de la Réforme en Angleterre. La mort de Grégoire fut suivie de l'élection de deux papes rivaux. Deux pouvoirs opposés, professant chacun l'infaillibilité, réclamèrent alors l'obéissance. Chacun d'eux fît appel aux fidèles pour faire la guerre à l'autre, appuyant ses ordres de terribles anathèmes contre ses adversaires, et promettant des récompenses dans le ciel pour ses partisans. Cette concurrence affaiblit beaucoup la puissance de la papauté. Les deux papes étant suffisamment occupés par leur rivalité, Wiclef fut en repos pendant un moment. Pendant cette époque de trouble causée par la rivalité des deux papes, il se retira dans sa paroisse de Lutterworth. Les papes se lançaient l'un à l'autre des malédictions et des récriminations, et des flots de sang étaient répandus pour soutenir leurs prétentions. Les crimes et les scandales inondaient l'église. Pendant ce temps, le réformateur semait diligemment les semences de la vérité, engageant les hommes à détourner leurs yeux des papes en querelle pour les reporter sur Jésus, le Prince de Paix.

Le schisme, ainsi que la lutte et le désordre qui en résultèrent, préparèrent le chemin à la Réforme, en permettant aux hommes de reconnaître réellement ce qu'était la papauté. Wiclef publia un traité sur le 'Schisme des papes', dans lequel il demandait au peuple de considérer si ces deux prêtres qui se qualifiaient l'un l'autre d'antichrist ne disaient pas la vérité. "Le démon, disait-il, ne règne plus en un seul, mais en deux prêtres, afin que les hommes puissent plus facilement les vaincre tous deux au nom du Christ."

Wiclef, comme son Maître, prêcha l'Evangile aux pauvres. Et, non content de répandre la lumière dans les humbles demeures de sa paroisse de Lutterworth, il voulut la porter dans toutes les parties de l'Angleterre. A cette fin, il organisa un corps de prédicateurs, hommes simples et pieux, aimant la vérité et ne désirant que la propager. Ces hommes allaient de lieu en lieu, prêchant sur les places des marchés, dans les rues des grandes villes et dans les campagnes. Ils visitaient les vieillards, les malades et les pauvres, et leur annonçaient la bonne nouvelle de la grâce de Dieu.

En sa qualité de professeur en théologie, Wiclef présenta la vérité aux étudiants qui suivaient ses leçons, et reçut le titre de "docteur évangélique." Dans sa paroisse, il parlait comme ami et pasteur. Mais la plus grande œuvre de sa vie devait être de traduire les Ecritures dans la langue anglaise. Dans un ouvrage qu'il publia, intitulé 'La vérité et le sens des Ecritures', il exprime son intention de traduire la Bible, de telle sorte que chaque citoyen de l'Angleterre puisse lire dans sa langue natale les œuvres merveilleuses de Dieu.

Mais ses travaux furent soudainement interrompus. Quoique n'ayant pas encore soixante ans, les soucis continuels et les attaques de ses ennemis avaient diminué ses forces et l'avaient vieilli prématurément. Il fut atteint d'une grave maladie. Cette nouvelle remplit les moines de joie. Maintenant, pensèrent-ils, il se repentira amèrement du mal qu'il a fait à l'église ; et ils accoururent auprès de lui pour recevoir sa confession. Des représentants de quatre ordres religieux, accompagnés de quatre sénateurs, se rencontrèrent autour du chevet de celui que l'on croyait mourant. "Vous avez la mort sur les lèvres, lui dirent-ils, soyez touché de vos fautes, et rétractez en notre présence tout ce que vous avez dit à notre détriment." Le réformateur garda le silence jusqu'à ce qu'ils aient achevé de parler ; puis il demanda à son serviteur de l'aider à s'asseoir, et, fixant son regard perçant sur les moines qui attendaient sa rétractation, il dit, de cette voix forte et vibrante qui les avait si souvent fait trembler : "Je ne mourrai pas, mais je vivrai, et je raconterai les forfaits des moines" *(D'Aubigné, b. 17, ch. 7).* Confus et irrités, moines et sénateurs quittèrent rapidement la chambre.

Les paroles de Wiclef s'accomplirent. Il vécut pour remettre entre les mains de ses compatriotes la Bible, l'arme la plus puissante contre Rome, l'agent destiné par le ciel à libérer, à éclairer et à évangéliser le peuple. Le réformateur était accablé par les infirmités ; il savait qu'il ne lui restait que quelques années pour travailler ; il voyait l'opposition qu'il avait à affronter ; mais, encouragé par la Parole de Dieu, il poursuivit courageusement son œuvre. Dans la plénitude de ses facultés intellectuelles, riche d'expérience, il avait été préparé et gardé par la providence spéciale de Dieu pour ce travail, l'œuvre capitale de sa vie. Tandis que toute la chrétienté était agitée, Wiclef, dans son rectorat de Lutterworth, sans s'inquiéter de l'orage qui grondait au-dehors, s'appliquait à la tâche qu'il s'était imposé.

Enfin l'œuvre fut achevée : c'était la première traduction de la Bible qu'on n'eût jamais faite en anglais. La Parole de Dieu était ouverte pour l'Angleterre. Le réformateur ne craignait ni la prison ni l'échafaud. Il avait remis au peuple anglais une lumière qui ne devait jamais s'éteindre. En donnant la Bible à ses concitoyens, il avait fait davantage pour rompre les chaînes de l'ignorance et du vice, pour libérer et ennoblir son pays que n'avaient jamais accompli les hommes par les plus glorieuses victoires sur les champs de bataille.

L'art de l'imprimerie étant alors inconnu, on ne pouvait multiplier des copies de la Bible que par un travail lent et fatigant. On avait un si grand intérêt à obtenir le livre, que bien des personnes s'engageaient à ce travail de transcription ; mais les copistes ne pouvaient pas suppléer aux demandes. Quelques acheteurs riches commandaient des copies entières de la Bible ; d'autres n'achetaient que quelques portions de la Parole. Dans bien des cas, plusieurs familles s'unissaient pour s'en procurer une. C'est ainsi que la Bible de Wiclef se trouva bientôt dans un grand nombre de familles du pays.

Les Saintes Ecritures furent accueillies avec une grande joie. Comme une voix du ciel, elles semblaient dire aux âmes qui avaient cherché vainement et pendant longtemps le sentier de la vie : "Voici le chemin, marchez-y." Au lieu des nombreux médiateurs que Rome avait établis, les hommes apprirent qu'il n'y a "qu'un seul médiateur entre Dieu et les hommes, Jésus-Christ, homme [2]" ; aussi, s'approchant du Très-Haut par Celui qui est le vrai chemin, ils pouvaient se présenter sans crainte devant lui.

L'appel à la raison fit sortir les hommes de leur soumission passive aux dogmes du pape. Wiclef enseignait dès lors les doctrines du protestantisme : le salut par la foi en Christ et l'infaillibilité des seules Ecritures. Afin de propager l'Evangile dans toute l'Angleterre, il avait organisé un corps de prédicateurs, hommes simples et dévoués qui aimaient la vérité, et qui ne désiraient rien tant que de la répandre. Ces hommes se rendirent partout, enseignant sur les places de marché, dans les sentiers des campagnes et dans les rues des grandes villes. Ils mirent alors en circulation la Bible et les écrits de Wiclef, et cela avec un tel succès que près de la moitié du peuple anglais adopta la nouvelle foi.

L'apparition de la Bible jeta l'épouvante chez les dignitaires de l'église. Ils avaient maintenant à lutter contre un agent beaucoup plus puissant que Wiclef, agent contre lequel leurs armes auraient peu d'effet. A cette époque, aucune loi anglaise ne prohibait la Bible ; car elle n'avait jamais été publiée dans la langue du pays. Plus tard, de telles lois furent décrétées et rigoureusement imposées. En attendant, malgré les efforts des prêtres, la Parole de Dieu put être distribuée sans empêchement.

Mais les chefs de l'église romaine cherchèrent de nouveau à réduire le réformateur au silence. Il dut comparaître successivement devant trois tribunaux, mais sans résultat. D'abord un synode d'évêques déclara ses écrits hérétiques, et, gagnant à leur cause le jeune roi Richard II, ils obtinrent un décret royal ordonnant l'emprisonnement de tous les partisans des doctrines condamnées.

Wiclef en appela du synode au Parlement ; il accusa hardiment la hiérarchie romaine devant le conseil de la nation, et demanda une réforme des graves abus approuvés par l'église. Il dépeignit avec une puissance convaincante les usurpations et les corruptions de la papauté. Ses ennemis furent confondus. Les amis et soutiens de Wiclef avaient été obligés de céder, et on s'attendait que le réformateur lui-même, dans sa vieillesse, seul et sans amis, s'inclinerait devant les autorités réunies de la couronne et de la mitre. Mais au contraire, les adeptes du pape se virent défaits. Le Parlement enthousiasmé par les chaleureux appels de Wiclef, retira le mandat de persécution, et le réformateur put de nouveau prêcher la vérité.

Il dut paraître une troisième fois en jugement devant la plus haute cour ecclésiastique du royaume. Là au moins, pensaient les chefs, l'hérésie n'obtiendrait aucune faveur. Là au moins, Rome triompherait, et l'œuvre de la réformation serait arrêtée. S'ils avaient pu accomplir leurs desseins, Wiclef aurait été forcé d'abjurer ses doctrines, ou n'aurait quitté le tribunal que pour monter sur un bûcher.

Mais le réformateur aux cheveux blancs ne se rétracta pas, il demeura fidèle à ses principes. Il soutint hardiment ses enseignements, et confondit les accusations de ses persécuteurs. S'oubliant lui-même, perdant de vue sa position et le

lieu où il était, il cita ses auditeurs devant le tribunal de Dieu, et pesa leurs sophismes et leurs fourberies dans les balances de la vérité éternelle. La puissance
de l'Esprit Saint agit sur l'assemblée. Ses auditeurs étaient comme sous la main
de Dieu. Il semblait qu'ils ne pouvaient quitter leurs places. Comme des traits
brûlants, les paroles du réformateur perçaient leurs cœurs. L'accusation d'hérésie qu'ils avaient faite contre lui, il la retournait contre eux avec une puissance
convaincante. Il leur demanda comment ils osaient répandre leurs erreurs ; et
par amour du gain, faire de la grâce de Dieu une marchandise.

"Contre qui pensez-vous lutter ? Avec un vieillard sur le bord de la tombe ?
Non ! Mais contre la Vérité, la Vérité qui est plus forte que vous, et qui vous
vaincra" *(Wylie, b. 2, ch. 13)*. Ayant dit cela, il sortit de l'assemblée sans qu'aucun de ses ennemis l'osât l'arrêter.

Wiclef était près d'achever son œuvre ; la bannière de la vérité qu'il avait
portée si longtemps devait bientôt tomber de ses mains. Mais il devait une fois
de plus rendre témoignage à cette vérité, et cette fois à Rome même. C'est le
pape lui-même qui prépara, sans le vouloir, la voie à la proclamation de la vérité
dans la citadelle même du royaume de l'erreur. Wiclef fut cité à comparaître,
pour rendre compte de son hérésie, devant le tribunal papal à Rome : ce tribunal
qui avait si souvent répandu le sang des saints. Il n'ignorait pas les dangers qui
le menaçaient ; il savait que la mort serait son sort, s'il obéissait à la sommation
papale. Mais cela même ne pouvait le faire reculer, et il se serait rendu à Rome
si une attaque de paralysie ne lui eût rendu le voyage impossible. Cependant,
s'il ne pouvait pas se faire entendre à Rome, il pouvait le faire par écrit, et c'est
ce qu'il résolut de faire.

Depuis son rectorat, le réformateur écrivit au pape une lettre qui, tout en
étant respectueuse et faite dans un esprit chrétien, était une censure à l'égard
de la pompe et de l'orgueil du siège papal. "Vraiment, je me réjouis, disait-il,
de faire connaître à chacun la foi que je possède, et spécialement à l'évêque de
Rome ; et cela d'autant plus, comme je le suppose, que s'il la trouve saine et
vraie, il la confirmera très volontiers ; et que s'il trouve cette foi erronée, il la
corrigera. Premièrement, je crois que l'Evangile de Christ renferme toute la loi
de Dieu… Je crois que l'évêque de Rome, pour autant qu'il est vicaire du Christ
ici sur la terre, est tenu plus qu'aucun autre homme d'obéir à cette loi de l'Evangile. Car la grandeur parmi les disciples du Christ ne consistait pas dans les
dignités et les honneurs du monde, mais à suivre le Seigneur le plus exactement
possible dans Sa vie et dans Ses mœurs… Christ, au temps où Il accomplissait
Son pèlerinage ici-bas, était un des hommes les plus pauvres, méprisant et refusant toute autorité et toute gloire mondaine.

"J'en conclus donc qu'aucun fidèle ne doit suivre le pape, ou n'importe quel
homme, que dans la mesure où ils ont suivi le Seigneur Jésus-Christ. Car Pierre
et les fils de Zébédée, en désirant des honneurs mondains, au lieu de marcher
sur les traces du Christ, offensèrent leur Maître ; c'est pourquoi nous ne devons
pas les imiter dans ces erreurs.

"En conséquence, je dirai comme conseil que le pape devrait laisser au pouvoir séculier toute la domination et le gouvernement temporel, et exhorter tout le clergé à agir de même ; car ainsi fit le Christ et spécialement Ses apôtres.

"Si j'ai erré dans l'un ou l'autre de ces points, je me soumettrai humblement à la correction, et même à mourir s'il était nécessaire. S'il m'était possible d'agir selon ma volonté et selon mon propre désir, je me présenterais devant l'évêque de Rome. Mais le Seigneur m'a fait comprendre que je ne devais pas agir dans cette direction et m'a appris à obéir à Dieu plutôt qu'aux hommes." En terminant, il dit : "Prions Dieu qu'Il agisse sur le cœur de notre pape Urbain VI, comme Il l'a commencé, afin que lui et son clergé imitent le Seigneur Jésus-Christ dans sa vie et dans ses mœurs ; et qu'ils puissent enseigner le peuple d'une manière efficace, et que tous les imitant, suivent fidèlement la bonne voie" *(John Foxe, Acts and Monuments, vol. 3, pp. 49, 50).*

Ainsi Wiclef exposa au pape et à ses cardinaux la douceur et l'humilité du Christ, leur montrant, non seulement à eux, mais à toute la chrétienté, le contraste existant entre eux et le Maître dont ils professaient être les représentants.

Wiclef s'attendait sûrement à payer de sa vie sa fidélité à l'Evangile. L'église et l'Etat étaient ligués contre lui ; le roi, le pape et les évêques réunis avaient résolu sa perte. Il paraissait certain que quelques mois à peine le séparaient de l'échafaud. Mais son courage était inébranlable. "Pourquoi parlez-vous de chercher au loin la couronne du martyr ?" disait-il. "Prêchez l'Evangile du Christ à d'orgueilleux prélats, et le sort du martyr ne vous manquera pas. Quoi ! Je devrais vivre et me taire ? … Jamais. Que le coup me frappe ; je l'attends" *(D'Aubigné, b. 17, ch. 8).*

Mais la providence de Dieu couvrit encore Son serviteur de Sa protection. L'homme qui, pendant toute sa vie, avait hardiment défendu la vérité, chaque jour au péril de sa vie, ne devait pas être victime de la haine de ses ennemis. Jamais Wiclef n'avait cherché à se mettre à l'abri ; mais le Seigneur Lui-même avait été Son protecteur. Et dans le moment où ses ennemis croyaient être sûrs de leur proie, la main de Dieu le mit hors de leur atteinte. Un jour que, dans son église de Lutterworth, il se disposait à distribuer la communion, il tomba frappé de paralysie, et mourut peu de temps après.

Dieu avait assigné une œuvre à Wiclef. Il avait mis la Parole de vérité dans sa bouche et placé une garde autour de lui afin que cette Parole parvînt jusqu'au peuple. Sa vie fut protégée, et ses travaux prolongés jusqu'à ce qu'un fondement fût posé pour la grande œuvre de la Réforme.

Wiclef sortait de l'obscurité du sombre Moyen Age. Personne avant lui n'avait paru, dont l'œuvre pût servir de modèle à son système de réforme. Suscité comme Jean Baptiste pour accomplir une mission spéciale, il fut le héraut d'une ère nouvelle. Pourtant, dans le système de vérités qu'il présenta, il y avait un tel ensemble et une telle perfection que les réformateurs qui le suivirent ne l'ont jamais surpassé, et que certains, une centaine d'années plus tard, n'ont même pas atteint. Le fondement qu'il avait posé était si large et si profond, la conception en était si ferme et si juste, que ceux qui vinrent après lui n'eurent pas besoin de reconstruire.

L'important mouvement que Wiclef inaugura, qui devait libérer les consciences et les intelligences, et rendre la liberté aux nations si longtemps enchaînées au char triomphant de Rome, avait sa source dans la Bible. C'est là qu'était la source de ce courant de bénédictions qui, comme les eaux vives de la grâce, a inondé le monde depuis le quatorzième siècle. Wiclef accepta les Saintes Ecritures avec une foi implicite comme une révélation inspirée de la volonté de Dieu, comme une règle suffisante de foi et de pratique. Il avait été élevé dans la pensée que l'église de Rome était une autorité divine et infaillible ; on l'avait habitué à accepter avec respect les doctrines et les coutumes reconnues depuis un millénaire. Mais il se détourna de tout cela pour suivre les enseignements de la Sainte Parole de Dieu. C'est l'autorité qu'il conjurait le peuple de reconnaître. Au lieu de l'église parlant par le pape, il déclarait que la seule autorité divine et infaillible était la voix de Dieu parlant par Sa Parole. Et il enseignait que la Bible était non seulement une révélation parfaite de la volonté de Dieu, mais que l'Esprit Saint est son seul interprète, et que tout homme doit apprendre lui-même son devoir par l'étude de ses enseignements. C'est ainsi qu'il détourna les esprits des hommes loin du pape et de l'église de Rome, pour leur faire aimer la Parole de Dieu.

Wiclef fut l'un des plus grands réformateurs. Pour l'étendue de l'intelligence, la clarté de la pensée, la fermeté dans la défense de la vérité, il en est peu après lui qui l'égalent. Pureté de la vie, diligence infatigable dans l'étude et le travail, intégrité incorruptible, amour chrétien et fidélité dans son ministère, telles sont les qualités qui distinguent le premier des réformateurs. Et cela, malgré l'obscurité intellectuelle et la corruption de l'époque d'où il émergea.

La vie de Wiclef est un témoignage rendu à la puissance éducatrice et transformatrice des Saintes Ecritures. Ce fut la Bible qui fit de lui ce qu'il fut. L'effort fait pour saisir les grandes vérités de la Révélation, communique à toutes les facultés une vision et une fraîcheur nouvelles. Il développe l'intelligence, ravive les perceptions, et mûrit le jugement. La Parole de Dieu, crue et pratiquée, exerce une puissance merveilleuse sur la vie et le caractère. Ses vérités sublimes, ses principes purs et saints, fortifient non seulement l'intelligence, mais ennoblissent les affections. Elle donne la fermeté de la volonté, la patience, le courage et la grandeur d'âme. Elle donne au monde des hommes plus forts, des génies plus puissants, des caractères plus nobles que l'étude de la philosophie. La Parole de Dieu élève le caractère et sanctifie l'âme. "La révélation de tes paroles éclaire, elle donne de l'intelligence aux simples [3]."

Les doctrines que Wiclef avait enseignées continuèrent un moment à se répandre. Ses disciples, connus sous le nom de Wicléfites ou Lollards, ne parcoururent pas seulement l'Angleterre, mais se répandirent dans d'autres pays, propageant la connaissance de la vérité. Des foules accouraient pour entendre leurs enseignements. Parmi les convertis se trouvaient des membres de la noblesse, et même la reine. Dans de nombreux endroits, on remarqua une réforme radicale des mœurs, et les symboles idolâtres du Romanisme disparurent des églises. Mais bientôt l'impitoyable tempête de la persécution fondit sur ceux qui avaient osé prendre la Bible pour leur seul guide et modèle. Les martyrs succédèrent aux martyrs. Les défenseurs de la vérité, proscrits et torturés, ne pouvaient que faire monter leurs cris aux oreilles de l'Eternel des armées. Les réformateurs poursuivis trouvaient un abri parmi les basses classes, prêchant en secret, et se cachant dans les cavernes et les souterrains. Beaucoup rendirent sans crainte témoignage à la vérité, dans les donjons massifs et "les tours des Lollards."

Malgré la rage de la persécution, on continua d'entendre une protestation calme, pieuse, sincère et patiente contre la corruption générale de la foi religieuse. Comme les croyants du temps des apôtres, beaucoup de personnes sacrifièrent avec joie leurs biens pour la cause du Christ. Ceux qui pouvaient demeurer chez eux, accueillaient joyeusement leurs frères qui avaient été chassés de leurs demeures et de leurs familles. Lorsqu'eux aussi se trouvaient chassés, ils acceptaient le sort des bannis, et se réjouissaient de pouvoir souffrir pour l'amour de la vérité.

Les disciples du pape n'ayant pu faire selon leur désir pendant la vie de Wiclef, leur haine ne pouvait être satisfaite tant que son corps reposait tranquillement dans la tombe. Suite à un décret du concile de Constance, plus de quarante ans après sa mort, ses os furent déterrés et brûlés publiquement, et ses cendres jetées dans un ruisseau voisin. "Le ruisseau", dit un ancien auteur, "porta ses cendres dans l'Avon, l'Avon dans la Saverne, la Saverne dans le Bristol, et celui-ci dans l'Océan ; et ainsi les cendres de Wiclef sont l'emblème de sa doctrine qui est maintenant répandue dans le monde entier" *(T. Fuller, Church History of Britain, b. 4, sec. 2, par. 54)*. Ses ennemis comprirent bien peu la signification de leur acte sacrilège.

Ce fut par les écrits de Wiclef que Jean Hus de Bohême fut amené à renoncer à maintes erreurs de l'église romaine, et à entrer dans le courant de la réforme. La semence de la vérité fut ainsi semée dans ces contrées si éloignées l'une de l'autre. De la Bohême, la réforme s'étendit dans d'autres pays. Les esprits furent dirigés vers la Parole de Dieu si longtemps oubliée. Une main divine préparait la voie à la grande Réformation.

---

1 Gen. 15 : 1.
2 1 Tim. 2 : 5.
3 Ps. 119 : 130.

CHAPITRE VI

HUS ET JÉRÔME

L'Evangile avait été implanté en Bohême dès le commencement du neuvième siècle. La Bible était traduite, et le culte public y était célébré dans la langue du peuple. Mais à mesure que la puissance du pape grandissait, la Parole de Dieu disparaissait. Grégoire VII, qui avait entrepris de renverser l'orgueil des rois, n'était pas moins déterminé à subjuguer les peuples. En conséquence, une bulle papale fut publiée, défendant de célébrer le culte public en langue bohème. Le pape déclarait que "Dieu prenait plaisir à ce que Son culte soit célébré dans une langue inconnue, et que bien des maux et des hérésies provenaient de la non observance de cette règle" *(Wylie, b. 3, ch. I)*. Ainsi Rome éteignit la lumière de la Parole de Dieu, et plongea le peuple dans les ténèbres. Mais Dieu avait pourvu, par d'autres moyens, à la conservation de Son église. Les Vaudois et les Albigeois, fuyant la persécution qui sévissait en France et en Italie, se réfugièrent en Bohême. Bien qu'ils n'osaient pas prêcher publiquement, ils travaillaient avec zèle en secret. C'est ainsi que la vraie foi fut conservée de siècle en siècle.

Avant les jours de Hus, il y eut des hommes en Bohême qui s'élevèrent pour condamner ouvertement les abus de l'église et les iniquités du peuple. Leur action trouva une large audience. La hiérarchie papale en fut effrayée, et on persécuta aussitôt les confesseurs de la vérité. Obligés, pour célébrer leur culte, de se réunir dans les forêts et les cavernes, ils étaient poursuivis par des bandes de soldats, tués à coups d'épée, ou jetés dans les fleuves. Finalement, il fut décrété que tous ceux qui n'adopteraient pas les rites romains seraient brûlés.

Mais les chrétiens, tout en sacrifiant leur vie, voyaient dans l'avenir le triomphe de leur cause. Un de ceux qui enseignaient que le salut ne peut s'obtenir que par la foi au Sauveur crucifié, déclarait en mourant : "La rage des ennemis de la vérité prévaut maintenant contre nous ; mais ce ne sera pas pour toujours ; il paraîtra un homme, sortant du commun peuple, sans prestige ni autorité, et ils ne pourront prévaloir contre lui" *(Wylie, b. 3, ch. I)*. Il y en avait un en effet, qui étudiait déjà à l'école, et qui devait faire contre Rome une protestation qu'on ne pourrait réduire au silence à travers tous les siècles à venir.

Jean Hus était de condition modeste ; la mort de son père le laissa très jeune orphelin. Sa pieuse mère, qui considérait l'éducation et la crainte de Dieu comme les biens les plus précieux, chercha à acquérir cet héritage pour son fils. Hus étudia dans les écoles de la province, et se rendit ensuite à l'université de Prague, où on l'accepta gratuitement. Sa mère l'accompagna pendant son voyage ; pauvre et veuve, elle n'avait aucun présent à offrir au recteur, selon la coutume de l'époque ; mais comme elle approchait de la grande ville, elle se mit à genoux à côté de son fils orphelin et invoqua sur lui les bénédictions de leur Père qui est dans les cieux. Cette mère se doutait peu de la manière dont cette prière devait être exaucée.

A l'université, Hus se distingua bientôt par son application infatigable et ses rapides progrès, tandis que la pureté de sa vie, son amabilité et ses manières affables lui gagnaient l'estime de tous. C'était un ferme et sincère partisan de l'église romaine, recherchant ardemment les biens spirituels qu'elle professait procurer. A l'occasion d'un jubilé, il se confessa, donna les dernières pièces de monnaie qu'il possédait, et se joignit à la procession, afin d'avoir part à l'absolution promise. Après avoir achevé son cours au collège, il fut consacré prêtre, et, étant rapidement remarqué, il fut bientôt attaché à la cour du roi.

Quelques années plus tard, il fut nommé prédicateur à la chapelle de Bethléhem. Le fondateur de cette chapelle avait soutenu avec énergie et conviction la prédication des Ecritures dans la langue du peuple. Malgré l'opposition de Rome contre cette pratique, elle n'avait pas entièrement disparu en Bohême. Mais le peuple était dans une grande ignorance de la Bible et plongé dans une déplorable décadence morale. Le vice dominait dans toutes les classes de la société. Hus dévoila ces maux sans ménagement. Recourant constamment à la Parole de Dieu pour appuyer les principes de vérité qu'il cherchait à inculquer, sa propre conscience se réveillait, et il se préparait inconsciemment pour ses futurs travaux.

Un citoyen de Prague, Jérôme, qui devint plus tard l'ami intime de Hus, avait rapporté d'Angleterre les écrits de Wiclef. La femme du roi d'Angleterre, qui était une princesse de Bohême, avait été convertie par les enseignements de Wiclef, et par son moyen, les œuvres du réformateur furent répandues dans tout son pays natal. Jean Hus, convaincu de la piété de l'auteur, lut ces écrits avec intérêt, et fut enclin à regarder avec faveur le système de réforme qu'ils défendaient. Sans le savoir, il était déjà entré dans une voie qui devait le conduire très loin de Rome.

Vers cette époque, arrivèrent d'Angleterre à Prague deux étrangers, hommes savants et disciples de l'Evangile, qui venaient répandre dans ce pays lointain la connaissance qu'ils avaient reçue. Commençant par attaquer publiquement la suprématie papale, ils furent bientôt réduits au silence par les autorités ; mais ne voulant pas renoncer à leur dessein, ils eurent recours à d'autres moyens. Etant artistes autant que prédicateurs, ils se mirent à exercer leur talent. Ils peignirent, sur la paroi de la maison où ils habitaient, une scène représentant Christ entrant

dans Jérusalem, "plein de douceur et monté sur un âne [1]." Sur la muraille opposée, ils peignirent une procession pontificale : le pape, vêtu de son riche costume, la tête ornée de la tiare, et monté sur un cheval richement paré, précédé de
trompettes et suivi de cardinaux et de prélats pompeusement vêtus.

Ce sermon attira l'attention de toutes les classes de la société. Une foule de
gens venaient contempler ces peintures. La morale qui s'en dégageait ne pouvait échapper à personne, et bien des gens étaient profondément impressionnés
par le contraste qu'il y avait entre la douceur du Christ, le Maître, et l'orgueil
et l'arrogance du pape, son prétendu serviteur. Tout Prague fut mis en émoi, et
quelque temps après, les étrangers jugèrent à propos de partir pour assurer leur
sécurité. Mais la leçon qu'ils avaient enseignée ne fut pas oubliée.

Ces peintures firent une profonde impression sur l'esprit de Hus, et le poussèrent à étudier plus soigneusement la Bible et les écrits de Wiclef. Quoiqu'il
ne fût pas prêt encore à accepter toutes les réformes que proclamait Wiclef, il
voyait plus clairement le caractère de la papauté, et c'est avec un zèle croissant
qu'il attaqua l'orgueil, l'ambition et les corruptions de la hiérarchie papale.

De Bohême, la vérité se répandit en Allemagne ; car des troubles dans l'université de Prague en firent partir des centaines d'étudiants allemands. Beaucoup
d'entre eux avaient reçu de Hus leurs premières connaissances de la Bible et à
leur tour, ils répandirent la lumière dans leur patrie.

Bientôt Rome fut informée de ce qui se passait à Prague, et Hus fut cité à
comparaître devant le pape. Obéir, c'était s'exposer à une mort certaine. Le roi et
la reine de Bohême, l'université, des membres de la noblesse et du gouvernement,
firent un appel commun au pontife, lui demandant qu'il fût permis à Hus de rester
à Prague et de répondre à Rome par une députation. Au lieu d'accéder à cette
requête, le pape jugea et condamna Hus, et mit la ville de Prague à l'interdit.

A cette époque, une telle sentence prononcée contre n'importe quel endroit,
répandait un grand effroi. Les cérémonies dont on accompagnait cet acte étaient
propres à frapper de terreur des populations qui regardaient le pape comme le
représentant de Dieu Lui-même, tenant les clés du ciel et de l'enfer, et possédant le pouvoir d'appeler les jugements temporels aussi bien que spirituels. On
croyait alors que les portes du ciel étaient fermées contre les habitants d'un pays
frappé d'interdit, et que jusqu'à ce qu'il plût au pape de lever l'anathème, les
morts étaient repoussés des demeures célestes. Comme signe de cette terrible
calamité, tous les services religieux étaient suspendus. Les églises étaient fermées, les lumières éteintes sur l'autel. Les mariages étaient célébrés dans les
cimetières, les morts, au lieu d'être enterrés dans le cimetière, étaient inhumés
dans les champs sans aucun service religieux. Rome cherchait ainsi, par des
mesures qui frappaient l'imagination, à dominer sur les consciences.

La ville de Prague fut remplie de trouble. Un grand nombre d'habitants
accusèrent Hus de toutes ces calamités, et demandèrent qu'on le livrât à la vengeance de Rome. Pour calmer la tempête, le réformateur se retira pour un moment dans son village natal.

Ecrivant aux amis qu'il avait laissés à Prague, il disait : "Si je me suis retiré du milieu de vous, c'est pour suivre le précepte et l'exemple de Jésus-Christ, afin de ne pas donner aux méchants l'occasion d'attirer sur eux une condamnation éternelle, et pour ne pas être pour les gens pieux une cause d'afflictions et de persécutions. Je me suis retiré aussi dans la crainte que des prêtres impies continuent plus longtemps à interdire la prédication de la Parole de Dieu parmi vous ; mais je ne vous ai point quittés pour trahir la vérité divine, pour laquelle, avec l'aide de Dieu, je suis prêt à mourir" *(Bonnechose, The Reformers Before the Reformation, vol. I, p. 87)*. Hus ne cessa pas ses travaux, et parcourut la contrée environnante, prêchant à des foules avides d'entendre la vérité. C'est ainsi que les mesures auxquelles recourait Rome pour arrêter les progrès de l'Evangile ne devaient avoir pour effet que de le répandre davantage : "Nous n'avons pas de puissance contre la vérité, disait Paul, nous n'en avons que pour la vérité [2]."

A ce moment, Hus était dans une grande perplexité : une terrible lutte se livrait dans son âme. S'il avait accusé, dévoilé les vices des prêtres, il n'avait pas nié l'autorité de l'église. Il considérait encore le pape comme le vicaire du Christ, et l'église de Rome comme la vraie église. Mais si la voix de l'église était, comme on lui avait appris à le croire, la voix de Dieu, comment se faisait-il que pour obéir à Dieu, il se sentait contraint de désobéir à l'église ? Etait-il acceptable de désobéir à une autorité infaillible ? Finalement, il en vint à penser que, comme aux jours du Christ, le sacerdoce était corrompu, et que la seule règle sûre pour la conscience, est la Parole de Dieu. Ce principe est le fondement même du protestantisme. Adopté, il détruit à la base tout l'édifice de la papauté.

Lorsque, quelque temps après, l'excitation se fut calmée à Prague, Hus retourna à sa chapelle de Bethléhem pour défendre avec plus de zèle et de courage la libre prédication de l'Evangile. Ses ennemis étaient actifs et puissants. Mais le peuple se tourna en masse de son côté. La reine et beaucoup de nobles étaient au nombre de ses amis. La droiture de son caractère, sa conduite exemplaire, et la clarté comme la puissance avec lesquelles il défendait ses convictions, lui gagnaient la confiance et l'estime. Comparant ses doctrines pures, sanctifiantes, et sa vie sainte, avec les dogmes corrompus et dégradants que prêchaient les prêtres romains, ainsi qu'avec l'avarice et la débauche dans lesquelles ils vivaient, bien des personnes s'honoraient d'être de son parti.

Jusqu'à ce moment, Hus avait travaillé seul. Mais alors Jérôme, qui, pendant un séjour en Angleterre, avait adopté les enseignements de Wiclef, prit part à l'œuvre de la réforme. Ils devaient tous deux être unis pendant leur vie, et devaient l'être également par leur mort.

Possédant une plus grande éloquence et plus de science, étant un génie plus brillant, Jérôme était, comme prédicateur, le plus populaire des deux ; mais dans les qualités qui constituent la vraie force de caractère, Hus était le plus grand. Son jugement calme servait de frein à l'esprit impétueux de Jérôme, qui, avec une humilité chrétienne, reconnaissait sa valeur, et cédait à ses conseils. Aussi leurs travaux réunis donnèrent-ils une extension plus rapide à la réforme.

Dieu fit briller une grande lumière dans l'esprit de ces hommes choisis, leur révélant un grand nombre des erreurs de Rome. Mais ils ne reçurent pas alors toute la lumière qui devait être accordée au monde. Par ces deux hommes, Ses serviteurs, Dieu faisait sortir le peuple des ténèbres du romanisme. Ils devaient affronter bien de sérieux obstacles, et le Seigneur les conduisait pas à pas suivant leurs forces. Ils n'étaient pas prêts à recevoir toute la lumière à la fois. Si toute la vérité leur avait été révélée d'un seul coup, elle les aurait épouvantés ; car elle aurait eu sur eux l'effet de la gloire du soleil de midi sur ceux qui sont demeurés longtemps dans l'obscurité. C'est pourquoi le Seigneur la révéla aux réformateurs peu à peu, au fur et à mesure qu'elle pouvait être reçue par le peuple. De siècle en siècle, de fidèles ouvriers devaient se succéder, pour conduire les hommes toujours plus avant dans le chemin de la réforme.

Le schisme de l'église durait toujours. Trois papes se disputaient maintenant la tiare, et leurs luttes engendraient partout des troubles et des crimes. Non contents de se lancer réciproquement leurs foudres spirituelles, les candidats au trône pontifical eurent recours à la force. Chacun d'eux se mit en devoir de se procurer une armée, mettant en vente, à cet effet, les charges, les bénéfices et les grâces spirituelles de l'église. Imitant leurs supérieurs, les prêtres recoururent au trafic de biens spirituels et à la guerre pour humilier leurs rivaux et pour renforcer leur pouvoir. Avec une hardiesse toujours croissante, Hus tonnait contre ces abominations pratiquées sous le couvert de la religion, et le peuple accusait ouvertement les chefs de l'église d'être la cause des misères qui accablaient la chrétienté.

De nouveau, la ville de Prague paraissait être à la veille d'une lutte sanglante. Comme dans les anciens temps, le serviteur de Dieu fut accusé de troubler Israël [3]. La ville fut de nouveau frappée d'interdit, et Hus se retira dans son village natal. Ses prédications fidèles dans sa chapelle de Bethléhem, qu'il avait en si grande affection, avaient pris fin. Il devait se faire entendre dans un champ plus vaste ; il avait à parler à toute la chrétienté, avant de donner sa vie comme témoin de la vérité.

Pour mettre un terme aux maux qui déchiraient l'Europe, un concile général fut convoqué dans la ville de Constance, et cela, selon le désir de l'empereur Sigismond, par un des trois papes rivaux, Jean XXIII. L'idée d'un concile ne plaisait guère au pape Jean, dont la vie et la politique pouvaient difficilement supporter l'examen, même devant ces hommes aussi dépourvus de moralité que les prélats de cette époque. Il n'osa pas pourtant s'opposer à la demande de Sigismond.

Le but principal du concile était de mettre fin au schisme de l'église, et d'extirper l'hérésie. Les deux antipapes furent en conséquence cités à comparaître devant la diète, ainsi que le propagateur des nouvelles opinions, Jean Hus. Les deux premiers, craignant pour leur propre sûreté, ne parurent pas en personne, mais envoyèrent leurs délégués. Le pape Jean, quoique ostensiblement l'instigateur du concile, y parut rempli de pressentiments, soupçonnant l'empereur d'avoir le secret dessein de le déposer, et craignant d'avoir à rendre compte des vices dont il avait souillé la tiare, ainsi que des crimes qui la lui avaient assurée. Il fit néanmoins son entrée dans la ville en grande pompe, entouré de cardinaux, d'archevêques et d'autres prélats, et suivi de nombreux courtisans. Tout le clergé et les autorités de la ville allèrent au-devant de lui avec une foule d'habitants. Au-dessus de sa tête était un dais d'or porté par quatre des principaux magistrats de la ville. On portait l'hostie devant lui. Rien de plus imposant que les riches costumes des cardinaux et des dignitaires.

Pendant ce temps, un autre voyageur approchait de Constance. Hus avait conscience des dangers qui le menaçaient. Il se sépara de ses amis comme ne devant plus jamais les revoir, et se mit en voyage avec le sentiment qu'il allait à l'échafaud. Quoiqu'il eût un sauf-conduit du roi de Bohême, et qu'il en eût également reçu un, pendant son voyage, de l'empereur Sigismond, il fit tous ses préparatifs en vue de la probabilité de sa mort.

Il dit dans une lettre qu'il adressait à ses amis de Prague : "Je pars, mes frères, avec un sauf-conduit du roi, pour affronter mes nombreux et mortels ennemis… Je me confie entièrement au Dieu Tout-Puissant, mon Sauveur ; j'ai la confiance qu'Il écoutera vos ardentes prières, qu'Il m'inspirera la prudence et la sagesse afin que je puisse leur résister, et qu'Il m'accordera Son Esprit Saint pour me fortifier dans Sa vérité, afin que je puisse affronter avec courage les tentations, la prison, et, si c'est nécessaire une mort cruelle. Jésus-Christ souffrit pour Ses bien-aimés ; devrions-nous donc être étonnés qu'Il nous ait donné Son exemple afin que nous endurions patiemment toutes choses pour notre propre salut ? Il est Dieu, et nous sommes Ses créatures ; Il est le Seigneur, et nous sommes Ses serviteurs ; Il est le Maître du monde, et nous sommes de misérables mortels : pourtant Il souffrit ! Pourquoi ne devrions-nous pas souffrir aussi, particulièrement lorsque la souffrance est pour notre purification ? C'est pourquoi, mes bien-aimés, si ma mort doit contribuer à Sa gloire, priez qu'elle vienne promptement, et qu'Il me donne de pouvoir supporter toutes mes calamités avec constance. Mais s'il vaut mieux que je retourne parmi vous, prions Dieu que je puisse retourner sans tache, c'est-à-dire, que je ne cède pas un iota de la vérité de l'Evangile, afin de laisser à mes frères un bon exemple à suivre. Peut-être ne reverrez-vous plus mon visage à Prague ; mais si c'était la volonté du Dieu Tout-Puissant de me rendre à vous, avançons alors avec un pas plus ferme dans l'amour et la connaissance de Sa loi" *(Bonnechose, vol. I, pp. 147, 148)*.

Dans une autre lettre qu'il adressait à un prêtre devenu disciple de l'Evangile, Hus parlait avec humilité de ses erreurs, s'accusant d'avoir trouvé du plaisir à porter un riche costume, et d'avoir perdu des heures dans de futiles occupations. Ensuite il ajoute à ces aveux touchants : "Puisse la gloire de Dieu et le salut des âmes occuper les esprits, et non la possession des bénéfices et des honneurs. Prends garde de ne pas orner ta maison plus que ton âme, et avant toutes choses prends soin de l'édifice spirituel. Sois pieux et humble avec les pauvres, et ne dépense pas ton bien en festins. Si tu n'amendes pas ta vie, et que tu ne t'abstiens pas de vêtements somptueux et de superflus, je crains que tu ne sois gravement châtié comme je le suis moi-même. ... Tu as connu mes prédications et mes exhortations dès ton enfance ; il est donc inutile que je t'écrive davantage. Mais je te conjure par la miséricorde de notre Seigneur, de ne pas m'imiter dans aucune des vanités dans lesquelles tu m'as vu tomber." Il ajouta sur l'enveloppe de la lettre : "Je te conjure, mon ami, de ne pas rompre le cachet de cette lettre avant d'avoir acquis la certitude de ma mort" *(Bonnechose, vol. I, pp. 148, 149)*.

Pendant son voyage, Hus rencontra partout des indications de la propagation de sa doctrine et de l'intérêt qu'on portait à sa cause. Le peuple accourait au-devant de lui pour l'acclamer, et dans quelques villes, les magistrats l'escortèrent à travers les rues.

Le concile montra clairement, dans ses premiers actes, quelle était sa politique. L'assemblée condamna les écrits de Wiclef, et décréta que son corps devait être exhumé et brûlé. Hus avait pu jouir d'une complète liberté dès son arrivée. Au sauf-conduit de l'empereur, le pape avait ajouté une assurance personnelle de sa protection. Mais malgré ces déclarations solennelles réitérées, il fut arrêté peu de temps après, par ordre du pape et des cardinaux, et jeté dans un affreux cachot.

Le pape, pourtant, profita peu de cette perfidie ; car il fut jeté lui aussi dans la même prison" *(Bonnechose, vol. I, p. 247)*. Il avait été, devant le concile, reconnu coupable des plus grands crimes, — outre le meurtre, le trafic de biens spirituels et l'adultère — "crimes qu'on ne pouvait pas nommer", suivant la déclaration du concile lui-même. Il fut finalement privé de la tiare, et jeté en prison. Les antipapes furent également déposés, et un nouveau pontife fut élu.

Quoique le pape lui-même eût été reconnu coupable de crimes plus grands qu'aucun de ceux dont Jean Hus avait jamais accusé les prêtres, et dont il avait demandé une réforme, le même concile qui avait destitué le pontife, continua pourtant ses manœuvres secrètes et malveillantes en vue d'écraser le réformateur. L'emprisonnement de Jean Hus excita une grande indignation en Bohême. De puissants nobles adressèrent au concile d'énergiques protestations contre cet outrage. L'empereur, qui n'avait consenti qu'avec répugnance à la violation du sauf-conduit, s'opposa à ce qu'on fît des démarches contre lui. Mais les ennemis du réformateur étaient pleins de malice et de hardiesse. Ils excitèrent les préventions de l'empereur, ses craintes, son zèle pour l'église. Ils avancèrent de longs arguments pour prouver qu'il était parfaitement libre de ne pas tenir sa parole à un hérétique, et que le concile, étant au-dessus de l'empereur, pouvait le libérer de son serment. C'est ainsi qu'ils l'emportèrent.

Affaibli par la maladie et l'emprisonnement, — car l'air humide et infect de son cachot lui avait causé une fièvre violente qui l'avait presque emporté — Hus dut enfin paraître devant le concile. Chargé de chaînes, il se présenta devant l'empereur qui avait engagé son honneur et sa bonne foi en lui donnant le sauf-conduit qui devait le protéger. Durant son long jugement, il maintint fermement la vérité, et, en présence des dignitaires de l'église et de l'état réunis, il protesta fidèlement et solennellement contre les corruptions de la hiérarchie romaine. Lorsqu'on lui proposa de choisir entre la rétractation de ses doctrines ou la mort, il accepta le sort du martyr.

La grâce de Dieu le soutint. Durant les semaines de souffrances qu'il passa avant la sentence définitive, la paix du ciel remplit son âme. "J'écris cette lettre", disait-il à un ami, "en prison, la main enchaînée, attendant pour demain ma sentence de mort. Lorsque, avec l'assistance de Jésus-Christ, nous nous reverrons dans l'ineffable paix de la vie future, vous apprendrez combien Dieu s'est montré miséricordieux envers moi, comment Il m'a efficacement soutenu au milieu de mes tentations et de mes épreuves" *(Bonnechose, vol. 2, p. 67)*.

Dans la tristesse de sa prison, il prévit le triomphe de la vraie foi. Retournant, dans ses songes, à sa chapelle de Prague, où il avait prêché l'Evangile, il vit le pape et ses prêtres effacer les images du Christ qu'il avait peintes sur les murailles ; cela lui fit beaucoup de peine ; mais le jour suivant il fut rempli de joie de voir des artistes occupés à refaire ces peintures en plus grand nombre et avec des couleurs plus vives. Le travail achevé, les peintres, s'adressant à l'immense foule qui les entourait, s'écrièrent : "Que viennent maintenant les évêques et les prêtres, et qu'ils essaient de détruire ces images !" Le réformateur disait en expliquant ce songe : "J'espère que la vie du Christ, que je retraçais par Sa Parole, à Bethléhem, au fond des cœurs, et que ses ennemis ont tenté de détruire en défendant de prêcher en ce lieu et en voulant l'abattre ; j'espère, disje, que cette même vie sera mieux retracée dans la suite par des prédicateurs plus éloquents que moi" *(D'Aubigné, b. I, ch. 6)*.

Pour la dernière fois, Hus parut devant le concile. C'était une grande et brillante assemblée : l'empereur, les princes de l'empire, les députés du royaume, les cardinaux, les évêques, les prélats et une immense foule qui était venue voir les évènements du jour. De toutes les parties de la chrétienté, des hommes étaient accourus pour être témoins de ce premier grand sacrifice qui devait marquer la longue lutte de laquelle devait sortir la liberté de conscience.

Etant appelé à donner sa décision finale, Hus déclara qu'il n'abjurerait pas, et, fixant de son regard pénétrant le monarque qui avait si honteusement violé sa parole, il déclara qu'il avait paru devant le concile de sa libre volonté, "sous la foi publique de l'empereur qui est ici présent" *(Bonnechose, vol. 2, p. 84)*. A l'ouïe de ces paroles, et tous les yeux se tournant vers lui, une vive rougeur monta au front de Sigismond.

La sentence de mort fut alors prononcée, et la cérémonie de la dégradation commença. Les évêques revêtirent leur prisonnier des habits sacerdotaux ; lorsqu'il mit l'aube, il dit : "On revêtit notre Seigneur d'une robe blanche pour l'insulter quand Hérode le fit conduire à Pilate" *(Bonnechose, vol. 2, p. 86)*. Comme on l'exhortait à se rétracter, il répondit hautement en se tournant vers le peuple. "Comment après cela lèverais-je le front vers le ciel ? De quel œil soutiendrais-je les regards de cette foule d'hommes que j'ai instruits... de la pure doctrine de l'Evangile du Christ... ? Non, non ! Il ne sera pas dit que j'ai préféré le salut de ce corps misérable, destiné à la mort, à leur salut éternel." On lui enleva ensuite ses vêtements l'un après l'autre, chaque évêque prononçant une malédiction à mesure qu'il avait accompli sa part de la cérémonie. Finalement, on lui mit sur la tête une couronne ou mitre, sur laquelle étaient peints d'affreux démons, et portant cette inscription : "L'hérésiarque." "C'est avec grande joie, dit-il, que je porte cette couronne d'ignominie, par amour pour toi, ô Seigneur Jésus, qui porta pour moi une couronne d'épines." Lorsqu'il fut ainsi vêtu, les prélats vouèrent son âme à Satan. Hus, levant ses yeux au ciel, s'écria : "Je remets mon esprit entre tes mains, ô Seigneur Jésus, car Tu m'as racheté" *(Wylie, b. 3, ch. 7)*.

Alors il fut remis aux autorités civiles, et conduit sur le lieu de l'exécution. Une immense procession le suivit : des centaines d'hommes armés, des prêtres et des évêques dans leurs riches costumes, et les habitants de Constance. Lorsqu'il eut été attaché au poteau du supplice, et que le bûcher fut prêt à être allumé, on exhorta encore une fois le martyr à sauver sa vie, et à renoncer à ses erreurs. "Je prends Dieu à témoin, dit-il d'une voix forte, que je n'ai jamais enseigné, ni écrit ce dont m'accusent de faux témoins ; mes discours, mes livres, mes écrits, j'ai tout fait dans la seule pensée, dans le seul but d'arracher les âmes à la tyrannie du péché. C'est pourquoi je signerai aujourd'hui de mon sang avec joie cette vérité que j'ai enseignée, que j'ai écrite, et que j'ai publiée" (Wylie, b. 3, ch. 7). Lorsque les flammes l'entourèrent, il commença à chanter : "Jésus, fils du Dieu vivant, aie pitié de moi !" et il continua jusqu'à ce que sa voix se fût éteinte pour toujours.

Ses ennemis mêmes furent frappés de sa conduite héroïque. Un écrivain catholique décrivant le martyr de Hus et de Jérôme, qui mourut peu après, dit : "Tous deux conservèrent un esprit calme lorsque le dernier moment approcha ; ils se préparèrent à monter sur le bûcher comme s'ils allaient à une noce. Ils ne firent entendre ni cri ni plainte. Lorsque les flammes s'élevèrent, ils se mirent à chanter des hymnes ; et à peine la violence du feu put-elle faire cesser leurs chants" *(Wylie, b. 3, ch. 7)*. Lorsque le corps de Hus eut été entièrement consumé, ses cendres, avec la terre sur laquelle elles reposaient, furent ramassées, jetées dans le Rhin, et ainsi entraînées dans l'océan.

Ses persécuteurs pensaient avoir extirpé les doctrines qu'il avait prêchées. Ils songeaient peu que les cendres qui étaient transportées ce jour-là dans l'océan devaient être comme une semence répandue dans tous les pays du monde ; qu'elle devait porter, dans des pays alors inconnus, des fruits abondants comme témoins de la vérité. La voix qui s'était fait entendre dans la salle du concile, à Constance, avait réveillé des échos qu'on devait entendre jusque dans les siècles à venir. Hus n'était plus ; mais les vérités pour lesquelles il avait donné sa vie, ne pouvaient mourir. Son exemple de foi et de constance devait encourager une multitude de gens à demeurer fermement attachés à la vérité en face de la torture et de la mort. Son exécution avait démontré au monde entier les perfides cruautés de Rome. Les ennemis de la vérité avaient inconsciemment fait avancer la cause qu'ils s'étaient vainement efforcés de détruire.

Un autre bûcher devait s'élever à Constance. La vie d'un autre homme devait rendre témoignage à la vérité. Jérôme, en prenant congé de Hus qui se rendait au concile, l'avait exhorté à avoir du courage et de la fermeté, ajoutant que s'il courait quelque danger, il volerait aussitôt à son secours. Apprenant l'emprisonnement du réformateur, le fidèle disciple se prépara immédiatement à remplir sa promesse. Il se mit en route pour Constance avec un seul compagnon, et sans prendre de sauf-conduit. Arrivé dans cette ville, il comprit qu'il n'avait fait que s'exposer au danger, sans qu'il y eût possibilité de rien faire pour la délivrance de Hus. Il s'enfuit de la ville ; mais il fut arrêté dans sa fuite, et ramené enchaîné et entouré d'une garde de soldats. La première fois qu'il parut devant le concile, dans sa tentative de parler pour sa défense, il fut interrompu par les cris : "Qu'on le livre aux flammes !" *(Bonnechose, vol. I, p. 234)*. Il fut jeté dans un cachot, enchaîné dans une position qui lui causait de grandes souffrances, et nourri de pain et d'eau. Suite aux souffrances de son emprisonnement, Jérôme tomba malade, et ses ennemis, craignant que la mort ne le délivre de leurs mains, le traitèrent moins cruellement ; il n'en demeura pas moins en prison pendant une année.

La mort de Hus ne produisit pas les résultats que les chefs religieux avaient espérés. La violation de son sauf-conduit avait soulevé une tempête d'indignation, et le concile jugea qu'il serait plus prudent au lieu de brûler Jérôme, de l'obliger, si possible, à se rétracter. Il fut amené devant l'assemblée où on lui offrit l'alternative de se rétracter ou de monter sur le bûcher. Au début de son emprisonnement, la mort eût été un bienfait comparativement aux terribles souffrances qu'il avait endurées ; mais maintenant, abattu, malade de corps et d'esprit, privé du secours de ses amis, et accablé par la mort de Hus, la constance de Jérôme fléchit ; il consentit à se soumettre au concile. Il reconnut que l'assemblée avait agi justement en condamnant Wiclef et Hus, à l'exception pourtant des "saintes vérités" qu'ils avaient enseignées. *(Bonnechose, vol. 2, p. 141)*. Par cet expédient, Jérôme essayait de faire taire sa conscience, et d'échapper à son sort. Mais lorsqu'on l'eut ramené en prison, il réfléchit à ce qu'il avait fait. Il pensa au courage et à la fidélité de Hus, et médita sur le contraste que produisait son propre reniement de la vérité. Avant son reniement, il avait eu une grande tranquillité d'esprit, même au milieu de ses souffrances. Mais maintenant son âme était torturée par le doute et les remords. Il savait qu'il aurait à faire d'autres rétractations encore avant de pouvoir se réconcilier avec Rome. Il allait se plonger dans un affreux abîme. Il allait se séparer non seulement du maître qui l'avait instruit sur la terre ; mais du Maître céleste qui avait souffert pour lui la mort de la croix, et tout cela pour échapper à un court moment de souffrances. Sa résolution fut prise : il ne renierait pas son Sauveur.

Bientôt il fut ramené devant le concile. Sa soumission n'avait pas satisfait ses juges. Leur soif de sang, qui n'avait été qu'aiguisée par la mort de Hus, réclamait d'autres victimes. Jérôme ne pouvait se sauver qu'en renonçant complètement à la vérité. Mais il avait résolu d'avouer sa foi et de suivre son frère sur le bûcher.

Il retira sa précédente rétractation, et, comme un homme qui va mourir, il demanda solennellement à ses juges de lui accorder la permission de se défendre. Craignant l'effet de ses paroles, ils prétendaient qu'il devait affirmer ou nier la véracité des accusations portées contre lui. Jérôme protesta contre une injustice aussi cruelle. "Vous m'avez tenu enfermé trois cent quarante jours dans une affreuse prison, dit-il, dans l'ordure, dans la puanteur, dans le besoin extrême de toutes choses ; vous prêtez l'oreille à mes ennemis mortels, et vous refusez de m'écouter ! Si vous êtes en effet des hommes sages et les lumières du monde, prenez garde à ne pas pécher contre la justice. Pour moi, je ne suis qu'un faible mortel ; et ma vie est peu de chose, et, lorsque je vous exhorte à ne pas prendre une sentence inique, je parle moins pour moi-même que pour vous…" *(Bonnechose, vol. 2, pp. 146, 147).*

Sa requête lui fut enfin accordée. Avant de parler, Jérôme s'agenouilla en présence du concile, et pria que l'Esprit Saint dirige ses paroles, afin qu'il ne dise rien qui soit contre la vérité ou indigne de son Maître. Pour lui s'accomplit en ce jour la promesse de Dieu aux premiers disciples. "Vous serez menés, à cause de moi, devant des gouverneurs et devant des rois, pour servir de témoignage à eux et aux païens. Mais quand on vous livrera, ne vous inquiétez ni de la manière dont vous parlerez ni de ce que vous direz… Car ce n'est pas vous qui parlerez, c'est l'Esprit de votre Père qui parlera en vous [4]." Les paroles de Jérôme excitèrent l'étonnement et l'admiration de ses ennemis eux-mêmes. Depuis une année, il avait été enfermé dans un cachot, incapable de lire, ni même de voir, en proie à de grandes souffrances physiques et à une anxiété d'esprit continuelle. Et pourtant, ses arguments furent présentés avec autant de clarté et de puissance que s'il avait eu l'occasion d'étudier tranquillement. Il rappela à ses auditeurs la longue suite de saints hommes qui avaient été condamnés par d'injustes juges. Presque chaque génération a vu des hommes qui, cherchant à relever le caractère moral du peuple de leur époque, se sont vus accusés et condamnés, mais qui plus tard ont été reconnus comme méritant le respect et l'estime. Il leur rappela le Christ Lui-même, condamné comme malfaiteur à un injuste tribunal.

Dans sa rétractation, il avait reconnu la justice de la sentence qui condamnait Hus ; il déclara alors qu'il s'en repentait, et il rendit témoignage de l'innocence et de la sainteté du martyr. "Je l'ai connu depuis son enfance, dit-il. C'était un homme excellent, un juste, un saint ; il fut condamné malgré son innocence… Moi aussi, je suis prêt à mourir ; je ne reculerai pas devant le supplice que me préparent mes ennemis et de faux témoins qui rendront un jour compte de leurs impostures devant le grand Dieu que rien ne peut tromper" *(Bonnechose, vol. 2, p. 151).*

Parlant des remords que lui occasionnait son reniement, Jérôme poursuivit : "De tous les péchés que j'ai commis depuis ma jeunesse, aucun ne me pèse davantage et ne me cause de plus poignants remords que celui que j'ai commis en ce lieu fatal, lorsque j'ai approuvé la sentence inique rendue contre Wiclef et contre ce saint martyr Jean Hus, mon maître et mon ami. Oui, je le confesse de cœur et de bouche, je le dis avec horreur, j'ai honteusement failli par crainte de la mort en condamnant leurs doctrines. Je supplie donc le Dieu Tout-Puissant de me pardonner mes péchés, et particulièrement celui-ci, le plus odieux de tous." Et tendant la main vers ses juges, il ajouta d'une voix ferme : "Vous avez condamné Wiclef et Jean Hus, non comme ayant ébranlé la doctrine de l'église, mais seulement parce qu'ils ont flétri les scandales provenant du clergé : le faste, l'orgueil et tous les vices des prélats et des prêtres. Les choses qu'ils ont dites et qui sont irréfutables, je les pense et je les dis comme eux."

Frémissants de colère, les prélats l'interrompirent en s'écriant : "Qu'est-il besoin d'autre preuve ? Nous voyons de nos yeux le plus obstiné des hérétiques !"

Sans se laisser émouvoir par cette tempête, Jérôme continua : "Et quoi, pensez-vous donc que je craigne la mort ? Vous m'avez retenu toute une année aux fers, dans un affreux cachot, plus horrible que la mort même ; vous m'avez traité plus rigoureusement qu'un Turc, qu'un Juif ou qu'un païen, et ma propre chair a pourri vivante sur mes os. Et cependant je ne me plains pas, car la plainte sied mal à un homme de cœur ; mais je m'étonne d'une si grande barbarie envers un chrétien" *(Bonnechose, vol. 2, pp. 151-153)*.

Les paroles de Jérôme firent une grande impression. Il y avait parmi ses auditeurs des personnes qui désiraient lui sauver la vie. Après être retourné dans sa prison, il reçut la visite de plusieurs dignitaires de l'église, qui l'exhortèrent à se soumettre au concile. On lui parla du plus brillant avenir s'il voulait renoncer à son opposition à Rome. Mais, comme son Maître lorsqu'on lui offrit la gloire du monde, Jérôme demeura ferme.

"J'abjurerai, dit-il, si, par la Sainte Ecriture, vous me démontrez que je suis dans l'erreur."

"Eh quoi ! fit l'un de ses tentateurs, jugera-t-on de tout par les Saintes Lettres ? Ne faut-il pas revenir aux Pères pour les interpréter ?"

"Qu'entends-je ? s'écria Jérôme. ... Les traditions des hommes sont-elles plus dignes de foi que cette Sainte Parole du Seigneur ? Paul n'a point exhorté ses lecteurs à écouter les traditions des hommes ; il a dit : "Les Saintes Ecritures vous instruiront.""

"Hérétique ! fit un cardinal en jetant sur lui un regard courroucé, je me repens d'avoir ici plaidé si longtemps pour toi : le diable est dans ton cœur" *(Wylie, b. 3, ch. 10)*.

Peu après, une sentence de mort fut prononcée contre lui. Il fut conduit à l'endroit où Jean Hus avait sacrifié sa vie. Il se rendit au lieu du supplice en chantant, le visage rayonnant de joie et de paix. Son regard était fixé sur Christ, et pour lui la mort avait perdu ses terreurs. Lorsque tout fut prêt, comme l'exécuteur mettait le feu par derrière pour n'être pas vu, Jérôme s'écria : "Avance hardiment, et mets le feu devant moi ; si je l'avais craint, je ne serais pas ici."

Les dernières paroles qu'il prononça, lorsque les flammes l'enveloppèrent, furent une prière : "Seigneur, Père Tout-Puissant, s'écria-t-il en langue bohémienne, aie pitié de moi et pardonne-moi mes péchés ; car tu sais que j'ai toujours aimé Ta vérité" *(Bonnechose, vol. 2, p. 168)*. Sa voix cessa de se faire entendre, mais ses lèvres continuèrent à murmurer une prière.

Lorsque le feu eut achevé son œuvre, les cendres du martyr furent ramassées, et, comme celles de Hus, furent jetées dans le Rhin. Ainsi mouraient les fidèles témoins du Dieu vivant. Mais la lumière des vérités qu'ils avaient proclamées — leur exemple courageux — ne pouvait être éteinte. Pas plus qu'il ne leur était possible d'empêcher le soleil de poursuivre sa course, les hommes ne pouvaient arrêter l'aurore qui commençait à poindre sur le monde.

A l'ouïe de la condamnation de Hus, on avait tressailli d'indignation dans toute la Bohême ; on avait la conviction qu'il était tombé victime de la malice des prêtres et de la trahison de l'empereur. On déclara que sa mort était un meurtre, et les doctrines qu'il avait enseignées furent étudiées avec plus de soin qu'auparavant. Les écrits de Wiclef qui avaient échappé à la destruction furent lus et comparés avec les portions de la Bible que l'on pouvait obtenir, et il en résulta que la vérité enseignée par Hus fut généralement reçue. Peu d'années après la mort de Hus, la plus grande partie du peuple de la Bohême avait adopté ses enseignements.

Les meurtriers de Hus n'assistèrent pas calmement au triomphe de sa cause. Le pape et l'empereur s'unirent pour étouffer le mouvement. Les armées de Sigismond, qui était chef d'une des plus grandes nations de l'Europe, se jetèrent sur la Bohême.

Mais un libérateur leur fut suscité. Ziska, qui peu après le commencement de la guerre devint totalement aveugle, et qui fut pourtant l'un des plus habiles généraux de son temps, était le chef des Bohémiens. Confiante dans le secours de Dieu et la justice de Sa cause, cette petite nation résista aux plus puissantes armées qu'on pût amener contre elle. L'empereur tenta à plusieurs reprises d'envahir la Bohême avec de nouvelles armées, qui furent toujours honteusement repoussées. Les Hussites, croyant à la justice de leur cause, étaient au-dessus de la crainte de la mort, et rien ne pouvait leur résister. Quelques années après le commencement de la guerre, le brave Ziska mourut ; mais il fut remplacé par Procopius, qui était un général courageux et habile, et sous certains rapports, plus capable.

Les ennemis de la Bohême apprenant la mort du guerrier aveugle, crurent l'occasion favorable pour reprendre ce qu'ils avaient perdu. Le pape proclama alors une croisade contre les Hussites, et à nouveau de puissantes armées se précipitèrent sur la Bohême ; mais elles éprouvèrent de terribles défaites. Une autre croisade fut proclamée dans tous les pays de l'Europe. L'on réunit des hommes, de l'argent et des munitions de guerre. Des foules d'hommes accoururent sous la bannière papale, persuadées qu'enfin la destruction des Bohémiens hérétiques était arrivée. Assurée de la victoire, l'immense armée envahit la Bohême. Les Hussites se préparèrent à la repousser. Bientôt les deux armées furent en présence, n'étant plus séparées que par une rivière. "Les alliés étaient de beaucoup supérieurs en nombre ; mais au lieu d'avancer hardiment pour attaquer les Hussites, ils s'arrêtèrent pour les regarder silencieusement" *(Wylie, b. 3, ch. 17).* Tout à coup, une grande panique s'empara de l'armée papale. Sans tirer l'épée, ils s'enfuirent confusément, frappés de terreur. Un grand nombre de fugitifs furent mis à mort par les Hussites, qui les poursuivirent, et un immense butin tomba entre les mains des vainqueurs, de sorte que la guerre, au lieu d'appauvrir, avait enrichi les Bohémiens.

Quelques années plus tard, sous un nouveau pape, une autre croisade fut organisée. Comme auparavant, on réunit des hommes et de l'argent de toutes les contrées catholiques de l'Europe. On fit les offres les plus alléchantes à ceux qui s'engageraient dans cette périlleuse entreprise. On assura le pardon des plus grands crimes à ceux qui participeraient à la croisade. On promit à tous ceux qui mourraient dans cette guerre de riches récompenses dans le ciel, et à ceux qui survivraient, des honneurs et des richesses sur le champ de bataille. Une grande armée fut ainsi réunie ; elle traversa la frontière, et entra en Bohême. Les forces hussites reculèrent devant les envahisseurs, les entraînant toujours plus avant dans le pays, et leur faisant croire à une victoire déjà remportée. Enfin, l'armée de Procopius s'arrêta et se prépara à un mouvement offensif. Les croisés, découvrant leur erreur, se retirèrent dans leur camp pour attendre l'attaque. Lorsqu'ils entendirent le bruit des forces ennemies qui approchaient, avant même que les Hussites fussent en vue, une panique s'empara à nouveau des croisés, et comme auparavant, cette immense armée lâcha pied, et se dispersa comme si elle eût été dissipée par une puissance invisible. Princes, généraux et simples soldats, jetant leurs armes, fuyaient dans toutes les directions, abandonnant toutes leurs richesses sur le champ de bataille.

C'est en vain que le légat du pape, qui était à la tête de l'invasion, essaya de rallier ses régiments terrifiés et désorganisés. En dépit de ses efforts, il dut s'enfuir lui-même, entraîné par les fuyards. La déroute fut complète, et un immense butin tomba à nouveau entre les mains des vainqueurs. Ainsi, pour la seconde fois, une armée considérable, envoyée par les nations les plus puissantes de l'Europe, une armée de braves guerriers, préparés et équipés pour la bataille, fuyait, sans avoir tiré l'épée, devant les défenseurs d'une nation jusqu'alors petite et faible. Il y avait là une manifestation de la puissance divine. Les envahisseurs avaient été frappés d'une terreur surnaturelle. Celui qui avait renversé les armées de Pharaon dans la mer Rouge, qui avait mis en fuite les armées des Madianites devant Gédéon et ses trois cents hommes, qui dans une nuit avait détruit les forces des fiers Assyriens, — avait à nouveau étendu Sa main pour détruire les forces de l'ennemi. "Ils trembleront d'épouvante, sans qu'il y ait sujet d'épouvante ; Dieu dispersera les os de ceux qui campent contre toi ; tu les confondras, car Dieu les a rejetés [5]."

Enfin, désespérant de l'emporter par la force, les chefs romains recoururent à la diplomatie. Un compromis fut fait, qui tout en professant accorder aux Bohémiens la liberté de conscience, les plaçait réellement sous la puissance de Rome. Les Bohémiens avaient spécifié quatre points comme condition de leur paix avec Rome : la libre prédication de la Bible ; le droit pour toute l'église de prendre le pain et le vin dans la communion ; l'exclusion du clergé de tous les offices de l'autorité civile ; et dans les cas de crimes, l'exercice de la juridiction civile pour le clergé comme pour les laïques. Les autorités romaines finirent "par accepter les quatre articles en stipulant pourtant que l'église, le pape et l'empereur, se réserveraient le droit de les expliquer, et de déterminer leur signification précise" *(Wylie, b. 3, ch. 18)*. Sur cette base, le traité fut conclu, et Rome obtint par la dissimulation et la fraude ce qu'elle n'avait pu obtenir par la force ; car en imposant son interprétation des articles comme de la Bible, Rome pouvait en pervertir le sens pour les faire servir à ses propres desseins.

Un grand nombre de Bohémiens, pensant que c'était trahir leur liberté, ne purent consentir à ce contrat. Il en résulta des divisions et des dissensions, des luttes et du sang versé. Dans ces luttes, le noble Procopius tomba, et les libertés de la Bohême périrent avec lui.

Sigismond, qui avait trahi Hus et Jérôme, devint alors souverain de la Bohême, et, sans égard au serment qu'il avait fait de soutenir les droits de la Bohême, il y rétablit l'église papale. Mais l'empereur n'avait rien gagné à servir d'instrument aux visées de Rome. Pendant vingt ans, sa vie avait été remplie de travaux et de périls. Ses armées avaient été dispersées et ses trésors dissipés, et maintenant, après avoir régné une année en paix, il mourut, laissant son royaume sur le point d'être ravagé par une guerre civile, et léguant à la postérité un nom flétri par l'infamie.

Le tumulte et les luttes continuèrent, le sang ne cessa pas de couler. Des armées étrangères entrèrent de nouveau en Bohême, et les dissensions intérieures continuèrent à dissiper les forces de la nation. Ceux qui demeurèrent fidèles à l'Evangile souffrirent une sanglante persécution. Voyant que les erreurs de Rome étaient adoptées par ceux de leurs anciens frères, les adhérents de la foi antique constituèrent une église distincte qui prit le nom de "Eglise de l'Unité des Frères." Cette action attira sur eux l'anathème de tous les partis. Ils durent s'enfuir dans les forêts et les montagnes, et demeurer dans des cavernes et des grottes. Pourtant ils continuèrent à s'assembler pour lire la Parole et célébrer leur culte.

Leur foi et leur courage étaient fortifiés à l'écoute de messagers secrets qui leur apportaient la nouvelle que dans d'autres pays il y avait "çà et là des hommes qui aimaient la même vérité, et gardaient la même foi, et qu'il existait, au sein des montagnes des Alpes une ancienne église, bâtie sur le fondement des Saintes Ecritures qui protestait contre les corruptions idolâtres de Rome" *(Wylie, b. 3, ch. 19)*. Ils accueillirent cette nouvelle avec une grande joie, et entrèrent en correspondance avec les chrétiens Vaudois.

Fidèles à l'Evangile, les Bohémiens continuèrent, au sein des plus terribles persécutions, de tenir les regards fixés vers l'horizon, comme attendant les premières lueurs du jour. Appelés à vivre à une époque malheureuse, ils se souvenaient des paroles de Hus répétées ensuite par Jérôme, qu'un siècle devait s'écouler avant l'apparition de la lumière du matin. Ces paroles furent pour les hussites ce que celles de Joseph avaient été pour les douze tribus pendant leur servitude : "Je vais mourir ; mais Dieu vous visitera certainement, et il vous fera remonter de ce pays ." Vers 1470, la persécution cessa, suivit d'une période de prospérité relative. La fin du quinzième siècle découvrit deux cents églises de "l'Unité des Frères" en Bohème et en Moravie. Ainsi, un reste considérable de réchappés du feu et de l'épée put voir l'aurore du jour annoncé par Jean Hus.

---

1 Mat. 21 : 5.   4 Mat. 10 : 18-20.
2 2 Cor. 13 : 8.   5 Ps. 53 : 6.
3 1 Rois 18 : 17.

CHAPITRE VII

LUTHER SE SÉPARE DE ROME

P armi les premiers hommes qui furent appelés à conduire l'église des ténèbres de la papauté à la lumière d'une foi plus pure, la figure qui ressort
avec le plus d'éclat, est celle de Martin Luther. Zélé, ardent, persévérant,
ne connaissant d'autre crainte que la crainte de Dieu, et ne reconnaissant
aucun autre fondement de la foi religieuse que les Saintes Ecritures, Luther fut
l'homme de son temps ; Dieu accomplit par lui une grande œuvre pour réformer
l'église, comme pour éclairer le monde.

Ses premières années se passèrent dans l'humble maison d'un paysan allemand. C'est par son travail journalier dans une mine, que son père obtenait les
moyens de l'instruire. Il désirait en faire un homme de loi ; mais Dieu avait le
dessein de faire de lui un architecte dans le grand temple qui s'élevait si lentement à travers les siècles. Un travail pénible, des privations, et une sévère
discipline furent l'école par laquelle la Sagesse infinie préparait Luther pour
l'importante mission de sa vie.

Le père de Luther était un homme d'une intelligence forte et active, d'une
grande force de caractère, honnête, résolu, ouvert et droit. Il était fidèle dans
l'accomplissement de son devoir, quelles qu'en soient les conséquences. Son
austère bon sens lui faisait regarder avec mépris le système monastique. Il fut
fort mécontent lorsque Luther entra, sans son consentement, dans un monastère ; il se passa deux ans avant que le père soit réconcilié avec son fils, et même
alors, il conserva ses opinions.

Les parents de Luther attachaient beaucoup d'importance à l'éducation de
leurs enfants. Ils s'efforçaient de les instruire dans la connaissance de Dieu et la
pratique des vertus chrétiennes. Le fils put souvent entendre son père demander à
Dieu que son enfant se souvienne du nom du Seigneur, et aide un jour à l'avancement de Sa vérité. Ces parents pieux profitaient de tous les avantages de la culture
morale et intellectuelle dont leur vie de travail leur permettait de jouir. Ils faisaient
des efforts sérieux et persévérants pour préparer leurs enfants en vue d'une vie
pieuse et utile. Avec leur fermeté et leur force de caractère, ils employaient quelquefois une grande sévérité ; mais le réformateur lui-même, quoique pensant qu'ils
se soient parfois trompés, trouvait dans leur discipline plus à approuver qu'à blâmer.

A l'école où on l'envoya très jeune, Luther fut traité avec dureté, même avec violence. La pauvreté de ses parents était si grande, que pendant un certain temps il fut obligé, en se rendant à l'école dans une ville voisine, de gagner son pain en chantant de porte en porte ; aussi souffrit-il souvent de la faim. Les idées religieuses, sombres et superstitieuses, qui prévalaient alors, le remplissaient de crainte. Il se couchait le soir, le cœur affligé, regardant en tremblant vers un lugubre avenir, et en proie à une constante crainte à la pensée que Dieu était un juge sévère, inexorable, un cruel tyran, plutôt qu'un tendre Père céleste. Pourtant, au milieu de découragements si grands et si nombreux, Luther s'efforçait résolument d'atteindre le niveau moral et intellectuel par excellence auquel il s'était proposé d'arriver.

Il avait soif de connaissances, et le caractère sincère et pratique de son intelligence le poussait à désirer le solide et l'utile plutôt que le brillant et le superficiel. Lorsqu'il fit son entrée à l'université d'Erfurt, à l'âge de dix-huit ans, sa position s'était améliorée, et l'avenir s'ouvrait plus riant devant lui que dans sa jeunesse. Ses parents, ayant par leur économie et leur travail acquis une meilleure position, étaient capables de lui accorder l'aide dont il avait besoin. En outre, l'influence d'amis judicieux avait quelque peu adouci les tristes effets de sa première éducation. Il s'appliqua dès lors à l'étude des meilleurs auteurs, enrichissant son intelligence de leurs pensées les plus profondes, et s'appropriant la sagesse des sages. Une forte mémoire, une imagination vive, une grande puissance de raisonnement et une application énergique à l'étude, le placèrent bientôt au premier rang parmi ses compagnons.

La crainte de Dieu habitait dans le cœur de Luther, le rendant capable de persister dans ses desseins, et lui inspirant une grande humilité devant Dieu. Il avait continuellement le sentiment de sa dépendance de l'aide divine, et il ne manquait pas de commencer chacune de ses journées par la prière, tandis que son cœur s'élevait continuellement à Dieu pour Lui demander direction et support. "Bien prier, disait-il souvent, c'est la meilleure moitié des études" *(D'Aubigné, b. 2, ch. 2).*

Un jour qu'il examinait les livres de la bibliothèque de l'université, Luther découvrit une Bible latine. Il avait entendu lire auparavant des fragments des évangiles et des épîtres au culte public, et il avait cru que c'était toute la Parole de Dieu. Alors, pour la première fois, il pouvait jeter un regard sur la Bible entière. Avec une crainte mêlée d'étonnement, il en tournait les pages sacrées ; le cœur palpitant, il lisait pour lui-même les paroles de vie, s'arrêtant de temps à autre pour s'écrier : "Oh ! Si Dieu me donnait un tel livre qui soit le mien !" *(D'Aubigné, b. 2, ch. 2).* Les anges du ciel se tenaient à ses côtés, et les rayons de lumière descendant du trône de Dieu révélèrent des trésors de vérité à son intelligence. Il avait toujours eu une grande crainte d'offenser Dieu, mais alors la conviction du péché s'empara de lui plus fort que jamais.

Son ardent désir d'être délivré du péché et de trouver la paix de Dieu, le poussa finalement à entrer dans un cloître et à se vouer à la vie monacale. Là il fut astreint aux travaux les plus humiliants, et dut aller mendier de porte en porte. Il était à l'âge où l'on désire vivement jouir de quelque respect et être apprécié ; aussi ces basses fonctions étaient-elles des plus mortifiantes pour ses sentiments naturels ; mais il endura patiemment cette humiliation, pensant qu'elle lui était nécessaire à cause de ses péchés.

Il consacrait à l'étude tous les moments que lui laissaient ses devoirs journaliers, se privant de sommeil, et prenant même sur le peu de temps qu'il pouvait consacrer à ses pauvres repas. Il prenait avant tout plaisir à l'étude de la Parole de Dieu. Il avait trouvé une Bible enchaînée au mur du couvent, et il s'y rendait souvent pour la lire. Comme il avait toujours plus le sentiment du péché, il chercha à obtenir le pardon et la paix par ses propres œuvres. Il se livra à une vie très rigoureuse, cherchant à crucifier la chair par les jeûnes, les veilles et les flagellations. Il ne reculait devant aucun sacrifice pour devenir saint et gagner le ciel.

"Vraiment, écrivait-il plus tard, j'ai été un moine pieux, et j'ai suivi les règles de mon ordre plus sévèrement que je ne saurais l'exprimer. Si jamais moine eût pu entrer dans le ciel par sa moinerie, certes j'y serais entré. ... Si cela eût duré encore, je me serais martyrisé jusqu'à la mort" *(D'Aubigné, b. 2, ch. 3).* Comme résultat de cette rude discipline, sa santé s'affaiblit, et il souffrit d'évanouissements, dont il ressentit les effets toute sa vie. Mais malgré tous ses efforts, son âme angoissée ne trouvait aucun soulagement. A la fin, il fut poussé à la limite du désespoir.

Lorsqu'il parut à Luther que tout était perdu, Dieu lui suscita un ami et un aide. Le pieux Staupitz ouvrit la Parole de Dieu à l'esprit de Luther, et l'engagea à regarder plus haut qu'à lui-même, à cesser de contempler la punition infinie qui suit la violation de la loi de Dieu, et à regarder à Jésus, dont le sang efface les péchés. "Mais pourquoi vous tourmenter en vain avec de pareilles pensées ; regardez à Jésus qui a donné son sang pour vous. — Jetez-vous dans les bras de votre Sauveur. Confiez-vous en Jésus seul, en Sa justice, en la rédemption acquise par Sa mort. — Ecoutez le Fils de Dieu. Il S'est fait homme pour vous donner l'assurance de Sa faveur divine. — Aimez Celui qui vous a aimé le premier" *(D'Aubigné, b. 2, ch. 4).* Ainsi parla ce messager de miséricorde. Ses paroles firent une grande impression sur l'esprit de Luther. Après bien des luttes contre des erreurs qu'il avait longtemps aimées, il put saisir la vérité, et la paix entra dans son âme troublée.

Luther fut ordonné prêtre, et appelé du cloître au professorat dans l'université de Wittenberg. Là, il s'appliqua à l'étude des Ecritures dans les langues originales. Il commença à enseigner la Bible, et il expliqua le livre des Psaumes, les évangiles et les épîtres à une foule d'auditeurs avides de ces leçons si nouvelles pour eux. Staupitz, son ami et supérieur, l'engagea à monter en chaire, et à prêcher la Parole de Dieu. Luther hésitait, se sentant indigne de parler au peuple comme ambassadeur du Christ. Ce ne fut qu'après une longue lutte qu'il céda aux sollicitations de ses amis. Il était déjà très versé dans les Ecritures, et la grâce de Dieu reposait sur lui. Son éloquence captivait ses auditeurs ; la clarté et la puissance avec lesquelles il présentait la vérité convainquaient leur entendement, et sa grande ferveur touchait leurs cœurs.

Luther était encore un vrai fils de l'église, et ne pensait jamais devoir être autre chose. Un jour, selon la providence de Dieu, il se décida à visiter Rome. Il fit ce voyage à pied, logeant dans les monastères qui se trouvaient sur son chemin. Il fut rempli d'étonnement, lorsque, dans un couvent d'Italie, il vit la splendeur des appartements, la richesse des costumes, le luxe de la table, ainsi que la prodigalité qui s'étalait partout. Rempli de pénibles pressentiments, il considérait le contraste de cette scène avec le renoncement et les peines de sa propre vie. Il devenait perplexe.

Enfin il contempla à distance la ville aux sept collines. Profondément ému, il se prosterna en terre, et s'écria : "Rome sainte ! Je te salue" *(D'Aubigné, b. 2, ch. 6)*. Il entra dans la ville, visita les églises, entendit les contes merveilleux répétés par les prêtres et les moines, et il accomplit toutes les cérémonies requises. Partout il contemplait des scènes qui le remplissaient d'étonnement et d'horreur. Il vit que le clergé de tous les rangs vivait dans le péché. Il entendit les plaisanteries indécentes des prélats, et son cœur frémit des profanations dont ils souillaient jusqu'à la célébration de la messe. Se mêlant aux moines et aux bourgeois, il vit la dissipation et la débauche régner partout. Où qu'il se tourna, au lieu de la sainteté, il voyait la profanation. "On ne saurait le croire", écrivait-il, "que de péchés et d'actions infâmes se commettent dans Rome ; il faut le voir et l'entendre. Aussi a-t-on coutume de dire : S'il y a un enfer, Rome est bâtie au-dessus. C'est un abîme d'où sortent tous les péchés" *(D'Aubigné, b. 2, ch. 6)*.

Le pape avait promis une indulgence à quiconque gravirait à genoux ce qu'on appelait l'escalier de Pilate, qu'on prétendait être celui — miraculeusement transféré de Jérusalem à Rome — par lequel notre Sauveur était descendu en quittant le tribunal romain. Un jour que Luther accomplissait cette ascension, il lui sembla entendre tout à coup comme une voix de tonnerre lui crier : "Le juste vivra par la foi." Il se redressa, rempli de honte et d'horreur, et s'enfuit loin de ce lieu, témoin de sa folle crédulité. Jamais, depuis lors, ce texte ne cessa de faire une grande impression sur lui. Dès ce moment, il vit plus clairement que jamais ce qu'avait de décevant la confiance aux œuvres humaines pour obtenir le salut, et combien était nécessaire une foi constante dans les mérites du Christ. Ses yeux furent ouverts, pour ne plus jamais se refermer, aux déceptions de la papauté. Lorsqu'il se détourna de Rome, son cœur aussi s'en était détourné, et depuis ce moment, la séparation devint de plus en plus grande, jusqu'à ce qu'il rompe toute relation avec l'église papale.

A son retour de Rome, Luther reçut de l'université de Wittenberg le grade de docteur en théologie. Dès lors, il fut libre de se vouer plus que jamais à l'étude des Ecritures qu'il aimait tant. Il fit alors le vœu solennel d'étudier attentivement, et de prêcher la Parole de Dieu avec fidélité tous les jours de sa vie, au lieu d'enseigner des déclarations et des doctrines des papes. Ce n'était plus le simple moine ou professeur, mais le défenseur autorisé de la Bible. Il avait été appelé comme berger, pour paître le troupeau de Dieu qui avait faim et soif de la vérité. Il déclara fermement qu'un chrétien ne devrait jamais accepter d'autres doctrines que celles qui sont fondées sur l'autorité des Saintes Ecritures. Ces paroles sapaient le fondement même de la suprématie papale : elles contenaient les principes vitaux de la Réforme.

Luther vit le danger qu'il y avait de mettre les théories humaines au-dessus de la Parole de Dieu. Il attaqua sans crainte l'incrédulité spéculative des maîtres de la scolastique, et s'opposa hardiment à la philosophie et à la théologie qui avaient depuis si longtemps eu une influence prédominant sur le peuple. Il déclara que de pareilles études étaient non seulement sans valeur, mais pernicieuses, et s'efforça de détourner l'esprit de ses auditeurs des sophismes des philosophes et des théologiens, pour les diriger vers les vérités éternelles annoncées par les prophètes et les apôtres.

Le message qu'il annonçait était précieux pour la foule avide qui était comme suspendue à ses lèvres. Jamais auparavant, elle n'avait entendu de pareils enseignements. L'heureuse nouvelle de l'amour du Sauveur, l'assurance du pardon et de la paix par son sang rédempteur réjouissaient leurs cœurs, et leur inspiraient une espérance immortelle. Il venait de s'allumer à Wittenberg une lumière dont les rayons devaient atteindre jusqu'aux parties les plus éloignées de la terre, et dont l'éclat devait aller croissant jusqu'à la fin des temps.

Mais la lumière et les ténèbres ne peuvent s'accorder. Il y a entre la vérité et l'erreur une lutte irréductible. Soutenir et défendre l'une, c'est attaquer et renverser l'autre. Notre Sauveur lui-même a dit : "Je ne suis pas venu apporter la paix, mais l'épée [1]." Luther disait, quelques années après le commencement de la Réforme : "Dieu ne me conduit pas, mais il me pousse en avant. Je ne suis pas maître de mes propres actions. J'aimerais bien vivre en repos, mais je suis jeté au milieu du tumulte et des révolutions" *(D'Aubigné, b. 5, ch. 2)*. Maintenant, il va être forcé d'entrer dans la lutte.

L'église romaine avait fait de la grâce de Dieu une marchandise. Les tables des changeurs [2] étaient dressées à côté des autels, et les airs retentissaient des cris des acheteurs et des vendeurs. Sous le prétexte de collecter des fonds pour la construction de St Pierre de Rome, le pape avait ordonné la vente publique des indulgences [remise des peines méritées par les péchés, accordée par l'église Catholique] pour le péché. C'est avec le prix du crime qu'un temple devait être bâti pour le service de Dieu : sa pierre angulaire devait être posée avec les gages du péché. Mais ces moyens mêmes qui devaient embellir Rome, provoquèrent le coup le plus mortel qu'aient reçu son pouvoir et sa grandeur. C'est ce qui suscita les adversaires les plus résolus et les plus efficaces de la papauté, et provoqua la guerre qui ébranla le trône du pape jusque dans ses fondements, et fit trembler la tiare à trois couronnes sur la tête du pontife.

L'homme auquel fut confiée la vente des indulgences en Allemagne, le dominicain Tetzel, avait été convaincu des plus grands crimes contre la société et la loi de Dieu ; mais ayant échappé au châtiment qu'il avait mérité, il devint l'instrument des projets mercenaires et sans scrupules du pape. Il mentait avec la plus grande effronterie, et racontait des fables merveilleuses pour tromper le peuple ignorant, crédule et superstitieux. Si ce dernier avait possédé la Parole de Dieu, il n'aurait pas été trompé de cette manière. Mais la Bible lui avait été enlevée afin de le tenir sous l'autorité de la papauté, et afin d'en faire un docile artisan de la puissance et des richesses des ambitieux conducteurs de l'église *(John C. L. Gieseler, A Compendium of Ecclesiastical History, per. 4, sec. I, par. 5)*.

Lorsque Tetzel allait entrer dans une ville, un messager le précédait, et criait : "La grâce de Dieu et du saint père est à vos portes" *(D'Aubigné, b. 3, ch. I)*. Et le peuple accueillait le blasphémateur comme s'il avait été Dieu Lui-même descendu du ciel auprès d'eux. Cet infâme trafic était porté dans l'église du lieu où Tetzel, montant en chaire, vantait ses indulgences comme le plus précieux don du ciel. Il déclarait qu'en vertu de ces certificats de pardon, tous les péchés que l'acheteur désirait commettre à l'avenir pouvaient être pardonnés, et que "la repentance même n'était pas indispensable" *(D'Aubigné, b. 3, ch. I)*. Bien plus, il allait jusqu'à déclarer que les indulgences avaient le pouvoir de sauver, non seulement les vivants, mais les morts ; qu'au moment même où l'argent sonnait dans la caisse du pape, les âmes pour lesquelles l'argent avait été payé, s'échappaient du purgatoire et s'envolaient au ciel *(K. R. Hagenbach, History of the Reformation, vol. I, p. 96)*.

Lorsque Simon le magicien avait demandé d'acheter, des apôtres, le pouvoir de faire des miracles, Pierre lui avait répondu : "Que ton argent périsse avec toi, puisque tu as cru que le don de Dieu s'acquérait à prix d'argent ! [3] " Mais des milliers de gens saisissaient avidement l'offre de Tetzel. L'or et l'argent affluaient dans sa caisse. Un salut qu'on pouvait acheter avec de l'argent s'obtenait plus facilement que celui qui exigeait la repentance, la foi, et des efforts constants pour résister au péché et le vaincre.

La doctrine des indulgences avait rencontré dans l'église romaine la résistance d'hommes instruits et pieux ; et il y en avait qui n'accordaient pas de foi en des prétentions si contraires à la raison et à la révélation. Pourtant, aucun des évêques n'osa élever la voix contre la fraude et la corruption de ce trafic inique. Les esprits commençaient à s'agiter et à s'inquiéter, et bien des gens soucieux se demandaient si Dieu ne susciterait pas quelque instrument pour le relèvement de Son église.

Luther, quoique encore excellent catholique, fut rempli d'horreur à l'écoute des prétentions blasphématoires des marchands d'indulgences. Il y en avait même de sa congrégation qui avaient acheté des certificats de pardon, et ils ne tardèrent pas à venir auprès de leur pasteur confesser leurs différents péchés, dans l'attente d'en obtenir l'absolution [effacement d'une faute par le pardon], non pas parce qu'ils étaient pénitents et qu'ils désiraient se réformer, mais en vertu de leur indulgence. Luther leur refusa l'absolution, et les avertit que s'ils persistaient dans leur impénitence et ne changeaient leur vie, ils périraient dans leurs péchés. Fort perplexes, ils allèrent trouver Tetzel et lui rapportèrent qu'un moine augustin avait traité ses indulgences avec mépris. Le dominicain fut rempli de rage. Il prononça les plus terribles imprécations, fit allumer un feu sur la place publique, et déclara qu'il avait reçu l'ordre du pape de "brûler les hérétiques qui oseraient s'opposer à ses très saintes indulgences" *(D'Aubigné, b. 3, ch. 4).*

Luther se mit dès lors à défendre hardiment la vérité. Il fit entendre du haut de la chaire de solennels avertissements. Il exposa devant le peuple le caractère odieux du péché, et enseigna qu'il était impossible à l'homme, par ses propres œuvres, de diminuer sa faute ou d'échapper à sa punition. La repentance envers Dieu et la foi en Christ, peuvent seules sauver les pécheurs. La grâce du Christ ne peut être achetée ; c'est un don gratuit. Il conseilla au peuple, non d'acheter des indulgences, mais de regarder avec foi au Rédempteur crucifié. Il raconta l'expérience si douloureuse qu'il avait faite lorsqu'il avait vainement cherché à assurer son salut par des humiliations et des pénitences, et il assurait à ses auditeurs que c'était en détachant ses regards de ses propres mérites et en croyant en Christ qu'il avait trouvé la paix et la joie.

Comme Tetzel continuait son trafic et ses prétentions impies, Luther résolut de protester d'une manière plus effective contre ces criants abus. Le jour de la Toussaint avait une grande importance à Wittenberg. On exposait alors les précieuses reliques de l'église, et la rémission des péchés était accordée à tous ceux qui visitaient l'église et se confessaient. Aussi le peuple y accourait-il en foule de tous les côtés. La veille de la fête, Luther se rendit courageusement à l'église, où des foules d'adorateurs se rendaient déjà, et afficha à la porte quatre-vingt-quinze thèses [proposition ou théorie qu'on tient pour vraie et qu'on s'engage à défendre par des arguments] contre la doctrine des indulgences. Il se déclarait prêt à défendre ces thèses contre tous ceux qui s'y opposeraient.

Ses thèses attirèrent l'attention générale. Elles furent lues et relues, et répandues de tous côtés. Elles provoquèrent une grande excitation à l'université et dans toute la ville. Luther déclarait dans ces thèses que jamais le pouvoir de pardonner les péchés et d'en remettre la punition n'avait été donné au pape ni à aucun autre. Le tout n'était qu'un artifice pour extorquer de l'argent, en spéculant sur les superstitions du peuple ; une invention de Satan pour détruire les âmes de tous ceux qui se confieraient en ces prétentions mensongères. Il y était aussi montré clairement que l'Evangile du Christ est le trésor de l'église le plus précieux, et que la grâce de Dieu qui s'y trouve révélée, est accordée librement à tous ceux qui la recherchent par la repentance et la foi.

Les thèses de Luther invitaient à une discussion ; mais personne n'osa accepter le défi. Les questions qu'il proposait se répandirent en quelques jours à travers toute l'Allemagne ; et en quelques semaines, elles avaient retenti dans toute la chrétienté. Maints catholiques romains pieux, qui avaient vu la terrible démoralisation dans laquelle l'église était tombée, et qui en avaient gémi, mais sans savoir comment arrêter les progrès du mal, lurent ces thèses avec une grande joie, reconnaissant en elles la voix de Dieu. Ils sentaient que le Seigneur avait miséricordieusement étendu Sa main pour arrêter le flot montant de la corruption qui procédait du siège de Rome. Les princes et les magistrats se réjouirent secrètement de ce qu'un frein allait être mis à ce pouvoir arrogant qui n'admettait aucun appel à ses décrets.

Mais les multitudes attachées au péché et à la superstition furent terrifiées en voyant que les sophismes qui avaient calmé leurs craintes étaient renversés. De rusés ecclésiastiques, interrompus dans leur travail de sanctionner la criminalité, et voyant leurs gains prêts à leur échapper, furent remplis de rage, et se rallièrent pour soutenir leurs prétendus droits. Le réformateur eut à affronter des accusateurs acharnés. Quelques-uns l'accusaient d'agir avec emportement et par vanité. D'autres l'accusaient de présomption, déclarant qu'il n'était pas dirigé par Dieu, mais qu'il agissait par orgueil et par ambition. "Qui ne sait, répondait-il, que l'homme met rarement en avant une idée nouvelle, sans avoir une apparence d'orgueil, et sans être accusé de chercher des disputes ? Pourquoi le Christ et tous les martyrs furent-ils mis à mort ? — Parce qu'ils ont paru d'orgueilleux contempteurs de la sagesse du temps, et qu'ils ont avancé des nouveautés, sans avoir auparavant pris humblement conseil des oracles de l'ancienne opinion."

Il disait également : "Ce que je fais ne se fera pas par la prudence des hommes, mais par le conseil de Dieu. Si l'œuvre est de Dieu, qui l'arrêtera ? Si elle n'est pas de Lui, qui l'avancera ? Non pas ma volonté, ni la leur, ni la nôtre, mais Ta volonté, ô Père saint qui es dans le ciel !" *(D'Aubigné, b. 3, ch. 6).*

Quoique Luther fût conduit par l'Esprit de Dieu pour commencer son œuvre, il ne devait pas la poursuivre sans des luttes violentes. Les accusations de ses ennemis, leur manière de dénaturer ses desseins, et leurs injustes et malicieuses réflexions sur son caractère et ses motifs, l'assaillaient parfois avec une force irrésistible, et elles ne furent pas sans effet. Il avait cru que les chefs de l'église et les philosophes de sa nation joindraient leurs efforts aux siens pour opérer une réforme. Des paroles d'encouragement reçues des grands lui avaient inspiré de la joie et de l'espérance. Il avait déjà cru entrevoir dans l'avenir, l'aurore de jours plus beaux pour l'église. Mais les encouragements s'étaient bientôt transformés en reproches et en condamnations. Maints dignitaires de l'église et de l'Etat étaient convaincus de la vérité de ses thèses ; mais ils virent bientôt que l'acceptation de ces vérités amènerait de grands changements. Eclairer et réformer le peuple, ce serait virtuellement saper l'autorité de Rome, détourner des milliers de courants d'argent qui gonflaient ses trésors, et porter une grave atteinte à la prodigalité et au luxe des chefs de l'église. Bien plus, apprendre au peuple à penser et à agir comme des créatures responsables, regardant à Christ seul pour obtenir leur salut, cela renverserait le trône pontifical, et éventuellement détruirait leur propre autorité. Ces raisons les poussèrent à refuser la connaissance que Dieu mettait à leur portée, et à se ranger contre le Christ et la vérité par leur opposition à l'homme que le Seigneur leur envoyait pour les éclairer.

Luther tremblait en regardant à lui-même, et en se voyant seul pour s'opposer aux plus grands pouvoirs de la terre. Il doutait parfois d'avoir été réellement conduit par Dieu pour s'opposer, lui, à l'autorité de l'église. "Qu'étais-je, moi, écrivait-il, pour m'opposer à la majesté du pape, devant laquelle tremblaient, non seulement les rois de la terre, mais le monde entier ?" "Personne ne peut savoir ce que mon cœur a souffert dans ces deux premières années, et dans quel abattement, je pourrais dire dans quel désespoir, j'ai souvent été plongé" *(D'Aubigné, b. 3, ch. 6)*. Mais il ne fut pas abandonné à un complet découragement. Lorsque les soutiens humains manquèrent, il regarda à Dieu seul, et apprit qu'il pouvait se reposer en toute sécurité sur Son bras puissant.

Luther écrivait à un ami de la Réforme : "Il est très certain qu'on ne peut parvenir à comprendre les Ecritures ni par l'étude ni par l'intelligence. Votre premier devoir est donc de commencer par la prière. Demandez au Seigneur qu'Il daigne vous accorder, en Sa grande miséricorde, la véritable intelligence de Sa Parole. Il n'y a pas d'autre interprète de la Parole de Dieu que l'Auteur même de cette Parole, selon ce qu'Il a dit : "Ils seront tous enseignés de Dieu." N'espérez rien de vos travaux, rien de votre intelligence ; confiez-vous uniquement en Dieu et en l'influence de Son Esprit. Croyez en un homme qui en a fait l'expérience" *(D'Aubigné, b. 3, ch. 7)*. Il y a ici une leçon d'une importance vitale pour ceux qui sentent que Dieu les a appelés à présenter aux hommes les vérités solennelles pour notre temps. Ces vérités exciteront la haine de Satan et des hommes qui aiment les fables qu'il a imaginées. Dans la lutte avec les puissances du mal, il faut quelque chose de plus que l'intelligence et la sagesse humaines.

Lorsque des ennemis en appelaient à la coutume et à la tradition, ou aux assertions et à l'autorité du pape, Luther leur répondait avec la Bible et la Bible seulement. Il y avait là des arguments auxquels ils ne pouvaient pas répondre ; c'est pourquoi les esclaves du formalisme et de la superstition réclamèrent sa mort, comme les Juifs demandaient la mort du Christ. "C'est un hérétique !" criaient les partisans fanatiques du pape ; "c'est un péché contre l'église de le laisser vivre une heure de plus ! Qu'on le mène tout de suite au bûcher !" *(D'Aubigné, b. 3, ch. 9)*. Mais Luther ne devint pas la proie de leur fureur. Dieu lui réservait une œuvre à faire, et des anges du ciel furent envoyés pour le protéger. Pourtant, plusieurs de ceux qui avaient adopté la précieuse vérité prêchée par Luther tombèrent victimes de la colère de Satan, et souffrirent courageusement la torture et la mort pour l'amour de la vérité.

Les enseignements de Luther attirèrent l'attention des esprits réfléchis à travers toute l'Allemagne. De ses sermons et de ses écrits jaillissaient des rayons de lumière qui réveillèrent et éclairèrent des milliers de personnes. Une foi vivante remplaçait le froid formalisme dans lequel l'église avait été si longtemps rivée. Le peuple perdait de jour en jour sa confiance dans les superstitions romaines. Les barrières des préjugés commençaient à céder. La Parole de Dieu, par laquelle Luther éprouvait toute doctrine et toute prétention, semblable à une épée à deux tranchants, se frayait un chemin dans les cœurs. Partout on voyait naître le désir de faire des progrès spirituels. On voyait de tous côtés une faim et une soif de la justice comme on n'en avait pas vu depuis des siècles. Les regards du peuple, si longtemps dirigés vers des rites humains et des médiateurs terrestres, se tournaient alors, avec repentance et foi, vers Christ et Christ crucifié.

Plus l'intérêt religieux devenait général, plus les craintes des autorités papales augmentaient. Luther reçut la sommation de paraître à Rome pour répondre à l'accusation d'hérésie. Cet ordre remplit de crainte ses amis. Ils savaient trop bien le danger qui le menaçait dans cette ville corrompue, déjà enivrée du sang des martyrs de Jésus. Ils protestèrent contre son appel à Rome, et demandèrent qu'il fût examiné en Allemagne.

Cet arrangement fut finalement adopté, et le légat du pape fut chargé d'examiner la chose. Dans les instructions données par le pontife à son représentant, il était dit que Luther avait déjà été déclaré hérétique. Le légat était par conséquent chargé de le poursuivre et de le réduire à la soumission sans délai. S'il demeurait inébranlable, et que le légat ne pût s'emparer de sa personne, il était autorisé à "le proscrire de toutes les villes d'Allemagne, à bannir, à maudire et à excommunier tous ceux qui étaient ses partisans" *(D'Aubigné, b. 4, ch. 2)*. Bien plus, le pape ordonnait à son légat, afin d'extirper entièrement l'hérésie pestilentielle, d'excommunier tous ceux — quelle que fût leur dignité dans l'église ou dans l'Etat, sauf l'empereur — qui refuseraient de saisir Luther et ses adhérents, et de les livrer à la vengeance de Rome.

On voit se déployer ici le véritable esprit de la papauté. Aucune trace de principes chrétiens, ou même de justice élémentaire ne se voit dans tout ce document. Luther était à une grande distance de Rome ; il n'avait eu aucune occasion d'expliquer et de défendre ses doctrines ; pourtant, avant d'avoir été examiné, il avait été sommairement déclaré hérétique, et, en un même jour, exhorté, accusé, jugé et condamné ; et tout cela par le soi-disant saint-père, la seule autorité suprême et infaillible dans l'église et dans l'Etat !

Vers cette époque, au moment même où Luther avait un grand besoin de la sympathie et des conseils d'un vrai ami, la providence de Dieu amenait Mélanchthon à Wittenberg. Jeune encore, modeste et réservé dans sa tenue, au jugement sain, possédant une vaste érudition, d'une éloquence persuasive, toutes ces qualités jointes à la pureté et à la droiture de son caractère, gagnèrent à Mélanchthon l'admiration et l'estime générales. L'éclat de ses talents n'était pas moins marquant que l'amabilité de son caractère. Il devint bientôt un fervent disciple de l'Evangile, le soutien de Luther et son ami le plus intime. Sa douceur, sa prudence et son exactitude complétaient la hardiesse et l'énergie de Luther. Leur union fortifia l'œuvre de la Réforme, et fut une source de grand encouragement pour Luther.

La ville d'Augsbourg avait été choisie pour le siège de la diète, et Luther s'y rendit à pied. On avait partout des craintes sérieuses sur son compte. Des menaces avaient été faites publiquement qu'il serait attaqué en route et assassiné, et ses amis le prièrent de ne pas exposer sa vie. Ils le supplièrent même de quitter un moment Wittenberg, et de se réfugier auprès de ceux qui étaient bien disposés à le protéger. Mais il ne voulut pas abandonner la position dans laquelle Dieu l'avait placé. Il devait continuer fidèlement à défendre la vérité, malgré les tempêtes qui fondaient sur lui. Il disait : "Je suis comme Jérémie, l'homme des querelles et des discordes ; mais plus ils augmentent leurs menaces, plus ils multiplient ma joie. ... Ils ont déjà déchiré mon honneur et ma réputation. Une seule chose me reste ; c'est mon misérable corps, qu'ils le prennent ; ils abrégeront ainsi ma vie de quelques heures. Mais quant à mon âme, ils ne me la prendront pas. Celui qui veut porter la parole du Christ dans le monde, doit s'attendre à chaque heure à la mort" *(D'Aubigné, b. 4, ch. 4).*

La nouvelle de l'arrivée de Luther à Augsbourg remplit de joie le légat du pape. L'importun hérétique qui excitait l'attention du monde entier semblait être alors au pouvoir de Rome, et le légat résolut de ne pas le laisser quitter la ville comme il y était entré. Le réformateur avait négligé de se procurer un sauf-conduit. Ses amis lui conseillèrent de ne pas paraître devant le légat avant d'en avoir un ; et eux-mêmes entreprirent de lui en procurer un de l'empereur. Le légat avait l'intention de forcer, si possible, Luther à se rétracter, ou, dans le cas de non réussite, de le faire citer à Rome pour y subir le sort de Jean Hus et de Jérôme de Prague. C'est pourquoi il dépêcha ses agents auprès de Luther pour l'engager à paraître devant lui sans sauf-conduit, se confiant en sa bienveillance. Le réformateur refusa avec fermeté. Ce ne fut pas avant d'avoir reçu le document le plaçant sous la protection de l'empereur, qu'il consentit à paraître en présence de l'ambassadeur du pape.

Les romanistes avaient décidé, politiquement, d'essayer de gagner Luther par une apparence de douceur. Le légat, dans ses entrevues avec lui, prétendit avoir une grande amitié pour lui ; mais il exigea de Luther qu'il se soumette implicitement à l'autorité de l'église, et cède sur tous les points sans raison ni question. Il avait mal jugé le caractère de l'homme avec lequel il avait affaire. Luther, dans sa réplique, exprima son respect pour l'église, son amour de la vérité, sa disposition à répondre à toutes les objections faites contre ce qu'il avait enseigné, et à soumettre ses doctrines à la décision de certaines universités autorisées. Mais en même temps, il protesta contre la manière de faire du cardinal qui lui demandait de se rétracter sans lui prouver qu'il était dans l'erreur.

Mais la seule réponse du légat était : "Rétracte ! Rétracte !" Le réformateur montra que ses doctrines étaient appuyées par les Ecritures, et déclara fermement qu'il ne pouvait renoncer à la vérité. Le légat, incapable de réfuter ses arguments, se mit à l'accabler d'un flot de paroles où s'entremêlaient les accusations, les concessions, les flatteries, les appels à la tradition des pères, sans laisser au réformateur le temps de lui répondre. Convaincu que des entretiens de ce genre n'aboutiraient à rien, Luther obtint enfin, mais non sans peine, de présenter sa réponse par écrit.

"Je voyais, écrivait-il à un ami, que le moyen le plus sage était de lui répondre par écrit ; car une réponse écrite laisse au moins aux opprimés un double avantage : d'abord, de pouvoir soumettre leur cas à des tiers et deuxièmement, la ressource d'intimider un despote verbeux et sans conscience, qui, autrement, l'emporterait par son langage impérieux" *(Martyn, The Life and Times of Luther, p. 271, 272).*

A l'entrevue suivante, Luther donna de ses enseignements un exposé clair, concis et convaincant, appuyant chacune de ses propositions par des citations des Saintes Ecritures. Après avoir donné, à haute et intelligible voix, lecture de son travail, il le passa au cardinal, qui le mit de côté avec mépris, déclarant qu'il ne contenait qu'une masse de paroles vaines et de citations intempestives. Exacerbé, Luther prit alors l'offensive, et, se plaçant sur le terrain de son adversaire — la tradition et les enseignements de l'église —, il réfuta victorieusement toutes ses affirmations.

Lorsque le cardinal vit qu'il ne pouvait répondre à Luther, il perdit tout sang-froid sur lui-même, et s'écria plein de colère : "Rétracte ! Rétracte ! Ou si tu ne le fais, je t'envoie à Rome pour y comparaître devant les juges qui ont été chargés de prendre connaissance de ta cause. Je t'excommunie, toi, tous tes partisans, tous ceux qui te sont ou te deviendront favorables, et je les rejette de l'église." Et il déclara finalement, d'un ton hautain et courroucé : "Rétracte-toi ou ne reviens pas" *(D'Aubigné, London ed., b. 4, ch. 8).*

Le réformateur se retira aussitôt, suivi de ses amis, signifiant ainsi à son adversaire qu'il ne fallait attendre aucune rétractation de sa part. Ce n'était pas ce que le cardinal avait espéré. Il s'était bercé de l'illusion qu'il aurait raison de Luther par l'intimidation. Demeuré seul avec ses partisans, il les regardait successivement, tout confus d'un échec aussi complet qu'imprévu.

Les efforts de Luther dans ce débat ne cessèrent pas de produire de bons résultats. La grande assemblée, qui assista à la discussion, put comparer les deux hommes et juger de l'esprit manifesté par chacun d'eux, aussi bien que de la force et de la véracité de leurs croyances. Quel contraste frappant ! Le réformateur, simple, humble, ferme, se présentant avec la force de Dieu, ayant la vérité de son côté ; le représentant du pape, plein du sentiment de sa dignité, impérieux, hautain, et déraisonnable, ne possédant pas un argument tiré des Ecritures, et criant pourtant avec véhémence : "Rétracte, ou tu seras envoyé à Rome pour y être puni !"

Quoique Luther se soit procuré un sauf-conduit, les romains complotaient de se saisir de lui et de l'emprisonner. Ses amis lui dirent que comme il était inutile de prolonger son séjour, il devait retourner à Wittenberg immédiatement, et qu'on devait prendre les plus grandes précautions pour cacher ses intentions. Il quitta en conséquence Augsbourg avant le lever du jour, à cheval, accompagné d'un guide que lui avait procuré le magistrat. Le cœur agité de pressentiments, il traversa secrètement les rues sombres et silencieuses de la ville. Des ennemis vigilants et cruels méditaient sa perte. Echapperait-il aux pièges tendus sous ses pas ? C'étaient des instants d'angoisse et de prières ardentes. Il arriva devant une petite porte pratiquée dans la muraille de la ville. Elle avait été ouverte pour lui, et il sortit ainsi avec son guide sans empêchement. Une fois libre, il s'éloigna en toute hâte. Satan et ses émissaires furent déçus. L'homme qu'ils avaient cru en leur pouvoir était parti, il s'était échappé comme l'oiseau des filets de l'oiseleur.

A la nouvelle du départ de Luther, le légat fut transporté d'étonnement et de colère. Il avait compté être très honoré pour la sagesse et la fermeté qu'il pensait montrer dans sa manière d'agir avec celui qui troublait l'église ; mais son espoir était déçu. Il laissa percer son dépit dans une lettre qu'il écrivit à Frédéric, électeur de Saxe, accusant violemment Luther, et demandant à Frédéric d'envoyer le réformateur à Rome ou de le bannir de la Saxe.

Luther se défendit en demandant que le légat du pape lui montre par les Ecritures en quoi il était dans l'erreur, s'engageant solennellement à renoncer à ses doctrines si l'on pouvait lui montrer qu'elles étaient contradictoires à la Parole de Dieu. Et il exprimait sa reconnaissance envers Dieu d'avoir été jugé digne de souffrir pour une si sainte cause.

L'électeur ne possédait alors qu'une connaissance bien superficielle de la doctrine réformée ; mais il était impressionné par la loyauté, la force et la clarté des paroles de Luther. Aussi Frédéric résolut-il de protéger le réformateur tant qu'il n'aurait pas été convaincu d'erreur. En réponse à la demande du légat il écrivit : "Puisque le docteur Martin a comparu devant vous à Augsbourg, vous devez être satisfait. Nous ne nous étions pas attendus á ce que, sans l'avoir convaincu, vous prétendiez le contraindre à se rétracter. Aucun des savants qui se trouvent dans nos principautés ne nous a dit que la doctrine de Martin fût impie, antichrétienne et hérétique." "Il nous faut, par conséquent, refuser d'envoyer Luther à Rome ou de le chasser de nos Etats" *(D'Aubigné, b. 4, ch. 10)*.

L'électeur voyait qu'il y avait un affaissement général des barrières morales de la société. Il fallait un grand travail de réforme. Les moyens si compliqués et si coûteux qu'il faut entretenir pour empêcher et punir le crime seraient inutiles si les hommes reconnaissaient les exigences de la loi de Dieu et la voix d'une conscience éclairée. Il voyait que Luther travaillait à atteindre ce but, et il se réjouissait secrètement qu'une meilleure influence se fît sentir dans l'église. Il remarquait également les succès de Luther comme professeur à l'université. De toutes les parties de l'Allemagne, les étudiants affluaient à Wittenberg pour entendre ses enseignements. On voyait des jeunes gens qui, arrivés en vue de la ville, "levaient les mains vers le ciel, et remerciaient Dieu d'avoir fait luire de ce lieu la lumière de Sa vérité, comme autrefois du Mont Sion afin qu'elle puisse pénétrer jusqu'aux contrées les plus éloignées" *(D'Aubigné, b. 4, ch.10)*.

A cette époque, Luther n'avait encore que partiellement abandonné les erreurs du romanisme. Mais à mesure qu'il comparait les décrets et les constitutions de Rome avec les Saintes Ecritures, il était rempli d'étonnement. "Je lis les décrets des pontifes, écrivait-il à Spalatin, et je ne sais pas si le pape est l'antichrist lui-même ou s'il est son apôtre, tellement Jésus y est dénaturé et crucifié" *(D'Aubigné, b. 5, ch. 1)*. Pourtant, Luther était encore à cette époque un défenseur de l'église catholique, et la pensée de se séparer de sa communion n'avait pas encore effleuré son esprit.

Les écrits de Luther et sa doctrine se répandaient dans toutes les nations chrétiennes. La Réforme s'étendait en Suisse et en Hollande. Des copies de ses écrits pénétraient en France et en Espagne. En Angleterre, ses enseignements étaient reçus comme la Parole de vie. La vérité s'étendit également en Belgique et en Italie. Des milliers de personnes se réveillaient de leur torpeur à la joie et à l'espérance d'une vie de foi.

Mais Rome s'irritait de plus en plus des attaques de Luther, et quelques-uns de ses partisans fanatiques déclaraient secrètement que ce ne serait pas un péché de tuer le réformateur. Un jour, un étranger, portant un pistolet caché sous son manteau, s'approcha de Luther, et lui demanda pourquoi il sortait ainsi seul. "Je suis entre les mains de Dieu", répondit Luther. "Il est mon aide et mon bouclier. Que pourraient me faire les hommes ?" *(D'Aubigné, b. 6, ch. 2).* En entendant ces paroles, l'étranger pâlit et s'enfuit, comme s'il eût été en présence des anges du ciel.

Rome avait résolu de perdre Luther, mais Dieu était sa défense. Ses doctrines étaient reçues partout : "dans les couvents, dans les campagnes, ... dans les châteaux des nobles, dans les universités, dans les palais des rois" ; et des hommes de cœur s'élevaient partout pour seconder ses efforts *(D'Aubigné, b. 6, ch. 2).*

Vers ce temps-là, Luther, lisant les ouvrages de Hus, constata que la grande vérité de la justification par la foi avait aussi été enseignée par le réformateur de la Bohême. "Tous, s'écrie-t-il, Paul, Augustin et moi nous sommes hussites sans le savoir." "Dieu fera sans doute savoir au monde que la vérité lui a été présentée il y a un siècle, et qu'il l'a brûlée !" *(Wylie, b. 6 ch. I).*

Dans un appel à l'empereur et à la noblesse allemande en faveur de la réformation du christianisme, Luther écrivait concernant le pape : "C'est une chose horrible que de voir celui qui s'appelle vicaire de Jésus-Christ déployer une magnificence que celle d'aucun empereur n'égale. Est-ce là ressembler au pauvre Jésus ou à l'humble Pierre ? Il est, disent-ils, le Seigneur du monde ! Mais le Christ, dont il se vante d'être le vicaire, a dit : "Mon règne n'est pas de ce monde." Le règne d'un vicaire s'étendrait-il au-delà de celui de son Seigneur ?" *(D'Aubigné, b. 6, ch. 3).*

Il écrivait ce qui suit en parlant des universités : "Je crains fort que les universités ne soient de grandes portes de l'enfer, si l'on ne s'applique pas avec soin à y expliquer la Sainte Ecriture et à la graver dans le cœur des jeunes gens. Je ne conseille à personne de placer son enfant là où la Sainte Ecriture ne règne pas. Toute institution où l'on ne s'occupe pas sans relâche de la Parole de Dieu est vouée à la corruption" *(D'Aubigné, b. 6, ch. 3).*

Cet appel se répandit rapidement dans toute l'Allemagne, et exerça une grande influence sur le peuple. Toute la nation s'émut, et des multitudes se rangèrent sous l'étendard de la réforme. Les ennemis de Luther, brûlant du désir de se venger, demandèrent au pape de prendre des mesures décisives contre lui. On décréta que ses doctrines seraient condamnées immédiatement. On donna soixante jours au réformateur et à ses adhérents pour se rétracter ; après ce délai, s'ils ne se rétractaient pas, ils seraient tous excommuniés [retrancher de la communion de l'église catholique].

Ce fut une crise terrible pour la Réforme. Depuis des siècles, les sentences d'excommunication lancées par Rome avaient été promptement suivies du coup de mort. Ceux qui en étaient les objets étaient regardés avec horreur. Traités en parias, ils étaient retranchés de la communion de leurs semblables, traqués et mis à mort. Luther n'ignorait pas la tempête qui allait fondre sur lui ; mais il demeura ferme, se confiant en Christ, son soutien et son bouclier. Il écrivait avec la foi et le courage du martyr : "Que va-t-il arriver ? Je l'ignore, et je ne me soucie pas de le savoir." "Où que ce soit que le coup frappe, je suis sans crainte. Une feuille d'un arbre, ne tombe pas sans la volonté de notre Père. Combien moins nous-mêmes ! … C'est peu de chose que de mourir pour la Parole, puisque cette Parole qui s'est incarnée pour nous est morte d'abord Elle-même. Nous ressusciterons avec Elle, si nous mourons avec Elle, et passant par où Elle a passé, nous arriverons où Elle est arrivée, et demeurerons près d'Elle pendant toute l'éternité" *(D'Aubigné, 3 d London ed., Walther, 1840, b. 6, ch. 9).*

Lorsque Luther reçut la bulle papale [lettre écrite du pape qui établit un droit, portant son sceau, la Bulle "Unigenitus", une bulle d'excommunication], il dit : "Je la méprise, et l'attaque comme impie et mensongère. … C'est Christ Lui-même qui y est condamné." "Je me réjouis d'avoir à supporter quelques maux pour la meilleure des causes. Je sens déjà plus de liberté dans mon cœur, car je sais enfin que le pape est l'antichrist, et que son siège est celui de Satan même" *(D'Aubigné, b. 6, ch. 9).*

Pourtant, la parole du pontife romain était encore puissante. La prison, la torture et l'épée étaient des armes capables d'imposer la soumission. Tout semblait indiquer que l'œuvre du réformateur touchait à sa fin.

Rome avait fulminé contre lui ses anathèmes, et le monde l'observait, convaincu qu'il périrait ou qu'il serait forcé de céder. Il n'en fut rien. D'un geste calme, mais puissant et terrible, le réformateur rejeta la sentence de condamnation et annonça publiquement sa décision de se séparer de la papauté pour toujours. En présence d'une foule composée d'étudiants, de docteurs et de citoyens de tout rang, il livra au feu la bulle papale, des exemplaires du droit canon, des décrétales et d'autres écrits soutenant le pouvoir papal. "Mes ennemis, dit-il, ont pu, en brûlant mes livres, nuire à la vérité dans l'esprit du commun peuple et perdre des âmes. En retour, je consume leurs livres. Jusqu'ici, je n'ai fait que badiner avec le pape, mais une lutte sérieuse vient de s'ouvrir. J'ai commencé cette œuvre au nom de Dieu ; elle se finira par Sa puissance et sans moi" *(D'Aubigné, b. 6, ch. 10).*

A ses ennemis, qui méprisaient sa cause en raison de sa faiblesse, Luther répondait : "Qui sait si ce n'est pas Dieu qui m'a choisi et appelé, et s'ils ne doivent pas craindre, en me méprisant, de mépriser Dieu Lui-même ? … Moïse était seul à la sortie d'Egypte ; Elie seul, au temps du roi Achab ; Esaïe seul, à Jérusalem ; Ezéchiel seul, à Babylone ; … Dieu n'a jamais choisi pour prophète ni le souverain sacrificateur, ni quelque autre grand personnage ; ordinairement, Il a choisi des personnes faibles et méprisées, une fois même le berger Amos. En tout temps, les saints ont dû reprendre les grands, les rois, les princes, les prêtres, les savants, au péril de leur vie. ... Je ne dis pas que je sois un prophète ; mais je dis qu'ils ont lieu de craindre, précisément parce que je suis seul et qu'ils sont nombreux. Ce dont je suis certain, c'est que la Parole de Dieu est avec moi, et qu'Elle n'est point avec eux" *(D'Aubigné, b. 6, ch. 10)*.

Pourtant, ce ne fut pas sans une lutte terrible que Luther se résigna à se séparer de l'église. C'est vers ce temps-là qu'il écrivit : "Je sens mieux chaque jour combien il est difficile de se dégager de scrupules que l'on a cultivés dès son enfance. Oh ! Qu'il m'en a coûté, bien que les Ecritures fussent pour moi, de prendre position contre le pape et de le dénoncer comme l'antichrist ! ... Combien grandes ont été les angoisses de mon cœur ! Combien de fois me suis-je posé, dans l'amertume de mon âme, cette question qui est sans cesse sur les lèvres des papistes : Es-tu le seul sage ? Tout le reste du monde est-il depuis si longtemps dans l'erreur ? Et si, après tout, c'était toi qui te trompais ? Si tu étais la cause que beaucoup d'âmes, égarées par toi, seront éternellement perdues ? C'est ainsi que j'ai tremblé, jusqu'à ce que Jésus-Christ, par Sa Parole infaillible, eût fortifié mon cœur contre ces doutes" *(Martyn, p. 372, 373)*.

Le pape avait menacé Luther de l'excommunication s'il ne se rétractait pas. Cette menace allait maintenant devenir une réalité. Une nouvelle bulle parut, qui déclarait Luther séparé de l'église et maudit du ciel. Tous ceux qui recevaient sa doctrine étaient englobés dans cette condamnation. Un grand conflit était engagé.

Le sort de tous ceux que Dieu emploie à prêcher des vérités spécialement applicables à leur temps, est de rencontrer de l'opposition. Il y avait une vérité présente — une vérité d'une importance spéciale pour cette époque — aux jours de Luther ; et il y a une vérité présente pour l'église de nos jours. Celui qui gouverne le monde selon les conseils de Sa volonté a jugé bon de susciter des hommes auxquels Il confie un message spécialement destiné au temps où ils vivent et adapté aux conditions dans lesquelles ils sont placés. Si ces hommes apprécient la lumière qui leur est offerte, des horizons plus vastes s'ouvriront devant eux. Mais aujourd'hui, la majeure partie des hommes ne désirent pas plus la vérité que les catholiques qui s'opposaient à Luther. L'on rencontre les mêmes dispositions à accepter les théories et les traditions des hommes au lieu de la Parole de Dieu, que dans les âges précédents. Ceux qui présentent la vérité spéciale pour notre époque ne doivent pas s'attendre à être reçus avec une plus grande faveur que ne le furent les premiers réformateurs. La grande controverse entre la vérité et l'erreur, entre Christ et Satan, doit augmenter d'intensité jusqu'à la fin de l'histoire de ce monde.

Jésus a dit à Ses disciples : "Si vous étiez du monde, le monde aimerait ce qui est à lui ; mais parce que vous n'êtes pas du monde, et que je vous ai choisis du milieu du monde, à cause de cela le monde vous hait. Souvenez-vous de la parole que Je vous ai dite : Le serviteur n'est pas plus grand que son maître. S'ils M'ont persécuté, ils vous persécuteront aussi ; s'ils ont gardé Ma parole, ils garderont aussi la vôtre [4]." D'autre part, le Seigneur dit positivement : "Malheur, lorsque tous les hommes diront du bien de vous, car c'est ainsi qu'agissaient leurs pères à l'égard des faux prophètes [5] !" La bonne entente entre l'esprit du Christ et l'esprit du monde n'existe pas plus maintenant qu'autrefois ; et ceux qui annoncent la Parole de Dieu dans toute sa pureté ne seront pas plus favorablement accueillis aujourd'hui qu'alors. L'opposition à la vérité peut changer de forme, elle peut être plus cachée, plus subtile ; mais le même antagonisme existe et existera jusqu'à la fin.

---

1 Mat. 10 : 34.

2 Mat. 21 : 12.

3 Act. 8 : 20.

4 Jean 15 : 19, 20.

5 Luc 6 : 26.

CHAPITRE VIII

LUTHER A LA DIÈTE DE WORMS

Un nouvel empereur, Charles-Quint, venait de monter sur le trône impérial d'Allemagne, et les émissaires de Rome, se hâtant de lui présenter leurs félicitations, engagèrent le monarque à employer sa puissance contre la Réformation. D'un autre côté, l'électeur de Saxe, auquel Charles devait en grande partie la couronne, le suppliait de ne rien entreprendre contre Luther avant de lui avoir accordé une audience. L'empereur, placé ainsi entre deux camps, était fort embarrassé. Les catholiques ne voulaient rien de moins qu'un édit impérial condamnant à mort Luther. L'électeur avait déclaré fermement que "ni Sa Majesté Impériale ni aucun autre ne lui avait encore montré que les écrits du réformateur avaient été réfutés" ; c'est pourquoi il demanda "qu'on accorde un sauf-conduit au docteur Martin Luther, de sorte qu'il puisse répondre pour lui-même devant un tribunal composé de juges savants, pieux et impartiaux" *(D'Aubigné, b. 6, ch. 11)*.

L'attention de tous les partis se portait alors sur l'assemblée de l'empire convoquée à Worms peu après l'accession au trône de Charles V. Cette diète nationale avait des questions et des intérêts politiques importants à considérer ; mais ces choses paraissaient pâles auprès de la cause du moine de Wittenberg.

Charles avait fait dire précédemment à l'électeur d'amener Luther avec lui à la diète, l'assurant que le réformateur serait protégé contre toute violence, et qu'on lui accorderait une conférence où il pourrait discuter librement avec un homme compétent sur les points en litige. Luther désirait fort paraître devant l'empereur. Sa santé était alors fort délabrée ; pourtant, il écrivit à l'électeur : "Si je ne puis aller à Worms bien portant, je m'y ferai conduire malade ; car, si l'Empereur m'a appelé, je ne peux douter qu'il ne s'agisse de l'appel de Dieu. S'ils veulent user de violence à mon égard, ce qui est probablement le cas, et comme ce n'est certainement pas pour obtenir un complément d'information qu'ils me convoquent devant eux, je place cette affaire entre les mains de Dieu. Il vit encore et règne, Celui qui a protégé les trois Israélites dans la fournaise ardente. Si ce n'est pas Sa volonté de me sauver, ma vie est peu de chose. Prenons soin seulement que l'Evangile ne devienne pas la risée des méchants, et versons notre sang pour le défendre plutôt que de les voir triompher. Qui pourrait dire ce qui, de ma vie ou de ma mort, pourrait le mieux contribuer au salut de mes frères ?" "Attendez tout de moi sauf la fuite ou la rétractation. Je ne veux point fuir, moins encore me rétracter" *(D'Aubigné, b. 6, ch. 1).*

Lorsqu'on apprit à Worms que Luther devait paraître devant la diète, le peuple fut dans une grande excitation. Aléandre, légat du pape, chargé spécialement d'examiner le cas, en fut alarmé et rempli de colère. Il prévoyait que le résultat serait fatal à la cause papale. Porter en jugement une cause contre laquelle le pape avait déjà lancé l'excommunication, serait montré du mépris pour l'autorité du souverain pontife. De plus, il craignait que les arguments éloquents et puissants du réformateur ne détournent bien des princes de la cause du pape. Il fit, en conséquence, les plus pressantes remontrances à l'empereur contre la comparution de Luther à Worms. Il avertit, supplia, menaça, jusqu'à ce que l'empereur, cédant à ses instances, écrivit à l'électeur que si Luther ne voulait pas se rétracter, il devait rester à Wittenberg.

Non content de cette victoire, Aléandre travailla de tout son pouvoir et avec toute l'adresse dont il disposait, à faire condamner Luther. Avec une persistance digne d'une meilleure cause, il attira l'attention des princes sur cette affaire, il s'adressa aux prélats et aux autres membres de l'assemblée, accusant le réformateur de sédition, de rébellion, d'impiété et de blasphème. Mais la véhémence et la passion dont le légat fit preuve, montrèrent clairement "qu'il était animé par un sentiment de haine et de vengeance, plutôt que par un zèle religieux" *(D'Aubigné, b. 7, ch. 1).* Le sentiment de l'innocence de Luther prévalut dans l'assemblée.

Redoublant de zèle, Aléandre harcelait l'empereur pour qu'il exécute les édits du pape. A la fin, fatigué de cette importunité, Charles commanda au légat de présenter son cas devant la diète. Rome avait peu de défenseurs mieux doués par la nature et l'éducation pour défendre sa cause. Aussi les amis de Luther attendaient-ils avec une certaine crainte le résultat du discours d'Aléandre.

L'émotion fut grande dans l'assemblée quand elle vit paraître devant elle le légat dans sa pompe et sa dignité. Maints esprits se rappelèrent la scène du jugement de notre Sauveur, lorsque Anne et Caïphe, se tenant devant Pilate, demandaient la mort du Christ.

Aléandre mit tout son savoir et toute son éloquence à renverser la vérité. Il lança accusation sur accusation contre Luther, qu'il qualifiait d'ennemi de l'église et de l'Etat, des vivants et des morts, du clergé et des laïques, des conciles et des simples chrétiens. "Il y a assez dans les erreurs de Luther, déclarait-il, pour justifier la condamnation de cent mille hérétiques au bûcher."

Pour terminer il essaya de jeter le mépris sur les adhérents de la nouvelle foi : "Que sont tous ces luthériens ? — Un misérable ramassis d'insolents grammairiens, de prêtres corrompus, de moines dissolus, d'ignorants avocats et de nobles dégradés, avec des gens du commun qu'ils ont égarés et pervertis. Combien le parti catholique n'est-il pas infiniment supérieur en nombre, en intelligence et en puissance ! Un décret unanime de cette illustre assemblée ouvrira les yeux des simples, montrera aux indécis leur danger, décidera les chancelants et affermira les craintifs."

Les défenseurs de la vérité ont été de tous temps attaqués avec de telles armes. Les mêmes arguments sont encore avancés contre tous ceux qui osent présenter, en opposition aux erreurs établies, les enseignements clairs et directs de la Parole de Dieu. Quels sont ces prédicateurs de nouvelles doctrines ?", s'écrient les amateurs d'une religion populaire. "Ils sont ignorants, en petit nombre, et de la classe la plus pauvre. Et pourtant ils prétendent avoir la vérité, et être le peuple choisi de Dieu ! Ils sont sans connaissance, ils sont dupés. Combien notre église n'est-elle pas supérieure en nombre et en influence ! Combien n'avons-nous pas plus de grands hommes et de savants parmi nous ! Combien n'avons-nous pas plus de puissance !" *(D'Aubigné, b. 7, ch. 3).* Tels sont les arguments qui ont une influence décisive sur le monde ; mais ils ne sont pas plus concluants maintenant qu'ils ne l'étaient aux jours de Luther.

La Réformation ne se termina pas, ainsi que bien des gens le supposent, avec Luther. Elle doit se poursuivre jusqu'à la fin de l'histoire de notre monde. Luther eut une grande œuvre à accomplir en transmettant aux autres la lumière que Dieu avait fait briller sur lui ; pourtant, il ne reçut pas toute la lumière qui devait être donnée au monde. Depuis cette époque jusqu'à nos jours, de nouvelles lumières ont constamment brillé sur les Ecritures, et de nouvelles vérités sont constamment venues au jour.

Le discours du légat fit une grande impression sur la diète. Il n'y avait pas là de Luther pour vaincre le champion du pape avec les vérités claires et convaincantes de la Parole de Dieu. Personne n'essaya de défendre le réformateur. L'impression générale était qu'il fallait déraciner de l'empire l'hérésie luthérienne. Rome avait eu l'occasion la plus favorable de défendre sa cause. Le plus grand de ses orateurs avait parlé. Tout ce qu'elle pouvait dire pour sa propre défense avait été dit. Mais cette victoire apparente était le signal de sa défaite. On devait voir dès lors plus clairement le contraste existant entre la vérité et l'erreur, à mesure que ces deux antagonistes entreraient en guerre ouverte. Jamais, à partir de ce moment, Rome ne serait dans une sécurité aussi grande qu'auparavant.

La majorité de l'assemblée était prête à sacrifier Luther aux exigences du pape ; mais un certain nombre de ses membres déploraient l'état de dépravation dans lequel était tombée l'église, et désiraient la suppression d'abus dont souffrait le peuple allemand, en conséquence de la corruption de Rome et de son amour du gain. Le légat avait présenté la domination papale sous le jour le plus favorable. Le Seigneur mit alors au cœur d'un membre de la Diète de faire une véritable description des effets de la tyrannie des papes. Le duc Georges de Saxe se leva au milieu de cette assemblée princière, et spécifia avec une terrible exactitude les tromperies et les abominations de la papauté et leurs affreux résultats. En terminant, il dit :

"Voilà quelques-uns de ces abus qui crient contre Rome. On a mis de côté toute honte, et l'on ne s'applique plus qu'à une seule chose… de l'argent ! Encore de l'argent ! ...en sorte que les prédicateurs qui devraient enseigner la vérité, ne débitent plus que des mensonges, et que non seulement on les tolère, mais on les récompense, parce que plus ils mentent plus ils gagnent. C'est de ce puits fangeux que proviennent tant d'eaux corrompues. La débauche donne la main à l'avarice. — Ah ! C'est le scandale que le clergé donne, qui précipite tant de pauvres âmes dans une condamnation éternelle. Il faut opérer une réforme universelle" *(D'Aubigné, b. 7, ch. 4)*.

Luther lui-même n'aurait pu dénoncer avec plus de force les abus de la papauté ; et les accusations du duc eurent un effet d'autant plus grand qu'elles provenaient d'un ennemi déclaré du réformateur.

Si les yeux des membres de l'assemblée avaient été ouverts, ils auraient pu voir les anges de Dieu au milieu d'eux, répandant des rayons de lumière à travers les ténèbres de l'erreur, et ouvrant les esprits et les cœurs pour la réception de la vérité. C'était la puissance du Dieu de vérité et de sagesse qui dirigeait les adversaires mêmes de la Réformation, et préparait ainsi la voie pour la grande œuvre qui allait s'accomplir. Martin Luther n'était pas présent ; mais la voix d'Un plus grand que Luther s'était fait entendre dans l'assemblée.

La diète demanda alors qu'on fît paraître le réformateur. Malgré les supplications, les protestations et les menaces d'Aléandre, l'empereur y consentit finalement, et Luther fut sommé de paraître devant la diète. On joignit à ces ordres un sauf-conduit de l'empereur, garantissant son retour en un lieu sûr. Un messager fut chargé de porter ces papiers à Wittenberg, et d'amener Luther à Worms.

A cette nouvelle, les amis de Luther furent remplis d'effroi. Sachant les préjugés et la haine qu'on avait contre lui, ils craignirent que même son sauf-conduit ne fût pas respecté, et ils le conjurèrent de ne pas exposer sa vie ; mais il leur répondit : "Les chefs catholiques ne désirent pas ma venue à Worms, mais ma condamnation et ma mort. N'importe ! Priez, non pour moi, mais pour la Parole de Dieu ... Christ me donnera Son esprit pour vaincre ces ministres de l'erreur. Je les méprise pendant ma vie et j'en triompherai par ma mort. On s'agite à Worms pour me contraindre à me rétracter. Voici quelle sera ma rétractation : J'ai dit autrefois que le pape était le vicaire du Christ ; maintenant je dis qu'il est l'adversaire du Seigneur et l'apôtre du diable" *(D'Aubigné, b.7, ch. 6)*.

Luther ne devait pas faire seul ce voyage périlleux. Outre le messager impérial, trois de ses amis les plus dévoués résolurent de l'accompagner. Une multitude d'étudiants et de citoyens, auxquels l'Evangile était précieux, lui firent leurs adieux en pleurant. C'est ainsi que le réformateur et ses compagnons quittèrent Wittenberg.

Pendant le voyage, ils virent que les esprits étaient remplis de sombres pressentiments. Dans certaines villes, on ne lui fit aucun honneur. A Naumburg, un prêtre montra sans mot dire, à Luther, le portrait du réformateur italien, Savonarole, qui avait subi le martyre pour l'amour de la vérité ; le réformateur comprit l'avertissement, mais resta inébranlable. Le jour suivant, ils apprirent que les écrits de Luther venaient d'être condamnés à Worms. Des messagers impériaux proclamaient le décret de l'empereur, et commandaient à tous d'apporter aux magistrats les ouvrages proscrits. Le héraut, alarmé, demanda à Luther s'il voulait poursuivre son chemin. Il répondit : "Oui, quoique mis à l'interdit dans toutes les villes" *(D'Aubigné, b. 7, ch. 7)*.

A Erfurt, on rendit à Luther de grands honneurs. Entouré d'une foule enthousiaste, il entra dans la ville où, en ses jeunes années, il avait souvent mendié un morceau de pain. On l'invita à prêcher, ce qui lui avait été défendu ; mais le héraut impérial y ayant consenti, le moine monta en chaire dans l'église même où il avait autrefois ouvert les portes et balayé les nefs. Luther parla à une foule suspendue à ses lèvres. Il rompit le pain de vie à ces âmes affamées. Il montra Christ comme étant au-dessus des papes, des légats, des empereurs et des rois. Luther ne fit aucune allusion à sa dangereuse position. Il ne chercha pas à attirer à lui les pensées et la sympathie de ses auditeurs. Il s'oublia dans la contemplation du Christ. Il se cacha derrière l'Homme du Calvaire, ne cherchant qu'à présenter Jésus comme Rédempteur du pécheur.

Partout sur son chemin, le réformateur excitait le plus vif intérêt. Une multitude curieuse se pressait autour de lui, et des voix amies l'avertissaient des desseins des romanistes. "On vous brûlera, comme on a brûlé Hus", disaient-elles. Mais Luther répondait : "S'ils allumaient un feu qui brûlât depuis Wittenberg jusqu'à Worms et touchât au ciel, je passerais à travers au nom du Seigneur Jésus-Christ et confesserais notre Sauveur !"

La nouvelle qu'il approchait de Worms produisit une vive émotion. Ses amis tremblaient pour sa vie ; ses ennemis craignaient pour le succès de leur cause. On fit de grands efforts pour le dissuader d'entrer dans la ville. Les chefs catholiques lui conseillèrent de se retirer dans le château d'un chevalier ami, où, disaient-ils, tout pourrait être arrangé à l'amiable. Et les partisans du réformateur cherchaient à exciter ses craintes en lui peignant les dangers qui le menaçaient ; mais tous leurs efforts furent inutiles. Luther, toujours ferme, déclara : "Quand même il y aurait autant de diables à Worms qu'il y a de tuiles sur les toits, j'y entrerais !" *(D'Aubigné, b. 7, ch. 7)*.

Lorsque Luther entra à Worms, la foule qui se précipita à sa rencontre était même plus grande qu'au jour de l'entrée de l'empereur. Une grande excitation régnait partout, et du milieu de la foule une voix perçante et plaintive fit entendre un chant de mort, comme pour avertir Luther du sort qui l'attendait. "Dieu sera ma défense", dit-il en descendant de voiture.

Les chefs catholiques ne croyaient pas que Luther oserait vraiment se présenter à Worms, et son arrivée les plongea dans la consternation. L'empereur convoqua immédiatement ses conseillers pour examiner quelle attitude prendre. Un des évêques, fidèle disciple du pape, s'exprima en disant : "Nous nous sommes longtemps consultés à ce sujet. Que Votre Majesté se défasse promptement de cet homme. Sigismond n'a-t-il pas fait brûler Jean Hus ? On n'est tenu, ni de donner, ni de tenir un sauf-conduit à un hérétique." "Ce qu'on a promis, on doit le tenir", répondit l'empereur. En conséquence, il fut décidé qu'on ferait paraître le réformateur.

Toute la ville voulait voir cet homme remarquable, et il s'était à peine reposé quelques heures, qu'il reçut un grand nombre de visiteurs, comtes, barons, chevaliers, ecclésiastiques et représentants des villes. Ses ennemis mêmes remarquèrent son air courageux et ferme, la bonne et joyeuse expression de son visage, ainsi que son attitude solennelle et le profond sérieux qui donnaient à ses paroles une puissance irrésistible. Les uns furent convaincus qu'il était sous une influence divine, les autres déclaraient, comme les pharisiens l'avaient fait du Christ : "Il a un démon."

Le jour suivant, Luther fut cité à comparaître devant la diète. Un officier fut chargé de le conduire à la salle d'audience ; mais ce ne fut qu'à grand peine qu'il atteignit ce lieu. Tous les passages étaient remplis de monde désireux de voir le moine qui avait osé résister à l'autorité du pape.

Lorsque Luther passa devant la garde impériale qui entourait les abords de la salle de réunion, un vieux guerrier, le comte Georges de Frundsberg, lui frappant légèrement sur l'épaule, lui dit : "Petit moine, petit moine, tu t'avances sur un champ de bataille que ni moi, ni maint officier, qui avons vu de chaudes affaires, n'oserions affronter. Mais si ta cause est juste, et si tu es sûr de ton fait : en avant ! A la garde de Dieu, et ne crains point ; Dieu te protégera !"

Enfin, Luther arriva devant la diète. L'empereur occupait le trône, entouré des plus illustres personnages de l'empire. Jamais homme n'avait paru devant une assemblée plus imposante que celle devant laquelle Martin Luther avait à rendre compte de sa foi.

Le seul fait de sa présence était une victoire signalée pour la vérité. Qu'un homme que le pape avait condamné dût être jugé par un autre tribunal, c'était virtuellement nier l'autorité suprême du pontife. Le réformateur mis à l'interdit, et déclaré par le pape séparé de toute communauté avec les hommes, avait reçu un sauf-conduit, et pouvait se faire entendre des plus hauts dignitaires de l'empire. Rome lui avait ordonné le silence ; mais il allait parler à des milliers de personnes venues de toutes les parties de la chrétienté.

En présence de cette puissante et illustre assemblée, le réformateur, qui était né dans la pauvreté, semblait embarrassé et interdit. Plusieurs princes, voyant son émotion, s'approchèrent de lui, et l'un d'eux prononça ces mots : "Ne craignez point ceux qui ne peuvent tuer que le corps et qui ne peuvent tuer l'âme." — "Quand vous serez mené devant les rois, lui dit un autre, l'Esprit de votre Père parlera par votre bouche." C'est ainsi que les grands de ce monde répétaient les paroles du Christ pour encourager Son serviteur à l'heure de l'épreuve.

Luther fut amené en face du trône impérial. Un profond silence se fit dans l'immense assemblée. Alors un officier impérial se leva, et, montrant une vingtaine de volumes placés sur une table, demanda à Luther de répondre à deux questions ; premièrement, si ces livres étaient de lui, et secondement, s'il voulait rétracter ces livres et leur contenu. Luther répondit, quant à la première question, qu'il reconnaissait que ces livres étaient de lui. "Mais pour ce qui est de savoir", dit-il, "si je maintiens ce que j'ai dit, ou si je le rétracte, c'est là une question qui concerne la foi et le salut de l'âme ; et il serait d'autant plus téméraire d'y répondre inconsidérément, qu'il s'agit ici de la Parole de Dieu, objet digne de notre plus profonde vénération, et le plus grand trésor qu'il y ait au ciel et sur la terre. Car je pourrais, en m'avançant légèrement, rester en-deçà de la vérité, ou aller au-delà, et encourir ainsi le jugement de Jésus-Christ qui dit : "Quiconque me reniera devant les hommes, je le renierai aussi devant mon Père qui est dans les cieux [1]." C'est pourquoi je prie Sa Majesté Impériale, avec toute soumission, de m'accorder quelque délai, afin que je puisse répondre en sûreté de conscience, sans porter atteinte à la Parole de Dieu" *(D'Aubigné, b. 7, ch. 8).*

En faisant cette demande, Luther agit sagement. Sa conduite convainquit l'assemblée qu'il n'agissait pas par passion et sans réflexion. Un tel calme et une telle possession de soi-même, qu'on n'aurait pas attendus chez un homme si courageux et inflexible, ajoutèrent à sa puissance, et lui permirent plus tard de répondre avec une prudence, une décision, une sagesse et une dignité qui surprirent ses adversaires, et confondirent leur insolence et leur orgueil.

Le lendemain, il devait paraître pour donner une réponse finale. Dans la matinée, l'âme de Luther fut vivement agitée à la pensée de toutes les forces conjurées contre la vérité. Sa foi chancelait, car ses ennemis semblaient se multiplier, et les puissances des ténèbres prendre le dessus. De sombres nuages paraissaient l'environner et le séparer de Dieu. Il désirait ardemment qu'il lui soit donné l'assurance que le Seigneur des armées serait avec lui. Dans son angoisse d'esprit, il se prosterna la face contre terre, et répandit son âme en cris déchirants mêlés de sanglots, cris que personne sinon Dieu n'eût pu parfaitement comprendre.

"Dieu Tout-Puissant ! Criait-il, Dieu éternel ! Que le monde est terrible ! Comme il ouvre la bouche pour m'engloutir ! Et que j'ai peu de confiance en Toi ! … Si c'est dans ce qui est puissant selon le monde que je dois mettre mon espérance, c'en est fait de moi ! …mon jugement est prononcé ! … Ô Dieu ! Ô Dieu ! …ô Toi, mon Dieu ! …assiste-moi contre toute la sagesse du monde ! Fais-le ; Tu dois le faire… Toi seul … car ce n'est pas mon œuvre, mais la Tienne. Je n'ai ici rien à faire, je n'ai rien à débattre, moi, avec ces grands du monde ! … Mais la cause est la Tienne … et elle est juste et éternelle ! Ô Seigneur ! Sois-moi en aide ! Dieu fidèle, Dieu immuable ! Je ne me repose sur aucun homme. C'est en vain ! Tout ce qui est de l'homme chancelle ; tout ce qui vient de l'homme défaille.

Tu m'as élu pour cette œuvre. Je le sais ! … Eh bien ! Agis donc, ô Dieu ! … Tiens-Toi à côté de moi, pour le nom de Ton Fils bien-aimé Jésus-Christ, qui est ma défense, mon bouclier et ma forteresse" *(D'Aubigné, b. 7, ch. 8).*

Pour préserver le réformateur d'un sentiment de confiance en sa propre force et de témérité devant le danger, une Providence d'une infinie sagesse, permettait qu'il eût l'intuition de son péril. Dieu préparait Son serviteur pour la grande œuvre qui l'attendait. Ce n'était pas, en effet, la crainte d'avoir à souffrir, ni la peur des tortures ou de la mort apparemment imminentes qui le terrifiaient, et ce n'était point en vue de sa propre sécurité qu'il luttait avec Dieu, mais c'était pour le triomphe de l'Evangile. L'heure de la crise était arrivée, et il se sentait incapable de l'affronter. La cause de la vérité eût pu souffrir du dommage par sa faiblesse. Son âme passa par la même lutte et la même angoisse que Jacob, dans sa lutte nocturne sur les bords du torrent solitaire. Comme lui, Luther lutta avec Dieu et obtint la victoire. Dans son entière incapacité, sa foi saisit Christ, le puissant Libérateur. Il fut fortifié par l'assurance qu'il ne paraîtrait pas seul devant l'assemblée. Son âme recouvra la paix, et il se réjouit de pouvoir défendre la Parole de Dieu devant les princes de la nation.

S'appuyant sur Dieu, Luther se prépara à la lutte qui l'attendait. Il réfléchit à la manière dont il devait répondre, examina des passages de ses propres écrits, et tira des Saintes Ecritures des passages qui appuyaient ses vues. Puis, mettant la main gauche sur le volume sacré, qui était ouvert devant lui, il éleva la main droite vers le ciel, et fit vœu "de défendre constamment l'Evangile et de confesser ouvertement sa foi, dût-il même sceller son témoignage de son sang" *(D'Aubigné, b. 7, ch. 8).*

Lorsqu'il fut de nouveau amené en présence de la diète, son visage ne portait aucune trace de crainte ou d'embarras. A la fois calme et tranquille, courageux et noble, il était le témoin de Dieu devant les grands de la terre. L'officier impérial lui demanda alors s'il voulait maintenir ou rétracter ses doctrines. Luther répondit avec soumission et humilité, sans violence ni passion ; son attitude était modeste et respectueuse ; pourtant, il manifesta une confiance et une joie qui surprirent l'assemblée.

"Sérénissime Empereur ! Illustres princes, gracieux seigneurs ! dit Luther en portant ses regards sur l'assemblée. Je comparais humblement aujourd'hui devant vous, selon l'ordre qui m'en fut donné hier, et je conjure, par les miséricordes de Dieu, Votre Majesté et Vos Altesses augustes, d'écouter avec bonté la défense d'une cause qui, j'en ai l'assurance, est juste et véritable. Si, par ignorance, je manque aux usages et aux bienséances des cours, pardonnez-le-moi ; car je n'ai pas été élevé dans les palais des rois, mais dans l'obscurité d'un cloître" *(D'Aubigné, b. 7, ch. 8).*

Puis, répondant à la question qu'on lui avait posée, il dit que les livres qu'il avait écrits n'étaient pas tous de même nature. Dans quelques-uns, il avait traité de la foi et des bonnes œuvres, et ses adversaires mêmes reconnaissaient qu'ils étaient non seulement inoffensifs mais profitables. Les rétracter, eût été de condamner des vérités que tous confessaient. La deuxième classe consistait en écrits où il attaquait les corruptions et les scandaleux exemples de la papauté. Rétracter ces œuvres, cela aurait été de renforcer la tyrannie romaine, et d'ouvrir une plus grande porte à un grand nombre d'impiétés. A propos de la troisième sorte d'écrits, il reconnut avoir attaqué des personnes qui avaient défendu la tyrannie romaine. Concernant ses adversaires, il confessa librement qu'il avait été plus violent qu'il n'eût convenu. Il ne prétendit pas être sans défaut ; mais il ne pouvait pas révoquer ces livres eux-mêmes, car il eût encouragé les abus d'un pouvoir oppressif, et lui eût fourni contre le peuple de Dieu un prétexte à de nouvelles violences.

"Au reste, je suis homme, et non pas Dieu, ajouta-t-il ; c'est pourquoi je ne puis mieux faire que d'imiter l'exemple de Jésus-Christ, qui dit : "Si j'ai mal parlé, fais voir ce que j'ai dit de mal ?" Je supplie donc, au nom de la miséricorde divine, Votre Majesté Impériale et Vos Altesses Sérénissimes, ou tout autre quel qu'il soit, de haut rang ou de basse naissance, de vouloir bien me redresser et me faire voir, par la Parole des apôtres et des prophètes, que je me suis trompé. Je ne demande qu'à être convaincu de mon erreur ; puis je me rétracterai et je serai le premier à jeter au feu tous mes livres. On m'accuse d'être devenu par mes doctrines un brandon de discordes, l'auteur des maux et des dangers qui affligent cet empire ; et l'on m'a fait entendre hier à ce sujet de durs reproches. Eh bien ! Je le déclare solennellement : c'est pour moi la plus grande joie de voir ces divisions s'élever à la suite de la Parole de Dieu ; car ceci est dans la nature et dans la destinée de cette Parole, selon ce que le Seigneur a dit : "Je ne suis pas venu apporter la paix, mais l'épée [2]." Dieu est incompréhensible et terrible dans Ses jugements. Qu'on y songe bien ! De peur que la discorde dont on se plaint n'augmente et ne finisse par amener tout un déluge de maux temporels et spirituels, si, nous confiant en nos forces et en notre sagesse, nous nous avisions de persécuter et de blasphémer la Sainte Parole de l'Eternel... Je ne serais pas embarrassé de citer, à l'appui de ce que j'avance, de nombreux exemples puisés dans la Sainte Ecriture. Rappelez-vous Pharaon, les souverains de Babylone et les rois d'Israël, lesquels n'ont jamais contribué aussi efficacement à leur propre ruine qu'en suivant les conseils, apparemment les plus sages, de renforcer leur domination. 'Dieu déplace les montagnes et elles ne le savent pas' [3] " *(D'Aubigné, b. 7, ch. 8).*

Luther avait parlé en allemand ; on l'invita à répéter son discours en latin. Bien qu'épuisé par l'effort précédent, il accéda à l'invitation, et répéta son discours avec la même clarté et la même énergie que la première fois. Il entrait dans la providence de Dieu que ce discours fût répété. Les esprits de plusieurs des princes étaient si aveuglés par l'erreur et la superstition, qu'ils n'avaient pas saisi, à la première audition du discours, toute la force du raisonnement de Luther ; mais sa répétition leur permit de bien comprendre les vérités présentées.

Ceux qui fermaient opiniâtrement les yeux à la lumière, et qui étaient résolus à ne pas se laisser convaincre de la vérité, furent remplis de rage en voyant la puissance des paroles de Luther. Lorsqu'il eut fini de parler, le chancelier de Trêves, au nom de l'empereur, lui dit rudement : "Vous n'avez pas répondu à la question qu'on vous a faite. On vous demande une réponse claire et précise. Voulez-vous, oui ou non, vous rétracter ?

Le réformateur répondit : "Puisque votre sérénissime Majesté et vos hautes puissances exigent de moi une réponse simple, claire et précise, je la leur donnerai, et la voici : Je ne puis soumettre ma foi ni au pape, ni aux conciles, parce qu'il est clair comme le jour qu'ils sont souvent tombés dans l'erreur, et même dans de grandes contradictions avec eux-mêmes. Si donc je ne suis convaincu par des témoignages de l'Ecriture, ou par des raisons évidentes, si l'on ne me persuade par les passages mêmes que j'ai cités, et si l'on ne rend ainsi ma conscience captive de la Parole de Dieu, je ne puis et ne veux rien rétracter, car il n'est pas sûr pour un chrétien de parler contre sa conscience. Me voici, je ne puis autrement ; Dieu m'assiste ! Amen." *(D'Aubigné, b. 7, ch. 8).*

Voilà comment cet homme juste se cramponnait au sûr fondement de la Parole de Dieu. La lumière du ciel illuminait son visage. Sa grandeur et sa droiture de caractère, sa paix et la joie de son cœur furent manifestes à tous pendant qu'il accusait la puissance de l'erreur, et rendait témoignage à la supériorité de cette foi qui vainc le monde.

L'assemblée entière demeura un instant, muette d'étonnement. Dans sa première réponse, Luther avait parlé d'un ton bas, avec une tenue respectueuse et presque craintive. Les chefs catholiques l'avaient interprété comme un signe que son courage commençait à faiblir. Ils envisageaient la demande d'un délai comme un simple prélude de sa rétractation.

Charles lui-même, remarquant avec une sorte de dédain son air fatigué, sa mise ordinaire et la simplicité de son discours, s'était écrié : "Certes, ce ne sera jamais cet homme-là qui me fera devenir hérétique." Mais le courage et la fermeté de sa seconde réponse, comme la force et la clarté de son raisonnement, remplirent tous les partis d'étonnement. L'empereur, ne pouvant retenir son admiration, s'écria : "Le moine parle avec un cœur intrépide et un inébranlable courage." Bien des princes allemands voyaient avec orgueil et joie ce représentant de leur nation.

Les partisans de Rome avaient été battus ; leur cause paraissait sous le jour le plus défavorable. Ils cherchaient à conserver leur pouvoir, non pas en en appelant aux Ecritures, mais en recourant aux menaces, éternel argument de Rome. Le chancelier reprit la parole : "Si tu ne rétractes, l'Empereur et les Etats de l'Empire verront ce qu'ils ont à faire avec un hérétique obstiné."

A l'écoute de ces paroles, les amis de Luther, qui avaient entendu avec joie sa noble défense, tremblèrent ; mais le docteur lui-même, dit avec calme : "Dieu me soit en aide ! Car je ne puis rien rétracter" *(D'Aubigné, b. 7, ch. 8).*

On le fit sortir de la diète pendant que les princes délibéraient. Chacun sentait que c'était un moment de crise pour la chrétienté. Le refus persistant de Luther de se soumettre pouvait affecter pendant des siècles l'histoire de l'église. On décida de lui laisser encore une fois l'occasion de se rétracter. Il fut amené pour la dernière fois en présence de l'assemblée. On lui demanda de nouveau s'il voulait renoncer à ses doctrines. "Je n'ai pas d'autre réponse à faire que celle que j'ai déjà faite", dit-il. Il était évident que ni menaces, ni promesses ne pourraient le faire céder.

Les chefs religieux étaient irrités de voir leur puissance, qui avait fait trembler rois et nobles, ainsi méprisée par un humble moine ; il leur tardait de lui faire sentir leur colère en le torturant jusqu'à la mort. Mais Luther, comprenant son danger, avait parlé à tous avec une dignité et un calme chrétien. Ses paroles avaient été exemptes d'orgueil, de colère et de fausseté. Il avait perdu de vue sa propre personne et les grands hommes qui l'entouraient, et s'était représenté qu'il était en la présence de Celui qui est infiniment supérieur aux papes, aux rois et aux empereurs. Par le témoignage de Luther, Christ avait parlé avec une puissance et une grandeur qui remplirent en ce moment amis et ennemis de crainte et de surprise. L'Esprit de Dieu avait été présent dans l'assemblée de la diète ; il avait touché les cœurs des grands de l'empire. Plusieurs des princes reconnurent ouvertement la justice de la cause que défendait Luther. Plusieurs étaient convaincus de la vérité ; mais, chez quelques-uns, les impressions reçues furent passagères. Il était, par contre, une autre classe d'hommes qui n'exprimèrent pas à ce moment-là leurs convictions, mais qui, après avoir examiné eux-mêmes les Ecritures, se déclarèrent plus tard hardiment pour la Réformation.

L'électeur Frédéric, qui avait attendu avec une grande inquiétude la comparution de Luther devant la diète, écouta son discours avec une vive émotion. Il fut réjoui de voir le courage, la fermeté et le calme du docteur, et fut fier d'être son protecteur. Il compara les deux côtés, et vit que la sagesse des papes, des rois et des prélats avait été anéantie par la puissance de la vérité. La papauté avait subi une défaite qui devait être ressentie dans toutes les nations et dans tous les âges.

A la vue de l'effet produit par le discours de Luther, le légat craignit plus que jamais pour la puissance romaine, et résolut d'employer tous les moyens en son pouvoir pour renverser le réformateur. Avec toute l'éloquence et l'habileté diplomatique qui le distinguaient, il représenta au jeune empereur la folie et le danger qu'il y aurait de sacrifier, en faveur de la cause d'un moine insignifiant, l'amitié et le soutien du puissant siège de Rome.

Ses paroles ne furent pas sans effet. Le jour après la comparution de Luther, Charles-Quint envoya à la diète un message, annonçant sa résolution de poursuivre la politique de ses prédécesseurs en maintenant et en protégeant la religion catholique. Luther ayant refusé de renoncer à ses prétendues erreurs, les mesures les plus rigoureuses devaient être employées contre lui et les hérésies qu'il enseignait. "Un seul moine, égaré par sa propre folie, s'élève contre la foi de la chrétienté. Je sacrifierai mes royaumes, ma puissance, mes amis, mes trésors, mon corps, mon sang, mon esprit et ma vie pour arrêter cette impiété. Je vais renvoyer l'augustin Luther, en lui défendant de causer le moindre tumulte parmi le peuple ; puis je procéderai contre lui et ses partisans comme à des hérétiques rebelles, par l'excommunication, par l'interdit, et par tous les moyens propres à les détruire : je demande aux membres des Etats de se conduire comme de fidèles chrétiens" *(D'Aubigné, b. 7, ch. 9)*. L'empereur déclara pourtant qu'on respecterait le sauf-conduit donné à Luther, et qu'avant de sévir contre lui, on devait lui permettre de retourner chez lui sain et sauf.

Deux opinions contradictoires se firent jour dans la diète. Les émissaires et les représentants du pape demandèrent de nouveau qu'on viole le sauf-conduit de Luther. "Le Rhin, dirent-ils, doit recevoir ses cendres, comme il a reçu, il y a un siècle, celles de Jean Hus" *(D'Aubigné, b. 7, ch. 9).* Mais les princes allemands, quoique eux-mêmes disciples du pape, et ennemis déclarés de Luther, protestèrent contre un tel mépris de la foi jurée, qui eût été une tache pour l'honneur national. Ils rappelèrent les calamités qui avaient suivi la mort de Hus, et déclarèrent qu'ils n'oseraient attirer sur l'Allemagne et sur la tête de leur jeune empereur une répétition de ces terribles maux.

Charles lui-même, répondant à cette vile proposition, dit : "Quand la bonne foi et la fidélité seraient bannies de tout l'univers, elles devraient trouver un refuge dans le cœur des princes" *(D'Aubigné, b. 7, ch. 9).* Mais les ennemis les plus acharnés du réformateur lui conseillaient d'agir avec lui comme Sigismond avait agi avec Hus : le livrer aux miséricordes de l'église. Mais se rappelant ce qui s'était passé lorsqu'en plein concile, Hus, montrant ses chaînes, rappela au monarque la foi jurée qu'il avait violée, l'empereur Charles V, répondit : "Je ne tiens pas à rougir comme Sigismond" *(Lenfant, vol. I, p. 422).*

Pourtant, Charles avait rejeté de propos délibéré les vérités présentées par Luther. "J'ai le ferme dessein de suivre l'exemple de mes ancêtres" *(D'Aubigné, b. 7, ch. 9),* avait écrit le monarque. Il avait décidé de ne pas abandonner le sentier de la coutume, pas même pour marcher dans les sentiers de la vérité et de la justice. Parce que ses pères l'avaient fait, il soutiendrait la papauté avec toutes ses cruautés et sa corruption. Ainsi, il prit sa position, refusant d'accepter toute lumière en avance sur celles qu'avaient reçues ses ancêtres, ou d'accomplir un quelconque devoir qu'ils n'avaient pas accompli.

Il en est beaucoup de nos jours qui s'attachent ainsi aux coutumes et aux traditions de leurs pères. Lorsque le Seigneur leur envoie plus de lumière, ils la refusent parce que n'ayant pas été accordée à leurs pères, elle n'a pas été reçue par eux. Nous ne sommes pas dans les mêmes circonstances que nos aïeux ; en conséquence, nos devoirs et nos responsabilités ne sont pas les mêmes que les leurs. Dieu ne nous approuvera pas si, pour déterminer notre devoir, nous regardons à l'exemple de nos pères, au lieu de sonder la Parole de vérité pour nous-mêmes. Notre responsabilité est plus grande que ne l'était celle de nos ancêtres. Nous sommes responsables de la lumière qu'ils ont reçue, et qui nous a été laissée comme un héritage, et nous sommes aussi responsables de la lumière que nous avons reçue en plus, et que la Parole de Dieu fait luire sur nous.

Jésus dit des Juifs incrédules : "Si je n'étais pas venu et que je ne leur eusse pas parlé, ils n'auraient pas de péché ; mais maintenant ils n'ont aucune excuse de leur péché [4]." La puissance divine avait également parlé, par Luther, à l'empereur et aux princes allemands. Et comme la lumière jaillissait de la Parole de Dieu, son Esprit plaidait pour la dernière fois pour bien des membres de l'assemblée. Comme Pilate qui, des siècles auparavant, laissait l'orgueil et la popularité fermer son cœur au Rédempteur du monde ; comme Félix qui, tremblant, renvoyait le messager de vérité, disant : "Pour le moment retire-toi ; quand j'en trouverai l'occasion, je te rappellerai [5]" ; comme le fier Agrippa, qui confessait : "Tu vas bientôt me persuader de devenir chrétien [6]", se détournant pourtant du message envoyé du ciel, ainsi Charles-Quint, cédant aux inspirations de l'orgueil et de la politique, résolut de rejeter la lumière de la vérité.

Des rumeurs concernant les desseins criminels que l'on formait à l'égard de Luther circulaient constamment dans la ville, et causaient une grande excitation. Le réformateur s'était fait beaucoup d'amis, qui, connaissant la perfide cruauté de Rome contre tous ceux qui osaient découvrir ses turpitudes, résolurent d'empêcher qu'on le sacrifie. Des centaines de nobles s'engagèrent à le protéger. Plusieurs accusèrent ouvertement le message royal de montrer une faible soumission au pouvoir tyrannique de Rome. On trouva des placards [écrit qu'on affiche sur un mur, un panneau, pour donner un avis au public] collés aux maisons particulières et sur les places publiques, les uns condamnant, les autres, soutenant Luther. Sur l'un d'entre eux, on lisait simplement les paroles significatives du Sage : "Malheur à toi, pays, dont le roi est un enfant [7]." L'enthousiasme populaire que Luther excitait dans toute l'Allemagne convainquit l'empereur et la diète que toute injustice commise envers lui menacerait la paix de l'empire, et même la stabilité du trône.

Frédéric de Saxe gardait une réserve prudente, cachant soigneusement ses vrais sentiments envers le réformateur, tandis qu'il veillait sur lui avec une vigilance infatigable, surveillant tous ses mouvements et tous ceux de ses ennemis. Mais il y en avait beaucoup qui ne cherchaient pas à cacher leur sympathie. Princes, chevaliers, gentilshommes, ecclésiastiques et hommes du peuple entouraient le logement de Luther, entraient et le contemplaient, comme s'il eût été plus qu'un être humain. Ceux mêmes qui le croyaient dans l'erreur ne pouvaient s'empêcher d'admirer cette noblesse d'âme qui le poussait à exposer sa vie plutôt que de violenter sa conscience.

On fit des efforts réitérés pour obtenir que Luther consente à faire un compromis avec Rome. Nobles et princes lui représentèrent que s'il persistait à mettre son propre jugement en opposition à celui de l'église et des conciles, il serait bientôt banni de l'empire, et n'aurait alors plus de protection. Luther répondait à ces suggestions : "L'Evangile du Christ ne peut être prêché sans scandale. Comment donc cette crainte ou l'appréhension du danger me détacherait-elle du Seigneur et de cette Parole divine qui est l'unique vérité ? Non, plutôt donner mon corps, mon sang et ma vie !" *(D'Aubigné, b. 7, ch. 10).*

On l'engagea de nouveau à se soumettre au jugement de l'empereur, lui représentant qu'alors il n'aurait rien à craindre. "Je consens de grand cœur, répliqua-t-il, à ce que l'Empereur, les princes, et même le plus chétif des chrétiens, examinent et jugent mes livres ; mais à une condition, c'est qu'ils prennent pour règle la Parole de Dieu. Les hommes n'ont pas autre chose à faire qu'à lui obéir. Ma conscience est dans sa dépendance, et je suis prisonnier sous son obéissance."

A une autre députation, il répondit : "Je consens à renoncer au sauf-conduit. Je remets entre les mains de l'Empereur ma personne et ma vie, mais la Parole de Dieu... jamais !" *(D'Aubigné, b. 7, ch. 10)*. Il déclara qu'il était prêt à se soumettre à la décision d'un concile général, mais seulement à la condition que le concile fût tenu de décider selon les Ecritures. "En ce qui concerne la Parole de Dieu et la foi, ajouta-t-il, chaque chrétien est un juge tout aussi sûr que le pape, alors même que ce dernier serait soutenu par un million de conciles" *(Martyn, vol. I, p. 410)*. Amis et ennemis furent enfin convaincus que toute autre tentative de réconciliation serait inutile.

Si le réformateur avait cédé sur un seul point, Satan et son armée auraient remporté la victoire. Mais sa fermeté inébranlable fut un moyen d'émancipation pour l'église, et le commencement d'une ère nouvelle et meilleure. L'influence de cet homme seul, qui osait, en matières religieuses, penser et agir lui-même, devait affecter l'église et le monde, non seulement en son temps, mais pour toutes les générations futures. Sa fermeté et sa fidélité allaient encourager, jusqu'à la fin des temps, tous ceux qui, comme lui, passeraient par une pareille expérience. La puissance et la majesté de Dieu prévalaient sur le conseil des hommes et sur la grande puissance de Satan.

Luther reçut bientôt de l'empereur l'ordre de retourner chez lui ; il savait que cette signification ne tarderait pas à être suivie de sa condamnation. Des nuages menaçants s'amoncelaient sur son chemin ; mais en partant de Worms, son cœur était rempli de paix et de joie. "Satan lui-même, disait-il, gardait la citadelle du pape ; mais Christ y avait fait une large brèche, et le malin avait dû confesser que Christ est plus fort que lui" *(D'Aubigné, b. 7, ch. 11)*.

Après son départ, ne voulant pas qu'on prît sa fermeté pour de la rébellion, Luther écrivit à l'empereur : "Dieu, qui est le scrutateur des cœurs, m'est témoin que je suis prêt à obéir avec empressement à Votre Majesté, soit dans la gloire, soit dans l'opprobre, soit par la vie, soit par la mort, et en n'acceptant absolument rien que la Parole de Dieu, par laquelle l'homme a la vie. Dans toutes les affaires du temps présent, ma fidélité sera immuable, car ici perdre ou gagner sont choses indifférentes au salut. Mais Dieu ne veut pas, quand il s'agit des biens éternels, que l'homme se soumette à l'homme. La soumission, dans le monde spirituel, est un culte véritable et qui ne doit être rendu qu'au Créateur" *(D'Aubigné, b. 7, ch. 11)*.

A son retour, le réformateur fut de nouveau entouré des hommages de toutes les classes de la population. Des dignitaires de l'église accueillaient joyeusement le moine sur lequel reposait la malédiction du pape, et les représentants de l'autorité civile honoraient l'homme qui était au ban de l'empire. On lui demanda de prêcher, et, malgré la défense impériale, il monta en chaire. "Je ne me suis jamais engagé à enchaîner la Parole de Dieu, dit-il, ni ne le ferai maintenant" *(Martyn, vol. I, 420)*.

Il y avait peu de temps qu'il avait quitté Worms, que les chefs de l'église romaine obtenaient de l'empereur un édit contre lui. Ses écrits y étaient condamnés au feu, et sa personne livrée à la merci de quiconque s'en emparerait après le délai fixé par le sauf-conduit. Cette pièce, rédigée par le légat Aléandre, défendait à qui que ce fût, "de recevoir dans sa maison et d'héberger le diable ayant nom Luther, déguisé sous forme humaine, et caché dans un froc de moine. Quiconque le trouverait devait l'appréhender au corps, l'enchaîner et le traduire devant le tribunal de l'empereur. Permis à tout le monde de saisir ses partisans et fauteurs, et de s'emparer de leurs biens." L'électeur de Saxe et les princes les plus attachés à Luther avaient quitté Worms peu après son départ, et l'Edit de l'empereur reçut la sanction de la diète. Les romanistes étaient dans l'allégresse. Ils considéraient maintenant le sort de la réforme comme scellé.

Mais, dans cette heure de péril, Dieu avait pourvu à un moyen de salut pour Son serviteur. Un œil vigilant avait suivi les mouvements de Luther, et un cœur noble et vrai avait résolu de le secourir. Il était clair que Rome ne se contenterait de rien moins que de sa mort ; et ce n'est qu'en se cachant qu'il pouvait échapper aux griffes du lion. Dieu donna à Frédéric de Saxe la sagesse d'élaborer un moyen de sûreté pour le réformateur. Avec la coopération de vrais amis, le dessein de l'électeur fut exécuté, et Luther fut effectivement ravi à ses ennemis comme à ses amis. Tandis qu'il était sur son retour, il fut saisi, séparé de ses compagnons, et conduit en grande hâte à travers les forêts de la Thuringe jusqu'à la Wartburg, forteresse isolée, perchée sur une hauteur. Son enlèvement fut enveloppé d'un tel mystère, que Frédéric lui-même fut longtemps sans savoir où il avait été conduit. Cette ignorance n'était pas sans but : tant que l'électeur ne savait rien de la retraite de Luther, il ne pouvait rien révéler. Il était persuadé que le réformateur était en sûreté, et peu lui importait le reste.

Le printemps, l'été et l'automne passèrent, l'hiver vint, et Luther demeurait encore prisonnier. Aléandre et ses partisans se réjouissaient à la pensée que la lumière de l'Evangile allait s'éteindre. Mais au lieu de cela, le réformateur remplissait sa lampe en puisant aux trésors de la vérité, et sa lumière devait briller d'un éclat plus vif.

Dans le tranquille asile de la Wartburg, Luther se réjouit un moment d'être délivré de la tourmente et de la chaleur de la bataille. Mais il ne pouvait se contenter longtemps de la tranquillité et du repos. Accoutumé à une vie d'activité et de luttes, il ne pouvait guère endurer d'être inactif. Dans ces jours de solitude, l'image de l'église se dressait devant lui, et il s'écriait avec désespoir : "Hélas ! Il n'y a personne qui se lève pour être une muraille à l'entour de la maison d'Israël, en ces jours de la colère de Dieu." Puis, ses pensées se reportant sur lui, il craignait d'être accusé de lâcheté pour s'être retiré de la lutte. Ensuite il se reprochait son indolence et son bien-être. Pourtant, il accomplissait chaque jour plus de travail qu'aucun homme ne semblait être en mesure de faire. Sa plume n'était jamais oisive. Tandis que ses ennemis se flattaient de l'avoir réduit au silence, ils étaient étonnés et interdits de voir tant de preuves de son activité. Une foule de traités sortis de sa plume inondaient l'Allemagne. Il rendit également un service des plus importants à ses concitoyens en traduisant le Nouveau

Testament en langue allemande. Du haut de son Patmos, durant presque une année entière, il continua à proclamer l'Evangile et à condamner les péchés et les erreurs de l'époque.

Mais ce ne fut pas simplement pour soustraire Luther à la rage de ses ennemis, ni même pour lui procurer un moment de tranquillité favorable à ces importants travaux, que Dieu avait arraché Son serviteur aux agitations de la vie publique. Il y avait des résultats plus précieux à atteindre que ceux-là. Dans la solitude et l'obscurité de cette retraite de la montagne, Luther fut éloigné de tous les appuis humains, et séparé des louanges des hommes. Il fut ainsi sauvé de l'orgueil et de la confiance en soi-même qu'apporte si souvent le succès. La souffrance et l'humiliation le préparèrent à marcher de nouveau avec assurance sur les hauteurs vertigineuses où il avait été si brusquement élevé.

En se réjouissant de la liberté que la vérité leur apporte, les hommes sont enclins à exalter ceux que Dieu a employés pour rompre les chaînes de l'erreur et de la superstition. Satan cherche à détourner de Dieu les pensées et les affections des hommes, et à les fixer sur des agents humains ; il les pousse à honorer le simple instrument, et à ignorer la main qui dirige tous ces évènements providentiels. Trop souvent, les conducteurs spirituels qui sont ainsi loués et honorés, oublient leur dépendance de Dieu, et sont entraînés à se confier en eux-mêmes. Il en résulte qu'ils veulent dominer les esprits et les consciences des hommes du peuple qui sont disposés à se soumettre à leur autorité, au lieu de regarder à la Parole de Dieu. L'œuvre de la réforme est souvent retardée par des défenseurs de la vérité qui se laissent aller à cet esprit. Le Seigneur voulait sauver la cause de la Réformation d'un tel danger. Il voulait que cette œuvre reçoive, non le cachet de l'homme, mais celui de Dieu. Les hommes avaient tourné les yeux vers Luther comme l'interprète de la vérité ; il fut écarté, afin que tous les yeux se dirigent vers son éternel Auteur.

---

1 Mat. 10 : 33   5 Act. 24 : 25.
2 Mat. 10 : 34   6 Act. 26 : 28.
3 Job 9 : 5.   7 Eccl. 10 : 16.
4 Jean 15 : 22.

CHAPITRE IX

ZWINGLE, LE RÉFORMATEUR SUISSE

O n remarque dans le choix que Dieu fait, des instruments de la Réformation, le même plan divin que lors de la fondation de l'église. Le Sauveur des hommes laissa de côté les grands de la terre, les puissants et les riches, qui étaient accoutumés à recevoir la louange des hommes, et à être honorés comme chefs du peuple. Ils étaient si fiers et si pleins de confiance de la supériorité dont ils se vantaient, qu'ils n'auraient pu s'habituer à sympathiser avec leurs semblables, et à devenir des collaborateurs de l'humble Nazaréen. C'est aux pêcheurs illettrés et actifs de la Galilée que cet appel fut adressé : "Suivez-moi, et je vous ferai pêcheurs d'hommes [1]." Ces disciples étaient humbles, et disposés à se laisser enseigner. Moins ils avaient été influencés par les fausses doctrines de leur époque, plus facilement Christ pouvait les instruire et les former pour son service.

Il en fut de même aux jours de la grande Réformation. Tous les principaux réformateurs furent des hommes d'une humble origine, des hommes qui, entre ceux de leur temps, étaient le plus exempts de l'orgueil de leur position, de l'influence de la bigoterie, et des fraudes dont les prêtres se rendaient coupables. Il entre dans le plan de Dieu d'employer d'humbles instruments pour arriver à de grands résultats. De cette manière, la gloire n'en est pas donnée aux hommes, mais à Celui qui agit par eux, produisant le vouloir et le faire selon son bon plaisir.

Quelques semaines après la naissance de Luther dans une cabane de mineur en Saxe, Ulrich Zwingle naissait dans une humble chaumière de Wildhaus, dans les Alpes d'Appenzell. Zwingle reçut une éducation qui le prépara pour sa future mission. Entouré des grandes scènes de la nature, dont la beauté et la grandeur sublime frappent l'esprit, l'âme de Zwingle fut de bonne heure remplie du sentiment de la grandeur, de la puissance et de la majesté de Dieu. L'histoire des actes héroïques accomplis sur les montagnes de son pays natal enflamma sa jeune imagination. Chaque jour, il était assis à côté de sa pieuse grand-mère, écoutant les histoires de la Bible qu'elle avait recueillies entre les légendes et les enseignements de l'église. Il écoutait avec avidité le récit des nobles actions des patriarches et des prophètes, des bergers qui gardaient leurs troupeaux sur les collines de la Palestine, où les anges parlaient avec eux, de l'enfant de Bethléhem, et de l'Homme du Calvaire.

Comme Jean Luther, le père de Zwingle désira faire instruire son fils, et le jeune garçon dut bientôt quitter la vallée où il était né. Son intelligence se développa rapidement, et l'on se demanda bientôt où l'on pourrait trouver des maîtres capables de l'instruire. Lorsqu'il eut treize ans, il se rendit à Berne, ville qui possédait alors les meilleures écoles de la Suisse. Là, il fut menacé d'un danger qui risqua d'anéantir les espérances que l'on fondait sur lui. Les moines firent des efforts déterminés pour l'engager à entrer dans leur monastère. Les dominicains et les franciscains se disputaient la faveur populaire. Ils cherchaient à l'obtenir par le moyen des ornements dont ils embellissaient leurs églises, par la pompe de leurs cérémonies, et l'attrait de reliques célèbres et d'images miraculeuses. Les dominicains de Berne pensèrent que ce jeune homme de talent, s'ils pouvaient l'avoir, leur apporterait à la fois gain et honneur. Sa grande jeunesse, son talent naturel comme orateur et écrivain, et son goût pour la musique ainsi que pour la poésie, devaient mieux leur servir que toute leur pompe à attirer le peuple à leurs services, et à augmenter les revenus de leur ordre. Ils essayèrent, par des mensonges et des flatteries, d'engager Zwingle à faire sa demeure dans leur couvent. Pendant que Luther était étudiant, il s'était retiré dans une cellule de couvent, et il eût été perdu pour le monde, si la providence de Dieu ne l'en eût pas fait sortir. Mais Zwingle ne devait pas avoir à courir le même danger. Son père apprit providentiellement quels étaient les desseins des moines. Il n'entendait pas que son fils adopte la vie paresseuse et inutile de ces derniers. Il vit que son avenir était en cause, et il lui ordonna de rentrer immédiatement à la maison paternelle.

Le jeune homme obéit au commandement de son père, mais il ne put se contenter longtemps de vivre dans sa vallée ; il reprit bientôt ses études, et se rendit à cet effet à Bâle. C'est là que Zwingle entendit pour la première fois l'Evangile de la libre grâce de Dieu. Wittembach, qui enseignait les langues anciennes, et qui avait été amené aux Ecritures alors qu'il étudiait le grec et l'hébreu, répandait les rayons de la lumière divine dans les esprits des étudiants qui suivaient ses cours. Il déclarait qu'il y avait une vérité plus ancienne et d'une valeur infiniment plus grande que les théories enseignées par les scolastiques et les philosophes. Cette vérité ancienne était que la mort du Christ est la seule rançon du pécheur. Ces paroles furent, pour Zwingle, les premières clartés de l'aurore.

Zwingle fut bientôt appelé de Bâle pour entrer dans la vie active. Son premier champ d'activité fut une paroisse alpestre, située non loin de son village natal. Ayant été ordonné prêtre, "il se consacra de toute son âme à la recherche de la vérité divine ; car il savait bien, dit un réformateur, son collègue, combien de choses doit savoir celui auquel est confié le troupeau du Christ" *(Wylie, b. 8, ch. 5)*. Plus il sondait les Ecritures, plus lui apparaissait clair le contraste entre leurs vérités et les hérésies romaines. Il se soumettait lui-même à la Bible comme à la Parole de Dieu, la seule règle suffisante et infaillible. Il reconnaissait qu'elle devait être elle-même son interprète. Il n'osait pas tenter d'expliquer les Ecritures pour soutenir une théorie ou une doctrine préconçue ; mais il estimait qu'il était de son devoir d'apprendre quel était son enseignement direct. Il s'efforça de s'entourer de tous les secours possibles pour arriver à une connaissance parfaite de la Parole de Dieu. Il invoquait l'aide de l'Esprit Saint, qui la révèle, disait-il, à tous ceux qui la recherchent avec sincérité et avec prière.

"Les Ecritures, disait Zwingle, viennent de Dieu et non des hommes. Quiconque est éclairé d'en haut comprend que Son langage est celui de Dieu. La Parole de Dieu ne peut faillir. Elle est lumineuse, Elle enseigne, Elle révèle, Elle illumine l'âme par le salut et par la grâce ; Elle console en Dieu ; Elle humilie au point qu'on s'oublie pour ne penser qu'à Dieu." Zwingle avait lui-même éprouvé la véracité de ces paroles. Parlant de son expérience à cette époque, il écrivait plus tard : "Lorsque je commençai à m'adonner entièrement à l'étude des Saintes Ecritures, la philosophie et la théologie ne cessaient de me susciter des objections. Enfin, j'arrivai à me dire : il faut laisser de côté tout cela, et n'apprendre la volonté de Dieu que dans Sa Parole. Ensuite je demandai à Dieu de m'éclairer, et les Ecritures commencèrent à me paraître beaucoup plus faciles" *(Wylie, b. 8, ch. 6)*.

La doctrine que prêchait Zwingle, il ne l'avait pas reçue de Luther. C'était la doctrine du Christ. "Si Luther prêche Christ, disait le réformateur suisse, il fait ce que je fais. Il a amené à Christ beaucoup plus d'âmes que moi. Ainsi soit-il ! Pourtant, je ne veux pas porter d'autre nom que celui du Christ, dont je suis le soldat, et qui est mon seul chef. Jamais je n'ai adressé une seule ligne à Luther, ni Luther à moi. Et pourquoi ? Afin qu'il soit manifeste à tous combien uniforme est le témoignage de l'Esprit de Dieu, puisque nous, qui n'avons jamais eu de communication l'un avec l'autre, sommes si rapprochés par la doctrine de Jésus-Christ" *(D'Aubigné, b. 8, ch. 9)*.

En 1516, Zwingle fut invité à accepter la place de prédicateur dans le couvent d'Einsiedeln. Il devait y voir de plus près les corruptions de l'église de Rome, et devait y exercer, comme réformateur, une influence qui s'étendrait bien au-delà des Alpes. Parmi les principaux attraits d'Einsiedeln se trouvait une image de la Vierge, que l'on disait avoir le pouvoir de faire des miracles. Au-dessus de la porte d'entrée du couvent, on lisait cette inscription : "On peut obtenir ici le pardon complet de ses péchés" *(D'Aubigné, b. 8, ch. 5)*. A toutes les saisons de l'année, des pèlerins se rendaient auprès de la Vierge. Mais c'était surtout à la grande fête annuelle de sa dédicace, qu'on voyait accourir des multitudes venant de toutes les parties de la Suisse, et même de la France et de l'Allemagne. Zwingle, fort affligé à cette vue, saisit l'occasion de proclamer la liberté de l'Evangile à ces esclaves de la superstition.

"Ne pensez pas, dit-il du haut de la chaire, que Dieu soit dans ce temple plus qu'en un autre lieu de sa création. Quelle que soit la contrée de la terre que vous habitiez, Dieu vous entoure et vous entend aussi bien qu'à Notre-Dame d'Einsiedeln. Seraient-ce des œuvres inutiles, de longs pèlerinages, des offrandes, des images, l'invocation de la Vierge ou des saints qui vous obtiendraient la grâce de Dieu ?.. Qu'importe la multitude de paroles dont nous formons nos prières ! Qu'importe un capuchon brillant, une tête bien rasée, une robe longue et bien plissée, et des mulets ornés d'or ! ... C'est au cœur que Dieu regarde, et notre cœur est éloigné de Dieu." "Christ, qui s'est offert lui même sur la croix une fois pour toutes, est le sacrifice et la victime qui a expié les péchés de tous les croyants pour toute l'éternité" *(D'Aubigné, b. 8, ch. 5).*

Cette prédication fut mal accueillie par bien des auditeurs. C'était un amer désappointement pour eux d'entendre dire que leur long et pénible voyage avait été en pure perte. Ils ne pouvaient comprendre le pardon gratuit qui leur était offert par Christ. Ils étaient contents de leur ancienne manière de se rendre au ciel, du chemin que Rome leur avait marqué. Ils reculaient à la pensée de devoir aspirer à quelque chose de mieux. Il leur était plus facile de confier leur salut aux prêtres et au pape, que de rechercher la pureté du cœur. Mais d'autres reçurent avec joie la bonne nouvelle de la rédemption par Christ. Les observances que Rome leur avait imposées n'avaient pu leur procurer la paix. Ils acceptèrent, avec foi, le sang de Jésus-Christ comme propitiation.

Ceux-ci s'en retournèrent chez eux pour révéler à d'autres la précieuse vérité qu'ils avaient reçue. C'est ainsi que la vérité fut portée de hameau en hameau, de ville en ville ; mais dès ce moment, le nombre des pèlerins qui se rendaient auprès de la Vierge diminua. Leurs offrandes diminuèrent aussi, et partant, le salaire de Zwingle qui en dérivait. Mais cela ne lui causa que de la joie, car il voyait diminuer la puissance du fanatisme et de la superstition.

Les chefs de l'église n'ignoraient pas l'œuvre que Zwingle accomplissait ; mais ils attendirent avant d'intervenir. Espérant pourtant le gagner à leur cause, ils employèrent la flatterie. Mais pendant ce temps, la vérité pénétrait dans les cœurs du peuple.

Les travaux de Zwingle à Einsiedeln l'avaient préparé pour un champ plus vaste où il ne devait pas tarder d'entrer. Après avoir passé trois ans dans ce couvent, il fut appelé à Zurich comme prédicateur de la cathédrale. C'était alors la principale ville de la confédération suisse, et l'influence exercée de ce lieu devait se faire sentir au loin. Pourtant, les ecclésiastiques sur l'invitation desquels il venait à Zurich, désiraient prévenir toute innovation ; ils commencèrent donc par l'instruire de ses devoirs.

"Vous mettrez tous vos soins, lui dit-on, à faire rentrer les revenus du chapitre [assemblée religieuse discutant avec d'autres personnes en vue d'une décision à prendre], sans en négliger le moindre. Vous exhorterez les fidèles, soit du haut de la chaire, soit au confessionnal, à payer les redevances et les dîmes, et à montrer par leurs offrandes qu'ils aiment l'église. Vous vous appliquerez à multiplier les revenus qui proviennent des malades, des sacrifices et en général de tout acte ecclésiastique." Ses instructeurs ajoutèrent : "Quant à l'administration des sacrements, à la prédication, à la présence au milieu du troupeau, ce sont aussi des devoirs du prêtre. Cependant, vous pouvez vous faire remplacer par un vicaire à ces divers égards, et surtout pour la prédication. Vous ne devez administrer les sacrements qu'aux notables, et après en avoir été requis ; il vous est interdit de le faire sans distinction de personnes" *(D'Aubigné, b. 8, ch. 6)*.

Zwingle écouta en silence ces exhortations ; puis, après avoir exprimé sa reconnaissance pour le choix honorable dont il avait été l'objet, il annonça ce qu'il comptait faire. "La vie de Jésus, dit-il, a été trop longtemps cachée au peuple ; je prêcherai surtout l'Evangile selon St Matthieu, chapitre après chapitre, en suivant le sens de l'Esprit Saint, en puisant uniquement aux sources de l'Ecriture, en la sondant, en la comparant avec Elle-même, et en en recherchant l'intelligence par de constantes et ardentes prières. C'est à la gloire de Dieu, à la louange de Son Fils unique, au véritable salut des âmes, et à leur enseignement dans la vraie foi, que je consacrerai mon ministère" *(D'Aubigné, b. 8, ch. 6)*. Bien que quelques-uns des ecclésiastiques désapprouvèrent son plan, et cherchèrent à l'en dissuader, Zwingle demeura ferme. Il déclara qu'il n'allait pas introduire une nouvelle manière ; mais l'ancienne méthode employée par l'église dans des temps plus purs.

Déjà l'intérêt s'attachait aux vérités qu'il enseignait ; et le peuple accourait en foule pour écouter sa prédication. Parmi ses auditeurs se trouvaient beaucoup de gens qui n'assistaient plus à aucun service. Il commença son ministère en ouvrant le Nouveau Testament, où il lut et expliqua le récit sacré de la vie, des miracles, des enseignements et de la mort du Christ. Les principes vitaux qui formaient la base de ses discours, à Zurich comme à Einsiedeln, étaient que la Parole de Dieu est la seule autorité infaillible, et la mort du Christ le seul sacrifice suffisant. "C'est à Christ, dit Zwingle, que je veux vous conduire ; à Christ, vraie source du salut" *(D'Aubigné, b. 8, ch. 6)*. Toutes les classes de la société accouraient pour entendre le nouveau prédicateur, depuis les hommes d'Etat et les savants, jusqu'aux artisans et aux paysans. Tous écoutaient ses paroles avec avidité. Non seulement il leur prêchait le salut gratuit, mais il attaquait sans crainte les défauts et les corruptions de son époque. Bien des gens sortaient de la cathédrale en louant Dieu. Celui-ci, disaient-ils, "est un prédicateur de la vérité ! Il sera notre Moïse, pour nous sortir des ténèbres d'Egypte" *(D'Aubigné, b. 8, ch. 6)*.

Mais bien que ses travaux fussent accueillis dès le commencement avec un grand enthousiasme, après un certain temps, l'opposition éclata. Les moines entreprirent d'arrêter son œuvre, et de condamner ses enseignements. Les uns rirent et se moquèrent de lui ; d'autres recoururent aux menaces et aux insultes. Mais Zwingle supportait tout avec la patience du chrétien, disant : "Si l'on veut gagner les méchants à Jésus-Christ, il faut fermer les yeux sur beaucoup de choses" *(D'Aubigné, b. 8, ch. 6)*.

Vers cette époque, un nouvel agent vint faire avancer l'œuvre de la Réformation. Un certain Lucien fut envoyé à Zurich, avec quelques écrits de Luther, par un ami du réformateur habitant Bâle. Cet ami de Luther, nommé Rhénan, avait compris que le colportage de livres était un puissant moyen pour répandre la doctrine de l'Evangile. "Voyez, écrivait Rhénan à Zwingle, si ce Lucien possède assez de prudence et d'habileté ; s'il en est ainsi, qu'il porte de ville en ville, de bourg en bourg, de village en village, et même de maison en maison, parmi les Suisses, les écrits de Luther, et en particulier l'exposition de la prière du Seigneur, écrite pour les laïques. Plus il sera connu, plus il trouvera d'acheteurs" *(D'Aubigné, b. 8, ch. 6)*. Beaucoup de familles virent ainsi quelques rayons de lumière pénétrer sous leur humble toit.

C'est lorsque Dieu se prépare à rompre les chaînes de l'ignorance et de la superstition, que Satan travaille avec le plus de force, pour enfoncer les hommes dans les ténèbres, et pour river davantage leurs fers. Comme il s'élevait de tous côtés des hommes qui prêchaient au peuple le pardon et la justification par le sang du Christ, Rome se mit avec une nouvelle énergie à ouvrir son marché d'indulgences dans toute la chrétienté, offrant le pardon pour de l'argent.

Chaque péché avait son prix, et on pouvait obtenir pleine liberté de commettre un crime, pourvu qu'on emplît bien la caisse de l'église. C'est ainsi que deux mouvements se produisaient : l'un offrait le pardon des péchés pour de l'argent, l'autre offrait le pardon par Christ : Rome donnant au péché toute licence en faisant une source de revenus, les réformateurs condamnant le péché, et montrant Christ comme propitiation et Sauveur. En Allemagne, la vente des indulgences avait été confiée aux moines dominicains sous la direction de l'infâme Tetzel. En Suisse, ce trafic fut confié aux franciscains, sous la direction de Samson, moine italien. Samson avait déjà rendu de bons services à l'église, ayant ramassé d'immenses sommes d'argent en Allemagne et en Suisse, pour remplir le trésor du pape. Alors il parcourut la Suisse, attirant à lui de grandes foules, et dépouillant les pauvres paysans de leur maigre salaire, tandis qu'il extorquait de grandes sommes d'argent aux classes riches. Mais déjà l'influence de la Réformation se faisait sentir en amoindrissant, sinon en arrêtant tout à fait le trafic. Zwingle était encore à Einsiedeln, lorsque Samson, peu après son entrée en Suisse, arriva avec sa marchandise dans une ville voisine. L'ayant appris, le réformateur se mit aussitôt à prêcher avec force contre les indulgences. Ces hommes ne se rencontrèrent pas, mais tel fut le succès de Zwingle, que Samson dut bientôt se retirer.

A Zurich, Zwingle prêcha avec un grand zèle contre ce marchand de pardons, de sorte que, lorsqu'il approcha de la ville, il rencontra un messager que lui envoyait le Conseil pour lui défendre d'y entrer. Enfin, il réussit à y pénétrer par ruse. Mais il ne put vendre une seule indulgence, et il quitta peu après la Suisse.

Une grande impulsion devait être donnée à la réforme par l'apparition de la peste, ou la "grande mort", qui se répandit dans toute la Suisse en l'année 1519. Voyant ainsi la mort face à face, un grand nombre reconnurent la vanité et l'inutilité des indulgences qu'ils avaient achetées, et recherchèrent pour leur foi un fondement plus sûr. Zwingle fut aussi frappé de la maladie à Zurich, et bientôt on perdit tout espoir de le voir se rétablir. Le bruit circula même qu'il était mort. Dans cette heure d'épreuve, son espérance et son courage ne faiblirent pas. Il leva les yeux vers la croix du Calvaire, se confiant dans la propitiation qui suffit pleinement à effacer le péché. Lorsqu'il revint des portes de la mort, ce fut pour prêcher l'Evangile avec une ferveur plus grande encore qu'il ne l'avait fait auparavant, et ses paroles exercèrent une influence extraordinaire. Le peuple accueillit avec une grande joie son pasteur bien-aimé, revenant des bords de la tombe. Ses auditeurs qui avaient eux-mêmes soigné les malades et les mourants, sentaient plus fortement qu'auparavant la valeur de l'Evangile.

Zwingle était arrivé à comprendre plus clairement les vérités évangéliques, et il avait expérimenté plus complètement lui-même sa puissance sanctifiante. Il s'arrêtait de préférence sur la chute de l'homme et sur le plan du salut. "Tous les hommes, dit-il, étant morts en Adam, nul ne peut les rappeler à la vie ; mais Christ, vrai homme, et vrai Dieu, nous a acquis une rédemption qui ne finira pas. C'est le Dieu éternel qui est mort pour nous : sa passion est donc éternelle ; elle apporte à jamais le salut, elle satisfait à jamais à la justice divine pour tous ceux qui s'appuient sur ce sacrifice avec une foi ferme et inébranlable." Pourtant il enseignait clairement que la grâce du Christ n'autorise pas l'homme à continuer de pécher. "Partout où l'on croit en Dieu, là est Dieu ; et là où Dieu se trouve, il y a un zèle qui presse, qui pousse aux bonnes œuvres" *(D'Aubigné, b. 8, ch. 9).*

L'intérêt qu'excitait la prédication de Zwingle était tel que la cathédrale ne suffisait pas à contenir la foule qui accourait à ses sermons. Zwingle découvrait peu à peu la vérité à ses auditeurs, selon qu'ils étaient capables de la supporter. Il avait soin de ne pas introduire d'abord des choses qui les repoussent, et excitent leurs préjugés. Il cherchait premièrement à gagner leurs cœurs aux enseignements du Christ, à les toucher par la pensée de Son amour, et à leur présenter Son exemple ; aussi, à mesure qu'ils acceptaient les principes de l'Evangile, leurs croyances et leurs pratiques superstitieuses disparaissaient.

La Réformation avançait ainsi pas à pas à Zurich ; alarmés, ses ennemis organisèrent une vive opposition. Une année auparavant, le moine de Wittenberg avait prononcé, à Worms, un énergique "Non" à la face du pape et de l'empereur ; et maintenant, à Zurich, tout semblait indiquer qu'une semblable résistance allait être faite aux prétentions papales. Zwingle fut attaqué plusieurs fois. De temps à autres, on voyait, dans les cantons catholiques, les disciples de l'Evangile mis à mort ; mais ce n'était pas assez. Le prédicateur de l'hérésie devait être réduit au silence. En conséquence, l'évêque de Constance envoya trois députés au Conseil de Zurich pour accuser Zwingle d'enseigner au peuple à transgresser la loi de l'église, détruisant ainsi la paix et le bon ordre de la société ; l'évêque ajoutait que si l'autorité de l'église était méprisée, il en résulterait une grande anarchie. Zwingle répondit qu'il avait enseigné l'Evangile à Zurich durant quatre ans, "et que Zurich était plus tranquille et plus soumise aux lois qu'aucune autre ville des Helvétiques. Ce que tous les bons citoyens attribuaient à l'Evangile" *(Wylie, b. 8, ch. 11).*

Les députés avaient exhorté les conseillers à demeurer dans l'église, hors de laquelle, disaient-ils, il n'y a pas de salut. Zwingle répondit : "Que cette accusation ne nous émeuve pas ! Le fondement de l'église, c'est ce Rocher, ce Christ, qui a donné à Pierre son nom, parce qu'il le confessait avec fidélité. En toute nation, quiconque croit de cœur au Seigneur Jésus est sauvé. C'est hors de cette église-là que personne ne peut avoir la vie" *(D'Aubigné, London ed., b. 8, ch. 11).* Comme résultat de cette conférence, un des députés de l'évêque adopta la foi réformée.

Le Conseil ne voulut pas sévir contre Zwingle, et Rome prépara une autre attaque. Lorsque le réformateur apprit le complot élaboré par des manœuvres cachées de ses ennemis, il s'écria : "Je les crains ... comme un rivage escarpé craint les eaux menaçantes." Les efforts des ecclésiastiques ne firent qu'avancer la cause qu'ils cherchaient à détruire. La vérité continua à se répandre en Allemagne, et ses adhérents, découragés par la disparition de Luther, reprirent courage en voyant les progrès que l'Evangile faisait en Suisse.

A mesure que la réforme s'établissait à Zurich, elle portait des fruits qu'attestaient la diminution du vice et de l'immoralité, ainsi que l'ordre et la tranquillité qui y régnaient. "La paix habite notre ville, écrivait Zwingle ; pas de querelle, d'hypocrisie, d'inimitié, ni de lutte. D'où une telle union peut-elle venir, si ce n'est du Seigneur, et de notre foi qui remplit les cœurs des fruits de la paix et de la piété" *(D'Aubigné, b. 8, ch. 15).*

Les nouvelles conquêtes que faisait continuellement la Réformation poussèrent les catholiques à faire de plus grands efforts pour la renverser. Voyant combien peu la persécution avait servi à arrêter les travaux de Luther en Allemagne, ils résolurent de lutter contre le réformateur avec ses propres armes. Ils enverraient des personnes chargées de mission à Zwingle ; et ayant les choses en mains, ils pourraient s'assurer la victoire, en choisissant eux-mêmes, non seulement le lieu du débat, mais encore les juges. S'ils pouvaient une fois s'emparer de Zwingle, ils auraient soin qu'il ne leur échappe plus. Le réformateur réduit au silence, tout le mouvement serait bien vite étouffé. Ce complot fut entouré du plus grand secret.

On fixa Baden comme lieu où la dispute devait avoir lieu ; mais Zwingle n'y parut pas. Le Conseil de Zurich, soupçonnant les desseins des chefs et des prêtres, et prévenu par les bûchers allumés dans tous les cantons catholiques pour les confesseurs de l'Evangile, défendit au fidèle pasteur de s'exposer à ce danger. Il était prêt à répondre à tous les partisans que Rome pouvait envoyer, mais se rendre à Baden où le sang des martyrs de la vérité venait d'être répandu, c'était courir à une mort certaine. Œcolampade et Haller furent choisis pour représenter les réformateurs, tandis que le fameux docteur Eck, appuyé par une armée de savants docteurs et de prélats, était chargé de défendre Rome.

Quoique Zwingle ne fût pas présent à la conférence, son influence s'y fit sentir. Les romanistes avaient choisi quatre secrétaires qui devaient faire rapport des discussions, et il était défendu à qui que ce soit de prendre des notes sous peine de mort. Malgré cela, Zwingle reçut chaque jour un fidèle rapport de ce qui était fait et dit à Baden. Un étudiant présent à la dispute prit note chaque soir des arguments présentés dans la journée. D'autres étudiants se chargèrent de porter ces notes à Zwingle jusqu'à Zurich, avec la correspondance journalière d'Œcolampade. Le réformateur répondait en donnant des conseils et des suggestions. Il écrivait ses lettres pendant la nuit, et le matin les étudiants retournaient à Baden, portant la réponse du réformateur. Pour échapper à la vigilance des gardes qui stationnaient aux portes de la ville, ces messagers portaient sur leurs têtes des paniers de volaille, et on leur permettait de passer sans empêchement.

Zwingle put ainsi maintenir la lutte contre ses astucieux antagonistes. Zwingle, disait Oswald Myconius, a plus travaillé par ses méditations, ses veilles, ses conseils envoyés à Baden, qu'il ne l'eût fait en discutant lui-même, au milieu de ses ennemis" *(D'Aubigné, b. 11, ch. 13).*

Les catholiques romains entonnaient déjà le chant de victoire ; ils étaient venus à Baden parés des plus riches vêtements, et resplendissants de pierreries. Ils vivaient luxueusement, couvrant leurs tables des mets les plus délicats et des vins les plus recherchés. Ils allégeaient le fardeau des devoirs ecclésiastiques par la gaieté et la bonne chère. Les réformateurs, que le peuple regardait comme valant un peu mieux qu'une bande de mendiants, et dont les repas frugaux les retenaient peu à table, formaient un frappant contraste. L'hôtelier d'Œcolampade profitant de l'occasion pour le surveiller dans sa chambre, et le trouvant toujours occupé à l'étude ou en prière, disait, tout étonné : "Il faut avouer que c'est un bien pieux hérétique."

A la conférence, "Eck monta fièrement dans une chaire magnifiquement ornée, tandis que l'humble Œcolampade, chétivement vêtu, dut se mettre en face de son superbe adversaire sur un tréteau grossièrement travaillé" *(D'Aubigné, b. 11, ch. 13).* Eck parla de sa voix de stentor et avec son assurance sans borne. Son zèle était stimulé par l'espoir d'obtenir or et renom ; car le défenseur de la foi devait être récompensé par une bonne somme d'argent. Lorsqu'il manquait d'arguments, il recourait aux insultes, laissant même quelquefois échapper un jurement.

Œcolampade, modeste et timide, avait redouté la lutte ; il la commença en faisant cette protestation solennelle : "Je ne reconnais d'autre règle de jugement que la Parole de Dieu" *(D'Aubigné, b. 11, ch. 13).* Quoique de manières douces et courtoises, il montra beaucoup de talent et un indomptable courage. Tandis que le docteur Eck, suivant son habitude, en appelait à l'autorité et aux coutumes de l'église, le réformateur s'en tenait fermement aux Saintes Ecritures. "L'usage, répondait Œcolampade n'a de force dans notre Suisse qu'après la constitution ; or, en matière de foi, la constitution c'est la Bible" *(D'Aubigné, b. 11, ch. 13).*

Le contraste entre les deux antagonistes ne fut pas sans effet. Le raisonnement calme et clair du réformateur, présenté avec une telle douceur et une telle modestie, frappait les esprits qui se détournaient avec dégoût des prétentions arrogantes et bruyantes du docteur Eck.

La discussion dura dix-huit jours. Lorsqu'elle fut close, les romanistes se vantèrent d'avoir vaincu. La plupart des députés étant du parti romain, la diète [assemblée politique] déclara les réformateurs battus, et annonça qu'ils étaient, avec Zwingle, rejetés de l'église universelle. Mais les résultats de cette conférence révélèrent de quel côté était l'avantage.

La lutte eut pour résultat de donner une forte impulsion à la cause de l'Evangile, et ce fut peu de temps après que les villes importantes de Berne et de Bâle se déclarèrent pour la Réformation.

---

1 Mat 4 :19.

CHAPITRE X

PROGRÈS DE LA RÉFORME EN ALLEMAGNE

La disparition mystérieuse de Luther causa une consternation générale en Allemagne. Ses ennemis eux-mêmes étaient plus inquiets de son absence qu'ils ne l'avaient été par sa présence. Partout on se demandait ce qu'il était devenu. Les bruits les plus sinistres circulaient, et bien des gens croyaient qu'il avait été assassiné. On se lamentait hautement, non seulement chez ses amis avoués, mais chez des milliers de gens qui ne s'étaient pas ouvertement déclarés pour la Réformation. Beaucoup s'engagèrent par un serment solennel de venger sa mort.

Les chefs de l'église virent avec effroi le peuple murmurer contre eux et s'agiter. Quoiqu'ils se soient réjouis d'abord de la mort supposée de Luther, ils désirèrent bientôt échapper à la colère du peuple. Ceux qui étaient pleins de rage contre le réformateur lorsqu'il était au large, tremblaient maintenant qu'il était en captivité. "Le seul moyen qui nous reste pour nous sauver, écrivait quelqu'un à l'archevêque de Mayence, c'est d'allumer des torches, et de chercher Luther dans le monde entier, pour le rendre à la nation qui le réclame" *(D'Aubigné, b. 9, ch. 1)*. L'Edit de l'empereur semblait tomber à l'état de lettre morte. Les chefs religieux étaient remplis d'indignation en voyant qu'ils retenaient moins l'attention que le sort de Luther.

La nouvelle qu'il était en sûreté, quoique prisonnier, calma les craintes du peuple, tout en augmentant l'enthousiasme en sa faveur. Ses écrits étaient lus avec plus d'avidité que jamais. Un nombre toujours croissant de personnes embrassait la cause de l'homme héroïque qui avait osé défendre la Parole de Dieu contre des forces si supérieures. La Réformation augmentait de plus en plus en force et en étendue. La semence que Luther avait semée croissait partout. Son absence accomplissait une œuvre que sa présence n'aurait pu faire. Plusieurs amis de la réforme sentirent une nouvelle responsabilité reposer sur eux, dès le moment que leur chef fut enlevé. Avec une nouvelle foi et un nouveau zèle, ils se pressaient de faire tout ce qui était en leur pouvoir pour que l'œuvre si noblement commencée, ne soit entravée.

Mais Satan n'était pas oisif. Il tenta de faire ce qu'il a tenté dans tout autre mouvement de réforme : de tromper le peuple et de détruire l'œuvre de Dieu, en faisant apparaître une œuvre contrefaite à la place de la vraie. Comme il y avait de faux christs dans le premier siècle de l'église chrétienne, ainsi s'élevèrent de faux prophètes au seizième siècle.

Quelques hommes, profondément affectés par l'excitation qui régnait dans le monde chrétien, s'imaginèrent avoir reçu des révélations célestes spéciales, et prétendirent avoir été divinement appelés à poursuivre jusqu'à son achèvement la Réformation que Luther n'avait fait que commencer faiblement. La vérité est qu'ils renversaient l'œuvre qu'il avait accomplie. Ils rejetaient les principes fondamentaux de la Réformation, la Parole de Dieu, comme règle de la foi et des œuvres, et ils substituaient à ce guide infaillible la règle incertaine et changeante de leurs propres sentiments et de leurs impressions. En mettant ainsi de côté la Bible, cette accusatrice de l'erreur et de l'impiété, ils avaient ouvert la voie à Satan qui pourrait gouverner les esprits à sa guise.

L'un de ces prophètes prétendait avoir été instruit par l'ange Gabriel. Un étudiant qui se joignit à lui, abandonna ses études, déclarant avoir reçu de Dieu Lui-même la faculté d'expliquer les Ecritures. D'autres, qui étaient naturellement enclins au fanatisme, se joignirent à eux. Les agissements de ces enthousiastes ne manquèrent pas de causer une grande excitation. La prédication de Luther avait fait sentir partout la nécessité d'une réforme, et alors des personnes vraiment honnêtes furent égarées par les prétentions des nouveaux prophètes.

Les chefs du mouvement se rendirent à Wittenberg, et exposèrent leurs prétentions à Mélanchthon et à ses collaborateurs. Ils disaient : "Dieu nous a envoyés pour enseigner le peuple. Nous avons reçu des révélations spéciales de Dieu Lui-même, et nous savons par conséquent ce qui va arriver. Nous sommes des apôtres et des prophètes, et nous en appelons à Luther quant à la vérité que nous enseignons" *(D'Aubigné, b. 9, ch. 7)*.

Les réformateurs, surpris, se trouvèrent dans une grande perplexité. C'était un élément qu'ils n'avaient jusqu'alors rencontré nulle part, et ils ne savaient guère quelle ligne de conduite suivre. Mélanchthon disait : "Il y a sans doute des esprits d'une espèce peu ordinaire dans ces hommes ; mais quels sont-ils ?" "D'un côté, prenons garde de ne pas éteindre l'Esprit de Dieu, et de l'autre, de ne pas nous laisser séduire par l'esprit de Satan" *(D'Aubigné, b. 9, ch. 7)*.

Mais bientôt on vit paraître les fruits du nouvel enseignement. Les esprits étaient détournés de la Parole de Dieu, ou méfiant envers Elle. Les écoles furent jetées dans la confusion. Des étudiants, rejetant toute retenue, abandonnèrent leurs études et quittèrent l'université. Les hommes qui se croyaient capables d'activer et de diriger la réforme ne réussissaient qu'à la précipiter au-devant de la ruine. Les romanistes reprenaient confiance, et s'écriaient triomphants : "Encore un effort, et tous seront pour nous" *(D'Aubigné, b. 9, ch. 7)*.

Luther, apprenant à la Wartburg ce qui se passait, dit avec un grand chagrin : "J'ai toujours pensé que Satan nous enverrait cette plaie" *(D'Aubigné, b. 9, ch. 7)*. Il reconnut le vrai caractère de ces prétendus prophètes, et vit le danger qui menaçait la cause de la vérité. L'opposition du pape et de l'empereur ne lui avait pas causé autant de perplexité et de chagrin qu'il en éprouvait alors. C'est parmi ceux qui prétendaient être les amis de la Réformation que s'élevèrent ses plus grands ennemis. Les vérités mêmes qui avaient apporté la paix à son âme troublée, étaient devenues une cause de dissension dans l'église.

Dans l'œuvre de la réforme, Luther avait été poussé en avant par l'Esprit de Dieu, et avait été entraîné malgré lui. Il ne s'était pas proposé de prendre l'attitude qu'il avait prise, ni de faire des changements si radicaux. Il n'avait été qu'un instrument dans les mains de la Puissance infinie. Cependant il était souvent inquiet à l'égard des résultats de son œuvre. Il avait dit un jour : "Si je savais que ma doctrine a nui à un être humain, quelque pauvre et inconnu fût-il, — ce qui ne peut pas être, car c'est l'Evangile même — je me soumettrais à la mort dix fois, plutôt que de ne pas la rétracter" *(D'Aubigné, b. 9, ch. 7)*.

Et maintenant, Wittenberg même, ce centre de la Réformation tombait rapidement sous la puissance du fanatisme et de la licence. Ce n'étaient pas les doctrines enseignées par Luther qui avaient causé ce mal ; mais ses ennemis l'en accusaient dans toute l'Allemagne. Il se demandait parfois, dans l'amertume de son âme : "Cela pourrait-il être la fin de cette grande œuvre de la Réformation ?" *(D'Aubigné, b. 9, ch. 7)*. D'autres fois, après avoir lutté avec Dieu par la prière, la paix rentrait dans son âme. "L'œuvre n'est pas mienne, mais la Tienne propre, disait-il ; Tu ne souffriras pas qu'elle soit corrompue par la superstition ou le fanatisme." Mais la pensée de demeurer plus longtemps éloigné de la lutte, dans un moment si critique, lui devint insupportable. Il résolut de retourner à Wittenberg.

Sans remettre à plus tard, il entreprit ce périlleux voyage. Il était au ban de l'empire. Ses ennemis avaient la liberté de le tuer, et il était défendu à ses amis de l'aider ou de l'abriter. Le gouvernement impérial adoptait les mesures les plus rigoureuses contre ses adhérents. Mais il voyait l'œuvre de l'Evangile en péril, et, au nom du Seigneur, il s'en allait une fois de plus combattre pour la vérité.

Dans une lettre qu'il adressait à l'électeur, Luther ayant parlé de son intention de quitter la Wartburg, dit : "Il faut que Votre Altesse sache que je me rends à Wittenberg, sous une protection plus puissante que celle d'un électeur. Je ne pense pas solliciter le soutien de Votre Altesse ; et, bien loin de désirer votre protection, je préférerais vous protéger moi-même. Si je savais que Votre Altesse pût ou voulût me protéger, je n'irais pas à Wittenberg. Il n'y a pas d'épée qui puisse venir en aide à cette cause. Dieu seul doit tout faire, sans secours, ni concours humain. Celui qui a le plus de foi est celui qu'il protège le plus" *(D'Aubigné, b. 9, ch. 8)*.

Dans une seconde lettre, écrite en route pour Wittenberg, Luther ajoute : "Je suis prêt à supporter la défaveur de Votre Altesse et la colère du monde entier. Les habitants de Wittenberg ne sont-ils pas mes fidèles ? N'est-ce pas Dieu qui me les a confiés ? Et ne dois-je pas, s'il le faut, m'exposer pour eux à la mort ? Je crains d'ailleurs voir éclater en Allemagne une grande révolte, par laquelle Dieu punira notre nation" *(D'Aubigné, b. 9, ch. 8)*.

Décidé et ferme, il se mit à l'œuvre avec une grande précaution et une grande humilité. "C'est par la Parole, dit-il, que nous devons réfuter et rejeter ce qui a pris place et influence par la violence. Je ne voudrais nullement recourir à la force contre la superstition et l'incrédulité." "Qu'on n'use pas de contrainte. J'ai travaillé pour la liberté de conscience ; la liberté est l'essence même de la foi" *(D'Aubigné, b. 9, ch. 8).*

Le bruit courut bientôt dans Wittenberg que Luther était revenu et qu'il allait prêcher. Le peuple accourut de tous côtés et l'église fut bientôt comble. Montant en chaire, il instruisit, exhorta et censura avec une grande sagesse et une grande douceur. Parlant de la conduite de ceux qui avaient recouru à des mesures violentes en abolissant la messe, il dit : "La messe est une mauvaise chose ; Dieu en est l'ennemi ; elle doit être abolie ; et je voudrais qu'elle fût, dans l'univers entier, remplacée par la cène de l'Evangile. Mais que l'on n'en arrache personne avec violence. C'est à Dieu qu'il faut remettre la chose. C'est Sa Parole qui doit agir, et non pas nous. — Et pourquoi ? Direz-vous. — Parce que je ne tiens pas le cœur des hommes en ma main, comme le potier tient l'argile dans la sienne. Nous avons le droit de dire ; nous n'avons pas celui de faire. Prêchons : le reste appartient à Dieu. Si j'emploie la force, qu'obtiendrai-je ? Des grimaces, des apparences, des singeries, des ordonnances humaines, des hypocrisies… Mais il n'y a ni sincérité de cœur, ni foi, ni charité. Tout manque dans une œuvre où manquent ces trois choses, et je n'en donnerais pas… la queue d'une poire. Dieu fait plus par Sa seule Parole que si vous, si moi, si le monde entier, nous réunissions toutes nos forces. Dieu s'empare du cœur ; et le cœur pris, tout est pris."

"Je veux prêcher, je veux parler, je veux écrire ; mais je ne veux contraindre personne, car la foi est une chose volontaire. Voyez ce que j'ai fait ! Je me suis élevé contre le pape, les indulgences et évêques de Rome, mais sans tumulte et sans violence. J'ai mis en avant la Parole de Dieu, j'ai prêché, j'ai écrit ; je n'ai pas fait autre chose. Et tandis que je dormais… cette parole que j'avais prêchée a renversé l'église papale, tellement que jamais ni prince, ni empereur ne lui ont causé tant de mal. Je n'ai rien fait : la Parole seule a tout fait. Si j'avais voulu en appeler à la force, l'Allemagne eût été peut- être baignée dans le sang. Mais que serait-il arrivé ? Ruine et désolation pour l'âme et pour le corps. Je suis donc resté tranquille, et j'ai laissé la Parole elle-même courir le monde" *(D'Aubigné, b. 9, ch. 8).*

Jour après jour, pendant toute une semaine, Luther continua de prêcher à une foule avide de l'entendre. La Parole de Dieu mit un frein à l'explosion du fanatisme. La puissance de l'Evangile ramena le peuple égaré dans le chemin de la vérité.

Luther n'avait aucun désir de rencontrer les fanatiques dont la conduite avait fait tant de mal. Il savait que c'étaient des hommes d'un tempérament prompt et violent, qui, tout en prétendant être spécialement éclairés du ciel, ne voudraient pas endurer la moindre contradiction, ou même la plus douce réprimande. S'arrogeant l'autorité suprême, ils demandaient que chacun reconnaisse leurs prétentions, sans faire aucune observation. Mais comme ils demandèrent à avoir une entrevue avec le réformateur, Luther consentit à les recevoir. Il dévoila si bien leurs prétentions, que les imposteurs quittèrent immédiatement Wittenberg.

Le fanatisme fut arrêté pour un moment ; mais plusieurs années après, il éclata avec plus de violence, et eut de plus terribles résultats. Luther disait des chefs de ce mouvement : "Pour eux, les Saintes Ecritures ne sont qu'une lettre morte, et ils se mettent tous à crier : "L'Esprit ! L'Esprit !" Mais je ne suivrai certainement pas le chemin où leur esprit les mène. Dieu veuille, dans sa miséricorde, me préserver d'une église où il n'y a que des saints. Je désire être en compagnie avec les humbles, les faibles, les malades, qui connaissent et sentent leurs péchés, et qui soupirent et crient continuellement à Dieu du fond de leur cœur, pour obtenir Sa consolation et Son secours" *(D'Aubigné, b. 10, ch. 10)*.

Thomas Munzer, le plus actif des fanatiques, était un homme aux talents considérables qui, bien dirigés, lui auraient permis de faire du bien ; mais il n'avait pas appris les premiers principes de la vraie religion. Il s'imagina être choisi de Dieu pour réformer le monde, oubliant, comme beaucoup d'autres enthousiastes, que la réforme devait commencer par lui-même. Il avait l'ambition d'obtenir une position influente, et ne voulait être le second de personne, pas même de Luther. Il accusait les réformateurs d'établir, par leur attachement à la Bible seule, une espèce de papauté. Il se considérait comme appelé de Dieu pour corriger le mal, et prétendait que les manifestations de l'Esprit étaient le moyen par lequel cela devait s'accomplir, et que celui qui possédait l'Esprit, possédait la vraie foi, quoiqu'il puisse ne jamais ouvrir la Parole écrite.

Les docteurs fanatiques se laissaient diriger par leurs impressions, appelant chacune de leurs pensées et de leurs impulsions, la voix de Dieu ; c'est pourquoi ils allèrent aux plus grands extrêmes. Quelques-uns mêmes brûlèrent leur Bible, en s'écriant : "La lettre tue, mais l'Esprit vivifie." L'enseignement de Munzer répondait aux désirs des hommes qui aiment naturellement le merveilleux, et tout ce qui flatte leur orgueil, en plaçant virtuellement les idées et les opinions des hommes au-dessus de la Parole de Dieu. Aussi, bien des milliers de gens acceptaient les enseignements de Munzer. Il renonça bientôt à tout ordre dans le culte public, et déclara qu'obéir aux princes, c'était tenter de servir Dieu et Bélial.

Les esprits, qui commençaient déjà à rejeter le joug de la papauté, s'impatientaient aussi des entraves de l'autorité civile. Les enseignements révolutionnaires de Munzer, prétendant à la sanction divine, les poussèrent à se dégager de toute direction, et à s'abandonner à leurs préjugés et à leurs passions. Les plus terribles scènes de soulèvements et de luttes eurent lieu, et l'Allemagne fut remplie de sang.

Les angoisses d'âme que Luther avait ressenties si longtemps auparavant dans sa cellule d'Erfurt, l'opprimèrent alors doublement en voyant attribuer à la Réformation les résultats du fanatisme. Les princes catholiques déclaraient, et il en était qui le croyaient, que les enseignements de Luther avaient été la cause de la rébellion. Quoique cette accusation fût sans le moindre fondement, elle ne pouvait que causer une vive douleur au réformateur. Que l'on dégrade ainsi la cause de la vérité en la traitant de vil fanatisme, c'était plus qu'il ne pensait pouvoir supporter. D'un autre côté, les chefs de la révolte haïssaient Luther, non seulement parce qu'il s'était opposé à leurs doctrines et avait refusé de croire leurs prétentions à l'inspiration divine ; mais parce qu'il les avait déclarés rebelles à l'autorité civile. En revanche, ils l'accusaient d'être un méprisable prétentieux. Il semblait s'être attiré l'inimitié et des princes et du peuple.

Les romanistes étaient dans la joie, s'attendant à être témoins de la prompte déchéance de la Réformation ; et ils accusaient même Luther des erreurs qu'il avait le plus cherchées à extirper. Le parti des fanatiques, en prétendant faussement avoir été traité avec une grande injustice, réussit à gagner les sympathies d'une bonne partie du peuple, et, comme c'est souvent le cas de ceux qui sont dans une fausse voie, ils finirent par être considérés martyrs. Ainsi, ceux mêmes qui s'opposaient de toutes leurs forces à la Réformation, furent pris en pitié et loués comme les victimes d'une cruelle oppression. C'était l'œuvre de Satan, et elle avait pour mobile le même esprit de rébellion qui fut manifesté pour la première fois dans le ciel. Satan cherche constamment à tromper les hommes, et à les pousser à appeler le péché, justice, et la justice, péché.

Quels succès n'a-t-il pas obtenus ? Combien de fois n'arrive-t-il pas que la censure, les accusations et l'opprobre soient le partage des fidèles serviteurs de Dieu, qui défendent la vérité sans crainte ! Des hommes, qui ne sont que les agents de Satan, sont loués et flattés, et même regardés comme martyrs, tandis que ceux qui devraient être respectés et soutenus pour leur fidélité à Dieu, sont abandonnés, et sont les objets des soupçons et de la méfiance.

Les saintetés contrefaites, les fausses sanctifications, continuent aujourd'hui de tromper les âmes. Sous des formes variées, elles exhibent le même esprit que du temps de Luther, détournant les hommes des Ecritures, et les poussant à suivre leurs propres sentiments et leurs impressions plutôt que de rendre obéissance à la loi de Dieu. C'est une des séductions de Satan les plus efficaces pour jeter la défaveur sur la pureté et la vérité.

Luther défendit sans crainte l'Evangile contre les attaques qui venaient de tous côtés. Dans chaque conflit, la Parole de Dieu fut une arme puissante. Avec cette Parole, il lutta contre l'autorité usurpée par le pape, et contre la philosophie rationaliste des Universités théologiques, tandis qu'il s'opposa, ferme comme un rocher, au fanatisme qui cherchait à s'allier à la Réformation.

Chacun de ces éléments adverses, à sa façon, mettait les Saintes Ecritures de côté, et élevait à sa place la sagesse humaine comme source de vérité et de connaissances religieuses. Le rationalisme idolâtre la raison, et en fait un critère en matière religieuse. Le romanisme, réclamant pour son souverain pontife une inspiration descendant en ligne directe des apôtres, et invariable dans tous les temps, permet à toutes espèces d'extravagances et de corruptions de se cacher sous la sainteté de la mission apostolique. L'inspiration à laquelle prétendait Munzer et ses associés, ne procédait pas d'une source plus élevée que les divagations de l'imagination, et son influence était subversive de toute autorité humaine ou divine. Le vrai christianisme reçoit la Parole de Dieu comme le grand trésor de vérité inspirée, et la pierre de touche de toute inspiration.

Après son départ de la Wartburg, Luther compléta sa traduction du Nouveau Testament, et bientôt l'Evangile fut donné au peuple allemand dans sa propre langue. Cette traduction fut reçue avec une grande joie par tous les amis de la vérité ; mais elle fut rejetée avec mépris par ceux qui préféraient les traditions humaines et les commandements d'hommes.

Les prêtres furent alarmés à la pensée que le commun peuple pourrait discuter avec eux sur les préceptes de la Parole de Dieu, et que leur propre ignorance serait ainsi mise à jour. Les armes de leur raisonnement charnel étaient impuissantes contre l'épée de l'Esprit. Rome mit en œuvre toute son autorité pour empêcher la circulation des Ecritures ; mais les décrets, les anathèmes et les tortures furent également vains. Plus elle condamnait et prohibait la Bible, plus grand était le désir du peuple de savoir ce qu'elle enseignait réellement. Tous ceux qui pouvaient lire désiraient étudier eux-mêmes la Parole de Dieu. Ils la portaient avec eux en tous lieux, la lisaient et la relisaient, et n'étaient contents qu'après avoir appris par cœur de grandes portions des Ecritures. Voyant la faveur avec laquelle on recevait le Nouveau Testament, Luther commença immédiatement la traduction de l'Ancien, et le publia par portions aussitôt qu'il les eut achevées.

Les écrits de Luther étaient accueillis aussi bien dans les villes que dans les hameaux. "Ce que Luther et ses amis composaient, d'autres le répandaient. Des moines, convaincus de l'illégalité des biens monastiques, désireux de faire succéder une vie active à leur longue paresse, mais trop ignorants pour annoncer eux-mêmes la Parole de Dieu, parcouraient les provinces, les hameaux, les chaumières en vendant les livres de Luther et de ses amis. L'Allemagne fut bientôt couverte de ces hardis colporteurs" *(D'Aubigné, b. 9, ch. 11)*.

Ces écrits étaient étudiés avec un profond intérêt par riches et pauvres, savants et ignorants. Pendant les veillées, les instituteurs de village les lisaient à haute voix à des groupes de personnes rassemblées autour de leur foyer. Chaque effort convainquait de la vérité quelques âmes, qui, recevant la Parole avec joie, annonçaient à d'autres la bonne nouvelle.

Ces paroles inspirées se vérifiaient : "La révélation de tes paroles éclaire, elle donne de l'intelligence aux simples [1]." L'étude des Ecritures accomplissait un changement puissant dans les esprits et les cœurs. Le gouvernement papal avait mis sur ses sujets un joug de fer qui les tenait dans l'ignorance et la dégradation. Une observation superstitieuse des formes avait été scrupuleusement maintenue ; mais le cœur et l'intelligence avaient eu peu de part dans leur culte. La prédication de Luther, exposant les claires vérités de la Parole de Dieu, et ensuite la Parole elle-même, placée entre les mains du commun peuple, avaient réveillé leurs facultés endormies, non seulement purifiant et ennoblissant la nature spirituelle, mais encore communiquant une nouvelle force et une nouvelle vigueur à l'intelligence.

On voyait des personnes de tous rangs, la Bible à la main, défendant la doctrine de la Réformation. Les disciples du pape, qui avaient abandonné l'étude des Ecritures aux prêtres et aux moines, les engagèrent alors à s'avancer pour réfuter les nouvelles doctrines. Mais, ignorant également et les Ecritures et la puissance de Dieu, les prêtres et les moines furent complètement défaits par ceux qu'ils avaient accusés d'ignorance et d'hérésie. "Malheureusement, disait un écrivain catholique, Luther avait persuadé ses disciples que leur foi ne devait être fondée que sur les oracles de l'Ecriture Sainte." Des foules s'assemblaient pour entendre défendre la vérité par des hommes de peu d'éducation, qui discutaient même avec des théologiens savants et éloquents. Les simples enseignements de la Parole de Dieu renversaient leurs arguments, et faisaient ressortir la honteuse ignorance de ces grands hommes. Des femmes et des enfants, des artisans et des soldats, connaissaient mieux les Ecritures que les savants docteurs ou les prêtres en soutane.

Le contraste entre les disciples de l'Evangile et les défenseurs des superstitions romaines n'était pas moins manifeste dans les rangs des savants que parmi le commun peuple. "En face des vieux soutiens de la hiérarchie, qui avaient négligé la connaissance des langues et la culture des lettres, se trouvait une jeunesse généreuse, adonnée à l'étude, approfondissant les Ecritures, et se familiarisant avec les chefs-d'œuvre de l'antiquité. Doués d'un esprit prompt, d'une âme élevée, d'un cœur intrépide, ces jeunes hommes acquirent bientôt de telles connaissances que personne ne pouvait se mesurer avec eux." "Aussi, quand ces jeunes défenseurs de la Réforme se rencontraient dans quelque assemblée avec les docteurs de Rome, ils les attaquaient avec une aisance et une assurance telles, que ces hommes incapables hésitaient, se troublaient et tombaient aux yeux de tous dans un juste mépris" *(D'Aubigné, b. 9, ch. 11).*

Le clergé romain, voyant leurs auditoires diminuer, invoqua les magistrats et chercha à ramener ses auditeurs par tous les moyens en son pouvoir. Mais le peuple avait trouvé dans les nouveaux enseignements quelque chose qui répondait aux besoins de leurs âmes ; aussi se détournait-il de ceux qui l'avaient si longtemps nourri des misérables aliments de la superstition et de traditions humaines.

Lorsque la persécution fut allumée contre les prédicateurs de la vérité, ils prirent garde aux paroles du Christ : "Quand on vous persécutera dans une ville, fuyez dans une autre [2]." La lumière pénétrait partout. Les fugitifs trouvaient quelque part une porte hospitalière ouverte, et, demeurant là, ils prêchaient Christ, parfois dans l'église, ou, si cela leur était défendu, dans des maisons particulières ou en plein air. Tout lieu où ils pouvaient se faire écouter, était un temple consacré. La vérité, proclamée avec une telle énergie et une telle assurance, se répandit avec une puissance irrésistible.

En vain, on invoqua l'autorité religieuse et l'autorité civile pour écraser la doctrine d'origine chrétienne contraire à la fois catholique. En vain, on eut recours à la prison, à la torture, au feu et à l'épée. Des milliers de croyants scellèrent leur foi de leur sang, néanmoins l'œuvre progressait. La persécution ne fit que répandre la vérité, et le fanatisme que Satan avait cherché à y associer, n'eut d'autre résultat que de faire ressortir plus clairement le contraste qu'il y avait entre l'œuvre de Satan et l'œuvre de Dieu.

---

1 Ps. 119 : 130.
2 Mat. 10 : 23.

CHAPITRE XI

PROTESTATION DES PRINCES

Un des plus nobles témoignages qui ne fut jamais rendu à la Réformation, fut la protestation présentée par les princes chrétiens de l'Allemagne à la diète de Spire en 1529. Le courage, la foi et la fermeté de ces hommes de Dieu garantirent la liberté de la pensée et de la conscience aux siècles qui succédèrent. Leur protestation donna à l'église réformée le nom de protestante ; les principes de ce document sont "l'essence même du protestantisme" *(D'Aubigné, b. 13, ch. 6)*.

Un jour sombre et menaçant était venu pour la Réformation. En dépit de l'Edit de Worms, déclarant Luther hors la loi, et défendant d'enseigner ou de croire ses doctrines, la tolérance religieuse avait prévalu dans l'empire. La providence de Dieu avait tenu en échec les puissances qui s'opposaient à la vérité. Charles-Quint s'était engagé à étouffer la Réformation ; mais chaque fois qu'il avait voulu lever la main pour frapper, il avait été forcé de détourner le coup. Bien souvent ceux qui osaient s'opposer à Rome purent se croire inévitablement perdus ; mais au moment crucial des armées turques apparaissaient sur les frontières de l'Est, le roi de France, même le pape, jaloux de la puissance croissante de l'empereur, lui déclaraient la guerre ; de cette manière, au milieu des luttes et du tumulte des nations, on laissa la Réformation se fortifier et s'étendre.

A la fin, les princes catholiques cessèrent leurs querelles afin de faire cause commune contre les réformés. La diète de Spire avait, en 1526, accordé pleine liberté aux Etats en matière religieuse, jusqu'à la réunion d'un concile général. Mais aussitôt le danger qui avait poussé à cette concession était-il passé, que l'empereur, dans le but d'écraser l'hérésie, convoquait une seconde diète à Spire, en 1529. On devait engager les princes, si possible par des moyens paisibles, à se tourner contre la Réforme ; mais si cela ne suffisait pas, Charles était prêt à recourir à l'épée.

Les catholiques furent remplis de joie. Ils parurent en grand nombre à Spire, et manifestèrent ouvertement leur hostilité envers les réformateurs et tous ceux qui les favorisaient. Mélanchthon disait : "Nous sommes l'exécration et la balayure du monde ; mais Christ regarde à Son pauvre peuple, et Il le sauvera" *(D'Aubigné, b. 13, ch. 5)*. Il fut défendu aux princes réformés présents à la diète de laisser prêcher l'Evangile, même dans leurs propres demeures. Mais le peuple de Spire avait soif de la Parole de Dieu, et, malgré la défense, des milliers de personnes accouraient matin et soir au service religieux qui se célébrait encore dans la chapelle de l'électeur de Saxe.

Cela hâta la crise. Les commissaires impériaux annoncèrent à la diète que, comme l'arrêté de Spire [1526] accordant la liberté de conscience avait donné lieu à de grands désordres, l'empereur l'annulait en vertu de sa toute-puissance. Cet acte arbitraire excita l'indignation et la crainte des chrétiens évangéliques. L'un d'eux s'écria : "Christ est de nouveau entre les mains de Caïphe et de Pilate." Les romanistes devinrent plus violents. Un disciple bigot du pape [Faber] s'écria : "Les Turcs valent mieux que les Luthériens ; car les Turcs observent les jeûnes, et les Luthériens les violent. S'il faut choisir entre les Saintes Ecritures de Dieu et les vieilles erreurs de l'église, ce sont les premières qu'il faut rejeter." Mélanchthon disait : "Chaque jour, en pleine assemblée, Faber lance aux évangéliques quelque pierre nouvelle" *(D'Aubigné, b. 13, ch. 5).*

La tolérance religieuse avait été légalement établie, et les Etats évangéliques étaient résolus à s'opposer à la violation de leurs droits. Luther, étant encore au ban de l'empire depuis l'Edit de Worms, ne put donc se présenter à la diète de Spire ; mais sa place était tenue par ses collaborateurs et les princes que Dieu avait suscités pour défendre Sa cause dans cette circonstance critique. Le noble Frédéric de Saxe, premier protecteur de Luther était mort ; mais le duc Jean, son frère, qui lui succéda, avait joyeusement accueilli la Réformation ; et quoique ce fût un prince paisible, il déploya une grande énergie et un grand courage dans toutes les choses se rapportant aux intérêts de la foi.

Les prêtres demandaient que les Etats qui avaient accepté la Réformation se soumettent implicitement à la juridiction romaine. Les réformés de leur côté, réclamaient la liberté qui leur avait été accordée précédemment. Ils ne pouvaient consentir à ce que Rome eût sous son joug ces Etats qui avaient reçu la Parole de Dieu avec une si grande joie. La diète décréta finalement que là où la Réformation n'avait pas été établie, l'Edit de Worms devait être rigoureusement exécuté, que dans les Etats évangéliques, où il y aurait danger de révolte, aucune nouvelle réforme ne pourrait y être introduite, qu'il ne devait pas se faire de prédications sur les points controversés, que la célébration de la messe ne devait pas être empêchée, et qu'aucun catholique romain n'y pourrait embrasser le luthéranisme. Cette mesure fut votée par la majorité de ceux qui étaient à la diète, à la grande satisfaction des prêtres et des prélats catholiques.

Si ce décret avait été mis en vigueur, la Réformation n'aurait pu s'étendre où elle n'était pas encore parvenue, ni s'établir sur une base solide là où elle existait déjà. La liberté de prêcher aurait été prohibée. Aucune conversion n'aurait été permise. Or, les partisans de la Réformation furent tenus de se soumettre immédiatement à ces restrictions et à ces prohibitions. Les espérances du monde semblaient près de s'éteindre. Le rétablissement du culte papal devait inévitablement faire revivre les anciens abus. L'occasion se présenterait bientôt pour compléter la destruction d'une œuvre qui avait déjà été ébranlée par le fanatisme et les dissensions.

Lorsque les princes évangéliques se trouvèrent assemblés pour se consulter à cet égard, ils se regardèrent tout consternés. Ils se demandaient les uns les autres : "Qu'y a-t-il à faire ?" Des conséquences immenses pour le monde étaient en jeu. Les chefs de la Réformation se soumettraient-ils et accepteraient-ils l'édit ? Dans une crise aussi importante, avec quelle facilité ils auraient pu s'engager dans une mauvaise voie ! Que de prétextes plausibles et de bonnes raisons n'auraient-ils pas pu trouver pour se soumettre ! On garantissait aux princes luthériens le libre exercice de leur religion. La même faveur était accordée à tous leurs sujets, qui, antérieurement à cette mesure, avaient embrassé les croyances réformées. Cela ne devait-il pas les satisfaire ? Que de périls éviteraient-ils par leur soumission ! Dans quelles luttes et quels hasards inconnus l'opposition ne les jetterait-elle pas ! Qui sait quelles occasions peut offrir l'avenir ? Recevons la paix, saisissons la branche d'olivier que nous tend Rome, et fermons les plaies de l'Allemagne. Par de tels raisonnements, les réformés auraient pu justifier une conduite dont l'issue eût été, peu de temps après, la ruine de leur cause.

"Ils considérèrent heureusement sur quel principe cet arrangement était basé, et ils agirent avec foi. Quel était ce principe ? — C'était le droit que s'arrogeait Rome de faire violence aux consciences, et de défendre le libre examen. Mais ne leur accordait-on pas la liberté religieuse, ainsi qu'à leurs sujets ? — Oui, comme faveur, spécialement stipulée dans l'arrêt, mais non comme un droit. Cette résolution établissait que le principe d'autorité devait régner ; la conscience était hors de cause ; Rome était un juge infaillible, et il fallait lui obéir. Accepter cette résolution proposée, c'était admettre virtuellement que la liberté religieuse était confinée à la Saxe réformée, et que pour les autres parties de l'empire, le libre examen et la profession de la foi réformée étaient des crimes qui devaient être punis par la prison et le bûcher. Pouvaient-ils consentir à localiser la liberté religieuse ? A voir proclamer que la Réformation avait fait son dernier converti, avait labouré son dernier champ ? Et que partout où Rome régnait jusqu'alors, sa domination devait être perpétuée ? Les réformés auraient-ils pu se déclarer innocents du sang des centaines de milliers de personnes qui, en vertu de ce décret, dans les pays catholiques auraient eu à sacrifier leur vie ? C'eût été trahir, dans cette heure suprême, la cause de l'Evangile et les libertés de la chrétienté" *(Wylie, b. 9, ch. 15)*. Non, "ils sacrifieraient plutôt leurs territoires, leurs titres et leur propre vie" *(D'Aubigné, b. 13, ch. 5)*.

"Rejetons cet arrêt, dirent les princes ; en matière de conscience, la majorité n'a aucun pouvoir." Les députés déclaraient que l'Allemagne devait à l'Edit de tolérance la paix dont elle jouissait, et que son abrogation remplirait l'empire de troubles et de divisions. "La diète n'a d'autre compétence, dirent-ils, que de maintenir la liberté religieuse jusqu'au concile" *(D'Aubigné, b. 13, ch. 5)*. Protéger la liberté de conscience, tel est le devoir de l'Etat, et c'est la limite de son autorité en matière religieuse. Tout gouvernement séculier qui tente de régler ou d'imposer des observances religieuses par l'autorité civile, sacrifie les principes mêmes pour lesquels les princes évangéliques protestèrent si noblement.

Les prêtres résolurent d'abattre ce qu'ils nommaient une hardie opiniâtreté. Ils commencèrent par essayer de semer la division chez les partisans de la Réformation, et d'intimider les faibles. Les représentants des villes libres furent finalement sommés de comparaître devant la diète, et de déclarer s'ils adhéraient aux termes de la proposition. Ils demandèrent un délai, mais en vain. Lorsqu'ils durent prendre une décision, près de la moitié d'entre eux se rangea du côté des réformés. Ceux qui refusaient encore de sacrifier leur liberté de conscience et leur droit personnel de penser et d'agir, savaient bien que leur position les désignait pour l'avenir à la critique, à la condamnation et à la persécution. Un des délégués disait : "Il faudra renier la Parole de Dieu ou brûler" *(D'Aubigné, b. 13, ch. 5)*.

Le roi Ferdinand, représentant de l'empereur à la diète, vit que le décret causerait de graves divisions, à moins qu'on puisse amener les princes à l'accepter et à le soutenir. Il essaya par conséquent le moyen de la persuasion, sachant bien que l'emploi de la force avec de tels hommes ne ferait que les rendre plus résolus. Il les pria d'accepter l'édit, les assurant qu'un tel acte serait des plus agréables à l'empereur. Mais ces hommes fidèles reconnaissaient une autorité supérieure à celle des princes de ce monde, et ils répondirent avec calme : "Nous obéirons à l'empereur dans tout ce qui peut contribuer au maintien de la paix et à l'honneur de Dieu" *(D'Aubigné, b. 13, ch. 5)*.

En présence de la diète, le roi annonça finalement que l'arrêté allait être mis au nombre des décrets impériaux, et publié par tout l'empire, que la seule chose qui restait à l'électeur et à ses amis, était de se soumettre à la majorité. Ayant ainsi parlé, il se retira de l'assemblée, ne laissant aux réformés aucune occasion de délibérer ou de répliquer. C'est en vain qu'ils envoyèrent des messagers pour le supplier de revenir. Il se borna à faire cette réponse à leurs remontrances : "C'est une affaire finie ; il n'y a plus qu'à se soumettre" *(D'Aubigné, b. 13, ch. 5)*.

Les membres du parti impérial étaient convaincus que les princes chrétiens considéreraient les Saintes Ecritures comme supérieures aux doctrines et aux exigences humaines, et ils savaient que l'acceptation de ces principes renverserait éventuellement la papauté. Mais comme des milliers de gens, depuis cette époque, regardant uniquement "aux choses qui se voient", ils se flattaient que le parti de la Réformation était faible, tandis que l'empereur et le pape étaient forts. Si les réformateurs s'étaient appuyés sur le bras de la chair, ils auraient été aussi impuissants que ne le supposaient les conducteurs romains. Mais, bien que faibles en nombre, et en désaccord avec Rome, ils avaient une source de force. Ils en appelèrent "du rapport de la diète à la Parole de Dieu, et de l'empereur d'Allemagne au Roi des rois et Seigneur des seigneurs" *(D'Aubigné, b. 13, ch. 6)*.

Comme Ferdinand avait refusé de considérer leur liberté de conscience, les princes décidèrent de ne pas prendre garde à son absence, et de présenter sans délai leur protestation devant l'assemblée nationale. Une déclaration solennelle fut donc rédigée et présentée à la diète :

"Nous protestons par les présentes, devant Dieu, notre unique Créateur, Protecteur, Rédempteur et Sauveur, et qui sera un jour notre Juge, ainsi que devant tous les hommes et toutes les créatures, que nous ne consentons ni n'adhérons en aucune manière, pour nous et les nôtres, au décret proposé, dans toutes les choses qui sont contraires à Dieu, à sa Sainte Parole, à notre bonne conscience, au salut de nos âmes... Quoi ? Nous déclarerions, en adhérant à cet édit, que si le Dieu Tout-Puissant appelle un homme à sa connaissance, cet homme n'est pas libre de recevoir la connaissance de Dieu ! Il n'est de doctrine certaine que celle qui est conforme à la Parole de Dieu ; le Seigneur défend d'en enseigner une autre ; chaque texte des Saintes Ecritures doit être expliqué par d'autres textes plus clairs ; ce Saint Livre est, dans toutes les choses de la vie nécessaires au chrétien, facile et propre à dissiper les ténèbres. Nous sommes donc résolus, avec la grâce de Dieu, à maintenir la prédication pure et exclusive de Sa seule Parole, telle qu'elle est contenue dans les livres bibliques de l'Ancien et du Nouveau Testament, sans rien y ajouter qui lui soit contraire. Cette Parole est la seule Vérité. Elle est la norme assurée de toute doctrine et de toute vie, et ne peut jamais ni nous manquer ni nous tromper. Celui qui bâtit sur ce fondement subsistera contre toutes les puissances de l'enfer ; tandis que toutes les vanités humaines qu'on y oppose tomberont devant la face de Dieu... C'est pourquoi nous rejetons le joug qu'on nous impose." "En même temps, nous espérons que Sa Majesté impériale se comporte à notre égard comme un prince chrétien qui aime Dieu par-dessus toutes choses, et nous nous déclarons prêts à lui rendre, ainsi qu'à vous tous, gracieux seigneurs, toute l'affection et toute l'obéissance, qui sont notre juste et légitime devoir ?" *(D'Aubigné, b. 13, ch. 6).*

L'impression sur la diète fut profonde. La majorité était stupéfaite et alarmée de la hardiesse des protestataires. L'avenir leur apparaissait orageux et incertain. Les dissensions, les luttes, le sang répandu leur semblaient inévitables. Mais les réformateurs, sûrs de la justice de leur cause, et se reposant sur le bras du Tout-Puissant, étaient remplis de courage et de fermeté.

"Les principes contenus dans cette célèbre Protestation... constituent l'essence même du protestantisme. Elle s'élève contre deux abus de l'homme dans les choses de la foi : l'intrusion du magistrat civil et l'autorité arbitraire du clergé. A la place de ces deux abus, le protestantisme établit, en face du magistrat, le pouvoir de la conscience, et en face du clergé, l'autorité de la Parole de Dieu. D'abord, il récuse le pouvoir civil dans les choses divines et dit, comme les apôtres et les prophètes : 'Il faut obéir à Dieu plutôt qu'aux hommes'. Sans porter atteinte à la couronne de Charles Quint, il maintient la couronne de Jésus-Christ. Mais il va plus loin : il établit que tout enseignement humain doit être subordonné aux oracles de Dieu" *(D'Aubigné, b. 13, ch. 6).* Les protestataires ne prétendaient pas seulement au droit de croire et de pratiquer leur foi, mais aussi à celui d'exprimer librement ce qu'ils estimaient être la vérité, et ils contestaient aux prêtres et aux magistrats le droit de les en priver. La protestation de Spire s'élevait solennellement contre l'intolérance religieuse et affirmait catégoriquement le droit de tout homme à servir Dieu selon sa conscience.

La déclaration en avait été faite. Elle fut écrite dans la mémoire de milliers de personnes, et enregistrée dans les livres du ciel, où nul effort humain ne pouvait l'effacer. Toute l'Allemagne évangélique adopta la protestation comme l'expression de sa foi. Partout on voyait dans cette déclaration la promesse d'une ère nouvelle et meilleure. Un des princes disait aux protestants de Spire : "Puisse le Tout-Puissant, qui vous a donné la grâce de le confesser énergiquement, librement et hardiment, vous garder dans cette fermeté chrétienne jusqu'au jour de l'éternité" *(D'Aubigné, b. 13, ch. 6).*

Si la Réformation, après avoir atteint un certain degré de succès, avait consenti à temporiser pour s'assurer la faveur du monde, elle aurait été infidèle à Dieu et à elle-même, et aurait ainsi assuré sa propre destruction. L'expérience de ces nobles réformateurs renferme une leçon pour tous les âges futurs. La manière dont Satan travaille contre Dieu et Sa Parole n'a pas changé ; il est aujourd'hui tout aussi opposé à ce que les Ecritures deviennent le guide de la vie, qu'au seizième siècle. De nos jours, on s'est grandement éloigné de ses doctrines et de ses préceptes, et l'on a besoin de revenir au grand principe protestant — la Bible, et la Bible seule comme règle de foi et de devoir. Satan travaille encore, par tous les moyens à sa disposition, à détruire la liberté religieuse. Le pouvoir antichrétien que les protestants de Spire rejetèrent, cherche maintenant avec une nouvelle vigueur à rétablir sa suprématie perdue. La même adhésion inébranlable à la Parole de Dieu manifestée dans cette crise de la Réformation, est aujourd'hui la seule espérance de réforme.

Mais les protestants virent à Spire des signes de danger. Ils y virent aussi des signes leur montrant que la main de Dieu était étendue pour protéger les fidèles. C'est dans ce moment-là que Mélanchthon conduisit à la hâte son ami Grynéus à travers les rues de Spire jusqu'au Rhin et l'engagea à traverser immédiatement le fleuve. Grynéus, étonné, désira savoir pour quelle raison il devait fuir aussi précipitamment. Mélanchthon lui dit : "Un vieillard à l'air grave et solennel, mais qui m'est inconnu, vient de m'aborder et de me dire : "Dans un instant, Ferdinand enverra des officiers pour arrêter Grynéus." Mélanchthon attendit sur le bord du fleuve que les eaux du Rhin soient entre son ami et ceux qui en voulaient à sa vie. Lorsqu'il le vit enfin de l'autre côté, il s'écria : "Il a échappé à l'étreinte cruelle de ceux qui sont altérés de sang innocent."

Grynéus avait été l'ami intime d'un docteur catholique de talent ; mais ayant été scandalisé à l'ouïe d'un de ses sermons, il alla le trouver et le supplia de ne plus faire la guerre à la vérité. Le disciple du pape cacha sa colère, mais se rendit sitôt après chez le roi, et obtint de lui l'autorisation de faire arrêter le protestataire. Lorsque Mélanchthon retourna dans son logement, on l'informa qu'après son départ, des émissaires à la poursuite de Grynéus l'avaient cherché dans toute la maison. Il crut toujours que le Seigneur avait sauvé son ami en envoyant un saint ange pour l'avertir.

La Réformation devait acquérir encore plus d'importance devant les puissants de la terre. Les princes évangéliques que le roi Ferdinand avait refusé d'entendre, devaient bientôt avoir l'occasion de présenter leur cause devant l'empereur et devant l'assemblée des dignitaires de l'église et de l'Etat. Pour faire cesser les dissensions qui troublaient l'empire, Charles- Quint convoqua une diète à Augsbourg, et il annonça qu'il avait l'intention de la présider en personne. Les chefs protestants furent convoqués à cette assemblée.

De grands dangers menaçaient la Réformation, mais ses défenseurs mettaient leur confiance en Dieu, et ils s'engagèrent à demeurer fermes à l'Evangile. Les conseillers de l'électeur de Saxe le conjuraient de ne pas paraître à la diète. "N'est-ce pas trop risquer, disaient-ils, que d'aller s'enfermer dans les murs d'une ville avec un puissant ennemi ?" Mais d'autres nobles disaient : "Que les princes se comportent avec courage, et la cause de Dieu est sauvée !" "Dieu est fidèle, disait Luther, il ne nous délaissera pas" *(D'Aubigné, b. 14, ch. 2)*. L'électeur partit pour Augsbourg avec sa suite. Tous savaient les dangers qui le menaçaient, et plusieurs s'y rendaient le visage triste et l'âme abattue. Mais Luther, qui les accompagna jusqu'à Cobourg, releva leur foi en chantant l'hymne mémorable, composé pendant ce voyage : "Eine feste Burg ist unser Gott [C'est un rempart que notre Dieu]." Aux accents de ces accords inspirés, les pressentiments fâcheux s'évanouirent, les cœurs reprirent courage.

Les princes réformés avaient résolu de préparer par écrit un aperçu systématique des divers points de leur foi, sous une forme concise, avec preuves tirées des Ecritures, afin de le présenter devant la diète. Le soin de rédiger cette confession fut confié à Luther, Mélanchthon et leurs collaborateurs. La confession ainsi préparée fut acceptée par les protestants comme l'exposé de leur foi, et ils se réunirent pour apposer leurs noms à cet important document. C'était une heure solennelle et critique pour le protestantisme. Les réformateurs étaient soucieux de ne pas laisser confondre leur cause avec les questions politiques ; ils estimaient que la Réformation ne devait exercer d'autre influence que celle qui procède de la Parole de Dieu. Lorsque les princes s'avancèrent pour signer la Confession, Mélanchthon s'interposa, en disant : "C'est aux théologiens, c'est aux ministres, de proposer ces choses, réservons pour d'autres circonstances l'autorité des grands de la terre. — A Dieu ne plaise que vous m'excluiez ! répondit l'électeur de Saxe ; je veux faire ce qui est droit, sans m'inquiéter de ma couronne ; je veux confesser le Seigneur. Mon chapeau électoral et mon hermine ne valent pas pour moi la croix de Jésus-Christ." Ayant ainsi parlé, il s'approcha et signa. Le prince d'Anhalt ayant pris la plume, dit : ... "Si l'honneur de Jésus-Christ mon Seigneur le requiert, je suis prêt à laisser derrière moi mes biens et ma vie, et à me précipiter dans l'éternité vers la couronne immortelle." Puis il ajouta après avoir signé : "Plutôt renoncer à mes sujets et à mes Etats, plutôt partir du pays de mes pères un bâton à la main, ... que de recevoir une autre doctrine que celle qui est contenue dans cette confession" *(D'Aubigné, b. 14, ch. 7)*. Telles étaient la foi et la hardiesse de ces hommes de Dieu.

Le jour de la comparution devant l'empereur arriva. Charles-Quint, assis sur son trône, entouré des électeurs et des princes, donna audience aux protestants. La confession de leur foi fut lue devant la diète. Dans cette auguste assemblée, les vérités évangéliques furent clairement exposées, et les erreurs de l'église du pape signalées. Ce jour a été bien justement nommé "le plus grand jour de la Réformation et l'un des plus beaux de l'histoire du christianisme et de celle de l'humanité."

Mais quelques années seulement s'étaient écoulées depuis que le moine de Wittenberg s'était tenu debout seul devant la diète nationale de Worms. Maintenant c'étaient les plus nobles et les puissants princes de l'empire. Il avait été défendu à Luther de paraître à Augsbourg, mais il y avait été présent par ses paroles et ses prières. "Je tressaille de joie, écrivait-il, de ce qu'il m'est donné de vivre à une époque où Christ est exalté publiquement par de si illustres confesseurs, et dans une si glorieuse assemblée. Par là s'accomplit ce que dit l'Ecriture : "Je parlerai de tes préceptes devant les rois [1]."

Au temps de Paul, l'Evangile pour lequel il était emprisonné, fut porté par ce moyen devant les princes et les nobles de la ville impériale. De même, à cette occasion, ce que l'empereur avait défendu de prêcher du haut de la chaire, était proclamé dans le palais ; ce que beaucoup avaient considéré comme mauvais même pour des domestiques, était entendu avec étonnement par les maîtres et les seigneurs de l'empire. "Les rois et les grands formaient l'auditoire, des princes couronnés étaient les prédicateurs, et le sermon était la vérité de Dieu." "Depuis le temps des apôtres, dit un écrivain contemporain, il n'y a pas eu d'œuvre plus grande, ni de confession plus magnifique de Jésus-Christ" *(D'Aubigné, b. 14, ch. 7)*.

"Tout ce que les luthériens ont dit est vrai, s'écriait un évêque catholique ; nous ne pouvons le nier !" "Pouvez-vous réfuter, avec de bonnes raisons, la confession faite par l'électeur et ses alliés ?" demandait le duc de Bavière au docteur Eck. — Avec les écrits des apôtres et des prophètes, non… répondit Eck ; mais avec ceux des pères et des conciles, oui !" — "Je comprends, dit vivement le duc, je comprends… les luthériens, selon vous, sont dans l'Ecriture… et nous, nous sommes à côté…" *(D'Aubigné, b. 14, ch. 8)*. Quelques princes d'Allemagne furent gagnés à la foi protestante. L'empereur lui-même déclara que les articles des protestants n'étaient que la vérité. La confession fut traduite en plusieurs langues, et circula dans toute l'Europe ; elle a été acceptée par des millions d'âmes, à travers plusieurs générations successives, comme l'expression de leur foi.

Dieu ne laissait pas travailler seuls ses fidèles serviteurs. Tandis que "les principautés, les puissances, … les esprits malins qui sont dans les lieux célestes" étaient ligués contre eux, le Seigneur n'oubliait pas son peuple. Si leurs yeux avaient été ouverts, ils auraient vu des preuves aussi marquantes de la présence et de l'aide divines qu'il en fut accordé aux anciens prophètes. Lorsque le serviteur d'Elisée dit à son maître de considérer les armées ennemies qui les environnaient, et leur coupaient toute retraite, le prophète pria, disant : "Eternel, ouvre ses yeux, pour qu'il voie ! [2] " "Et voici, la montagne était pleine de chevaux et de chariots de feu autour d'Elisée." L'armée céleste campait autour de l'homme de Dieu pour le protéger. De même, les anges gardaient les ouvriers dans la cause de la Réformation.

Un des principes défendus le plus fermement par Luther, était qu'on ne devait pas recourir à la force pour appuyer la Réformation, ni la défendre les armes à la main. Il voyait avec joie que l'Evangile était confessé par des princes de l'empire ; mais lorsqu'ils proposèrent de former entre eux une ligue, il déclara que "la doctrine de l'Evangile ne devait être défendue que par Dieu. Moins les hommes se mêlent de cette affaire, plus frappante est l'intervention de Dieu en sa faveur. Selon lui, toutes les précautions politiques suggérées, ne pouvaient être attribuées qu'à des craintes puériles et à une défiance coupable" *(D'Aubigné, London ed., b. 10, ch. 14).*

Lorsque de puissants ennemis s'allièrent pour renverser la foi réformée, Luther écrivait en ces termes : "Satan est plein de rage ; des prêtres impies tiennent conseil, et nous sommes menacés de guerre. Exhortons le peuple à assiéger le trône de Dieu, par la foi et la prière, afin que nos adversaires, étant subjugués par l'Esprit de Dieu, soient contraints à la paix. Notre besoin le plus pressant — la première chose que nous ayons à faire est de prier ; que le peuple sache qu'il est actuellement exposé à l'épée et à la rage du malin ; que tous prient" *(D'Aubigné, b. 10, ch. 14).*

Puis, plus tard, parlant de la ligue que projetaient les princes réformés, il disait que la seule arme qu'on devait employer dans cette guerre, était "l'épée de l'Esprit." Il écrivait à l'électeur de Saxe : "Nous ne pouvons en notre conscience approuver l'alliance qu'on nous propose. Plutôt mourir dix fois que de voir notre Evangile faire couler une goutte de sang ! Notre rôle, c'est d'être comme des brebis à la boucherie. Il faut que la croix du Christ se porte. Que votre Altesse soit sans aucune crainte. Nous ferons plus par nos prières que nos ennemis par leurs fanfaronnades. Seulement que vos mains ne se souillent pas du sang de vos frères ! Si l'empereur exige qu'on nous livre à ses tribunaux, nous sommes prêts à comparaître. Vous ne pouvez pas défendre notre foi : chacun devrait croire en connaissance de cause" *(D'Aubigné, b. 14, ch.1).* Dieu avait commandé à ses serviteurs d'édifier, et aucune force opposée ne pouvait les éloigner des murailles.

C'est du lieu secret de la prière que procéda la puissance qui ébranla le monde dans la Grande Réformation. Là, avec une sainte assurance, les serviteurs du Seigneur mettaient le pied sur le rocher des promesses divines. Pendant la lutte d'Augsbourg, Luther ne manquait pas de consacrer trois heures par jour à la prière, et il choisissait les heures les plus favorables [le matin] à l'étude. On l'entendit dans sa chambre privée répandre son âme devant Dieu dans des paroles pleines d'adoration, de crainte et d'espérance, comme s'il avait parlé à un ami. "Je sais que Tu es notre Père et notre Dieu", disait-il, "et que Tu dissiperas les persécuteurs de Tes enfants, car Tu es Toi-même en danger avec nous. Toute cette affaire est la Tienne, et ce n'est que contraints par Toi que nous y avons mis la main. Défends-nous donc, ô Père ! " *(D'Aubigné, b. 14, ch. 6).*

Il écrivait à Mélanchthon qui était écrasé par le poids de ses soucis et de ses craintes : "Grâce et paix en Christ ! — En Christ, dis-je, et non selon le monde ! Amen. Je hais d'une haine véhémente ces soucis extrêmes qui vous consument. Si la cause est injuste, abandonnons-la ; si elle est juste, pourquoi ferions-nous mentir dans ses promesses Celui qui nous commande de dormir sans peur ? Christ ne fera pas défaut à l'œuvre de la justice et de la vérité. Il vit, Il règne : quelle crainte pouvons-nous donc avoir ?" *(D'Aubigné, b. 14, ch. 6).*

Dieu entendit les cris de Ses serviteurs. Il donna aux princes et aux ministres la grâce et le courage de maintenir la vérité contre les puissances des ténèbres de ce monde. Le Seigneur dit : "Voici, Je mets en Sion une pierre angulaire, choisie, précieuse ; et celui qui croit en elle ne sera point confus [3]." Les réformateurs protestants avaient bâti sur Christ, et les portes de l'enfer ne pouvaient prévaloir contre eux.

---

1 Ps. 119 : 46.
2 2 Rois 6 : 17.
3 1 Pier. 2 : 6.

CHAPITRE XII

LA RÉFORMATION EN FRANCE

A la protestation de Spire et la confession d'Augsbourg, qui marquent le triomphe de la Réformation en Allemagne, succédèrent à des années de lutte et d'obscurité. Affaibli par les divisions de ses propres partisans, et assailli par des ennemis puissants, le protestantisme semblait destiné à être complètement détruit. Des milliers de personnes scellèrent leur témoignage de leur sang. La guerre civile éclata ; la cause protestante fut trahie par un de ses principaux adhérents ; les plus nobles des princes réformés tombèrent entre les mains de l'empereur, et furent traînés captifs de ville en ville. Mais au moment même de son triomphe apparent, l'empereur fut frappé par la défaite. Il vit sa proie lui échapper, et il fut forcé enfin d'accorder la tolérance aux doctrines dont il avait eu l'ambition de détruire durant toute sa vie. Il avait risqué son royaume, ses biens et sa vie même pour extirper l'hérésie. Maintenant il voyait ses armées détruites dans les batailles, ses trésors épuisés, ses nombreux royaumes menacés par la révolution, tandis que la foi qu'il avait vainement cherché à faire disparaître, s'étendait partout. Charles-Quint avait fait la guerre à un pouvoir omnipotent. Dieu avait dit : "Que la lumière se répande" ; mais l'empereur avait cherché à maintenir les ténèbres. Il avait échoué dans ses desseins ; usé avant l'âge, fatigué de la lutte, il renonça à la couronne, pour s'enfermer dans un cloître.

En Suisse comme en Allemagne, il y eut de sombres jours pour la Réformation. Tandis que plusieurs cantons acceptaient la foi réformée, d'autres s'attachaient avec une aveugle obstination à la foi romaine. La persécution contre ceux qui désiraient recevoir la vérité, amena finalement la guerre civile. Zwingle et beaucoup d'autres qui s'étaient associés à son œuvre de réforme, tombèrent sur le champ de bataille de Cappel. Œcolampade, abattu par ce terrible désastre, mourut peu après. Rome triomphait, et dans maints endroits le système papal semblait devoir recouvrer tout ce qu'il avait perdu. Mais Celui dont les conseils sont éternels, n'avait pas abandonné Sa cause ni Son peuple ! Sa main devait leur apporter la délivrance. Il avait suscité des ouvriers dans d'autres pays, et ces hommes devaient poursuivre l'œuvre commencée.

En France, avant même qu'on ait entendu parler de Luther comme réformateur, le jour de la Réformation avait commencé à luire. Un des premiers hommes du mouvement fut Lefèvre, homme âgé et d'un grand savoir, professeur dans l'une des universités de Paris, catholique sincère et zélé. En faisant des recherches dans la littérature ancienne, son attention se porta sur la Bible, et il en introduisit l'étude parmi les étudiants. Lefèvre était un adorateur enthousiaste des saints, et il avait entrepris de préparer une histoire des saints et des martyrs telle qu'elle est donnée dans les légendes de l'église. C'était une tâche qui exigeait d'immenses travaux ; mais il avait déjà considérablement avancé dans ses recherches, lorsque, poussé par la pensée que la Bible pourrait lui rendre quelque service, il se mit à l'étudier dans ce but. Il y trouva en effet des saints ; mais non pas des saints tels que ceux qui figurent dans le calendrier romain. Son esprit fut bientôt éclairé par des rayons de la lumière divine. Ebloui par le faisceau de lumière qu'il vit jaillir devant lui, il se détourna dès lors avec dégoût de la tâche qu'il s'était imposée. Se consacrant tout entier à la Parole de Dieu, il ne tarda pas à enseigner les précieuses vérités qu'il y découvrait.

En 1512, avant que Luther ou Zwingle aient commencé leur œuvre de réforme, Lefèvre écrivait : "C'est Dieu seul qui, par sa grâce, par la foi, justifie pour la vie éternelle" *(Wylie, b. 13, ch. 1)*. S'attachant à démontrer les mystères de la rédemption, il s'écriait : "Echange ineffable : l'innocence est condamnée et le coupable est absous ; la bénédiction est maudite, et le maudit est béni ; la vie meurt, et la mort reçoit la vie ; la gloire est couverte de confusion, et celui qui était confus est couvert de gloire" *(D'Aubigné, London ed., b. 12, ch. 2)*.

Tout en enseignant que la gloire du salut n'appartient qu'à Dieu, il déclarait également que le devoir d'obéir incombait à l'homme : "Si tu es membre de l'église du Christ, disait-il, tu es membre du corps du Christ ; et si tu es du corps du Christ, tu es rempli de la divinité ; car la plénitude de la divinité habite en lui corporellement. Oh ! Si les hommes pouvaient comprendre ce privilège, comme ils se maintiendraient purs, chastes et saints, et comme ils estimeraient toute la gloire du monde une ignominie, en comparaison de cette gloire intérieure, qui est cachée aux yeux de la chair" *(D'Aubigné, London ed., b. 12, ch. 2)*.

Il y avait parmi les étudiants quelques jeunes gens qui écoutaient les leçons de Lefèvre avec avidité, et qui devaient plus tard, longtemps après que la voix du maître ait été réduite au silence, continuer à proclamer la vérité évangélique. Tel était Guillaume Farel. Il descendait de parents pieux qui lui avaient appris à accepter avec une foi implicite les enseignements de l'église. Il aurait pu, en parlant de lui-même, déclarer avec l'apôtre Paul : "J'ai vécu en pharisien, selon cette secte la plus rigide de notre religion [1]." En catholique dévot, il brûlait du zèle de détruire tous ceux qui osaient parler contre l'église. "Je grinçais des dents comme un loup furieux", disait-il plus tard en parlant de cette période de sa vie, "lorsque j'entendais quelqu'un parler contre le pape" *(Wylie, b. 13, ch. 2)*. Il avait été un adorateur infatigable des saints, faisant le tour des églises de Paris en compagnie de Lefèvre, servant à l'autel, et ornant de fleurs les saintes reliques.

Mais ces rites n'avaient pu apaiser son âme. Il avait une profonde conviction du péché que tous les actes de pénitence ne parvenaient pas à chasser. Il écouta comme une voix du ciel ces paroles du réformateur : "Le salut est une grâce ; l'innocence est condamnée et le coupable est absous." "La croix du Christ seule ouvre le ciel et seule ferme la porte de l'enfer" *(Wylie, b. 13, ch. 2)*.

Farel reçut joyeusement la vérité. Par une conversion semblable à celle de Paul, il se tourna de l'esclavage de la tradition vers la liberté des enfants de Dieu. Il était tellement changé, "qu'au lieu du cœur meurtrier d'un loup enragé, il s'en retournait, disait-il, tranquillement, comme un agneau doux et aimable, ayant le cœur entièrement détourné du pape et adonné à Jésus-Christ" *(D'Aubigné, b. 12, ch. 3)*.

Tandis que Lefèvre continuait à répandre la lumière divine parmi ses élèves, Farel, aussi zélé dans la cause du Christ qu'il l'avait été pour celle du pape, s'en alla prêcher publiquement la vérité. Un dignitaire de l'église, l'évêque de Meaux, se joignit à eux peu après. D'autres hommes de talent et de science ne tardèrent pas à proclamer aussi l'Evangile, et la vérité eut bientôt des adhérents dans toutes les classes, depuis la demeure de l'artisan et du paysan jusqu'au palais du roi. Marguerite de Valois, sœur de François Ier, adopta la foi réformée. Le roi lui-même, avec la reine mère, parurent un moment regarder favorablement la réforme ; et les réformateurs espérèrent vivement voir arriver le moment où la France serait gagnée à l'Evangile.

Mais leurs espérances ne devaient pas se réaliser. Des épreuves et des persécutions attendaient les disciples du Christ. Elles étaient pourtant miséricordieusement cachées à leurs yeux. Un temps de paix intervint, afin qu'ils puissent acquérir des forces pour supporter la tempête, et la Réformation fit de rapides progrès. L'évêque de Meaux travailla ardemment dans son diocèse pour instruire et le clergé et le peuple. Les prêtres ignorants et immoraux furent renvoyés et remplacés, autant que possible, par des hommes instruits et pieux. L'évêque désirait beaucoup voir le peuple lire lui-même la Parole de Dieu. Son désir fut bientôt satisfait. Lefèvre entreprit la traduction du Nouveau Testament, et au moment même où la Bible allemande de Luther sortait de presse à Wittenberg, le Nouveau Testament en français était publié à Meaux. L'évêque n'épargna ni travail, ni dépense pour le faire circuler dans ses paroisses, et il s'écoula peu de temps avant que les paysans de Meaux soient en possession de la Bible.

De même que des voyageurs mourant de soif s'élancent joyeusement vers une source d'eau, ces âmes recevaient le message du ciel avec enthousiasme. Les laboureurs aux champs, les artisans dans leurs ateliers, allégeaient leur travail de chaque jour en parlant des précieuses vérités de la Bible. Le soir, au lieu de se rendre dans les débits de boisson, ils se réunissaient les uns chez les autres pour lire la Parole de Dieu, pour prier et chanter en commun. On remarqua bientôt un grand changement dans ces contrées. Quoique ce soient des gens de basse classe, des paysans ignorants et chargés de pénibles travaux, la puissance réformatrice et sanctifiante de la grâce divine se remarquait dans leurs vies.

Humbles, bons et justes, ils témoignaient de ce que l'Evangile accomplit chez ceux qui le reçoivent sincèrement.

La lumière de l'Evangile allumée à Meaux rayonna bientôt de tous côtés, et chaque jour voyait s'augmenter le nombre des convertis. La rage de la hiérarchie romaine fut un moment tenue en échec par le roi, qui méprisait les vues étroites des moines ; mais les chefs religieux l'emportèrent finalement et le bûcher fut bientôt dressé. L'évêque de Meaux, forcé de choisir entre le feu et la rétractation, prit le chemin le plus facile ; mais les membres de son troupeau demeurèrent fermes malgré la chute de leur chef. Beaucoup rendirent témoignage de leur foi au milieu des flammes. Par leur courage et leur fidélité, ces humbles chrétiens parlaient à des milliers de personnes qui, en temps de paix, n'auraient jamais entendu parler de la vérité.

Il n'y avait pas seulement les petits et les pauvres qui osaient rendre témoignage de leur foi en Christ en affrontant souffrances et moqueries. Dans les demeures seigneuriales des châteaux et des palais, se trouvaient des âmes royales qui estimaient la vérité plus que la richesse, le rang ou même la vie. L'armure du chevalier cachait un esprit plus noble et plus ferme que la robe et la mitre de l'évêque. Louis de Berquin était d'origine noble. C'était un brave et courtois chevalier, aimant l'étude, de manières affables et de mœurs irréprochables. "Les rites de l'église, dit un écrivain, les jeûnes, les fêtes, les messes, n'avaient pas de plus strict observateur ; il montrait surtout une grande horreur pour tout ce qu'on appelait hérésie." Mais, comme tant d'autres, amené providentiellement à l'étude de la Bible, il fut fort étonné d'y trouver, "non les enseignements de la papauté, mais les doctrines de Luther" *(Wylie, b. 13, ch. 9)*. Dès ce moment, il se voua sans réserve à la cause de l'Evangile.

"Le plus savant des nobles" de France était un des favoris du roi. Son génie, son éloquence, son courage indomptable, son zèle héroïque et son influence à la cour le firent regarder par beaucoup comme destiné à devenir le réformateur de son pays. Aussi Théodore de Bèze affirma que la France aurait peut-être trouvé dans Berquin un autre Luther, si lui-même avait trouvé dans François Ier un autre électeur. "Il est pire que Luther !" s'écriaient les disciples du pape *(Wylie, b. 13, ch. 9)*. Il était en tous cas plus craint des romains de France que le moine allemand. Ils le firent jeter en prison comme hérétique ; mais il fut libéré par ordre du roi. La lutte se poursuivit pendant des années. François Ier, penchant entre Rome et la Réformation, tolérait et arrêtait alternativement le zèle violent des moines. Berquin fut trois fois emprisonné par l'autorité ecclésiastique, pour n'être libéré que par le monarque, qui, admirant son génie et la noblesse de son caractère, refusait de le sacrifier à la malice des prêtres.

On avertit maintes fois Berquin du danger qui le menaçait en France, et on l'exhorta à suivre ceux qui avaient cherché la sécurité dans un exil volontaire. Erasme, timide et humble avec toute la splendeur de sa science, de cette grandeur morale qui assujettit la vie et les honneurs pour la vérité, écrivait à Berquin : "Demandez à être envoyé comme ambassadeur en quelques pays étrangers, partez en Allemagne. Vous connaissez Bède et ses pareils ; c'est un serpent à mille têtes qui lance de tous côtés son venin. Vos adversaires s'appellent légion. Votre cause fût-elle meilleure que celle de Jésus-Christ, ils ne vous lâcheront pas qu'ils ne vous aient fait périr cruellement. Ne vous fiez pas trop à la protection du roi. Dans tous les cas, ne me compromettez pas avec la Faculté de théologie" *(Wylie, b. 13, ch. 9).*

Mais le zèle de Berquin ne faisait qu'augmenter avec le danger. Au lieu d'adopter le conseil du politique et timide Erasme, il décida d'agir avec plus de hardiesse. Il allait non seulement défendre la vérité, mais attaquer l'erreur. Il allait rejeter sur les catholiques l'accusation d'hérésie qu'ils portaient contre lui. Les plus actifs et les plus violents de ses adversaires étaient les savants docteurs et moines de la Sorbonne. La Sorbonne était alors regardée comme la plus haute autorité ecclésiastique de Paris et de France. Berquin tira, des écrits de ces docteurs, douze thèses qu'il déclara publiquement contraires à la Bible, et en conséquence hérétiques ; il demanda au roi d'être juge de la controverse.

Le monarque n'était pas fâché de mettre en contraste la puissance et la pénétration des champions des deux camps, et, heureux de l'occasion d'humilier l'orgueil de ces moines hautains, il commanda aux catholiques de défendre leur cause par la Bible. Ceux-ci savaient que cette arme ne leur servirait guère ; l'emprisonnement, la torture et le bûcher étaient des armes qu'ils savaient mieux manier. Maintenant les rôles se trouvaient changés, et ils se voyaient tomber dans la fosse dans laquelle ils avaient espéré jeter Berquin. Effrayés, ils cherchaient quelque moyen d'échapper à ce qui les attendait.

Au même moment, on trouva une image mutilée de la vierge à l'angle d'une rue. Il y eut une grande excitation dans la ville. Des foules de gens accouraient sur la place, en exprimant leurs regrets et leur indignation. Le roi en fut également fort ému. C'était là une circonstance que les moines pouvaient mettre à profit, et ils ne tardèrent pas à l'employer aussitôt. "C'est un vaste complot, c'est un attentat contre la religion, contre le prince, contre l'ordre et la tranquillité du royaume ! Toutes les lois vont être renversées, toutes les dignités abolies ! Voilà le fruit des doctrines prêchées par Berquin !" *(Wylie, b. 13, ch. 9).*

Berquin fut de nouveau arrêté. Le roi s'éloigna de Paris, et les moines purent agir à leur guise. Le réformateur fut jugé et condamné à mort ; et, de crainte que François Ier ne s'interpose, la sentence fut exécutée le jour même où elle avait été prononcée. Une foule immense accourut pour être témoin de cet évènement, et un grand nombre de personnes virent avec surprise et mécontentement que la victime avait été choisie parmi les familles les plus braves et les plus nobles de France. L'étonnement, l'indignation et la haine assombrissaient les visages de cette foule agitée ; mais il y avait un visage sur lequel on ne voyait aucune ombre. Les pensées du martyr étaient loin de cette scène de tumulte ; il était pénétré du sentiment de la présence du Seigneur.

La grossière charrette sur laquelle on l'avait hissé, l'irritation de ses persécuteurs, la mort affreuse au-devant de laquelle il allait, tout cela ne semblait pas exister pour lui. Celui qui vit et qui a été mort, qui est maintenant vivant aux siècles des siècles, et qui a les clefs de la mort et du sépulcre, était à côté de lui. Le visage de Berquin était illuminé de la lumière et de la paix du ciel. Il s'était revêtu d'habits de fête, "il portait une robe de velours, une veste de satin incarnat et un haut-de-chausse tissé d'or" *(D'Aubigné, History of the Reformation in Europe in the Time of Calvin, b. 2, ch. 16)*. Il allait rendre compte de sa foi devant le Roi des rois et devant le monde, et aucun signe de tristesse ne devait troubler sa joie.

A mesure que la procession avançait lentement à travers les rues pleines de spectateurs, le peuple remarquait avec surprise la paix inaltérable et le joyeux triomphe de son regard et de ses manières. "Il est semblable, disait-on, à un homme assis au temple et méditant des choses saintes" *(Wylie, b. 13, ch. 9)*.

Arrivé sur le bûcher, Berquin essaya d'adresser quelques paroles au peuple ; mais les moines, craignant le résultat, se mirent à crier, et les soldats à frapper leurs armes, de sorte que leurs clameurs couvrirent la voix du martyr. C'est ainsi qu'en 1529, l'autorité littéraire et ecclésiastique la plus élevée de France "donnait à la populace de 1793 un triste exemple, en étouffant sur l'échafaud les paroles sacrées du mourant" *(Wylie, b. 13, ch. 9)*.

Berquin fut étranglé, et son corps brûlé sur le bûcher. La nouvelle de sa mort causa une vive douleur aux amis de la Réformation dans toute la France. Mais son exemple ne devait pas être perdu. "Nous aussi, nous sommes prêts", disaient les témoins de la vérité, "à affronter la mort joyeusement, en fixant nos yeux sur la vie à venir" *(D'Aubigné, History of the Reformation in Europe in the Time of Calvin, b. 2, ch. 16)*.

Durant la persécution de Meaux, les ministres réformés, privés de la liberté de prêcher, s'en allèrent chercher d'autres champs d'activité. Lefèvre partit peu après pour l'Allemagne, et Farel retourna dans sa ville natale, à l'Est de la France, pour y répandre la vérité chez ceux de sa famille. Déjà la nouvelle de ce qui se passait à Meaux s'y était répandue, et la vérité qu'il prêchait avec un zèle intrépide trouva des auditeurs. Bientôt les autorités lui défendirent de la prêcher, et il fut chassé de la ville. Quoique ne pouvant plus travailler publiquement, il traversa les plaines et les villages, prêchant dans les maisons particulières, et dans des prairies isolées, trouvant un abri dans les forêts et les cavernes rocheuses témoins de ses jeux d'enfance. Dieu le préparait ainsi pour de plus grands travaux. "Les croix, les persécutions, les machinations de Satan que l'on m'annonçait, ne m'ont pas manqué, disait-il ; elles sont même beaucoup plus fortes que de moi-même je n'eusse pu le supporter ; mais Dieu est mon Père ; Il m'a fourni et me fournira toujours les forces dont j'ai besoin" *(D'Aubigné, History of the Reformation of the Sixteenth Century, b. 12, ch. 9)*.

Comme aux temps apostoliques, la persécution ne fit que "contribuer aux progrès de l'Evangile [2]." Chassés de Paris et de Meaux, "ceux qui avaient été dispersés allaient de lieu en lieu, annonçant la bonne nouvelle de la Parole [3]." De cette manière, la lumière pénétra dans plusieurs provinces reculées de la France.

Dieu continuait à préparer des ouvriers pour propager Sa cause. Dans une des écoles de Paris, on remarquait un jeune homme pensif et paisible, donnant déjà des preuves d'un esprit fort et pénétrant ; il n'était pas moins distingué par sa conduite irréprochable que par sa pieuse ardeur et sa dévotion. Son génie et son application en firent bientôt l'orgueil du collège, et on s'attendait avec confiance à ce que Jean Calvin devienne un des défenseurs les plus capables et les plus respectés de l'église. Mais un rayon de la lumière divine pénétra même dans les murs de la scolastique et de la superstition dans lesquels Calvin était enfermés. C'est en tressaillant qu'il entendit parler des nouvelles doctrines, ne doutant pas que les hérétiques méritaient le feu auquel on les livrait. Pourtant, il se trouva à son insu face à face avec l'hérésie, et forcé d'éprouver la force de la théologie romaine pour combattre la nouvelle foi.

Un cousin de Calvin, qui s'était joint aux réformés, se trouvait à Paris. Les deux cousins se voyaient souvent et discutaient des affaires qui troublaient la chrétienté. "Il n'y a que deux religions au monde", disait Olivetan le protestant ; "la première catégorie de religions se compose de toutes celles que les hommes ont inventées, dans lesquelles l'homme se sauve par lui-même, par des cérémonies et par ses bonnes œuvres ; l'autre est la religion révélée dans la Bible, qui enseigne aux hommes à ne rechercher le salut que dans la grâce gratuite de Dieu." "Je ne veux aucune de vos nouvelles doctrines." s'écriait Calvin ; "penses-tu que jusqu'à présent j'aie vécu dans l'erreur ?" *(Wylie, b. 13, ch. 7)*. Mais ces conversations faisaient naître dans son esprit des pensées que sa volonté ne pouvait chasser. Seul dans sa chambre, il réfléchissait aux paroles de son cousin. Il se sentit bientôt sous la conviction du péché, et il se vit sans intercesseur en présence d'un Juge saint et juste. La médiation des saints, les bonnes œuvres, les cérémonies de l'église, tout était impuissant à faire la propitiation de ses péchés. Il ne voyait devant lui que le vide du désespoir éternel. En vain les docteurs de l'église essayèrent-ils de le tranquilliser. C'est en vain qu'ils recoururent à la confession, à la pénitence ; ils ne purent réconcilier son âme avec Dieu.

Alors qu'il était encore engagé dans ces luttes stériles, Calvin traversa par hasard une place publique où une foule était alors assemblée pour voir brûler un hérétique. Il fut frappé de l'expression de paix qu'on pouvait lire sur le visage du martyr. Au milieu des tortures de cette mort épouvantable, et frappé des plus terribles condamnations de l'église, il manifestait une foi et un courage que le jeune étudiant comparait avec surprise à son propre désespoir, et aux ténèbres qui envahissaient son âme, lui qui obéissait strictement à l'église. Il savait que les hérétiques fondaient leur foi sur la Bible. Il résolut donc de l'étudier, et de découvrir, s'il le pouvait, le secret de leur joie.

Il ouvrit le livre et y trouva Christ. "O Père ! S'écria-t-il, Son sacrifice a apaisé Ta colère ; Son sang a lavé mes impuretés ; Sa croix a porté ma malédiction ; Sa mort a fait propitiation pour moi. Nous avons élaboré pour nous-mêmes de nombreuses et inutiles folies ; mais Tu as mis Ta Parole devant moi comme un flambeau, Tu as touché mon cœur, afin que je regarde avec horreur tout mérite autre que ceux de Jésus" *(Martyn, vol. 3, ch. 13)*.

Calvin avait été instruit pour la prêtrise. Lorsqu'il n'avait que douze ans, il avait été nommé chapelain d'une petite église, et sa tête avait été solennellement rasée de façon circulaire au sommet du crâne par l'évêque de Noyon, selon les canons de l'église. Il ne reçut pas la consécration, ni ne remplit les fonctions de prêtre, mais devint membre du clergé, portant le titre de son office, recevant les bénéfices et les honneurs qui s'y trouvaient attachés.

A ce moment-là, sentant qu'il ne pourrait jamais devenir prêtre, il se livra à l'étude du droit, puis renonça finalement à son dessein, et résolut de consacrer sa vie à l'Evangile. Mais il hésitait à prêcher publiquement. Il était naturellement timide, et se trouvait sous le poids d'un sentiment de responsabilité tel qu'il songeait à continuer ses études. Pourtant, les exhortations de ses amis l'emportèrent. "N'est-il pas étonnant, disait-il, qu'un homme d'une si humble origine soit élevé à une si grande dignité ?" *(Wylie, b. 13, ch. 9)*.

Calvin se mit à l'œuvre sans bruit ; ses paroles étaient comme la rosée tombant sur la terre et la rafraîchissant. Il avait quitté Paris et se trouvait alors dans une ville de province, sous la protection de la princesse Marguerite qui, aimant l'Evangile, en protégeait les disciples. Calvin était encore un jeune homme, aux manières douces et sans prétention. Il commença à travailler en allant de maison en maison. Réunissant autour de lui les membres de la famille, il ouvrait la Bible et expliquait les vérités du salut. Ceux qui entendaient parler de la vérité en parlaient à d'autres, et bientôt le réformateur put passer aux villes et aux hameaux environnants. Il trouvait accès dans le château comme dans la cabane, et il poursuivait son chemin posant le fondement d'églises qui devaient plus tard fournir des témoins intrépides de la vérité.

Quelques mois après, il rentrait à Paris. Il y régnait une agitation insolite dans le cercle des savants. L'étude des langues anciennes avait fait ouvrir la Bible, et maints savants dont les cœurs n'étaient pas touchés par ses vérités, les discutaient vivement, combattant même les défenseurs du romanisme. Calvin, quoique habile à la controverse théologique, avait une mission plus élevée à accomplir que ces bruyants polémistes. Les esprits étaient agités et c'était le moment de leur faire découvrir la vérité. Tandis que les salles des universités retentissaient du bruit des disputes théologiques, Calvin allait de maison en maison, expliquant la Bible au peuple et leur parlant du Christ et du Christ crucifié.

Par la providence de Dieu, Paris devait encore recevoir une invitation à accepter l'Evangile. L'appel de Lefèvre et de Farel avait été rejeté ; mais le message devait de nouveau se faire entendre à toutes les classes de la société dans cette grande ville. Le roi, sous l'influence de considérations politiques, ne s'était pas encore complètement allié à Rome contre la Réformation. Marguerite avait toujours l'espérance que le protestantisme l'emporterait en France. Elle voulut faire prêcher la nouvelle foi dans Paris. Durant une absence du roi, elle commanda à un ministre protestant de prêcher dans les églises de la ville. Les dignitaires de l'église l'ayant défendu, la princesse ouvrit le palais. On transforma un appartement en chapelle, on annonça que chaque jour, à une heure désignée, on y prêcherait, et les gens de toute condition et de tout rang furent invités à venir écouter. Une foule de personnes accoururent à ces services. Non seulement la chapelle se remplit ; mais l'antichambre et les corridors étaient encombrés d'auditeurs avides. Des milliers de gens s'y assemblaient tous les jours : nobles, hommes d'Etat, légistes, marchands et artisans. Le roi, au lieu d'interdire les assemblées, ordonna d'ouvrir deux des églises de Paris. Jamais la ville n'avait été aussi remuée par la Parole de Dieu. L'esprit de vie semblait souffler du ciel sur le peuple. La tempérance, la pureté, l'ordre et l'activité remplaçaient l'ivrognerie, le libertinage, les disputes et la paresse.

Mais le clergé romain ne demeurait pas en repos. Le roi, refusant encore d'interdire les prédications, se tourna vers la populace. Rien ne fut épargné pour exciter les craintes, les préjugés et le fanatisme de multitudes ignorantes et superstitieuses. S'attachant aveuglément à ses faux pasteurs, Paris, comme autrefois Jérusalem, ne connut pas le temps de sa Visitation, ni les choses qui appartenaient à sa paix. Pendant deux ans, la Parole de Dieu fut prêchée dans la capitale. Quoique beaucoup acceptèrent l'Evangile, la majorité le rejeta. François Ier qui avait fait preuve de tolérance, bien plus pour servir ses propres desseins, se laissa bientôt gagner par le clergé. De nouveau, les églises furent fermées et le bûcher fut dressé.

Calvin était encore à Paris, se préparant pour ses futurs travaux par l'étude, la méditation et la prière, tout en continuant à répandre la vérité. Il ne tarda pas à devenir suspect. Les autorités résolurent de le livrer aux flammes. Se croyant hors de danger dans sa retraite, il n'avait aucun pressentiment de ce dont il était menacé, lorsqu'un jour quelques-uns de ses amis se précipitèrent dans sa chambre pour l'avertir que des soldats allaient venir l'arrêter. Au même moment, on entendit frapper fortement à la porte extérieure. Il n'y avait pas un moment à perdre. Quelques amis allèrent à la porte pour tenter de retarder l'entrée des hommes d'armes, tandis que d'autres aidaient le réformateur à descendre par une fenêtre, après quoi il se hâta de sortir de l'enceinte de la ville. Ayant trouvé un asile dans la ferme d'un ami, Calvin se revêtit des habits de son hôte, et se mit en route une houe sur l'épaule. Se dirigeant vers le Sud, il trouva de nouveau un refuge sur les terres de Marguerite *(voir D'Aubigné, History of the Reformation in Europe in the Time of Calvin, b. 2, ch. 30)*.

Il demeura là quelques mois, protégé par des amis puissants, et toujours poursuivant ses études. Mais il avait à cœur l'évangélisation de la France, et il ne put demeurer plus longtemps inactif. Dès que l'orage parut s'être un peu calmé, il se rendit à Poitiers pour y chercher un nouveau champ d'activité. Il y avait dans cette ville une université où les nouvelles opinions avaient été favorablement reçues. Des personnes de toutes classes accoururent joyeusement pour entendre la prédication de l'Evangile. Calvin n'y prêcha pas en public, mais soit dans la maison du premier magistrat de la ville, soit dans son propre logement, soit dans les jardins publics. C'est là qu'il propageait les paroles de la vie éternelle à ceux qui désiraient les entendre. Après quelque temps, comme le nombre des auditeurs augmentait, on pensa qu'il était plus sûr de s'assembler hors de la ville. On choisit comme lieu de réunions une grotte située sur le côté d'une gorge profonde et étroite, entourée de rochers et d'arbres qui en faisaient une retraite encore plus sûre. On s'y rendait de la ville par petits groupes, ayant soin de sortir des murs par diverses portes. C'est dans cet endroit isolé que la Bible était lue et expliquée. C'est là que les protestants français célébrèrent pour la première fois la cène. Plusieurs évangélistes fidèles sortirent de cette petite église pour prêcher l'Evangile en d'autres lieux.

Calvin revint encore une fois à Paris, car il ne pouvait renoncer à l'espoir de voir la nation française accepter la réforme. Mais il trouva presque toutes les portes fermées, car prêcher l'Evangile c'était prendre directement le chemin du bûcher. Calvin finit par se résoudre à partir pour l'Allemagne. Il avait à peine quitté la France, que l'orage éclatait sur les protestants, au point que s'il était resté, il aurait certainement été impliqué dans la ruine générale.

Les réformateurs français, désireux de voir leur patrie progresser dans la voie de la réforme comme l'Allemagne et la Suisse, résolurent de porter un coup hardi aux superstitions romaines, aux fins d'exciter l'intérêt de toute la nation. En conséquence, des affiches attaquant la messe furent en une nuit placardées dans toute la France. Mais au lieu de servir la réforme, cette démarche zélée, mais inconsidérée, fît un tort immense non seulement aux propagateurs, mais aux amis de la foi réformée dans toute la France. Cela donnait aux catholiques ce qu'ils désiraient depuis longtemps : un prétexte pour demander l'entière destruction des hérétiques en tant qu'agitateurs dangereux pour la stabilité du trône et la paix de la nation.

Une main secrète — était-ce celle d'un perfide ennemi ou celle d'un ami imprudent ? C'est ce qu'on ne sut jamais — afficha un des placards à la porte de la chambre privée du roi. Le monarque fut rempli d'horreur. Ce papier attaquait sans ménagement des superstitions qui avaient été vénérées pendant des âges. Puis la hardiesse sans précédent, qu'on avait eue d'afficher ces attaques directes en présence du roi, remplit ce dernier de colère. Dans sa surprise, il fut un moment interdit et tremblant. Ensuite, sa colère éclata dans ces terribles paroles : "Qu'on les saisisse tous ; et que le luthéranisme soit entièrement exterminé" *(D'Aubigné, History of the Reformation in Europe in the Time of Calvin, b. 4, ch. 10)*. Le sort en était jeté. Le roi était décidé à se jeter complètement du côté de Rome.

On prit aussitôt des mesures pour arrêter tous les luthériens qui se trouvaient dans Paris. Un pauvre artisan, adhérent à la foi réformée, qui avait l'habitude d'inviter les croyants aux assemblées secrètes, fut saisi ; on lui ordonna sous peine de le faire périr immédiatement sur le bûcher, de conduire l'émissaire du pape dans la demeure de chaque protestant habitant la ville. Il recula d'horreur à cette odieuse proposition ; mais, de crainte des flammes, il finit par céder, et consentit à trahir ses frères. Précédé de la foule, et entouré d'une procession de prêtres, de porteurs d'encensoirs, de moines et de soldats, Morin, officier du roi, accompagné du traître, passait lentement et silencieusement à travers les rues de la ville. C'était ostensiblement une démonstration en l'honneur du "saint sacrement", acte d'expiation pour l'insulte faite à la messe par les protestants. Mais sous cette pompe se cachait un sinistre dessein. Arrivé en face de la maison d'un luthérien, le traître faisait un signe ; sans que personne prononce une parole, la procession s'arrêtait, la maison était envahie, la famille saisie et enchaînée, et le terrible cortège continuait sa marche, à la recherche de nouvelles victimes. On n'épargnait aucune maison, ni grande ni petite, pas même les collèges de l'Université de Paris. Morin fit trembler toute la ville. "Le règne de la terreur avait commencé" *(D'Aubigné, History of the Reformation in Europe in the Time of Calvin, b. 4, ch. 10).*

Les victimes étaient mises à mort dans d'affreuses tortures, ordre ayant été spécialement donné qu'on modère le feu afin de prolonger leur agonie. Mais elles mouraient en vainqueurs. Leur constance était inébranlable, leur paix sans nuage. Leurs persécuteurs, impuissants à faire chanceler leur fermeté se sentaient vaincus. "Les échafauds se dressaient dans tous les quartiers de Paris, et les bûchers s'allumaient chaque jour, le but était de répandre la terreur de l'hérésie en multipliant les exécutions. Pourtant, l'avantage demeurait finalement à l'Evangile. Tout Paris eut l'occasion de voir quelle sorte d'hommes les nouvelles opinions pouvaient produire. Il n'est pas de chaire semblable à l'échafaud du martyr. La joie sereine qui se lisait sur le visage de ces hommes pendant qu'ils se rendaient vers le lieu de l'exécution, leur héroïsme et leur maintien au milieu des flammes ardentes, leur charitable oubli des injures, transformaient parfois chez un grand nombre la colère en pitié, la haine en amour, et parlaient avec une éloquence irrésistible en faveur de l'Evangile" *(Wylie, b. 13, ch. 20).*

Les prêtres, voulant entretenir la fureur populaire à son apogée, faisaient circuler les accusations les plus horribles contre les protestants. Ils les accusaient de comploter le massacre des catholiques, la chute du gouvernement, et l'assassinat du roi. On ne pouvait pas produire l'ombre d'une preuve à l'appui de ces allégations. Mais ces faux bruits étaient prophétiques, ils devaient s'accomplir, quoique dans des circonstances bien différentes et pour des causes d'une toute autre nature. Les cruautés que les catholiques infligèrent aux protestants innocents, accumulées dans un poids de châtiments furent l'une des principales causes qui amenèrent, après des siècles le sort même qu'ils avaient prédit comme imminent sur le roi, sur le gouvernement et sur les sujets. Il fut accompli par des incrédules et par les catholiques eux-mêmes. Ce ne fut pas l'établissement du protestantisme, mais sa suppression qui, trois cents ans plus tard, devait attirer sur la France ces affreuses calamités.

Le soupçon, la défiance et la crainte se glissèrent alors dans toutes les classes de la société. Dans cette alarme générale, on vit combien profondément la doctrine luthérienne avait pénétré dans les esprits d'hommes renommés pour leur éducation, leur influence et l'excellence de leur caractère. Les places les plus élevées et les plus honorables furent bientôt vacantes. On voyait soudainement disparaître des artisans, des imprimeurs, des savants, des professeurs d'universités, des auteurs, et même des courtisans. Des centaines s'enfuirent de Paris, préférant s'exiler de leur patrie, et donnant ainsi, en bien des cas, le premier signe de leur attachement à la foi réformée. Les catholiques regardaient autour d'eux, tout stupéfaits du nombre d'hérétiques ignorés qui avaient été tolérés au milieu d'eux. Leur rage tombait sur une multitude de victimes plus humbles qu'ils tenaient en leur puissance. Les prisons étaient pleines, et l'air même semblait obscurci de la fumée des bûchers allumés pour ceux qui confessaient l'Evangile.

François Ier s'était glorifié d'être un des promoteurs de la renaissance des lettres — renaissance qui distingua le commencement du seizième siècle et donna son nom à cette époque. Il avait pris plaisir à attirer à sa cour des hommes de lettres de tous les pays. On devait, en partie du moins, à son amour de la science et à son mépris pour l'ignorance et la bigoterie des moines, le degré de tolérance accordé à la réforme. Mais, animé du désir d'extirper l'hérésie, ce protecteur des lettres émit un décret par lequel il déclarait que l'imprimerie était abolie dans toute la France. François Ier est l'un des exemples nombreux, enregistrés par l'histoire, qui nous montrent que la culture intellectuelle n'est pas une sauvegarde contre l'intolérance et la persécution religieuses.

Par une cérémonie solennelle et publique, la France devait s'engager à détruire le protestantisme. Les prêtres demandaient que l'affront fait au ciel, par la condamnation de la messe, soit expié dans le sang, et que le roi donne au nom de son peuple, sa sanction publique à ce terrible massacre.

Le 21 janvier 1535 fut fixé pour cette odieuse cérémonie. On avait excité les craintes superstitieuses et la haine bigote de toute la nation. Paris fut envahi par une foule de gens accourus de toutes les contrées environnantes. La journée devait commencer par une grande et imposante procession. Sur le chemin de la procession, les maisons étaient drapées de deuil. De distance en distance s'élevait un autel, et devant chaque porte brûlait un flambeau en l'honneur du "saint sacrement." La procession se forma au palais royal, avant le lever du jour. Après les croix et les bannières des paroisses, venaient les bourgeois, marchant deux à deux, et portant des flambeaux allumés. Les quatre ordres monastiques suivaient, portant chacun leur costume respectif. Puis venait une immense collection de célèbres. Ensuite apparaissaient à cheval, entourés d'une pompe somptueuse et éblouissante, les princes-évêques dans leurs robes de pourpre et d'écarlate, ornées de joyaux.

L'hostie était portée sous un dais splendide, ... tenu par quatre princes de sang. ... Après eux venait le monarque, privé de sa couronne et de sa robe royale, la tête nue, les yeux baissés, et portant à la main une chandelle allumée. Le roi de France faisait ainsi publiquement pénitence. Devant chaque autel, il s'agenouillait en signe d'humiliation, non à cause des vices qui souillaient son âme, ni à cause du sang innocent qui souillait ses mains, mais pour le péché mortel de ses sujets qui avaient osé condamner la messe. Après lui venaient la reine et les dignitaires de l'Etat, marchant également deux à deux, portant chacun un flambeau allumé.

Suivant l'ordre des services du jour, le roi devait adresser un discours aux hauts dignitaires du royaume dans la grande salle du palais épiscopal. Il s'avança devant eux le visage triste, et, dans des paroles d'une touchante éloquence, il déplora "le crime, le blasphème, qui avaient amené un jour de deuil et de tristesse" sur la nation. Il fit appel à tous ses loyaux sujets pour aider à extirper l'hérésie pestilentielle qui menaçait la France de ruine. "Aussi vrai, Messieurs, que je suis votre roi, dit-il, si je savais un de mes membres taché ou infecté de cette détestable rouille, je vous le donnerais à couper. Bien plus, si je savais un de mes enfants souillé par elle, je ne l'épargnerais pas... Je vous le livrerais, et le sacrifierais à Dieu." L'émotion faisait trembler sa voix, et toute l'assemblée, en larmes, s'écria d'une commune voix : "Nous voulons vivre et mourir dans la religion catholique" *(D'Aubigné, History of the Reformation in Europe in the Time of Calvin, b. 4, ch. 12).*

La nation qui avait rejeté la lumière de la vérité se trouvait ainsi plongée dans de profondes ténèbres. "La grâce de Dieu, salutaire à tous les hommes" avait paru ; mais la France, après avoir vu Sa puissance et Sa sainteté, après que des milliers de gens aient été attirés par Sa beauté, après que les villes et les hameaux aient été illuminés de Son éclat, s'en était détournée, préférant les ténèbres à la lumière. Elle avait repoussé le don céleste qui lui était offert. Elle avait appelé le mal bien, et le bien mal, et voilà qu'elle était tombée victime de son aberration volontaire. Bien que maintenant elle eut crut faire la volonté de Dieu en persécutant Son peuple, sa sincérité n'excusait pas sa culpabilité. Elle avait volontairement rejeté la lumière qui l'aurait sauvée de l'erreur, et l'aurait empêchée de se souiller du sang de Ses enfants.

Le serment solennel d'extirper l'hérésie fut fait dans la grande cathédrale où, près de trois siècles plus tard, la "déesse de la Raison" devait être acclamée par une nation qui avait oublié le Dieu vivant. La procession se reforma, et les représentants de la France allèrent commencer l'œuvre qu'ils avaient juré d'accomplir. "Le long de la route sur laquelle la procession retournait, on avait dressé des bûchers pour l'exécution des hérétiques, et on avait pris des mesures pour qu'ils soient allumés à l'approche du roi, afin qu'il pût voir pleinement cet horrible spectacle" *(Wylie, b.13, ch. 21).* Les détails des tortures endurées par ces témoins de la vérité sont trop déchirants pour être rappelés ; mais les victimes se montraient inébranlables. L'une d'elles, à laquelle on demandait de se rétracter, répondit : "Je crois seulement ce que les prophètes et les apôtres ont prêché autrefois, et ce que tous les saints ont cru. Ma foi est en Dieu, elle résistera à toute la puissance de l'enfer" *(D'Aubigné, History of the Reformation in Europe in the Time of Calvin, b. 4, ch. 12).*

La procession s'arrêtait à tout instant aux lieux où s'élevaient des bûchers. Arrivée au point de départ, vers le palais royal, la foule se dispersa, le roi et les prélats se séparèrent, satisfaits de leur journée, et se promettant que l'œuvre commencée se continuerait jusqu'à l'entière destruction de l'hérésie.

L'Evangile de paix que la France avait rejeté ne devait que trop sûrement être déraciné, et les résultats devaient en être terribles. Le 21 janvier 1793, deux cent cinquante-huit ans, jour pour jour, après que la France s'était pleinement engagée à persécuter les réformés, une autre procession, ayant un but tout différent, traversait les rues de Paris. "De nouveau, le roi était l'objet principal qui attirait les regards ; de nouveau, on entendait du bruit et des cris ; de nouveau, on entendait réclamer plus de victimes ; de nouveau, les noirs échafauds se dressèrent ; et de nouveau enfin, la journée finit par d'horribles exécutions. Louis XVI, entre ses geôliers et ses exécuteurs, était mené à la guillotine, et maintenu là, par force, jusqu'à ce que la hache fût tombée et que sa tête roule sur l'échafaud" *(Wylie, b. 13, ch. 21)*. Mais le roi ne fut pas la seule victime ; près de ce lieu, deux mille huit cents êtres humains périrent par la guillotine pendant les jours sanglants de la terreur.

La Réformation avait offert au monde une Bible ouverte, dévoilant les préceptes de la loi de Dieu, et les imposant à la conscience du peuple. L'amour infini de Dieu avait découvert aux hommes les statuts et les principes du ciel. Dieu avait dit : "Vous les observerez et vous les mettrez en pratique ; car ce sera là votre sagesse et votre intelligence aux yeux des peuples, qui entendront parler de toutes ces lois et qui diront : Cette grande nation est le seul peuple sage et intelligent ! [4]" Lorsque la France rejeta le don de Dieu, elle répandit dans son sein des semences d'anarchie et de ruine ; et l'inévitable succession de l'effet à la cause, eut pour résultat la révolution et le règne de la terreur.

Longtemps avant la persécution excitée par les affiches, le hardi et ardent Farel avait été forcé de fuir loin du pays de sa naissance. Il s'était rendu en Suisse, où, par ses travaux, secondant l'œuvre de Zwingle, il aida à faire pencher la balance en faveur de la réforme. Ses dernières années devaient se passer dans ce pays ; il continua pourtant d'exercer une influence décisive sur la réforme en France.

Durant les premières années de son exil, il s'était efforcé d'étendre la Réformation dans sa patrie. Il employa beaucoup de temps à prêcher parmi ses concitoyens, près de la frontière, où il suivait avec une attention infatigable la lutte qui se livrait à l'intérieur, et d'où il envoyait des paroles d'encouragement et des conseils. Avec l'aide d'exilés comme lui, il faisait traduire en français et imprimer en grand nombre les écrits des réformateurs allemands, en même temps que la Bible. Des colporteurs répandaient ces ouvrages à travers tout le pays. Ils leur étaient fournis à bas prix, de telle manière que les profits leur permettaient de continuer ce travail.

Farel commença son œuvre en Suisse sous l'humble déguisement d'un maître d'école. Se rendant dans un village isolé, il se voua à l'instruction des enfants. A côté des branches usuelles d'enseignement, il introduisit prudemment les vérités de la Bible, espérant atteindre les parents par le moyen de leurs enfants.

Il y en eut bientôt quelques-uns qui crurent ; mais les prêtres, s'en apercevant, y mirent aussitôt des obstacles, et le peuple superstitieux des campagnes fut poussé à faire opposition. "Cela ne peut être l'Evangile du Christ", disaient les prêtres, "puisque sa prédication n'apporte pas la paix, mais la guerre" *(Wylie, b. 14, ch. 3)*. Comme les premiers disciples, lorsqu'il était persécuté dans un lieu, il fuyait dans un autre. Il allait de village en village, de ville en ville, voyageant à pied, souffrant la faim, le froid et la fatigue, partout au péril de sa vie. Il prêchait sur les places de marché, dans les églises, parfois dans les chaires des cathédrales. Quelquefois ses prédications étaient interrompues par des cris et des railleries ; il lui arrivait d'être chassé violemment de la chaire ; d'autre fois il trouvait l'église vide d'auditeurs. Plus d'une fois, il fut attaqué par la populace et frappé presque jusqu'à la mort. Quoique souvent repoussé, il retournait à l'attaque avec une persévérance infatigable, et il voyait les villes et les bourgades, autrefois citadelles de la papauté, ouvrir une à une leurs portes à l'Evangile. La petite paroisse où il avait commencé à prêcher ne tarda pas à embrasser la foi réformée. Les villes de Morat et de Neuchâtel abandonnèrent aussi les rites romains, et enlevèrent de leurs églises les images idolâtres.

Farel désirait depuis longtemps planter l'étendard de la réforme à Genève. Si cette ville pouvait être gagnée, ce serait un centre pour la Réformation en France, en Suisse et en Italie. Avec cet objet en vue, il avait travaillé jusqu'à ce que plusieurs des villes et des villages environnants aient été gagnés au protestantisme. Enfin il se rendit à Genève avec un seul compagnon ; mais il ne put y prêcher que deux sermons. Les prêtres, ayant essayé en vain de le faire condamner par les autorités civiles, le firent citer devant le conseil ecclésiastique, où ils se rendirent avec des armes cachées sous leurs robes et résolus à le tuer. Au-dehors, la foule irritée s'agitait, portant des bâtons et des épées pour lui ôter la vie, si, par hasard, il échappait au conseil. Mais la présence des magistrats et de la force armée le sauva. De bon matin, on le conduisit avec son compagnon de l'autre côté du lac, en un lieu sûr. Tel fut son premier effort d'évangélisation à Genève.

Dieu se choisit un instrument plus faible pour faire l'essai suivant. On y envoya un jeune homme d'une apparence si chétive qu'il fut reçu froidement par ceux mêmes qui professaient être des amis de la réforme. Que pouvait faire ce jeune homme après que Farel ait été repoussé ? Comment un homme peu courageux et peu expérimenté pouvait-il affronter la tempête devant laquelle le plus fort et le plus courageux avait été forcé de fuir ? "Ce n'est ni par la puissance ni par force, mais c'est par mon Esprit, dit l'Eternel des armées [5]." "Mais Dieu a choisi les choses faibles du monde pour confondre les fortes." "Car la folie de Dieu est plus sage que les hommes, et la faiblesse de Dieu est plus forte que les hommes [6]."

Froment, ainsi se nommait ce jeune homme, commença son œuvre comme maître d'école, et les vérités qu'il enseignait aux enfants étaient répétées à la maison par ces derniers. Bientôt les parents eux-mêmes se rendirent à ses leçons pour entendre expliquer la Bible, au point que la salle d'école se remplit d'auditeurs attentifs. On distribua gratuitement des Nouveaux Testaments et des traités, et ils parvinrent à beaucoup de personnes qui n'auraient pas osé aller entendre ouvertement parler des nouvelles doctrines. Après quelque temps, Froment fut aussi obligé de fuir ; mais les vérités qu'il avait enseignées avaient fait impression dans l'esprit du peuple. La Réformation avait été plantée à Genève, et elle continua à s'y développer et à s'y étendre. Les prédicateurs y retournèrent, et grâce à leurs travaux le culte protestant fut finalement établi à Genève.

La ville s'était déjà déclarée pour la Réformation lorsque Calvin, après bien des courses et des vicissitudes, entra dans ses murs. Revenant d'une dernière visite à sa ville natale, il était en route pour Bâle lorsque, trouvant la route directe occupée par les armées de Charles-Quint, il fut forcé de prendre une route détournée, et de passer par Genève.

Farel reconnut dans cette visite la main de Dieu. Quoique Genève eût accepté la foi réformée, il restait encore beaucoup à faire. Ce n'est pas en tant que communautés, mais individuellement que les hommes sont convertis à Dieu ; la régénération doit s'accomplir dans le cœur et la conscience par la puissance de l'Esprit Saint, et non pas par les décrets des autorités. Quoique les Genevois aient rejeté l'autorité de Rome, ils n'étaient pas aussi empressés à renoncer aux vices qui avaient fleuri sous son gouvernement. Ce n'était pas tâche facile d'établir là les purs principes de l'Evangile, et de préparer ce peuple à remplir dignement la position à laquelle la Providence semblait l'appeler.

Farel avait la confiance d'avoir trouvé dans Calvin un homme avec qui il pourrait s'associer dans cette œuvre. Au nom de Dieu, et d'une voix tonnante, il adjura solennellement le jeune évangéliste de demeurer et de travailler à Genève. Calvin recula, saisi d'effroi. Timide, aimant la paix, il tremblait d'entrer en rapport avec l'esprit hardi, indépendant et même violent des Genevois. La faiblesse de sa santé, jointe à ses habitudes studieuses, lui faisait rechercher la retraite. Croyant qu'il pouvait mieux servir la cause de la réforme par sa plume, il désirait trouver quelque tranquille retraite où il put se livrer à l'étude, et de là, par ses écrits, instruire et édifier les églises. Mais les paroles solennelles de Farel furent pour lui un appel du ciel, et il n'osa refuser. Il lui semblait, disait-il, "que la main de Dieu se soit étendue du ciel, qu'elle se soit posée sur lui, et l'ait irrévocablement établi dans la place qu'il était si impatient de quitter" *(D'Aubigné, History of the Reformation in Europe in the Time of Calvin, b. 9, ch. 17).*

A ce moment, de noirs nuages s'amoncelaient au ciel du protestantisme. Les anathèmes du pape tonnaient contre Genève, et de puissantes nations menaçaient de détruire la ville. Comment cette petite ville résisterait-elle à la papauté, qui avait si souvent forcé les rois et les empereurs à se soumettre ? Comment pourrait-elle résister aux armées des grands conquérants de l'époque ?

Dans toute la chrétienté, le protestantisme se trouvait menacé par de puissants ennemis. Les premiers triomphes de la Réformation étaient passés, et Rome réunissait de nouvelles forces, dans l'espoir de l'anéantir. C'est dans ce but que l'ordre des jésuites fut fondé ; ce furent les plus cruels, les moins scrupuleux, et les plus puissants champions de la papauté. Détachés de tout lien terrestre et de tout intérêt humain, morts à toutes les affections naturelles, faisant taire la raison et la conscience, ils ne connaissaient aucune règle, aucun lien que ceux de leur ordre, nul autre devoir que celui d'en augmenter la puissance. L'Evangile du Christ avait rendu ses adhérents capables d'aller au-devant du danger et de supporter la souffrance, le froid, la faim, la peine et la pauvreté, d'élever la lumière de la vérité face aux cachots, à la torture et au bûcher. Pour combattre de telles forces, le jésuitisme inspirait à ses disciples un fanatisme qui leur permettait d'affronter les mêmes dangers, et d'opposer à la puissance de la vérité toutes les armes de la duplicité. Tous les moyens leur étaient permis, il n'y avait pas, pour eux, de crime trop grand, ni de mauvaise foi trop vile, ni de déguisement trop odieux. Voués personnellement à une pauvreté et à une humilité perpétuelles, leur but principal était d'accumuler, au profit de l'ordre, richesses et puissance, en vue du renversement du protestantisme et du rétablissement de l'autorité papale.

Lorsqu'ils se présentaient comme membres de leur ordre, ils prenaient un air de sainteté, visitaient les prisons et les hôpitaux, soignaient les malades et les pauvres, professant avoir renoncé au monde et portant le nom sacré de Jésus, qui allait çà et là faisant du bien. Mais sous ces dehors inoffensifs, ils cachaient les desseins les plus noirs et les plus criminels. Le principe fondamental de l'ordre était que la fin justifie les moyens. D'après leurs règles, le mensonge, le parjure, l'assassinat étaient non seulement pardonnables mais recommandables, pourvu qu'ils servent les intérêts de l'église. Sous divers déguisements, les jésuites s'efforçaient de parvenir aux charges de l'Etat, même jusqu'à celles de conseillers du roi, afin d'influer sur la politique des nations. Ils se faisaient serviteurs, afin de mieux épier leurs maîtres. Ils établirent des collèges pour les fils des princes et des grands, des écoles pour le commun peuple, et ils entraînaient les enfants des protestants à observer les rites catholiques. On employait toute la pompe et l'éclat extérieur du culte romain pour étourdir l'esprit, pour captiver et éblouir l'imagination ; de cette manière, la liberté pour laquelle les pères avaient lutté et donné leur sang, était trahie par les fils. Les jésuites se répandirent promptement dans toute l'Europe, et partout où ils se rendaient, on voyait se relever l'église papale.

Pour leur donner plus de pouvoir, le pape lança une bulle qui rétablissait l'inquisition. Malgré l'horreur générale qu'il inspirait, même dans les pays catholiques, ce terrible tribunal fut de nouveau établi par les princes catholiques, et des atrocités trop horribles pour supporter la lumière du jour, se répétèrent dans ses cachots secrets. Dans bien des pays, des milliers d'hommes, pris dans la fleur même de la nation, et comptant parmi les plus vertueux et les plus nobles, les mieux cultivés et les plus instruits, citoyens industrieux et bons patriotes, savants illustres, pasteurs pieux et dévoués, artistes de talent et habiles artisans, furent mis à mort ou forcés de fuir en pays étrangers.

Tels furent les moyens qu'employa Rome pour éteindre la lumière de la Réformation, pour ôter la Bible au peuple, et pour rétablir et augmenter l'ignorance et les superstitions du Moyen Age. Mais grâce à la bénédiction de Dieu et aux travaux des hommes pieux que le Seigneur suscita pour succéder à Luther, le protestantisme ne fut pas renversé. Il ne devait pas être redevable de sa force à la faveur des princes. Les plus petits pays, les nations les plus humbles et les moins fortes devinrent ses boulevards. Ce fut la petite Genève, entourée d'ennemis puissants qui complotaient sa destruction ; ce fut la Hollande, cachée derrière les dunes de la mer du Nord et gémissant sous la tyrannie espagnole, alors la plus grande et la plus riche des puissances ; ce fut l'aride et froide Suède, qui menèrent la Réformation à la victoire.

Calvin travailla à Genève près de trente ans, d'abord à y établir une église adhérant à la sainte moralité de la Bible ; ensuite à avancer la réforme dans les autres pays de l'Europe. Sa carrière, publique, ne fut pas sans reproche, ni ses doctrines exemptes d'erreur. Mais il travailla utilement à la propagation de grandes vérités qui étaient d'une importance spéciale pour son temps, comme à encourager dans les églises réformées la pureté et la simplicité de la vie, en lieu et place de l'orgueil et de la corruption qu'entretenaient les enseignements de Rome.

Des ouvrages et des ministres étaient envoyés de Genève pour répandre les doctrines réformées. C'est de là que les persécutés de tous les pays attendaient instructions, conseils et encouragements. La cité de Calvin devint, pour les contrées occidentales de l'Europe, le refuge de tous les réformés poursuivis. Pendant des siècles on vit des malheureux, fuyant les terribles orages de la persécution, venir frapper aux portes de Genève. Affamés, blessés, sans foyer et sans famille, ils étaient accueillis avec compassion et soignés ; ils trouvaient une nouvelle patrie, et devenaient par leur piété, leur science et leurs talents, des sujets de bénédiction pour la ville qui les avait adoptés. Plusieurs de ceux qui avaient trouvé un refuge à Genève retournèrent plus tard dans leur pays pour s'opposer à la tyrannie romaine. John Knox, le hardi réformateur de l'Ecosse, un grand nombre de puritains anglais, des protestants de Hollande et les huguenots français, emportèrent de Genève le flambeau de la vérité qui devait dissiper les ténèbres de leurs patries.

---

1 Act. 26 : 5.   4 Deut. 4 : 6.

2 Phil. 1 : 12.   5 Zach. 4 : 6.

3 Act. 8 : 4.   6 1 Cor 1 : 27, 25.

CHAPITRE XIII

PAYS-BAS ET SCANDINAVIE

D ans les Pays-Bas, la tyrannie de Rome suscita bientôt une protestation résolue. Sept cents ans avant l'époque de Luther, le pontife romain rencontra l'opposition suivante de la part de deux évêques qui, ayant été à Rome, avaient appris à connaître le caractère du "saint-siège" : "Dieu a fait à l'église, Sa reine et Son épouse, une provision noble et éternelle pour sa famille, avec un don qui ne se flétrit pas et qui est incorruptible ; et Il lui a donné une couronne et un sceptre éternels ; avantages que vous lui avez détournés à votre profit comme un voleur. Vous vous élevez dans le temple de Dieu ; au lieu d'être un berger, vous êtes devenu semblable à un loup pour le troupeau. Vous désirez que nous vous croyions l'évêque suprême ; vous êtes plutôt un tyran. … Tandis que vous devriez être un serviteur des serviteurs, ainsi que vous vous nommez, vous intriguez pour devenir Seigneur des seigneurs. … Vous attirez le mépris sur les ordres de Dieu. … L'Esprit Saint est Celui qui édifie les églises jusqu'au bout du monde. La cité de notre Dieu, dont nous sommes les citoyens embrasse toutes les limites du ciel ; elle est plus grande que la ville, appelée Babylone par les saints prophètes, qui prétend être divine, qui s'élève jusqu'au ciel ; ville qui se vante d'une sagesse immortelle, et, finalement affirme bien à tort, qu'elle n'erre pas et ne peut jamais errer" *(Gerard Brandt, History of the Reformation in and About the Low Countries, b. 1, p. 6).*

D'autres s'élevèrent d'un siècle à l'autre pour répéter cette protestation. Ces premiers pionniers qui, traversant divers pays, et connus sous divers noms, ressemblaient par le caractère aux missionnaires vaudois et qui répandaient partout la connaissance de l'Evangile, pénétrèrent dans les Pays-Bas.

Leurs doctrines se répandirent rapidement. Ils traduisirent en vers la Bible vaudoise dans la langue de ce pays. "Elle renferme de grands avantages, disaient-ils ; il n'y a là ni plaisanterie, ni fable, ni frivolité, ni tromperie : rien que des paroles de vérité. Il se trouve çà et là, sans doute, une dure croûte, mais malgré cela, il est facile d'y découvrir la moelle et la douceur de ce qui est bon et saint" *(Gerard Brandt, History of the Reformation in and About the Low Countries, b. 1, p. 14).* C'est ainsi qu'écrivaient au douzième siècle les partisans de l'ancienne foi.

Alors commencèrent les persécutions romaines ; mais, au milieu des bûchers et des tortures, les croyants continuaient à se multiplier, déclarant avec fermeté que la Bible est la seule autorité infaillible en religion, et que "personne ne devrait être forcé de croire, mais gagné par la prédication" *(Martyn, vol. 2, p. 87).*

Les enseignements de Luther trouvèrent un terrain favorable dans les Pays-Bas, et des hommes fervents et fidèles se levèrent pour y prêcher l'Evangile. D'une des provinces de la Hollande, sortit Menno Simons. Elevé catholique romain et ordonné prêtre, il était tout à fait ignorant de la Bible, et ne voulait pas la lire, de crainte de tomber dans l'hérésie. Un jour, il eut quelque doute au sujet de la doctrine de la transsubstantiation, doute qu'il regarda comme une tentation de Satan ; il essaya, par la prière et la confession, de chasser ce doute, mais ce fut en vain. Il s'efforça de faire taire la voix accusatrice de sa conscience en se livrant à la dissipation ; mais il ne réussit pas davantage. Après quelque temps, il fut amené à étudier le Nouveau Testament, ce qui, avec les écrits de Luther, lui fit adopter la foi reformée. Peu après, il fut témoin, dans un village voisin, de l'exécution d'un homme dont le crime était de s'être fait rebaptiser. Cela l'amena à étudier la Bible sur le sujet du baptême des enfants. Il n'en put trouver ni preuve ni exemple dans les Ecritures, mais il vit que la repentance et la foi sont toujours exigées, comme condition, de ceux qui reçoivent le baptême.

Menno sortit alors de l'église romaine et consacra sa vie à la prédication des vérités qu'il avait reçues. Il y avait encore maints descendants des anciens chrétiens, fruits de l'enseignement des Vaudois. C'est parmi eux que Menno travailla avec un grand zèle et succès. Il venait de s'élever en Allemagne et dans les Pays-Bas une sorte de fanatisme, professant des doctrines absurdes et séditieuses, contraires à l'ordre et à la décence, et recourant à la violence et à l'insurrection. Menno prévit les résultats horribles que ce mouvement devait inévitablement produire, et il s'opposa énergiquement à ces enseignements erronés, et aux sauvages égarements du fanatisme. Bien des gens trompés par les fanatiques, renoncèrent à leurs pernicieuses doctrines.

Menno voyagea pendant vingt-cinq ans avec sa femme et ses enfants, supportant de grands travaux et de grandes privations, et courant fréquemment le danger de perdre la vie. Il traversa les Pays-Bas et le Nord de l'Allemagne, travaillant principalement parmi les classes pauvres, mais exerçant une influence très étendue. Naturellement éloquent, quoique d'une éducation bornée, c'était un homme d'une intégrité inébranlable, humble, aux manières avenantes ; d'une piété sincère et profonde, il pratiquait dans sa propre vie les préceptes qu'il enseignait, et il possédait la confiance du peuple. Ses disciples furent dispersés et persécutés. Ils souffrirent beaucoup pour avoir été confondus avec les fanatiques de Munster. Pourtant, un grand nombre de gens furent convertis par ses travaux.

Nulle part, la doctrine de la Réformation ne fut aussi bien reçue que dans les Pays-Bas. Il est peu de contrées où ses adhérents endurèrent une plus terrible persécution. Charles-Quint avait proscrit la Réformation en Allemagne, et il eût bien voulu faire monter tous ses adhérents sur l'échafaud ; mais les princes se levèrent pour opposer une barrière à sa tyrannie. Sa puissance était plus grande dans les Pays-Bas, et les édits de persécution se succédaient à de courts intervalles. Prêcher la Bible, la lire ou l'écouter, ou même seulement en parler, étaient devenus des crimes dignes de la mort sur le bûcher. Prier Dieu en secret, ne pas s'incliner devant une statue, ou chanter un psaume, étaient également des crimes punissables de mort. Ceux qui abjuraient leurs erreurs, étaient condamnés à mourir par l'épée, si c'étaient des hommes ; à être enterrées vivantes si c'étaient des femmes. Des milliers et des milliers de personnes moururent sous le règne du cruel Charles-Quint et sous celui de son fils encore plus cruel.

Un jour, toute une famille fut amenée devant les inquisiteurs, accusée de ne plus aller à la messe et d'adorer Dieu dans leur demeure. Lorsqu'on les interrogea sur leurs manières d'agir à la maison, le plus jeune fils répondit : "Nous nous mettons à genoux et nous prions Dieu d'éclairer nos esprits et de pardonner nos péchés. Nous prions pour notre souverain, que son règne soit prospère et sa vie heureuse. Nous prions pour nos magistrats, que Dieu veuille les protéger" *(Wylie, b. 18, ch. 6)*. Quelques-uns des juges étaient profondément émus ; pourtant, le père et l'un des fils furent condamnés au bûcher.

La fureur des persécuteurs n'avait d'égale que l'héroïsme des martyrs. Non seulement les hommes, mais des femmes délicates et des jeunes filles montraient un courage invincible. "On voyait des femmes se tenir à côté du bûcher de leur mari, et, pendant qu'il endurait le supplice du feu, leur adresser des paroles de consolation, ou chanter des psaumes pour les encourager." "Des jeunes filles descendaient vivantes dans leur sépulcre comme si elles entraient dans leur dortoir pour goûter le repos de la nuit, ou se rendaient au bûcher vêtues de leurs vêtements de fête, comme si elles eussent voulu célébrer leurs noces" *(Wylie, b. 18, ch. 6)*.

Comme aux jours où le paganisme cherchait à détruire l'Evangile, "le sang des chrétiens était une semence" *(Voir Tertullian, Apology, par. 50)* ; la persécution ne servait qu'à augmenter le nombre des témoins de la vérité. Année après année, le monarque irrité de la détermination indomptable du peuple, poursuivit son œuvre cruelle, mais en vain. Finalement la révolution qui éclata sous le noble Guillaume d'Orange, rendit à la Hollande la liberté d'adorer Dieu.

Dans les montagnes du Piémont, dans les plaines de la France et sur les côtes de la Hollande, les progrès de l'Evangile furent marqués du sang de ses disciples. Mais il trouva un accès facile dans les contrées du Nord. Des étudiants de Wittenberg, retournant dans leur patrie, portèrent la foi réformée en Scandinavie. La publication des écrits de Luther répandit aussi la lumière. Le peuple du Nord, simple et courageux, se détourna de la corruption, de la pompe, et des superstitions de Rome, pour accueillir la pureté, la simplicité de la Bible et de ses vérités vivifiantes.

Tausen, "le Réformateur du Danemark", était fils d'un paysan. Il donna tout jeune des marques d'une vigoureuse intelligence. Il avait soif d'apprendre ; mais l'étude lui étant interdite par la position de ses parents, il entra dans un cloître. Ses mœurs pures jointes à sa diligence et à sa fidélité, lui gagnèrent la faveur de son supérieur. On voyait qu'il possédait des talents qui promettaient de rendre plus tard de bons services à l'église. On résolut de le faire instruire dans l'une des universités d'Allemagne ou des Pays-Bas. On permit au jeune étudiant de choisir lui-même la ville où il désirait étudier, à la condition que ce ne fût pas Wittenberg. L'élève de l'église ne devait pas être exposé au poison de l'hérésie, ainsi que le disaient les moines.

Tausen se rendit à Cologne, qui était alors, comme aujourd'hui, une des forteresses de l'église papale. Mais il fut bientôt dégoûté du mysticisme des savants. Vers cette époque, il obtint pour la première fois les écrits de Luther. Il les lut avec étonnement et bonheur, et eut le vif désir de jouir personnellement des instructions du réformateur. Mais pour cela, il devait risquer d'offenser le supérieur de son cloître, et renoncer au secours qu'on lui envoyait. Sa décision fut bientôt prise, et il ne s'écoula que peu de temps avant qu'il fût au nombre des étudiants de Wittenberg.

En retournant au Danemark, il se rendit de nouveau dans son cloître. Personne ne le supposait encore entaché de luthéranisme ; il ne révéla pas son secret, mais s'efforça, sans exciter les préjugés de ses compagnons, de les amener à une foi plus pure et à une vie plus sainte. Il ouvrit la Bible, en expliqua la vraie signification, et finit par leur prêcher Christ ouvertement comme justice du pécheur, et sa seule espérance de salut. Grande fut la colère du prieur qui avait fondé sur lui l'espérance d'en faire un vaillant défenseur de Rome. Il fut aussitôt renvoyé de son monastère dans un autre, et retenu dans sa cellule sous une surveillance sévère.

Comme plusieurs moines se déclarèrent bientôt convertis au protestantisme, ses nouveaux gardiens en furent horrifiés. A travers les barreaux de sa cellule, Tausen avait communiqué à ses compagnons la connaissance de la vérité. Si ces pères danois avaient été habitués à la manière d'agir de l'église envers l'hérésie, jamais on n'aurait plus entendu la voix de Tausen : mais au lieu de réduire sa voix au silence en l'enfermant dans quelque forteresse souterraine, ils le chassèrent de leur monastère. Alors ils furent impuissants à arrêter le mouvement. Un édit royal venait d'être publié, offrant protection à ceux qui enseignaient la nouvelle doctrine. Tausen commença à prêcher. Les églises lui étaient ouvertes, et le peuple accourait en foule pour l'entendre. D'autres prédicateurs firent également entendre leurs voix pour prêcher la Parole de Dieu. Le Nouveau Testament, traduit en danois, fut répandu à profusion. Les efforts que faisaient les catholiques pour enrayer le mouvement ne faisaient que l'étendre, et bientôt vint le moment où tout le pays se déclara pour la Réformation.

En Suède également, des jeunes gens qui avaient bu à la source de Wittenberg, portèrent les eaux vives de l'Evangile à leurs concitoyens. Deux des chefs de la Réformation en Suède furent Olaf et Laurentius Pétri. Fils d'un maréchal d'Orebro, ils avaient étudié sous Luther et Mélanchthon, et ils mirent un grand zèle à prêcher la vérité qu'ils avaient ainsi apprise. Semblable au grand réformateur, Olaf entraînait le peuple par son zèle et son éloquence, tandis que Laurentius, semblable à Mélanchthon, joignait à sa science le calme et la réflexion. Tous deux avaient une piété ardente, de grandes connaissances théologiques et un courage indomptable dans la propagation de la vérité. L'opposition catholique ne leur fit pas défaut. Les prêtres catholiques excitaient le peuple ignorant et superstitieux. Olaf Pétri fut souvent assailli par la populace, et en diverses occasions il ne sauva sa vie qu'à grand peine.

Pourtant, ces réformateurs furent favorisés et puissamment aidés par le roi. Sous le gouvernement de l'église catholique le peuple était plongé dans la pauvreté et abattu par l'oppression. Il était privé des Ecritures, et n'avait pour toute religion que des rites et des cérémonies qui ne procuraient aucune lumière à l'esprit ; il retournait aux croyances superstitieuses et aux pratiques païennes de ses ancêtres. La nation était divisée en factions opposées, dont les luttes continuelles augmentaient la misère de tous. Le roi résolut de faire une réformation et de l'Etat et de l'église, et il accueillit les auxiliaires capables de le seconder dans sa lutte contre Rome.

En présence du roi et des hommes les plus influents de Suède, Olaf Pétri soutint habilement les doctrines de la foi réformée contre les champions romains. Il déclara que les enseignements des Pères ne doivent être acceptés que lorsqu'ils sont en accord avec les Ecritures ; que les doctrines essentielles de la foi sont présentées dans la Bible d'une manière si simple et si claire que chacun peut les comprendre. Christ a dit : "Ma doctrine n'est pas de moi, mais de celui qui m'a envoyé [1]." Et Paul déclarait que s'il prêchait un autre Evangile que Celui qu'il avait reçu, il consentait à être anathème [2]. "Comment donc, disait le réformateur, les hommes osent-ils établir des dogmes selon leur bon plaisir, et les imposer comme nécessaires au salut ?" Il montra que les décrets des conciles n'ont aucune autorité lorsqu'ils sont opposés aux commandements de Dieu, et défendit le grand principe protestant : "la Bible et la Bible seule" comme règle de foi et de pratique.

Cette controverse, quoique faite sur une scène relativement réduite "nous montre la valeur des hommes qui composaient la phalange des réformateurs. Lorsque nous portons notre attention sur des centres aussi brillants que Wittenberg et Zurich, et sur des noms aussi illustres que ceux de Luther et de Mélanchthon, de Zwingle et d'Œcolampade, nous sommes disposés à nous laisser dire que c'étaient là les chefs du mouvement, mais que leurs subordonnés ne leur ressemblaient pas. Mais jetons les regards sur l'humble Suède, et sur les noms modestes d'Olaf et de Laurentius Pétri ; passons des maîtres aux disciples, et que voyons-nous ? Non pas des controversistes illettrés, sectaires et bruyants : loin de là ; nous voyons des hommes qui ont étudié la Parole de Dieu, et qui manient avec force les armes que leur fournit l'arsenal biblique ; des savants et des théologiens qui remportent une victoire facile sur les sophismes des écoles et les dignitaires romains" *(Wylie, b. 18, ch. 4).*

Il résulta de cette dispute que le roi de Suède accepta la foi protestante ; peu après, l'assemblée nationale se déclara en sa faveur. Olaf Pétri avait traduit le Nouveau Testament en langue suédoise, et, selon le désir du roi, les deux frères entreprirent la traduction entière de la Bible. Ainsi, pour la première fois, le peuple suédois reçut la Parole de Dieu dans sa langue natale. La diète ordonna que dans tout le royaume, des ministres de l'Evangile expliquent les Ecritures, et que l'on apprenne aux enfants des écoles à lire la Bible.

La lumière bienfaisante de l'Evangile faisait disparaître fermement et sûrement les ténèbres de l'ignorance et de la superstition. Débarrassée de l'oppression romaine, la nation atteignit à une puissance et à une grandeur auxquelles elle n'était jamais parvenue auparavant. La Suède devint un des boulevards du protestantisme. Un siècle plus tard, dans un moment de grand péril, cette nation petite et jusqu'alors bien faible, qui en eût, seule en Europe, le courage, accourut au secours de l'Allemagne dans la terrible lutte de la guerre de trente ans. Tout le Nord de l'Europe semblait devoir retomber sous la tyrannie romaine. Ce furent les armées suédoises qui permirent à l'Allemagne d'abattre le flot des succès catholiques, d'obtenir la tolérance pour les protestants — calvinistes aussi bien que luthériens — et de rétablir la liberté de conscience dans les pays qui avaient embrassé la Réformation.

---

1 Jean 7 : 16.
2 Gal. 1 : 8.

CHAPITRE XIV

RÉFORMATEURS ULTÉRIEURS EN ANGLETERRE

A u moment où Luther ouvrait la Bible, jusqu'alors fermée au peuple allemand, Tyndale était poussé par l'Esprit de Dieu à en faire autant pour le peuple anglais. La Bible de Wiclef avait été traduite du texte latin qui renfermait maintes erreurs. Elle n'avait jamais été imprimée, et les copies manuscrites étaient si chères qu'il n'y avait guère que les gens riches ou les nobles qui puissent s'en procurer une ; en outre, elles avaient été strictement interdites par l'église, de sorte qu'elles n'avaient été que peu répandues.

Une année avant que paraissent les thèses de Luther, en 1516, Erasme avait publié sa version grecque et latine du Nouveau Testament, la première édition de la Parole de Dieu dans la langue originale. Maintes erreurs des versions précédentes s'y trouvaient corrigées, et le sens était plus clairement rendu. Beaucoup d'hommes instruits apprirent à mieux connaître la Bible, et cela donna une nouvelle impulsion à la Réformation. Mais la Parole de Dieu était encore fermée pour le commun peuple. Tyndale devait compléter l'œuvre de Wiclef en donnant la Bible à ses concitoyens.

Homme d'étude, et cherchant ardemment la vérité, il avait reçu l'Evangile par le moyen du Testament grec d'Erasme. Il prêcha hardiment ses convictions, déclarant que toute doctrine devait être éprouvée par la Parole de Dieu. Il répondait aux catholiques qui prétendaient que l'église avait donné la Bible, et que l'église seule pouvait l'expliquer : "Savez-vous qui a enseigné à l'aigle à trouver sa proie ? Eh bien, ce même Dieu apprend à ses enfants affamés à trouver leur Père dans Sa Parole ! Loin de nous avoir donné les Ecritures, c'est vous qui nous les cachez ; c'est vous qui brûlez ceux qui les prêchent, et c'est vous qui, si vous le pouviez, les brûleriez elles-mêmes" *(D'Aubigné, History of the Reformation of the Sixteenth Century, b. 18, ch. 4).*

La prédication de Tyndale excita un grand intérêt ; bien des gens acceptèrent la vérité. Mais les prêtres étaient aux aguets, et à peine avait-il quitté un endroit qu'ils essayaient, par leurs menaces et leurs mensonges, de détruire son œuvre. Ils ne réussirent que trop souvent. "Que faire ?" s'écriait le réformateur. "Tandis que je sème en un lieu, l'ennemi ravage le champ que je viens de quitter. Je ne puis être partout. Oh ! Si les chrétiens avaient en leur langue la Sainte Ecriture, ils pourraient eux-mêmes résister aux sophistes. Sans la Bible, il est impossible d'affermir les laïques dans la vérité."

Alors un nouveau projet s'empara de son esprit. "C'est dans la langue même d'Israël, dit-il, que les psaumes retentissaient au temple de Jéhovah ; et l'Evangile ne parlerait pas parmi nous la langue de l'Angleterre ? ... L'église aurait-elle moins de lumière en plein midi qu'à l'heure du crépuscule ? ... Il faut que les chrétiens lisent le Nouveau Testament dans la langue de leur mère." Les docteurs et les pasteurs des troupeaux sont en désaccord. Ce n'est que par le moyen de la Bible que les hommes peuvent arriver à la vérité. "Vous suivez, disait Tyndale, vous, Duns Scot ; vous, Thomas d'Aquin ; vous, Bonaventure, Alexandre de Haies, Raymond de Penafort, Lyra, Gorram, Hugues de Saint-Victor, et tant d'autres encore... Or, chacun de ces auteurs contredit l'autre ! Comment donc discerner celui qui dit faux de celui qui dit vrai ? ... Comment ? ... Par la Parole de Dieu" *(D'Aubigné, History of the Reformation of the Sixteenth Century, b. 18, ch. 4)*.

Ce fut peu de temps après, qu'un savant docteur catholique s'écriait dans une controverse avec lui : "Eh bien ! Plutôt me passer de la loi de Dieu que de la loi du pape." Tyndale répliqua : "Et moi, je brave le pape et toutes ses lois ! Si Dieu me conserve la vie, ajouta-t-il, je veux que dans peu d'années un valet de ferme qui conduit sa charrue connaisse l'Ecriture mieux que moi" *(Anderson, Annals of the English Bible, p. 19)*.

Il confirma ainsi le projet qu'il caressait depuis longtemps, de donner au peuple les écrits du Nouveau Testament dans la langue anglaise, et il se mit immédiatement à l'œuvre. Chassé de chez lui par la persécution, il se rendit à Londres, et poursuivit ses travaux pendant un certain temps sans être interrompu. Mais la violence des disciples du pape le força de nouveau à fuir. Toute l'Angleterre semblait lui être fermée, et il décida de se réfugier en Allemagne. C'est là qu'il commença l'impression du Nouveau Testament anglais. Deux fois, son travail fut interrompu ; mais lorsqu'il lui était défendu de faire imprimer dans une ville, il allait dans une autre. A la fin, il se rendit à Worms, où peu d'années auparavant Luther avait défendu l'Evangile devant la diète. Il y avait dans cette vieille cité bien des amis de la Réformation, et Tyndale put y poursuivre son travail sans autre empêchement. Trois mille exemplaires du Nouveau Testament furent bientôt achevés, et la même année une seconde édition y fut imprimée.

Il continua ses travaux avec un grand empressement et une grande persévérance. Malgré la grande vigilance exercée par les autorités dans tous les ports d'Angleterre, la Parole de Dieu pénétrait dans Londres par différentes voies, et de là, se répandait dans tout le pays. Les disciples du pape tentèrent de supprimer la vérité, mais en vain. L'évêque de Durham acheta un jour d'un libraire, ami de Tyndale, toutes les Bibles qu'il avait en magasin dans le but de les détruire, supposant que par ce moyen il en empêcherait grandement la circulation. Mais le contraire eut lieu ; l'argent ainsi fourni permit d'en faire une nouvelle et meilleure édition, qui sans cela n'aurait pu se publier. Lorsque plus tard Tyndale fut jeté en prison, on lui offrit la liberté à la condition qu'il révèle les noms de ceux qui l'avaient aidé à payer les frais d'impression de ses Bibles. Il répliqua que l'évêque de Durham avait fait plus que toute autre personne ; car en payant à un haut prix les livres qui restaient, il lui avait permis d'aller courageusement de l'avant.

Tyndale fut trahi, pris par ses ennemis et emprisonné pendant de nombreux mois. Finalement, il témoigna de sa foi par la mort du martyr. Mais les armes qu'il avait préparées permirent à d'autres champions de poursuivre la lutte, à travers les siècles jusqu'à nos jours.

Latimer soutint du haut de la chaire que la Bible devrait être lue dans la langue du peuple. "L'Auteur de la Sainte Ecriture, disait-il, est le Puissant, l'Eternel… Dieu Lui-même … et cette Ecriture témoigne de la puissance et de l'Eternité de Son Auteur. Il n'y a ni roi, ni empereur, qui ne soit obligé de lui obéir. Gardons-nous de ces sentiers détournés des traditions humaines, tout pleins de pierres, de ronces, de troncs déracinés. Suivons le droit chemin de la Parole. Ce n'est pas ce que nos ancêtres ont fait qui nous importe, mais ce qu'ils auraient dû faire" *(Hugh Latimer, 'First Sermon Preached Before King Edward VI').*

Barnes et Frith, les amis fidèles de Tyndale, se levèrent pour défendre la vérité. Les Ridley et Cranmer les suivirent. Ces chefs de la Réformation anglaise étaient des hommes instruits, et la plupart d'entre eux avaient été fort estimés dans l'église romaine pour leur zèle et leur piété. Leur opposition à la papauté fut le résultat de leur connaissance des erreurs du "saint-siège." Cette connaissance des mystères de Babylone ajouta une plus grande autorité à leurs témoignages contre elle.

"Savez-vous, dit Latimer, quel est le plus zélé de tous les prélats de l'Angleterre ? … Je vous vois tout ouïe et attentif pour savoir qui je vais nommer… Eh bien ! Je vous le dirai… C'est le diable. Cet évêque-là, je vous l'assure, n'est jamais absent de son diocèse, et à quelque heure que vous vous approchiez, vous le trouvez à l'œuvre. Partout où il réside, … là, à bas les Bibles et vivent les chapelets ! A bas la croix de Jésus-Christ, qui ôte les péchés du monde, et vive le purgatoire qui vide les poches des dévots ! A bas les vêtements donnés aux pauvres et aux impotents, et vive les ornements prodigués à des morceaux de bois et de pierre ! A bas les traditions de Dieu, c'est-à-dire Sa très Sainte Parole, et vive les traditions des hommes ! … Vraiment, il n'y eut jamais en Angleterre un si puissant prédicateur" *(Hugh Latimer, Sermon of the Plough).*

Le grand principe défendu par ces réformateurs — le même qu'avaient proclamé les Vaudois, Wiclef, Jean Huss, Luther, Zwingle et leurs associés — était l'autorité infaillible des Saintes Ecritures comme règle de foi et de pratique. Ils niaient que les papes, les conciles, les pères et les rois aient le droit de gouverner la conscience dans les choses religieuses. La Bible était leur autorité, et ils éprouvaient, par Ses enseignements, toutes les doctrines et toutes les prétentions.

La foi en Dieu et en Sa Parole soutenait ces saints hommes, même lorsqu'ils mouraient sur le bûcher. "Ayez bon courage", s'écriait Latimer à ses compagnons alors que les flammes allaient étouffer leurs voix, "par la grâce de Dieu, nous allumerons aujourd'hui en Angleterre un flambeau qui, j'en ai la certitude, ne sera jamais éteint" *(Works of Hugh Latimer, vol. 1, p. xiii).*

En Ecosse, les semences de la vérité répandues par Colomban et ses collaborateurs n'avaient jamais été entièrement détruites. Il y avait des centaines d'années que les églises d'Angleterre s'étaient soumises à Rome, que celles d'Ecosse avaient conservé leur liberté. Pourtant le catholicisme s'y établit au douzième siècle ; et nulle part on ne vit Rome y exercer un pouvoir plus absolu. Le pays fut plongé dans les ténèbres les plus épaisses. Pourtant on voyait des rayons de lumière percer çà et là l'obscurité, annonçant le jour qui allait paraître. Les Lollards, venant d'Angleterre, apportant la Bible et les enseignements de Wiclef, contribuèrent beaucoup à conserver la connaissance de l'Evangile, et chaque siècle eut ses témoins et ses martyrs.

Au commencement de la grande Réformation, on vit paraître les écrits de Luther, et le Nouveau Testament traduit en anglais par Tyndale. Sans que la hiérarchie papale s'en aperçoive, ces messagers de vérité traversèrent les montagnes et les vallées, rallumant à nouveau le flambeau de la vérité presque éteint en Ecosse, et sapant l'œuvre que Rome avait accompli par quatre siècles d'oppression.

Alors le sang des martyrs donna une nouvelle impulsion au mouvement. Les chefs catholiques, réveillés tout à coup, aperçurent le danger qui menaçait leur cause, et firent monter sur le bûcher quelques-uns des plus nobles et des plus honorés enfants de l'Ecosse. Mais ils n'avaient fait qu'ériger une chaire, d'où les paroles de ces fidèles témoins se firent entendre dans tout le pays, remplissant les cœurs d'un désir irrésistible de briser les chaînes dont Rome les avait chargés.

Hamilton et Wishart, nobles de naissance et de caractère, ainsi qu'une longue suite de disciples, moururent martyrs. Mais du lieu où Wishart fut brûlé, sortit un homme que les flammes ne purent réduire au silence — un homme qui devait sonner le glas funèbre de la papauté en Ecosse.

John Knox s'était détourné des traditions et des mystères de l'église pour se nourrir des vérités de la Parole de Dieu ; les enseignements de Wishart fortifièrent sa résolution de quitter la communion de l'église romaine, et de se joindre aux réformateurs persécutés.

Sollicité par ses amis de se charger de la prédication, il hésita en tremblant devant une telle responsabilité, et ce ne fut qu'après bien des jours de retraite et de lutte pénible avec lui-même, qu'il y consentît. Mais une fois qu'il eut accepté cette charge, il marcha de l'avant avec une résolution inflexible et un indomptable courage pendant toute sa vie. Ce réformateur au cœur droit ne craignit jamais d'affronter l'homme. Les feux du martyre qui éclataient autour de lui ne servaient qu'à exciter son zèle. La hache du tyran suspendue sur sa tête, il garda fermement sa position, portant à droite et à gauche de terribles coups à l'idolâtrie romaine.

Lorsqu'il dut paraître devant la reine d'Ecosse, en la présence de laquelle le zèle de beaucoup de chefs protestants avait failli, John Knox rendit un fidèle témoignage à la vérité. On ne pouvait le gagner par des caresses ni le faire trembler par des menaces. La reine l'accusa d'hérésie. Il avait enseigné au peuple une religion interdite par l'Etat, déclara-t-elle, et avait ainsi transgressé le commandement de Dieu qui ordonne aux sujets d'obéir à leurs princes. Knox répondit avec fermeté :

"Comme la vraie religion ne reçoit ni son origine, ni son autorité des princes, mais de l'Eternel Dieu seul, les sujets ne sont pas tenus de façonner leur religion selon les goûts de leurs princes. Car il arrive souvent que les princes soient plus ignorants que tous, de la vraie religion. Ainsi, si tous les descendants d'Abraham avaient eu la religion de Pharaon, dont ils furent longtemps les sujets, je vous le demande, Madame, quelle religion y aurait-il eu au monde ? Et si, au temps des apôtres, tout le monde eût été de la religion des empereurs romains, je vous en prie, Madame, quelle religion y aurait-il eu sur la terre ? Vous pouvez voir ainsi, Madame, que les sujets ne sont pas tenus d'avoir la religion de leurs princes, quoiqu'il leur soit commandé de les honorer." Marie répondit : "Vous interprétez l'Ecriture d'une manière, et eux [les prêtres romains] les interprètent d'une autre ; qui croirai-je, et qui sera juge ?"

"Vous croirez Dieu, qui parla clairement dans Sa Parole, répondit le réformateur ; au-delà de ce que la Parole de Dieu vous enseignera, vous ne croirez ni aux prêtres ni à moi. La Parole de Dieu est d'elle-même claire. S'il y a quelque obscurité dans quelque passage, l'Esprit Saint, qui n'est jamais contraire à Lui-même, l'explique plus clairement dans d'autres endroits, de sorte qu'il ne peut rester de doute qu'à ceux qui sont obstinément ignorants" *(David Laing, The collected Works of John Knox, vol. 2, p. 281, 284).* Telles sont les vérités que l'intrépide réformateur déclarait, au péril de sa vie, à des oreilles royales. Avec le même courage indomptable, il poursuivit sa mission, priant et soutenant les batailles du Seigneur, jusqu'à ce que l'Ecosse fût libre.

En Angleterre, l'établissement du protestantisme comme religion nationale, avait enrayé la persécution sans l'arrêter complètement. Tandis qu'on avait renoncé à maintes doctrines venues de Rome, on garda quand même plusieurs de ses rites. On rejeta la suprématie du pape, mais on mit à sa place le monarque comme chef de l'église. Dans les rites de l'église, on continua à s'éloigner grandement de la simplicité et de la pureté de l'Evangile. Le principe vital de la tolérance religieuse, n'était pas encore compris. Quoique les princes protestants ne recoururent que rarement aux horribles cruautés que Rome employa contre l'hérésie, le droit de chacun d'adorer Dieu suivant les inspirations de sa propre conscience, n'était pourtant pas reconnu. Tout le monde était tenu d'accepter les doctrines et d'observer les formes de culte prescrites par l'église d'Etat. Les dissidents souffrirent la persécution à un degré plus ou moins grand, pendant plusieurs siècles.

Au dix-septième siècle, des milliers de pasteurs furent destitués de leurs charges au sein de leurs communautés. Il était défendu aux gens du peuple, sous peine de fortes amendes, d'emprisonnement et de bannissement, d'assister à d'autres assemblées religieuses qu'à celles qui étaient approuvées par l'église. Ces âmes fidèles qui ne pouvaient s'empêcher de se réunir pour adorer Dieu, furent obligées de se réunir dans de sombres ruelles, dans d'obscurs taudis, et, en certaines saisons, dans les forêts, à l'heure de minuit. C'est dans les profondes solitudes des forêts, ces temples que Dieu Lui-même a construits, que se réunissaient ces enfants du Seigneur, dispersés et persécutés, pour répandre leurs âmes devant Dieu, en prières et en louanges. Malgré toutes leurs précautions, un grand nombre eurent à souffrir pour leur foi, et les prisons se remplirent. Des familles furent séparées ; un grand nombre de personnes furent bannies dans des pays étrangers. Pourtant, Dieu était avec Son peuple, et la persécution ne réussit pas à réduire son témoignage au silence. Plusieurs furent transportés à travers l'océan, en Amérique, où ils posèrent les fondements de la liberté civile et religieuse, qui a fait la gloire de ce pays.

Ainsi, comme aux temps des apôtres, la persécution concourut de nouveau à l'avancement de l'Evangile. Enfermé dans un sombre cachot, rempli d'êtres souillés et criminels, John Bunyan y respira l'atmosphère du ciel même, et il écrivit là sa merveilleuse allégorie du voyage du chrétien du pays de la destruction à la cité céleste. Depuis des centaines d'années, cette voix sortie du cachot de Bedford a parlé avec un pouvoir étonnant aux cœurs des hommes. Le "Voyage du pèlerin", de Bunyan, et son ouvrage intitulé, "Grâce abondante au premier des pécheurs", ont conduit bien des âmes dans le sentier de la vie.

Baxter, Flavel, Alleine, et d'autres hommes de talent et d'éducation, comme d'une grande expérience chrétienne, s'élevèrent en vaillants défenseurs de "la foi qui a été donnée une fois aux saints." L'œuvre qu'accomplirent ces hommes proscrits et mis hors la loi par les princes de ce monde, ne périra jamais. La "Source de vie" et la "Méthode de grâce" de Flavel, ont enseigné à des milliers de gens à remettre le soin de leur âme à Christ. L'ouvrage de Baxter intitulé : "le Pasteur réformé", a été en bénédiction à un grand nombre de ceux qui désiraient voir revivre l'œuvre de Dieu ; et son autre ouvrage, intitulé : "le Repos éternel des saints", a amené beaucoup d'âmes à rechercher ce "repos qui reste encore pour le peuple de Dieu."

Un siècle plus tard, dans un moment de grandes ténèbres spirituelles, parurent Whitefield et les Wesley comme prédicateurs de la vérité divine. Sous la direction de l'église nationale, le peuple était tombé dans un état d'affaiblissement religieux qu'on aurait à peine distingué du paganisme. Le déisme était l'étude favorite du clergé, et constituait presque toute sa théologie. Les classes élevées se moquaient de la piété, et se vantaient d'être au-dessus de ce qu'elles appelaient son fanatisme. Les classes inférieures étaient dans une ignorance grossière et adonnées au vice, tandis que l'église n'avait ni le courage, ni la foi de soutenir plus longtemps la cause de la vérité qui était tombée si bas.

La grande vérité de la justification par la foi, si clairement enseignée par Luther, avait été presque entièrement oubliée, et le principe romain, qui consiste à se confier dans ses bonnes œuvres pour le salut, avait pris sa place. Whitefield et les Wesley, qui étaient membres de l'église nationale, recherchaient sincèrement la faveur de Dieu. On leur avait enseigné à l'obtenir par une vie vertueuse et l'observance des rites religieux.

Un jour que Charles Wesley était tombé malade, et qu'il croyait voir la mort approcher, on lui demanda sur quoi il fondait son espérance de vie éternelle. Il répondit : "J'ai fait tous mes efforts pour servir Dieu." Mais comme l'ami qui avait posé cette question ne paraissait pas être très satisfait de sa réponse, Wesley se demanda : "Quoi ! Mes efforts ne sont-ils pas un fondement d'espérance suffisant ? Voudrait-il m'enlever mes efforts ? Je ne puis me confier sur quoi que ce soit d'autre" *(John Whitehead, Life of the Rev. Charles Wesley, p. 102).* Telles étaient les profondes ténèbres dans lesquelles était plongée l'église, ténèbres qui cachaient l'expiation, dérobaient la gloire du Christ, et détournaient les esprits des hommes de leur seule espérance de salut : le sang du Rédempteur crucifié.

Wesley et ses associés furent amenés à reconnaître que la vraie religion a son siège dans le cœur, et que la loi de Dieu s'étend aux pensées aussi bien qu'aux paroles et aux actions. Convaincus de la nécessité de la pureté du cœur, aussi bien que de la droiture extérieure de la conduite, ils commencèrent sincèrement une nouvelle vie. Ils cherchèrent diligemment à surmonter les vices de leur nature par des efforts persévérants et accompagnés de prière. Ils vivaient dans le renoncement, pratiquaient la charité et l'humiliation, observant très rigoureusement et très exactement tout moyen qu'ils pensaient pouvoir employer pour obtenir ce qu'ils désiraient : cette sainteté du cœur qui devait leur assurer la faveur divine. Mais ils n'obtenaient pas ce qu'ils cherchaient. C'est en vain qu'ils s'efforçaient d'échapper à la condamnation du péché et de briser son pouvoir. C'était la même lutte par laquelle avait passé Luther dans sa cellule d'Erfurt. C'était la même question qui avait torturé son âme : "Comment l'homme serait-il juste devant Dieu ?[1]"

Les feux de la vérité divine étaient presque éteints sur l'autel du protestantisme ; mais ils devaient être rallumés par l'ancien flambeau qu'avaient fait passer à travers les âges les chrétiens de Bohême. Après la Réformation, le protestantisme avait été extirpé en Bohême par l'épée de Rome. Tous ceux qui refusèrent de renoncer à la vérité furent obligés de fuir. Quelques-uns se réfugièrent en Saxe, et y gardèrent leur foi. C'est des descendants de ces chrétiens que la lumière de l'Evangile parvint à Wesley et à ses collaborateurs.

John et Charles Wesley, après avoir été consacrés au ministère, furent envoyés comme missionnaires en Amérique. Sur le vaisseau qui les portait, se trouvait un certain nombre de moraves. Le vaisseau eut à essuyer de violentes tempêtes, et John Wesley, se voyant près de mourir, sentit qu'il n'avait pas l'assurance d'être en paix avec Dieu. Mais ses compagnons allemands, au contraire, témoignaient d'une tranquillité et d'une confiance auxquelles il était étranger.

"J'avais dès longtemps, dit-il, observé le grand sérieux de leur conduite. Ils avaient constamment donné la preuve de leur humilité, en remplissant, pour d'autres passagers, des offices serviles qu'aucun des Anglais n'aurait voulu entreprendre, et pour lesquels ils ne voulaient recevoir aucun salaire, disant que c'était utile à leurs cœurs orgueilleux, et que leur bon Sauveur avait fait davantage pour eux. Et chaque jour leur avait fourni l'occasion de montrer leur douceur, qu'aucune injure ne pouvait troubler. S'ils étaient poussés, frappés ou renversés, ils se relevaient et s'éloignaient, mais jamais une plainte ne sortait de leur bouche. L'occasion se présentait pour eux de montrer s'ils étaient exempts de la crainte comme ils l'étaient de l'orgueil, de la colère et de l'esprit de vengeance. Au milieu du psaume par lequel ils commençaient leurs services, une lame puissante se souleva, déchira la grande voile, qui retomba en pièces sur le vaisseau, et se répandit sur le pont, comme si l'abîme nous avait déjà engloutis. Les Anglais se mirent à pousser des cris terribles, tandis que les Allemands continuaient calmement leur chant. Je demandai quelque temps après à l'un d'eux s'ils n'avaient pas été effrayés. Il me répondit que non ; mais, continuai-je, vos femmes et vos enfants n'ont-ils pas eu peur ? Il me répondit doucement : Non, nos enfants n'ont pas peur de mourir" *(Whitehead, Life of the Rev. John Wesley, p. 10).*

En arrivant à Savannah, Wesley demeura un moment avec les moraves, et fut profondément touché de leur conduite chrétienne. Il écrivait, en parlant de leur service religieux qui contrastait tellement avec le froid formalisme de l'Angleterre : "La grande simplicité, aussi bien que la solennité de leur culte me fit retourner par la pensée dix-sept siècles en arrière, dans une de ces assemblées où l'on ne trouvait ni la forme ni la main de l'Etat ; mais qui étaient présidées par Paul, le faiseur de tentes, ou Pierre le pêcheur, et avec une démonstration d'Esprit et de puissance" *(Whitehead, Life of the Rev. John Wesley, p. 11, 12).*

A son retour en Angleterre, et grâce à l'instruction qu'il avait reçue chez les moraves, Wesley arriva à comprendre mieux la foi biblique. Il était convaincu qu'il ne pouvait plus se confier en ses propres œuvres pour obtenir le salut, et qu'il devait se confier entièrement à "l'Agneau de Dieu qui ôte les péchés du monde." Dans une assemblée de la société des frères moraves, à Londres, on lut un passage des écrits de Luther, décrivant le changement que l'Esprit de Dieu opère dans le cœur du croyant. A mesure que Wesley écoutait, la foi s'allumait dans son cœur. "Je sentais mon cœur étrangement réchauffé", dit-il. "Je sentais que je devais me confier en Christ seul, pour mon salut ; et l'assurance me fut donnée qu'il avait enlevé mes péchés, les miens propres, et m'avait sauvé, moi, de la loi du péché et de la mort" *(Whitehead, Life of the Rev. John Wesley, p. 52).*

Pendant de longues années de fatigue et de luttes sans trêve ni repos, — années d'un rigoureux renoncement, de repentir et d'humiliation — Wesley était demeuré ferme dans son dessein de chercher Dieu. Maintenant, il l'avait trouvé, et il reconnaissait que la grâce qu'il avait péniblement voulu mériter par des prières et des jeûnes, par des aumônes et des abnégations, était un don accordé "sans argent, et sans aucun prix."

Une fois fondé dans la foi en Christ, toute son âme brûla du désir de répandre partout la connaissance du glorieux Evangile de la libre grâce de Dieu. "Je considère le monde entier comme ma paroisse", disait-il ; "dans quelque endroit que je me trouve, je pense que c'est mon droit et mon devoir de déclarer à tous ceux qui veulent l'entendre, la bonne nouvelle du salut *(Whitehead, Life of the Rev. John Wesley, p. 74).*

Il continua de mener une vie pleine de renoncement, non plus comme fondement, mais comme résultat de sa foi, non comme la racine, mais comme le fruit de la sainteté. La grâce de Dieu en Jésus-Christ est le fondement de l'espérance chrétienne, et cette grâce se manifestera toujours par une vie d'obéissance. Wesley consacra sa vie à la prédication des grandes vérités qu'il avait reçues, — la justification par la foi au sang expiatoire de Jésus-Christ, et la puissance sanctifiante de l'Esprit Saint sur le cœur, portant des fruits dans une vie conforme à l'exemple du Christ.

Whitefield et les frères Wesley avaient été préparés pour leur œuvre par la conviction douloureuse, longtemps éprouvée, de leur état de perdition ; et afin de pouvoir endurer les fatigues comme de bons soldats de Jésus-Christ, ils avaient dû passer par le mépris, la dérision, le feu de la persécution, cela tant à l'université qu'au commencement de leur ministère. Avec quelques autres, dont ils avaient les sympathies, ils reçurent de leurs compagnons d'étude inconvertis, l'appellation méprisante de méthodistes, nom qui est maintenant regardé comme honorable par une des plus grandes dénominations de l'Angleterre et de l'Amérique.

Comme membres de l'église d'Angleterre, ils étaient fortement attachés aux formes de son culte ; mais le Seigneur leur avait présenté dans Sa Parole quelque chose de plus élevé. L'Esprit Saint leur commandait de prêcher Christ et Christ crucifié. La puissance du Très-Haut accompagnait leurs travaux. Des milliers d'âmes étaient convaincues et véritablement converties. Il fallait que ces brebis soient protégées contre les loups ravisseurs. Wesley, qui n'avait aucune idée de fonder une nouvelle église, organisa les croyants en ce qui a été appelé l'Union Méthodiste.

Ces prédicateurs rencontrèrent une opposition mystérieuse et éprouvante de la part de l'église établie. Pourtant, dans Sa sagesse, Dieu avait dirigé les évènements pour faire commencer la réforme dans l'église elle-même. Si elle était venue entièrement du dehors, elle n'aurait pas pénétré où l'on en avait tant besoin. Comme les prédicateurs du réveil étaient ministres et qu'ils travaillaient dans le giron de l'église, partout où ils pouvaient en trouver l'occasion, la vérité pouvait pénétrer dans des endroits où autrement les portes auraient été fermées. Quelques membres du clergé furent réveillés de leur torpeur morale, et devinrent de zélés prédicateurs dans leurs propres paroisses. Les églises qui avaient été pétrifiées par le formalisme furent ramenées à la vie.

A l'époque de Wesley, comme dans tous les âges de l'histoire de l'église, des hommes aux dons différents accomplirent l'œuvre qui leur était assignée. Ils ne s'accordaient pas sur chaque point de doctrine, mais tous étaient mus par l'Esprit de Dieu, et unis dans le grand, le sublime but de gagner des âmes à Christ. Les différences d'opinion entre Whitefield et les Wesley menacèrent un jour d'amener la désunion. Mais comme ils avaient appris la douceur à l'école du Christ, le support et la charité mutuels les réconcilièrent. Ils n'avaient pas le temps de controverser, tandis que l'erreur et le vice régnaient partout et que les pécheurs couraient à leur ruine.

Les serviteurs de Dieu foulaient un chemin rocailleux. Les grands et les savants travaillaient contre eux. Après un certain temps, bien des membres du clergé manifestèrent une hostilité déclarée, et les portes des églises furent fermées à la pure foi et à ceux qui la proclamaient. La conduite du clergé qui les dénonçait du haut de la chaire, réveilla les éléments qui sommeillaient dans les ténèbres de l'ignorance et du vice. John Wesley n'échappa à la mort que grâce à des miracles répétés. Plusieurs fois, au milieu d'un peuple furieux, alors que toute fuite semblait impossible, un ange en forme humaine prenait place à ses côtés, écartait la foule et conduisait le serviteur de Dieu en lieu sûr.

Wesley, parlant d'une de ces occasions où il échappa à la fureur du peuple, dit : "Jugeant bien, qu'une fois que je serais renversé, je pourrais difficilement me relever ; plusieurs essayèrent de me jeter à terre, tandis que nous descendions une colline, sur un sentier glissant, dans la direction de la ville. Mais je ne fis, ni un faux pas, ni la moindre glissade, jusqu'à ce que je me trouvasse entièrement hors de leur atteinte. … Quoique plusieurs étendirent la main pour me saisir par le col ou par mes vêtements, afin de me jeter à terre, ils ne purent rien tenir ; il n'y en eut qu'un seul homme qui put tenir ferme le pan de mon gilet, qui resta bientôt entre ses mains ; l'autre pan, dans la poche duquel se trouvait un billet de banque ne fut qu'à moitié déchiré. … Un robuste garnement qui se trouvait derrière moi brandit à plusieurs reprises un fort gourdin de chêne au-dessus de ma tête ; s'il m'en avait asséné un seul coup, c'en eût été fait de moi. Mais chaque fois, le coup était mystérieusement détourné ; et je ne savais comment, car je ne pouvais remuer ni de la main droite, ni de la gauche. … Un autre s'approcha à travers la foule, et levant le bras pour me frapper, il l'abaissa soudain, et me caressa seulement la tête, en disant : "Comme il a les cheveux fins !"

Wesley ajouta : "Les hommes dont les cœurs furent touchés en premier étaient les bandits de la ville toujours prêts à faire un mauvais coup ; l'un d'eux ayant été boxeur de profession dans les jardins-brasseries. … Avec quelle tendre sollicitude Dieu nous prépare insensiblement à faire sa volonté ! Il y a deux ans, un morceau de brique m'effleura l'épaule. L'année suivante, une pierre me frappa entre les yeux. Le mois passé, j'ai reçu un coup, et ce soir deux : un avant d'arriver en ville, et un autre lorsque nous en sortîmes ; mais ni l'un ni l'autre ne me firent de mal. Le premier agresseur m'a frappé de toutes ses forces en pleine poitrine ; l'autre sur la bouche, avec tant de violence que le sang a jailli ;

néanmoins, ces coups ne m'ont pas fait plus mal que si j'avais été touché avec une paille" *(John Wesley, Works, vol. 3, p. 297, 298).*

Les méthodistes de ce temps-là — simples croyants aussi bien que prédicateurs — souffraient la moquerie et la persécution de la part des membres de l'église, comme de ceux qui étaient ouvertement irréligieux, enflammés de colère par les faux rapports des premiers. Ils étaient traduits devant les tribunaux : cours de justice qui n'en avaient que le nom, car la justice était rare dans les tribunaux de ce temps. Souvent ils avaient à souffrir la violence de leurs persécuteurs. Le peuple était envoyé de maison en maison, où il brisait les meubles et les objets de valeur, enlevant ce qui lui plaisait, et maltraitant brutalement hommes, femmes et enfants. Dans bien des cas, des affiches publiques faisaient appel à ceux qui désiraient aider à briser les vitres et à piller les maisons des méthodistes, les invitant à se réunir à une heure fixée sur une certaine place. On pouvait impunément violer publiquement et la loi humaine et la loi divine. On persécuta systématiquement des gens dont la seule faute était de s'efforcer de détourner les pécheurs du sentier de la perdition pour les diriger dans le sentier de la sainteté.

John Wesley, parlant des accusations portées contre lui et ses collaborateurs, disait : "Il est des gens qui avancent, que nos doctrines sont fausses, erronées et enthousiastes ; qu'elles sont récentes et qu'on n'en a jamais entendu parler avant ces temps-ci ; qu'elles ne sont que du quakerisme, du fanatisme, du papisme. Toutes ces accusations ont déjà été repoussées dès l'origine, car il a été démontré longuement que chaque branche de cette doctrine est la pure doctrine des Ecritures, interprétées par notre propre église. Elle ne peut par conséquent être fausse et erronée, si les Ecritures sont vraies." "D'autres avancent que nos doctrines sont trop strictes ; qu'elles font le chemin du ciel trop étroit ; et c'est là vraiment l'objection principale, car elle fut pendant longtemps la seule ; elle est secrètement la base d'un million d'autres qui paraissent sous diverses formes. Mais font-elles le chemin du ciel plus étroit que ne le firent notre Seigneur et ses apôtres ? Notre doctrine est-elle plus stricte que celle de la Bible ? Considérez seulement quelques textes formels : "Tu aimeras le Seigneur, ton Dieu, de tout ton cœur, de toute ton âme, de toute ta force et de toute ta pensée ; et ton prochain comme toi-même [2]." "Or, je vous le dis : au jour du jugement, les hommes rendront compte de toute parole vaine qu'ils auront proférée [3]." "Soit donc que vous mangiez, soit que vous buviez, soit que vous fassiez quelque autre chose, faites tout pour la gloire de Dieu [4]."

"Si notre doctrine est plus stricte que cela, nous sommes blâmables ; mais en conscience vous savez qu'il n'en est rien. Et qui peut être d'un iota moins strict sans corrompre la Parole de Dieu ? Un dispensateur des mystères de Dieu peut-il être trouvé fidèle s'il change quelque partie de ce dépôt sacré ? — Non ; il ne peut rien affaiblir, il ne peut rien adoucir ; il est contraint de déclarer à tous les hommes qu'il ne peut faire descendre l'Ecriture à leur niveau. Ils doivent y arriver ou périr éternellement. Le cri populaire est : le manque de charité de ces gens ! N'ont-ils pas de charité ? En quoi donc ? Ne nourrissent-ils pas ceux qui ont faim, et ne revêtent-ils pas ceux qui sont nus ? — Non ; là n'est pas la question ; ils ne sont pas en défaut à cet égard, mais ils manquent de charité dans leur jugement ; ils pensent que personne ne peut être sauvé s'il n'est sur leur propre chemin" *(John Wesley, Works, vol. 3, p. 152, 153)*.

La déchéance spirituelle qu'on remarquait en Angleterre avant le moment même où parut Wesley, était en majeure partie le résultat de l'enseignement antinomien. [Du grec, anti, contre, et nomos, loi]. Des prédicateurs affirmaient que Christ avait aboli la loi morale, et que par conséquent les chrétiens n'étaient pas sous l'obligation de l'observer ; que le croyant est délivré "du joug des bonnes œuvres." D'autres, admettant pourtant la perpétuité de la loi, déclaraient qu'il n'était pas nécessaire que les ministres exhortent le peuple à l'obéissance de ses préceptes ; car ceux que Dieu avait destinés au salut seraient "amenés, par une irrésistible impulsion de la grâce divine, à pratiquer la piété et la vertu", tandis que ceux qui étaient destinés à une perdition éternelle, "n'avaient pas en eux la force d'obéir à la loi divine."

D'autres, prétendant aussi que "celui qui est élu ne peut déchoir de la grâce ou perdre la faveur divine", arrivaient à cette conclusion encore plus odieuse, que "les mauvaises actions qu'ils commettaient n'étaient pas réellement coupables, ni ne devaient être considérées comme violation de la loi divine, et en conséquence ils n'avaient ni à confesser leurs péchés, ni à les délaisser par la repentance", *(McClintock and Strong, Cyclopedia, art. "Antinomians")*. Ils déclaraient également que l'un des péchés les plus vils, "considéré généralement comme une grande violation de la loi de Dieu, n'était pas un péché aux yeux de Dieu", s'il était commis par un des élus, "parce que c'était un des caractères essentiels et distinctifs des élus, qu'ils ne pouvaient rien faire qui déplût à Dieu ou fût défendu par la loi." …

Cette monstrueuse doctrine est essentiellement la même que la prétention que "le pape peut dispenser de la loi, ou faire que le mal soit bien et le bien mal, en corrigeant et en changeant les lois ; qu'il peut prononcer des sentences et des jugements contraires à la loi de Dieu et des hommes." Toutes ces idées émanent du même esprit dominateur, celui qui, au milieu même des innocents habitants du ciel, commença son œuvre néfaste en cherchant à renverser les justes règles de la loi de Dieu.

La doctrine qui prétend que les décrets divins ont fixé d'une manière immuable le caractère de chaque individu, en a poussé beaucoup à rejeter virtuellement la loi de Dieu. Wesley s'opposa avec fermeté aux erreurs des prédicateurs antinomiens, et montra que cette doctrine, qui menait à l'antinomianisme, était contraire aux Ecritures. "La grâce de Dieu, salutaire à tous les hommes, a été manifestée." "Car cela est bon et agréable à Dieu, notre Sauveur, qui veut que tous les hommes soient sauvés, et qu'ils parviennent à la connaissance de la vérité ; car il y a un seul Dieu, et un seul médiateur entre Dieu et les hommes, Jésus-Christ, homme, qui s'est donné Lui-même en rançon pour tous." L'esprit de Dieu est accordé gratuitement, afin de permettre à tout homme de s'approprier les moyens de salut. Ainsi Christ, la véritable lumière, "éclaire tous les hommes en venant au monde." Les hommes qui ne parviennent pas au salut, n'échouent que parce qu'ils refusent obstinément le don de la vie.

En réponse à la prétention qu'à la mort du Christ, les préceptes du Décalogue ont été abolis avec la loi cérémonielle, Wesley disait : "Il n'abolit pas la loi morale renfermée dans les Dix Commandements, et appuyée par les prophètes. Le but de Sa venue n'était pas d'en révoquer la moindre partie. C'est une loi qui ne pourra jamais être abolie, et qui 'se dresse solidement comme un témoignage fidèle dans le ciel' … Elle fut dès le commencement du monde, étant "écrite non sur des tables de pierre", mais dans les cœurs de tous les enfants des hommes, lorsqu'ils sortirent des mains du Créateur. Et quoique les lettres écrites autrefois par le doigt de Dieu soient maintenant en grande partie effacées par le péché, elles ne peuvent pourtant avoir complètement disparu, tant que nous avons la conscience du bien et du mal. Chaque partie de cette loi doit rester obligatoire pour toute l'humanité et dans tous les âges, ne dépendant ni du temps ou du lieu, ni d'aucune autre circonstance susceptible de changer, mais de la nature de Dieu et de la nature de l'homme, et des relations immuables qui les unissent."

"Je suis venu non pour les abolir, mais pour les accomplir." Sans l'ombre d'un doute, le sens de ces paroles de Jésus [d'après le contexte] est le suivant : Je suis venu établir la loi dans sa plénitude, en dépit de toutes les interprétations des hommes. Je suis venu mettre en pleine lumière tout ce qu'il pouvait y avoir d'obscur et d'incompréhensible ; je suis venu déclarer le sens vrai et complet de chacune de ses parties, pour en montrer la longueur, la largeur et toute l'étendue de chaque commandement qu'elle renferme, sa hauteur et sa profondeur, l'inconcevable pureté et spiritualité de toutes ses parties" *(Wesley, sermon 25).*

Wesley déclarait qu'il y a un accord parfait entre la loi et l'Evangile. "Il y a donc le rapport le plus intime que l'on puisse concevoir entre la loi et l'Evangile. D'un côté, la loi nous mène continuellement à l'Evangile, et nous le rappelle ; d'un autre côté, l'Evangile nous amène continuellement à un accomplissement plus exact de la loi. La loi nous commande, par exemple, d'aimer Dieu, d'aimer notre prochain, d'être doux, humble et saint. Nous sentons que nous sommes insuffisants pour ces choses ; et même que "c'est une chose impossible à l'homme" ; mais nous voyons que Dieu nous promet de nous donner cet amour, et de nous rendre humbles, doux et saints. Nous nous appuyons sur son Evangile, sur cette bonne nouvelle ; il nous est fait selon notre foi ; et la justice de la loi s'accomplit en nous, "par la foi en Jésus-Christ."

"Au premier rang des ennemis de l'Evangile du Christ, dit Wesley, se trouvent ceux qui, ouvertement et explicitement, "jugent la loi" elle-même, et "médisent de la loi" ; qui enseignent aux hommes à violer [à dissoudre, à relâcher, à déchirer] l'obligation, non seulement un, qu'il s'agisse du plus petit ou du plus grand, mais tous les commandements à la fois. La plus surprenante de toutes les circonstances qui accompagnent cette grande erreur, c'est que ceux qui y sont tombés, croient réellement qu'ils honorent Christ en renversant Sa loi, et qu'ils rehaussent Son office, tandis qu'ils détruisent Sa doctrine ! En vérité, ils L'honorent comme Judas, lorsqu'il dit : "Maître ! Je te salue" ; et qu'il Lui donna un baiser. Christ peut tout aussi bien dire à chacun d'eux : "Trahis-tu ainsi le Fils de l'homme par un baiser ?" Ce n'est pas autre chose que Le trahir par un baiser, que de parler de Son sang, et d'enlever Sa couronne ; de mettre de côté n'importe quelle partie de Sa loi, avec la prétention de servir l'Evangile. Et personne ne peut vraiment échapper à cette accusation, qui prêche la foi d'une manière qui tende directement ou indirectement à mettre de côté n'importe quel devoir ; qui prêche Christ de manière à abroger ou à affaiblir, d'une manière quelconque, le plus petit des commandements de Dieu" *(Wesley, sermon 25)*.

Wesley répondait à ceux qui avançaient que "la prédication de l'Evangile répond à toutes les fins de la loi" : "C'est ce que nous nions formellement. Cela ne répond pas à la première fin ou au premier but de la loi, à savoir, de convaincre les hommes de péché, de réveiller ceux qui dorment encore sur les bords de l'enfer." L'apôtre Paul déclare, que "la loi donne la connaissance du péché" et ce n'est que lorsque l'homme est convaincu du péché, qu'il sent vraiment le besoin du sang expiatoire du Christ. "Ceux qui sont en bonne santé, comme le fait observer notre Seigneur Lui-même, n'ont pas besoin de médecin comme ceux qui sont malades. Il est donc absurde d'offrir le secours d'un médecin à ceux qui sont en bonne santé, ou qui, du moins, s'imaginent l'être. Vous avez d'abord à les convaincre qu'ils sont malades ; sans cela ils ne vous seront pas reconnaissants de votre peine. Il est également absurde d'offrir Christ à ceux dont le cœur est intact, n'ayant jamais été brisé" *(Wesley, sermon 35)*.

Ainsi, tout en prêchant l'Evangile de la grâce de Dieu, Wesley, comme son Maître, cherchait à "rendre la loi, magnifique et illustre." Il accomplit fidèlement l'œuvre que Dieu lui avait donnée à accomplir, et il lui fut donné d'en voir de glorieux résultats. A la fin de sa vie, qui s'étendit au-delà de quatre-vingts ans, — ayant passé un demi-siècle dans le ministère itinérant — ses adhérents connus s'élevaient à plus d'un demi million d'âmes. Mais la foule de gens qui, par ses travaux, a été arrachée à la ruine et à la dégradation du péché et amenée à vivre plus saintement, comme le nombre de ceux qui, par ses enseignements, sont parvenus à une expérience chrétienne plus profonde et plus riche, ne sera pas connue avant que la grande famille des rachetés soit rassemblée dans le royaume de Dieu. Sa vie offre à chaque chrétien une leçon d'un prix inestimable. Puissent la foi et l'humilité, le zèle infatigable, l'esprit de sacrifice et de dévouement de ce serviteur du Christ, se réfléchir dans les églises de nos jours !

---

1 Job 9 : 2.   3 Mat. 12 : 36.
2 Luc 10 : 27.   4 1 Cor. 10 : 31.

CHAPITRE XV

LA BIBLE ET LA RÉVOLUTION FRANÇAISE

Au seizième siècle, une Bible ouverte à la main, la Réforme avait frappé à la porte de tous les pays d'Europe. Quelques nations la reçurent joyeusement comme une messagère céleste. Dans d'autres contrées, la papauté réussit, à un haut degré, à empêcher qu'elle y pénétrât, et la lumière issue de la connaissance biblique, avec ses influences sanctifiantes, en fut presque totalement exclue. Mais il y eut un pays où la lumière pénétra, et où cependant elle fut repoussée par les ténèbres. Pendant des siècles, la vérité et l'erreur se disputèrent la prééminence. Le mal finit par triompher, et la vérité divine fut repoussée. "Et ce jugement c'est que, la lumière étant venue dans le monde, les hommes ont préféré les ténèbres à la lumière [1]." Cette nation devait plus tard moissonner ce qu'elle avait semé. L'Esprit de Dieu se retira du milieu d'un peuple qui avait méprisé le don de sa grâce ; le mal parvint à maturité, et le monde entier vit les fruits du rejet obstiné de la lumière.

La guerre que la France livra à la Bible pendant tant de siècles devait atteindre son point culminant dans les scènes de la Révolution. Cette terrible explosion du mal ne fut que le résultat naturel de la suppression de la Bible par Rome. Elle présenta au monde l'exemple le plus frappant qu'on eût jamais vu, des résultats de la politique papale : une illustration du but vers lequel poussaient les enseignements de Rome depuis plus d'un millier d'années.

La suppression de la Bible durant la période de la suprématie papale avait été prédite par les prophètes ; l'Esprit Saint a indiqué également les terribles résultats que devait avoir, spécialement en France, la domination de "l'homme du péché."

L'ange du Seigneur dit en effet à Jean, dans l'une de ses visions : "Les nations … fouleront aux pieds la ville sainte [la vraie église] pendant quarante-deux mois. Je donnerai à mes deux témoins le pouvoir de prophétiser, revêtus de sacs, pendant mille deux cent soixante jours. … Quand ils auront achevé de rendre leur témoignage, la bête qui monte de l'abîme leur fera la guerre, les vaincra, et les tuera. Et leurs cadavres seront sur la place de la grande ville, qui est appelée, dans un sens spirituel, Sodome et Egypte, là même où leur Seigneur a été crucifié. … Les habitants de la terre se réjouiront et seront dans l'allégresse, et ils s'enverront des présents les uns aux autres, parce que ces deux prophètes ont tourmenté les habitants de la terre. Mais après les trois jours et demi, un esprit de vie, venant de Dieu, entra en eux, et ils se tinrent sur leurs pieds ; et une grande crainte s'empara de ceux qui les voyaient [2]."

Les périodes mentionnées ici — "quarante-deux mois", et "mille deux cent soixante jours" — sont le même espace de temps, celui pendant lequel la véritable église du Christ devait souffrir de l'oppression romaine. Les 1260 années de la suprématie papale commencent avec l'établissement de cette suprématie en 538 après Jésus-Christ, et se terminent, en conséquence, en 1798. A cette époque, une armée française entra dans Rome, s'empara du pape et le conduisit en exil à Valence, où il mourut. On ne tarda pas à élire un nouveau pape, mais la hiérarchie papale fut incapable de rétablir son ancienne puissance.

La persécution de l'église ne dura pas jusqu'à la fin de la période des 1260 années. Dieu, dans sa miséricorde pour Son peuple, abrégea le temps de cette cruelle épreuve. En prédisant la "grande tribulation" qui devait frapper l'église, le Sauveur dit : "Si ces jours n'étaient abrégés, personne ne serait sauvé [3]." Grâce à l'influence de la Réformation, la persécution prit fin avant 1798.

Le prophète dit encore, en parlant des deux témoins : "Ce sont les deux oliviers et les deux chandeliers qui se tiennent devant le Seigneur de la terre." "Ta Parole", dit le Psalmiste, "est une lampe à mes pieds, et une lumière sur mon sentier [4]." Les deux témoins représentent les Ecritures de l'Ancien et du Nouveau Testament. Tous deux sont d'importants témoignages rendus à l'origine et à la perpétuité de la loi de Dieu. Tous deux sont également des témoins du plan du salut. Les types, les sacrifices et les prophéties de l'Ancien Testament indiquent un Sauveur à venir. Les évangiles et les épîtres du Nouveau Testament parlent d'un Sauveur qui est venu exactement de la manière prédite par les types et les prophéties.

Ils prophétiseront "revêtus de sacs, pendant mille deux cent soixante jours." Durant la plus grande partie de cette période, les témoins de Dieu demeurèrent dans une sorte d'obscurité. Le pouvoir papal s'efforça de cacher la Parole de vérité aux yeux du peuple, et trouva de faux témoins qui contredisaient Ses témoignages. Lorsque la Bible fut proscrite par l'autorité religieuse et séculière ; lorsque Son témoignage fut travesti, et que tous les efforts qu'hommes et démons purent inventer pour en détourner les esprits furent mis en œuvre ; lorsque ceux qui osaient proclamer Ses vérités sacrées furent poursuivis, trahis, torturés, ensevelis dans les cellules des cachots, martyrisés pour leur foi, ou obligés de fuir dans les cavernes des montagnes, et dans les antres de la terre, — alors les témoins fidèles prophétisèrent étant vêtus de sacs. Pourtant ils continuèrent de prophétiser durant toute la période des 1260 ans. Dans les époques les plus sombres, il y eut des hommes fidèles qui aimaient la Parole de Dieu, et étaient jaloux de Son honneur. Ces loyaux serviteurs reçurent la sagesse, la force et l'autorité de déclarer Sa vérité durant toute cette période.

"Si quelqu'un veut leur faire du mal, du feu sort de leur bouche et dévore leurs ennemis ; car si quelqu'un veut leur nuire, il faut qu'il soit tué de cette manière [5]." Les hommes ne peuvent pas impunément fouler aux pieds la Parole de Dieu. Le sens de cette terrible déclaration est exprimé dans le dernier chapitre de l'Apocalypse : "Je déclare à quiconque entend les paroles de la prophétie de ce livre : Si quelqu'un y ajoute quelque chose, Dieu le frappera des fléaux décrits dans ce livre ; et si quelqu'un retranche quelque chose des paroles du livre de cette prophétie, Dieu retranchera sa part de l'arbre de vie, et de la ville sainte, et des choses qui sont écrites dans ce livre [6]."

Tels sont les avertissements que Dieu a donnés pour empêcher les hommes de changer en aucune manière ce qu'Il a révélé ou commandé. Ces paroles solennelles s'appliquent à tous ceux qui, par leur influence, induisent les hommes à considérer la loi de Dieu à la légère. Cela devrait faire craindre et trembler ceux qui déclarent inconsidérément que c'est une affaire de peu d'importance que nous obéissions ou non à la loi de Dieu. Tous ceux qui placent leurs propres opinions au-dessus de la révélation divine, tous ceux qui voudraient changer le sens clair des Ecritures pour satisfaire leur propre convenance, ou pour se conformer au monde, se chargent d'une responsabilité terrible. La Parole écrite, la loi de Dieu, mesurera le caractère de chaque homme, et condamnera tous ceux que cette infaillible mesure déclarera trop légers.

"Et quand ils auront achevé [achèveront] de rendre leur témoignage." La période pendant laquelle les deux témoins devaient prophétiser, étant vêtus de sacs, se termina en 1798. Comme ils approchaient du terme où leur œuvre se faisait dans l'ombre, la puissance représentée par "la bête qui monte de l'abîme" leur fit la guerre. Dans bien des nations de l'Europe, les puissances qui gouvernent l'église et l'Etat avaient été depuis des siècles sous l'influence de Satan, par l'intermédiaire de la papauté. Mais nous voyons paraître ici une nouvelle manifestation de la puissance satanique.

La politique de Rome avait été, sous prétexte d'une grande vénération pour la Bible, de la tenir scellée dans une langue inconnue [le latin], et de la tenir ainsi hors de la portée du peuple. Sous cette domination, les deux témoins prophétisaient "étant vêtus de sacs." Mais une autre puissance — la "bête qui monte de l'abîme" — devait surgir et livrer une guerre ouverte à la Parole de Dieu.

"Et leurs cadavres seront sur la place de la grande ville, qui est appelée, dans un sens spirituel, Sodome et Egypte, là même où leur Seigneur a été crucifié."

La "grande ville" dans les rues de laquelle les deux témoins sont tués et où leurs corps morts demeurent étendus, "est appelée, dans un sens spirituel, … Egypte." De toutes les nations dont parle l'histoire biblique, il n'en est pas une qui ait nié si hardiment l'existence du Dieu vivant que l'Egypte, et qui résista comme elle à Ses ordres. Aucun monarque n'osa se lancer dans une rébellion ouverte et à main levée contre l'autorité du ciel comme le fit le Pharaon d'Egypte. Lorsque Moïse lui apporta un message, au nom du Seigneur, Pharaon répondit fièrement : "Qui est l'Eternel, pour que j'obéisse à Sa voix, en laissant aller Israël ? Je ne connais pas l'Eternel, et je ne laisserai point aller Israël [7]." Tel est le langage de l'athéisme. Or la nation représentée ici par l'Egypte devait également nier les droits du Dieu vivant, et devait montrer le même esprit d'incrédulité et de bravade. La "grande ville" est aussi appelée, "dans un sens spirituel, Sodome." La corruption de Sodome, ses violations de la loi de Dieu se manifestaient surtout par la luxure [recherche et pratique sans retenue des plaisirs sexuels] des habitants. Ce péché devait également caractériser la nation qui allait accomplir cette prophétie.

Ainsi, selon les paroles du prophète, peu avant l'année 1798, un gouvernement sortant de "l'abîme" devait s'élever pour faire la guerre à la Parole de Dieu. Dans le pays où l'on réduirait ainsi au silence les témoignages des deux témoins de Dieu, l'on devait voir se manifester l'athéisme de Pharaon et la corruption de Sodome.

Cette prophétie s'accomplit à la lettre et d'une manière bien frappante dans l'histoire de la France. Pendant la révolution de 1793, "pour la première fois, le monde vit une assemblée d'hommes civilisés, s'arrogeant le gouvernement d'une des nations les plus policées de l'Europe, élever la voix pour nier la vérité la plus solennelle que l'homme reconnaisse, et renoncer unanimement à la croyance et au culte d'une Divinité" *(Sir Walter Scott, Life of Napoleon, vol. 1, ch. 17).* "La France est la seule nation du monde dont l'histoire authentique ait enregistré le fait qu'elle ait élevé la main en rébellion ouverte contre l'Auteur de l'univers. Il y a eu et il y aura toujours beaucoup de blasphémateurs et d'incrédules en Angleterre, en Allemagne, en Espagne, et partout ailleurs ; mais la France tient une place à part dans l'histoire du monde, comme le seul Etat qui, par un décret de son assemblée législative, ait déclaré qu'il n'y avait pas de Dieu, décret à la suite duquel toute la population, tant dans la capitale qu'en province, ait accueilli cette nouvelle, les femmes comme les hommes, par des danses et des chants de joie" *(Blackwood's Magazine, November, 1870).*

La France se montra aussi sous les traits distinctifs qui caractérisaient Sodome. Pendant la révolution, on vit se manifester un état d'affaissement moral et de corruption semblable à celui qui attira la destruction sur les "villes de la plaine." L'historien parle à la fois de l'athéisme et du relâchement des mœurs en France, exactement comme la prophétie. "Aux lois qui affectaient la religion, se trouvait intimement unie celle qui réduisait l'union du mariage — l'engagement le plus sacré que puissent former des créatures humaines, et dont la conservation contribue le plus fortement à la consolidation de la société — à l'état d'un simple contrat civil d'une nature transitoire, par lequel deux personnes pouvaient s'engager et se délier à volonté. Si les démons s'étaient mis à l'œuvre pour découvrir une méthode propre à détruire tout ce qu'il y a de respectable, de bon ou de permanent dans la vie domestique, et s'assurer en même temps que le mal qu'ils avaient en vue de créer, se perpétue d'une génération à l'autre, ils n'auraient pu inventer un plan plus effectif que la dégradation du mariage... Sophie Arnoult, actrice connue par ses bons mots, appelait le mariage républicain le sacrement de l'adultère" *(Scott, vol. 1, ch. 17).* "Où notre Seigneur a été crucifié." Ce trait de la prophétie s'accomplit aussi en France. Dans aucun pays, l'esprit de haine contre Christ ne se manifesta d'une manière plus frappante. Dans aucune contrée, la vérité ne rencontra une opposition plus violente et plus cruelle. Dans la persécution que la France a exercée contre les confesseurs de l'Evangile, elle a crucifié Christ dans la personne de Ses disciples.

Siècle après siècle, on y avait vu couler le sang des saints. Tandis que les Vaudois, dans les montagnes du Piémont, donnaient leurs vies pour la Parole de Dieu et pour "le témoignage de Jésus-Christ", leurs frères, les Albigeois de France, rendaient le même témoignage à la vérité. Aux jours de la Réformation, ses disciples avaient été mis à mort par d'horribles tortures. Roi et nobles, des femmes de haut rang et de délicates jeunes filles, l'orgueil et la fleur de la nation, tous avaient réjoui leurs yeux des angoisses des martyrs de Jésus. Les braves huguenots, luttant pour les droits que le cœur humain estime comme les plus sacrés, avaient versé leur sang sur maints champs de bataille. Les protestants étant mis hors la loi, on mit leurs têtes à prix, et ils furent poursuivis comme des bêtes sauvages.

"L'Eglise du Désert", les quelques descendants des anciens chrétiens qui restaient encore en France au dix-huitième siècle, se cachant dans les montagnes du sud, demeuraient attachés à la foi de leurs pères. Lorsqu'ils essayaient de se réunir la nuit, sur le versant d'une montagne ou dans une lande isolée, ils étaient poursuivis par des dragons [soldats intraitables persécutant les protestants], et emmenés pour servir aux galères pendant toute leur vie. Les hommes les plus honnêtes, les mieux éduqués et les plus intelligents d'entre les Français étaient enchaînés, soumis à d'horribles tortures, parmi les voleurs et les assassins *(voir Wylie, b. 22, ch. 6).* Plus humainement traités étaient ceux qui, sans arme et sans défense, tombant à genoux et se recommandant à Dieu, étaient fusillés de sang-froid. Des centaines de vieillards, de femmes inoffensives et d'enfants innocents, étaient laissés morts sur le lieu de réunion. En traversant le versant de la montagne ou de la forêt, où ils avaient coutume de s'assembler, il n'était pas rare de trouver "tous les quatre pas, des corps morts rougissant le gazon, et des corps pendus aux arbres." Leur pays, "dévasté par l'épée, la hache et le bûcher, fut changé en un immense et lugubre désert." "Ces atrocités furent commises non pas en un temps de ténèbres et d'ignorance, mais dans le siècle poli de Louis XIV [Roi de France de 1643 à 1715], siècle où les arts et les sciences étaient cultivés, où les lettres florissaient et où les prêtres de la cour et de la capitale, savants et éloquents, se paraient des grâces de la douceur et de la charité" *(voir Wylie, b. 22, ch. 7).*

Mais ce qu'il y a de plus noir dans les sombres annales du crime, de plus horrible parmi les actes diaboliques de tous les siècles néfastes, c'est le massacre de la St Barthélemy [le 24 août 1572]. Le roi, poussé par les prêtres et les prélats romains, donna sa sanction à cette œuvre de mort. La grande cloche du palais, tintant dans le silence de la nuit, donna le signal du massacre. Des milliers de protestants dormant tranquillement dans leurs demeures, confiants en la foi jurée de leur roi, en furent arrachés sans avertissement et tués de sang-froid.

Satan était à la tête du complot, en la personne des zélés catholiques. De même que Christ était le guide invisible de Son peuple hors de la servitude d'Egypte, Satan était le guide invisible de ses sujets dans cet horrible acte qui multipliait les martyrs. Dans Paris, le massacre dura sept jours, les trois premiers jours avec une indicible fureur. Il ne fut pas limité à la capitale ; par ordre du roi, il s'étendit de province en province, de ville en ville, partout où se trouvaient des protestants. On ne respecta ni l'âge, ni le sexe. On n'épargna ni le petit enfant au berceau, ni le vieillard à cheveux blancs. Nobles et paysans, jeunes et vieux, mères et enfants, étaient tués ensemble. Pendant deux mois, le massacre se poursuivit à travers la France. Soixante-dix mille personnes, la fleur de la nation, périrent.

"Le pape Grégoire XIII reçut la nouvelle du sort des huguenots avec une grande joie. Il avait vu s'accomplir les désirs de son cœur, et Charles IX était maintenant son fils favori. La ville de Rome éclata en réjouissances. Les canons du château Saint-Ange saluèrent ce joyeux évènement ; les cloches sonnèrent à tous les clochers ; des feux de joie furent allumés pendant la nuit, et Grégoire, suivi de ses cardinaux et de ses prêtres, conduisit une magnifique procession à l'église de Saint-Louis, où le cardinal de Lorraine fit chanter un Te Deum. Le cri des mourants sur le sol de la France était une douce harmonie pour la cour de Rome. On fit frapper une médaille en mémoire de ce glorieux massacre ; un tableau, qui existe encore au Vatican, fut peint pour représenter les principaux évènements de la St Barthélemy. Le pape, désirant témoigner à Charles sa gratitude pour sa conduite louable, lui envoya la Rose d'or, et d'éloquents prédicateurs, à Rome, lurent du haut de la chaire les louanges de Charles, de Catherine et des Guise, nommés les nouveaux fondateurs de l'église du pape" *(Henry White, The Massacre of St Bartholomew, ch. 14, par. 34).*

L'esprit satanique qui avait inspiré le massacre de la Saint-Barthélemy, provoqua également les scènes de la Révolution. On déclara que Jésus-Christ était un imposteur, et le mot de passe des incrédules français était : "Ecrasez l'Infâme !" c'est-à-dire Christ. Les blasphèmes contre le ciel et un épouvantable déchaînement de vices se donnèrent la main, et les hommes les plus ignobles, les monstres les plus cruels et les plus vicieux furent les plus honorés. Dans tout cela un hommage suprême était rendu à Satan, tandis que Christ était crucifié dans les qualités qui l'avaient distingué : la vérité, la pureté et l'amour sans égoïsme.

"La bête qui monte de l'abîme leur fera la guerre, les vaincra, et les tuera." Le pouvoir athée qui gouverna la France pendant la Révolution et le Règne de la Terreur, fit à Dieu et à la Bible une guerre telle que le monde n'en a jamais vu de semblable. L'Assemblée Nationale prohiba la Parole de Dieu. Les Bibles furent rassemblées et brûlées publiquement avec les plus grandes manifestations de dédain. La loi de Dieu fut foulée aux pieds. Les institutions de la Bible furent abolies. On mit de côté le repos hebdomadaire, et à sa place on consacra au plaisir et au blasphème chaque dixième jour. On défendit d'administrer le baptême et la sainte cène, et des affiches, placées bien en vue sur les cimetières, annoncèrent que la mort était un sommeil éternel.

On déclara que la crainte de Dieu, loin d'être le commencement de la sagesse, était le commencement de la folie. Tout service religieux fut interdit, excepté celui qui était rendu à la liberté et à la patrie. "L'évêque constitutionnel de Paris fut appelé à jouer le rôle principal dans la plus impudente et la plus scandaleuse comédie qu'on eût jamais jouée en présence d'une représentation nationale... Il se présenta en pleine procession, pour déclarer à la Convention que la religion qu'il avait enseignée tant d'années, était à tous égards une intrigue de prêtres, qui n'avait aucun fondement ni dans l'histoire, ni dans la vérité religieuse. Il désavoua en termes solennels et explicites l'existence de Dieu, au culte de qui il avait été consacré, et annonça se vouer pour l'avenir au culte de la liberté, de l'égalité, de la vertu et de la moralité. Alors il déposa sur la table ses insignes épiscopaux, et reçut l'accolade fraternelle du président de la Convention. Plusieurs prêtres apostats suivirent l'exemple de ce prélat" *(Scott, vol. 1, ch. 17)*.

"Les habitants de la terre se réjouiront et seront dans l'allégresse, et ils s'enverront des présents les uns aux autres, parce que ces deux prophètes ont tourmenté les habitants de la terre." La France incrédule avait réduit au silence la voix réprobatrice des deux témoins de Dieu. La Parole de vérité était foulée aux pieds, étouffée, et ceux qui haïssaient les défenses et les prescriptions de la loi de Dieu étaient dans la joie. Les hommes jetaient publiquement un défi au Roi des cieux. Comme les pécheurs d'autrefois, ils s'écriaient : "Comment Dieu saurait-Il, Comment le Très-Haut connaîtrait-Il ? [8]" Avec une hardiesse blasphématoire presque incroyable, un des prêtres du nouvel ordre dit un jour : "Dieu, si Tu existes, venge Ton nom injurié. Je Te défie ! Tu gardes le silence. Tu n'oses pas lancer Tes foudres ! Qui croira, après cela, à Ton existence ?" *(Lacretelle, History, vol. 11, p. 309 ; in Sir Archibald Alison, History of Europe, vol. 1, ch. 10)*. N'est-ce pas là un écho de la question de Pharaon : "Qui est l'Eternel, pour que j'obéisse à sa voix... ?" "Je ne connais point l'Eternel !" "L'insensé dit en son cœur : Il n'y a pas de Dieu ! [9]" Et le Seigneur dit, concernant ceux qui pervertissent la vérité : "Leur folie sera manifeste pour tous [10]."

Après que la France eut renoncé au culte du Dieu vivant, de Celui "dont la demeure est éternelle", elle ne tarda pas à tomber dans une dégradante idolâtrie, en consacrant le culte de la déesse Raison dans la personne d'une femme de mauvaises mœurs ; et cela au sein de l'Assemblée Nationale, et par ses hautes autorités civiles et législatives ! Un historien dit : "Une des cérémonies de cette époque en démence demeure sans précédent pour son absurdité et son impiété. Les portes de la Convention s'ouvrirent toutes grandes à une troupe de musiciens, à la suite desquels les membres du corps municipal entrèrent en procession solennelle, chantant un hymne en l'honneur de la liberté, et escortant comme objet de leur culte futur, une femme voilée qu'ils désignaient comme déesse de la Raison. Amenée jusqu'au pied de l'autel, elle fut dévoilée en grande pompe et placée à la droite du président ; on reconnut alors une danseuse de l'opéra... C'est à cette personne que la France rendit un hommage public, comme une représentation convenable de cette Raison qu'ils adoraient. Cette impie et ridicule représentation eut une certaine vogue, et l'installation de la déesse Raison se répéta et s'imita à travers toute la France, dans les villes où les habitants désiraient se montrer à la hauteur de la Révolution" *(Scott, vol. 1, ch. 17)*.

L'orateur qui introduisit le culte de la Raison, dit : "Le fanatisme législatif est déchu ; il a fait place à la raison. Nous avons abandonné ses temples ; ils sont régénérés. Aujourd'hui, une immense multitude est réunie sous ces voûtes gothiques où, pour la première fois, retentira la voix de la vérité. C'est là que la France célébrera le vrai culte, celui de la Liberté et de la Raison. Nous y formerons de nouveaux vœux pour la prospérité des armées de la République ; nous y abandonnerons le culte d'idoles inanimées pour celui de la Raison — cette image animée, le chef-d'œuvre de la création" *(M. A. Thiers, History of the French Revolution, vol. 2, p. 370, 371)*.

Lorsque la déesse fut introduite devant la Convention, l'orateur la prit par la main, et dit en se tournant vers l'assemblée : "Mortels, cessez de trembler devant les foudres impuissantes du Dieu que vos craintes ont créé. Dès maintenant, ne reconnaissez d'autre divinité que celle de la Raison. Je vous présente son image la plus noble et la plus pure ; s'il vous faut des idoles, ne sacrifiez qu'à des idoles semblables à celle-ci. Tombez devant l'auguste sénat de la liberté, voile de la Raison." Après que la déesse eut reçu l'accolade du président, elle monta sur un char magnifique qui la conduisit, au milieu d'une immense foule, à la cathédrale de Notre-Dame, pour y prendre la place de la Divinité. On la plaça ensuite sur un autel très élevé, d'où elle reçut l'adoration de tous ceux qui étaient présents" *(Alison, vol. 1, ch. 10)*.

Peu après cette cérémonie, la Bible fut brûlée publiquement. Ensuite, la "Société populaire du musée" pénétra dans la salle de la municipalité, en criant : "Vive la Raison !" portant au bout d'une perche les restes à demi brûlés de divers livres, entre autres les bréviaires de l'Ancien et du Nouveau Testament, qui "expièrent dans un grand feu", dit le président, "toutes les folies qu'ils ont fait commettre à la race humaine" *(Journal of Paris, 1793, No. 318. Quoted in Buchez-Roux, Collection of Parliamentary History, vol. 30, p. 200, 201)*.

C'était le système papal qui avait commencé l'œuvre que complétait l'athéisme. Ce sont les agissements de Rome qui avaient amené cet état social, politique et religieux, qui poussait la France à la ruine. Un écrivain, parlant des horreurs de la Révolution, dit : "Ces excès doivent certainement être mis sur le compte du trône et de l'église !" Pour être strictement juste, il faut les attribuer à l'église. La papauté avait rempli les esprits des rois de venin contre la Réformation, l'appelant un ennemi de la couronne, un élément de discorde qui devait être fatal à la paix et à l'harmonie de la nation. Il entrait dans le caractère de Rome d'inspirer, par ce moyen, les cruautés atroces du pouvoir civil. L'esprit de liberté marche de pair avec la Bible. Partout où l'Evangile était reçu, il éveillait l'esprit du peuple. Les hommes commençaient à rompre les chaînes qui les avaient retenus dans l'esclavage de l'ignorance, du vice et de la superstition. Ils commençaient à penser et à agir comme des hommes. Les monarques le remarquèrent, et tremblèrent pour leur despotisme.

Rome se hâta d'allumer leurs craintes jalouses. Le pape disait en 1525 au régent de France : "Cette manie [le protestantisme] ne détruira pas seulement la religion, mais toutes ses principautés, les noblesses, les lois, les ordres et les rangs" *(G. de Félice, History of the Protestants of France, b. I, ch. 2, par. 8).* Quelques années plus tard, un dignitaire du pape donnait ces avertissements au roi : "Sire, ne soyez pas dupe. Les protestants vont renverser tout ordre civil aussi bien que religieux. ... Le trône est autant en danger que l'autel. ... L'introduction d'une nouvelle religion va nécessairement introduire un nouveau gouvernement" *(D'Aubigné, History of the Reformation in Europe in the Time of Calvin, b. 2, ch. 36).* Et les théologiens excitaient les préjugés populaires, en déclarant que la doctrine protestante "entraînait les hommes à des nouveautés et à la folie, privait le roi de l'affection dévouée de ses sujets, et ruinait et l'église et l'Etat." C'est ainsi que Rome réussit à pousser la France contre la Réformation. "Ce fut pour soutenir le trône, protéger les nobles et maintenir les lois, que l'épée de la persécution fut d'abord tirée en France" *(Wylie, b. 13, ch 4).*

Les princes ne prévoyaient guère les résultats de cette fatale politique. Les enseignements de la Bible auraient implanté dans les esprits et les cœurs du peuple les principes de justice, de tempérance, de vérité, d'équité et de bienfaisance qui sont la véritable pierre de l'angle de la prospérité nationale. "La justice élève une nation", "car c'est par la justice que le trône s'affermit [11]." "L'œuvre de la justice sera la paix", et ses effets "le repos et la sécurité pour toujours [12]." Celui qui obéit à la loi divine obéira sûrement aux lois de son pays et les respectera. Celui qui craint Dieu honorera le roi dans l'exercice de toute autorité juste et légitime. Mais la malheureuse France interdit la Bible, et bannit ses disciples.

Siècle après siècle, des hommes de principes et d'intégrité, des hommes d'une haute culture intellectuelle et d'une grande force morale, qui avaient le courage d'avouer leurs convictions et de souffrir pour la vérité, pendant des siècles, ces hommes souffrirent comme esclaves sur les galères, moururent sur les bûchers, ou gémirent dans les cellules des cachots. Des milliers cherchèrent leur salut dans la fuite ; et cela dura pendant deux cent cinquante ans après le début de la Réformation.

"Il y eut à peine une génération en France, durant cette longue période, qui ne fut pas témoin de la fuite des disciples de l'Evangile devant la fureur insensée du persécuteur, emportant partout avec eux l'intelligence, les arts, l'industrie, l'ordre, choses dans lesquelles ils excellaient en général, pour en enrichir le pays où ils trouvaient un asile. Et dans la mesure où ils enrichissaient d'autres contrées de ces avantages, ils en privaient la leur. Si tous ceux qui furent chassés étaient demeurés en France, si pendant ces trois siècles, la disposition industrieuse des exilés avait cultivé son sol ; si leur habileté artistique avait perfectionné ses manufactures ; si, durant ces trois cents ans, leur génie créateur et leurs facultés analytiques avaient enrichi sa littérature et cultivé sa science ; si leur sagesse avait dirigé ses conseils, si leur bravoure avait combattu dans ses batailles, leur équité composé ses lois, et la religion de la Bible fortifié l'intelligence et gouverné la conscience du peuple : de quelle gloire la France ne serait-elle pas entourée actuellement ! Quelle contrée grande, prospère et heureuse — modèle des nations — n'aurait-elle pas été !

"Mais une aveugle et inexorable bigoterie chassa de son territoire tout docteur enseignant la vertu, tout défenseur de l'ordre, tout vrai soutien du trône ; elle dit aux hommes qui auraient valu à leur patrie un renom et une gloire sur la terre : Choisissez ce que vous voulez, un bûcher, ou l'exil. A la fin, la ruine de l'Etat fut complète ; il n'y eut plus de consciences à proscrire ; plus de religion à traîner sur le bûcher, ni de patriotisme à envoyer en exil" *(Wylie, b. 13, ch. 20)*. Et la Révolution, avec toutes ses horreurs, en fut l'amer résultat.

"Avec la fuite des huguenots, un déclin général se fit remarquer en France. Des villes manufacturières florissantes tombèrent en décadence ; de fertiles contrées devinrent bientôt incultes ; un affaiblissement intellectuel et un déclin moral succédèrent à une période de grands progrès. Paris devint une vaste maison de charité, et on estime qu'au moment où éclata la Révolution, deux cent mille pauvres réclamaient la charité des mains du roi. Dans cette nation en décadence, les jésuites seuls prospéraient, et gouvernaient avec une effrayante tyrannie les églises et les écoles, les prisons et les galères."

L'Evangile aurait apporté à la France la solution de ces problèmes sociaux et politiques qui défièrent l'habileté de son clergé, de son roi, et de ses législateurs, et qui plongèrent finalement la nation dans l'anarchie et la ruine. Mais sous la domination de Rome, le peuple avait oublié les leçons bénies du Sauveur, leçons d'abnégation et d'amour désintéressé. On l'avait détourné de la pratique du renoncement pour le bien du prochain. Le riche n'était pas réprimé lorsqu'il opprimait le pauvre, et le pauvre n'obtenait aucun secours dans sa servitude et sa dégradation. L'égoïsme des riches et des puissants devenait de plus en plus apparent et oppressif. Pendant des siècles, l'avidité et le dérèglement des nobles leur avaient fait opprimer et spolier les paysans autant qu'ils pouvaient. Le riche faisait du tort au pauvre et le pauvre haïssait le riche.

Dans bien des provinces, les immeubles appartenaient aux nobles, et les classes laborieuses n'étaient que les fermiers ; elles étaient à la merci de leurs propriétaires, et forcées de se soumettre à leurs réclamations exorbitantes. La charge d'entretenir et l'église et l'Etat retombait tout entière sur les classes inférieures, qui étaient lourdement imposées par les autorités civiles et par le clergé. "Le bon plaisir des nobles était considéré comme loi suprême ; les fermiers et les paysans pouvaient mourir de faim ; leurs oppresseurs s'en souciaient peu... Les hommes du peuple étaient forcés de considérer en toutes choses l'intérêt exclusif de leur seigneur.

Les laboureurs menaient une vie de travail incessant et d'une misère sans pareille ; leurs plaintes, s'ils osaient se plaindre, étaient accueillies avec un insolent mépris. Les tribunaux écoutaient toujours un noble contre un paysan ; les juges se laissaient suborner par des présents ; et le moindre caprice de l'aristocratie avait force de loi, en vertu de ce système de corruption générale. Des impôts perçus sur le peuple par les percepteurs royaux d'un côté et le clergé de l'autre, il n'en entrait pas la moitié dans les trésors royaux ou épiscopaux ; le reste était prodigué en plaisirs déréglés. Et les hommes qui appauvrissaient ainsi leurs concitoyens étaient eux-mêmes exempts de tout impôt, et avaient droit, de par la loi ou la coutume, à toutes les charges de l'Etat. Les classes privilégiées comptaient cent cinquante mille personnes, et des millions étaient condamnées à mener une vie dégradante et sans espoir, pour satisfaire à leurs désirs."

La cour était adonnée au luxe et à la prodigalité. Il n'y avait que peu de confiance entre le peuple et ses gouvernants. On soupçonnait toutes les mesures du gouvernement comme artificieuses et égoïstes. Pendant plus d'un demi-siècle avant la Révolution, le trône fut occupé par Louis XV qui, même dans ces temps mauvais, se distinguait par son indolence, sa frivolité et sa sensualité. Avec une aristocratie dépravée et cruelle, une classe inférieure appauvrie et ignorante, l'Etat plongé dans des embarras financiers, et le peuple exaspéré, il n'était pas besoin d'être bien perspicace pour prévoir qu'une terrible explosion était imminente. Le roi avait coutume de répondre aux avertissements de ses conseillers : "Tâchez que les choses marchent autant que je vivrai ; quand je serai mort, elles iront comme elles pourront." C'est en vain qu'on lui montrait la nécessité d'une réforme. Il voyait le mal, mais n'avait ni la force, ni le courage de s'y opposer. Le sort qui attendait la France n'était que trop bien caractérisé par cette sinistre et indolente parole du roi : "Après moi le déluge !"

En excitant la jalousie des rois et des classes régnantes, Rome les avait poussés à maintenir le peuple dans la servitude, sachant que l'Etat en serait d'autant affaibli, et se proposant ainsi de mieux tenir les princes et les peuples dans sa servitude. Usant d'une politique à longue vue, elle vit que pour mieux rendre les hommes esclaves, il fallait enchaîner leurs âmes ; que le plus sûr moyen de les empêcher d'échapper à sa servitude était de les rendre incapables de liberté. La dégradation morale qui fut le résultat de cette politique fut mille fois plus terrible que les souffrances physiques qui l'accompagnaient. Privé de la Bible et abandonné aux enseignements de la bigoterie et de l'égoïsme, le peuple fut plongé dans l'ignorance, la superstition et le vice, de sorte qu'il était tout à fait incapable de se gouverner.

Mais le résultat de tout cela fut bien différent de ce que Rome s'était proposé d'accomplir. Au lieu de maintenir les masses dans une soumission aveugle à ses dogmes, son travail en fit des incrédules et des révolutionnaires. Ils méprisèrent le système papal comme étant un artifice des prêtres. Ils regardèrent le clergé comme un club de personnes soutenant ensemble leurs intérêts oppresseurs. Le seul Dieu qu'ils connurent était celui de Rome ; ses enseignements étaient leur seule religion. Ils considérèrent son avidité et sa cruauté comme venant directement de la Bible, et ils n'en voulurent plus.

Rome avait faussement représenté le caractère de Dieu, et perverti ses lois ; et maintenant les hommes rejetaient et la Bible et son Auteur. Elle avait exigé une foi aveugle en ses dogmes, sous la prétendue sanction des Ecritures. Dans la réaction, Voltaire et ses associés rejetèrent toute la Parole de Dieu, et répandirent partout le poison de l'incrédulité. Rome avait ployé le peuple sous son talon de fer, et maintenant les masses dégradées et furieuses, dans leur horreur de sa tyrannie, rejetaient tout frein. Irritées à la vue des brillantes tromperies auxquelles elles avaient si longtemps rendu hommage, elles rejetaient tout à la fois la vérité et l'erreur ; et confondant la licence avec la liberté, les esclaves du vice se glorifiaient de leur liberté imaginaire.

Au commencement de la Révolution, le peuple obtint, grâce à une concession du roi, d'avoir à l'Assemblée nationale une représentation dépassant celle des nobles et des membres du clergé réunis. Il avait ainsi la balance du pouvoir en mains ; mais il n'était pas préparé à s'en servir avec sagesse et modération. Pressé de redresser les torts dont il avait souffert, il entreprit d'établir la société sur d'autres bases. Une populace outragée, dont l'esprit était rempli des souvenirs anciens et amers des torts dont elle avait souffert, résolut de renverser un Etat de misère devenu insupportable, et de se venger de ceux qu'elle reconnaissait comme les auteurs de ses souffrances. Les opprimés allaient mettre en pratique les leçons que la tyrannie leur avait apprises et devenir les oppresseurs de ceux qui les opprimaient.

La malheureuse France allait moissonner dans le sang ce qu'elle avait semé. Sa soumission à la puissance envahissante de Rome eut de terribles résultats. C'est là où la France avait, sous l'influence du romanisme, élevé le premier bûcher, au commencement de la Réformation, que la Révolution monta sa première guillotine. C'est sur la place même où les premiers martyrs de la foi protestante furent brûlés, au seizième siècle, que les premières victimes de la Révolution furent guillotinées au dix-huitième siècle. En repoussant l'Evangile qui lui aurait apporté la guérison, la France avait ouvert la porte à l'incrédulité et à la ruine. Lorsque les droits de la loi de Dieu eurent été repoussés, il se trouva que les lois humaines ne suffirent pas à tenir en bride les flots puissants des passions humaines ; et la nation tomba dans la révolte et l'anarchie. La guerre contre la Bible inaugura une ère connue dans l'histoire sous le nom de "règne de la terreur." La paix et le bonheur étaient bannis des demeures et des cœurs des hommes. Personne ne vivait en sécurité. Celui qui triomphait aujourd'hui devenait suspect demain et était condamné. La violence et la luxure régnaient sans conteste.

Roi, clergé et nobles étaient forcés de se soumettre aux atrocités d'un peuple en démence. L'exécution du roi excitant la soif de vengeance, les hommes qui avaient décrété sa mort le suivirent bientôt à la guillotine. On résolut de faire un massacre général de tous ceux qui étaient suspects d'hostilité à la Révolution. Les prisons furent remplies, au point qu'elles contenaient au même moment plus de deux cent mille captifs. Dans les villes de province, on n'assistait qu'à des scènes d'horreur. Un parti révolutionnaire était contre un autre parti, et la France devint un vaste champ de luttes, où les masses se ruaient les unes contre les autres, emportées par la fureur de leurs passions. "A Paris, un tumulte succédait à un autre tumulte, et les citoyens étaient divisés entre un mélange de factions qui ne semblaient avoir d'autre but que de s'exterminer mutuellement [guerre civile]." Et pour mettre le comble à la misère générale, la nation se trouva engagée dans une longue guerre dévastatrice avec les grandes puissances de l'Europe. "Le pays était sur le point de faire faillite ; les armées réclamaient à grands cris leur paie arriérée ; Paris était réduit à la famine ; les provinces étaient ravagées par des brigands, et la civilisation était sur le point de s'éteindre dans l'anarchie et la licence [désordre moral, anarchie qu'entraîne une liberté sans contrôle]."

Le peuple, hélas ! n'avait que trop bien appris les leçons de cruauté et de torture que Rome lui avait si patiemment enseignées. Le jour des rétributions était finalement venu. Ce n'étaient pas les disciples de Jésus qui se trouvaient alors jetés dans les cachots et traînés à l'échafaud. Depuis longtemps, ils avaient péri ou avaient été forcés de s'exiler. L'impitoyable Rome recevait maintenant les coups mortels de ceux qu'elle avait habitués à verser, d'un cœur léger, le sang de leurs frères. "L'exemple de la persécution, que le clergé français avait donné pendant tant de siècles, retombait sur lui avec une grande rigueur. Les échafauds se rougissaient du sang des prêtres. Les galères et les prisons, remplies autrefois de Huguenots, regorgeaient maintenant de leurs persécuteurs. Enchaînés sur les bancs, et maniant péniblement les rames, les membres du clergé romain goûtèrent des maux que leur église avait si libéralement infligés à d'innocents hérétiques [personnes dont leur doctrine d'origine chrétienne est contraire à la foi catholique]."

"Alors vinrent les jours où le plus barbare de tous les codes fut mis en pratique par les plus barbares de tous les tribunaux ; où personne n'osait saluer ses voisins ou faire sa prière, sans s'exposer à commettre un crime capital ; alors que des espions se trouvaient partout ; où la guillotine était chaque jour à l'œuvre ; où les cachots de Paris étaient pleins comme la cale d'un navire faisant la traite des noirs ; alors que les égouts versaient des flots de sang dans la Seine… Tandis que les charrettes chargées de victimes passaient journellement dans les rues de Paris pour se rendre sur la place d'exécution, les émissaires que le comité de salut public avait envoyés dans les départements, se signalaient par une cruauté extravagante, inconnue même dans la capitale. Le couteau de la machine de mort se levait et tombait trop lentement pour leur œuvre de massacre. De longues files de captifs furent moissonnées par la mitraille. Des barques chargées de victimes s'ouvraient, soudainement, au milieu de la Loire. Lyon fut transformé en désert. A Arras, la grâce cruelle d'une prompte mort était refusée aux prisonniers. Sur tout le parcours de la Loire, de Saumur à la mer, de grandes troupes de milans et de corneilles se repaissaient sur des corps nus, enlacés dans de hideux embrassements. Ni le sexe, ni l'âge n'obtenaient grâce. On compta par centaines les jeunes gens et les jeunes filles de dix-sept ans qui furent massacrés par cet exécrable gouvernement. Des enfants arrachés du sein de leurs mères étaient lancés de pique en pique le long des rangs des Jacobins [société politique sous la Révolution française]." Dans le court espace de dix ans, des millions d'êtres humains périrent. Tout cela était selon les désirs de Satan. C'est ce qu'il avait cherché à amener depuis des siècles. Sa politique est trompeuse du commencement à la fin ; et son ferme dessein est d'attirer le mal et la misère sur les hommes ; de dégrader et de corrompre l'image de Dieu ; de l'offenser, et de réduire à néant ses desseins de bonté et d'amour. Ensuite il aveugle les esprits des hommes par ses artifices, et les amène à jeter sur Dieu le blâme de ses actes, comme si toutes les misères humaines étaient le résultat du plan de Dieu. De la même manière, lorsque ceux qui ont été abaissés et dégradés par son cruel pouvoir acquièrent leur liberté, il les pousse aux excès et aux atrocités. Alors cette image d'une licence sans frein, est signalée par les tyrans et les oppresseurs comme un exemple des résultats de la liberté.

Quand l'erreur, sous une certaine forme a été dévoilée, Satan ne fait que la déguiser sous d'autres vêtements, et les foules la reçoivent avec autant d'avidité qu'auparavant. Lorsque le peuple vit que le romanisme était une tromperie, et que Satan ne put pas, par ce moyen, l'amener à transgresser la loi de Dieu, il poussa les hommes à considérer toute religion comme un artifice, et la Bible comme une fable ; aussi, rejetant les divins statuts, ils s'abandonnèrent sans frein à tous les péchés.

L'erreur fatale qui amena une telle calamité sur les habitants de la France, fut d'ignorer cette grande vérité : que la vraie liberté repose dans les prescriptions de la loi de Dieu. "Oh ! Si tu avais été attentif à mes commandements ! Ton bien-être serait comme un fleuve, et ton bonheur comme les flots de la mer." "Il n'y a point de paix pour les méchants, dit l'Eternel." "Mais celui qui M'écoute reposera avec assurance, il vivra tranquille et sans craindre aucun mal [13]."

Les athées, les incrédules et les apostats s'opposent à la loi de Dieu et l'attaquent ; mais le résultat de leur influence prouve que le bien-être de l'homme est lié à son obéissance aux divins statuts. Ceux qui ne veulent pas lire cette leçon dans le livre de Dieu, peuvent la lire dans l'histoire des peuples.

Lorsque Satan, par l'intermédiaire de l'église romaine, détournait les hommes de l'obéissance, son action était cachée et déguisée, au point que la dépravation et la misère qui en résultèrent ne furent pas reconnues comme les fruits de la transgression. En outre, ses agissements furent neutralisés par l'action de l'Esprit de Dieu, de telle manière que ses desseins ne purent atteindre leur pleine maturité. Le peuple ne sut pas remonter de l'effet à la cause, et découvrir la source de ses misères. Mais lors de la Révolution, la loi de Dieu fut ouvertement rejetée par l'Assemblée nationale ; et chacun put voir dans le règne de la terreur qui suivit, l'enchaînement des causes et des effets.

Lorsque la France rejeta publiquement Dieu et mit de côté la Bible, les impies et les esprits des ténèbres se réjouirent d'être parvenus aux fins qu'ils cherchaient depuis si longtemps : un royaume libéré des restrictions de la loi de Dieu. "Parce qu'une sentence contre les mauvaises actions ne s'exécute pas promptement, le cœur des fils de l'homme se remplit en eux du désir de faire le mal." Mais la transgression d'une loi juste et droite doit avoir pour inévitables résultats la misère et la ruine. Si les jugements de Dieu n'avaient pas immédiatement frappé les hommes, leur méchanceté n'en avait pas moins sûrement scellé leur condamnation. Des siècles d'apostasie et de crimes avaient amassé la colère de Dieu pour le jour des rétributions ; et quand leur iniquité fut arrivée à son comble, ceux qui méprisaient Dieu apprirent trop tard que c'est une chose terrible d'avoir fatigué Sa patience. La puissance de l'Esprit de Dieu, qui tient en échec le pouvoir cruel de Satan, se retira presque entièrement, et celui qui ne prend plaisir que dans le malheur de l'homme put agir à sa guise. Ceux qui avaient préféré le service de la rébellion durent en recueillir les fruits, jusqu'à ce que le pays fût rempli de crimes si horribles que la plume se refuse à les retracer. Les provinces dévastées et les villes ruinées poussèrent un cri terrible, cri de l'angoisse la plus cuisante. La France fut ébranlée comme par un tremblement de terre. Religion, loi, ordre social, famille, Etat et église, tout était renversé par la main impie qui s'était levée contre la loi de Dieu. Le Sage parle en vérité lorsqu'il dit : "Le méchant tombera par sa méchanceté." "Quoique le pécheur fasse cent fois le mal et qu'il y persévère longtemps, je sais aussi que le bonheur est pour ceux qui craignent Dieu, parce qu'ils ont de la crainte devant lui. Mais le bonheur n'est pas pour le méchant [14]." "Parce qu'ils ont haï la science, et qu'ils n'ont pas choisi la crainte de l'Eternel… ils se nourriront du fruit de leur voie, et ils se rassasieront de leurs propres conseils [15]."

Les fidèles témoins du Seigneur, tués par la puissance blasphématoire qui "montait de l'abîme", ne devaient pas demeurer longtemps dans le silence. "Après les trois jours et demi, un esprit de vie, venant de Dieu, entra en eux, et ils se tinrent sur leurs pieds ; et une grande crainte s'empara de ceux qui les voyaient [16]." Ce fut en 1793 que le décret prohibant la Bible fut adopté dans la Convention nationale. Trois ans et demi plus tard, la même assemblée retira le décret, et déclara que les Ecritures étaient tolérées. Le monde était frappé de stupeur à la vue des crimes énormes qu'avait causés le rejet des divins oracles, et les hommes reconnaissaient la nécessité de la foi en Dieu et en Sa Parole comme base de la vertu et de la moralité. Le Seigneur, parlant par Son prophète, dit : "Qui as-tu insulté et outragé ? Contre qui as-tu élevé la voix ? Tu as porté tes yeux en haut sur le Saint d'Israël [17]." "C'est pourquoi voici, je leur fais connaître cette fois, je leur fais connaître ma puissance et ma force, et ils sauront que mon nom est l'Eternel [18]."

Le prophète dit concernant les deux témoins : "Et ils entendirent du ciel une voix qui disait : Montez ici ! Et ils montèrent au ciel dans la nuée ; et leurs ennemis les virent [19]." Depuis que la France a fait la guerre aux deux témoins [l'Ancien et le Nouveau Testament], ceux-ci ont été honorés comme ils ne l'avaient jamais été auparavant. En 1804 eut lieu la fondation de la Société biblique britannique et étrangère, et, peu après, sur le continent européen, celle de sociétés semblables, et de leurs nombreuses annexes. En 1816, c'était le tour de la Société biblique américaine. Lorsque la Société britannique se forma, la Bible avait été imprimée et distribuée en cinquante langues. Elle a été traduite depuis en plus de deux cents langues et dialectes. Par les soins des sociétés bibliques, il a été mis en circulation, depuis 1806, plus de 187 millions de Bibles.

Pendant les cinquante ans qui précédèrent 1792, on prêta peu d'attention à l'établissement de missions étrangères. Il ne se forma aucune société nouvelle, et il n'y avait que peu d'églises qui fassent quelque effort pour la propagation de l'Evangile dans les pays païens. Mais il se produisit un grand changement vers la fin du dix-huitième siècle. On sentit ce qu'il y avait de désastreux dans le résultat du rationalisme, et on comprit la nécessité d'avoir une Révélation divine et une religion pratique. Le pieux Carey, qui devint en 1793, le premier missionnaire anglais dans les Indes, ralluma le flambeau du travail missionnaire en Angleterre. Vingt années plus tard, se formait en Amérique, par les soins d'une société d'étudiants, parmi lesquels se trouvait Adoniram Judson, l'Association américaine des Missions étrangères, sous les auspices de laquelle Judson se rendit comme missionnaire en Birmanie. Dès ce moment, l'œuvre des missions étrangères atteignit un développement sans précédent.

Les perfectionnements de l'art de l'imprimerie favorisèrent grandement la propagation de la Bible. Les facilités croissantes avec lesquelles on communique de peuple à peuple, la rupture d'anciennes barrières de préjugés et d'exclusions nationales, la perte que fit le pontife romain de sa puissance séculière, tout cela n'a pas manqué d'ouvrir la voie à la Parole de Dieu. Depuis quelques années la Bible se vend sans entrave dans les rues de Rome, et on l'a portée dans toutes les parties du monde habitable.

Voltaire, l'incrédule, disait un jour d'un ton railleur : "Je suis fatigué d'entendre dire que douze hommes ont établi la religion chrétienne ; je montrerai qu'un seul homme suffit à la renverser." Un siècle s'est écoulé depuis qu'il est mort. Des millions d'autres ont fait la guerre à la Bible. Mais loin de l'avoir détruite, dans les lieux où il se comptait par centaines d'exemplaires au temps de Voltaire, le Livre de Dieu se compte aujourd'hui par dizaines de milliers, même par centaines de milliers d'exemplaires. Avec l'un des premiers réformateurs, parlant de l'église chrétienne, on peut dire : "La Bible est une enclume qui a usé bien des marteaux." Le Seigneur dit : "Toute arme forgée contre toi sera sans effet ; et toute langue qui s'élèvera en justice contre toi, tu la condamneras [20]."

"La parole de notre Dieu subsiste éternellement." "Toutes ses ordonnances sont véritables, affermies pour l'éternité, faites avec fidélité et droiture [21]." Tout ce qu'on édifie sur l'autorité humaine sera renversé ; mais ce qui est fondé sur le rocher de la Parole immuable de Dieu, dure à toujours.

---

1 Jean 3 : 19.

2 Apoc. 11 : 2-11.

3 Mat. 24 : 22.

4 Apoc. 11 : 4 ;
  Ps. 119 : 105.

5 Apoc. 11 : 5.

6 Apoc. 22 : 18, 19.

7 Ex. 5 : 2.

8 Ps. 73 : 11.

9 Ps. 53 : 2.

10 2 Tim. 3 : 9.

11 Prov. 14 : 34 ; 16 : 12.

12 Esa. 32 : 17.

13 Esa. 48 : 18, 22 ;
   Prov. 1 : 33.

14 Eccl. 8 : 11-13.

15 Prov. 1 : 29, 31.

16 Apoc. 11 : 11.

17 Esa. 37 : 23.

18 Jér. 16 : 21.

19 Apoc. 11 : 12.

20 Esa. 54 : 17.

21 Esa. 40 : 8 ; Ps. 111 : 7, 8.

CHAPITRE XVI

LES PÈRES PÈLERINS

Les réformateurs anglais, tout en renonçant aux doctrines de Rome, avaient gardé plusieurs de ses pratiques. Ainsi, quoique l'autorité et le credo de Rome aient été rejetés, un grand nombre de ses coutumes et de ses cérémonies furent incorporées au culte de l'église d'Angleterre. On prétendait que ces questions n'avaient rien à voir avec la conscience, que ces rites, sans être enjoints pas les Ecritures, n'étaient pas non plus interdits et que, par conséquent, ils étaient sans danger. On assurait que leur observance tendait à atténuer la distance séparant Rome des églises réformées et qu'elle aiderait les catholiques à accepter la Réforme.

Ces arguments parurent concluants aux conservateurs et à ceux aimant faire des compromis. Mais d'autres n'en jugèrent pas ainsi. Le fait que ces coutumes "tendaient à jeter un pont sur l'abîme séparant Rome et la Réformation" *(Martyn, vol. 5, p. 22),* leur semblait une raison suffisante pour les rejeter. Ils les regardaient comme les marques de l'esclavage dont ils avaient été délivrés, et sous lequel ils n'avaient aucune intention de retourner. Ils pensaient que Dieu a donné dans Sa Parole des révélations concernant Son culte, et que les hommes ne sont pas libres d'y ajouter ou d'y retrancher. Le commencement même de la grande apostasie consista à placer l'autorité de l'église à côté de celle de Dieu. Rome commença par imposer ce que Dieu n'avait pas défendu, et elle finit par défendre ce qu'Il avait explicitement commandé.

Beaucoup désiraient sincèrement revenir à la pureté et à la simplicité qui caractérisaient l'église primitive. Ils regardaient maintes coutumes établies dans l'église d'Angleterre comme des monuments d'idolâtrie, et ils ne pouvaient consciencieusement s'unir à son culte. Mais l'église, soutenue par l'autorité civile, ne voulait permettre aucune différence d'opinion quant aux formes du culte. La loi requérait qu'on assiste à ses services, et défendait toute assemblée religieuse non autorisée, sous peine d'emprisonnement, d'exil et de mort.

Au commencement du dix-septième siècle, le monarque qui venait de monter sur le trône d'Angleterre annonça sa résolution d'obliger les puritains à "se conformer aux règles de l'église anglicane, ou de les chasser du pays, ou de faire pire encore" *(George Bancroft, History of the United States of America, pt. 1, ch. 12, par. 6).* Poursuivis, persécutés et emprisonnés, ils n'entrevirent pas des jours meilleurs pour l'avenir, et beaucoup d'entre eux arrivèrent à la conviction "que l'Angleterre avait cessé pour toujours d'être un lieu habitable" *(J. G. Palfrey, History of New England, ch. 3, par. 43)* pour ceux qui voudraient servir Dieu selon leur conscience. Quelques-uns se décidèrent à chercher un refuge en Hollande ; mais ils eurent à affronter des difficultés, des pertes et l'emprisonnement. Leur dessein échoua ; ils furent trahis et tombèrent entre les mains de leurs ennemis ; mais finalement leur persévérance l'emporta, et ils trouvèrent un refuge sur les côtes hospitalières de la république des Pays-Bas.

Dans leur fuite, ils avaient dû abandonner leurs demeures, leurs biens et leurs moyens d'existence. Ils étaient étrangers en pays étranger, au milieu d'un peuple de langue et de coutumes différentes. Ils furent forcés, pour gagner leur vie, de recourir à des occupations qui leur étaient étrangères. Des hommes d'âge mûr, qui avaient jusqu'alors employé leurs forces à labourer le sol, durent apprendre des métiers. Mais ils acceptèrent joyeusement cette position, et ils ne perdirent pas leur temps dans l'oisiveté ou le murmure. Quoique sentant souvent l'aiguillon de la pauvreté, ils louaient Dieu des bénédictions qui leur étaient encore accordées, et trouvaient leur joie dans une communion spirituelle sans maltraitance. "Ils savaient qu'ils étaient des pèlerins, et regardaient peu à ces choses ; mais ils levaient leurs yeux en haut, vers la patrie qui leur était la plus chère, et trouvaient ainsi le repos de leurs âmes" *(Bancroft, pt. 1, ch. 12, par. 15).*

Au milieu de leur exil et de leur labeur, leur foi grandissait de plus en plus ; ils se confiaient aux promesses du Seigneur, et Son secours ne leur manquait pas au temps de la détresse. Ses anges étaient à leurs côtés pour les encourager et les soutenir. Et lorsque la main de Dieu sembla leur indiquer, de l'autre côté de la mer, un pays où ils pourraient se fonder un Etat, et laisser à leurs enfants l'héritage précieux de la liberté religieuse, ils allèrent en avant, sans hésiter, dans le sentier que leur traçait la Providence.

Dieu avait permis que Son peuple soit éprouvé, afin de le préparer à l'accomplissement de Son dessein miséricordieux à son égard. L'église avait été abaissée, afin qu'elle pût être exaltée. Dieu allait déployer Son pouvoir en sa faveur pour donner au monde une autre preuve qu'Il n'abandonne pas ceux qui se confient en Lui. Il avait dirigé les évènements de sorte que la colère de Satan et les complots des méchants fassent avancer Sa gloire, et amènent Son peuple en un lieu sûr. La persécution et l'exil devaient ouvrir la voie à l'établissement de la liberté religieuse.

Lorsqu'ils furent obligés, pour la première fois, de se séparer de l'église d'Angleterre, les puritains [personnes rigoureusement attachées à la lettre des Ecritures] s'étaient unis par une alliance solennelle, au nom de la liberté des enfants de Dieu, "pour marcher dans toutes Ses voies à eux connues ou qu'il leur ferait connaître", *(J. Brown, The Pilgrim Fathers, page 74).* On reconnaît là le véritable esprit de la réforme, le principe vital du protestantisme. C'est dans ce dessein que les Pèlerins quittèrent la Hollande pour aller chercher une demeure dans le Nouveau Monde. John Robinson, leur pasteur, qui fut providentiellement empêché de les accompagner, prenant congé des exilés, leur adressa les paroles suivantes :

"Chers frères, nous sommes sur le point de nous quitter, et le Seigneur sait si je vivrai assez pour revoir vos visages ; mais, que le Seigneur le veuille ou non, je vous conjure devant Dieu et Ses saints anges de ne me suivre que pour autant que j'ai suivi Christ. Si Dieu vous révélait quoi que ce soit, par quelque autre de ses instruments, soyez prêts à le recevoir comme vous l'avez toujours été de recevoir une vérité quelconque par mon ministère ; car j'ai la conviction que le Seigneur a encore des vérités et des lumières à faire jaillir de Sa Sainte Parole" *(Martyn, vol. 5, p. 70)*. "Pour ma part, je ne puis assez déplorer la condition des églises réformées qui sont arrivées à un certain point, et ne veulent pas aller plus loin que ceux qui ont été les instruments de leur réformation. On ne peut pousser les luthériens à marcher plus avant que ce que Luther a connu, et vous voyez que les calvinistes restent obstinément où les a laissés ce grand homme de Dieu, qui pourtant ne connaissait pas toutes choses. C'est une faiblesse qu'on ne saurait assez déplorer ; car quoique ces hommes aient été des lumières éblouissantes de leur temps, pourtant ils ne pénétrèrent pas dans tout le conseil de Dieu ; mais s'ils vivaient maintenant, ils seraient tout aussi désireux d'embrasser de nouvelles lumières que celles qu'ils reçurent d'abord" *(D. Neal, History of the Puritans, vol. 1, p. 269)*.

"Rappelez-vous votre règlement d'église, où vous vous engagez à vivre dans toutes les voies du Seigneur, tant celles qu'Il vous a fait connaître, que celles qu'Il vous fera connaître. Rappelez-vous votre promesse et votre alliance avec Dieu et les uns avec les autres, de recevoir toute lumière et toute vérité qu'Il vous aura fait connaître par Sa Parole écrite. Mais avant tout, prenez garde, je vous en prie, à ce que vous acceptez comme vérité. Examinez-la, comparez-la avec d'autres passages des Ecritures avant de la recevoir ; car il n'est pas possible que le monde chrétien soit sorti si récemment de ténèbres antichrétiennes si épaisses, et que la plénitude de la connaissance se manifeste aussi rapidement."

Ce fut le désir d'obtenir la liberté de conscience qui inspira les pèlerins à affronter un long voyage à travers la mer [exemple : les Pilgrim Fathers, qui franchirent l'Océan Atlantique sur le Mayflower en 1620], à supporter les travaux et les dangers du désert, pour poser, avec la bénédiction de Dieu, sur les côtes d'Amérique, le fondement d'une puissante nation. Pourtant, quelque droit et pieux qu'ils étaient, les pèlerins ne comprenaient pas les grands principes de la tolérance religieuse. Ils n'étaient pas également disposés à accorder à d'autres la liberté de conscience pour l'acquisition de laquelle ils faisaient tant de sacrifices. "Parmi les penseurs et les moralistes les plus distingués du dix-septième siècle, il en est bien peu qui aient eu une juste conception de ce grand principe, fruit du Nouveau Testament, qui reconnaît Dieu comme seul juge de la foi de l'homme." La croyance que Dieu a remis à l'église le droit de diriger les consciences, de définir et de punir l'hérésie, est une des erreurs papales les plus enracinées. Quoique les réformateurs aient rejeté le credo de l'église romaine, ils n'étaient pas complètement exempts de son esprit d'intolérance. Les profondes ténèbres dont la papauté avait enveloppé la chrétienté durant les longs siècles de sa suprématie, n'étaient pas encore complètement dissipées. Un des principaux ministres de la colonie fixée dans la Baie de Massachusetts disait : "Ce fut la tolérance qui rendit le monde antichrétien ; et jamais l'église n'a souffert d'avoir puni des hérétiques" *(Martyn, vol. 5, p. 70, 71, 297, 335)*. Une des premières règles adoptées par les colons fut que les membres de l'église seraient seuls admis à voter pour le gouvernement civil. On établit une sorte d'église d'Etat ; tout le peuple devait contribuer à l'entretien du clergé, et les magistrats avaient le pouvoir d'agir contre l'hérésie. Le pouvoir séculier était donc entre les mains de l'église. Ces mesures conduisirent bientôt à un résultat inévitable : la persécution.

Onze ans après la fondation de la première colonie, arrivait dans le Nouveau Monde Roger Williams. Comme les premiers pèlerins, il venait pour jouir de la liberté de conscience ; mais contrairement à eux, il vit ce que si peu avaient su voir de son temps, que cette liberté est le droit inaliénable de chacun, quelle que soit sa croyance religieuse. Il recherchait sincèrement la vérité, et, comme Robinson, il pensait qu'il était impossible que toute la lumière de la Parole de Dieu ait été reçue. Williams "fut le premier qui, dans l'époque moderne du christianisme, affirma dans sa plénitude la doctrine de la liberté de conscience, l'égalité des opinions devant la loi" *(Bancroft, pt. 1, ch. 15, par. 16)*. Il déclarait que le devoir des magistrats était d'empêcher le crime et de le punir, mais jamais d'opprimer la conscience. "Le public ou les magistrats peuvent décider, dit-il, ce que doivent les hommes à d'autres hommes ; mais lorsqu'ils tentent de prescrire un devoir de l'homme envers Dieu, ils dépassent leurs droits, et il ne peut plus y avoir aucune sûreté ; car il est clair que si le magistrat en a le pouvoir, il peut décréter aujourd'hui une sorte d'opinions ou de croyances, et une autre demain, comme cela s'est fait en Angleterre sous différents rois et reines, et sous divers papes et conciles dans l'église romaine" *(Martyn, vol. 5, p. 340)*.

Tout le monde était requis d'assister aux services de l'église établie, sous peine d'amende ou de prison. "Williams désapprouvait cette loi. Le pire des règlements du code anglais était celui qui obligeait de fréquenter le culte de l'église d'Etat. Forcer des hommes à se joindre à ceux d'une croyance différente, était, selon lui, une violation de leurs droits naturels. Traîner au culte public les impies et les gens irréligieux, apparaissait un encouragement à l'hypocrisie. "Personne, disait-il, ne devrait être forcé d'assister à un culte, ou de l'entretenir, contre son propre consentement." "Comment !" s'écriait son adversaire, étonné de ses principes, "l'ouvrier n'est-il pas digne de son salaire ?" "Oui", répondit-il, "payé par ceux qui l'ont loué" *(Bancroft, pt. 1, ch. 15, par. 2)*.

Roger Williams fut respecté et aimé comme un fidèle ministre, comme un homme de rares talents, d'une droiture inflexible et d'une vraie bonté ; pourtant, sa ferme opposition au droit des magistrats civils à régler les affaires de l'église, et ses réclamations en faveur de la liberté religieuse, ne purent être tolérées.

On prétendait que si cette nouvelle doctrine était mise en pratique, ce serait le "renversement de l'Etat et du gouvernement du pays" *(Bancroft, pt. 1, ch. 15, par. 10)*. Il fut condamné au bannissement des colonies, et finalement, pour éviter d'être arrêté, il fut forcé de s'enfuir dans les forêts vierges, au milieu de l'hiver, affrontant le froid et les tempêtes.

"Pendant quatorze semaines, dit-il, j'errai tristement, au cours d'une saison rigoureuse, sans pain et sans abri. Mais les corbeaux me nourrirent dans la solitude" *(Martyn, vol. 5, p. 349, 350)* ; le creux d'un arbre lui servit souvent d'abri pendant la nuit. C'est ainsi qu'il continua de fuir péniblement, au milieu de la neige, dans les forêts que ne foulait aucun pied humain, jusqu'à ce qu'il trouve refuge auprès d'une tribu indienne, dont il avait déjà gagné la confiance et l'affection, en cherchant à leur inculquer les vérités de l'Evangile.

Après avoir changé de demeure et voyagé pendant des mois, il se dirigea finalement vers les bords de la baie de Narragansett, et jeta là les fondements du premier Etat des temps modernes qui reconnut, dans le sens le plus étendu, le droit de l'homme à la liberté religieuse. Le principe fondamental de la colonie de Roger Williams était "que chaque homme aurait le droit de servir Dieu selon les lumières de sa conscience" *(Martyn, vol. 5, p. 354)*. Son petit Etat de Rhode Island devint le refuge de tous les opprimés, et il grandit et prospéra au point que ses principes fondamentaux — la liberté civile et religieuse — devinrent la pierre angulaire sur laquelle fut basée la République des Etats-Unis.

Dans cet ancien et célèbre document que les fondateurs de la république américaine produisirent comme leur déclaration de droits — document appelé la "Déclaration d'Indépendance" — ils disaient : "Nous tenons ces vérités comme indiscutables, que tous les hommes sont créés égaux ; qu'ils ont reçu du Créateur certains droits inaliénables, parmi lesquels se trouvent la vie, la liberté, et la recherche du bonheur." Et la constitution garantit, en termes très explicites l'inviolabilité de la conscience : "Il ne pourra jamais être exigé aucune formalité religieuse pour obtenir une place ou un emploi dans le gouvernement des Etats-Unis." "Le Congrès ne fera aucune loi concernant l'établissement de la religion, ou pour en prohiber l'exercice."

"Les auteurs de la Constitution reconnaissaient cet éternel principe, que les relations de l'homme avec son Dieu sont au-dessus de la législation humaine, et que les droits de la conscience sont inaliénables. Il n'était pas nécessaire de prouver cette vérité par le raisonnement, alors que cela est inscrit profondément en nous. C'est cette voix de la conscience qui, en dépit des lois humaines, a soutenu tant de martyrs dans les tortures et les flammes. Ils sentaient que leurs devoirs envers Dieu étaient supérieurs aux exigences humaines, et que les hommes ne pouvaient exercer aucune autorité sur leurs consciences. C'est un principe inné que rien ne peut enlever" *(Congressional documents (U.S.A.), serial No. 200, document No. 271)*.

A mesure qu'on apprenait, dans les pays de l'Europe, qu'il y avait une contrée où chacun pouvait jouir des fruits de son travail, et suivre les convictions de sa conscience, des milliers de personnes débarquaient sur les côtes du Nouveau Monde. Les colonies se multiplièrent rapidement. "L'Etat de Massachusetts, par une loi spéciale, offrit d'accueillir libéralement et d'assister, aux frais de l'Etat, les chrétiens de n'importe quelle nation qui fuiraient au-delà de l'Atlantique pour échapper aux guerres et aux famines, ou à l'oppression de leurs persécuteurs. Ainsi, les fugitifs et les opprimés furent, de par la loi, mis au rang des citoyens." Vingt ans après que les premiers colons s'étaient embarqués à Plymouth, des milliers d'émigrants étaient allés se fixer dans la Nouvelle Angleterre.

Pour obtenir ce qu'ils cherchaient, "ils se contentaient du strict nécessaire acquis par une vie de frugalité et de travail. Ils ne demandaient au sol que le produit raisonnable de leurs travaux. Aucune vision dorée ne jetait un mirage trompeur sur leur sentier. Ils étaient satisfaits des progrès lents mais sûrs de leur régime social. Ils souffraient patiemment les privations du désert, arrosant l'arbre de la liberté de leurs larmes et de la sueur de leurs fronts, jusqu'à ce qu'il eut poussé de profondes racines dans le pays."

Ils estimaient que la Bible était le fondement de la foi, la source de la sagesse, et la charte de liberté. Ses principes étaient soigneusement enseignés à la maison, à l'école et à l'église, et ses fruits étaient l'habileté, l'intelligence, la pureté et la tempérance. On aurait pu habiter des années parmi les puritains, "sans voir un homme ivre, ni entendre un jurement, ni rencontrer un mendiant." [Il y était démontré que les principes de la Bible sont la plus sûre sauvegarde de la grandeur nationale] Les colonies, d'abord faibles et isolées, devenaient une confédération d'Etats puissants, et le monde voyait avec étonnement la paix et la prospérité d'une "église sans pape, d'un Etat sans roi."

Mais un nombre toujours croissant d'émigrants étaient continuellement attirés sur les côtes d'Amérique, quoique animés de motifs bien différents de ceux qu'avaient eus leurs prédécesseurs. Quoique la foi et la droiture primitives exerçaient un pouvoir étendu, qui imprimait un cachet particulier au pays, pourtant, leur influence diminuait de plus en plus, à mesure qu'augmentait le nombre de ceux qui n'allaient chercher en Amérique que des avantages mondains.

La règle adoptée par les premiers colons, de n'accorder qu'aux membres de l'église le droit de voter ou de remplir une fonction dans le gouvernement civil, eut des suites les plus funestes. Cette mesure avait été prise comme moyen de conserver la pureté de l'Etat ; la corruption de l'église en fut le résultat. Une profession de religion étant la seule condition par laquelle seule on pouvait obtenir les suffrages et les places dans le gouvernement, maintes personnes, agissant uniquement pour des motifs de politique mondaine, se faisaient recevoir dans l'église par pure formalité. C'est ainsi que l'église se composa bientôt en grande partie de gens inconvertis, et il se trouva même dans le ministère des hommes qui non seulement enseignaient des doctrines erronées, mais qui ignoraient la puissance sanctifiante de l'Esprit Saint. Ainsi se montrèrent de nouveau les résultats funestes, si souvent répétés dans l'histoire de l'église, depuis l'époque de Constantin jusqu'à nos jours, qui accompagnent la tendance d'édifier l'église à l'aide de l'Etat, et de recourir au pouvoir séculier pour soutenir l'Evangile de Celui qui a déclaré : "Mon royaume n'est pas de ce monde [1]." L'union de l'église et de l'Etat, aussi minime soit-elle, peut sembler amener le monde plus près de l'église, tandis qu'elle ne fait réellement que rapprocher l'église du monde.

Les importants principes, si noblement défendus par Robinson et Roger Williams, à savoir que la vérité est progressive, et que les chrétiens doivent être prêts à accepter au fur et à mesure toute lumière qui vient de la Sainte Parole de Dieu, furent perdus de vue par leurs descendants. Les églises protestantes d'Amérique, et celles d'Europe tout autant, si hautement favorisées en recevant les bénédictions de la Réformation, négligèrent de pousser plus avant dans le chemin de la réforme. Quoique des hommes fidèles s'élèvent de temps en temps pour proclamer de nouvelles vérités et dénoncer des erreurs entretenues depuis longtemps, la majorité, semblable aux Juifs du temps du Christ, ou aux catholiques du temps de Luther, se contentait de croire ce que leurs pères avaient cru, et de vivre comme ils avaient vécu. C'est là la raison pour laquelle la religion retomba dans le formalisme. Des erreurs et des superstitions, qui eussent été rejetées si l'église avait continué de marcher à la lumière de la Parole de Dieu, furent reçues et adoptées. Ainsi, l'esprit inspiré par la Réformation s'éteignit peu à peu, jusqu'à ce que l'église protestante eut presque autant besoin de réforme que l'église romaine au temps de Luther. On remarqua la même mondanité et la même torpeur spirituelle, le même souci de l'opinion des hommes et la même substitution des théories humaines aux enseignements de la Parole de Dieu.

La diffusion étendue de la Bible au commencement du dix-neuvième siècle, et les grandes lumières qui furent ainsi répandues dans le monde, ne furent pas suivies d'un avancement correspondant dans la connaissance de la vérité révélée ou dans l'expérience religieuse. Satan ne pouvait pas, comme autrefois, écarter la Parole de Dieu du peuple ; elle était à la portée de tout le monde ; mais pour parvenir quand même à son but, il poussa un grand nombre à la traiter à la légère. Les hommes négligèrent l'étude des Ecritures, et ils continuèrent ainsi à accepter de fausses interprétations, et à s'attacher à des doctrines qui n'ont aucun fondement dans la Bible.

Voyant qu'il n'avait pas réussi à faire disparaître la Parole de vérité par la persécution, Satan avait de nouveau eu recours au compromis qui avait amené la grande apostasie et la formation de l'église romaine. Il poussa les chrétiens à s'allier, non plus avec les païens, mais avec ceux qui, par leur attachement aux choses de ce monde, s'étaient montrés tout aussi idolâtres que ne l'étaient les adorateurs d'images taillées. Et les résultats de cette union ne devaient pas être moins pernicieux que dans les anciens temps ; l'orgueil et l'extravagance se glissèrent sous le manteau de la religion, et les églises commencèrent à se corrompre. Satan continua de pervertir les doctrines de la Bible, et des traditions qui devaient perdre des millions d'hommes, produisirent de profondes racines.

L'église, au lieu de lutter pour "la foi qui a été donnée une fois aux saints", gardait et défendait ces traditions. Ainsi furent abaissés les grands principes pour lesquels les réformateurs avaient tant travaillé et tant souffert.

---

1 Jean 18 : 36.

CHAPITRE XVII

LES PRÉCURSEURS
DU MATIN

Une des vérités les plus solennelles, et en même temps des plus glorieuses qui soient révélées dans la Bible, est celle de la seconde venue du Christ, qui doit achever la grande œuvre de la rédemption. Le peuple de Dieu en pèlerinage, séjournant depuis si longtemps "dans la vallée de l'ombre de la mort", voit renaître sa joie et son espérance dans la promesse de l'apparition de Celui qui est "la résurrection et la vie", pour faire "retourner ses bannis." La doctrine du second avènement est la clé de voûte des Ecritures Saintes. Dès le jour où nos premiers parents s'éloignèrent d'Eden en gémissant, les enfants de la foi ont attendu la venue du Rédempteur promis, qui devait briser la puissance destructrice de Satan, et les ramener au paradis perdu. Les saints hommes des anciens temps voyaient dans l'avènement du Messie en gloire, la consommation de leur espérance. Hénoc, le septième seulement à partir de ceux qui habitèrent en Eden, lui qui marcha pendant trois siècles sur la terre avec son Dieu, put contempler de loin la venue du Libérateur. "Voici, dit-il, le Seigneur est venu avec dix milliers de Ses saints, pour exercer un jugement contre tous [1]." Dans la nuit de son affliction, le patriarche Job s'écriait avec une confiance inébranlable : "Mais je sais que mon Rédempteur est vivant, et qu'Il se lèvera le dernier sur la terre. ... Quand je n'aurai plus de chair, je verrai Dieu. Je Le verrai, et Il me sera favorable ; mes yeux Le verront, et non ceux d'un autre [2]."

La venue du Christ, qui doit introduire le règne de la justice, a inspiré les paroles les plus sublimes et les plus émouvantes des écrivains sacrés. Les poètes et les prophètes de la Bible y ont consacré des accents brûlants d'un feu céleste. Le Psalmiste chantait la puissance et la majesté du roi d'Israël : "De Sion, beauté parfaite, Dieu resplendit. Il vient, notre Dieu, Il ne reste pas en silence ; ... Il crie vers les cieux en haut, et vers la terre, pour juger Son peuple [3]." "Que les cieux se réjouissent, et que la terre soit dans l'allégresse devant l'Eternel ! Car Il vient, car Il vient pour juger la terre ; Il jugera le monde avec justice, et les peuples selon Sa fidélité [4]."

Le prophète Esaïe s'écrie : "Réveillez-vous et tressaillez de joie, habitants de la poussière ! Car ta rosée est une rosée vivifiante, et la terre redonnera le jour aux ombres." "Mais ceux que tu avais fait mourir vivront ; mon corps mort se relèvera." "Il anéantit la mort pour toujours ; le Seigneur, l'Eternel, essuie les larmes de tous les visages ; Il fait disparaître de toute la terre l'opprobre de Son peuple ; car l'Eternel a parlé. En ce jour l'on dira : Voici, c'est notre Dieu en qui nous avons confiance, et c'est Lui qui nous sauve ; c'est l'Eternel, en qui nous avons confiance ; soyons dans l'allégresse, et réjouissons-nous de Son salut ! [5]"

A son tour, le prophète Habacuc contempla en vision l'apparition du Christ : "Dieu vient de Théman, le Saint vient de la montagne de Paran. Sa majesté couvre les cieux, et Sa gloire remplit la terre. C'est comme l'éclat de la lumière." "Il s'arrête, et de l'œil Il mesure la terre ; Il regarde ; et Il fait trembler les nations ; les montagnes éternelles se brisent, les collines antiques s'abaissent ; les sentiers d'autrefois s'ouvrent devant Lui." "Tu es monté sur tes chevaux, sur ton char de victoire." "A Ton aspect, les montagnes tremblent … l'abîme fait entendre sa voix, Il lève ses mains en haut. Le soleil et la lune s'arrêtent dans leur demeure ; à la lumière de Tes flèches qui partent, à la clarté de Ta lance qui brille." "Tu sors pour délivrer Ton peuple, pour délivrer Ton oint [6]."

Lorsque le Sauveur fut sur le point d'être séparé de Ses disciples, Il les consola dans leur affliction par l'assurance qu'Il reviendrait : "Que votre cœur ne se trouble point." "Il y a plusieurs demeures dans la maison de Mon Père." "Je vais vous préparer une place. Et, lorsque Je m'en serai allé, et que Je vous aurai préparé une place, Je reviendrai, et Je vous prendrai avec Moi [7]." "Lorsque le Fils de l'homme viendra dans Sa gloire, avec tous les anges, Il s'assiéra sur le trône de Sa gloire. Toutes les nations seront assemblées devant Lui [8]."

Les anges qui s'arrêtèrent sur le Mont des Oliviers, après l'ascension du Christ, répétèrent aux disciples la promesse de son retour : "Ce Jésus, qui a été enlevé au ciel du milieu de vous, viendra de la même manière que vous L'avez vu allant au ciel [9]." Parlant sous l'inspiration de l'Esprit, l'apôtre Paul dit également : "Car le Seigneur Lui-même, à un signal donné, à la voix d'un archange, et au son de la trompette de Dieu, descendra du ciel [10]." Et le prophète de Patmos s'écrie : "Voici, Il vient avec les nuées. Et tout œil Le verra [11]."

Autour de Sa venue se groupent les gloires de ce "rétablissement de toutes choses, dont Dieu a parlé anciennement par la bouche de Ses saints prophètes [12]." Alors le règne du mal, qui a duré si longtemps, sera renversé. "Le royaume du monde est remis à notre Seigneur et à Son Christ ; et Il régnera aux siècles des siècles [13]." "Alors la gloire de l'Eternel sera révélée, et au même instant toute chair le verra." "Le Seigneur, l'Eternel, fera germer le salut et la gloire, en présence de toutes les nations." Il "sera une couronne éclatante et une parure magnifique pour le reste de son peuple [14]."

C'est alors que ce règne de paix du Messie, vers lequel tendent depuis si longtemps les désirs des élus, sera établi sous tous les cieux. "Ainsi l'Eternel a pitié de Sion, Il a pitié de toutes ses ruines ; Il rendra son désert semblable à un Eden, et sa terre aride à un jardin de l'Eternel." "La gloire du Liban lui sera donnée, la magnificence du Carmel et de Saron." "On ne te nommera plus délaissée, on ne nommera plus ta terre désolation ; mais on t'appellera mon plaisir en elle, et on appellera ta terre épouse." "Et comme la fiancée fait la joie de son fiancé, ainsi tu feras la joie de ton Dieu [15]."

La venue du Seigneur a été dans tous les âges l'espérance de Ses vrais disciples. La promesse que le Sauveur fit à Ses disciples sur le Mont des Oliviers, au moment où Il les quittait, leur déclarant qu'Il reviendrait, éclaira leur avenir ; elle remplit leurs cœurs d'une joie et d'une espérance que l'épreuve ne put éteindre, que les douleurs ne purent assombrir. Au milieu des souffrances et des persécutions, "la manifestation de la gloire de notre grand Dieu et Sauveur Jésus-Christ" était leur "bienheureuse espérance." Paul, parlant aux chrétiens de Thessalonique, affligés de devoir déposer dans la tombe leurs amis qui avaient espéré voir la venue du Seigneur, leur rappelle la résurrection, qui aura lieu à l'avènement du Sauveur. Alors ceux qui sont morts en Christ ressusciteront, et seront enlevés avec les vivants pour aller au-devant du Seigneur, dans les airs. "Et ainsi", dit-il, "nous serons toujours avec le Seigneur. Consolez-vous donc les uns les autres par ces paroles [16]."

Dans l'île rocheuse de Patmos, le disciple bien-aimé entend cette promesse : "Certainement, Je viens bientôt", et sa réponse nostalgique exprime la prière de l'église tout au long de son pèlerinage : "Amen ! Viens, Seigneur Jésus ! [17]"

Des prisons, des bûchers, des échafauds où les saints et les martyrs confessèrent la vérité, nous arrive à travers les siècles l'expression de leur foi et de leur espérance. Etant "assurés de la résurrection personnelle du Christ, et, en conséquence, de la leur, à Sa venue", disait l'un de ces chrétiens, "ils méprisaient la mort, et se montraient plus forts qu'elle." Ils consentaient à descendre dans le tombeau, "afin de ressusciter affranchis." Ils attendaient le "Seigneur qui doit venir du ciel, dans les nuées avec la gloire de Son Père", et "apporter au juste les temps du royaume éternel." Les Vaudois avaient la même foi. Wiclef attendait dans l'avenir l'apparition du Rédempteur comme étant l'espérance de l'église *(Daniel T. Taylor, The Reign of Christ on Earth ; or, The Voice of the Chuch in All Ages, p. 33, 54, 129-134).*

Luther disait : "Je suis vraiment convaincu que le jour du jugement ne tardera pas plus de trois cents ans. Dieu ne voudra pas, ne pourra pas souffrir plus longtemps ce monde impie." "Le jour approche où le royaume des abominations sera renversé."

"Ce vieux monde n'est pas éloigné de sa fin", disait Mélanchthon. Calvin invite les chrétiens à "désirer sans hésitation, avec ardeur, le jour de la venue du Christ comme le plus heureux des évènements", et il déclare que "toute la famille des fidèles ne perdra pas de vue ce jour." "Nous devons avoir faim et soif du Christ, nous devons Le chercher, L'attendre", dit-il, "jusqu'à l'aurore de ce grand jour, où notre Seigneur manifestera en plein la gloire de Son royaume."

"Notre Seigneur Jésus n'a-t-Il pas porté notre chair au ciel", dit Knox, le réformateur écossais, "et ne reviendra-t-Il pas ? Nous savons qu'Il reviendra, et cela avec diligence." Ridley et Latimer, qui sacrifièrent leurs vies pour la vérité, attendaient avec foi la venue du Seigneur. Ridley écrivait : "Le monde touche sans doute à sa fin : c'est ce que je crois, c'est pourquoi je le dis. Crions du fond de nos cœurs à notre Sauveur Jésus-Christ, avec Jean, le serviteur de Dieu : Viens, Seigneur Jésus, viens !" *(Daniel T. Taylor, The Reign of Christ on Earth ; or, The Voice of the Chuch in All Ages, p.134-158).*

"La pensée de la venue du Seigneur", disait Baxter, "m'est bien chère et consolante" *(Richard Baxter, Works, vol. 17, p. 555).* "Il est dans l'œuvre de la foi et dans le caractère de Ses saints, d'aimer Son apparition et d'attendre cette bienheureuse espérance." "Si la mort est le dernier ennemi qui doive être détruit à la résurrection, nous pouvons voir avec quelle ardeur les croyants devraient désirer et demander par leurs prières la seconde venue du Christ, alors que cette victoire complète et finale sera remportée" *(Richard Baxter, Works, vol. 17, p. 500).* "C'est le jour que tous les croyants devraient souhaiter, espérer et attendre, comme l'achèvement de toute l'œuvre de leur rédemption, et l'accomplissement de tous les désirs et de toutes les aspirations de leur âme." "Hâte, ô Seigneur, ce jour béni !" *(Richard Baxter, Works, vol. 17, p. 182, 183).* Telle fut l'espérance de l'église apostolique, de l'église dans le désert, et des réformateurs.

La prophétie prédit non seulement la nature et l'objet de la venue du Christ, mais elle donne des signes par lesquels les hommes doivent savoir quand cet évènement sera proche. Jésus dit : "Il y aura des signes dans le soleil, dans la lune et dans les étoiles [18]." "Le soleil s'obscurcira, la lune ne donnera plus sa lumière, les étoiles tomberont du ciel, et les puissances qui sont dans les cieux seront ébranlées. Alors on verra le Fils de l'homme venant sur les nuées avec une grande puissance et avec gloire [19]." L'auteur de la Révélation décrit ainsi le premier des signes qui doit précéder le second avènement : "Et il y eut un grand tremblement de terre, et le soleil devint noir comme un sac de crin, la lune entière devint comme du sang [20]."

Ces signes parurent avant le commencement de ce siècle. Comme accomplissement de cette prophétie, l'année 1755 vit le plus terrible tremblement de terre que n'ait jamais enregistré l'histoire. Quoique généralement connu sous le nom de tremblement de terre de Lisbonne, il s'étendit sur la plus grande partie de l'Europe, de l'Afrique et de l'Amérique. On le ressentit au Groenland, dans les Antilles et dans l'île de Madère ; en Norvège et en Suède ; dans la Grande-Bretagne et en Irlande. Il parcourut une étendue de plus de dix millions de kilomètres carrés. En Afrique, la secousse fut presque aussi forte qu'en Europe. Une grande partie de la ville d'Alger fut détruite ; et à une faible distance du Maroc, un village de huit à dix mille habitants fut englouti. Une immense vague envahit les côtes d'Espagne et d'Afrique, engloutissant les villes, et causant de grands désastres.

Ce fut en Espagne et au Portugal que la secousse fut la plus violente. On dit que dans la ville de Cadix, la vague qui se jeta sur la côte avait dix-huit mètres de haut. Des montagnes — dont quelques-unes des plus grandes du Portugal — "furent impétueusement secouées ; d'autres s'ouvrirent vers leur sommet, qui fut déchiré d'une étrange manière ; des masses énormes s'en détachaient et se précipitaient dans les vallées voisines. On dit que des flammes sortirent de ces montagnes" *(Sir Charles Lyell, Principles of Geology, p. 495)*.

A Lisbonne, les grondements souterrains furent immédiatement suivis d'une violente secousse qui renversa la plus grande partie de cette ville. En six minutes environ, soixante mille personnes périrent. D'abord on vit la mer se retirer et laisser le quai à sec ; mais bientôt les vagues revinrent et s'élevèrent à quinze mètres au-dessus de leur niveau ordinaire. "Le fait le plus extraordinaire qui se passa durant la catastrophe fut la disparition du nouveau quai qui s'enfonça dans la mer. Il était entièrement construit de marbre et avait occasionné d'immenses frais. Une foule de personnes étaient accourues s'y réfugier loin des édifices qui s'écroulaient ; mais tout à coup le quai disparut, avec toute la foule qui s'y trouvait, et pas un cadavre ne reparut à la surface des eaux" *(Sir Charles Lyell, Principles of Geology, p. 495)*.

La secousse du tremblement de terre "fut instantanément suivie de la chute de tous les couvents et églises, de presque tous les grands édifices publics, et du quart des habitations. Environ deux heures après, le feu éclata dans divers quartiers et sévit avec une telle violence, pendant près de trois jours, que la ville fut complètement détruite. Le tremblement de terre eut lieu un jour de fête, alors que les églises et les couvents étaient pleins de gens, dont très peu échappèrent" *(Encyclopedia Americana, art. 'Lisbon', note [ed. 1831])*. "La terreur du peuple était indescriptible. Personne ne versait des larmes ; c'était plus fort que les pleurs. Les gens couraient çà et là, remplis d'horreur et de surprise, se frappant le visage et la poitrine, et criant : Miséricorde ! C'est la fin du monde ! Les mères oubliaient leurs enfants, et se sauvaient chargées de crucifix. Malheureusement, un grand nombre courut dans les églises pour s'y abriter ; en vain on élevait le sacrement ; en vain, ces malheureux embrassaient les autels ; statues, prêtres et gens du peuple furent ensevelis dans une commune ruine." "On suppose que quatre-vingt-dix mille personnes perdirent la vie dans ce jour fatal."

Un quart de siècle plus tard, paraissait le signe mentionné ensuite dans la prophétie : l'obscurcissement du soleil et de la lune. Ce qui rendit ce signe encore plus frappant, c'est que le moment de son accomplissement avait été indiqué d'une manière précise. En effet, dans l'entretien qu'eut le Sauveur avec ses disciples sur le sommet du Mont des Oliviers, après avoir parlé de la longue période de tribulation à travers laquelle devait passer l'église, à savoir les 1260 ans de persécutions papales, mais dont Il avait promis l'abrègement, Il mentionne ainsi certains évènements qui devaient précéder Sa venue, et fixer le temps où le premier de ces signes devait arriver. "Mais dans ces jours-là, après cette détresse, le soleil s'obscurcira, la lune ne donnera plus sa lumière [21]." Les 1260 jours ou années se terminèrent en 1798. La persécution avait pris fin près d'un quart de siècle plus tôt. C'est, selon les paroles du Christ, entre ces deux dates que le soleil devait s'obscurcir. Cette prophétie fut accomplie le 19 mai 1780.

"Le jour obscur du 19 mai 1780, s'il n'est pas absolument unique, est le phénomène le plus mystérieux de son genre ; nul n'a pu l'expliquer jusqu'à

présent... Une obscurité extraordinaire s'étendit à travers tout le ciel visible et
l'atmosphère de la Nouvelle Angleterre" *(R. M. Devens, Our First century, p.
89)*. Il est prouvé que cette obscurité ne provenait pas d'une éclipse, car la lune
était presque dans son plein. Elle n'était pas causée par des nuages, ou par la
densité de l'atmosphère ; car dans quelques endroits où s'étendait l'obscurité,
le ciel était si clair qu'on pouvait distinguer les étoiles. Herschel, parlant de
l'impuissance de la science à assigner une cause satisfaisante à ce phénomène,
dit : "Le jour obscur du Nord de l'Amérique fut un de ces phénomènes naturels
étonnants sur lesquels la philosophie se perd en conjectures."

"L'étendue de l'obscurité fut aussi très remarquable. Elle fut observée dans
les contrées les plus orientales de la Nouvelle Angleterre ; à l'Ouest, jusque dans
la partie la plus éloignée de l'Etat du Connecticut et dans la ville d'Albany, Etat
de New York ; au Sud, on l'observa sur toute la côte, aussi loin que s'étendaient
les pays colonisés. Elle dépassa probablement ces limites de beaucoup ; mais
on ne sut jamais vraiment jusqu'où elle s'étendit. Quant à sa durée, elle persista
dans les environs de Boston pendant quatorze ou quinze heures, au moins."

"Le matin fut beau et clair ; mais vers huit heures, on vit quelque chose
d'extraordinaire dans le soleil. Il n'y avait pas de nuages, mais l'atmosphère était
lourde ; elle ressemblait à de la fumée, et le soleil était entouré d'une auréole
pâle et jaunâtre, devenant de plus en plus obscure, jusqu'à ce que l'astre du jour
disparut aux yeux." On eut "l'obscurité de minuit à l'heure de midi."

"Ce phénomène alarma et inquiéta beaucoup une foule d'esprits, et jeta dans
la consternation jusqu'aux animaux ; les poules, effrayées, fuyaient sur leurs
perchoirs, les oiseaux rentraient dans leurs nids, et les animaux domestiques à
l'étable." Les grenouilles et les hiboux se firent entendre. Les coqs chantaient
comme au point du jour. Les fermiers durent abandonner leurs travaux dans les
champs. Les affaires demeurèrent généralement suspendues, et les chandelles
furent allumées dans les habitations. "L'Assemblée législative du Connecticut,
alors en session à Hartfort, dut lever sa séance incapable de s'occuper des
affaires. Tout avait l'apparence et la tristesse de la nuit."

La profonde obscurité du jour fut suivie, une heure ou deux avant le soir,
d'une demi-clarté, et le soleil parut, obscurci pourtant par un brouillard noir
et épais. Mais "cet intervalle fut suivi d'un retour d'obscurité beaucoup plus
intense, ce qui rendit la première moitié de la nuit horriblement sombre, au-delà
de tout ce que le million de personnes qui en furent témoins, avait vu jusqu'à ce
jour. Depuis le moment du coucher du soleil à minuit, pas un rayon de lumière,
que ce soit des étoiles, ou de la lune ne perça la voûte céleste. On l'appela la
noirceur des ténèbres." Un des témoins oculaires de cette scène disait : "En ce
moment-là, je ne pouvais m'empêcher de me représenter que si tous les corps
lumineux de l'univers avaient été enveloppés d'une obscurité impénétrable, ou
avaient disparu, les ténèbres n'auraient pas pu être plus complètes" *(Letter by Dr.
Samuel Tenney, of Exeter, New Hampshire, December, 1785 [in Massachusetts
Historical Society Collections, 1792, 1st series, vol. 1, p. 97])*. Quoique la lune

fût dans son plein cette nuit-là, elle n'avait pas le moindre effet sur les ombres de la mort appesanties sur la nature. L'obscurité se dissipa après minuit, et lorsque la lune apparut elle avait l'apparence du sang.

Le 19 mai 1780 est enregistré dans l'histoire sous le nom de "Jour Obscur." Depuis les jours de Moïse, on ne vit aucune période d'obscurité qui l'égale en densité, en étendue et en durée. La description faite de cet évènement n'est qu'un écho des paroles de l'Eternel, rapportées par le prophète Joël, vingt-cinq siècles avant leur accomplissement : "Le soleil se changera en ténèbres, et la lune en sang, avant l'arrivée du jour de l'Eternel, de ce jour grand et terrible [22]."

Christ avait commandé à Ses disciples de veiller, de prendre garde aux signes de son avènement, et de se réjouir à la vue des signes de l'approche de leur Roi. "Quand ces choses commenceront à arriver, redressez-vous et levez vos têtes, parce que votre délivrance approche." Il appelle l'attention de Ses disciples sur les arbres bourgeonnant sous les rayons du soleil printanier, et dit : "Dès qu'ils ont poussé, vous connaissez de vous-mêmes, en regardant, que déjà l'été est proche. De même, quand vous verrez arriver ces choses, sachez que le royaume de Dieu est proche [23]."

Mais à mesure que l'esprit d'humilité et de piété faisait place dans l'église à l'orgueil et au formalisme, l'amour du Christ et la foi en sa venue se refroidissaient. Absorbés par la mondanité et la recherche des plaisirs, ceux qui professaient être le peuple de Dieu étaient aveugles aux instructions du Sauveur concernant les signes de Son apparition. La doctrine du second avènement fut négligée ; les passages des Ecritures qui s'y rapportent furent obscurcis par de fausses interprétations, jusqu'à ce qu'on arrive à l'ignorer et à l'oublier presque entièrement. Tel fut surtout le cas pour les églises d'Amérique. La liberté et le bien-être dont jouissaient toutes les classes de la société, le désir ambitieux d'obtenir richesse et luxe, donnèrent lieu à une avide recherche du gain ; la poursuite avide de la popularité et du pouvoir, qui semblaient être à la portée de tous, poussa les hommes à concentrer leurs intérêts et leurs espérances sur les choses de cette vie, et à renvoyer dans un lointain avenir ce jour solennel où le présent ordre des choses disparaîtra.

Lorsque le Sauveur parlait à Ses disciples des signes de Son retour, Il prédit le fléchissement de la foi qui devait se produire juste avant Son second avènement. On verrait, comme aux jours de Noé, l'activité, l'attrait pour les affaires mondaines, et la recherche du plaisir ; on achèterait, on vendrait, on planterait, on bâtirait, on marierait et on donnerait en mariage ; on oublierait Dieu et la vie à venir. Christ avertit ceux qui vivraient à cette époque : "Prenez garde à vous-mêmes, de crainte que vos cœurs ne s'appesantissent par les excès du manger et du boire, et par les soucis de la vie, et que ce jour ne vienne sur vous à l'improviste." "Veillez donc et priez en tout temps, afin que vous ayez la force d'échapper à toutes ces choses qui arriveront, et de paraître debout devant le Fils de l'homme [24]."

La condition dans laquelle devait alors se trouver l'église, nous est dépeinte dans ces paroles du Sauveur : "Tu passes pour être vivant, et tu es mort." Et cet avertissement solennel est adressé à ceux qui ne veulent pas sortir de leur sécurité charnelle : "Si tu ne veilles pas, je viendrai comme un voleur, et tu ne sauras pas à quelle heure je viendrai sur toi [25]."

Il était nécessaire que les hommes soient avertis de leur danger, afin qu'ils soient poussés à se préparer pour les évènements solennels qui se rattachent à la fin de la période d'épreuve de l'humanité. Le prophète de Dieu déclare ce qui suit : "Car le jour de l'Eternel est grand, il est terrible : qui pourra le soutenir ? [26]" Qui pourra soutenir l'apparition de Celui dont "les yeux sont trop purs pour voir le mal, et qui ne peut pas regarder l'iniquité [27]." A ceux qui s'écrient : "Mon Dieu ! Nous te connaissons," et qui pourtant ont violé Son alliance, et ont couru après d'autres dieux [28], cachant l'impiété dans leurs cœurs, et s'attachant aux sentiers de l'injustice, pour ceux-là, le jour de l'Eternel sera "ténèbres et non lumière ; et il sera obscur et sans éclat [29]." "En ce temps-là", dit le Seigneur, "Je fouillerai Jérusalem avec des lampes, et Je châtierai les hommes qui reposent sur leurs lits, et qui disent dans leurs cœurs : L'Eternel ne fait ni bien ni mal [30]." "Je punirai le monde pour sa malice, et les méchants pour leur iniquité ; Je ferai cesser l'orgueil des hautains, et J'abattrai l'arrogance des tyrans [31]." "Ni leur argent ni leur or ne pourront les délivrer." "Leurs biens seront au pillage, et leurs maisons seront dévastées [32]."

Le prophète Jérémie considérant dans l'avenir ce temps redoutable, s'écrie : "Je souffre au-dedans de mon cœur, le cœur me bat, je ne puis me taire ; car tu entends, mon âme, le son de la trompette, le cri de guerre, on annonce la ruine [33]."

"Ce jour est un jour de fureur, un jour de détresse et d'angoisse, un jour de ravage et de destruction, un jour de ténèbres et d'obscurité, un jour de nuées et de brouillards, un jour où retentiront la trompette et les cris de guerre [34]."

"Voici, le jour de l'Eternel qui vient… pour réduire ce pays en solitude et en exterminer les pécheurs [35]."

En vue de ce grand jour, Dieu, par Sa Parole, exhorta Ses enfants, de la manière la plus solennelle et dans les termes les plus explicites, à sortir de leur léthargie spirituelle, et à rechercher Sa face avec repentance et humiliation : "Sonnez de la trompette en Sion ! Faites-la retentir sur ma montagne sainte ! Que tous les habitants du pays tremblent ! Car le jour de l'Eternel vient, car il est proche." "Publiez un jeûne, une convocation solennelle ! Assemblez le peuple, formez une sainte réunion ! Assemblez les vieillards, assemblez les enfants, … Que l'époux sorte de sa demeure, et l'épouse de sa chambre ! Qu'entre le portique et l'autel pleurent les sacrificateurs." "Revenez à moi de tout votre cœur, avec des jeûnes, avec des pleurs et des lamentations ! Déchirez vos cœurs et non vos vêtements, et revenez à l'Eternel, votre Dieu ; car Il est compatissant et miséricordieux, lent à la colère et riche en bonté [36]."

Une grande réforme devait avoir lieu pour préparer un peuple qui puisse subsister au jour de Dieu. Le Seigneur voyait que bien des chrétiens de profession n'édifiaient pas pour l'éternité, et, dans Sa miséricorde, Il envoya un message d'avertissement pour les faire sortir de leur torpeur, et les engager à se préparer pour la venue de leur Maître.

Cet avertissement nous est donné dans Apocalypse 14. Ici se trouve un triple message représenté comme proclamé par des êtres célestes, et immédiatement suivi par la venue du Fils de l'homme pour récolter "la moisson de la terre." Le premier de ces avertissements annonce l'approche du jugement. Le prophète voit un ange "qui volait par le milieu du ciel, ayant l'Evangile éternel, pour l'annoncer aux habitants de la terre, à toute nation, à toute tribu, à toute langue et à tout peuple. Il disait d'une voix forte : Craignez Dieu, et donnez-Lui gloire, car l'heure de Son jugement est venue ; et adorez Celui qui a fait le ciel, et la terre, et la mer, et les sources des eaux [37]."

Il est déclaré que ce message fait partie de "l'Evangile éternel." La prédication de l'Evangile ne fut pas confiée aux anges mais à des hommes. De saints anges ont été employés à la direction de cette œuvre. Ils sont chargés des grandes entreprises qui ont pour but le salut des hommes. Mais la proclamation elle-même de l'Evangile s'accomplit par les serviteurs du Christ qui vivent sur la terre.

Ceux qui devaient proclamer cet avertissement au monde, étaient des hommes pieux, qui obéissaient aux inspirations de l'Esprit de Dieu et aux enseignements de Sa Parole. Ce furent des hommes qui prirent garde à la "parole prophétique", à la "lampe qui brille dans un lieu obscur, jusqu'à ce que le jour vienne à paraître et que l'étoile du matin se lève [38]." Ils avaient recherché la connaissance de Dieu plus que des trésors cachés, l'estimant "préférable à celui de l'argent, et le profit qu'on en tire vaut mieux que l'or [39]." Aussi le Seigneur leur révéla-t-Il les grandes choses du royaume. "Le secret de l'Eternel est pour ceux qui Le craignent, et Son alliance pour la leur faire connaître [40]."

Ce ne furent pas les conducteurs de l'église qui arrivèrent à l'intelligence de cette vérité et qui la proclamèrent. S'ils avaient été de fidèles sentinelles, sondant les Ecritures avec diligence et prière, ils auraient connu l'heure de la nuit ; les prophéties leur auraient fait connaître les évènements qui allaient avoir lieu. Mais tel n'était pas leur cas, et le message fut confié à une autre classe de personnes. Jésus a dit : "Marchez, pendant que vous avez la lumière, afin que les ténèbres ne vous surprennent pas [41]." Ceux qui se détournent de la lumière que Dieu leur a donnée, ou qui négligent de la chercher lorsqu'elle est à leur portée, sont laissés dans les ténèbres. Mais le Sauveur déclare : "Celui qui me suit ne marchera pas dans les ténèbres, mais il aura la lumière de la vie [42]." Celui qui est droit de cœur, qui cherche à faire la volonté de Dieu, qui suit sincèrement la lumière qui lui a été donnée, recevra encore plus de lumière ; quelque étoile d'un éclat céleste sera envoyée à cette âme, pour la guider dans toute vérité.

Au temps du premier avènement du Christ, les sacrificateurs et les scribes de la ville sainte, auxquels les oracles de Dieu avaient été confiés, auraient pu discerner les signes des temps et proclamer la venue du Messie promis. La prophétie de Michée désignait le lieu de Sa naissance [43]. Daniel avait indiqué le temps de son avènement [44]. Dieu avait confié ces prophéties aux conducteurs d'Israël ; ils étaient inexcusables s'ils ne déclaraient pas au peuple que la venue du Messie était proche. Leur ignorance était le résultat d'une coupable négligence. Les Juifs élevaient des monuments aux prophètes qui avaient été mis à mort, tout en rendant hommage aux serviteurs de Satan par leurs égards envers les grands de la terre. Absorbés par leur recherche ambitieuse d'honneurs terrestres et de puissance humaine, ils perdirent de vue les honneurs divins que le Roi du ciel leur avait offerts.

Les anciens d'Israël auraient dû étudier avec un intérêt profond et respectueux, le lieu, le temps, les circonstances du plus grand évènement de l'histoire du monde : la venue du Fils de Dieu pour accomplir la rédemption de l'homme. Tous les enfants d'Israël auraient dû veiller, afin d'être les premiers à saluer le Rédempteur du monde. Qu'arriva-t-il ? Deux voyageurs fatigués, descendant des collines de Nazareth, arrivent à Bethléhem. Ils traversent dans toute sa longueur, jusqu'à l'extrémité orientale, l'étroite rue de la ville, cherchant vainement un lieu de repos pour s'abriter pendant la nuit. Aucune porte ne s'ouvre pour les recevoir. A la fin, ils trouvent un refuge dans un misérable hangar préparé pour le bétail, et ce fut là que naquit le Sauveur du monde.

Les anges célestes avaient vu la gloire que le Fils de Dieu partageait avec le Père avant la création du monde, et ils avaient attendu avec un intérêt intense Son apparition sur la terre comme un évènement devant apporter la plus grande joie à tous les peuples. Des anges furent désignés pour porter la bonne nouvelle à ceux qui étaient prêts à la recevoir, afin qu'ils la communiquent joyeusement aux habitants de la terre. Christ s'était abaissé au point de consentir à revêtir la nature humaine. Il devait porter le poids infini de la malédiction que l'homme s'était attirée par sa désobéissance, lorsqu'Il mettrait Son âme en offrande à Dieu pour le péché. Pourtant, les anges auraient désiré que, même dans Son humiliation, le Fils du Très-Haut puisse paraître devant les hommes avec la dignité et la gloire qui convenaient à Son caractère. Les grands de la terre se rassembleront-ils dans la capitale d'Israël pour saluer Sa venue ? Des légions d'anges Le présenteront-ils devant l'assemblée qui attend ?

Un ange visite la terre afin de voir quels sont ceux qui sont prêts à recevoir Jésus. Mais il ne voit aucun signe d'attente. Il n'entend aucune voix de louange et de triomphe se réjouissant de ce que le moment soit venu où va paraître le Messie. L'ange plane un moment au-dessus de la sainte ville et du temple où, pendant des siècles, Dieu avait manifesté Sa présence ; mais, là aussi, il constate la même indifférence. Les sacrificateurs offrent en grande pompe et avec orgueil de vains sacrifices. Les pharisiens parlent bruyamment au peuple, ou font d'orgueilleuses prières aux coins des rues. Dans les palais des rois, dans les assemblées des philosophes, dans les écoles des rabbins, personne ne pense au fait étonnant qui a rempli les cieux de joie et de cantiques de louanges : le Rédempteur des hommes est sur le point de paraître sur la terre.

Il n'y a aucune évidence montrant que Christ est attendu, et aucun préparatif n'est fait pour accueillir le Prince de la vie. Dans son étonnement mêlé d'effroi, le céleste messager se prépare à retourner au ciel rendre compte de cette honteuse nouvelle, lorsqu'il découvre un groupe de bergers, gardant leurs troupeaux durant la nuit, et qui, en contemplant le ciel étoilé, méditent sur la prophétie d'un Messie qui doit venir sur la terre, et attendent impatiemment l'avènement du Rédempteur du monde. Il y a là des gens qui sont prêts à recevoir le message de l'ange. Tout à coup, l'ange du Seigneur leur apparaît, et leur annonce la bonne nouvelle qui doit être le sujet d'une grande joie. La gloire céleste envahit toute la plaine ; des anges en nombre infini se présentent aux regards, et, comme si cette joyeuse nouvelle était trop grande pour qu'un seul messager l'apporte du ciel, une multitude de voix s'unissent pour chanter le cantique que toutes les nations des sauvés chanteront un jour : "Gloire à Dieu dans les lieux très hauts, paix sur la terre et bienveillance envers les hommes ! [45]"

Quelle leçon n'y a-t-il pas dans cette étonnante histoire de Bethléhem ! Quelle censure il y a là pour notre incrédulité, notre orgueil, notre amour-propre ! Avec quelle force ne nous avertit-elle pas de veiller, de crainte que notre indifférence criminelle ne nous empêche de discerner les signes des temps, et que nous ne connaissions pas le temps de notre Visitation !

Ce ne fut pas seulement sur les collines de la Judée, parmi d'humbles bergers, que les anges trouvèrent des âmes qui attendaient la venue du Messie. Il y en avait aussi chez les païens ; c'étaient des sages, riches et nobles, des philosophes de l'Orient. Observateurs de la nature, les mages avaient vu Dieu dans Ses œuvres. En lisant dans les Ecritures hébraïques, ils avaient eu connaissance de l'Etoile qui devait procéder de Jacob, et ils attendaient avec un ardent désir la venue de Celui qui devait être non seulement la "consolation d'Israël", mais aussi "la lumière pour éclairer les nations" et "le salut jusqu'aux extrémités de la terre [46]." Ils cherchaient la lumière, et la lumière du trône de Dieu éclaira le sentier qu'ils avaient à parcourir. Tandis que les sacrificateurs et les rabbins de Jérusalem, gardiens attitrés de la vérité qu'ils étaient chargés d'expliquer, étaient enveloppés d'obscurité, l'Etoile envoyée du ciel guidait les voyageurs orientaux vers le lieu de naissance du Roi nouveau-né.

C'est "à ceux qui L'attendent pour obtenir le salut, que Christ paraîtra une seconde fois sans péché [47]." Semblable à la nouvelle de la naissance du Sauveur, le message du second avènement ne fut pas confié aux conducteurs religieux populaires. Ils n'avaient pas entretenu leur communion avec Dieu, et avaient refusé la lumière divine ; aussi ne se trouvaient-ils pas au nombre de ceux que désigne l'apôtre Paul : "Mais vous, frères, vous n'êtes pas dans les ténèbres, pour que ce jour vous surprenne comme un voleur ; vous êtes tous des enfants de lumière et des enfants du jour. Nous ne sommes point de la nuit ni des ténèbres [48]."

Les sentinelles sur les murs de Sion auraient dû être les premières à saisir la bonne nouvelle de l'avènement du Sauveur, les premières à élever leurs voix pour en proclamer l'approche, les premières à avertir le peuple de se préparer pour Sa venue. Mais les sentinelles s'étaient confortablement installées, rêvant de paix et de sécurité, tandis que le peuple sommeillait dans ses péchés. Jésus vit Son église, semblable au figuier stérile, couverte de feuilles prétentieuses, quoique dépourvue de précieux fruits. On observait orgueilleusement les formes de la religion, tandis que le véritable esprit d'humilité, de repentance et de foi, — qui seul pouvait rendre leur service agréable à Dieu — manquait tout à fait aux membres de l'église. Au lieu des grâces de l'Esprit, on voyait l'orgueil, le formalisme, la vaine gloire, l'égoïsme et l'oppression. Une église déchue fermait les yeux aux signes des temps. Dieu ne l'avait pas abandonnée, et ne s'était pas départi de Sa fidélité ; mais elle s'était elle-même éloignée de Lui et séparée de Son amour. Comme elle refusait de se soumettre à Ses conditions, Ses promesses ne s'accomplirent pas pour elle.

Voilà ce qui arrive inévitablement quand nous négligeons d'apprécier la lumière, et de tirer parti des privilèges que Dieu nous accorde. A moins que l'église ne marche dans la voie que la Providence lui ouvre, acceptant chaque rayon de lumière, accomplissant chaque devoir connu, sa religion dégénérera en une simple observance des formes, et l'esprit d'une piété vitale disparaîtra. Cette vérité a été maintes fois démontrée dans l'histoire de l'église. Dieu exige de Ses enfants des œuvres de foi et d'obéissance correspondant à leurs bénédictions et à leurs privilèges. L'obéissance exige un sacrifice, et implique une croix ; et c'est pourquoi tant de gens, faisant profession d'être les disciples du Christ, refusent de recevoir la lumière du ciel, et, comme les Juifs d'autrefois, ne connaissent pas le temps de leur Visitation [49]. Leur orgueil et leur incrédulité sont causes que le Sauveur passe outre, et révèle Sa vérité à ceux qui, semblables aux bergers de Bethléhem et aux Mages d'Orient, ont pris garde à toute la lumière qu'ils ont reçue.

1 Jude 14, 15.

2 Job 19 : 25-27.

3 Ps. 50 : 2-4.

4 Ps. 96 : 11, 13.

5 Esa. 26 : 19 ; 25 : 8, 9.

6 Hab. 3 : 3, 4, 6, 8, 10, 11, 13.

7 Jean 14 : 1-3.

8 Mat. 25 : 31, 32.

9 Act. 1 : 11.

10 1 Thés. 4 : 16.

11 Apoc. 1 : 7.

12 Act. 3 : 21.

13 Apoc. 11 : 15.

14 Esa. 40 : 5 ; 61 : 11 ; 28 : 5

15 Esa. 35 : 2 ; 62 : 4, 5 ; 51 : 3.

16 1 Thés. 4 : 16-18.

17 Apoc. 22 : 20.

18 Luc 21 : 25.

19 Marc 13 : 24-26.

20 Apoc. 6 : 12.

21 Marc 13 : 24.

22 Joël. 2 : 31.

23 Luc 21 : 28, 30, 31.

24 Luc 21 : 34, 36.

25 Apoc. 3 : 1, 3.

26 Joël 2 : 11.

27 Hab. 1 : 13.

28 Osée 8 : 2, 1 ; Ps. 16 : 4.

29 Amos 5 : 20.

30 Soph. 1 : 12.

31 Esa. 13 : 11.

32 Soph. 1 : 18, 13.

33 Jér. 4 : 19, 20.

34 Soph. 1 : 15, 16.

35 Esa. 13 : 9.

36 Joël 2 : 1, 15-17, 12, 13.

37 Apoc. 14 : 6, 7.

38 2 Pier. 1 : 19.

39 Prov. 3 : 14.

40 Ps. 25 : 14.

41 Jean 12 : 35.

42 Jean 8 : 12.

43 Michée 5 : 2.

44 Dan. 9 : 25.

45 Luc 2 : 14.

46 Luc 2 : 25, 32 ;
Act. 13 : 47.

47 Héb. 9 : 28.

48 1 Thés. 5 : 4, 5.

49 Luc 19 : 44.

CHAPITRE XVIII

UN RÉFORMATEUR AMÉRICAIN

Un fermier, au cœur droit et honnête, qui avait été amené à douter de l'autorité divine des Ecritures, et qui désirait pourtant sincèrement connaître la vérité, fut l'homme que Dieu choisit spécialement pour commencer la proclamation de la seconde venue du Christ. Comme plusieurs autres réformateurs, William Miller avait eu une jeunesse pénible ; il avait été en lutte avec la pauvreté, et avait pu acquérir ainsi de l'énergie et un esprit de renoncement. Les membres de la famille dont il sortait se distinguaient par leur esprit d'indépendance, leur amour de la liberté, leur courage dans l'épreuve et leur ardent patriotisme, traits qui formaient également le fond de son caractère. Son père fut capitaine dans l'armée de la révolution, et c'est aux sacrifices qu'il fit pendant les luttes et les souffrances de cette période orageuse, qu'on peut attribuer la position gênée dans laquelle William Miller passa sa jeunesse.

Il possédait une forte constitution, et donna, dès son jeune âge, des marques d'une force intellectuelle plus qu'ordinaire, qui grandit à mesure qu'il avança en âge. Son esprit actif et bien développé avait soif de connaissances. Quoiqu'il ne pût jouir des avantages de l'instruction dans un collège, son amour de l'étude, l'habitude de réfléchir mûrement, son esprit critique, firent de lui un homme au jugement juste et aux vues larges. Il était d'une moralité irréprochable et jouissait d'une réputation que l'on pouvait envier, étant généralement estimé à cause de sa droiture, de son économie et de sa bienveillance. A force d'énergie et d'application, il acquit bientôt une certaine aisance, quoiqu'il ait gardé ses habitudes studieuses. Il remplit avec talent divers offices dans l'administration civile et militaire, et le chemin de la richesse et des honneurs semblait s'ouvrir tout grand devant lui.

Sa mère était une femme d'une vraie piété, et il avait reçu dans sa jeunesse des empreintes religieuses. Pourtant, il avait à peine atteint l'âge d'homme qu'il se trouva en rapports fréquents avec des déistes [personne croyant en l'existence d'un Dieu Créateur, sans accepter de religion], dont l'influence fut d'autant plus forte que c'étaient pour la plupart des citoyens dévoués, des hommes pleins d'humanité et aux dispositions bienveillantes. Comme ils vivaient au milieu d'institutions chrétiennes, leurs caractères avaient été plus ou moins formés par leur entourage. Ils devaient à la Bible les qualités qui leur gagnaient le respect et la confiance ; et pourtant, leurs qualités morales étaient perverties au point qu'elles exerçaient une influence contre la Parole de Dieu. Les rapports de Miller avec eux lui firent adopter leurs opinions. Les interprétations que l'on faisait généralement des Ecritures présentaient des difficultés qui lui paraissaient insurmontables ; mais ses nouvelles croyances, tout en lui faisant rejeter la Bible, ne lui offraient rien de mieux à sa place, et il était loin d'être satisfait. Il demeura dans cet état spirituel pendant douze ans. Mais à l'âge de trente-quatre ans, l'Esprit Saint remplit son cœur du sentiment de ses péchés. Il ne trouvait dans sa croyance aucune assurance de bonheur au-delà de la tombe. L'avenir se présentait à lui sombre et triste. Parlant plus tard des sentiments qu'il éprouvait alors, il disait :

"La mort éternelle était une pensée qui me glaçait et me faisait frissonner, et la responsabilité de l'homme me paraissait devoir amener sûrement la destruction de tous. Les cieux étaient d'airain au-dessus de ma tête, et la terre comme du fer sous mes pieds. L'éternité : qu'était-elle ? Et la mort : pourquoi était-elle ? Plus je raisonnais, plus je m'éloignais d'une démonstration. Plus je réfléchissais, plus mes conclusions étaient contradictoires. J'essayais de n'y plus penser ; mais je ne pouvais étouffer mes pensées. J'étais vraiment malheureux ; mais je n'en comprenais pas la cause. Je murmurais, je me plaignais, mais je ne savais contre qui. Je savais qu'il existait un mal ; mais je ne savais ni où ni comment y remédier. Je gémissais, mais sans espérance."

Il vécut dans cet état quelques mois. "Tout à coup", dit-il, "le caractère d'un Sauveur, s'empara vivement de mon esprit. Il me sembla qu'il pouvait y avoir un Etre assez bon et compatissant pour faire l'expiation de nos transgressions, et nous dispenser par là de souffrir la pénalité du péché. Je sentis immédiatement combien un tel Etre devait être digne d'affection, et j'imaginai que je pouvais me jeter dans ses bras, et me confier en sa miséricorde. Mais cette question se présentait : Comment peut-il être prouvé que cet Etre existe ? Je trouvai que, hors de la Bible, je ne pouvais obtenir aucune preuve de l'existence d'un Sauveur, ou même d'une existence future."

"Je vis que la Bible présente en réalité un Sauveur tel qu'il m'en fallait un ; mais j'étais embarrassé de m'expliquer comment un livre qui n'était pas inspiré pouvait développer des principes si parfaitement adaptés aux besoins d'un monde déchu. Je fus obligé d'admettre que les Ecritures devaient être une révélation de Dieu. Elles devinrent mes délices ; et je trouvai en Jésus un ami. Le Sauveur me devint plus cher que tout ce qu'il y a au monde ; et les Ecritures qui, auparavant, étaient obscures et contradictoires, devinrent alors une lampe à mes pieds et une lumière sur mon sentier. Mon esprit retrouva le calme et le contentement. Je trouvai que le Seigneur Dieu était un Rocher au milieu de l'océan de la vie, La Bible devint ma principale étude, et je puis dire, en vérité, que je la sondais avec une grande joie. Je découvris qu'on ne m'avait pas parlé de la moitié de ce qu'elle contenait. Je m'étonnais de n'avoir pas remarqué sa glorieuse beauté auparavant, et j'étais surpris d'avoir pu la rejeter. J'y trouvai révélé tout ce que mon cœur pouvait désirer, et un remède pour chaque maladie de mon âme. Je perdis tout goût pour d'autres lectures, et j'appliquai mon cœur à obtenir la sagesse divine" *(S. Bliss, Memoirs of Wm. Miller, p. 65-67).*

Dès lors, Miller professa publiquement croire en la religion qu'il avait méprisée. Mais ses amis incrédules eurent vite fait d'avancer tous les arguments qu'il avait lui-même souvent prononcés contre l'autorité divine des Ecritures. Il n'était pas alors préparé à leur répondre ; mais il réfléchit que, si la Bible était une révélation de Dieu, elle devait être conséquente avec elle-même ; et qu'étant donnée pour l'instruction de l'homme, elle devait être adaptée à son intelligence. Il résolut d'étudier seul les Ecritures, et de voir si toutes ces contradictions apparentes ne pouvaient être mises d'accord.

S'efforçant de mettre de côté toute opinion préconçue, et se passant de tout commentaire, il compara passage avec passage, à l'aide des références et d'une concordance. Il poursuivit son étude d'une manière régulière et méthodique, commençant par la Genèse, lisant verset après verset, et ne continuant d'aller de l'avant qu'après avoir compris la signification des divers passages, de manière à les dégager de toute difficulté. Lorsqu'il trouvait quelque point obscur, il avait l'habitude de le comparer avec tous les autres textes qui semblaient avoir quelque rapport avec l'objet en considération. Il laissait à chaque mot sa légitime portée sur le sujet de son texte, et si l'idée qu'il en avait s'harmonisait avec les autres passages comparés, la difficulté disparaissait. Ainsi, chaque fois qu'il rencontrait un passage difficile à comprendre, il en trouvait une explication dans quelque autre portion des Ecritures. Comme il étudiait en priant instamment Dieu de l'éclairer, ce qui autrefois lui avait paru obscur devenait clair à son intelligence. Il fit l'expérience de la véracité de ces paroles du Psalmiste : "La révélation de tes paroles éclaire, elle donne de l'intelligence aux simples [1]."

Il étudia avec un profond intérêt les livres de Daniel et l'Apocalypse, employant les mêmes principes d'interprétation que pour les autres livres de la Bible ; à sa grande joie, il découvrit que les symboles prophétiques pouvaient être compris. Il vit que les prophéties, pour autant qu'elles avaient été accomplies, s'étaient accomplies littéralement ; que toutes les images variées, métaphores, paraboles, similitudes, etc., se trouvaient expliquées dans leur contexte immédiat, ou que les termes dans lesquels elles étaient données, étaient définis dans d'autres passages de la Bible, et que, lorsqu'elles avaient été ainsi expliquées, elles devaient se comprendre littéralement. "Je fus ainsi persuadé, dit-il, que la Bible est un système de vérités révélées données si clairement et si simplement, que ceux qui marcheront dans ce chemin, même les insensés, ne s'égareront pas nécessairement." Les anneaux de la chaîne prophétique venaient l'un après l'autre récompenser ses efforts, à mesure qu'il suivait pas à pas les grandes lignes de la vérité révélée. Les anges du ciel dirigeaient son esprit, et dévoilaient les Ecritures à son intelligence.

Prenant comme critère la manière dont les prophéties s'étaient accomplies dans le passé, il pouvait juger de l'accomplissement de celles qui étaient encore à venir, et bientôt, il arriva à la conviction que la croyance populaire à un règne spirituel du Christ, à un millénium temporel avant la fin du monde, n'était pas fondée sur la Parole de Dieu. Cette doctrine, annonçant un millier d'années de justice et de paix avant la venue personnelle du Seigneur, repousse loin les terreurs du grand jour de Dieu. Mais, quelque agréable qu'elle soit, elle est contraire aux enseignements du Christ et de Ses apôtres, qui déclarent que le bon grain et l'ivraie doivent croître ensemble jusqu'à la moisson, la fin du monde [2] ; que "les hommes méchants et les imposteurs avanceront toujours plus dans le mal [3]" ; "que dans les derniers jours, il y aura des temps difficiles [3]" et que le royaume des ténèbres durera jusqu'à l'avènement du Seigneur, qui le consumera par l'esprit de Sa bouche, et le détruira par l'éclat de Son avènement [4]. L'église apostolique ne croyait pas à la doctrine de la conversion du monde, ni à celle du règne spirituel du Christ sur la terre pendant le millénium. Elle ne fut généralement acceptée par les chrétiens qu'au commencement du dix-huitième siècle. Comme toute autre erreur, elle ne produisit que de mauvais résultats. Elle enseigna aux hommes à considérer la venue du Seigneur comme très éloignée, et les empêcha de prendre garde aux signes qui annonçaient Son approche. Elle produisit en eux un sentiment de confiance et de sécurité sans fondement, et en poussa beaucoup à négliger la préparation nécessaire pour aller à la rencontre de leur Seigneur.

Miller découvrit bientôt que la venue personnelle, littérale du Christ se trouve pleinement enseignée dans les Ecritures. L'apôtre Paul écrit : "Car le Seigneur Lui-même, à un signal donné, à la voix d'un archange, et au son de la trompette de Dieu, descendra du ciel [5]." Et le Sauveur fait cette déclaration : "Les tribus de la terre… verront le Fils de l'homme venant sur les nuées du ciel avec puissance et une grande gloire." "Car, comme l'éclair part de l'Orient et se montre jusqu'en Occident, ainsi sera l'avènement du Fils de l'homme [6]." Il doit être accompagné de tous les habitants du ciel. "Le Fils de l'homme viendra dans Sa gloire, avec tous les anges." "Il enverra Ses anges avec la trompette retentissante, et ils rassembleront Ses élus des quatre vents [7]."

A Sa venue, ceux qui seront morts en Christ ressusciteront, et les justes vivants seront transmués. "Nous ne mourrons pas tous, dit Paul, mais tous nous serons changés, en un instant, en un clin d'œil, à la dernière trompette. La trompette sonnera, et les morts ressusciteront incorruptibles, et nous, nous serons changés. Car il faut que ce corps corruptible revête l'incorruptibilité, et que ce corps mortel revête l'immortalité [8]." Dans sa lettre aux Thessaloniciens, après avoir décrit la venue du Seigneur, il dit : "Et les morts en Christ ressusciteront premièrement. Ensuite, nous les vivants, qui serons restés, nous serons tous ensemble enlevés avec eux sur des nuées, à la rencontre du Seigneur dans les airs, et ainsi nous serons toujours avec le Seigneur [9]."

Les enfants du Seigneur ne pourront recevoir le royaume qu'à l'avènement personnel du Christ. Le Sauveur dit : "Lorsque le Fils de l'homme viendra dans Sa gloire, avec tous les anges, Il s'assiéra sur le trône de Sa gloire. Toutes les nations seront assemblées devant Lui. Il séparera les uns d'avec les autres, comme le berger sépare les brebis d'avec les boucs ; et Il mettra les brebis à Sa droite, et les boucs à Sa gauche. Alors le Roi dira à ceux qui seront à Sa droite : Venez, vous qui êtes bénis de Mon Père, prenez possession du royaume qui vous a été préparé dès la fondation du monde [10]." Nous venons de voir, par les passages précités, que lorsque le Fils de l'homme viendra, les morts ressusciteront incorruptibles et que les vivants seront changés. Par cet important changement, ils seront préparés à hériter le royaume ; car Paul dit : "La chair et le sang ne peuvent hériter le royaume de Dieu, et la corruption n'hérite pas l'incorruptibilité [11]." L'homme, dans son état présent, est un être mortel, corruptible ; mais le royaume de Dieu sera incorruptible, il durera éternellement. Par conséquent, dans son état présent, l'homme ne peut hériter le royaume de Dieu. Mais lorsque Jésus apparaîtra, Il donnera l'immortalité à Ses élus ; et puis Il les appellera à posséder en héritage le royaume, dont ils n'ont été jusqu'alors les héritiers qu'en espérance.

Ces passages et d'autres semblables prouvèrent clairement à Miller que les évènements qu'on s'attendait généralement à voir arriver avant la venue du Christ, tels que le règne universel de la paix, et l'établissement du royaume de Dieu sur la terre, devaient être postérieurs à la seconde venue du Christ. De plus, tous les signes des temps et l'état du monde correspondaient à la description prophétique des derniers jours. Miller fut amené par la seule étude des Ecritures à la conclusion que la fin de la période fixée pour la durée de la terre, dans son état actuel, approchait.

"Une autre preuve qui frappait fortement mon esprit, dit-il, ressort de la chronologie des Ecritures. Je remarquai que les évènements prédits autrefois, et qui se sont accomplis, ont souvent eu lieu dans un espace de temps donné. Ainsi les cent vingt ans jusqu'au déluge, Gen. 6 : 3 ; les sept jours qui devaient le précéder, avec quarante jours de pluie prédits, Gen. 7 : 4 ; les quatre cents ans du séjour des descendants d'Abraham en Egypte, Gen. 15 : 13 ; les trois jours du grand échanson et du grand panetier, Gen. 40 : 12-20 ; les sept années de Pharaon, Gen. 41 : 28-54 ; les quarante ans d'Israël dans le désert, Nom. 14 : 34 ; les trois ans et demi de famine, 1 Rois 17 : 1 12 ; les "soixante-dix" ans de captivité, Jér. 25 : 11 ; les sept temps de Nébucadnetsar, Dan. 4 : 13-16 ; et les sept semaines, plus soixante-deux semaines et une semaine, faisant soixante-dix semaines, accordées aux Juifs, Dan. 9 : 24-27. Les évènements limités par ces périodes, qui avaient tous été l'objet de prophétie, s'accomplirent selon les prédictions" *(Bliss, p. 74, 75).*

En conséquence, lorsque Miller, dans son étude de la Bible, trouvait des périodes chronologiques diverses qui, suivant l'intelligence qu'il en avait, s'étendaient jusqu'à la seconde venue du Christ, il ne pouvait que les considérer comme "les temps précis, déterminés", que Dieu avait révélés à ses serviteurs. "Les choses cachées, dit Moïse, sont à l'Eternel, notre Dieu ; les choses révélées sont à nous et à nos enfants, à perpétuité [13]." Et le Seigneur déclare par le prophète Amos qu'Il "ne fait rien sans avoir révélé Son secret à Ses serviteurs les prophètes [14]." Ceux qui étudient la Parole de Dieu peuvent donc s'attendre avec confiance à voir les évènements les plus merveilleux qui puissent se passer dans l'histoire de l'humanité, clairement indiqués dans la Parole de vérité.

"Etant bien convaincu, dit Miller, "que toute Ecriture est inspirée de Dieu, et utile [15]" ; qu'elle n'a point été apportée autrefois par la volonté humaine ; mais que les saints hommes de Dieu, étant poussés par l'Esprit Saint ont parlé, 16 et qu'elle a été écrite "pour notre instruction, afin que, par la patience et par la consolation que donnent les Ecritures, nous possédions l'espérance [17]", je ne pouvais que regarder les parties chronologiques de la Bible comme ayant autant de droits à notre sérieuse considération que toute autre portion des Ecritures. J'eus le sentiment qu'en cherchant à comprendre ce que Dieu, dans sa miséricorde, avait jugé bon de nous révéler, je n'avais pas le droit de passer par-dessus les périodes prophétiques" *(Bliss, p. 75).*

La prophétie qui semblait indiquer le plus clairement le temps du second avènement, était celle de Daniel 8 : 14 : "Deux mille trois cents soirs et matins ; puis le sanctuaire sera purifié." Suivant la règle qu'il s'était imposée, de laisser les Ecritures s'interpréter elles-mêmes, Miller apprit que, dans la prophétie symbolique, un jour représente une année [18]. Il remarqua que la période des 2300 jours prophétiques, ou années littérales, s'étendait bien au-delà de la fin de la dispensation judaïque, et qu'elle ne pouvait, par conséquent, se rapporter au sanctuaire de cette dispensation. Miller adopta la croyance généralement reçue, à savoir que, sous la dispensation évangélique, le sanctuaire est notre terre, et il conclut ainsi que la purification du sanctuaire dont il est parlé dans Dan. 8 : 14, représentait la purification de la terre par le feu, à la seconde venue du Christ. Cela l'amena à penser que si l'on pouvait trouver le point de départ correct de la période des 2300 jours, on pourrait facilement indiquer le temps du second avènement du Christ. Le temps de la grande consommation eut ainsi été révélé ; "révélé, le moment où le monde actuel, avec tout son orgueil et sa puissance, sa pompe et sa vanité, sa méchanceté et son oppression, prendra fin ; …où la malédiction sera enlevée de la terre, où la mort sera détruite, où la récompense sera donnée aux serviteurs de Dieu, aux prophètes, aux saints et à tous ceux qui craignent Son nom ; et où seront détruits ceux qui détruisent la terre" *(Bliss, p. 76).*

Miller poursuivit l'étude des prophéties avec plus de zèle et de ferveur que jamais, passant les jours et les nuits à l'étude de ce qui lui paraissait, dès lors, d'une importance si solennelle et d'un intérêt si absorbant. Il ne put trouver dans le chapitre huit de Daniel aucun point de départ du calcul des 2300 jours. Quoiqu'il lui fût commandé de faire connaître la vision à Daniel, l'ange Gabriel ne donne à ce dernier qu'une explication partielle. Lorsque le prophète vit les persécutions qui devaient fondre sur l'église, il défaillit. Il ne put supporter plus longtemps cette vision, et l'ange le quitta pour le moment. Daniel "fut plusieurs jours languissant et malade." "J'étais étonné de la vision, dit-il et personne n'en eut connaissance."

Pourtant Dieu avait dit à Son messager : "Explique la vision à cet homme-là." Cet ordre devait être exécuté. Pour obéir à cette injonction, l'ange retourna auprès de Daniel quelque temps après, et lui dit : "Je suis venu maintenant pour ouvrir ton intelligence." "Sois attentif à la parole, et comprends la vision [19]." Il n'y avait qu'une chose, dans la vision du chapitre 8, qui n'avait pas été expliquée, savoir ce qui se rapportait au temps : la période des 2300 jours. C'est pourquoi l'ange, en reprenant son explication, s'arrêta exclusivement sur la question du temps.

"Soixante-dix semaines ont été fixées sur ton peuple et sur ta ville sainte… Saches-le donc et comprends ! Depuis le moment où la parole a annoncé que Jérusalem sera rebâtie jusqu'à celui où un chef sera oint, il y a sept semaines et soixante-deux semaines ; les places et les fossés seront rétablis, mais en des temps fâcheux. Après les soixante-deux semaines, un oint sera retranché, et il n'aura pas de successeur. … Il fera une solide alliance avec plusieurs pendant une semaine, et durant la moitié de la semaine il fera cesser le sacrifice et l'offrande [19]."

L'ange avait été envoyé à Daniel dans le but spécial de lui expliquer ce qu'il n'avait pas pu comprendre dans la vision du huitième chapitre : la déclaration relative au temps, "Deux mille trois cents soirs et matins ; puis le sanctuaire sera purifié." Après avoir dit à Daniel : "Sois attentif à la parole, et comprends la vision", les premières paroles que prononce l'ange, sont : "Soixante-dix semaines ont été fixées sur ton peuple et sur ta ville sainte." Le mot qui est traduit ici par "fixé" signifie littéralement "retranché." L'ange déclare que soixante-dix semaines, représentant 490 ans, doivent être retranchées, comme appartenant spécialement aux Juifs. Mais de quoi devaient-elles être retranchées ? Comme il n'y a de mentionné au chapitre huit que la période de 2300 jours, ce doit être de cette période que les soixante-dix semaines doivent se retrancher ; les soixante-dix semaines sont donc une partie des 2300 jours, et les deux périodes doivent commencer ensemble. L'ange déclare que les soixante-dix semaines datent du moment où le commandement est donné de restaurer et de rebâtir Jérusalem. Si la date de ce commandement peut se trouver, on peut déterminer le point de départ de la grande période des 2300 jours.

On trouve ce décret dans le septième chapitre d'Esdras [20]. Il fut émis dans sa forme la plus complète par Artaxerxès, roi de Perse, l'an 457 avant Jésus-Christ. Mais il est dit, dans Esdras 6 : 14, que la maison de l'Eternel à Jérusalem fut bâtie "par le commandement [orig. Décret] de Cyrus, et de Darius, et même d'Artaxerxès, roi de Perse." Ces trois rois, en émettant, confirmant et complétant le décret, l'amenèrent à la perfection requise par la prophétie pour marquer le commencement des 2300 ans. Prenant l'année 457 avant Jésus-Christ, moment où le décret fut complété, comme date du commandement, on reconnut que chaque trait de la prophétie concernant les soixante-dix semaines avait été accompli.

"Depuis que la parole sera sortie pour s'en retourner et pour rebâtir Jérusalem, jusqu'au Christ le Conducteur, il y a sept semaines et soixante-deux semaines", en d'autres termes, soixante-neuf semaines, ou 483 ans. Le décret d'Artaxerxès fut mis en vigueur en automne de l'année 457 avant Jésus-Christ. Partant de cette date, la période de 483 ans se termine en l'an 27 après Jésus-Christ, *(Appendice note 3, et diagramme p. 245).*

C'est alors que cette prophétie fut accomplie. Le mot "Messie" signifie "l'Oint." Dans l'automne de l'an 27, Christ fut baptisé par Jean, et reçut l'onction de l'Esprit. L'apôtre Pierre déclare que "Dieu a oint de l'Esprit Saint et de force Jésus de Nazareth [21]." Et le Sauveur lui-même a dit : "L'Esprit du Seigneur est sur moi, parce qu'il m'a oint pour annoncer une bonne nouvelle aux pauvres [22]." Après son baptême, Il se rendit en Galilée, "prêchant l'Evangile de Dieu. Il disait : Le temps est accompli [23]."

"Il fera une solide alliance avec plusieurs pendant une semaine." La "semaine" dont il est ici question, est la dernière des soixante-dix ; il s'agit des sept dernières années de la période spécialement accordée aux Juifs. Durant ces années-là, de l'an 27 à l'an 34 après Jésus-Christ, le Seigneur adressa l'invitation évangélique tout spécialement aux Juifs, d'abord personnellement, puis par Ses disciples. Lorsqu'Il envoie les apôtres porter la bonne nouvelle du royaume, le Sauveur leur commande : "N'allez pas vers les païens, et n'entrez pas dans les villes des Samaritains ; allez plutôt vers les brebis perdues de la maison d'Israël [24]."

"Et à la moitié de cette semaine-là il fera cesser le sacrifice et l'oblation." L'an 31, trois ans et demi après son baptême, notre Seigneur fut crucifié. Avec le grand sacrifice offert sur le Calvaire, se terminait tout le système d'offrandes qui, pendant quatre mille ans, avait préfiguré l'Agneau de Dieu. Le type avait rencontré l'antitype, et dès ce moment tous les sacrifices et les oblations du système cérémoniel devaient cesser.

Les soixante-dix semaines ou 490 ans spécialement accordés aux Juifs, se terminent, comme nous l'avons vu, l'an 34 de notre ère. En cette même année, par l'acte du sanhédrin juif, la nation scella son rejet définitif de l'Evangile par le martyre d'Etienne et la persécution des disciples du Christ. Alors le message du salut franchit les limites du peuple élu, et s'adressa au monde. Les disciples, forcés par la persécution de fuir loin de Jérusalem, "allaient de lieu en lieu, annonçant la bonne nouvelle de la parole. Philippe, étant descendu dans une ville de Samarie, y prêcha le Christ [25]." Pierre, divinement averti, annonça l'Evangile au centenier de Césarée, et au pieux Corneille ; et l'ardent Paul, gagné à la foi en Christ, fut chargé de porter la bonne nouvelle du salut "bien loin vers les gentils [25]."

Jusqu'à présent, nous voyons que chaque point de la prophétie s'est accompli de manière frappante ; le commencement des soixante-dix semaines se trouve définitivement fixé en l'an 457 avant Jésus-Christ, et leur expiration en l'an 34 de notre ère. En partant de cette date, on ne rencontre aucune difficulté à déterminer la fin des 2300 jours. Les soixante-dix semaines — 490 jours — ayant été retranchées des 2300 jours, il reste 1810 jours. A la fin des 490 jours, il y avait encore 1810 jours qui devaient s'accomplir. Comptant 1810 ans depuis l'an 34, nous arrivons à l'an 1844. En conséquence, les 2300 jours de Daniel 8 : 14 se terminent en 1844. Selon le témoignage de l'ange de Dieu, "le sanctuaire devait être purifié" à l'expiration de cette grande période prophétique. Ainsi le temps de la purification du sanctuaire — que l'on plaçait généralement au moment du second avènement du Christ — était définitivement marqué avec précision.

Miller et ses collaborateurs crurent d'abord que les 2300 jours se termineraient au printemps de l'an 1844, tandis que la prophétie place la fin de la période des 2300 ans dans l'automne de cette année, *(Appendice, note 3, et diagramme p. 245)*. L'erreur commise à cet égard désappointa et jeta dans la perplexité ceux qui avaient fixé le moment de la venue du Seigneur à la première date. Mais ceci n'affaiblit pas le moins du monde la preuve que les 2300 jours se terminaient en l'an 1844, et que le grand évènement représenté par la purification du sanctuaire devait avoir lieu alors.

Lorsqu'il avait entrepris l'étude des Ecritures dans le but de prouver qu'elles sont une révélation de Dieu, Miller n'avait pas eu la moindre pensée d'arriver à la conclusion à laquelle il fut amené. Il pouvait à peine croire lui-même aux résultats de ses recherches. Mais les preuves scripturaires étaient trop claires pour se refuser à l'évidence.

Il venait de consacrer deux années à l'étude de la Bible, lorsque, en 1818, il arriva à la conviction solennelle que, vingt-cinq ans plus tard, environ, Christ apparaîtrait pour la rédemption de Son peuple. "Je n'ai pas besoin de parler, dit plus tard Miller, de la joie qui remplit mon cœur dans cette attente joyeuse, ni des ardents désirs de mon âme de participer à la félicité des élus. La Bible était devenue un nouveau livre pour moi. C'était un trésor de lumière : tout ce qui, dans ses enseignements, était auparavant obscur ou mystique pour moi, avait disparu devant les clartés qui jaillissaient alors de ses pages sacrées ; aussi, combien la vérité me paraissait profonde et glorieuse ! Toutes les contradictions et les inconséquences que j'y avais d'abord trouvées, avaient disparu ; et quoique maintes portions ne me soient pas parfaitement compréhensibles, ses pages resplendissaient d'une telle lumière pour mon intelligence auparavant obscurcie, que j'éprouvais des délices à étudier les Ecritures que je n'aurais pas cru possibles" *(Bliss, p. 76, 77)*.

"Fermement convaincu que ces évènements solennels, prédits dans les Ecritures, devaient s'accomplir dans ce court espace de temps, mon esprit fut frappé du sentiment de la responsabilité qui m'incombait à l'égard du monde, en vue de la conviction que j'éprouvais" *(Bliss, p. 81)*. Il ne pouvait s'empêcher de sentir qu'il avait pour devoir de communiquer à ses semblables la lumière qu'il avait reçue. Il s'attendait à rencontrer l'opposition des impies ; mais il avait la confiance que tous les chrétiens accepteraient avec joie la perspective d'aller au-devant du Sauveur, qu'ils faisaient profession d'aimer. Sa seule crainte était que, dans la grande joie où ils seraient à la pensée de leur délivrance glorieuse, qui devait s'accomplir si tôt, beaucoup ne reçoivent cette vérité sans examiner suffisamment les Ecritures à ce sujet. C'est pourquoi il hésita d'abord à la prêcher. De crainte d'être dans l'erreur, et d'en égarer d'autres. Il fut ainsi amené à revoir les preuves qui l'avaient conduit aux conclusions où il était arrivé, et à considérer soigneusement chaque difficulté qui se présentait à son esprit. Il vit bientôt les objections s'évanouir devant la lumière de la Parole de Dieu, comme le brouillard devant les rayons du soleil. Après qu'il eut passé cinq ans à ces recherches, il fut pleinement convaincu que sa manière de voir était correcte.

Et alors le devoir de faire connaître aux autres ce qu'il croyait être si clairement enseigné dans les Ecritures, s'imposa plus fortement à lui. "Lorsque j'étais occupé à mon travail, dit-il, j'entendais sans cesse à mes oreilles cette parole : Va, et dis au monde le danger qu'il court. Ce texte me revenait continuellement : "Quand je dis au méchant : Méchant, tu mourras ! Si tu ne parles pas pour détourner le méchant de sa voie, ce méchant mourra dans son iniquité, et je te redemanderai son sang. Mais si tu avertis le méchant pour le détourner de sa voie, et qu'il ne s'en détourne pas, il mourra dans son iniquité, et toi, tu sauveras ton âme [26]." J'avais le sentiment que si les méchants pouvaient effectivement être avertis, des multitudes d'entre eux se convertiraient ; et que si on ne les avertissait pas, leur sang serait redemandé de ma main" *(Bliss, p. 92)*.

Il commença à présenter ses vues à quelques personnes, suivant qu'il en avait l'occasion dans sa vie privée, priant Dieu que quelque ministre puisse en reconnaître la force et se voue à leur proclamation. Mais il ne pouvait bannir de sa pensée la conviction qu'il avait un devoir personnel à remplir, en prêchant l'avertissement. Ces mêmes paroles revenaient sans cesse à son esprit : "Va, et prêche-le au monde ; je te redemanderai son sang." Il hésita neuf ans ; mais ce fardeau pesant toujours plus sur sa conscience, il donna enfin, en 1831, pour la première fois, un témoignage public de sa foi.

Comme Elisée, qui fut appelé à recevoir le manteau qui le consacrait à l'office de prophète lorsqu'il suivait son attelage dans les champs, William Miller fut appelé à quitter sa charrue, et à dévoiler au monde les mystères du royaume de Dieu. Il commença son œuvre en tremblant, conduisant ses auditeurs, pas à pas, à travers les périodes prophétiques, jusqu'au second avènement du Christ. Chaque essai augmentait ses forces et son courage, en lui montrant l'intérêt général suscité par ses paroles.

Ce ne fut qu'à la sollicitation de ses frères, dans les paroles desquels il crut entendre l'appel de Dieu, que William Miller consentit à prêcher ses vues. Il avait alors cinquante ans, et n'était pas accoutumé à parler en public ; il était gêné par le sentiment de son incapacité pour une telle œuvre. Mais dès le commencement, ses travaux furent bénis d'une manière remarquable pour le salut de beaucoup d'âmes. Ses premières conférences furent suivies d'un réveil religieux, au cours duquel trente familles entières furent converties, à l'exception de deux personnes. On le pria aussitôt d'aller prêcher dans d'autres localités, et presque partout ses travaux furent suivis d'un réveil spirituel. Les pécheurs se convertissaient, les chrétiens renouvelaient leur consécration à Dieu, et les déistes ainsi que les incrédules étaient amenés à reconnaître la vérité de la Bible et de la religion chrétienne. Ceux parmi lesquels il travaillait, disaient : "Il attire l'attention d'une classe d'intelligences qui ne se laissent pas influencer par d'autres hommes *(Bliss, p. 138).* "Ses prédications sont propres à attirer l'attention de l'esprit du public sur les grandes choses de la religion, et à repousser la mondanité croissante et la sensualité de l'époque."

Dans presque chaque ville, des vingtaines, dans quelques-unes des centaines de personnes se convertissaient à sa prédication. Dans bien des endroits, les églises protestantes de presque toutes les dénominations lui étaient ouvertes toutes grandes, et les invitations qu'il recevait provenaient ordinairement des ministres des diverses congrégations. Sa règle invariable était de ne jamais travailler où il n'avait pas été invité ; et pourtant il vit bientôt qu'il lui était impossible de répondre à la moitié des appels qui lui étaient adressés.

Bien des personnes qui n'étaient pas convaincues de ses vues quant au temps exact du second avènement, étaient persuadées que la venue du Christ était proche et qu'il était nécessaire de se préparer à cet évènement. Dans quelques grandes villes, son travail produisit une impression remarquable. Des cabaretiers quittèrent leur trafic, et firent de leur établissement une salle de culte ; des salles de jeux furent fermées ; "des incrédules, des déistes, des universalistes, comme aussi les individus les plus dégradés, se convertissaient. Quelques-uns d'entre eux n'étaient pas entrés dans un lieu de culte depuis nombre d'années. Les diverses dénominations de chrétiens établissaient des réunions de prières dans divers quartiers, et presque à chaque heure, on voyait des hommes d'affaires se réunir au milieu du jour pour prier et louer Dieu. On ne remarquait aucune excitation ni extravagance ; les esprits étaient généralement pénétrés d'un sentiment de solennité. L'œuvre de Miller, comme celle des premiers réformateurs, tendait plutôt à convaincre l'intelligence et à réveiller la conscience, qu'à exciter les émotions.

En 1833, Miller reçut une licence [En Amérique, on nomme licence l'autorisation de prêcher que reçoivent les évangélistes ou missionnaires de diverses dénominations, sans que cette licence leur confère les prérogatives du pasteur consacré] pour prêcher de la part de l'église baptiste dont il était membre. Un grand nombre de pasteurs de sa dénomination approuvaient son œuvre, et c'est avec leur sanction formelle qu'il poursuivit ses travaux.

Il voyagea et prêcha constamment, quoique ses travaux personnels soient principalement confinés aux Etats de la Nouvelle-Angleterre et aux Etats du centre. Pendant plusieurs années, il paya lui-même ses dépenses, et il ne reçut ensuite jamais de quoi couvrir ses frais de voyages pour se transporter dans les endroits d'où lui venaient les invitations. Ainsi ses travaux publics, loin d'être une ressource pécuniaire, étaient une lourde charge pour sa fortune, qui diminua graduellement durant cette période de sa vie. Il avait une nombreuse famille ; mais comme ils vivaient tous frugalement et étaient laborieux, sa ferme suffisait à leur entretien et au sien.

En 1833, deux ans après que Miller ait commencé à prêcher publiquement les preuves de la venue prochaine du Christ, le dernier des signes précurseurs du second avènement prédits par le Sauveur, parut. Jésus dit : "Les étoiles tomberont du ciel [27]." Et Jean déclare dans l'Apocalypse que lorsqu'il vit en vision les scènes qui doivent annoncer le jour du Seigneur, "les étoiles du ciel tombèrent sur la terre, comme lorsqu'un figuier secoué par un vent violent jette ses figues vertes [28]." Cette prophétie s'accomplit d'une manière saisissante dans la grande pluie météorique du 13 novembre 1833, la chute d'étoiles la plus considérable et la plus merveilleuse qu'on n'ait jamais vue. "Tout le firmament, dans tous les Etats-Unis, fut pendant des heures comme un océan de flammes. Il n'y eut jamais dans cette contrée, depuis les premiers colons, de phénomène céleste qui excitât une si grande admiration chez les uns, et une telle crainte, une telle alarme chez les autres." "Sa sublimité et son effrayante beauté demeurèrent fixées dans bien des esprits. Jamais pluie ne tomba plus serrée que les météores qui tombèrent vers la terre ; à l'Est, à l'Ouest, au Nord et au Sud, il en était de même partout. En un mot, tout le ciel paraissait en mouvement. Ce phénomène, ainsi que le décrit dans son journal le professeur Silliman, se remarqua dans toute l'Amérique du Nord. Dès deux heures de la nuit, jusqu'à ce que le jour soit levé, le firmament étant parfaitement clair et sans nuage, tout le ciel fut constamment agité par une pluie incessante de luminaires jetant un vif éclat" *(R. M. Devens, American Progress, or, The Great Events of the Greatest Century, ch. 28, pars. 1-5).*

"Aucun langage ne peut décrire la splendeur de ce magnifique spectacle ; quiconque ne l'a pas vu, ne peut arriver à une juste conception de sa gloire. Il semblait que toutes les étoiles des cieux se trouvèrent réunies en un seul point, proche du zénith, et soient lancées de là, avec la rapidité de l'éclair, vers tous les côtés de l'horizon. Et pourtant le nombre ne paraissait pas s'en épuiser : des milliers d'autres suivaient rapidement comme si elles avaient été créées pour cette occasion" *(F. Reed, in the Christian Advocate and Journal, Dec. 13, 1833).* "On ne saurait contempler une image plus saisissante du figuier qui jette ses figues vertes lorsqu'il est agité par un grand vent" *('The Old Countryman', in Portland Evening Advertiser, Nov. 26, 1833).*

Le jour après cette apparition météorique, Henri Dana Ward écrivit les lignes suivantes sur ce merveilleux phénomène : "Je suppose qu'aucun philosophe, ni savant, n'a jamais parlé d'un évènement semblable à celui d'hier matin. Un prophète l'a exactement prédit il y a dix-huit cents ans ; et nous nous en rendrons compte, si nous prenons la peine de réfléchir que la chute des étoiles prédite, désigne la chute de météores, le seul sens où cette expression puisse être littéralement vraie."

Ainsi parut le dernier des signes de Sa venue, concernant lesquels Jésus dit à Ses disciples : "Quand vous verrez toutes ces choses, sachez que le Fils de l'homme est proche, à la porte [29]." Après avoir vu ces signes, le premier grand évènement que Jean contempla, ce fut les cieux se retirant comme un livre que l'on roule, tandis que la terre chancelait, que les montagnes et les îles étaient ébranlées de leurs places, et que les méchants, effrayés, cherchaient à fuir loin de la présence du Fils de l'homme.

Bien des personnes qui virent la chute des étoiles, la regardèrent comme un avertissement du jugement à venir, "comme un type effrayant, un signal avant-coureur, un signe miséricordieux de ce grand et terrible jour" *('The Old Countryman', in Portland Evening Advertiser, Nov. 26, 1833).* Ainsi, l'attention des populations fut attirée vers l'accomplissement de la prophétie, et bien des gens furent disposés à écouter l'avertissement relatif au second avènement du Christ.

En l'année 1840, l'intérêt fut vivement éveillé par un autre accomplissement de la prophétie. Deux ans auparavant, Josiah Litch, un des principaux ministres qui prêchèrent le second avènement, publia un exposé du chapitre 9 de l'Apocalypse prédisant la chute de l'empire ottoman, et spécifiant, non seulement l'année, mais le jour même où cela aurait lieu. Selon cet exposé, qui était une simple affaire de calcul des périodes prophétiques de l'Ecriture, le gouvernement turc devait céder son indépendance le 11 août 1840. Cette prédiction fut publiée au loin, et des milliers de personnes attendirent les évènements avec un vif intérêt.

Au temps même qui avait été spécifié, la Turquie accepta, par ses ambassadeurs, la protection des puissances alliées de l'Europe, et cette médiation la plaça sous le contrôle des nations chrétiennes. Cet évènement accomplit exactement la prédiction. Lorsque cela fut connu, une multitude de personnes furent convaincues que les principes d'interprétation prophétique adoptés par Miller et ses collaborateurs étaient corrects, et le mouvement adventiste en reçut une merveilleuse impulsion. Des hommes de science, et occupant un rang élevé, s'unirent à Miller, soit en prêchant, soit en publiant ses croyances, et cette œuvre s'étendit rapidement de 1840 à 1844.

William Miller avait des facultés puissantes, disciplinées par la réflexion et l'étude ; il ajouta à ces qualités la sagesse du Ciel, en se mettant en rapport avec la Source de toute sagesse. C'était un homme d'une grande valeur morale, qui ne manquait pas de susciter le respect et l'estime partout où la droiture de caractère et la vraie moralité sont appréciées. Joignant la véritable bonté du cœur à l'humilité chrétienne et à la maîtrise sur soi-même, il avait des égards et de l'affabilité pour tous, prêt à écouter toujours les opinions des autres et à peser leurs arguments. Sans passion ni excitation, il examinait toutes les théories et toutes les doctrines à la lumière de la Parole de Dieu, et son raisonnement sain, comme sa profonde connaissance des Ecritures, lui permettaient de réfuter l'erreur et de découvrir le mensonge.

Pourtant, il n'accomplit pas son œuvre sans rencontrer l'opposition la plus violente. Comme au temps des premiers réformateurs, les vérités qu'il prêchait ne furent pas reçues favorablement par les pasteurs. Ne pouvant pas soutenir leur manière de voir par les Ecritures, ils furent poussés à recourir aux maximes et aux doctrines des hommes, aux traditions des Pères. Mais, ceux qui prêchaient la doctrine adventiste n'admettaient aucun autre témoignage que celui de la Parole de Dieu. "La Bible et la Bible seule" était leur mot d'ordre. Leurs adversaires suppléèrent à leur manque d'arguments par le ridicule et la moquerie. Temps, argent et talents furent employés à diffamer ceux dont la seule offense était d'attendre avec joie le retour de leur Seigneur, de s'efforcer de vivre saintement, et d'exhorter les hommes à se préparer pour son apparition.

On fit les plus grands efforts pour détourner les esprits du sujet du second avènement. On parla comme d'un péché, comme de quelque chose dont on devait avoir honte, d'étudier les prophéties se rapportant à la venue du Christ et à la fin du monde. Cet enseignement fit des incrédules, et beaucoup en profitèrent pour vivre selon leurs convoitises charnelles. Alors les auteurs du mal en accusèrent les adventistes.

Tandis que Miller attirait à ses sermons des foules attentives et intelligentes, la presse religieuse feignait d'ignorer son œuvre, à moins que ce ne soit pour se moquer de lui, ou pour l'accuser. Les insouciants et les incrédules, enhardis par l'attitude des pasteurs, recouraient, pour attirer le mépris sur lui et son œuvre, à des épithètes diffamatoires et à des plaisanteries basses et blasphématoires. Ce vieillard à cheveux blancs qui avait quitté une demeure confortable pour aller, à ses propres frais, proclamer de ville en ville l'avertissement de l'approche du jugement, fut accusé méchamment de fanatisme, de mensonge et de mauvaise foi.

Le ridicule, le mensonge et la raillerie dont on l'accablait, attirèrent contre ses ennemis l'indignation de la presse politique elle-même. Des hommes du monde déclarèrent que traiter avec légèreté et moquerie un sujet d'une majesté aussi imposante et de conséquences aussi terribles, ce n'était pas seulement se rire des sentiments de ses défenseurs, mais "se jouer du jour du jugement, se moquer de Dieu Lui-même, et des terreurs de Son tribunal" *(Bliss, p. 183).*

L'instigateur de tout mal ne chercha pas seulement à annuler l'effet du message du second avènement, mais à réduire au silence le messager lui-même. Miller faisait une application pratique de la vérité biblique aux cœurs de ses auditeurs, réprouvant leurs péchés, et troublant leur propre satisfaction ; aussi ses paroles simples et franches soulevaient-elles leur inimitié. L'opposition que les membres des églises faisaient au message, enhardit les basses classes à aller plus loin ; et des ennemis complotèrent d'ôter la vie à Miller, lorsqu'il quitterait le lieu de réunion. Mais de saints anges se trouvaient mêlés à la foule, et l'un d'eux, sous l'apparence d'un homme, prit le serviteur du Seigneur par le bras et le sortit du milieu de la foule irritée pour le conduire en lieu sûr. Son œuvre n'était pas encore achevée ; aussi Satan et ses émissaires virent-ils leur complot échouer.

Pourtant, en dépit de l'opposition, l'intérêt porté au mouvement adventiste allait croissant. Le nombre des congrégations ne se comptait plus par vingtaines et par centaines, mais par milliers. Les diverses églises avaient reçu de nouveaux membres en grand nombre ; mais après un certain temps, l'esprit d'opposition se manifesta contre ces chrétiens convertis, et les églises commencèrent à prendre des mesures disciplinaires contre ceux qui avaient adopté les croyances de Miller. Cela provoqua une réponse de la part de Miller, dans un écrit qu'il adressa aux chrétiens de toutes les dénominations, déclarant que si ces doctrines étaient fausses, il fallait le lui démontrer par les Ecritures.

"Qu'avons-nous cru, disait-il, qui ne nous soit donné de croire par la Parole de Dieu, que vous tenez vous-mêmes comme la règle, et la seule règle de foi et de pratique ? Qu'avons-nous fait qui mérite ces accusations violentes de la part de la chaire et de la presse, et vous autorise à nous [les adventistes] exclure de vos églises et de votre communion ?" "Si nous sommes dans l'erreur, je vous prie de nous dire en quoi nous errons. Montrez-le nous par la Parole de Dieu ; on nous a suffisamment tournés en ridicule ; mais cela ne pourra jamais nous convaincre que nous avons tort : la Parole de Dieu seule peut nous faire changer de manière de voir. Nous sommes arrivés à la foi que nous professons après avoir prié et réfléchi longuement, et à mesure que la lumière de la Parole de Dieu se dévoilait à nous" *(Bliss, p. 250, 252)*.

Dans tous les temps, les avertissements que Dieu a envoyés au monde par Ses serviteurs ont été reçus avec incrédulité. Lorsque l'iniquité des antédiluviens le poussa à envoyer le déluge sur la terre, il leur fit d'abord connaître Son dessein, afin qu'ils aient l'occasion de se détourner de leurs mauvaises voies. Pendant cent vingt ans, ils entendirent retentir à leurs oreilles les avertissements de Noé, les appelant à se repentir, de crainte que la colère de Dieu ne les détruise. Mais le message leur semblait être une fable ridicule, et ils ne le crurent pas. Enhardis dans leur méchanceté, ils se moquèrent du messager de Dieu, se rirent de ses menaces, et l'accusèrent même de présomption. Comment un homme seul osait-il s'élever contre tous les grands hommes de la terre ? Si le message de Noé était vrai, pourquoi les autres hommes ne le voyaient-ils pas, ne le croyaient-ils pas ? L'assertion d'un homme contre la sagesse de mille ! Aussi ne voulurent-ils ni croire à l'avertissement ni chercher un abri dans l'arche.

Les moqueurs parlaient des choses de la nature, — de la succession invariable des saisons, des cieux azurés qui n'avaient jamais envoyé de pluie aux champs verdoyants rafraîchis par la douce rosée des nuits — et ils s'écriaient : "Ne parle-t-il pas en paraboles ?" Dans leur mépris, ils déclaraient que le prédicateur de la justice était un exalté ; et ils poursuivaient leur recherche des plaisirs, plus résolus dans leur mauvaise voie qu'ils ne l'avaient été. Mais leur incrédulité n'empêcha point l'accomplissement de l'évènement prédit. Dieu supporta longtemps leur méchanceté, leur donnant amplement l'occasion de se repentir ; mais au temps marqué, ses jugements tombèrent sur ceux qui rejetèrent sa miséricorde.

Christ déclare qu'il y aura la même incrédulité concernant Sa seconde venue. De même que les hommes du temps de Noé "ne se doutèrent de rien, jusqu'à ce que le déluge vienne et les emporte tous : il en sera de même", dit notre Sauveur, à l'avènement du Fils de l'homme [30]." Au moment où ceux qui font profession d'être les enfants de Dieu s'unissent avec le monde, vivent de la même vie, et prennent part aux mêmes plaisirs défendus ; au moment où le luxe du monde devient le luxe de l'église ; alors que les cloches annonçant les mariages sonnent, et que tous prévoient bien des années de prospérité mondaine — alors, tout à coup, avec la rapidité des lueurs de l'éclair, viendra la fin de leurs rêves enchanteurs et de leurs espérances trompeuses.

De même que Dieu avait envoyé Son serviteur pour avertir le monde du déluge qui était proche, il envoya aussi des messagers choisis pour faire connaître l'approche du jugement final. Et de même que les contemporains de Noé rirent et se moquèrent des prédictions du prédicateur de la justice, ainsi, du temps de Miller, ceux qui professaient être les enfants de Dieu, se moquèrent des paroles d'avertissement qui leur étaient adressées.

Pourquoi la doctrine et la prédiction de la seconde venue du Christ furent-elles si mal accueillies par les églises ? Parce que l'avènement du Seigneur apporte aux méchants, malheur et désolation, tandis qu'elle est pour le juste pleine de joie et d'espérance. Cette vérité solennelle avait été la consolation des enfants de Dieu dans tous les âges ; pourquoi était-elle devenue, comme son Auteur "une pierre d'achoppement et une pierre de scandale" à ceux qui professaient être Son peuple ? C'est notre Seigneur Lui-même qui fit cette promesse à Ses disciples : "Et lorsque Je m'en serai allé, et que Je vous aurai préparé une place, Je reviendrai, et Je vous prendrai avec Moi [31]." Le Sauveur compatissant, prévoyant la solitude et les épreuves de Ses disciples, donna ordre à Ses anges de les consoler par l'assurance qu'Il reviendrait personnellement, de la manière même qu'Il montait au ciel. Comme les disciples fixaient les yeux au ciel pour apercevoir la dernière trace de Celui qu'ils aimaient, leur attention fut attirée par ces paroles : "Hommes galiléens, pourquoi vous arrêtez-vous à regarder au ciel ? Ce Jésus, qui a été enlevé au ciel du milieu de vous, viendra de la même manière que vous l'avez vu allant au ciel [32]." L'espérance fut rallumée en eux par le message des anges. Les disciples "retournèrent à Jérusalem avec une grande joie ; et ils étaient continuellement dans le temple, louant et bénissant Dieu [33]." Ils ne se réjouissaient pas de ce que Jésus s'était séparé d'eux, et de ce qu'ils se trouvaient seuls pour lutter contre les épreuves et les tentations du monde ; mais à cause de l'assurance que leur avaient donnée les anges, que leur Maître reviendrait.

La proclamation de la venue du Christ devrait être maintenant, comme au temps où elle fut faite par les anges aux bergers de Bethléhem, une bonne nouvelle apportant une grande joie. Ceux qui aiment réellement le Sauveur ne peuvent qu'accueillir avec bonheur un message fondé sur la Parole de Dieu, annonçant que Celui sur qui ils ont concentré leur espérance de vie éternelle va revenir, non pour être insulté, méprisé et rejeté comme à Son premier avènement, mais avec puissance et gloire, pour racheter Son peuple. Ce sont ceux qui n'aiment pas le Sauveur qui désirent qu'Il demeure éloigné, et il ne peut y avoir de preuve plus évidente que les églises s'étaient éloignées de Dieu, que l'irritation et l'animosité qu'excita parmi elles la proclamation de ce message envoyé de Dieu.

Ceux qui reçurent le message adventiste comprirent la nécessité de se repentir et de s'humilier devant Dieu. Un grand nombre d'entre eux, qui avaient longtemps hésité entre Christ et le monde, comprenaient que le temps était maintenant venu de prendre position. Les choses éternelles avaient pour eux une réalité toute nouvelle. Le ciel leur semblait plus proche, et ils se sentaient coupables devant Dieu. Les chrétiens se sentaient poussés à vivre une nouvelle vie spirituelle. Ce message leur faisait sentir que le temps était court, que ce qu'ils avaient à faire pour leurs semblables devait se faire promptement. La terre paraissait s'éloigner ; l'éternité semblait s'ouvrir devant eux, et l'âme, avec tout ce qui appartient à son bonheur ou à son malheur immortel, éclipsait tout objet temporel." L'Esprit de Dieu reposait sur eux, et donnait de la force aux appels ardents qu'ils adressaient à leurs frères aussi bien qu'aux pécheurs, afin qu'ils se préparent pour le jour de Dieu. Le témoignage silencieux de leur conduite journalière, était une réprimande continuelle adressée aux membres des églises qui vivaient dans un formalisme sans consécration. Ceux-ci ne désiraient point qu'on les dérange dans leur poursuite des plaisirs, leur engouement pour le gain, et leur ambition d'honneur mondain. De là venaient l'opposition et l'inimitié excitées contre la foi au second avènement, et ceux qui le proclamaient.

Trouvant inattaquables les arguments tirés des périodes prophétiques, les adversaires cherchèrent à prévenir l'investigation de ce sujet, en enseignant que les prophéties étaient scellées. Les protestants marchaient ainsi sur les traces des romanistes. Alors que l'église papale cachait la Bible au peuple, les églises protestantes prétendaient qu'une partie considérable de la Parole sacrée — celle même qui nous révèle les vérités tout particulièrement applicables à notre temps — ne pouvait être comprise.

Les pasteurs et les croyants déclaraient que les prophéties de Daniel et de Jean étaient des mystères que personne ne pouvait comprendre ou expliquer. Mais Christ Lui-même renvoie Ses disciples aux paroles du prophète Daniel concernant des évènements qui devaient avoir lieu de leur temps, et dit : "Que celui qui le lit comprenne [34]." D'ailleurs, l'affirmation qui consiste à dire que l'Apocalypse est un mystère incompréhensible est contredite par le titre même du livre : "Révélation de Jésus-Christ, que Dieu lui a donnée pour montrer à Ses serviteurs les choses qui doivent arriver bientôt. Heureux celui qui lit, et ceux qui entendent les paroles de la prophétie, et qui gardent les choses qui y sont écrites ! Car le temps est proche [35]."

Le prophète dit : "Heureux celui qui lit" : il en est qui ne voudront pas lire ; la bénédiction n'est pas pour eux. "Et ceux qui entendent" : il en est aussi qui refusent d'écouter quoi que ce soit concernant les prophéties ; la bénédiction n'est pas pour cette classe de personnes. "Et qui gardent les choses qui y sont écrites" : beaucoup de gens refusent de prendre garde aux instructions et aux avertissements renfermés dans la révélation. Aucun d'eux ne peut prétendre à la bénédiction promise. Tous ceux qui ridiculisent les sujets prophétiques, et se moquent des symboles donnés solennellement ici ; tous ceux qui refusent de réformer leur vie et de se préparer pour la venue du Fils de l'homme, seront exclus de la bénédiction.

En présence du témoignage de l'Inspiration, comment se fait-il qu'il y ait des personnes osant enseigner que l'Apocalypse est un mystère hors de la portée de l'intelligence humaine ? C'est un mystère révélé, un livre ouvert. L'étude de l'Apocalypse dirige l'esprit vers le livre des prophéties de Daniel, et tous deux présentent des instructions de la plus grande importance, instructions que Dieu a données aux hommes concernant les évènements qui auront lieu vers la fin de l'histoire de notre monde.

Il fut présenté à Jean des scènes d'un profond et saisissant intérêt dans l'histoire de l'église. Il vit la position, les dangers, les luttes et la délivrance finale du peuple de Dieu. Il raconte les derniers messages qui doivent mûrir la moisson de la terre, soit comme du bon grain pour les greniers célestes, soit comme la balle pour les feux de la destruction. Il lui fut révélé des sujets d'une vaste importance, spécialement pour la dernière église, afin que ceux qui se détourneraient de l'erreur pour s'attacher à la vérité, pussent être instruits concernant les luttes et les périls qui les attendent. Personne ne doit rester ignorant des choses qui doivent arriver sur la terre.

Pourquoi donc cette ignorance générale à l'égard d'une partie si importante des Saintes Ecritures ? Pourquoi cette répugnance universelle à examiner ses enseignements ? C'est le résultat des efforts habiles du prince des ténèbres pour cacher aux hommes ce qui révèlent ses tromperies. C'est pour cette raison que Christ, le Révélateur, prévoyant la guerre que l'on ferait à l'étude de la Révélation, prononça une bénédiction sur tous ceux qui liraient, écouteraient et observeraient les paroles de la prophétie.

---

1 Ps. 119 : 130.

2 Mat. 13 : 30, 38-41.

3 2 Tim. 3 : 13, 1.

4 2 Thés. 2 : 8.

5 1 Thés. 4 : 16.

6 Mat. 24 : 30, 27.

7 Mat. 25 : 31 ; 24 : 31.

8 1 Cor. 15 : 51-53.

9 1 Thés. 4 : 16, 17.

10 Mat. 25 : 31-34.

11 1 Cor. 15 : 50.

12 Voir Luc 4 : 25.

13 Deut. 29 : 29.

14 Amos 3 : 7.

15 2 Tim. 3 : 16.

16 2 Pier. 1 : 21.

17 Rom. 15 : 4.

18 Nom. 14 : 34 ;

   Ezé. 4 : 6.

19 Dan. 9 : 22, 23, 25-27.

20 Esd. 7 : 12-26.

21 Act. 10 : 38.

22 Luc 4 : 18.

23 Marc 1 : 14, 15.

24 Mat. 10 : 5, 6.

25 Act. 8 : 4, 5 ; 22 : 21.

26 Ezé. 33 : 8, 9.

27 Mat. 24 : 29.

28 Apoc. 6 : 13.

29 Mat. 24 : 33.

30 Mat. 24 : 39.

31 Jean 14 : 3.

32 Act. 1 : 11.

33 Luc 24 : 52, 53.

34 Mat. 24 : 15, Lausanne.

35 Apoc. 1 : 1-3.

DIAGRAMME DES 70 SEMAINES ET DES 2300 JOURS

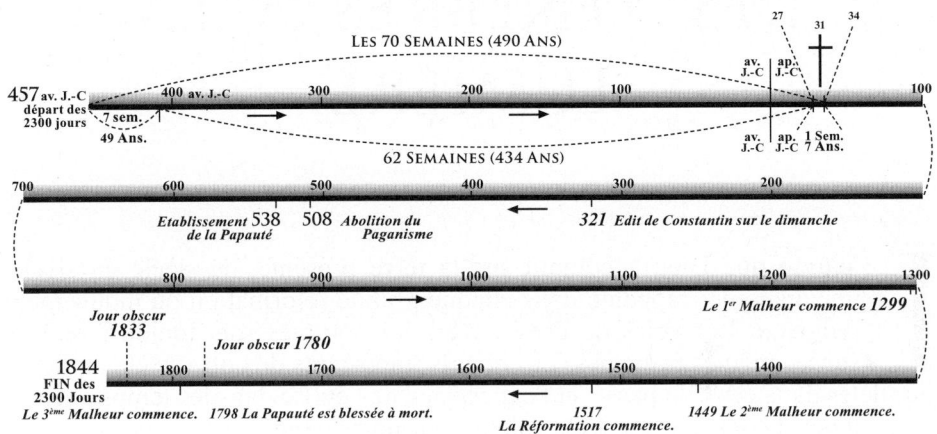

EXPLICATION DES DATES

457 av. J.-C. Date du commandement de restaurer et de bâtir Jérusalem. Dan. 9:25; Esdras 7:7.

408 av. J.-C. Fin des 7 semaines ou 49 ans. Le travail de la construction et de la restauration est achevé.

27 ap. J.-C. Fin des 62 semaines plus 7, soit 69 semaines, ou 483 ans. Jésus est baptisé, et commence Son ministère.

31 ap. J.-C. Moitié ou milieu de la 70ème semaine. Christ est crucifié.

34 ap. J.-C. Fin de la 70ème semaine ou des 490 ans. Les Juifs sont rejetés. L'Evangile est annoncé aux gentils.

508 ap J.-C. Le paganisme romain succombe.

538 ap. J.-C. Commencement de la suprématie papale. Commencement des 1260 ans.

1798 ap. J.-C. Expiration des 1260 ans. La Papauté est blessée à mort.

1844 ap. J.-C. Expiration des 2300 jours, ou années. Commencement de l'œuvre de l'expiation ou assises du jugement. Le son de la 7ème trompette annonce le troisième malheur.

7 semaines égalent 49 ans.
62 > > 434 ans.
1 > > 7 ans.

70 semaines égalent 490 ans.

En faisant partir les 490 ans de l'automne 457 av. J.-C., l'on trouve que cette période s'étend jusqu'à l'automne de l'année 34 ap. J.-C. 2300 moins 490 égalent 1810.

34 ap. J.-C. plus 1810 égalent 1844.

CHAPITRE XIX

DES TÉNÈBRES A LA LUMIÈRE

L'œuvre que Dieu accomplit sur la terre présente, de siècle en siècle, une analogie frappante dans chaque grande réformation ou mouvement religieux. Les voies de Dieu envers les hommes sont toujours réglées sur les mêmes principes. Les réveils importants de notre siècle ont leurs parallèles dans ceux du passé, et l'expérience de l'église dans les temps anciens contient des leçons d'une grande valeur pour notre temps.

Dieu dirige par Son Esprit d'une manière spéciale Ses serviteurs qui prennent une part active aux grands mouvements ayant pour objet l'avancement de l'œuvre du salut sur la terre. Aucune vérité n'est révélée plus clairement dans la Bible que celle-là. Les hommes sont dans les mains de Dieu des instruments pour accomplir Son œuvre de grâce et de miséricorde. Chacun a son œuvre à faire ; chacun a reçu une certaine mesure de lumière, adaptée aux besoins de son temps, et suffisante pour lui permettre d'accomplir l'œuvre que Dieu lui a assignée. Toutefois, quelque soit l'honneur que Dieu ait accordé à Ses serviteurs, jamais aucun d'eux n'est parvenu à une complète intelligence du sublime plan de la rédemption, ni même à une parfaite appréciation du dessein de Dieu dans l'œuvre qui doit s'accomplir en son propre temps. Les hommes ne comprennent pas parfaitement ce que Dieu voudrait accomplir par l'œuvre qu'Il leur confie ; ils ne comprennent pas toute la portée du message qu'ils annoncent en Son nom.

"Prétends-tu sonder les pensées de Dieu, parvenir à la connaissance parfaite du Tout-Puissant ?" "Car Mes pensées ne sont pas vos pensées, et vos voies ne sont pas Mes voies, dit l'Eternel. Autant les cieux sont élevés au-dessus de la terre, autant Mes voies sont élevées au-dessus de vos voies, et Mes pensées au-dessus de vos pensées." "Car Je suis Dieu, et il n'y en a point d'autre, Je suis Dieu, et nul n'est semblable à Moi. J'annonce dès le commencement ce qui doit arriver, et longtemps d'avance ce qui n'est pas encore accompli [1]."

Les prophètes mêmes qui furent favorisés de l'illumination spéciale de l'Esprit, ne comprirent pas toute la portée des révélations qui leur furent confiées. Leur signification devait être dévoilée de siècle en siècle, à mesure que le peuple de Dieu aurait besoin des instructions qu'elles contiennent.

L'apôtre Pierre, parlant du salut mis en évidence par l'Evangile, dit : "Les prophètes, qui ont prophétisé touchant la grâce qui vous était réservée, ont fait de ce salut l'objet de leurs recherches et de leurs investigations, voulant sonder l'époque et les circonstances marquées par l'Esprit de Dieu qui était en eux, et qui attestait d'avance les souffrances du Christ et la gloire dont elles seraient suivies. Il leur fut révélé que ce n'était pas pour eux-mêmes, mais pour vous, qu'ils étaient les dispensateurs de ces choses [2]."

Quoiqu'il n'eût pas été donné aux prophètes de comprendre parfaitement les révélations qui leur étaient faites, ils s'efforçaient néanmoins d'obtenir toute la lumière que Dieu avait bien voulu leur manifester. Ils "se sont informés et soigneusement enquis", "cherchant pour quel temps et pour quelles conjonctures l'Esprit du Christ qui était en eux faisait ces déclarations." Quelle leçon ces paroles ne contiennent-elles pas pour les enfants de Dieu vivant sous la dispensation chrétienne, et au bénéfice desquels ces prophéties furent données à Ses serviteurs ! "Et il leur fut révélé que ce n'était pas pour eux-mêmes, mais pour nous, qu'ils administraient ces choses." Considérons bien ces saints hommes de Dieu, méditant et recherchant diligemment le sens des révélations qui leur étaient confiées pour des générations qui n'existaient pas encore. Voyez le contraste qu'il y a entre leur zèle et l'indifférence insouciante avec laquelle les hommes de ces derniers siècles si favorisés traitent ce don de Dieu. Quelle réprobation il y a dans ce spectacle contre l'indifférence, l'amour de ses aises et l'amour du monde qui font que les hommes se contentent de dire qu'on ne peut pas comprendre les prophéties.

Quoique les intelligences bornées des hommes ne soient pas capables d'entrer dans les conseils du Dieu infini, ou de comprendre parfaitement l'exécution de Ses desseins, il arrive pourtant souvent que ce n'est que, grâce à quelque erreur de leur part, ou à leur négligence, qu'ils comprennent si obscurément les messages du ciel. Il n'est pas rare que les esprits, même des serviteurs de Dieu, soient tellement aveuglés par les opinions humaines, les traditions et les faux enseignements des hommes, qu'ils ne puissent saisir que partiellement les grandes choses que le Seigneur a révélées dans Sa Parole. Il en était ainsi des disciples du Christ, même quand le Sauveur était personnellement au milieu d'eux. Ayant l'esprit imbu de la croyance populaire que le Messie serait un prince temporel, qui devait élever Israël avec Lui sur le trône de l'empire universel, ils ne pouvaient comprendre le sens de Ses paroles prédisant Ses souffrances et Sa mort.

Christ Lui-même les avait envoyés avec le message : "Le temps est accompli, et le royaume de Dieu est proche. Repentez-vous, et croyez à la bonne nouvelle. [3]" Ce message était basé sur la prophétie de Daniel 9. L'ange avait déclaré que les soixante-neuf semaines s'étendaient jusqu'au "Christ, le Conducteur," et, le cœur rempli d'espérances glorieuses, les disciples anticipaient avec joie le temps de l'établissement prochain du royaume du Messie à Jérusalem, pour gouverner toute la terre.

Ils prêchèrent le message que Christ leur avait confié, quoique ne comprenant pas eux-mêmes la signification. Bien que ce qu'ils annonçaient soit fondé sur Dan. 9 : 25, ils ne remarquèrent pas dans le verset suivant du même chapitre que le Messie devait être retranché. Dès leur enfance on leur avait appris à espérer la gloire d'un empire terrestre, et cette pensée aveuglait leur intelligence, au point qu'ils ne pouvaient saisir ni les prédictions de la prophétie, ni les paroles du Christ.

Ils accomplirent leur devoir en présentant à la nation juive l'invitation de miséricorde, et puis, au moment même où ils s'attendaient à voir leur Seigneur monter sur le trône de David, ils Le virent saisi comme un malfaiteur, frappé, maltraité et condamné, puis élevé sur la croix du Calvaire. Quel désespoir et quelle angoisse déchirèrent les cœurs de ces disciples, pendant ces jours où leur Sauveur dormit dans le tombeau !

Christ était venu de la manière et au temps exacts prédits par la prophétie. Le témoignage de l'Ecriture avait été accompli dans chaque détail de Son ministère. Il avait prêché le message de salut et "Il parlait avec autorité." Ses auditeurs sentaient que Son message venait du ciel. La Parole de l'Esprit de Dieu attestait la divinité de la mission de Son Fils.

Les disciples demeuraient unis à leur Maître bien-aimé par les liens d'une affection indissoluble, et pourtant, ils étaient plongés dans le doute et l'incertitude. Au temps de leur affliction, ils ne se rappelaient pas les avertissements du Christ relatifs à Ses souffrances et à Sa mort. Si Jésus de Nazareth avait été le vrai Messie, seraient-ils ainsi plongés dans la douleur et le désappointement ? Telle était la question qui tourmentait leur âme, tandis que le Sauveur était couché dans le sépulcre, pendant les heures de désespoir de ce Sabbat qui s'écoula entre Sa mort et Sa résurrection.

Quoiqu'enveloppés d'une nuit de douleur, ces disciples du Christ n'étaient point abandonnés. Le prophète dit : "Si je suis assis dans les ténèbres, l'Eternel sera ma lumière... Il me conduira à la lumière, et je contemplerai Sa justice." "Même les ténèbres ne sont pas obscures pour toi, la nuit brille comme le jour, et les ténèbres comme la lumière." Dieu a dit : "La lumière se lève dans les ténèbres pour les hommes droits." "Je ferai marcher les aveugles sur un chemin qu'ils ne connaissent pas, Je les conduirai par des sentiers qu'ils ignorent ; Je changerai devant eux les ténèbres en lumière, et les endroits tortueux en plaine ; voilà ce que Je ferai, et Je ne les abandonnerai pas [4]."

Ce que les disciples avaient annoncé au nom de leur Maître, était exact dans tous ses détails, et les évènements annoncés étaient alors en voie d'accomplissement. "Le temps est accompli, et le royaume de Dieu est proche", avaient-ils prêché. A l'expiration du "temps", — les soixante-neuf semaines de Daniel 9, qui devaient s'étendre jusqu'au Messie, "l'Oint" — Christ avait reçu l'onction de l'Esprit, après avoir été baptisé par Jean dans le Jourdain. Et le "royaume de Dieu," qu'ils avaient déclaré être proche, était établi par la mort du Christ. Ce royaume n'était pas, comme on le leur avait enseigné, un royaume de ce monde. Ce n'était pas non plus ce royaume à venir, immortel, qui sera établi lorsque "le règne, la domination, et la grandeur de tous les royaumes qui sont sous tous les cieux, seront donnés au peuple des saints du Très-Haut." Ce royaume éternel sous lequel "tous les dominateurs Le serviront et Lui obéiront [5]." Telle qu'elle est employée dans la Bible, l'expression "royaume de Dieu", désigne le royaume de grâce et le royaume de gloire. Paul parle du royaume de grâce dans l'épître aux Hébreux. Après avoir parlé du Christ comme d'un intercesseur qui participe à la souffrance d'autrui, qui "compatit à nos faiblesses", l'apôtre dit : "Approchons-nous donc avec assurance du trône de la grâce, afin d'obtenir miséricorde, et de trouver grâce [6]." Le trône de grâce représente le royaume de grâce ; car l'existence d'un trône implique celle d'un royaume. Dans plusieurs de Ses paraboles, Christ emploie l'expression : "le royaume des cieux" pour désigner l'action de la grâce divine sur les cœurs.

De même, le trône de gloire représente le royaume de gloire, et c'est à ce royaume que Christ fait allusion lorsqu'Il dit : "Lorsque le Fils de l'homme viendra dans Sa gloire, avec tous les anges, Il s'assiéra sur le trône de Sa gloire. Et toutes les nations seront assemblées devant Lui [7]." Ce royaume est encore à venir. Il ne sera établi que lors du second avènement du Christ.

Le royaume de grâce fut fondé immédiatement après la chute de l'homme, alors qu'un plan fut conçu pour le rachat de la race coupable. Dès lors, il exista dans le dessein et la promesse de Dieu ; et, par la foi, les hommes purent en devenir sujets. Pourtant il ne fut réellement établi qu'à la mort du Christ. Le Sauveur aurait pu, même après avoir commencé Sa mission sur la terre, fatigué de l'endurcissement et de l'ingratitude des hommes, reculer devant le sacrifice du Calvaire. A Gethsémané, Sa main trembla en soulevant la coupe d'angoisse qui Lui était présentée. Il aurait pu encore essuyer la sueur de sang qui ruisselait sur Son front, et laisser la race coupable périr dans son iniquité. S'il avait fait cela, la rédemption des hommes déchus aurait été impossible. Mais lorsque le Sauveur donna Sa vie, et qu'il s'écria en expirant : "Tout est accompli", le plan de la rédemption se trouva assuré. La promesse du salut faite à nos premiers parents en Eden fut ratifiée. Le royaume de grâce, qui n'avait existé auparavant que par la promesse de Dieu, fut alors établi.

Ainsi, la mort du Christ — l'évènement même que les disciples avaient regardé comme détruisant leur espérance sans retour — fut ce qui lui apposa pour toujours le sceau de la certitude. Quoiqu'elle leur eût apporté un cruel désappointement, elle était pour eux la preuve suprême que leur croyance était fondée. L'évènement qui les avait remplis de tristesse et de désespoir, fut celui qui ouvrit la porte de l'espérance à tout enfant d'Adam, celui sur lequel étaient basées toutes les espérances de vie future et de bonheur éternel des fidèles serviteurs de Dieu de tous les temps.

Les desseins de l'infinie miséricorde s'accomplissaient par le désappointement même des disciples. Quoique leurs cœurs aient été gagnés par la grâce divine et la puissance des enseignements de Celui qui "parlait comme jamais homme n'a parlé", se trouvait mêlé à l'or pur de leur amour pour Jésus, le vil alliage de l'orgueil humain et des ambitions égoïstes. Dans la chambre même où Jésus prit Sa dernière Pâque, à cette heure solennelle où les ombres de Gethsémané descendaient déjà sur leur Maître, il y eut "une contestation entre eux [les disciples], pour savoir lequel d'entre eux devait être estimé le plus grand [8]." Ils ne voyaient que le trône, la couronne et la gloire, tandis qu'ils avaient devant eux l'opprobre et les angoisses de Gethsémané, de la cour du prétoire, et de la croix du Calvaire. C'était l'orgueil de leur cœur, leur soif de gloire mondaine qui les portaient à se cramponner avec une telle ténacité aux faux enseignements de leur temps, et à ne tenir aucun compte des paroles du Sauveur, montrant la vraie nature de Son royaume, et prédisant Ses souffrances et Sa mort. Ces erreurs leur valurent l'épreuve — pénible mais nécessaire — que Dieu permit pour leur correction. Quoique les disciples se soient trompés sur le sens de leur message, et n'en n'aient pas saisi toute la portée, ils avaient pourtant prêché l'avertissement que Dieu leur avait donné à proclamer, et le Seigneur voulait récompenser leur foi et honorer leur obéissance. C'est à eux que devait être confié le soin de proclamer à toutes les nations le glorieux Evangile de leur Seigneur ressuscité. Et c'était afin de les préparer pour cette œuvre, que Dieu permit qu'ils supportent l'épreuve qui leur parut si amère.

Après Sa résurrection, Jésus apparut à deux de Ses disciples sur le chemin d'Emmaüs, et "commençant par Moïse, et continuant par tous les prophètes, Il leur expliquait dans toutes les Ecritures ce qui Le concernait [9]." Le cœur des disciples fut ému. Leur foi se ralluma. Une vive espérance se développa en eux avant même que Jésus se révéla. Son but était d'éclairer leur intelligence, et de fonder leur foi sur "la parole des prophètes, qui est certaine." Il désirait que la vérité soit fermement enracinée dans leurs esprits non pas simplement parce qu'elle était soutenue par Son témoignage personnel, mais à cause des preuves incontestables que fournissaient les symboles et les ombres de la loi typique, ainsi que les prophéties de l'Ancien Testament. Il fallait que les disciples du Seigneur aient une foi intelligente, non seulement à cause d'eux, mais afin qu'ils puissent propager la connaissance du Christ dans le monde. Et comme premier pas dans cette connaissance à acquérir, Jésus rappelle à Ses disciples "Moïse et tous les prophètes." Ainsi, le Sauveur ressuscité rendit témoignage à la valeur et à l'importance des écrits de l'Ancien Testament.

Quel changement ne s'opéra-t-il pas dans le cœur des disciples, lorsqu'ils virent une fois de plus le visage aimé de leur Maître ! Dans un sens plus parfait et plus complet qu'auparavant, ils avaient "trouvé celui de qui Moïse a écrit dans la loi, et dont les prophètes ont parlé." L'incertitude, l'angoisse, le désespoir, firent place à une parfaite assurance, à une foi sans mélange. Qu'y a-t-il d'étonnant à ce qu'après Son ascension, ils soient "toujours dans le temple, louant et bénissant Dieu." Le peuple, ne sachant autre chose que la mort ignominieuse du Sauveur, cherchait à voir sur le visage des disciples l'expression de leur douleur, de leur confusion et de leur défaite ; mais on n'y lisait que contentement et triomphe. Quelle préparation n'avaient pas reçue ces disciples pour l'œuvre qui les attendait ? Ils étaient passés par l'épreuve la plus grande par laquelle ils pouvaient passer, et avaient vu comment, lorsque, à vues humaines, tout était perdu, la Parole de Dieu avait été triomphalement accomplie. Dès lors, qu'est-ce qui pouvait obscurcir leur foi ou refroidir l'ardeur de leur amour ? Dans les chagrins les plus cuisants, ils avaient un "puissant encouragement", une espérance qui était comme "une ancre de l'âme, sûre et solide [10]." Ils avaient été témoins de la sagesse et de la puissance de Dieu, et ils étaient assurés que "ni la mort, ni la vie, ni les anges, ni les dominations, ni les choses présentes, ni les choses à venir, ni les puissances, ni la hauteur ni la profondeur, ni aucune autre créature ne pourra nous séparer de l'amour de Dieu manifesté en Jésus-Christ notre Seigneur." "Dans toutes ces choses, disaient-ils, nous sommes plus que vainqueurs par Celui qui nous a aimés [11]." "La parole du Seigneur demeure éternellement [12]." "Qui les condamnera ? Christ est mort ; bien plus, Il est ressuscité, Il est aussi à la droite de Dieu, et Il intercède pour nous ! [13]"

Le Seigneur dit : "Mon peuple ne sera plus jamais dans la confusion [14]." "Le soir arrivent les pleurs, et le matin l'allégresse [15]." Lorsque, le jour de la résurrection, ces disciples virent leur Sauveur, et que leurs cœurs brûlèrent au-dedans d'eux en entendant Ses paroles ; lorsqu'ils considérèrent Sa tête, Ses mains et Ses pieds qui avaient été meurtris pour eux ; lorsque, avant Son ascension, Jésus les conduisit jusqu'à Béthanie, et que, les mains levées au ciel pour les bénir, Il leur dit : "Allez-vous-en par tout le monde, et prêchez l'évangile", ajoutant : "Voici, Je suis avec vous tous les jours [16]" ; lorsque, au jour de la Pentecôte, le Consolateur promis descendit sur eux ; que la puissance d'en haut leur fut donnée, et que les âmes des croyants tressaillirent dans l'assurance de la présence consciente de leur Seigneur qui était monté au ciel, — alors, quoique leur sentier, comme celui de leur Maître, fût parsemé de sacrifices et aboutît au martyre, ils n'auraient pas voulu échanger le ministère de l'Evangile de Sa grâce, et la "couronne de justice" qu'ils recevraient à Sa venue, contre la gloire du trône mondain, qui avait fait l'objet de leur espérance pendant la première partie de leur carrière de disciples ! "Celui qui peut faire infiniment plus que tout ce que nous demandons et que nous pensons" leur avait accordé, avec la communion de Ses souffrances, la communion de Sa joie : la joie "d'amener plusieurs enfants à la gloire", joie inexprimable, "poids éternel d'une gloire" entre laquelle, dit Paul, et "notre légère affliction du temps présent", "il n'y a pas de comparaison."

L'expérience des disciples qui prêchèrent "l'Evangile du royaume" au premier avènement du Christ, a sa contre partie dans l'expérience de ceux qui proclamèrent le message de sa seconde venue. De même que les disciples s'en allèrent prêcher : "Le temps est accompli, et le royaume de Dieu est proche", ainsi Miller et ses collaborateurs proclamèrent que la plus longue et la dernière période prophétique donnée dans la Bible allait expirer, que le jugement approchait, et que le royaume éternel allait être établi. La prédication des disciples touchant le temps était basée sur les soixante-dix semaines de Daniel 9. Le message proclamé par Miller et ses collaborateurs annonçait la fin des 2300 jours de Dan. 8 : 14, dont les soixante-dix semaines font partie. La prédication de chacun de ces messages était basée sur l'accomplissement d'une différente portion de la même grande période prophétique.

Comme les premiers disciples, Miller et ses collaborateurs ne comprirent pas eux-mêmes le vrai sens du message qu'ils annonçaient. Des erreurs, qui existaient depuis longtemps dans l'église les empêchèrent d'arriver à une interprétation correcte d'un point important de la prophétie. C'est pourquoi, quoiqu'ils aient proclamé un message que Dieu leur avait confié pour le monde, ils firent erreur sur l'interprétation du sens de ce message, et subirent un désappointement.

En expliquant Dan. 8 : 14 : "Deux mille trois cents soirs et matin ; puis le sanctuaire sera purifié", Miller, comme on l'a dit, adoptait la croyance qui prévalait généralement, que la terre était le sanctuaire, et il croyait que la purification du sanctuaire représentait la purification de la terre par le feu à la venue du Seigneur. Par conséquent, lorsqu'il découvrit que la fin des 2300 jours était fixée avec précision, il en conclut que cette date révélait le moment du second avènement. Son erreur provenait de ce qu'il acceptait la croyance populaire relative à ce qui constituait le sanctuaire.

Dans le système typique, — qui était une ombre du sacrifice et du sacerdoce du Christ — la purification du sanctuaire était le dernier service qu'accomplissait le souverain sacrificateur dans le cours annuel de son sacerdoce. C'était l'œuvre finale des propitiations : un enlèvement ou retranchement du péché d'Israël. Elle préfigurait l'œuvre finale du ministère de notre Souverain Sacrificateur dans le ciel : l'enlèvement ou effacement des péchés de Son peuple, péchés qui sont enregistrés dans les livres célestes. Ce service renferme une œuvre d'investigation, une œuvre de jugement, et il précède immédiatement la venue du Christ sur les nuées du ciel avec puissance et gloire ; car lorsqu'Il viendra, chaque cas individuel aura été déterminé. Jésus dit : "Ma rétribution est avec Moi, pour rendre à chacun selon ce qu'est son œuvre [17]." C'est cette œuvre de jugement, précédant immédiatement le second avènement, qui est mentionnée dans le message du premier ange d'Apocalypse 14 : 7. "Craignez Dieu, et donnez-Lui gloire, car l'heure de Son jugement est venue."

Ceux qui proclamèrent cet avertissement prêchèrent le message voulu au temps convenable. Mais de même que les disciples déclarèrent : "Le temps est accompli, et le règne de Dieu approche", — proclamation basée sur la prophétie de Daniel 9 — tout en ne remarquant pas que la mort du Messie se trouvait prédite dans la même prophétie — de même aussi Miller et ses collaborateurs prêchèrent le message basé sur Daniel 8 : 14 et Apocalypse 14 : 7, sans s'apercevoir qu'il était question d'autres messages dans le 14e chapitre de l'Apocalypse, messages qui devaient aussi être annoncés avant l'avènement du Seigneur. De même que les disciples se trompèrent au sujet du royaume qui devait être fondé à la fin des soixante-dix semaines, les adventistes se trompèrent aussi quant à l'évènement qui devait avoir lieu à la fin des 2300 jours. Dans l'un et l'autre cas, on voit la croyance ou l'adhésion à des erreurs populaires aveugler les esprits concernant la vérité. Mais les uns et les autres accomplirent la volonté de Dieu en annonçant le message qu'il désirait voir proclamer, et dans les deux cas leur méprise leur occasionna un amer désappointement.

Pourtant Dieu accomplit son dessein miséricordieux en permettant que l'avertissement du jugement soit proclamé précisément comme il le fut. Le grand jour était proche, et, dans Sa providence, Dieu permit que les hommes soient mis à l'épreuve par la fixation d'un temps précis, afin de leur révéler ce qu'il y avait dans leurs cœurs. Le but du message était d'éprouver et de purifier l'église. Les hommes furent amenés à voir si leurs affections se portaient sur le monde ou sur Christ et le ciel. Ils professaient aimer le Sauveur ; ils furent alors appelés à prouver leur amour. Etaient-ils prêts à renoncer à leurs espérances et à leurs ambitions mondaines, et à saluer avec joie l'avènement de leur Seigneur ? Le message avait pour but de leur montrer leur véritable état spirituel ; il fut envoyé par miséricorde pour les engager à chercher le Seigneur avec repentance et humiliation.

Ainsi, ce désappointement, quoique provenant d'une interprétation erronée du message qu'ils annonçaient, allait dans la providence de Dieu servir à leur bien. Il devait éprouver les cœurs de ceux qui avaient professé recevoir l'avertissement. En face de leur désappointement, se hâteraient-ils d'abandonner leur foi et leur confiance en la Parole de Dieu ? Ou chercheraient-ils, avec prières et humilité, à comprendre en quoi ils s'étaient trompés dans la signification de la prophétie ? Combien y en avait-il qui avaient agi par crainte, par entraînement, ou par excitation ? Combien y avait-il de cœurs partagés et incrédules ? Des multitudes professaient aimer l'apparition du Seigneur. Lorsqu'elles seraient appelées à endurer, les moqueries et l'opprobre du monde, ainsi que l'épreuve du délai et du désappointement, renonceraient-elles à leur foi ? Parce qu'elles ne comprendraient pas immédiatement les voies de Dieu à leur égard, allaient-elles rejeter des vérités appuyées sur le témoignage positif de Sa Parole ?

Cette épreuve devait manifester la force de caractère de ceux qui, avec une foi véritable, avaient obéi à ce qu'ils croyaient être les enseignements de la Parole et de l'Esprit de Dieu. Cela devait leur apprendre ce qu'une telle expérience pouvait seule enseigner : le danger d'accepter les théories et les interprétations des hommes au lieu d'interpréter la Bible par la Bible elle-même. Pour les enfants de la foi, la perplexité et l'amertume qui résulteraient de leur erreur, les pousseraient à apporter à leur foi une correction nécessaire. Ils seraient amenés à étudier plus soigneusement la parole prophétique. Cela devait leur enseigner à examiner plus attentivement le fondement de leur croyance, et à rejeter toute théorie qui n'était pas fondée sur les Ecritures, quelque répandue qu'elle soit dans le monde chrétien.

Il arriva pour ces croyants ce qui était arrivé pour les premiers disciples : ce qui, à l'heure de l'épreuve, leur paraissait obscur, devait s'éclaircir plus tard.

Lorsqu'ils virent les voies du Seigneur, ils surent que malgré l'épreuve que leur avaient attirée leurs erreurs, Ses desseins d'amour envers eux s'étaient accomplis avec certitude. Ils devaient apprendre par une heureuse expérience qu'Il "est plein de miséricorde et de compassion" ; que toutes Ses voies "ne sont que bonté, vérité et fidélité pour ceux qui gardent Son alliance et Ses témoignages."

1 Job 11 : 7 ;
  Esa. 55 : 8, 9 ; 46 : 9, 10.
2 1 Pier. 1 : 10-12.
3 Marc 1 : 15.
4 Mich. 7 : 8, 9 ;
  Ps. 139 : 12 ; 112 : 4 ;
  Esa. 42 : 16.

5 Dan. 7 : 27.
6 Héb. 4 : 16.
7 Mat. 25 : 31, 32.
8 Luc 22 : 24.
9 Luc 24 : 27.
10 Héb. 6 : 18, 19.
11 Rom. 8 : 38, 39, 37.

12 1 Pier. 1 : 25.
13 Rom. 8 : 34.
14 Joël 2 : 26.
15 Ps. 30 : 6.
16 Marc 16 : 15 ;
  Mat. 28 : 20.
17 Apoc. 22 : 12.

CHAPITRE XX

UN GRAND RÉVEIL RELIGIEUX

U n grand réveil religieux provoqué par la proclamation de la prochaine venue du Christ, se trouve prédit dans la prophétie du message du premier ange d'Apocalypse 14. Un ange apparaît volant "par le milieu du ciel, ayant l'Evangile éternel, pour l'annoncer aux habitants de la terre, à toute nation, à toute tribu, à toute langue et à tout peuple." "D'une voix forte", il proclame ce message : "Craignez Dieu, et donnez-Lui gloire, car l'heure de Son jugement est venue ; et adorez Celui qui a fait le ciel, et la terre, et la mer et les sources d'eaux [1]."

Le fait qu'un ange soit le héraut de cet avertissement est significatif. Il a plu à la sagesse divine de représenter le caractère auguste de l'œuvre que doit accomplir ce message, ainsi que la puissance et la gloire qui doivent l'accompagner, par la pureté, la gloire et la puissance d'un messager céleste. Le vol de l'ange "par le milieu du ciel", la "voix forte" avec laquelle le message est annoncé, et sa proclamation à tous "ceux qui habitent sur la terre" — "à toute nation, à toute tribu, à toute langue et à tout peuple" — sont des preuves évidentes de la rapidité et de l'universalité du mouvement religieux qu'il représente.

Le message lui-même met en lumière le temps où ce mouvement doit avoir lieu. Il fait partie de "l'Evangile éternel", nous est-il dit, et il annonce le commencement du jugement. Le message du salut fut prêché de tout temps ; mais ce message-ci est une partie de l'Evangile qui ne pouvait être prêchée que dans les derniers jours, car ce n'est qu'alors qu'il pouvait être vrai que l'heure du jugement était venue. Les prophéties présentent une suite d'évènements nous amenant à l'ouverture du jugement. C'est surtout le cas du livre de Daniel. Mais quant à la partie de sa prophétie se rapportant aux derniers jours, Daniel dut, sur l'ordre de Dieu, la tenir close et la sceller "jusqu'au temps de la fin." Un message relatif au jugement, basé sur l'accomplissement de ces prophéties, ne pouvait être proclamé avant ce temps. Mais au temps de la fin, dit le prophète, "plusieurs alors le liront, et la connaissance augmentera [2]."

L'apôtre Paul avertit l'église de son temps de ne point attendre la venue du Christ à cette époque. "Il faut, dit-il, que l'apostasie soit arrivée auparavant, et qu'on ait vu paraître l'homme du péché [3]." On ne devait pas attendre cette venue du Seigneur avant la grande apostasie et la longue période du règne de "l'homme du péché." L'homme du péché, désigné aussi par les noms de "mystère d'iniquité", de "fils de perdition" et de "méchant", c'est le pouvoir papal qui, selon la prophétie, devait exercer la suprématie pendant 1260 ans. Cette période prit fin en 1798. La venue du Christ ne pouvait arriver avant cette époque. Paul embrasse ainsi dans son avertissement toute la dispensation chrétienne jusqu'à l'an 1798. C'est au-delà de cette époque que le message de la venue du Christ doit être proclamé.

Un tel message n'a jamais été prêché dans les siècles passés. Paul, comme nous venons de le voir, ne l'a pas proclamé ; il montre à ses frères la venue du Christ dans un avenir fort éloigné. Les réformateurs ne le proclamèrent pas non plus. Martin Luther plaçait le jugement à environ trois cents ans après l'époque où il vivait. Mais depuis 1798, le sceau qui liait le livre de Daniel est rompu, la connaissance des prophéties a augmenté, et bien des hommes ont proclamé le message solennel de l'approche du jugement.

De même que la grande Réformation du seizième siècle, le message de la proximité de la venue du Christ fut proclamé simultanément dans diverses contrées de la chrétienté. En Europe comme en Amérique, des hommes de foi et de prière furent poussés à l'étude des prophéties, et à mesure qu'ils avançaient dans leur étude de la Parole sacrée, ils pouvaient se convaincre que la fin de toutes choses était proche. Dans divers pays il se trouvait des congrégations isolées de chrétiens, en qui une étude attentive de la Bible avait fait naître la conviction que l'avènement du Seigneur était proche.

En 1821, trois ans après que Miller ait reçu l'intelligence des prophéties fixant le temps du jugement, Joseph Wolff, que le zèle missionnaire porta à aller prêcher dans toutes les parties du monde, commença à proclamer la prochaine venue du Seigneur. Wolff naquit en Allemagne, de parents juifs ; son père était rabbin. Très jeune déjà, il crut à la vérité de la religion chrétienne. Doué d'une intelligence vive, et avide de connaissances, il avait écouté avec le plus vif intérêt les conversations qui se tenaient dans la maison de son père, où chaque jour de pieux Hébreux se réunissaient pour parler de leurs espérances, de l'attente de leur peuple, de la gloire du Messie à venir et de la restauration d'Israël. Entendant un jour mentionner Jésus de Nazareth, il demanda qui c'était. "Un homme de grand talent, lui répondit-on ; mais comme il prétendait être le Messie, le sanhédrin le condamna à mort." "Pourquoi donc, poursuivit l'enfant, Jérusalem est-elle détruite, et pourquoi sommes-nous en captivité ?" "Hélas, hélas ! répondit son père, c'est parce que les Juifs ont tué les prophètes." Aussitôt, l'enfant eut la pensée que Jésus de Nazareth pouvait bien aussi avoir été un prophète, qui, quoique innocent, avait été mis à mort par les Juifs. Ce sentiment s'était tellement emparé de lui, que quoiqu'il lui fût défendu d'entrer dans un temple chrétien, il lui arrivait souvent d'aller écouter du dehors la prédication.

Lorsqu'il n'avait encore que sept ans, il se targuait un jour devant un voisin chrétien et âgé, du futur triomphe d'Israël et de la venue du Messie. Le vieillard lui dit avec bonté : "Cher enfant, je veux te dire qui est le vrai Messie : c'est Jésus de Nazareth que tes ancêtres ont crucifié, de même qu'ils ont mis à mort les anciens prophètes. Va chez toi, et lis le cinquante-troisième chapitre d'Esaïe, et tu seras convaincu que Jésus-Christ est le Fils de Dieu" *(Travels and Adventures of the Rev. Joseph Wolff, vol. 1, p. 6, 7).* Aussitôt la conviction entra dans son cœur. Il rentra chez lui et lut le chapitre indiqué, s'étonnant de l'exactitude avec laquelle cette prophétie s'était accomplie en Jésus de Nazareth. Les paroles du chrétien seraient-elles vraies ? Le jeune garçon pria son père de lui expliquer la prophétie ; mais le silence de son père et le regard sévère qu'il lui lança firent qu'il n'osa plus jamais lui parler de ce sujet. Cet incident ne fit pourtant qu'augmenter son désir de connaître plus parfaitement la religion chrétienne.

Ses parents lui cachaient avec le plus grand soin la connaissance qu'il recherchait ; mais à l'âge de onze ans, il quitta la maison paternelle pour aller dans le monde, s'instruire, choisir sa religion et sa profession. Pendant quelque temps, une famille juive lui accorda l'hospitalité ; mais il fut bientôt chassé comme apostat, et il dut, seul, sans argent et sans protecteur, faire son chemin dans le monde. Il alla de lieu en lieu, étudiant sérieusement, et gagnant sa vie en donnant des leçons d'hébreu. Sous l'influence d'un prêtre catholique, il embrassa la foi romaine, et forma le dessein de se préparer pour se vouer à l'évangélisation de ses coreligionnaires. Ayant cet objet en vue, il se rendit quelques années plus tard dans le collège de la Propagande à Rome, afin d'y continuer ses études. Mais là, son habitude de penser et de parler librement le fit bientôt accuser d'hérésie. Il attaquait ouvertement les abus de l'église, et insistait sur la nécessité d'une réforme. Quoiqu'il ait d'abord été l'objet de la faveur spéciale des dignitaires de l'église romaine, il fut quelque temps après éloigné de Rome. Sous la surveillance de l'église, il fut conduit de lieu en lieu, jusqu'à ce qu'on reconnut l'impossibilité de le soumettre au joug de Rome. Il fut déclaré incorrigible, et laissé libre d'aller où bon lui semblerait. Il se rendit alors en Angleterre, et fut reçu dans l'église anglicane. Après deux ans d'études, il entreprit, en 1821, son premier voyage missionnaire.

En acceptant la vérité capitale de la première venue du Christ comme "homme de douleurs et habitué à la souffrance," Wolff remarqua que les prophéties parlent avec une même clarté de son second avènement en puissance et en gloire. Et tout en cherchant à conduire ses coreligionnaires à Jésus de Nazareth, et à le leur faire connaître comme le Messie promis, il leur parla de Sa seconde venue comme roi et libérateur.

"Jésus de Nazareth, disait-il, le vrai Messie, dont les mains et les pieds furent percés, qui fut mené comme un agneau à la boucherie, qui fut un homme de douleurs et habitué à la souffrance, qui, après que le sceptre fut ôté de Juda, vint alors pour la première fois, ce même Jésus viendra une seconde fois sur les nuées du ciel et avec la trompette de l'archange" *(Joseph Wolff, Researches and Missionary Labors, p. 62).* "Il se tiendra sur le Mont des Oliviers. Alors la domination sur toute la création, qui avait été une fois conférée à Adam, et perdue par lui [Gen. 1 : 26 ; 3 : 17], sera donnée à Jésus. Il sera roi de toute la terre. Alors cesseront les soupirs et les gémissements de la création, et elle retentira de chants de louanges et d'actions de grâce." "Quand Jésus viendra dans la gloire de Son Père, accompagné des saints anges", "ceux qui sont morts en Christ ressusciteront premièrement. 1 Thés. 4 : 16 ; 1 Cor. 15 : 23. C'est ce que nous appelons, nous chrétiens, la première résurrection. Alors le règne animal changera de nature [Esa. 11 : 6-9], et sera soumis à Jésus. Ps. 8. On jouira d'une paix universelle." "Le Seigneur jettera de nouveau les yeux sur la terre et dira : Voici, tout est très bon" *(Journal of the Rev. Joseph Wolff, p. 378, 379, 294).*

Wolff croyait la venue du Seigneur imminent ; selon son interprétation des périodes prophétiques, la grande consommation devait avoir lieu à quelques années seulement du temps fixé par Miller. Wolff répliquait à ceux qui avançaient que "pour ce qui est de ce jour et de cette heure, personne ne le sait", et que les hommes ne pouvaient rien savoir relativement au temps de cet avènement : "Notre Seigneur dit-il qu'on ne connaîtrait jamais ni le jour, ni l'heure de Sa venue ?

Ne nous a-t-il pas donné les signes des temps, afin que nous puissions au moins savoir quand Sa venue serait proche, et cela avec la même certitude que les feuilles poussant sur le figuier indiquent la proximité de l'été ? Sommes-nous condamnés à ne jamais connaître ce temps, alors qu'Il nous exhorte Lui-même non seulement à lire, mais à comprendre le prophète Daniel, ce même livre de Daniel qui dit que les paroles sont scellées jusqu'au temps de la fin, et qu'alors "plusieurs le liront", et que "la connaissance augmentera ?" De plus, notre Seigneur ne dit jamais que l'approche du temps ne sera pas connue, mais que l'heure et le jour précis de Sa venue ne sont connus de personne. Il dit que les signes des temps avertiront de l'approche de ce jour avec assez de clarté pour nous porter à nous préparer en vue de cet évènement, de même que Noé prépara l'arche en prévision du déluge" *(Wolff, Researches and Missionary Labors, p. 404, 405).*

Wolff croyait la venue du Seigneur imminente ; selon son interprétation des périodes prophétiques, la grande consommation devait avoir lieu à quelques années seulement du temps fixé par Miller. A ceux qui affirmaient que "pour ce qui est de ce jour et de cette heure, personne ne le sait", et que les hommes ne pouvaient rien savoir relativement au temps de cet avènement, Wolff répliquait : "Notre Seigneur dit-il qu'on ne connaîtrait jamais ni le jour, ni l'heure de Sa venue ? Ne nous a-t-il pas donné les signes des temps, afin que nous puissions au moins savoir quand Sa venue serait proche, et cela avec la même certitude que les feuilles poussant sur le figuier indiquent la proximité de l'été? Sommes-nous condamnés à ne jamais connaître ce temps, alors qu'Il nous exhorte Lui-même non seulement à lire, mais à comprendre le prophète Daniel, ce même livre de Daniel qui dit que les paroles sont scellées jusqu'au temps de la fin, et qu'alors "plusieurs le liront", et que "la connaissance augmentera ?" De plus, notre Seigneur ne dit jamais que l'approche du temps ne sera pas connue, mais que l'heure et le jour précis de Sa venue ne sont connus de personne. Il dit que les signes des temps avertiront de l'approche de ce jour avec assez de clarté pour nous porter à nous préparer en vue de cet évènement, de même que Noé prépara l'arche en prévision du déluge" *(Wolff, Researches and Missionary Labors, p. 404, 405).*

Durant les vingt-quatre années qui s'écoulèrent entre 1821 et 1845, Wolff fit de grands voyages ; en Afrique, il visita l'Egypte et l'Abyssinie ; en Asie, il parcourut la Palestine, la Syrie, la Perse, la Boukharie et l'Inde. Il visita également les Etats-Unis, et, en s'y rendant, il s'arrêta dans l'île de Ste Hélène pour y prêcher. Il atteignit New York au mois d'août de l'an 1837. Après avoir parlé dans cette ville, il prêcha à Philadelphie et à Baltimore, et se rendit finalement à Washington. Là, écrit-il, "sur une proposition faite par l'ex-Président, John Quincy Adams, dans une séance du Congrès, l'assemblée m'accorda unanimement l'usage de la salle du Congrès, pour y faire une conférence, que je prononçai un samedi, honoré de la présence de tous les membres du Congrès ainsi que de l'évêque de la Virginie, du clergé et des habitants de Washington. Le même honneur me fut accordé par les membres du gouvernement de New Jersey et de Pennsylvanie, en présence desquels je donnai des conférences sur mes recherches en Asie, ainsi que sur le règne personnel de Jésus-Christ" *(Journal of the Rev. Joseph Wolff, p. 398, 399).*

Il parcourut les contrées les plus barbares, sans être protégé par aucune puissance européenne, supportant les plus dures privations et affrontant d'innombrables dangers. Il fut battu, dépouillé, vendu comme esclave, et condamné à mort trois fois. Il fut assailli par des brigands, et faillit parfois mourir de soif et de faim. Un jour, il fut dépouillé de tout ce qu'il possédait, et dut franchir à pied des centaines de milles dans des pays montagneux, les pieds nus et engourdis par le contact de la terre gelée, la neige lui fouettant le visage.

Lorsqu'on lui conseillait de ne pas s'exposer sans arme au milieu de tribus sauvages et hostiles, Wolff se disait "armé" : "prière, zèle pour Christ, et confiance en Son secours." "J'ai également pourvu mon cœur, disait-il, de l'amour de Dieu et de mon prochain, et j'ai la Bible en main" *(W. H. D. Adams, In Perils Oft, p. 192).* Il portait sur lui la Bible hébraïque et la Bible anglaise partout où il se rendait. Il disait en parlant d'un de ses derniers voyages : "Je … gardais la Bible ouverte dans ma main. Je sentais que ma force était en ce livre, et que Sa puissance me soutiendrait" *(W. H. D. Adams, In Perils Oft, p. 201).*

Il poursuivit ainsi ses travaux jusqu'à ce que le message du jugement ait été porté dans une grande partie du monde habitable. Il distribua la Parole de Dieu, imprimée dans leurs langues respectives, parmi les Juifs, les Turcs, les Perses, les Hindous, et maintes autres nations et races, et prêcha partout le règne prochain du Messie.

Dans ses voyages en Boukharie, il trouva, dans cette contrée lointaine, des chrétiens isolés, croyant à la prochaine venue du Seigneur. "Les Arabes du Yémen, dit-il, possèdent un livre appelé "Seera", qui parle de la venue du Christ et de Son règne glorieux, et ils s'attendent à ce que de grands évènements aient lieu en l'année 1840" *(Journal of the Rev. Joseph Wolf, p. 377).* "Dans le Yémen … je demeurai six jours chez les Récabites. Ils ne boivent point de vin, ils ne plantent point de vigne, ils ne sèment aucune semence, ils vivent dans des tentes et se souviennent des paroles de Jonadab, fils de Récab ; et j'ai trouvé avec eux des enfants d'Israël de la tribu de Dan qui attendent, comme les enfants de Récab, l'arrivée prochaine du Messie sur les nuées du ciel" *(Journal of the Rev. Joseph Wolf, p. 389).*

Un autre missionnaire découvrit la même croyance dans le Turkestan. Un prêtre tartare demanda à ce missionnaire quand Christ devait venir pour la seconde fois. Lorsque le missionnaire répondit qu'il n'en savait rien, le prêtre parut fort étonné de cette ignorance chez un homme qui professait enseigner la Bible. Il lui dit alors qu'il croyait, sur la foi des prophéties, que Christ viendrait vers 1844.

La doctrine de la prochaine venue du Christ se fit déjà entendre en Angleterre, vers l'année 1826. Mais le mouvement ne s'y accentua pas d'une manière aussi extraordinaire qu'en Amérique ; on n'y enseigna pas alors d'une manière aussi générale le temps exact de cet avènement ; mais, on proclama partout la solennelle vérité de la prochaine venue du Christ en puissance et en gloire, pas seulement parmi les dissidents et les non-conformistes. Un écrivain anglais, Mourant Brock, dit qu'environ sept cents pasteurs de l'église d'Angleterre prêchaient cet "Evangile du royaume." Le message désignant l'année 1844 comme le temps de la venue du Seigneur, fut aussi proclamé dans la Grande-Bretagne. Des publications adventistes, venant des Etats-Unis, y furent répandues partout. Des livres et des journaux traitant de ce sujet se publièrent en Angleterre. Et en 1842, Robert Winter, chrétien d'origine anglaise, qui avait adopté la foi adventiste en Amérique, retourna dans son pays natal pour y annoncer la venue du Seigneur. Plusieurs autres se joignirent à lui, et le message du jugement fut proclamé dans diverses parties de l'Angleterre.

Dans l'Amérique du Sud, au milieu de la barbarie et des intrigues des prêtres, Lacunza, jésuite espagnol, porta son attention sur les Ecritures, et adopta ainsi la croyance de la venue imminente du Christ. Poussé à prêcher l'avertissement, désirant pourtant échapper aux censures de Rome, il publia ses vues sous le pseudonyme de "Rabbi Ben Israël", se donnant pour un Juif converti. Lacunza vivait au dix-huitième siècle, mais ce fut vers 1825 que son livre, étant parvenu à Londres, fut traduit en anglais. Cette publication augmenta l'intérêt déjà éveillé en Angleterre, sur le sujet du second avènement.

En Allemagne, cette doctrine avait été enseignée au dix-huitième siècle par Bengel, ministre de l'église luthérienne et savant distingué, interprète et critique biblique. Au moment où il achevait son éducation, il s'était voué à l'étude de la théologie "vers laquelle l'entraînait naturellement son caractère grave et pieux, ainsi que sa première éducation et la discipline reçue dans la maison paternelle.

Comme d'autres jeunes gens au caractère réfléchi avant et après lui, il eut à lutter contre des doutes et des difficultés de nature religieuse, et il fait allusion d'une manière touchante aux 'nombreuses flèches qui percèrent son pauvre cœur, et rendirent sa jeunesse amère.' " Devenu membre du consistoire de Wurtemberg, il défendit la cause de la liberté religieuse, demandant "que toute liberté raisonnable fût accordée à ceux qui se trouvaient poussés, par cas de conscience, à sortir de l'église établie" *(Encyclopaedia Britannica, 9th ed., art. 'Bengel').* On ressent encore, dans son pays natal, les bons effets de cette politique.

Ce fut un jour qu'il préparait un sermon tiré d'Apocalypse 21, pour un des "dimanches de l'Avent", que jaillit dans son esprit la lumière sur la seconde venue du Christ. Les prophéties de l'Apocalypse se dévoilèrent à lui comme jamais auparavant. Comme anéanti par le sentiment de l'importance solennelle et de la gloire sans égale des scènes présentées par le prophète, il dut se détourner, pendant un certain temps, de la contemplation de ce sujet. Néanmoins, il se présenta de nouveau à lui dans toute sa clarté et sa puissance lorsqu'il se trouva en chaire. Dès ce moment, il se voua à l'étude des prophéties, particulièrement de celles de l'Apocalypse, et il fut bientôt convaincu qu'elles indiquaient la proximité du retour du Christ. La date qu'il fixa comme le moment du second avènement du Christ ne différait que de bien peu d'années de celle qui fut plus tard déterminée par Miller.

Les écrits de Bengel se sont répandus dans toute la chrétienté. Ses vues sur la prophétie furent assez généralement adoptées dans son pays natal, le Wurtemberg, et, à un certain degré, dans d'autres parties de l'Allemagne. Après sa mort, le mouvement continua, et le message de la seconde venue du Christ se fit entendre en Allemagne au temps même où il attirait l'attention dans d'autres pays. A une époque antérieure, quelques croyants de ce pays s'étaient rendus en Russie, où ils avaient fondé des colonies ; ils ont persévéré dans la foi, en sorte qu'on y trouve encore aujourd'hui des églises allemandes croyant en la proximité de la venue du Christ.

La lumière brilla aussi en France et en Suisse. A Genève, où Farel et Calvin avaient répandu les semences de la vérité à l'époque de la Réformation, Gaussen prêcha le message de la proximité du retour du Seigneur. Tandis qu'il était étudiant, Gaussen avait été entaché de l'esprit de rationalisme qui pénétra dans toute l'Europe vers la fin du dix-huitième et au commencement du dix-neuvième siècle, et lorsqu'il entra dans le ministère, non seulement il ignorait ce que c'est qu'une foi vivante, mais il avait des tendances sceptiques. Dans sa jeunesse, il avait été frappé, en lisant l'histoire ancienne de Rollin, de voir avec quelle merveilleuse exactitude la prophétie s'était accomplie par l'histoire. Il vit là un témoignage rendu à l'inspiration des Ecritures qui lui servit plus tard d'ancre au milieu des périls dont sa foi se trouva entourée. Il ne pouvait se contenter des enseignements du rationalisme ; en étudiant les Ecritures, et en cherchant à être éclairé, il arriva, après un certain temps, à la possession d'une foi positive.

En poursuivant ses études des prophéties, il se convainquit bientôt qu'elles indiquaient comme proche la venue du Seigneur. Impressionné par la solennité et l'importance de cette auguste vérité, il désirait la présenter au monde ; mais la croyance populaire que les prophéties de Daniel étaient entourées de mystères, était un sérieux obstacle sur son chemin. Il finit par se décider, comme Farel l'avait fait avant lui à Genève, à commencer par instruire des enfants. Il espérait, par leur intermédiaire, parvenir à intéresser les parents.

"Je désire qu'on le comprenne", disait-il plus tard, en parlant de l'objet de cette entreprise ; "ce n'est pas à cause de sa moindre importance, c'est au contraire en raison de sa haute valeur, que j'ai voulu présenter cet enseignement sous cette forme familière, et que je l'adresse à des enfants. — Je désirais être écouté, et j'ai craint de ne l'être pas si je m'adressais d'abord aux grands…"

"Si j'allais réclamer leur temps et leur peine, ils tourneraient le dos. Je vais donc aux plus jeunes : les aînés viendront autour. Je me fais devant eux un auditoire d'enfants ; mais si le groupe grossit, si l'on voit qu'il écoute, qu'il apprécie, qu'il s'intéresse, qu'il comprend, qu'il explique même, alors je suis sûr d'avoir bientôt un second cercle, et qu'à leur tour les grands reconnaîtront qu'il vaut la peine de s'asseoir et d'étudier. Quand cela sera fait, la cause sera gagnée" *(L. Gaussen, Daniel the Prophet, vol. 2, Preface).*

Cet essai réussit. Quoiqu'il s'adressât aux enfants, des adultes vinrent l'écouter. Les galeries de son église se remplissaient d'un auditoire attentif, dans lequel se trouvaient des hommes influents, des savants, et des étrangers qui étaient en passage à Genève : de cette façon, le message fut porté dans d'autres pays.

Encouragé par ce succès, Gaussen publia ses leçons dans l'espoir de provoquer l'étude des livres prophétiques dans les églises de langue française. Il disait : "Publier des instructions données à des enfants sur Daniel le prophète, c'est dire aux adultes qui, trop souvent négligent de tels livres, sous le vain prétexte de leur obscurité : Comment seraient-ils obscurs, puisque vos enfants les comprennent ?" "J'avais profondément à cœur, ajoute-t-il, de rendre populaire dans nos troupeaux, s'il m'était possible, la connaissance des prophéties." "Il n'est pas d'étude, en effet, qui me semble répondre mieux aux besoins du moment." "C'est par là qu'il faut nous préparer pour la tribulation prochaine, veiller et attendre Jésus-Christ."

Bien qu'étant l'un des prédicateurs les plus aimés de Genève, et l'un des plus distingués des pays de langue française, il fut, après quelques temps, suspendu du ministère. Le principal grief allégué contre lui était qu'il se servait de la Bible et non du catéchisme officiel, manuel incolore et rationaliste, dans l'enseignement des jeunes. Appelé plus tard à occuper une chaire de professeur de théologie, il poursuivait chaque dimanche son œuvre de catéchiste, parlant aux enfants des Ecritures et les instruisant dans la Parole. Ses ouvrages sur les prophéties excitèrent un grand intérêt. Comme professeur, écrivain et catéchiste, son occupation favorite, il continua d'exercer pendant bien des années une grande influence, et éveilla l'attention de bien des chrétiens sur l'étude des prophéties qui montrent que la venue du Seigneur est proche.

Le message de la venue du Christ fut aussi proclamé en Scandinavie ; et l'intérêt y fut encouragé à travers tout le pays. Un certain nombre de chrétiens sortirent de leur funeste sécurité pour confesser et délaisser leurs péchés par amour pour Christ. Mais le clergé de l'église nationale s'opposa au mouvement, et à son instigation, on jeta en prison quelques prédicateurs du message. En maints endroits, où les hérauts de la prochaine venue du Christ furent ainsi réduits au silence, il plut à Dieu de faire annoncer le message, d'une manière miraculeuse, par des petits enfants. Comme ils n'avaient pas atteint l'âge de majorité, la loi ne pouvait les empêcher de parler. On les laissa donc faire sans les inquiéter.

Le mouvement se produisit principalement dans les classes ouvrières, et ce fut dans les humbles demeures des laboureurs que le peuple accourait pour entendre l'avertissement.

Ces prédicateurs enfants sortaient, pour la plupart, de pauvres chaumières. Quelques-uns d'entre eux n'avaient que six à huit ans ; et quoique leur conduite témoigne de leur amour pour leur Sauveur et qu'ils s'efforcent de vivre dans l'obéissance aux saints préceptes de Dieu, ils ne possédaient pas, en général, une intelligence et des facultés supérieures à celles des enfants de leur âge. Pourtant, lorsqu'ils se trouvaient en face d'un auditoire, il devenait évident qu'ils étaient sous une puissance surnaturelle. Leur ton et leurs manières étaient changés, et ils proclamaient l'approche du jugement avec une puissance solennelle, employant les paroles mêmes de l'Ecriture : "Craignez Dieu, et donnez-Lui gloire, car l'heure de Son jugement est venue." Ils réprouvaient les péchés du peuple, ne condamnant pas seulement l'immoralité et le vice, mais réprimant la mondanité et l'indifférence, et exhortant leurs auditeurs à se hâter de fuir la colère à venir.

On les écoutait en tremblant. La puissance convaincante de l'Esprit de Dieu parlait aux cœurs. Beaucoup de personnes furent poussées à sonder les Ecritures avec un intérêt nouveau et plus profond. Les intempérants et les débauchés changèrent de vie, d'autres renoncèrent à leurs pratiques déloyales, et il se fit une œuvre si puissante, que même les pasteurs de l'église nationale furent forcés de reconnaître que la main de Dieu était dans ce mouvement.

La volonté de Dieu était que la nouvelle de la prochaine venue du Sauveur soit proclamée dans les pays Scandinaves. Aussi, lorsque la voix de Ses serviteurs fut réduite au silence, Il fit reposer Son Esprit sur des enfants, afin que l'œuvre puisse s'accomplir. Lorsque Jésus s'approcha de Jérusalem, accompagné d'une multitude joyeuse poussant des cris de triomphe, agitant des branches de palmier, et l'acclamant comme le Fils de David, les pharisiens, jaloux, le prièrent de faire taire le peuple ; mais Jésus répondit que cela avait été prédit par la prophétie, et que s'ils se taisaient, les pierres mêmes crieraient. Le peuple, intimidé par les menaces des sacrificateurs et des sénateurs, cessa de pousser ses joyeuses acclamations, et tous entrèrent dans les portes de

Jérusalem ; mais les enfants qui étaient dans les cours du temple s'emparèrent du refrain, et, agitant leurs branches de palmier, s'écrièrent : "Hosanna au Fils de David ! [4] " Lorsque les pharisiens, fort mécontents, lui dirent : "Entends-tu ce que ces enfants disent ?" Jésus répondit : "N'avez-vous jamais lu ces paroles : Tu as tiré des louanges de la bouche des enfants et de ceux qui sont à la mamelle ?" De même que Dieu opéra par l'intermédiaire des enfants, au temps du premier avènement du Christ, Il opéra également par eux pour envoyer le message de Son second avènement. La Parole de Dieu déclarant que la proclamation de la venue du Sauveur doit être faite à toute nation, tribu, langue et peuple, doit avoir son accomplissement.

La mission de prêcher le message en Amérique fut confiée à William Miller et à ses collaborateurs. Cette contrée devint le centre du grand mouvement adventiste. C'est là que la prophétie du message du premier ange s'accomplit le plus directement. Les écrits de Miller et de ses collaborateurs parvinrent dans des pays lointains. La joyeuse nouvelle du prochain retour du Christ fut portée dans toutes les contrées du monde où l'Evangile avait pénétré. Le message de l'Evangile éternel : "Craignez Dieu, et donnez-Lui gloire, car l'heure de Son jugement est venue", se répandit au près et au loin.

Le témoignage des prophéties qui semblait fixer la date de la venue du Christ au printemps de l'année 1844, produisait une profonde impression sur les esprits. Comme la proclamation du message retentissait d'un Etat à l'autre, elle éveillait partout un intérêt général. Bien des gens étaient convaincus que les arguments tirés des périodes prophétiques étaient corrects, et sacrifiant leurs préjugés, ils reçurent joyeusement la vérité. Quelques ministres mirent de côté leurs vues et leurs sentiments sectaires, abandonnèrent leurs salaires et leurs églises, et s'unirent pour proclamer la venue de Jésus. Il n'y eut comparativement que peu de pasteurs qui acceptèrent ce message, c'est pourquoi sa proclamation fut confiée en grande partie à d'humbles laïques. Des fermiers laissèrent leurs champs, des artisans, leurs outils, des marchands, leur commerce, des hommes de science, leur position, et pourtant, le nombre d'ouvriers fut petit comparativement à l'œuvre qui devait être accomplie. L'état d'une église déchue et d'un monde plongé dans le mal oppressait l'âme des vraies sentinelles, et elles enduraient joyeusement labeurs, privations et souffrances, pour appeler les hommes à une repentance salutaire. Quoique Satan ait fait des efforts déterminés pour entraver ses progrès, l'œuvre avança fermement, et la vérité relative à la prochaine venue du Christ fut reçue par des milliers de personnes.

De tous côtés, on entendait des exhortations pressantes qui avertissaient tous les pécheurs, mondains et chrétiens de profession, à fuir la colère à venir. Comme Jean-Baptiste, le précurseur du Christ, les prédicateurs adventistes mettaient la cognée à la racine des arbres, exhortant tous les hommes à porter des fruits dignes de repentance. Leurs appels émouvants formaient un contraste frappant avec les assurances de paix et de sûreté données du haut des chaires populaires ; et partout où le message était prêché, il remuait le peuple. Le témoignage simple et direct des Ecritures, saisissant les cœurs par la puissance de l'Esprit Saint, avait une force de conviction à laquelle peu étaient capables de résister. Des gens qui faisaient profession de religion furent arrachés à leur funeste sécurité. Ils virent leur tiédeur, leur mondanité et leur incrédulité, leur orgueil et leur égoïsme. Bien des personnes recherchèrent le Seigneur avec repentance et humiliation. Les affections qui s'étaient portées si longtemps sur les choses terrestres, se fixèrent alors sur les choses du ciel. L'Esprit de Dieu reposait sur Ses enfants, et le cœur attendri et soumis, ils unissaient leurs voix à celles des sentinelles fidèles pour crier : "Craignez Dieu, et donnez-Lui gloire, car l'heure de Son jugement est venue."

Des pécheurs, fondant en larmes, demandaient : "Que faut-il que je fasse pour être sauvé ?" Ceux qui avaient commis des actes de mauvaise foi s'efforçaient de faire restitution. Tous ceux qui trouvaient la paix en Christ désiraient ardemment en voir d'autres participer à la même bénédiction. Les cœurs des parents étaient tournés vers leurs enfants, et les cœurs des enfants vers leurs parents. Les barrières de l'orgueil et de la froide réserve disparaissaient. Il se faisait des confessions touchantes, et les membres de la famille travaillaient au salut de leurs proches et de ceux qu'ils aimaient. On entendait très fréquemment des voix faisant monter au ciel des prières ardentes. Partout on voyait des âmes profondément angoissées, luttant avec Dieu. Beaucoup de gens passaient les nuits en prière pour avoir l'assurance que leurs péchés étaient pardonnés, ou pour obtenir la conversion de leurs parents ou de leurs voisins.

Toutes les classes de la société accouraient aux assemblées adventistes. Riches et pauvres, grands et petits, désiraient, pour diverses raisons, entendre l'exposition de la doctrine du second avènement. Le Seigneur tenait en bride l'esprit d'opposition, tandis que Ses serviteurs exposaient les raisons de leur foi. Parfois l'instrument était faible ; mais l'Esprit de Dieu donnait de la puissance à Sa vérité. On sentait, dans ces assemblées, la présence des saints anges, et chaque jour, de nombreuses personnes étaient ajoutées aux croyants. A mesure qu'on répétait les preuves de la prochaine venue du Christ, de grandes foules, suspendues aux lèvres des prédicateurs, écoutaient avec recueillement les vérités solennelles qu'ils exposaient. Il semblait que le ciel et la terre se soient rapprochés. La puissance de Dieu reposait sur les vieillards, les jeunes gens et les adultes. Des hommes rentraient chez eux avec des louanges sur les lèvres et leurs joyeux accents rompaient le silence de la nuit. Aucun de ceux qui ont assisté à ces assemblées n'oubliera ces scènes solennelles.

La proclamation d'un temps déterminé pour la venue du Christ suscita une grande opposition de la part de beaucoup de personnes de toutes les conditions, depuis le pasteur en chaire jusqu'au pécheur le plus endurci. Alors ces paroles prophétiques s'accomplirent : "Aux derniers jours, il viendra des moqueurs qui marcheront dans leurs propres convoitises, et qui diront : Où est la promesse de son avènement ? Car depuis que nos pères sont morts, toutes choses demeurent dans le même état comme elles étaient au commencement de la création [5]."

Bien des personnes qui professaient aimer le Sauveur, déclaraient ne rien avoir contre la doctrine du second avènement. Elles s'opposaient seulement à ce qu'on précise le temps de cette venue. Mais l'œil scrutateur de Dieu lisait au fond de leurs cœurs. Elles ne désiraient pas entendre dire que Christ allait bientôt venir pour juger le monde avec justice. Elles avaient été des serviteurs infidèles, leurs œuvres ne pouvaient pas soutenir le regard pénétrant du Dieu qui sonde les cœurs, et elles craignaient de rencontrer le Seigneur. Comme les Juifs au temps du premier avènement du Christ, elles n'étaient pas préparées à acclamer la venue de Jésus. Non seulement elles ne voulaient pas écouter les arguments positifs tirés de la Bible, mais elles se moquaient même de ceux qui attendaient leur Seigneur. Satan et ses anges triomphaient ; ils se raillaient du Christ et de Ses saints anges, leur faisant remarquer que ceux qui faisaient profession de christianisme ne désiraient nullement le retour du Christ.

"Pour ce qui est du jour et de l'heure, personne ne le sait", voilà les paroles qu'avançaient le plus souvent ceux qui rejetaient la foi adventiste. Voici les paroles du Seigneur : "Pour ce qui est de ce jour et de cette heure, personne ne le sait, ni les anges du ciel, mais le Père seul [6]." Ceux qui attendaient le Seigneur en donnaient une explication claire, qui concordait avec les autres paroles de l'Inspiration, et ils démontraient combien était fausse l'usage qu'en faisaient leurs adversaires. Ces paroles furent prononcées par Christ dans l'entretien mémorable qu'Il eut avec Ses disciples sur le Mont des Oliviers, après qu'Il fut sorti du temple pour la dernière fois. Les disciples Lui avaient adressé la question suivante : "Quel sera le signe de Ton avènement et de la fin du monde ? [7]." Jésus leur en indiqua les signes, et dit : "Quand vous verrez toutes ces choses, sachez que le Fils de l'homme est proche, à la porte [7]." On ne peut pas se servir d'une parole du Sauveur pour en détruire une autre. Quoique personne ne puisse savoir ni le jour, ni l'heure de Sa venue, nous sommes exhortés à savoir quand elle s'approche, et cela nous est même ordonné comme un devoir. Il nous est dit aussi que négliger Ses avertissements et demeurer dans l'ignorance à l'égard de cet évènement, soit par incrédulité, soit par indifférence, nous serait tout aussi fatal qu'il ne le fut pour ceux qui vivaient au temps de Noé, d'ignorer l'approche du déluge. Et la parabole du même chapitre, établissant un contraste entre le serviteur fidèle et infidèle, et mettant en évidence le sort qui attend celui qui dit en son cœur : "Mon maître tarde à venir", montre comment Christ, à Son apparition, considérera et récompensera ceux qu'Il trouvera veillant, prêchant Sa venue, et comment Il traitera ceux qui nieront cet évènement. "Veillez donc, dit-Il. Heureux ce serviteur, que son maître, à son arrivée, trouvera faisant ainsi ! [7]" "Si tu ne veilles pas, Je viendrai comme un voleur, et tu ne sauras pas à quelle heure Je viendrai sur toi [8]."

Paul parle d'une classe de personnes que l'apparition du Seigneur surprendra. "Le jour du Seigneur viendra comme un voleur dans la nuit. Quand les hommes diront : Paix et sûreté ! Alors une ruine soudaine les surprendra, …et ils n'échapperont pas." Mais il ajoute, en s'adressant à ceux qui ont fait attention à l'avertissement du Sauveur : "Mais vous, frères, vous n'êtes pas dans les ténèbres, pour que ce jour vous surprenne comme un voleur ; vous êtes tous des enfants de la lumière et des enfants du jour. Nous ne sommes point de la nuit ni des ténèbres [9]."

Les Ecritures n'autorisent personne à ignorer la proximité du retour du Christ. Mais ceux qui ne cherchaient qu'un prétexte pour rejeter la vérité fermèrent les oreilles à cette explication, et ces paroles : "Pour ce qui est du jour et de l'heure, personne ne le sait", continuèrent à être le refrain des moqueurs effrontés et même de ceux qui professaient être les pasteurs du Christ. Comme les membres des assemblées, inquiets, commençaient à s'informer de la voie du salut, leurs conducteurs s'interposèrent entre eux et la vérité, s'efforçant de calmer leurs craintes, en tordant la Parole de Dieu. Ces sentinelles infidèles s'unirent à l'ennemi des âmes pour crier : Paix, paix ! Contrairement à l'avertissement divin. Semblables aux pharisiens du temps du Christ, beaucoup refusèrent d'entrer dans le royaume des cieux et empêchèrent également ceux qui désiraient le faire, d'y entrer. Dieu leur redemandera le sang de ces âmes.

Les chrétiens les plus humbles et les plus pieux furent généralement les premiers à accepter le message. Ils se donnaient la peine d'étudier l'Ecriture Sainte et ne pouvaient manquer, malgré l'influence du clergé, de voir le caractère erroné des enseignements populaires touchant la prophétie.

Beaucoup de chrétiens furent persécutés par leurs frères incrédules. Pour ne pas se voir exclus de leurs églises, quelques-uns consentirent à taire le sujet de leur espérance ; mais d'autres étaient convaincus que la loyauté envers Dieu leur défendait de cacher les vérités qu'Il leur avait confiées. Un grand nombre fut radié de leurs églises uniquement pour avoir exprimé leur croyance en la venue du Christ. Ces paroles du prophète étaient bien précieuses pour ceux qui étaient persécutés pour leur foi : "Voici ce que disent vos frères qui vous haïssent et vous repoussent, à cause de Mon nom : Que l'Eternel montre Sa gloire, et que nous voyions votre joie ! Mais ils seront confondus [10]."

Des anges de Dieu suivaient avec l'intérêt le plus profond les résultats de l'avertissement. Lorsque les églises, en général, eurent rejeté le message, les anges s'en détournèrent avec tristesse. Pourtant, il y en avait beaucoup qui n'avaient pas encore été éprouvés touchant la doctrine de l'avènement du Christ. Beaucoup se laissèrent détourner par leurs maris, leurs épouses, leurs parents ou leurs enfants ; on leur fit croire que c'était un péché d'écouter des hérésies telles que celles qu'enseignaient les adventistes. Les anges reçurent l'ordre de veiller constamment sur ces âmes ; car une autre lumière émanant du trône de Dieu allait encore bientôt resplendir sur elles.

Ceux qui avaient reçu le message attendaient et désiraient, avec une indicible ardeur, la venue de leur Sauveur. Le temps pour lequel ils L'attendaient était à la porte. Ils le voyaient s'approcher avec un calme solennel. Ils entretenaient une douce communion avec Dieu, communion qui constituait l'assurance de la paix qui devait être leur partage dans l'heureux au-delà. Aucun de ceux qui ont partagé cet espoir et cette confiance ne pourra oublier ces heures précieuses de l'attente.

Quelques semaines avant le moment fixé, les affaires terrestres furent en grande partie délaissées. Les croyants sincères scrutaient soigneusement chacune de leurs pensées, chaque émotion de leur cœur, comme s'ils avaient été sur leur lit de mort, et comme s'ils devaient, dans quelques heures, fermer leurs yeux sur les scènes de ce monde. Il n'était pas question de faire des "robes d'ascension" *(Appendice, note 4)* ; mais tous éprouvaient le besoin d'une préparation spéciale pour aller au-devant de leur Sauveur ; leurs robes blanches étaient la pureté de l'âme, des caractères purifiés des souillures du péché par le sang expiatoire du Christ. Que ceux qui professent être le peuple de Dieu possèdent encore le même esprit de repentance, la même foi sincère et décidée ! S'ils avaient continué à s'humilier ainsi devant le Seigneur, et à faire monter leurs prières devant Son trône de grâce, ils auraient une vie spirituelle plus intense que celle qu'ils possèdent maintenant. On prie trop peu, on sent trop peu la laideur du péché ; beaucoup sont entièrement destitués de la grâce si abondamment pourvue par notre Rédempteur, à cause de leur manque de foi vivante.

Dieu voulait éprouver Son peuple. Sa main couvrait une faute que l'on faisait dans le calcul des périodes prophétiques, *(Appendice, note 3, et diagramme p. 245)*. Les adventistes ne découvrirent pas l'erreur ; elle ne fut pas découverte non plus par leurs plus savants adversaires. Un de ces derniers disait : "Votre calcul des périodes prophétiques est correct. Quelque grand évènement est sur le point d'arriver ; mais ce n'est pas ce que M. Miller prédit ; c'est la conversion du monde, et non le second avènement du Christ", *(Appendice, note 5)*.

Le temps d'attente passa, et Christ ne parut point pour délivrer Son peuple. Pour ceux qui, avec une foi et un amour sincères, avaient attendu leur Sauveur, le désappointement fut amer. Pourtant les desseins de Dieu s'accomplissaient : Il éprouvait les cœurs de ceux qui professaient attendre Son apparition. Il y en avait beaucoup parmi eux qui n'avaient pas été poussés à l'attente par un motif plus noble que la crainte. Leur profession de foi n'avait affecté ni leur cœur ni leur conduite. Lorsque ces personnes virent que l'évènement attendu n'avait pas eu lieu, elles déclarèrent n'avoir pas été désappointées, parce qu'elles n'avaient jamais cru que Christ viendrait. Elles furent les premières à insulter la douleur des croyants sincères.

Mais Jésus et tous les hôtes célestes veillaient avec sympathie et amour sur ceux qui demeuraient fidèles malgré leurs épreuves et leur désappointement. Si le voile qui sépare le monde visible du monde invisible avait été levé, on aurait pu voir les anges s'approchant de ces âmes fidèles, et les protégeant contre les attaques de Satan.

CHAPITRE XXI

UN AVERTISSEMENT REJETÉ

En prêchant la doctrine du second avènement, William Miller et ses collaborateurs avaient travaillé dans le but unique d'engager les hommes à se préparer pour le jugement. Ils s'étaient efforcés de ramener ceux qui faisaient profession de religion à la vraie espérance de l'église, et à leur faire comprendre la nécessité d'une vie spirituelle plus intime ; ils cherchèrent également à ramener les inconvertis au sentiment du devoir de se repentir, et de se convertir à Dieu. "Ils n'essayèrent nullement de convertir les hommes à une secte ou à un parti religieux. C'est pourquoi ils travaillèrent parmi tous les partis et toutes les sectes, sans se mêler ni de leur organisation ni de leur discipline."

"Dans tous mes travaux", dit Miller, "je n'eus jamais le désir ou la pensée d'établir quelque église séparée des autres, ni d'en favoriser une aux dépens d'une autre. Mon désir était de faire du bien à toutes. Supposant que toute la chrétienté se réjouirait dans l'attente de la venue du Christ, et que ceux qui ne pourraient comprendre les choses comme moi n'en aimeraient pas moins ceux qui embrasseraient cette doctrine, je ne concevais pas la pensée qu'il serait nécessaire d'avoir des assemblées séparées. Mon seul but était de convertir les âmes à Dieu, d'avertir le monde que le jugement approchait, et d'engager mes semblables à faire la préparation de cœur qui leur permettrait d'aller à la rencontre de leur Dieu, en paix. La grande majorité de ceux qui furent convertis par mes travaux s'unirent aux diverses églises existantes" *(Bliss, p. 328)*.

Comme ses travaux tendaient à édifier les églises, ils furent regardés pendant un certain temps avec faveur. Mais lorsque les pasteurs et les théologiens les plus influents se déclarèrent contre la doctrine de la proximité du second avènement, et voulurent empêcher toute agitation à ce sujet, non seulement ils combattirent cette doctrine du haut de la chaire, mais ils défendirent à leurs frères d'assister à des prédications où il en était question, ou même de parler de leur espérance dans les réunions d'édification mutuelle de l'église. Ainsi, les croyants se trouvèrent soumis à une sévère épreuve, et étaient en proie à l'incertitude. Ils aimaient leurs églises, et il leur répugnait de s'en séparer ; mais lorsqu'ils virent fouler aux pieds le témoignage de la Parole de Dieu, et méconnaître leur droit de sonder les prophéties, leur conscience les empêcha de se soumettre à ces conditions. Ils ne purent considérer comme constituant l'église du Christ, ceux qui rejetaient le témoignage de la Parole de Dieu, "la colonne et l'appui de la vérité." Dès lors, ils se sentirent autorisés à se séparer des églises dont ils faisaient partie. Pendant l'été de 1844, environ cinquante mille personnes se séparèrent des églises.

Vers ce temps, on vit un changement radical s'opérer dans la plupart des églises des Etats-Unis. Depuis quelques années, on y observait un penchant graduel mais constant vers la conformité aux pratiques et aux coutumes mondaines, et parallèlement, un déclin réel de la vie spirituelle ; mais, en cette même année, un affaissement soudain et bien caractérisé se manifesta dans la plupart de ces congrégations. Quoique personne ne paraissait capable d'en indiquer la cause, le fait lui-même fut généralement constaté et commenté, tant par la presse que du haut des chaires.

Dans une assemblée du conseil de l'église presbytérienne à Philadelphie, M. Barnes, auteur d'un commentaire très estimé et pasteur d'une des principales églises de la ville, fit la déclaration suivante : "Depuis vingt ans que je remplis les fonctions du ministère, il ne m'était jamais arrivé, jusqu'à la dernière communion, de donner la sainte cène sans recevoir plus ou moins de membres dans l'église. Mais en ce moment on ne voit pas de réveil, pas de conversion, et apparemment pas beaucoup de croissance en grâce chez ceux qui font profession de religion. Plus personne ne vient dans mon bureau pour s'entretenir du salut de son âme. L'augmentation de la mondanité semble proportionnée à la prospérité des affaires, et aux brillantes perspectives du commerce et des manufactures. Tel est le cas pour toutes les dénominations" *(Congregational Journal, May 23, 1844)*.

Dans le mois de février de la même année, le professeur Finney, du collège d'Oberlin, disait : "Nous avons eu devant nous des faits montrant, qu'en général, les églises protestantes de notre pays sont ou indifférentes ou hostiles à presque toutes les réformes morales de l'époque. Il existe des exceptions partielles ; toutefois, elles sont trop peu nombreuses pour empêcher que le fait ne soit général. Nous avons aussi un autre fait qui confirme notre dire : l'absence presque universelle de réveil dans les églises. L'apathie spirituelle pénètre presque tout, et s'empare de plus en plus des esprits, comme l'atteste toute la presse du pays. La plupart des membres des églises sont enchaînés aux coutumes existantes, donnant la main aux impies dans leurs parties de plaisirs, dans les danses, les fêtes, etc. Mais nous n'avons pas besoin de nous étendre longuement sur ce sujet pénible : les preuves augmentent et nous écrasent, montrant que les églises en général dégénèrent tristement. Elles se sont fort éloignées du Seigneur, et Il s'est retiré d'elles."

Un tel état de choses n'a jamais été amené dans l'église sans cause. Les ténèbres spirituelles qui tombent sur les nations, sur les églises et les individus sont dues, non à une diminution arbitraire des secours de la grâce d'en haut ; mais à la négligence ou à la réjection de la lumière divine de la part des hommes. Nous voyons un exemple frappant de cette vérité dans l'histoire du peuple juif au temps du Christ. Par leur amour du monde et leur oubli de Dieu et de Sa Parole, l'entendement des Juifs s'était obscurci, leurs cœurs étaient devenus charnels et sensuels. Ils furent donc dans l'ignorance concernant l'avènement du Messie, et dans leur orgueil et leur incrédulité, ils rejetèrent le Rédempteur. Même alors, Dieu n'enleva pas à la nation juive l'occasion de prendre connaissance du salut, ou de participer aux bienfaits de la rédemption. Mais ceux qui rejetèrent la vérité perdirent tout désir d'obtenir le don de Dieu. Ils avaient "fait les ténèbres lumière, et la lumière ténèbres", jusqu'à ce que la lumière qui était en eux devînt ténèbres ; et combien grandes étaient ces ténèbres !

Il rentre dans la politique de Satan que les hommes gardent certaines formes de religion, pourvu qu'ils soient dépourvus d'une piété vitale. Après qu'ils eurent rejeté l'Evangile, les Juifs continuèrent avec zèle leurs anciens rites ; ils conservèrent rigoureusement leur exclusivisme national, tandis qu'ils devaient avouer eux-mêmes que Dieu ne se manifestait plus au milieu d'eux. La prophétie de Daniel montrait d'une manière si précise le temps où devait paraître le Messie, et prédisait Sa mort si clairement, qu'ils en déconseillèrent l'étude, et que, finalement, les rabbins prononcèrent une malédiction contre tous ceux qui tenteraient de calculer le temps. Dans leur aveuglement et leur impénitence, les Juifs sont restés depuis dix-huit siècles indifférents aux offres miséricordieuses du salut, indifférents aux bénédictions de l'Evangile : avertissement terrible et solennel du danger que l'on court en rejetant la lumière divine.

Partout où cette cause existe, les résultats sont les mêmes. Quiconque résiste délibérément à ses convictions du devoir, quand elles vont à l'encontre de ses inclinations, il finira par perdre la faculté de distinguer entre la vérité et l'erreur. L'intelligence s'obscurcit, la conscience s'émousse, le cœur s'endurcit, et l'âme est séparée de Dieu. Toute église qui rejettera ou négligera le message de la vérité divine, se trouvera bientôt plongée dans les ténèbres ; la foi et la charité se refroidiront, et l'éloignement, les dissensions s'y manifesteront bientôt ; les membres des églises concentrent toute leur sollicitude et leur énergie sur leurs affaires temporelles, et les pécheurs s'endurcissent dans leur impénitence.

Le message du premier ange d'Apocalypse 14, annonçant l'heure du jugement de Dieu, et exhortant les hommes à le craindre et à l'adorer, était destiné à éloigner ceux qui faisaient profession d'être enfants de Dieu des influences corruptrices du monde, et à leur montrer leur véritable état de mondanité et d'indifférence. Par ce message, Dieu avait envoyé à l'église un avertissement qui, s'il avait été accepté, l'aurait purifiée des péchés qui l'éloignaient de Lui. Si les chrétiens avaient accueilli le message du ciel, s'ils s'étaient humiliés devant le Seigneur, et avaient cherché sincèrement à se préparer pour paraître en Sa présence, la puissance de Dieu et Son Esprit se seraient manifestés parmi eux. L'église serait de nouveau revenue à cet état béni d'unité, de foi et de charité qui existait aux jours apostoliques, lorsque les croyants n'étaient "qu'un cœur et qu'une âme" et "annonçaient la Parole de Dieu avec assurance", alors que "le Seigneur ajoutait chaque jour à l'église ceux qui étaient sauvés [1]."

Si ceux qui professent être le peuple de Dieu recevaient la lumière telle qu'elle jaillit de Sa Parole sur leur sentier, ils atteindraient cette unité pour laquelle Christ priait, et que l'apôtre appelle : "L'unité de l'Esprit par le lien de la paix." "Il y a", dit-il, "un seul corps et un seul Esprit, comme vous avez été appelés à une seule espérance par votre vocation ; il y a un seul Seigneur, une seule foi, un seul baptême [2]."

Tels furent les résultats bénis que produisit le message sur ceux qui l'acceptèrent. Ils "sortirent de diverses dénominations ; mais les barrières qui les séparaient tombèrent devant la vérité ; les credo opposés furent réduits à néant ; l'espérance anti biblique d'un millénium temporel fut abandonnée ; les fausses idées sur la seconde venue du Seigneur furent corrigées ; l'orgueil et la mondanité disparurent ; les torts furent réparés ; les cœurs s'unirent dans la plus douce communion ; la charité et la joie régnèrent sans mélange. Si cette doctrine fît cela pour le peu de chrétiens qui la reçurent, elle l'aurait fait pour tous."

Mais les églises en général n'acceptèrent pas l'avertissement. Leurs pasteurs qui, comme "sentinelles de la maison d'Israël", auraient dû être les premiers à discerner les signes de la venue de Jésus, avaient négligé d'apprendre la vérité, soit par le témoignage des prophètes, soit par les signes des temps. Comme les espérances et les ambitions mondaines remplissaient les cœurs, l'amour de Dieu et la foi en Sa Parole avaient diminué, et lorsque la doctrine du second avènement fut présentée, elle ne fit qu'éveiller leurs préjugés et manifester leur incrédulité. On prit comme argument contre le message le fait qu'il était prêché presque exclusivement par des laïques. Comme dans l'ancien temps, on répondait au témoignage de la Parole de Dieu par cette question narquoise : "Y a-t-il quelqu'un des chefs ou des pharisiens qui ait cru en lui ?" Bien des personnes, voyant la difficulté qu'il y avait à réfuter les arguments tirés des périodes prophétiques, déconseillaient l'étude des prophéties, en affirmant que les livres prophétiques étaient scellés et ne pouvaient être compris. Des multitudes de chrétiens, ayant une confiance aveugle en leurs pasteurs, refusèrent d'écouter l'avertissement ; et d'autres, quoique convaincus de la vérité, n'osaient la confesser, de crainte d'être "chassés de la synagogue." Le message que Dieu avait envoyé pour éprouver et purifier l'église ne révélait qu'avec trop d'évidence combien grand était le nombre de ceux qui avaient placé leurs affections sur le monde, plutôt que sur Christ. Les liens qui les attachaient au monde étaient plus forts que ceux qui les attiraient vers le ciel. Ils préférèrent écouter la voix de la sagesse humaine, et se détournèrent du message de vérité qui mettait à découvert ce qu'il y avait au fond du cœur humain.

En rejetant l'avertissement du premier ange, les églises rejetèrent le moyen auquel Dieu avait pourvu pour leur relèvement. Elles méconnurent le messager miséricordieux qui était destiné à les détourner des péchés qui les séparaient de Dieu, et elles recherchèrent avec plus d'ardeur encore l'amitié du monde. Telle fut la cause de ce triste état de mondanité, d'affaissement et de mort spirituelle qui existait dans les églises en 1844.

Dans le chapitre 14 de l'Apocalypse, le premier ange est suivi d'un second qui prononce ces sinistres paroles : "Elle est tombée, elle est tombée, Babylone la grande, qui a abreuvé toutes les nations du vin de la fureur de son impudicité ![3]" Le mot Babylone dérive de Babel, et signifie confusion. Il est employé dans les Ecritures pour désigner les formes diverses de religions fausses ou déchues. Dans Apocalypse 17, Babylone est représentée sous l'image d'une femme, image employée dans la Bible comme symbole d'une église, une femme vertueuse représentant une église pure, et une femme débauchée, une église déchue.

Dans la Bible, le caractère sacré et permanent des relations qui existent entre Christ et Son église est représenté par l'union du mariage. Le Seigneur s'est uni à Son peuple par une alliance solennelle, aux termes de laquelle Il promet d'être Son Dieu, et le peuple, de son côté, s'engage à se donner à Lui, et à Lui seul. Il déclare : "Je serai ton fiancé pour toujours ; Je serai ton fiancé par la justice, la droiture, la grâce et la miséricorde[4]." "J'ai sur vous le droit d'un mari[5]." Et Paul emploie la même image dans le Nouveau Testament, lorsqu'il dit : "Je vous ai fiancés à un seul Epoux, pour vous présenter à Christ comme une vierge pure[6]."

L'infidélité envers Christ, dont l'église se rendit coupable en Lui retirant sa confiance et ses affections, pour se laisser envahir par l'amour du monde, est comparée à la violation des vœux du mariage. Le péché d'Israël s'éloignant de Son Dieu, est représenté sous cette image ; et l'amour infini de Dieu qu'ils méprisèrent ainsi, est dépeint d'une manière touchante. "Je te jurai fidélité, Je fis alliance avec toi, dit le Seigneur, l'Eternel, et tu fus à Moi." "Tu étais d'une beauté accomplie, digne de la royauté. Et ta renommée se répandit parmi les nations, à cause de ta beauté ; car elle était parfaite, grâce à l'éclat dont Je t'avais ornée, dit le Seigneur, l'Eternel. Mais tu t'es confiée dans ta beauté, et tu t'es prostituée à la faveur de ton nom." "Mais, comme une femme est infidèle à son amant, ainsi vous M'avez été infidèles, maison d'Israël, dit l'Eternel." "Femme adultère, qui reçoit des étrangers au lieu de son mari[7]."

Dans le Nouveau Testament, le Seigneur se sert de paroles analogues pour censurer les chrétiens de profession qui cherchent la faveur du monde avec plus d'ardeur que celle de Dieu. L'apôtre Jacques dit : "Adultères que vous êtes ! Ne savez-vous pas que l'amour du monde est inimitié contre Dieu ? Celui donc qui veut être ami du monde se rend ennemi de Dieu" Jacques 4 : 4.

La femme, la Babylone d'Apocalypse 17, nous est représentée "vêtue de pourpre et d'écarlate, et parée d'or, de pierres précieuses et de perles. Elle tenait dans sa main une coupe d'or, remplie d'abominations et des impuretés de sa prostitution. Sur son front était écrit un nom, un mystère : Babylone la grande, la mère des impudiques et des abominations de la terre." Et le prophète dit : "Je vis cette femme ivre du sang des saints et du sang des témoins de Jésus[8]." Il est déclaré plus loin que Babylone est "la grande ville qui a la royauté sur les rois de la terre[9]." La puissance qui a tenu pendant tant de siècles sous son sceptre despotique tous les monarques de la chrétienté, n'est autre que Rome. La pourpre et l'écarlate, l'or, les pierres précieuses et les perles, dépeignent d'une manière bien vive la magnificence et la pompe plus que royales, qu'affecte la superbe curie romaine. En outre, il ne pourrait être dit d'aucune puissance qu'elle est "ivre du sang des saints" avec autant d'à propos que de cette église qui a si cruellement persécuté les disciples du Christ.

Babylone est aussi accusée du péché d'avoir entretenu des rapports illicites avec les "rois de la terre." Ce fut par son éloignement du Seigneur et son alliance avec les païens que l'église juive se prostitua ; et Rome, de même, se corrompit en recherchant l'appui des puissances de ce monde, et subit, en conséquence, la même condamnation.

Il est dit que Babylone est la "mère des impudiques." Ses filles doivent symboliser d'autres églises qui sont attachées à ses doctrines et à ses traditions, et qui suivent son exemple, sacrifiant la vérité et l'approbation de Dieu, pour s'allier illicitement avec le monde. Le message d'Apocalypse 14, annonçant la chute de Babylone, doit s'appliquer à des communautés religieuses, autrefois pures, et qui se sont corrompues. Puisque ce message succède à la proclamation de l'approche du jugement, il doit être prêché dans les derniers jours ; il ne peut donc s'appliquer à l'église romaine, car cette église est déchue depuis bien des siècles. Bien plus, dans le dix-huitième chapitre de l'Apocalypse, dans un message encore à venir maintenant, le peuple de Dieu est appelé à sortir de Babylone. Suivant ce passage, bien des enfants de Dieu se trouvent encore dans Babylone. Et dans quelles communautés religieuses doit-on trouver la plus grande partie des enfants de Dieu ? C'est certainement dans les diverses églises qui professent la foi protestante. Au temps de leur fondation, ces églises se déclarèrent hardiment pour Dieu et la vérité, et la bénédiction de Dieu reposait sur elles. Le monde incrédule fut lui-même forcé de reconnaître les heureux résultats provenant de l'adoption des principes de l'Evangile. Comme l'Eternel le dit à Israël, par son prophète : "Et ta renommée se répandit parmi les nations, à cause de ta beauté ; car elle était parfaite, grâce à l'éclat dont Je t'avais ornée, dit le Seigneur, l'Eternel." Mais elles tombèrent par le même désir qui attira sur Israël la malédiction de Dieu et qui fut la cause de la ruine d'Israël : le désir d'imiter les pratiques et de rechercher l'amitié des impies. "Mais tu t'es confiée dans ta beauté, et tu t'es prostituée à la faveur de ton nom."

Un grand nombre d'églises protestantes suivent l'exemple de Rome par leurs rapports impies avec les "rois de la terre." Il en est ainsi des églises d'Etat, cherchant la faveur du monde par leurs relations avec les gouvernements séculiers et d'autres dénominations. Aussi le terme Babylone — confusion — s'applique-t-il justement à ces églises qui, professant toutes tirer leurs doctrines de la Bible, sont pourtant divisées en d'innombrables dénominations, avec des théories et des croyances très opposées.

A côté de cette union coupable avec le monde, les églises qui se sont séparées de Rome présentent d'autres traits qui les distinguent.

Un ouvrage catholique, le "Catholic Christian Instructed", fait cette accusation : "Si l'église romaine fut jamais coupable par rapport aux saints, sa fille, l'église d'Angleterre, est tout aussi coupable, car elle a dix églises dédiées à Marie pour une dédiée à Christ" *(Richard Challoner, The Catholic Christian Instructed, Preface, p. 21, 22).*

M. Hopkins dit ce qui suit, dans un traité sur le millénium : "Il n'y a nullement lieu de croire qu'il n'y ait que ce qu'on appelle l'église romaine qui caresse des pratiques et un esprit antichrétiens. Les églises protestantes ont beaucoup de l'esprit de l'antichrist en elles, et sont loin d'être complètement réformées de la corruption et de l'impiété" *(Samuel Hopkins, Works, vol. 2, p. 328).*

Au sujet de la séparation de l'église presbytérienne d'avec Rome, le docteur Guthrie s'exprime ainsi : "Il y a trois cents ans, que notre église porte sur ses étendards une Bible ouverte et cette devise : Sondez les Ecritures, sortez des portes de Rome. Puis il pose cette question significative : "Est-elle sortie pure de Babylone ?" *(Thomas Guthrie, The Gospel in Ezekiel, p. 237).*

"L'église d'Angleterre", dit Spurgeon, "semble rongée de part en part par les erreurs romaines ; mais malheureusement, les dissidents paraissent tout aussi contaminés par l'incrédulité philosophique. Ceux dont nous attendions de meilleures choses se détournent l'un après l'autre des fondements de la foi. Le cœur même de l'Angleterre est complètement imprégné d'une incrédulité hideuse qui pousse l'effronterie jusqu'à s'installer dans les chaires et à se gratifier du titre de chrétienne."

Quelle fut l'origine de la grande apostasie ? Comment l'église s'éloigna-t-elle d'abord de la simplicité de l'Evangile ? — En se conformant aux coutumes du paganisme, pour faciliter aux païens l'acceptation du christianisme. L'apôtre Paul déclarait que même de son temps "le mystère d'iniquité agissait déjà [10]." Durant la vie des apôtres, l'église demeura comparativement pure. "Mais vers la fin du deuxième siècle, la plupart des églises se transformèrent, la première simplicité disparut, et insensiblement, à mesure que les anciens disciples descendaient dans la tombe, leurs enfants, de concert avec de nouveaux convertis, s'enhardirent et donnèrent une nouvelle forme à la cause, *(Robert Robinson, Ecclesiastical Researches, ch. 6, par. 17, p. 51).* Pour augmenter le nombre des conversions, on abaissa le niveau de la foi chrétienne, et il en résulta qu'un "débordement de paganisme envahit l'église, apportant avec lui ses coutumes, ses pratiques et ses idoles."

La religion chrétienne ayant gagné la faveur et l'appui des princes, fut nominalement adoptée par des multitudes ; mais tandis qu'elles professaient extérieurement le christianisme, "un grand nombre demeurèrent réellement païens, adorant en secret leurs idoles", *(Gavazzi's Lectures, p. 278).*

Le même procédé ne s'est-il pas répété dans presque toutes les églises soi-disant protestantes ? A mesure que leurs fondateurs, qui étaient animés d'un véritable esprit de réforme disparaissaient de la scène du monde, leurs descendants s'enhardissaient au point de donner "une nouvelle forme à la cause." Tout en adhérant aveuglément aux croyances de leurs pères, refusant d'accepter toute vérité qu'ils n'avaient pas connue, les enfants des réformateurs s'éloignèrent beaucoup de leur exemple d'humilité, d'oubli d'eux-mêmes et de renoncement au monde. Ainsi, "la première simplicité disparut." Un torrent de mondanité, entrant dans l'église, "apporta avec lui ses coutumes, ses pratiques et ses idoles." Hélas ! A quel effrayant degré cette amitié du monde qui est "une inimitié contre Dieu" n'est-elle pas recherchée par ceux qui professent être les disciples du Christ ! Combien les églises populaires de la chrétienté ne se sont-elles pas éloignées de ce niveau biblique d'humilité, de renoncement, de simplicité et de piété ! John Wesley disait, en parlant du bon usage de l'argent : "Ne perdez rien d'un si précieux talent simplement pour satisfaire les désirs des yeux, par une toilette superflue et coûteuse, ou d'inutiles ornements. N'en gaspillez rien pour orner vos maisons de meubles superflus ou coûteux : de tableaux de prix, de peintures, de dorures." "Ne dépensez rien pour satisfaire l'orgueil de la vie, pour obtenir l'admiration ou la louange des hommes." "Aussi longtemps que tu te feras du bien, on te louera." Aussi longtemps que tu seras "vêtu de pourpre et de fin lin, et que tu te mèneras grande vie tous "les jours", beaucoup de gens applaudiront sans doute l'élégance de ton goût, ta générosité et ton hospitalité. Mais ne paie pas leurs applaudissements si chers. Contente-toi plutôt de l'honneur qui vient de Dieu" *(Wesley, Works, Sermon 50, 'The Use of Money")*. De nos jours, cet enseignement est méconnu dans bien des églises.

Il est de mode dans le monde de faire profession de religion. Souverains, hommes d'Etat, avocats, docteurs, marchands, se rattachent à une église afin de s'assurer le respect et la confiance de la société, et dans l'intérêt de leurs ambitions mondaines. Ils cherchent ainsi à couvrir tous leurs procédés injustes du manteau de la religion. Les diverses communautés religieuses, augmentées par la richesse et l'influence de ces mondains baptisés, recherchent avec plus d'empressement encore la popularité et l'appui du monde. Des églises splendides, ornées de la manière la plus extravagante, sont érigées dans les quartiers les plus riches et les plus populaires. Les fidèles s'habillent avec luxe et se conforment aux dernières modes. On paie des honoraires énormes à un pasteur éloquent pour qu'il attire et retienne agréablement les fidèles. Dans ses sermons, il ne doit pas toucher aux péchés populaires, mais ses phrases doivent être agréables, et chatouiller les oreilles délicates de ses élégants auditeurs. De cette manière, les mondains sont reçus dans l'église, et les péchés à la mode sont recouverts du manteau de la piété.

Ceci s'applique surtout aux églises d'Amérique dans lesquelles on n'entre qu'à l'âge de raison et sur sa demande. Comme on le verra, plusieurs détails de ce chapitre s'appliquent également plus spécialement aux Etats-Unis.

Parlant de l'attitude actuelle vis-à-vis du monde de gens faisant profession de christianisme, un des journaux politiques les plus répandus disait : "L'église a cédé insensiblement à l'esprit du jour, et a adapté les formes de son culte aux besoins du temps." "Elle s'empare en effet de tout ce qui peut rendre la religion attrayante." D'un autre côté, un correspondant de L'Indépendant de New York parle ainsi du méthodisme actuel : "La ligne de séparation entre les gens pieux et les irréligieux s'efface dans une demi obscurité, et des hommes des deux partis travaillent avec zèle à faire disparaître toute différence entre leurs manières d'agir et leurs plaisirs." "La popularité de la religion tend fortement à augmenter le nombre de ceux qui voudraient s'en assurer les bienfaits sans en remplir honnêtement les devoirs."

Howard Crosby dit : "Aujourd'hui, l'église de Dieu fait la cour au monde. Ses membres essaient de l'abaisser au niveau des impies. Les bals, le théâtre, l'art impudique, le luxe social avec sa morale relâchée, font leur entrée dans l'enceinte sacrée de l'église ; et pour expier toute cette mondanité, les chrétiens font leurs carêmes et leurs Pâques, et ornent magnifiquement leurs églises. C'est l'ancienne ruse de Satan. L'église juive est allée échouer sur cet écueil, l'église romaine fit naufrage de la même manière, et le même sort est réservé à l'église protestante."

Dans ce flux de mondanité et de recherche du plaisir, l'esprit de renoncement et de sacrifice pour l'amour du Christ a presque entièrement disparu. "Quelques-uns des hommes et des femmes qui sont maintenant membres actifs de nos églises, avaient appris, étant enfants, à faire des sacrifices pour contribuer de leurs biens à l'avancement de la cause du Christ."

Mais "aujourd'hui, a-t-on besoin de fonds, ... il ne faut demander à personne de donner. Oh ! Non ; qu'on fasse une vente, une loterie, ou quelque festin, quelque chose qui amuse !" Le gouverneur Washburn du Wisconsin déclarait dans sa proclamation annuelle que "les ventes d'églises, les rafles de bienfaisance, les loteries concerts organisées dans des buts charitables et autres, les lots et sachets de hasard, les faveurs aux écoles du dimanche et autres, par billets tirés, sont des pépinières du crime, pour autant qu'ils promettent des jouissances et des avantages gratuits, ce sont des jeux de hasard ; et y participer, c'est jouer. Il dit que le pernicieux esprit du jeu est provoqué, attisé et entretenu par ces moyens, à un degré que les honnêtes citoyens comprennent peu ; et, sans ces excitations, les lois répressives du jeu seraient moins violées et plus facilement appliquées. On ne devrait, déclare-t-il, plus permettre ces pratiques qui corrompent la jeunesse." L'esprit de conformité au monde envahit toutes les églises de la chrétienté. Robert Atkins, dans un sermon qu'il prêcha à Londres, fait un sombre tableau du déclin spirituel qu'on remarque en Angleterre. "Les hommes vraiment justes diminuent sur la terre, et personne ne s'en inquiète. Les hommes qui, de nos jours, font profession de religion, dans chaque église, sont amis du monde ; ils imitent le monde, ils sont amateurs de leurs aises, et aspirent aux honneurs. Ils sont appelés à souffrir avec Christ, mais ils reculent déjà devant l'opprobre. Apostasie, apostasie, apostasie, voilà ce que l'on voit se graver distinctement sur la façade de chaque église ; or si elles le savaient, si elles le sentaient, il y aurait quelque espoir ; mais, hélas ! Elles s'écrient : "Nous sommes riches, nous nous sommes enrichis, et nous n'avons besoin de rien" *(Second Advent Library, tract No. 39)*. Le grand péché dont Babylone est accusée, c'est qu'elle "a fait boire à toutes les nations du vin de la fureur de son impudicité." Cette coupe enivrante qu'elle offre au monde représente les fausses doctrines qu'elle a adoptées à la suite de son commerce illicite avec les grands de la terre. Son amitié pour le monde a corrompu sa foi, et, à son tour elle exerce une influence corruptrice sur le monde, en enseignant des doctrines qui sont opposées aux témoignages positifs de la Sainte Ecriture.

Rome a ravi la Bible au peuple, et elle exige de tous les hommes qu'ils acceptent ses enseignements en lieu et place de ceux du Volume inspiré. L'œuvre de la Réformation fut de rendre la Bible au peuple ; mais il n'est que trop vrai que dans les églises de nos jours, on enseigne aux hommes à fonder leur foi sur un credo et sur les enseignements de leur église particulière, plutôt que sur les Ecritures. Charles Beecher, parlant des églises protestantes, disait : "Elles sont tout aussi sensibles à toute parole sévère prononcée contre leur credo, que les saints pères ne l'étaient à toute parole sévère contre la vénération dont ils commençaient à entourer les saints et les martyrs. ... Les dénominations évangéliques protestantes se sont tellement lié les mains, que dans n'importe laquelle, on ne peut devenir prédicateur sans adopter quelque livre à côté de la Bible. ... Il n'y a rien de plus vrai que la déclaration selon laquelle la puissance du credo commence à prohiber la Bible tout aussi réellement que l'a fait Rome, quoique d'une manière plus subtile" *(Sermon on 'The Bible a Sufficient Creed', delivered at Fort Wayne, Indiana, Feb. 22, 1846)*.

Lorsque des hommes fidèles expliquent la Parole de Dieu, on voit paraître des savants, des pasteurs professant de comprendre les Ecritures, qui accusent la saine doctrine d'hérésie, détournant ainsi ceux qui cherchent la vérité. Si le monde n'était pas enivré d'une manière désespérante du vin de Babylone, des multitudes seraient convaincues et converties à l'écoute des vérités simples et tranchantes de la Parole de Dieu. Mais la foi religieuse paraît si confuse et si discordante qu'on ne sait bientôt plus que croire.

Le péché de l'impénitence du monde gît à la porte de l'église. Le message du second ange d'Apocalypse 14, fut pour la première fois prêché dans l'été de l'an 1844, et il s'appliquait alors plus particulièrement aux églises des Etats-Unis, où l'avertissement du jugement avait été proclamé et rejeté d'une manière plus générale, et où le déclin des églises avait été plus rapide. Mais ce message n'accomplit pas toute son œuvre en 1844. Les églises firent alors une chute morale, pour avoir refusé la lumière du message relatif à l'avènement du Christ ; mais cette chute ne fut pas complète. A mesure qu'elles se sont obstinées à rejeter les vérités spéciales pour notre temps, elles ont décliné de plus en plus. Pourtant le moment n'est point encore venu où l'on puisse dire que "Babylone est tombée parce que toutes les nations ont bu du vin de la fureur de son impudicité." Elle n'a pas encore pu en faire boire à toutes les nations. L'esprit de conformité au monde et l'indifférence à l'égard des vérités qui doivent éprouver les hommes de notre époque, ont gagné du terrain dans toutes les églises protestantes de la chrétienté ; et ces églises se trouvent sous le coup de la terrible accusation du deuxième ange. Mais l'apostasie n'a pas encore atteint son plus haut degré.

La Bible déclare qu'avant la venue du Seigneur, "l'apparition de cet impie se fera, par la puissance de Satan, avec toutes sortes de miracles, de signes et de prodiges mensongers, et avec toutes les séductions de l'iniquité", et que ceux qui "n'ont pas reçu l'amour de la vérité pour être sauvés" seront abandonnés à "une puissance d'égarement, pour qu'ils croient au mensonge [11]." La chute de Babylone ne sera complète que lorsque l'église sera dans cette condition, et que, l'union de l'église et du monde sera consommée dans toute la chrétienté. Le changement est progressif, et l'entier accomplissement de la prédiction d'Apocalypse 14 : 8 est encore dans l'avenir.

Malgré les ténèbres spirituelles et l'éloignement de Dieu existant dans les églises qui constituent Babylone, la plus grande partie des vrais disciples du Christ doit encore se trouver au milieu d'elles. Il en est beaucoup d'entre eux qui n'ont jamais entendu parler des vérités spéciales pour notre temps. Beaucoup sont mécontents de leur état actuel, et soupirent après une connaissance plus parfaite. Ils cherchent en vain l'image du Christ dans les églises dont ils sont membres. Comme ces églises s'éloignent de plus en plus de la vérité et s'allient plus intimement avec le monde, la différence entre les deux catégories de membres devient de plus en plus grande, et ils finiront par se séparer. Le moment viendra, où ceux qui aiment Dieu par-dessus tout, ne pourront plus demeurer unis à ceux qui "aiment le plaisir plus que Dieu, ayant l'apparence de la piété, mais reniant ce qui en fait la force."

Le chapitre 18 d'Apocalypse indique le moment où, comme conséquence de la réjection du triple avertissement d'Apocalypse 14 : 6-12, l'église sera tout à fait dans la condition prédite par le deuxième ange, et où les enfants de Dieu qui se trouveront encore dans Babylone seront appelés à en sortir. Ce message est le dernier qui sera adressé au monde ; et il produira son effet. Lorsque ceux qui "n'ont pas cru à la vérité, mais qui ont pris plaisir à l'injustice [12]", seront abandonnés à recevoir une forte illusion, en sorte qu'ils croiront au mensonge, alors la lumière de la vérité luira sur tous ceux dont les cœurs sont ouverts pour la recevoir, et tous les enfants du Seigneur qui seront encore dans Babylone, écouteront cet appel : "Sortez de Babylone, mon peuple [13]."

---

1 Act. 4 : 32, 31 ; 2 : 47.   6 2 Cor. 11 : 2.   10 2 Thés. 2 : 7.

2 Eph. 4 : 3-5.   7 Ezé. 16 : 8, 13-15, 32 ;   11 2 Thés. 2 : 9-11.

3 Apoc. 14 : 8.   Jér. 3 : 20.   12 2 Thés. 2 : 12.

4 Osée 2 : 21.   8 Apoc. 17 : 4-6.   13 Apoc. 18 : 4.

5 Jér. 3 : 14.   9 Apoc. 17 : 18.

CHAPITRE XXII

PROPHÉTIES ACCOMPLIES

L orsque le moment pour lequel on avait d'abord attendu la venue du Seigneur — le printemps de l'année 1844 — fut passé, ceux qui avaient veillé sur Son apparition furent quelque temps plongés dans le doute et l'incertitude. Mais tandis que le monde les considérait comme entièrement trompés et victimes de l'erreur qu'ils avaient aimée, la source de leur consolation était toujours la Parole de Dieu. Beaucoup continuèrent à sonder les Ecritures, s'assurant à nouveau du fondement de leur foi, et étudiant soigneusement les prophéties pour obtenir plus de lumière. Le témoignage de la Bible sur lequel ils s'appuyaient semblait clair et concluant. Des signes sur lesquels on ne pouvait se tromper annonçaient la venue du Christ comme prochaine. La bénédiction spéciale du Seigneur, manifestée par la conversion des pécheurs et le réveil de la vie spirituelle parmi les chrétiens, avait prouvé que le message venait du ciel. Et quoique les croyants ne pussent expliquer leur désappointement, ils avaient l'assurance que Dieu les avait dirigés dans leur expérience passée.

Les prophéties qu'ils avaient regardées comme s'appliquant au temps du second avènement, renfermaient des instructions qui s'appliquaient spécialement à leur état d'incertitude et d'indécision, les encourageant à attendre patiemment, étant persuadés que ce qui leur était alors obscur s'expliquerait au temps voulu.

Parmi ces prophéties se trouvait celle d'Habacuc 2 : 1-4 : "J'étais à mon poste, et je me tenais sur la tour ; je veillais, pour voir ce que l'Eternel me dirait, et ce que je répliquerais après ma plainte. L'Eternel m'adressa la parole, et Il dit : Ecris la prophétie, grave-la sur des tables, afin qu'on la lise couramment. Car c'est une prophétie dont le temps est déjà fixé, elle marche vers son terme, et elle ne mentira pas ; si elle tarde, attends-la, car elle s'accomplira, elle s'accomplira certainement. Voici, son âme s'est enflée, elle n'est pas droite en lui ; mais le juste vivra par sa foi."

Vers 1842, l'ordre donné dans cette prophétie "d'écrire la prophétie et de la graver sur des tables, afin qu'on la lise couramment", avait suggéré à Charles Fitch la préparation d'une carte prophétique pour illustrer les visions de Daniel et de l'Apocalypse. La publication de cette carte fut considérée comme l'accomplissement du commandement donné par Habacuc. Pourtant, personne ne remarqua alors que la même prophétie fait mention d'un temps d'attente, d'un délai apparent. Après le désappointement, ce passage parut très significatif. "Car c'est une prophétie dont le temps est déjà fixé, elle marche vers son terme, et elle ne mentira pas ; si elle tarde, attends-la, car elle s'accomplira, elle s'accomplira certainement. ... mais le juste vivra par sa foi."

Cette portion de la prophétie d'Ezéchiel était aussi une source de force et de consolation pour les croyants : "La parole de l'Eternel me fut adressée, en ces mots : Fils de l'homme, que signifient ces discours moqueurs, que vous tenez dans le pays d'Israël ; les jours se prolongent, et toutes les visions restent sans effet ? C'est pourquoi dis-leur : Ainsi parle le Seigneur, l'Eternel : ... Les jours approchent, et toutes les visions s'accompliront." "Voici, la maison d'Israël dit : Les visions qu'il a ne sont pas près de s'accomplir ; il prophétise pour des temps éloignés. C'est pourquoi, dis-leur : Ainsi parle le Seigneur, l'Eternel : Il n'y aura plus de délai dans l'accomplissement de Mes paroles ; la parole que Je prononcerai s'accomplira [1]."

Ces chrétiens attendant leur Maître, se réjouirent à la pensée que Celui qui connaît la fin depuis le commencement, pénétrant les siècles de Son regard divin, avait prévu leur désappointement et leur avait donné des paroles d'encouragement et d'espérance. Sans ces portions de l'Ecriture qui les exhortaient à attendre patiemment, et à tenir ferme dans leur confiance en la Parole de Dieu, leur foi aurait défailli dans cette heure d'épreuve.

La parabole des dix vierges de Matthieu 25 illustre également l'expérience que firent les adventistes. Dans Matthieu 24, en réponse à la question des disciples concernant le signe de Sa venue et de la fin du monde, Christ avait mentionné quelques-uns des évènements les plus importants de l'histoire du monde et de l'église, depuis Son premier jusqu'à Son second avènement : à savoir, la destruction de Jérusalem, la grande tribulation de l'église sous les persécutions païennes et papales, l'obscurcissement du soleil et de la lune, et la chute des étoiles. Il parle ensuite de Sa venue dans Son royaume, et raconte la parabole des deux catégories de serviteurs qui attendent Son apparition. Le chapitre 25 commence par ces mots : "Alors le royaume des cieux sera semblable à dix vierges." Il est ici question de l'église des derniers jours, de celle dont il est parlé à la fin du chapitre 24. Dans cette parabole, l'expérience des chrétiens de cette époque se trouve illustrée par l'histoire d'un mariage oriental.

"Alors le royaume des cieux sera semblable à dix vierges qui, ayant pris leurs lampes, allèrent à la rencontre de l'époux. Cinq d'entre elles étaient folles, et cinq sages. Les folles, en prenant leurs lampes, ne prirent point d'huile avec elles ; mais les sages prirent, avec leurs lampes, de l'huile dans des vases. Comme l'époux tardait, toutes s'assoupirent et s'endormirent. Au milieu de la nuit, on cria : Voici l'époux, allez à sa rencontre."

On comprenait que la venue du Christ, telle qu'elle était annoncée par le message du premier ange, était représentée par la venue de l'époux. La grande œuvre de réforme qui s'opéra sous la proclamation de la prochaine venue du

Seigneur correspondait à la sortie des vierges. Deux classes de personnes se trouvent représentées dans cette parabole, comme dans celle de Matthieu 24. Toutes avaient pris leurs lampes [la Bible], et, à sa lumière, s'en allaient au-devant de l'Epoux. Mais tandis que "les folles, en prenant leurs lampes, ne prirent point d'huile avec elles", "les sages prirent, avec leurs lampes, de l'huile dans des vases." Les dernières avaient reçu la grâce de Dieu, la puissance régénératrice de l'Esprit Saint, qui faisait de Sa Parole une lampe à leurs pieds et une lumière sur leur sentier. Afin d'apprendre la vérité, elles avaient étudié les Ecritures dans la crainte de Dieu, et avaient recherché avec ardeur la pureté du cœur et de la vie. Elles avaient une expérience personnelle, une foi en Dieu et en Sa Parole que ni le désappointement, ni les délais ne pouvaient détruire. Les autres, "en prenant leurs lampes, ne prirent point d'huile avec elles." Elles avaient agi par impulsion. Le message solennel qu'elles avaient entendu prêcher avait éveillé leurs craintes, mais elles dépendaient de la foi de leurs compagnes, se contentant de la lumière fugitive de bonnes émotions, sans rechercher une intelligence claire de la vérité, ni faire une expérience intime de l'action de la grâce dans leurs cœurs. Elles étaient sorties au-devant du Seigneur, pleines de l'espoir d'une récompense immédiate ; mais elles n'étaient préparées ni à un délai, ni à un désappointement. Lorsque vinrent les épreuves, leur foi défaillit et leur lumière s'obscurcit.

"Comme l'époux tardait, toutes s'assoupirent et s'endormirent." Ce retard de l'époux représente l'expiration du temps où le Seigneur était attendu, le désappointement et le délai apparent. Dans ce moment d'incertitude, l'intérêt des esprits superficiels et craintifs commença à se relâcher, et leurs efforts à faiblir ; mais ceux dont la foi était basée sur une connaissance personnelle de la Bible, furent fondés sur un rocher que les vagues du désappointement ne pouvaient ébranler. "Elles s'assoupirent toutes et s'endormirent", une classe dans l'insouciance et l'abandon de leur foi, l'autre classe attendant patiemment jusqu'à ce qu'elles fussent plus éclairées. Pourtant, dans la nuit de l'épreuve, ces dernières semblèrent perdre, à un certain degré, leur zèle et leur dévotion. Les esprits superficiels et ceux qui avaient le cœur partagé, ne pouvaient plus s'appuyer sur la foi de leurs frères. Chacun devait demeurer ferme en s'appuyant sur sa propre foi, ou succomber.

Vers cette époque, le fanatisme commença à paraître. Quelques personnes qui avaient professé un grand zèle pour le message, rejetèrent la Parole de Dieu comme guide infaillible et suffisant, pour le chrétien, et, prétendant être conduites par l'Esprit, prirent comme guide leurs propres sentiments, leurs impressions et leur imagination. Il y en avait qui manifestaient un zèle aveugle et fanatique, accusant tous ceux qui ne voulaient pas approuver leur conduite. Leurs idées et leurs manières extravagantes ne furent pas approuvées par la plupart des adventistes ; toutefois, ils furent en opprobre à la cause de la vérité.

Satan cherchait par ce moyen à entraver l'œuvre de Dieu et à la détruire. Le mouvement adventiste avait fortement ému les foules ; des milliers de personnes s'étaient converties, et des hommes fidèles se vouaient à la proclamation de la vérité, même pendant le temps d'attente. Le prince du mal perdait ses sujets ; or, pour jeter l'opprobre sur la cause de Dieu, il s'efforça de séduire ceux qui professaient la foi, et de les pousser dans des extrêmes. Ensuite, ses agents se tinrent prêts à relever toute erreur, toute faute, tout acte inconvenant, pour les présenter au monde de la manière la plus exagérée, afin de rendre odieux les adventistes et leur foi. Ainsi, plus grand serait le nombre de ceux qu'il pourrait engager à professer la foi adventiste tandis qu'il dirigeait leurs cœurs, plus il lui serait facile de les présenter au monde comme représentants de la dénomination entière.

Satan est "l'accusateur des frères", et c'est son esprit qui pousse les hommes à veiller sur les erreurs et les défauts du peuple de Dieu, et à les signaler, tandis qu'ils ne font aucune mention du bien qu'ils font. Satan est toujours actif lorsque Dieu opère pour le salut des âmes. Lorsque les fils de Dieu vinrent se présenter devant le Seigneur, Satan se présenta aussi parmi eux. Il pousse des personnes mal équilibrées à prendre part à chaque réveil. Lorsqu'il a poussé ces personnes à recevoir une partie de la vérité, et qu'elles ont acquis quelque considération parmi les croyants, il agit par leur moyen pour introduire des théories qui séduisent les imprudents. Le fait qu'un homme se trouve en compagnie des enfants de Dieu, ou même dans le lieu de culte et autour de la table du Seigneur, ne prouve nullement qu'il soit un vrai chrétien. Satan s'y trouve fréquemment dans les circonstances les plus solennelles, sous le déguisement de gens qu'il peut employer comme agents.

Le prince du mal dispute chaque pouce de terrain que les enfants de Dieu gagnent dans leur voyage vers la cité céleste. Dans toute l'histoire de l'église, aucune réformation ne s'est accomplie sans rencontrer de sérieux obstacles. Il en fut ainsi au temps de Paul. Partout où il fondait une église, il s'élevait des hommes professant la foi qui y introduisaient des hérésies, lesquelles, si elles avaient été reçues, auraient éteint chez les frères l'amour de la vérité. Luther eut à souffrir bien des angoisses et des perplexités, suscitées par des fanatiques qui prétendaient que Dieu avait directement parlé par eux, et qui, par conséquent, mettaient leurs propres idées et leurs opinions au-dessus du témoignage des Ecritures. Bien des gens, manquant de foi et d'expérience, mais ayant beaucoup d'autosuffisance, et aimant entendre et dire quelque chose de nouveau, furent trompés par les prétentions des nouveaux docteurs, et se joignirent aux agents de Satan pour renverser, ce que Dieu avait mis au cœur de Luther, d'édifier. Les Wesley également, et d'autres dont l'influence et la foi avaient été en bénédiction, rencontrèrent à chaque pas les artifices de Satan, poussant des gens au cœur non sanctifié et à l'esprit mal équilibré à un zèle exagéré et à un fanatisme qui se produisait sous toutes les formes.

William Miller n'avait aucune sympathie pour ces influences qui conduisaient au fanatisme. Il déclarait avec Luther que tout esprit devait être éprouvé par la Parole de Dieu. "Le diable, disait Miller, a de nos jours une grande emprise sur l'esprit de certaines personnes. Et comment peut-on reconnaître quel est l'esprit qui les anime ? La Bible répond : "Vous les reconnaîtrez à leurs fruits." Il y a bien des esprits dans le monde ; et il nous est commandé de les éprouver. Celui qui ne nous invite pas à vivre sobrement, justement, et saintement dans le monde actuel n'est pas l'Esprit du Christ. Je suis de plus en plus convaincu que Satan est pour beaucoup dans ces mouvements étranges." "Maintes personnes au milieu de nous prétendent être entièrement sanctifiées, mais suivent les traditions humaines, et paraissent ignorer la vérité autant que d'autres qui n'ont pas de telles prétentions." "L'esprit d'erreur nous éloigne de la vérité ; tandis que l'Esprit de Dieu nous conduit dans la vérité. Mais, direz-vous, un homme peut être dans l'erreur et se croire dans la vérité ? Qu'y a-t-il à faire dans ce cas ? Nous répondons que l'Esprit de Dieu et Sa Parole sont d'accord. Si un homme se juge par la Parole de Dieu, et trouve un accord parfait dans toute la Parole, alors il doit croire qu'il est dans la vérité ; mais s'il voit que l'esprit par lequel il est conduit n'est pas d'accord avec l'entière teneur de la loi ou du Livre de Dieu, qu'il prenne garde de ne pas se laisser prendre dans les pièges du diable." "J'ai souvent vu, dans un regard, une joue humide, et un cri étouffé, des preuves plus certaines d'une piété intérieure réelle que dans tout le bruit qui se fait dans la chrétienté."

Aux jours de la Réformation, les ennemis de cette cause accusèrent de tous les maux du fanatisme ceux mêmes qui le combattaient avec le plus d'ardeur. Les adversaires du mouvement adventiste agirent de même. Non contents de présenter sous un faux jour et d'exagérer les erreurs des excentriques et des fanatiques, ils colportèrent des rapports défavorables qui n'avaient pas la moindre apparence de véracité. C'étaient les préjugés et la haine qui animaient ces gens. La proclamation de la venue imminente du Christ troublait leur paix. Ils craignaient que ce ne fût vrai, quoique espérant que non, et c'est là ce qui les poussait à faire la guerre contre les adventistes et leurs croyances.

Le fait que quelques fanatiques étaient entrés dans les rangs des adventistes n'était pas une meilleure raison pour conclure que ce mouvement n'était point de Dieu, que la présence de fanatiques et de séducteurs dans l'église au temps de Paul ou de Luther, n'en était une pour condamner leur œuvre. Que les enfants de Dieu sortent de leur état de somnolence et commencent sérieusement une œuvre de repentance et de réformation ; qu'ils sondent les Ecritures pour apprendre la vérité telle qu'elle se trouve en Jésus ; qu'ils se consacrent entièrement à Dieu ; et on ne manquera pas de preuves montrant que Satan est toujours actif et vigilant. Il manifestera son pouvoir par toutes les séductions possibles, appelant à son aide tous les anges déchus de son empire.

Ce ne fut pas la proclamation du second avènement du Christ qui donna naissance au fanatisme et à la division. Ceux-ci parurent dans l'été de l'an 1844, lorsque les adventistes étaient dans le doute et la perplexité concernant leur situation réelle. La prédication du message du premier ange et celle du "cri de minuit", tendaient directement à réprimer le fanatisme et les dissensions. Ceux qui prirent part à ces mouvements étaient d'accord ; leurs cœurs étaient pleins d'amour les uns pour les autres, et pour Jésus qu'ils espéraient bientôt voir. Une seule foi, une seule espérance bénie les élevaient au-dessus des influences humaines, et constituaient pour eux une armure contre les attaques de Satan.

"Comme l'époux tardait à venir, elles s'assoupirent et s'endormirent toutes. Au milieu de la nuit, on cria : Voici l'époux qui vient, allez à sa rencontre ! Alors toutes ces vierges se réveillèrent, et préparèrent leurs lampes [2]." Au cours de l'été 1844, vers le milieu de l'époque comprise entre le temps que l'on avait d'abord supposé être celui de la fin des 2300 jours et l'automne de la même année, où l'on trouva ensuite qu'ils aboutissaient, ce message fut proclamé dans les termes mêmes de l'Ecriture : "Voici l'Epoux qui vient !"

Ce qui provoqua ce mouvement fut la découverte du décret d'Artaxerxès pour la restauration de Jérusalem, décret qui forme le point de départ de la période des 2300 jours, mis à exécution dans l'automne de l'an 457 avant Jésus-Christ, et non au commencement de l'année, comme on l'avait d'abord cru. Comptés à partir de l'automne de l'an 457, les 2300 ans se terminent en l'automne de l'an 1844, *(Appendice, note 3 et diagramme p. 245)*. Des arguments tirés des types de l'Ancien Testament indiquaient aussi l'automne comme le moment où l'évènement représenté par la "purification du sanctuaire" devait avoir lieu. Cela devint encore plus clair lorsqu'on porta son attention sur la manière dont les types se rapportant au premier avènement du Christ avaient été accomplis.

L'immolation de l'agneau pascal était une ombre de la mort du Christ. L'apôtre Paul dit : "Christ, notre Pâque, a été immolé [3]." La poignée des premiers fruits que l'on agitait devant l'Eternel au temps de la Pâque, était un type de la résurrection du Christ. Paul dit, en parlant de la résurrection du Seigneur, et de tous Ses disciples : "Christ comme prémices, puis ceux qui appartiennent à Christ lors de Son avènement [4]." Semblable à la poignée du premier grain mûr que l'on agitait devant l'Eternel, Christ fut les prémices de cette immortelle moisson de rachetés, qui, à la prochaine résurrection, seront rassemblés dans les greniers de Dieu.

Ces types eurent leur accomplissement, non seulement par rapport à l'évènement, mais par rapport au temps. Au quatorzième jour du premier mois juif, le jour et le mois auxquels, pendant quinze longs siècles, l'agneau pascal avait été immolé, Christ ayant mangé la Pâque avec Ses disciples, institua cette fête qui devait commémorer Sa propre mort comme "Agneau de Dieu, qui ôte le péché du monde."

Cette même nuit, il fut saisi par les méchants, pour être crucifié et immolé. Et comme antitype de la première gerbe, notre Seigneur ressuscita des morts le troisième jour, constituant "les prémices de ceux qui sont morts [5]", et un exemple de tous les justes qui doivent ressusciter, et dont "le corps de leur humiliation" sera changé et "rendu semblable au corps de Sa gloire [6]."

De la même manière, les types qui se rapportent au second avènement doivent s'accomplir au temps indiqué par le service symbolique. Sous la dispensation mosaïque, la purification du sanctuaire, ou le grand Jour des Expiations, arrivait le dixième jour du septième mois juif [7], alors que le souverain sacrificateur, après avoir fait propitiation pour tout Israël et enlevé ainsi leurs péchés du sanctuaire, sortait et bénissait le peuple. On crut ainsi que Christ, notre Grand Souverain Sacrificateur, paraîtrait pour purifier la terre par la destruction du péché et des pécheurs, et pour accorder l'immortalité à ceux qui l'attendaient. Le dixième jour du septième mois, le grand Jour des Expiations, le moment de la purification du sanctuaire, qui, en l'année 1844, tombait sur le 22 octobre, fut regardé comme le jour de la venue du Seigneur. Cela était en accord avec les preuves, déjà présentées, que les 2300 jours se termineraient en automne, et la conclusion semblait s'imposer.

Dans la parabole de Matthieu 25, le temps d'attente et de somnolence est suivi de la venue de l'époux. Cela se trouvait en accord avec les arguments que nous venons de mentionner, tirés de la prophétie et des types. Ces raisons produisirent une conviction profonde dans les cœurs, de sorte que le "cri de minuit" fut poussé par des milliers de croyants.

Semblable à la marée montante, le mouvement s'avança à travers le pays. Il s'étendit de ville en ville, de village en village, et même dans les endroits les plus éloignés, jusqu'à ce que les enfants de Dieu soient tous sur leurs gardes. Le fanatisme disparut devant cette proclamation, comme la rosée matinale devant le soleil levant. Les croyants virent s'évanouir leurs doutes et leurs perplexités ; l'espérance et le courage ranimèrent leurs cœurs. L'œuvre était exempte de ces excentricités qui se produisent toujours lorsqu'il y a une excitation humaine sans l'influence directrice de la Parole et de l'Esprit de Dieu. Ce mouvement était semblable, dans son caractère, à ces temps d'humiliation et de retour à l'Eternel qui succédaient, chez l'ancien Israël, à ces messages de censure apportés par les serviteurs de Dieu. Il portait les signes distinctifs qui caractérisent l'œuvre de Dieu dans tous les âges. On remarquait peu de joie extatique, mais plutôt l'examen du cœur, la confession des péchés et l'abandon du monde. Se préparer à aller à la rencontre du Seigneur était le principal souci de ces cœurs touchés du regret d'avoir offensé Dieu. On vaquait à la prière avec persévérance, et on se consacrait à Dieu sans réserve.

Miller disait en décrivant cette œuvre : "Il n'y a aucune grande manifestation de réjouissance. Il semblerait qu'elle soit réservée pour une occasion prochaine, alors que tous les cieux et la terre jouiront ensemble d'une joie indicible et glorieuse. On n'entend aucun cri d'allégresse ; cela aussi est réservé pour le triomphe des cieux. Les chantres se taisent, ils attendent de pouvoir se joindre aux armées du ciel, au chœur des anges." "On n'entend pas la moindre divergence ; tous ne sont qu'un cœur et qu'une âme" *(Bliss, p. 270, 271)*. Une autre personne ayant pris part au mouvement rendait ce témoignage : "Partout il a produit le plus minutieux examen de soi et l'humiliation de l'âme la plus parfaite … Les affections se détachaient des choses de ce monde, les controverses et les animosités cessaient ; on confessait ses péchés, on s'humiliait devant Dieu, et on faisait monter au ciel des supplications sincères et ardentes pour obtenir le pardon et la grâce. On voyait des âmes plus abattues et plus humiliées que jamais. Comme l'Eternel l'avait ordonné par le prophète Joël, parlant du temps où le jour de Dieu serait proche, cette nouvelle produisit un déchirement des cœurs et non des vêtements, un retour au Seigneur avec jeûne, larmes et lamentations. Comme Dieu le dit par Zacharie, un esprit de grâce et de supplication fut versé sur Ses enfants ; ils regardèrent à Celui qu'ils avaient percé, il y eut de grandes lamentations au pays … et ceux qui attendaient le Seigneur affligèrent leurs âmes devant Lui" *(Bliss, In Advent Shield and Review, vol. 1, p. 271 [January, 1845])*.

De tous les grands mouvements religieux qui se produisirent depuis les jours des apôtres, aucun n'a été plus exempt des imperfections humaines et des tromperies de Satan que celui de l'automne de 1844. Même à présent, après un laps de temps de près d'un demi-siècle, tous ceux qui ont pris part à ce mouvement et qui sont restés fermes dans la vérité sentent encore la sainte influence de cette œuvre bénie, et témoignent qu'elle était de Dieu.

Au cri de : "Voici l'Epoux, venez à Sa rencontre !" ceux qui étaient dans l'attente "se réveillèrent, et préparèrent leurs lampes" ; ils étudièrent la Parole de Dieu avec un intense intérêt inconnu jusqu'alors. Des anges furent envoyés du ciel pour soutenir ceux qui étaient découragés, et les préparer à recevoir le message. L'œuvre ne se poursuivit pas par la sagesse et la science de l'homme, mais par la puissance de Dieu. Ce ne furent pas ceux qui avaient le plus de talent, mais ce furent les plus humbles et les plus pieux qui furent les premiers à écouter l'appel et à y obéir. Des fermiers abandonnèrent leurs blés dans les champs et des artisans quittèrent leurs ateliers pour s'en aller avec larmes et avec joie donner l'avertissement. Ceux qui avaient d'abord occupé le premier rang dans le mouvement furent les derniers à s'y rallier. En général, les églises fermèrent leurs portes à ce message, et un grand nombre de ceux qui accueillirent sa proclamation sortirent de leurs congrégations. Dans la providence de Dieu, ce cri s'unit au message du second ange, et donna de la puissance à cette œuvre.

Le message : "Voici l'Epoux" ne fut pas tant une affaire d'arguments, quoique les preuves tirées des Ecritures soient claires et concluantes. Il était accompagné d'une puissance qui remuait l'âme. Il n'existait ni doute ni défiance. A l'occasion de l'entrée triomphale du Christ à Jérusalem, les foules qui s'étaient assemblées de toutes les parties du pays pour célébrer la fête, accoururent vers le Mont des Oliviers en rejoignant ceux qui escortaient Jésus, elles furent entraînées par l'inspiration du moment et joignirent leurs voix à celles qui s'écriaient : "Béni soit Celui qui vient au nom du Seigneur ! [8]" De la même manière, les incrédules qui accouraient aux réunions adventistes — quelques-uns par curiosité, d'autres pour s'en moquer — sentaient l'influence convaincante qui accompagnait le message : "Voici l'Epoux qui vient !"

A cette époque, les fidèles avaient une foi qui amenait l'exaucement des prières — une foi qui se saisissait de la récompense promise. Comme des averses de pluie tombant sur une terre altérée, ainsi l'Esprit de grâce descendait sur ceux qui le cherchaient sincèrement. Ceux qui s'attendaient à paraître bientôt devant leur Rédempteur éprouvaient une joie inexprimable. La puissance sanctifiante de l'Esprit Saint attendrissait les cœurs, car Ses bienfaits se répandaient en abondante mesure sur les croyants fidèles.

Ceux qui avaient reçu le message voyaient, avec un esprit de solennel recueillement, approcher le temps où ils espéraient voir leur Seigneur. Chaque matin, ils sentaient que leur premier soin devait être de s'assurer qu'ils avaient la faveur de Dieu. Leurs cœurs étaient étroitement unis, et ils priaient beaucoup les uns avec les autres et les uns pour les autres. Ils s'assemblaient souvent dans des lieux retirés pour être en communion avec Dieu, et leurs intercessions montaient au ciel du milieu des champs et des prairies. L'assurance de l'approbation du Sauveur leur paraissait plus nécessaire que leur nourriture quotidienne, et si un nuage obscurcissait leur esprit, ils n'avaient aucun repos qu'il ne soit dissipé. Comme ils éprouvaient le témoignage de la grâce sanctifiante, il leur tardait de voir Celui qu'ils aimaient.

Mais un désappointement leur était encore réservé. Le temps attendu passa, et leur Sauveur ne parut pas. Ils avaient attendu Sa venue avec une confiance inébranlable, et maintenant ils ressentaient ce qu'éprouvait Marie, lorsque, arrivant au sépulcre du Sauveur, et le trouvant vide, elle s'écria en pleurant : "Ils ont enlevé mon Seigneur, et je ne sais où ils L'ont mis [9]."

Un sentiment d'effroi, une crainte que le message ne fût vrai, avait pendant un certain temps servi de frein aux incrédules. Le temps marqué ayant passé, ce sentiment ne disparut pas tout à coup. Les sceptiques n'osaient pas encore triompher de ceux qui étaient désappointés ; mais comme on ne voyait aucun signe de la colère de Dieu, revenus de leur frayeur, ils recommencèrent leurs outrages et leurs moqueries. Une classe nombreuse de gens qui avaient professé croire en la venue prochaine du Seigneur, abandonna sa foi. Quelques autres, qui avaient été remplis de confiance, se trouvèrent si profondément frappés dans leur orgueil, qu'ils auraient voulu fuir loin du monde. Comme Jonas, ils élevèrent leurs plaintes contre Dieu, et eussent préféré la mort à la vie. Ceux qui avaient fondé leur foi sur les opinions d'autrui, et non sur la Parole de Dieu, étaient alors tout aussi prêts qu'avant à changer de vues. Les moqueurs attirèrent dans leurs rangs les faibles et les lâches, et tous ensemble s'écrièrent qu'il n'y avait plus rien à craindre ou à attendre. Le temps était passé, le Seigneur n'était pas venu, et le monde pouvait subsister dans cet état pendant des milliers d'années.

Les croyants sérieux et sincères avaient renoncé à tout pour Christ, et avaient joui de Sa présence comme jamais auparavant. Ils avaient, croyaient-ils, donné leur dernier avertissement au monde, et, s'attendant à être reçus bientôt dans la société de leur divin Maître et celle des saints anges, ils s'étaient en général retirés de la société de ceux qui n'avaient pas reçu le message. Ils avaient prié avec une grande ferveur, disant : "Viens, Seigneur Jésus ! Viens bientôt." Mais Il n'était pas venu. Ils devaient donc se recharger du lourd fardeau des soucis et des perplexités de la vie, et supporter l'opprobre et les railleries d'un monde moqueur. C'était là une terrible épreuve pour leur foi et leur patience.

Pourtant, ce désappointement n'était pas aussi grand que celui des disciples au temps du premier avènement du Christ. Lorsque Jésus fit Son entrée triomphale à Jérusalem, Ses disciples crurent qu'Il allait monter sur le trône de David, et délivrer Israël de ses oppresseurs. Remplis d'espérance et pleins d'une heureuse anticipation, ils rivalisaient de zèle pour rendre honneur à leur Roi. Plusieurs étendaient leurs vêtements comme un tapis sur Son chemin, ou répandaient devant Lui les branches feuillues du palmier. Dans leur joie enthousiaste, ils s'écriaient tous ensemble : "Hosanna au fils de David !" Lorsque les pharisiens, dérangés et irrités par cette explosion de réjouissances, désirèrent que Jésus fasse taire Ses disciples, Il leur répondit : "Je vous le dis, s'ils se taisent, les pierres crieront [10]." La prophétie devait s'accomplir. Les disciples répondaient aux desseins de Dieu ; toutefois, un amer désappointement leur était réservé. Bien peu de jours se passèrent avant qu'ils soient appelés à contempler la mort douloureuse du Sauveur, et à Le voir déposé dans le sépulcre. Leur attente ne s'était en rien réalisée, et leurs espérances moururent avec Jésus. Ce n'est que quand Jésus fut sorti triomphant du sépulcre, qu'ils purent comprendre que tout avait été prédit par la prophétie, et "que le Christ devait souffrir et ressusciter des morts [11]."

Cinq cents ans auparavant, le Seigneur avait dit, par la bouche du prophète Zacharie : "Sois transportée d'allégresse, fille de Sion ! Pousse des cris de joie, fille de Jérusalem ! Voici, ton Roi vient à toi ; Il est juste et sauveur, Il est humble et monté sur un âne, sur un âne, le petit d'une ânesse [12]." Si les disciples avaient eu la pensée que leur Maître allait au-devant du jugement et de la mort, ils n'auraient pu accomplir la prophétie.

De la même manière, Miller et ses collaborateurs accomplirent la prophétie, et proclamèrent un message que l'Inspiration prédisait devoir être donné au monde, mais qu'ils n'auraient pu donner s'ils avaient parfaitement compris les prophéties indiquant leur désappointement, et présentant un autre message qui devait être prêché à toutes les nations avant la venue du Seigneur. Le premier et le second message furent proclamés au temps déterminé, et accomplirent l'œuvre qui leur avait été assignée par Dieu.

Le monde avait observé attentivement, s'attendant à ce que tout le système adventiste s'écroule, si le temps passait sans que Christ paraisse. Mais tandis que certaines personnes, fortement éprouvées, abandonnèrent leur foi, d'autres demeurèrent fermes. Les fruits du mouvement adventiste : l'esprit d'humilité, de repentance et de renoncement au monde, ainsi que la transformation de nombreuses vies, prouvaient qu'il était de Dieu. Les mondains n'osèrent pas nier que la puissance de l'Esprit Saint avait accompagné la prédication du message adventiste, et ils ne pouvaient découvrir aucune erreur dans le calcul des périodes prophétiques. Les plus habiles des adversaires du mouvement n'avaient pas réussi à renverser son système d'interprétation prophétique. Les adventistes ne pouvaient consentir, sans preuve biblique, à renoncer à des croyances que des hommes, à l'intelligence éclairée par l'Esprit de Dieu et au cœur brûlant de Sa puissance vivifiante, avaient acquises par la prière et l'étude sérieuse et approfondie des Ecritures ; d'autant plus que ces croyances avaient résisté aux critiques les plus perspicaces et à l'opposition la plus violente, de la part des pasteurs populaires et des sages de ce monde, et qu'elles avaient supporté, sans en recevoir le moindre dommage, l'assaut des forces combinées de la science et de l'éloquence, des opprobres et des moqueries des gens de toute condition.

Il est vrai qu'il y avait eu une erreur quant à l'évènement attendu, mais cela même ne pouvait ébranler leur foi en la Parole de Dieu. Lorsque Jonas proclama dans les rues de Ninive que dans quarante jours la ville serait détruite, le Seigneur agréa l'humiliation des Ninivites, et prolongea leur période d'épreuve ; pourtant le message de Jonas était envoyé de Dieu, et Ninive fut éprouvée selon la volonté divine. Les adventistes crurent que, de la même manière, Dieu les avait poussés à avertir le monde du jugement à venir. "Cet avertissement, disaient-ils, a éprouvé les cœurs de tous ceux qui l'ont entendu, et suscité chez les uns l'amour de l'apparition du Seigneur et chez les autres, une haine de Sa venue plus ou moins manifeste, mais connue de Dieu. Cela a marqué une ligne telle, que ceux qui voulaient examiner leurs propres cœurs, pouvaient savoir de quel côté ils auraient été trouvés ; si le Seigneur était venu alors, ils auraient pu s'écrier : "Voici notre Dieu ; nous L'avons attendu, et Il nous "sauvera" ; ou ils auraient dit aux rochers et aux montagnes de tomber sur eux pour les cacher de devant la face de Celui qui est assis sur le trône et de devant la colère de l'Agneau. Comme nous le croyons, Dieu a ainsi éprouvé Ses enfants ; Il a éprouvé leur foi, pour voir si, à l'heure de la tentation, ils reculeraient devant la position où Il pourrait juger bon de les placer ; ou s'ils abandonneraient ce monde et se reposeraient avec une entière confiance sur l'œuvre de Dieu" *(The Advent Herald and Signs of the Times Reporter, vol. 8, No. 14 [Nov. 13, 1844])*.

Les sentiments de ceux qui persévérèrent dans la conviction que Dieu les avait conduits dans leur expérience passée, sont exprimés dans ces paroles de William Miller : "Si je devais recommencer ma vie avec les preuves que j'avais alors en mains, je devrais, pour rester honnête devant le Seigneur et devant les hommes, refaire ce que j'ai fait." "Je considère mes vêtements comme nets du sang de mes semblables. J'ai le sentiment d'avoir fait tout ce qui dépendait de moi pour n'être en rien responsable de leur condamnation." "Quoique j'aie été deux fois désappointé dans mes espérances, écrivait cet homme de Dieu, je ne suis encore ni abattu, ni découragé." "Mon espérance dans le retour du Christ est aussi ferme que jamais. Je n'ai fait que ce que j'ai considéré être mon devoir, après des années d'études approfondies. Si je me suis trompé, je l'ai fait par charité, par amour de mon semblable, et en cherchant à accomplir mon devoir envers Dieu." "Une chose est bien certaine : ce que j'ai prêché, je l'ai cru, et Dieu a été avec moi ; Sa puissance s'est manifestée dans l'œuvre, et beaucoup de bien en a découlé." "Autant qu'il soit possible d'en juger par les apparences, des milliers de personnes ont été amenées, par la prédication adventiste, à étudier les Ecritures et à se réconcilier avec Dieu par la foi et par l'aspersion du sang de Jésus" *(Bliss, p. 256, 255, 277, 280, 281).* "Je n'ai jamais recherché la faveur des orgueilleux, ni tremblé devant les malédictions du monde. Je n'achèterai pas maintenant leur faveur ni ne provoquerai inutilement leur haine. Je ne leur demanderai jamais de m'épargner la vie, ni ne refuserai, je l'espère, de la sacrifier si Dieu le jugeait à propos" *(J. White, Life of Wm. Miller, p. 315).*

Dieu n'oublia pas Son peuple ; Son Esprit demeura encore avec ceux qui ne reniaient pas d'une manière inconsidérée la lumière qu'ils avaient reçue pour accuser le mouvement adventiste. Il y avait dans l'épître aux Hébreux des paroles d'encouragement et des avertissements pour ceux qui attendaient la venue de leur Maître et qui furent éprouvés par cette crise : "N'abandonnez donc pas votre assurance, à laquelle est attachée une grande rémunération. Car vous avez besoin de persévérance, afin qu'après avoir accompli la volonté de Dieu, vous obteniez ce qui vous est promis. Encore un peu, un peu de temps ; Celui qui doit venir viendra, et Il ne tardera pas. Et le juste vivra par la foi ; mais, s'il se retire, mon âme ne prend pas plaisir en lui. Nous, nous ne sommes pas de ceux qui se retirent pour se perdre, mais de ceux qui ont la foi pour sauver leur âme [13]."

On voit, par les paroles qui indiquent l'approche de la venue du Seigneur, que cette exhortation s'adresse à l'église des derniers jours : "Encore un peu, un peu de temps ; Celui qui doit venir viendra, et Il ne tardera pas." Ces passages impliquent clairement qu'il y aura un délai apparent, et que le Seigneur semblera tarder. L'instruction donnée ici s'adapte spécialement à l'expérience qu'ont fait les adventistes à cette époque. Les chrétiens auxquels ces paroles s'adressaient, étaient en danger de faire naufrage quant à la foi. Ils avaient fait la volonté de Dieu en suivant les directions de Son Esprit et de Sa Parole. Pourtant, ils ne pouvaient comprendre Ses desseins, dans leur dernière épreuve, ni discerner le sentier qui était devant eux, et ils étaient tentés de douter que Dieu les ait réellement conduits. Les paroles suivantes s'appliquaient particulièrement à ce moment : "Et le juste vivra par la foi." Comme la lumière éclatante du "cri de minuit" avait lui sur leur sentier, et qu'ils avaient vu les prophéties descellées et l'accomplissement rapide des signes annonçant que la venue du Christ était proche, ils avaient marché comme par la vue. Mais, dans ce moment, abattus par des espérances déçues, ils ne pouvaient que marcher par la foi en Dieu et en Sa Parole. Les moqueurs disaient : "Vous avez été trompés. Renoncez à votre foi, et dites que le mouvement adventiste était de Satan." Mais Dieu, dans Sa Parole, disait : "Si quelqu'un se retire, mon âme ne prend pas plaisir en lui." Renoncer alors à leur foi, et renier la puissance de L'Esprit Saint qui avait accompagné le message, c'était s'avancer vers la perdition. Ils étaient encouragés à la fermeté par ces paroles de Paul : "N'abandonnez donc pas votre assurance" ; "vous avez besoin de persévérance" ; "Encore un peu, un peu de temps ; Celui qui doit venir viendra, et Il ne tardera pas." La seule voie sûre pour eux était d'apprécier la lumière qu'ils avaient déjà reçue de Dieu, de tenir fermement Ses promesses, de continuer à sonder les Ecritures, d'attendre patiemment et avec ardeur de nouvelles lumières.

1 Ezé. 12 : 21-25, 27, 28.

2 Mat. 25 : 5-7.

3 1 Cor. 5 : 7.

4 1 Cor. 15 : 23.

5 1 Cor. 15 : 20.

6 Phil. 3 : 21.

7 Lév. 16 : 29-34.

8 Mat. 21 : 9.

9 Jean 20 : 13.

10 Luc 19 : 40.

11 Act. 17 : 3.

12 Zach. 9 : 9.

13 Héb. 10 : 35-39.

CHAPITRE XXIII

QU'EST-CE QUE LE SANCTUAIRE ?

Le passage biblique qui avait été à la fois le principal fondement et le pilier central de la foi adventiste était celui-ci : "Deux mille trois cents soirs et matins ; puis le sanctuaire sera purifié [1]." Ces paroles étaient familières à tous ceux qui croyaient à la prochaine venue du Seigneur. Cette prophétie servait de mot d'ordre à des milliers de chrétiens. Tous avaient le sentiment que leurs espérances les plus glorieuses et les plus chères dépendaient des évènements qui s'y trouvent prédits. On avait démontré que ces jours prophétiques se terminaient dans l'automne de l'année 1844. Comme les autres chrétiens, les adventistes croyaient alors que c'était la terre, ou du moins quelque portion du globe, qui était le sanctuaire. Ils comprenaient que la purification du sanctuaire était la purification de la terre par le feu du dernier jour, et que cette purification aurait lieu à la seconde venue du Christ. Ils concluaient de cela que Christ reviendrait sur la terre en 1844.

Mais le temps marqué était passé, et le Seigneur n'avait pas paru. Les croyants savaient que la Parole de Dieu ne pouvait faillir ; leur interprétation des prophéties devait donc être défectueuse ; mais où l'erreur se trouvait-elle ? Maintes personnes levèrent inconsidérément la difficulté en niant que les 2300 jours aient pris fin en 1844. On ne pouvait avancer en faveur de cette assertion aucune raison, sauf celle que Christ n'était point venu au temps où on L'avait attendu. Mais on disait que si les 2300 jours prophétiques avaient pris fin en 1844, Christ serait revenu alors pour purifier le sanctuaire ou la terre par le feu ; or comme Il n'était pas venu, ces jours ne pouvaient être terminés.

Adopter cette conclusion signifiait renoncer au précédent calcul des périodes prophétiques. On avait trouvé que les 2300 jours partaient du temps où le décret d'Artaxerxès, ordonnant la reconstruction et la restauration de Jérusalem, avait été mis à exécution, en automne de l'an 457 avant Jésus-Christ. Prenant ce décret comme point de départ, tous les évènements prédits dans l'explication de cette période, donnée dans Daniel 9 : 25-27, s'étaient accomplis avec une admirable précision. La prophétie avait spécifié que, soixante-neuf semaines, les 483 premières années, nous amèneraient au Christ, le Chef ; or, l'onction du Christ par l'Esprit Saint lors de Son baptême, en l'an 27 de notre ère, accomplit exactement cette déclaration. Au milieu de la soixante-dixième semaine, le Messie devait être retranché. Trois ans et demi après Son baptême, Christ fut crucifié, au printemps de l'an 31. L'entière période des soixante-dix semaines ou 490 ans, était spécialement réservée aux Juifs. A l'expiration de cette période, la nation scella son rejet de Christ en persécutant Ses disciples, et, en l'an 34 de notre ère, les apôtres se tournèrent vers les gentils. Les premiers 490 ans des 2300 étant alors accomplis, il restait encore 1810 ans. En ajoutant ces 1810 ans à l'an 34, on atteint l'an 1844. "Puis le sanctuaire sera purifié", dit l'ange à Daniel. Toutes les spécifications précédentes de la prophétie ont été incontestablement accomplies au temps marqué. Ce calcul étant donné, tout devenait clair et concordant, sauf le fait qu'aucun évènement répondant à la purification du sanctuaire n'avait eu lieu en 1844. Nier que cette période se soit terminée en ce temps-là, c'était jeter toute la question dans la confusion, et renoncer à des croyances fondées sur l'accomplissement indubitable des prédictions bibliques.

Mais Dieu avait dirigé Son peuple dans ce grand mouvement adventiste. Sa puissance et Sa gloire s'étaient manifestées dans cette œuvre, et Il ne devait pas permettre que ce mouvement finisse dans l'obscurité, le désappointement et l'opprobre, comme une excitation intempestive et fanatique. Il ne voulait pas laisser Sa Parole enveloppée de doute et d'incertitude. Un grand nombre de croyants abandonnèrent leur ancien calcul des périodes prophétiques et renièrent le grand mouvement qui en était issu, mais d'autres ne voulurent pas renoncer à des vérités et à une expérience appuyées par les Ecritures et par le témoignage de l'Esprit de Dieu. Ils croyaient avoir adopté dans leur étude des prophéties des principes d'interprétation justes, et que leur devoir était de rester fidèle aux vérités déjà acquises, et de poursuivre encore ces mêmes études bibliques. Ils reconsidérèrent les bases de leur foi avec d'ardentes prières, et sondèrent les Ecritures afin de découvrir leur erreur. N'en découvrant aucune dans leur calcul des périodes prophétiques, ils furent amenés à examiner de plus près le sujet du sanctuaire, *(Appendice, note 6).*

Dans leurs recherches, ils apprirent que rien dans les Ecritures ne sanctionne la croyance populaire selon laquelle la terre serait le sanctuaire et ils découvrirent que la Bible explique parfaitement le sujet du sanctuaire en indiquant la nature, la situation et les services. Le témoignage des écrivains inspirés était assez clair et complet pour mettre cette question hors de tout doute. L'apôtre Paul dit dans son épître aux Hébreux : "La première alliance avait aussi des ordonnances relatives au culte, et au sanctuaire terrestre. En effet, un tabernacle fut construit. Dans la partie antérieure, appelée le lieu saint, étaient le chandelier, la table et les pains de proposition. Derrière le second voile se trouvait la partie du tabernacle appelée le saint des saints, renfermant l'autel d'or pour les parfums, et l'arche de l'alliance, entièrement recouverte d'or. Il y avait dans l'arche un vase d'or contenant la manne, le bâton d'Aaron, qui avait fleuri, et les tables de l'alliance. Au-dessus de l'arche étaient les chérubins de la gloire, couvrant de leur ombre le propitiatoire [2]."

Le sanctuaire auquel Paul fait allusion dans ces versets était le tabernacle construit par Moïse, sur l'ordre de Dieu, comme demeure terrestre du Très-Haut : "Ils Me feront un sanctuaire, et J'habiterai au milieu d'eux [3]." Telles furent les paroles de Dieu à Moïse pendant qu'Il était sur la montagne avec lui. Les Israélites voyageaient dans le désert, et le tabernacle fut construit de manière à pouvoir être transporté de lieu en lieu ; et pourtant c'était une structure d'une grande magnificence. Ses parois étaient formées de planches recouvertes d'une forte couche d'or, et fixées dans des socles d'argent, tandis que le toit était composé d'un certain nombre de tapis ou couvertures superposées, celles de dessus en peaux, celles de dessous en fin lin, magnifiquement décorées d'images de chérubins. Outre le parvis extérieur où se trouvait l'autel des sacrifices, le tabernacle proprement dit était composé de deux appartements appelés le lieu saint et le lieu très saint, séparés l'un de l'autre par une riche et magnifique tapisserie servant de rideau ou de voile ; un voile semblable fermait l'entrée du premier appartement.

Dans le lieu saint se trouvaient, au midi, le chandelier d'or avec ses sept lampes, éclairant le sanctuaire jour et nuit ; du côté nord, la table des pains de proposition, et devant le voile séparant le lieu saint du lieu très saint, était l'autel des parfums, également d'or, d'où un nuage de parfum s'élevait journellement devant Dieu avec les prières d'Israël.

Dans le lieu très saint était placée l'arche, coffret en bois précieux, couvert d'or et dépositaire des deux tables de pierre sur lesquelles Dieu avait inscrit la loi des dix commandements. Au-dessus de l'arche, et formant le couvercle de ce coffre sacré, était le propitiatoire, véritable chef-d'œuvre artistique, surmonté de deux chérubins, un à chaque bout, le tout en or massif. C'est dans cet appartement que se manifestait la présence divine, entre les chérubins, dans la nuée éclatante.

Après l'établissement des enfants d'Israël dans le pays de Canaan, le tabernacle fut remplacé par le temple de Salomon, qui, quoique d'une structure solide, et de plus grandes dimensions, conserva les mêmes proportions et fut meublé de la même manière. C'est sous cette forme que le sanctuaire exista — sauf pendant le temps où il demeura en ruines durant la vie de Daniel — jusqu'à sa destruction par les Romains, en l'an 70 de notre ère.

C'est là le seul sanctuaire terrestre dont la Bible nous parle. C'est ce que l'apôtre Paul appelle le sanctuaire de la première alliance ; mais la nouvelle alliance n'a-t-elle pas de sanctuaire ?

Retournant à l'épître aux Hébreux, ceux qui cherchaient la vérité découvrirent l'existence d'un second sanctuaire, celui de la nouvelle alliance, auquel il est fait allusion dans les paroles de l'apôtre Paul, déjà citées : "La première alliance avait donc aussi des ordonnances touchant le service divin, et un sanctuaire terrestre." L'emploi du mot aussi implique que l'apôtre avait auparavant fait mention de ce sanctuaire. Revenant au commencement du chapitre précédent, ils lurent : "Le point capital de ce qui vient d'être dit, c'est que nous avons un tel

Souverain Sacrificateur, qui s'est assis à la droite du trône de la Majesté divine dans les cieux, comme Ministre du sanctuaire et du véritable tabernacle, qui a été dressé par le Seigneur et non par un homme [4]."

Le sanctuaire de la nouvelle alliance se trouve révélé dans ce passage. Le sanctuaire de la première alliance avait été dressé par un homme, c'était Moïse qui l'avait construit ; celui-ci a été dressé par le Seigneur, et non par un homme. Dans ce sanctuaire-là, c'étaient des sacrificateurs humains qui accomplissaient le service. Dans celui-ci c'est Christ, notre grand Souverain Sacrificateur, qui officie à la droite de Dieu. Un de ces sanctuaires était sur la terre, l'autre est au ciel.

De plus, le tabernacle construit par Moïse fut fait d'après un modèle. Le Seigneur, conseilla à Moïse : "Vous ferez le tabernacle et tous ses ustensiles d'après le modèle que Je vais te montrer [5]." Il lui dit de plus : "Regarde, et fais d'après le modèle qui t'est montré sur la montagne [5]." Et Paul dit que le premier tabernacle était une "figure pour le temps actuel, où l'on présente des offrandes et des sacrifices" ; que ses saints lieux sont des "images des choses qui sont dans les cieux" ; que les sacrificateurs qui offraient des dons selon la loi, faisaient "un culte, image et ombre des choses célestes" ; et que "Christ n'est pas entré dans un sanctuaire fait de main d'homme, en imitation du véritable, mais Il est entré dans le ciel même, afin de comparaître maintenant, pour nous, devant la face de Dieu [6]."

Le sanctuaire céleste, dans lequel Christ est entré pour nous, est le grand modèle dont le sanctuaire élevé par Moïse était une copie. Dieu plaça Son Esprit sur ceux qui construisirent le sanctuaire terrestre. L'habileté artistique déployée dans sa construction fut une manifestation de la sagesse divine. Les parois, qui semblaient être d'or massif, réfléchissaient de tous côtés la lumière des sept lampes du chandelier d'or. La table des pains de proposition et l'autel des parfums resplendissaient comme de l'or poli. Les splendides tapisseries qui formaient le plafond, décorées d'images de chérubins, bleu, pourpre et écarlate, ajoutaient à la magnificence du saint lieu. Au-delà du second voile était la sainte Shekinah, la manifestation visible de la gloire de Dieu, en présence de laquelle seul le souverain sacrificateur pouvait pénétrer et vivre. La splendeur incomparable du tabernacle terrestre reflétait à vues humaines les gloires de ce temple céleste où Christ, notre précurseur, officie pour nous devant le trône de Dieu. La demeure du Roi des rois, où mille milliers le servent, et dix mille millions se tiennent en Sa présence [7], ce temple rempli de la gloire du trône éternel, où les séraphins, ses gardes éclatants, voilent leurs faces dans l'adoration, ne pouvait trouver dans la plus grandiose construction qu'élevèrent jamais des mains humaines qu'un pâle reflet de son immensité et de sa gloire. Pourtant, le sanctuaire terrestre et ses services révélaient d'importantes vérités concernant le sanctuaire céleste et l'œuvre importante qui devait s'y accomplir pour la rédemption de l'homme. Les deux appartements du sanctuaire terrestre représentaient les saints lieux du sanctuaire céleste. Dieu, ayant accordé à Jean le privilège de contempler en vision le temple céleste, vit "sept lampes ardentes allumées devant le trône [8]", et un ange "ayant un encensoir d'or ; on lui donna beaucoup de parfums, afin qu'il les offrît, avec les prières de tous les saints, sur l'autel d'or qui est devant le trône [9]." Il fut permis au prophète de considérer le premier appartement du sanctuaire céleste ; et il y vit les "sept lampes allumées" et l' "autel d'or", représentés par le chandelier d'or et l'autel des parfums du sanctuaire terrestre. De nouveau, "le temple de Dieu, dans le ciel, fut ouvert [10]", et il put voir, au-delà du second voile, le lieu très saint. Il vit dans ce saint lieu "l'arche de Son alliance", représentée par le coffret sacré construit par Moïse pour renfermer la loi de Dieu.

Ainsi, ceux qui étudiaient ce sujet trouvèrent des preuves incontestables de l'existence d'un sanctuaire dans le ciel. Moïse fit le sanctuaire terrestre d'après un modèle qui lui avait été montré. Paul déclare que ce modèle était le vrai sanctuaire qui est au ciel. Et Jean affirme qu'il l'a vu dans le ciel.

Dans le temple céleste, la demeure de Dieu, Son trône est établi pour la justice et le jugement. Dans le lieu très saint est placée Sa loi, la grande règle de justice par laquelle toute l'humanité doit être jugée. L'arche qui renferme les tables de la loi, est couverte par le propitiatoire devant lequel Christ offre Son sang en faveur du pécheur. C'est ainsi que se trouve représentée l'union de la justice et de la miséricorde dans le plan de la rédemption de l'homme. La Sagesse infinie seule pouvait concevoir cette union, et la Puissance infinie seule pouvait l'accomplir ; c'est une union qui remplit tous les cieux d'étonnement et d'adoration. Les chérubins du sanctuaire terrestre, qui avaient le visage tourné vers le propitiatoire, représentent l'intérêt avec lequel les hôtes célestes contemplent l'œuvre de la rédemption. C'est ici le mystère de miséricorde dans lequel les anges désirent plonger leurs regards : Dieu, sans cesser d'être juste, justifiant les pécheurs repentants, et renouant Ses rapports avec la race déchue ; Christ s'abaissant pour tirer d'innombrables multitudes de l'abîme de la perdition et les revêtir des robes immaculées de Sa propre droiture, pour les faire entrer dans la société d'anges qui n'ont jamais péché et demeurer à toujours en la présence de Dieu.

L'œuvre médiatrice du Christ en faveur de l'homme est dépeinte dans cette magnifique prophétie de Zacharie, concernant Celui "dont le nom est Germe." "Il bâtira le temple de l'Eternel, dit le prophète ; Il portera les insignes de la majesté ; Il s'assiéra et dominera sur Son trône [Celui de Son Père], Il sera sacrificateur, étant sur Son trône, et il y aura un conseil de paix entre les deux [11]."

Il "bâtira le temple de l'Eternel." Par Son sacrifice et sa médiation, Christ est le fondement et l'architecte de l'église de Dieu. L'apôtre Paul L'appelle "la Pierre Angulaire. En Lui tout l'édifice, bien coordonné, s'élève pour être un temple saint dans le Seigneur. En Lui vous êtes aussi édifiés pour être une habitation de Dieu dans l'Esprit [12]."

"Et ce sera Lui-même qui sera rempli de majesté." C'est à Christ qu'appartient la gloire d'avoir racheté l'humanité déchue. Pendant toute l'éternité, le chant des rachetés sera : "A Celui qui nous aime, qui nous a lavés de nos péchés par Son sang, ... à lui soient la gloire et la puissance, aux siècles des siècles [13]."

Il "sera assis et dominera sur Son trône ; et Il sera sacrificateur, étant sur Son trône." Il n'est pas maintenant sur Son trône de gloire ; le royaume et la gloire ne Lui ont pas encore été donnés. Ce n'est que lorsque Son œuvre médiatrice sera achevée que "Dieu Lui donnera le trône de David, Son père", un royaume qui "n'aura point de fin [14]." Comme sacrificateur, Christ est maintenant assis avec Son Père sur Son trône [15]. Sur le trône avec Celui qui est Eternel, existant par Lui-même, se trouve Celui qui "a porté nos souffrances, qui S'est chargé de nos douleurs", qui "a été tenté comme nous en toutes choses, sans commettre de péché", afin qu'Il puisse "secourir ceux qui sont tentés" ; "Si quelqu'un a péché, nous avons un avocat auprès du Père [16]". A l'appui de Ses intercessions, Il présente un corps meurtri et transpercé, et une vie sans tache. Ses mains et Son côté percés, Ses pieds meurtris, plaident en faveur de l'homme déchu, dont la rédemption a été acquise à un si grand prix.

"Et il y aura un conseil de paix entre les deux." L'amour du Père, non moins grand que celui du Fils, est la source du salut de notre humanité déchue. Jésus disait à Ses disciples avant de les quitter : "Je ne vous dis pas que Je prierai le Père pour vous ; car le Père Lui-même vous aime [17]." "Dieu était en Christ, réconciliant le monde avec Lui-même [18]." Et dans le ministère du sanctuaire céleste, "il y aura un conseil de paix entre les deux." "Dieu a tant aimé le monde qu'Il a donné Son Fils unique, afin que quiconque croit en Lui ne périsse point, mais qu'il ait la vie éternelle [19]."

Les Ecritures répondent donc clairement à cette question : Qu'est-ce que le sanctuaire ? Le terme sanctuaire, dans le sens où il est employé dans la Bible, se rapporte d'abord au tabernacle que construisit Moïse, comme figure ou image des choses célestes ; et, secondement, au "véritable tabernacle", au tabernacle céleste, que le sanctuaire terrestre était destiné à rappeler. A la mort du Christ, le service typique prit fin. Le "véritable tabernacle", celui qui est dans le ciel, est le sanctuaire de la nouvelle alliance. Or, la prophétie de Dan. 8 : 14 ayant son accomplissement dans cette dispensation, le sanctuaire dont elle parle doit être celui de la nouvelle alliance. A l'expiration des 2300 jours, en 1844, il n'y avait plus de sanctuaire sur la terre depuis bien des siècles. Ainsi la prophétie : "Deux mille trois cents soirs et matins ; puis le sanctuaire sera purifié", se rapporte incontestablement au sanctuaire céleste. Reste à élucider la question la plus importante, qui est celle-ci : Qu'était-ce que la purification du sanctuaire ? Les écrits de l'Ancien Testament font mention d'un service appelé de ce nom dans le sanctuaire terrestre. Mais pourrait-il y avoir quelque chose dans le ciel qui doive être purifié ? Dans le neuvième chapitre de l'épître de Paul aux Hébreux, il est clairement fait mention de la purification des deux sanctuaires. "Et presque tout, selon la loi, est purifié avec du sang, et sans effusion de sang, il n'y a pas de pardon. Il était donc nécessaire, puisque les images des choses qui sont dans les cieux devaient être purifiées de cette manière, que les choses célestes elles-mêmes le fussent par des sacrifices plus excellents que ceux-là [20]." À savoir par le précieux sang du Christ.

La purification du sanctuaire terrestre, tout comme celle du céleste, doit être effectuée par le sang ; celle du terrestre, par le sang des bêtes ; et celle du céleste, par le sang du Christ. Voici la raison pour laquelle l'apôtre Paul dit que cette purification doit s'opérer par le sang : "Sans effusion de sang il n'y a pas de pardon." La rémission ou l'enlèvement des péchés, telle est l'œuvre qui doit s'accomplir. Mais comment le péché pourrait-il souiller soit le sanctuaire céleste, soit le terrestre ?" Une étude du service symbolique nous l'apprendra ; car les sacrificateurs qui officiaient sur la terre, "célébraient un culte, image et ombre des choses célestes [21]."

Le service du sanctuaire terrestre comprenait deux parties : les sacrificateurs officiaient journellement dans le lieu saint, tandis qu'une fois l'an, le souverain sacrificateur accomplissait un service spécial de propitiation dans le lieu très saint, pour purifier le sanctuaire. Jour après jour, le pécheur repentant apportait son offrande à la porte du tabernacle, et, plaçant ses mains sur la tête de l'animal, il confessait ses péchés, s'en déchargeant ainsi symboliquement pour les mettre sur l'innocente victime. Alors l'animal était égorgé. "Sans effusion de sang", dit l'apôtre, "il n'y a pas de pardon." "L'âme de la chair est dans le sang [22]." La loi de Dieu transgressée exige la vie du transgresseur. Le sacrificateur portait dans le lieu saint le sang représentant la vie du pécheur, dont la victime portait la culpabilité, et il en faisait aspersion devant le voile, derrière lequel était l'arche renfermant la loi que le pécheur avait transgressée. Par cette cérémonie, le péché se trouvait symboliquement transporté dans le sanctuaire. Dans certains cas, le sang n'était pas transporté dans le lieu saint ; mais on y transportait la chair, que le sacrificateur mangeait, selon les ordres que Moïse avait donnés aux fils d'Aaron, en disant : "Dieu vous l'a donnée, afin que vous portiez l'iniquité de l'assemblée [23]." Les deux cérémonies symbolisaient également le transfert des péchés du pénitent dans le sanctuaire.

Tel était le service qui se poursuivait chaque jour durant toute l'année. Les péchés d'Israël se trouvaient ainsi transportés dans le sanctuaire, et un service spécial était nécessaire afin de les en éloigner. Dieu commanda qu'on fasse expiation pour chacune des deux pièces du lieu sacré. "Il fera l'expiation pour le sanctuaire, à cause des impuretés des enfants d'Israël et de toutes les transgressions par lesquelles ils ont péché. Il fera de même pour la tente d'assignation, qui est avec eux au milieu de leurs impuretés [24]." On devait aussi faire l'expiation pour l'autel, afin de le "purifier et le sanctifier, à cause des impuretés des enfants d'Israël [24]."

Une fois l'an, au grand Jour des Expiations, le sacrificateur entrait dans le lieu très saint pour la purification du sanctuaire. Le service qui s'y accomplissait complétait la série annuelle des services. Au Jour des Expiations, on amenait deux boucs à la porte du tabernacle, et on jetait le sort sur eux, "un sort pour l'Eternel, et un sort pour le bouc émissaire [25]." Le bouc échu à l'Eternel devait être immolé en faveur du peuple en sacrifice pour le péché. Le sacrificateur devait en porter le sang au-dedans du voile, et l'asperger sur le propitiatoire, ainsi que devant le propitiatoire. On devait aussi faire aspersion de ce sang sur l'autel des parfums qui était devant le voile.

"Aaron posera ses deux mains sur la tête du bouc vivant, et il confessera sur lui toutes les iniquités des enfants d'Israël et toutes les transgressions par lesquelles ils ont péché ; il les mettra sur la tête du bouc, puis il le chassera dans le désert à l'aide d'un homme qui aura cette charge. Le bouc emportera sur lui toutes leurs iniquités dans une terre désolée, il sera abandonné dans le désert [25]." Le bouc émissaire ne revenait plus au camp d'Israël, et l'homme, qui l'avait conduit au désert devait se laver et laver aussi ses vêtements avant de retourner au camp.

Toute cette cérémonie devait inspirer aux Israélites l'idée de la sainteté de Dieu et de Son horreur pour le péché, et devait leur montrer, de plus, qu'ils ne pouvaient entrer en contact avec le péché sans être souillés. Il était requis de chaque Israélite d'affliger son âme pendant que s'accomplissait ce service de propitiation. Toute occupation devait être mise de côté, et toute la congrégation d'Israël devait employer ce jour à s'humilier solennellement devant Dieu, avec prière, avec jeûne, et avec une profonde repentance.

Par l'étude du service typique, on peut apprendre d'importantes vérités concernant l'expiation. Un substitut était accepté à la place du pécheur ; mais le péché n'était pas effacé par le sang de la victime. Il était ainsi pourvu à un moyen par lequel il était transféré dans le sanctuaire. Par l'offrande du sang, le pécheur reconnaissait l'autorité de la loi, confessait la culpabilité de sa transgression de la loi, et exprimait son désir d'être pardonné par la foi en un Rédempteur à venir ; mais il n'était pas encore entièrement délivré de la condamnation de la loi. Au Jour des Expiations, le souverain sacrificateur, prenant une offrande de la congrégation, se rendait dans le lieu très saint avec le sang de cette offrande faite pour les péchés du peuple, et en aspergeait le propitiatoire, directement au-dessus de la loi, pour donner satisfaction à ses droits. Ensuite, en qualité de médiateur, il prenait les péchés sur lui-même, et les portait hors du sanctuaire. Plaçant ses mains sur la tête du bouc émissaire, il confessait sur lui tous ces péchés, et s'en déchargeait ainsi symboliquement sur l'animal. Celui-ci les portait ensuite au désert, et ils étaient considérés comme éternellement éloignés du peuple.

Tel était le service qui s'accomplissait "comme image et ombre des choses célestes." Or, ce qui était fait en exemple dans le service du sanctuaire terrestre, se fait, en réalité, dans le service du sanctuaire céleste. Aussitôt après Son ascension, notre Sauveur revêtit Ses fonctions de souverain sacrificateur. Paul dit : "Christ n'est pas entré dans un sanctuaire fait de main d'homme, en imitation du véritable, mais Il est entré dans le ciel même, afin de comparaître maintenant pour nous devant la face de Dieu [26]."

Le service des sacrificateurs durant l'année, dans le premier appartement du sanctuaire, "au-dedans du voile" qui formait la porte et séparait le lieu saint du parvis extérieur, représente le ministère que Christ entreprit lors de Son ascension. L'œuvre du sacrificateur, dans le service journalier, consistait à présenter devant Dieu le sang du sacrifice pour le péché, ainsi que l'encens dont la fumée montait vers Dieu avec les prières d'Israël. De même aussi, Christ offrait Son sang devant le Père en faveur des pécheurs, et Lui présentait également, avec le précieux parfum de Sa propre droiture, les prières des croyants repentants. Telle fut l'œuvre du Christ dans le premier appartement du sanctuaire céleste.

C'est là que les disciples Le suivirent par la foi, quand Il s'éleva vers le ciel, et qu'Il fut dérobé à leurs yeux. C'est là que leur espérance se concentra, "cette espérance, nous la possédons, dit Paul, comme une ancre de l'âme sûre et solide ; elle pénètre au-delà du voile, là où Jésus est entré pour nous comme précurseur, ayant été fait souverain sacrificateur pour toujours." "Il est entré une fois pour toutes dans le lieu très saint, non avec le sang des boucs ou des veaux, mais avec Son propre sang, ayant obtenu une rédemption éternelle [27]."

Cette œuvre sacerdotale en faveur du pécheur s'est poursuivie pendant dix-huit siècles dans le premier appartement du sanctuaire céleste. Le sang du Christ, offert en faveur des pécheurs repentants, leur a assuré le pardon et l'acceptation auprès du Père ; pourtant, leurs péchés demeurèrent inscrits dans les livres de mémoire. Comme, dans le service typique, il s'accomplissait une œuvre d'expiation à la fin de l'année, de même, avant que l'œuvre du Christ pour la rédemption des hommes soit complète, une œuvre d'expiation doit s'accomplir pour l'enlèvement des péchés du sanctuaire. C'est le service qui a commencé à l'expiration des 2300 jours. A ce moment-là, comme nous en informe Daniel le prophète, notre Souverain Sacrificateur entra dans le lieu très saint pour accomplir la dernière partie de Son œuvre solennelle : la purification du sanctuaire.

Anciennement, les péchés des enfants d'Israël étaient placés par la foi sur l'offrande pour le péché, et, par son sang, transférés symboliquement dans le sanctuaire terrestre ; de même, dans la nouvelle alliance, les péchés des pénitents sont, par la foi, placés sur Christ, et de fait, transférés dans le sanctuaire céleste. Or, comme par la purification typique les péchés qui avaient souillé le tabernacle étaient enlevés, de même aussi, par la purification réelle du sanctuaire céleste, les péchés qui s'y trouvent enregistrés doivent être enlevés ou effacés. Mais avant que cela puisse se faire, un examen des livres de mémoire doit être fait, pour décider qui sont ceux qui, par la repentance et la foi en Christ, ont droit au bénéfice de Son expiation. La purification du sanctuaire comprend donc une œuvre d'investigation, une œuvre de jugement. Cette œuvre doit s'accomplir avant la venue du Christ pour racheter Son peuple ; car lorsqu'Il viendra, Sa récompense sera avec Lui, pour rendre à chacun selon ses œuvres [28].

C'est ainsi que ceux qui suivaient la lumière de la parole prophétique virent qu'au lieu de venir sur la terre à la fin des 2300 jours, en 1844, Christ entrait alors dans le lieu très saint du sanctuaire céleste, pour y accomplir l'œuvre finale d'expiation, préparant Sa venue.

On s'aperçut également que, tandis que l'holocauste pour le péché figurait Christ comme sacrifice, et que le souverain sacrificateur représentait Christ comme médiateur, le bouc émissaire symbolisait Satan, l'auteur du péché, sur lequel les péchés des vrais pénitents seront finalement placés. Lorsque le souverain sacrificateur, en vertu du sang de l'offrande pour le péché, enlevait les péchés du sanctuaire, il les plaçait sur la tête du bouc émissaire. Lorsque Christ, — à la fin de Son ministère et en vertu de Son propre sang — enlèvera du sanctuaire céleste les péchés de Son peuple, Il les placera sur Satan, à qui la peine finale doit revenir dans l'exécution du jugement. Le bouc émissaire était chassé dans un lieu inhabité, pour ne plus reparaître dans la congrégation d'Israël. De même aussi, Satan sera pour toujours banni de la présence de Dieu et de Son peuple, et son existence sera amenée à terme lors de la destruction finale du péché et des pécheurs.

---

1 Dan. 8 : 14.

2 Héb. 9 : 1-5.

3 Ex. 25 : 8.

4 Héb. 8 : 1, 2.

5 Ex. 25 : 9, 40.

6 Héb. 9 : 8, 9, 23 ;
    8 : 5 ; 9 : 24.

7 Dan. 7 : 10.

8 Apoc. 4 : 5.

9 Apoc. 8 : 3.

10 Apoc. 11 : 19.

11 Zach. 6 : 13.

12 Eph. 2 : 20-22.

13 Apoc. 1 : 5, 6.

14 Luc 1 : 32, 33.

15 Apoc. 3 : 21.

16 Esa. 53 : 4 ;
    Héb. 4 : 15 ; 2 : 18 ;
    1 Jean 2 : 1.

17 Jean 16 : 26, 27.

18 2 Cor. 5 : 19.

19 Jean 3 : 16.

20 Héb. 9 : 22, 23.

21 Héb. 8 : 5.

22 Lév. 17 : 11.

23 Lév. 10 : 17.

24 Lév. 16 : 16, 19.

25 Lév. 16 : 8, 21, 22.

26 Héb. 9 : 24.

27 Héb. 6 : 19, 20 ; 9 : 12

28 Apoc. 22 : 12.

CHAPITRE XXIV

DANS LE LIEU TRÈS SAINT

L e sujet du sanctuaire fut la clé du mystère du désappointement éprouvé par ceux qui attendirent la venue du Seigneur en 1844. L'étude de ce sujet dévoila tout un ensemble de vérités concordant et complet, montrant que la main de Dieu avait été dans le grand mouvement adventiste. Ces nouvelles lumières, éclairant la situation et l'œuvre du peuple de Dieu, révélèrent ses devoirs pour le temps présent. Comme les disciples de Jésus, après la terrible nuit d'angoisse et de déception qui succéda pour eux à la crucifixion, "eurent une grande joie en voyant le Seigneur" ainsi se réjouirent ceux qui avaient attendu Sa seconde venue avec foi. Ils avaient compté qu'Il paraîtrait dans Sa gloire pour accorder une récompense à Ses serviteurs. Leurs espérances étant déçues, ils avaient perdu de vue Jésus, et comme Marie au sépulcre, ils s'écriaient : "On a enlevé mon Seigneur, et je ne sais où on L'a mis." Alors ils contemplèrent de nouveau, dans le lieu très saint, leur compatissant Souverain Sacrificateur qui devait bientôt paraître comme leur Roi et leur Libérateur. La lumière du sanctuaire illuminait le passé, le présent et l'avenir. Ils savaient que Dieu les avait guidés par Son infaillible providence. Quoique, comme les premiers disciples, ils n'avaient pas compris le message qui leur était confié, celui-ci avait été correct à tous égards. En le proclamant, ils avaient exécuté le dessein de Dieu, et leur travail n'avait pas été vain dans le Seigneur. "Régénérés par une espérance vivante" ils se réjouirent "d'une joie ineffable et glorieuse."

La prophétie de Daniel 8 : 14 : "Deux mille trois cents soirs et matins ; puis le sanctuaire sera purifié", et le message du premier ange : "Craignez Dieu, et donnez-Lui gloire, car l'heure de Son jugement est venue", se rapportent tous deux au ministère du Christ dans le lieu très saint du sanctuaire céleste, au jugement investigatif, et non à la venue du Christ pour la rédemption de Son peuple et la destruction des méchants. L'erreur n'était pas dans le calcul des périodes prophétiques, mais dans l'évènement qui devait avoir lieu à la fin des 2300 jours. Cette erreur leur avait valu un amer désappointement. Pourtant tout cela avait été prédit par la prophétie. Tous les évènements qu'ils avaient annoncés en accord avec la Parole de Dieu, s'étaient accomplis. Au moment même où ils déploraient l'anéantissement de leurs espérances, avait lieu l'évènement prédit par le message. Cet évènement devait avoir lieu avant que le Seigneur puisse paraître pour récompenser Ses serviteurs.

Christ était venu, non sur la terre, comme ils s'y attendaient, mais, comme l'enseigne le type, dans le lieu très saint du temple céleste de Dieu. Daniel Le représente comme venant, en ce temps même, à l'Ancien des Jours : "Je regardais pendant mes visions nocturnes, et voici, sur les nuées des cieux arriva quelqu'un de semblable à un Fils de l'homme ; Il s'avança vers l'Ancien des Jours, et on Le fit approcher de Lui [1]."

Cette venue est également signalée par Malachie le prophète : "Et soudain entrera dans Son temple le Seigneur que vous cherchez ; et le Messager de l'alliance que vous désirez, voici, Il vient, dit l'Eternel des armées [2]." La venue du Seigneur dans Son temple fut soudaine, inattendue. Son peuple ne s'attendait pas à Le voir entrer en ce lieu-là. Ils espéraient Le voir venir sur la terre, "au milieu des flammes de feu pour punir ceux qui ne connaissent pas Dieu et ceux qui n'obéissent pas à l'Evangile [3]."

Mais les enfants de Dieu n'étaient pas encore prêts à aller à la rencontre de leur Seigneur. Il leur restait une œuvre de préparation à accomplir. De nouvelles lumières leur seraient accordées pour attirer leurs regards sur le temple céleste de Dieu ; de nouveaux devoirs allaient se présenter aux fidèles qui suivraient leur Souverain Sacrificateur dans Ses nouvelles fonctions. Un autre message d'avertissement et d'instruction devait être proclamé à l'église.

Le prophète dit : "Qui pourra soutenir le jour de Sa venue ? Qui restera debout quand Il paraîtra ? Car Il sera comme le feu du fondeur, comme la potasse des foulons. Il s'assiéra, fondra et purifiera l'argent ; Il purifiera les fils de Lévi, Il les épurera comme on épure l'or et l'argent ; et ils présenteront à l'Eternel des offrandes avec justice [4]." Ceux qui vivront sur la terre au temps où Christ cessera d'intercéder pour les pécheurs dans le sanctuaire céleste, devront subsister sans médiateur devant le Dieu saint. Leurs robes devront être sans tache, leurs caractères devront être purifiés de tout péché par le sang de l'aspersion. Par la grâce de Dieu et par leurs efforts diligents, ils doivent sortir vainqueurs de la lutte avec le mal. Tandis que le jugement investigatif se poursuit dans le ciel, tandis que les péchés des croyants repentants sont enlevés du sanctuaire, il doit se faire une œuvre spéciale de purification et de renoncement au péché parmi les enfants de Dieu qui vivent encore sur la terre. Cette œuvre est plus clairement annoncée dans le message des trois anges d'Apocalypse 14.

Lorsque cette œuvre sera achevée, les disciples du Christ seront prêts pour Son apparition. Alors "l'offrande de Juda et de Jérusalem sera agréable à l'Eternel, comme aux anciens jours, comme aux années d'autrefois [5]." Alors l'église que notre Seigneur doit recevoir à Sa venue sera "cette église glorieuse, sans tache, ni ride, ni rien de semblable [6]." Alors elle paraîtra "comme l'aurore, belle comme la lune, pure comme le soleil, mais terrible, comme des troupes sous leurs bannières [7]."

Outre l'entrée du Seigneur dans Son temple, Malachie parle en ces termes de Son second avènement, de Celui qui viendra pour exécuter Son jugement : "Je m'approcherai de vous pour juger, et Je me hâterai d'être témoin contre les enchanteurs, et contre les adultères, et contre ceux qui jurent faussement, et contre ceux qui retiennent le salaire du mercenaire, de la veuve et de l'orphelin, et qui font tort à l'étranger, et qui ne Me craignent pas, a dit l'Eternel des armées [8]." Jude fait allusion à la même scène, lorsqu'il dit : "Voici, le Seigneur est venu avec des milliers de Ses saints, pour exercer le jugement contre tous les hommes, et pour convaincre tous les impies d'entre eux de toutes les actions d'impiété qu'ils ont commises, et de toutes les paroles injurieuses que les pécheurs impies ont proférées contre Lui [9]." Cette venue et celle du Seigneur dans Son temple sont deux évènements distincts.

La venue du Christ comme notre Souverain Sacrificateur dans le lieu très saint ; la purification du sanctuaire dont il est parlé dans Dan. 8 : 14 ; la venue du Fils de l'homme auprès de l'Ancien des Jours, dont parle la prophétie de Daniel 7 : 13 ; et l'entrée du Seigneur dans Son temple, prédite par Malachie : sont autant de descriptions du même évènement ; il est également représenté par la venue de l'époux, décrite par Christ dans la parabole des dix vierges de Matthieu 25.

Pendant l'été et l'automne 1844, on fit entendre cette proclamation : "Voici l'Epoux qui vient !" Les deux classes de personnes que représentent les vierges sages et les vierges folles se manifestèrent alors : d'un côté, une classe de chrétiens qui attendait avec joie l'apparition du Seigneur et qui s'était diligemment préparée à aller au-devant de Lui ; de l'autre, une autre classe qui, ayant agi sous la pression de la crainte, ou de l'entraînement, s'était contentée de la théorie de la vérité, et était dénuée de la grâce de Dieu. Lorsque l'époux vint, "celles qui étaient prêtes entrèrent avec lui aux noces." La venue de l'époux dont il est question ici a lieu avant les noces. Les noces représentent la réception du royaume par Christ. La Sainte Cité, la Nouvelle Jérusalem, qui est la capitale du royaume et qui le représente, est appelée "l'épouse, la femme de l'Agneau." L'ange dit à Jean : "Viens, je te montrerai l'épouse, qui est la femme de l'Agneau." "Il me transporta en esprit sur une grande et haute montagne, dit le prophète. Il me montra la grande ville, la sainte Jérusalem, qui descendait du ciel, d'auprès de Dieu [10]." Dans la parabole, l'épouse représente la Sainte Cité, et les vierges qui sortent au-devant de l'époux sont un symbole de l'église. Dans l'Apocalypse, le peuple de Dieu est représenté par les invités au souper des noces [11]. S'ils sont les invités, ils ne sauraient être aussi l'épouse. Le prophète Daniel représente Christ comme recevant de l'Ancien des Jours "la domination, la gloire, et le règne." Il recevra la Nouvelle Jérusalem, la capitale de Son royaume, "préparée comme une épouse qui s'est parée pour son époux [12]." Après avoir reçu le royaume, il viendra dans Sa gloire, comme Roi des rois et Seigneur des seigneurs, pour racheter Ses élus qui "seront à table, avec Abraham, Isaac et Jacob dans le royaume des cieux [13]", pour participer au souper des noces de l'Agneau.

La proclamation : "Voici l'époux !" qui se fit entendre pendant l'été de 1844, amena des milliers de personnes à considérer la venue du Seigneur comme imminente. Au temps marqué, l'Epoux vint, non sur la terre, comme on s'y attendait, mais devant l'Ancien des Jours, dans le ciel, aux noces, pour recevoir Son royaume. "Et celles qui étaient prêtes entrèrent avec Lui dans la salle des noces, et la porte fut fermée." Elles ne devaient point être présentes aux noces personnellement, vu que celles-ci avaient lieu au ciel, tandis qu'elles étaient sur la terre. Les disciples du Christ doivent être "comme ceux qui attendent que leur maître revienne des noces [14]." Mais ils doivent comprendre Son œuvre, et Le suivre par la foi, tandis qu'Il entre en la présence de Dieu.

C'est dans ce sens qu'il peut être dit qu'ils entrent avec Lui aux noces. Dans la parabole, ce sont celles qui ont de l'huile dans leurs lampes qui entrent avec l'époux aux noces. Ceux qui avaient puisé dans les Ecritures leur connaissance de la vérité, qui possédaient aussi l'Esprit et la grâce de Dieu, et qui, dans leurs sombres jours d'épreuves, avaient attendu patiemment, sondant la Bible pour en obtenir de plus vives lumières, ceux-là, reconnurent la vérité concernant le sanctuaire céleste et le changement de ministère du Sauveur en ce lieu ; par les yeux de la foi, ils suivirent Son œuvre dans le sanctuaire céleste. Et tous ceux qui, sur le témoignage des Ecritures, acceptent les mêmes vérités, suivant Christ par la foi lorsqu'Il entre en la présence de Dieu pour y accomplir Sa dernière œuvre de médiation et recevoir le royaume au terme de ce ministère, tous ceux-là sont représentés comme entrant aux noces.

Dans la parabole du chapitre 22 de Matthieu, la même image des noces se trouve employée, et il en ressort clairement que le jugement investigatif a lieu avant les noces. Avant le mariage, le roi entre pour examiner les convives [15], afin de voir si tous, sont revêtus d'habits de noces, de robes sans tache, "lavées et blanchies dans le sang de l'Agneau [16]." Celui qui est trouvé sans vêtement convenable est jeté dehors ; mais tous ceux qui sont trouvés vêtus de la robe de noces sont acceptés de Dieu, et jugés dignes d'avoir une part dans Son royaume et un siège sur Son trône. Cette œuvre qui consiste à examiner les caractères et à déterminer quels sont ceux qui sont préparés pour le royaume de Dieu, est l'œuvre du jugement investigatif, l'œuvre finale du sanctuaire céleste.

Lorsque l'œuvre d'investigation sera achevée, lorsque seront examinés et décidés les cas de ceux qui, dans tous les siècles, ont fait profession de christianisme, c'est alors, et pas avant, que la période d'épreuve prendra fin, et que la porte de la miséricorde sera fermée. Ainsi, cette courte phrase : "Celles qui étaient prêtes entrèrent avec Lui aux noces, et la porte fut fermée", nous amène, à travers le ministère final du Sauveur, jusqu'au temps où la grande œuvre du salut de l'homme sera consommée."

Dans le service du sanctuaire terrestre, qui est, comme nous l'avons vu, une figure du service qui s'accomplit dans le sanctuaire céleste, lorsque le souverain sacrificateur entrait, le Jour des Expiations, dans le lieu très saint, le service prenait fin dans le premier appartement. Dieu avait dit : "Il n'y aura personne dans la tente d'assignation lorsqu'il entrera pour faire l'expiation dans le sanctuaire, jusqu'à ce qu'il en sorte [17]." De même, lorsque Christ entra dans le lieu très saint pour accomplir l'œuvre finale de propitiation, Il cessa d'officier dans le premier appartement. Mais dès que le service qui s'accomplissait dans le premier appartement prenait fin, celui du second commençait. Dans le service typique, le souverain sacrificateur quittait le lieu saint le Jour des Expiations, et se présentait devant Dieu pour offrir le sang du sacrifice en faveur de tout Israélite qui se repentait véritablement de ses péchés. De même, Christ n'avait achevé qu'une partie de Son œuvre d'intercession, et allait en commencer une autre dans laquelle Il continuerait d'offrir Son sang devant le Père en faveur des pécheurs.

Ce sujet n'était pas compris des adventistes en 1844. Lorsque le temps où on attendait le Seigneur fut écoulé, ils crurent encore que Sa venue était imminente ; ils pensèrent être parvenus à une crise solennelle, et crurent que l'œuvre du Christ comme intercesseur de l'homme avait cessé. Il leur semblait que la Bible enseignait que la période d'épreuve accordée à l'homme se terminait un peu avant la venue réelle du Seigneur dans les nuées du ciel. Cela paraissait évident d'après les passages prédisant un temps où les hommes chercheront Dieu et ne le trouveront pas, où ils frapperont à la porte de la miséricorde, et elle ne s'ouvrira pas. Ils se demandaient si la date qu'ils avaient prise pour le moment de la venue du Christ ne marquait pas plutôt le commencement de cette période qui devait précéder immédiatement Sa venue. Ayant proclamé l'avertissement de l'approche du jugement, ils croyaient avoir tout fait pour le salut du monde, et ne se sentirent plus sous l'obligation de travailler au salut des pécheurs. Les moqueries hautaines et blasphématoires des impies paraissaient leur prouver que l'Esprit de Dieu s'était retiré de ceux qui rejetaient Ses appels miséricordieux. Tout cela les confirmait dans leur croyance que la période d'épreuve était passée, ou, comme ils l'exprimaient alors, que "la porte de la grâce était fermée", *(Appendice, note 7)*.

Mais une lumière plus vive jaillit de l'étude de la question du sanctuaire. Ils virent alors que leur croyance à la fin des 2300 jours en 1844 était juste et marquait une crise importante. Mais bien qu'il fût vrai que cette porte d'espérance et de grâce par laquelle les hommes avaient trouvé accès auprès de Dieu pendant mille huit cents ans soit fermée, une autre porte était ouverte et le pardon des péchés continuait d'être offert aux hommes, parce que Christ intercédait pour eux dans le lieu très saint. Une partie de Son ministère ne s'était terminée que pour faire place à une autre. Il y avait encore une "porte ouverte" au sanctuaire céleste où Christ officiait en faveur du pécheur.

Alors on comprit l'application de ces paroles du Christ dans l'Apocalypse, paroles qu'Il adresse à l'église en ce temps même : "Voici, dit-Il, ce que dit le Saint, le Véritable, Celui qui a la clef de David, Celui qui ouvre, et personne ne fermera, Celui qui ferme, et personne n'ouvrira : Je connais tes œuvres. Voici, … J'ai mis devant toi une porte ouverte, que personne ne peut fermer [18]."

Ce sont ceux qui, par la foi, suivent Jésus dans Son œuvre importante de propitiation, qui reçoivent les bienfaits de Sa médiation en leur faveur ; tandis que ceux qui rejettent la lumière qui met au jour ce ministère n'en reçoivent aucun profit. Les Juifs qui rejetèrent la lumière du premier avènement du Christ, et refusèrent de croire en Lui comme Sauveur du monde, ne pouvaient recevoir de Lui le pardon. Lorsque Jésus, par Son ascension, entra avec Son sang dans le sanctuaire céleste pour répandre sur Ses disciples les bienfaits de Sa médiation, les Juifs furent laissés dans de si complètes ténèbres, qu'ils continuèrent leurs sacrifices et leurs offrandes inutiles. Le sacerdoce des types et des ombres avait cessé. Cette porte par laquelle les hommes avaient précédemment trouvé accès auprès de Dieu, ne devait plus s'ouvrir. Les Juifs avaient refusé de Le chercher de la seule manière dont Il pouvait être trouvé alors : par le sacerdoce du sanctuaire céleste. C'est pourquoi ils ne se trouvèrent nullement en communion avec Dieu. La porte était fermée pour eux. Ils ne reconnaissaient pas le Christ comme leur vrai sacrifice et leur seul médiateur devant Dieu ; il en résulta qu'ils ne pouvaient pas participer aux bienfaits de Sa médiation.

L'état des Juifs incrédules illustre la condition des indifférents et des incrédules qui se décorent du titre de chrétiens, et qui ignorent volontairement l'œuvre de notre miséricordieux Souverain Sacrificateur. Dans le service typique, lorsque le souverain sacrificateur entrait dans le lieu très saint, tous les enfants d'Israël devaient se réunir autour du sanctuaire, et humilier leurs âmes devant Dieu de la manière la plus solennelle, afin de recevoir le pardon de leurs péchés, et de ne pas être retranchés de la congrégation. Combien n'est-il pas plus essentiel, dans ce Jour antitype des Expiations, que nous comprenions bien l'œuvre de notre Souverain Sacrificateur, et que nous connaissions bien les devoirs que nous avons à remplir !

Les hommes ne peuvent impunément rejeter les avertissements que Dieu, dans Sa miséricorde, leur envoie. Un message fut envoyé aux contemporains de Noé, et leur salut dépendit de la manière dont ils le reçurent. Ils rejetèrent l'avertissement, et, en conséquence, l'Esprit de Dieu se retira de cette race pécheresse, et ils périrent dans les eaux du déluge. Au temps d'Abraham, la miséricorde cessa de contester avec les habitants coupables de Sodome, et tous, sauf Lot avec sa femme et ses deux filles, furent consumés par le feu envoyé du ciel. Il en fut de même au temps du Christ. Le Fils de Dieu déclara aux Juifs incrédules de cette génération-là : "Voici, votre maison vous sera laissée déserte [19]." Jetant un regard sur les derniers jours, la même Sagesse infinie dit, concernant ceux qui "n'ont pas reçu l'amour de la vérité pour être sauvés" : "Aussi, Dieu leur enverra une puissance d'égarement, pour qu'ils croient au mensonge, afin que tous ceux qui n'ont pas cru à la vérité, mais qui ont pris plaisir à l'injustice, soient condamnés [20]." A mesure que les hommes rejettent les enseignements de Sa Parole, Dieu leur retire Son Esprit, et les abandonne aux séductions qu'ils aiment.

Mais Christ intercède encore en faveur de l'homme, et la lumière sera accordée à ceux qui la chercheront. Quoique cela n'ait pas été compris d'abord par les adventistes, la chose devint claire à mesure que les passages fixant leur vraie signification commencèrent à s'ouvrir à leur intelligence.

Le moment qui succéda au temps fixé pour le second avènement, en 1844, fut une période de pénible épreuve pour ceux qui conservèrent encore leur foi au second avènement. Leur seul soulagement, quant à ce qui se rattachait à leur vraie position, fut la lumière qui attira leurs pensées sur le sanctuaire céleste. Quelques-uns abandonnèrent leur foi dans leur précédent calcul des périodes prophétiques, et attribuèrent à des forces humaines ou sataniques la puissante influence de l'Esprit Saint qui avait accompagné le mouvement adventiste. Une autre catégorie de personnes crut fermement que le Seigneur les avait dirigées dans leur expérience passée, et comme elles attendaient, veillaient et priaient pour connaître la volonté de Dieu, elles virent que leur grand Souverain Sacrificateur avait commencé une autre œuvre sacerdotale, et, le suivant par la foi, elles furent également amenées à comprendre l'œuvre finale de l'église. Elles eurent une compréhension plus claire du premier et du deuxième message, et furent préparées à recevoir et à prêcher au monde l'avertissement du message du troisième ange d'Apocalypse 14.

---

1 Dan. 7 : 13.

2 Mal. 3 : 1.

3 2 Thés. 1 : 8.

4 Mal. 3 : 2, 3.

5 Mal. 3 : 4.

6 Eph. 5 : 27.

7 Cant. 6 : 10.

8 Mal. 3 : 5.

9 Jude 15.

10 Apoc. 21 : 9, 10.

11 Apoc. 19 : 9.

12 Dan. 7 : 14 ; Apoc. 21 : 2.

13 Mat. 8 : 11 ; Luc 22 : 30.

14 Luc 12 : 36.

15 Mat. 22 : 11.

16 Apoc. 7 : 14

17 Lév. 16 : 17.

18 Apoc. 3 : 7, 8.

19 Mat 23 : 38.

20 2 Thés. 2 : 10-12.

CHAPITRE XXV

LA LOI DE DIEU EST IMMUABLE

"Le temple de Dieu dans le ciel fut ouvert, et l'arche de Son alliance apparut dans Son temple [1]." L'arche de l'alliance de Dieu est située dans le lieu très saint, le second appartement du sanctuaire. Dans le service du tabernacle terrestre, qui n'était "qu'une image et une ombre des choses célestes", cet appartement ne s'ouvrait qu'au grand Jour des Expiations, pour la purification du sanctuaire. Par conséquent, la déclaration que le temple de Dieu s'ouvrit au ciel, et qu'on y vit l'arche de Son alliance, se rapporte au temps où le lieu très saint du sanctuaire céleste fut ouvert, en 1844, alors que Christ y fit Son entrée pour accomplir l'œuvre finale de propitiation. Ceux qui suivirent par la foi leur grand Souverain Sacrificateur, contemplèrent l'arche de Son alliance. Ayant étudié le sujet du sanctuaire, ils avaient fini par comprendre le changement qui s'était opéré dans le ministère du Sauveur, et ils virent qu'Il officiait maintenant devant l'arche de Dieu, présentant Son sang en faveur des pécheurs.

L'arche qui était dans le tabernacle construit par Moïse, renfermait les deux tables de pierre, sur lesquelles se trouvaient gravés les préceptes de la loi de Dieu. L'arche était simplement le réceptacle des tables de la loi ; c'était la présence de ces divins préceptes qui en faisait la valeur et lui donnait un caractère sacré. Lorsque le temple de Dieu fut ouvert dans le ciel, l'arche de Son alliance apparut. C'est donc dans le lieu très saint du sanctuaire céleste, que se trouve précieusement conservée la loi que Dieu proclama Lui-même au milieu des tonnerres du Sinaï et qu'Il écrivit de Son propre doigt sur les tables de pierre.

La loi de Dieu dans le sanctuaire céleste est l'auguste original dont les préceptes gravés sur les tables de pierre, et inscrits par Moïse dans le Pentateuque, étaient une infaillible copie. Ceux qui parvinrent à comprendre ce point important furent ainsi amenés à voir le caractère sacré, invariable de la loi divine. Ils reconnurent mieux que jamais la force de ces paroles du Sauveur : "Tant que le ciel et la terre ne passeront point, il ne disparaîtra pas de la loi un seul iota ou un seul trait de lettre [2]." La loi de Dieu étant une révélation de Sa volonté, une expression de Son caractère, elle doit durer à toujours, comme "un fidèle témoin dans les cieux." Pas un commandement n'a été annulé ; pas un iota n'a été changé. Le

Psalmiste dit : "A toujours, ô Eternel ! Ta parole subsiste dans les cieux." "Toutes Ses ordonnances sont véritables, affermies pour l'éternité [3]."

Au milieu même du Décalogue se trouve le quatrième commandement, tel qu'il fut proclamé à l'origine : "Souviens-toi du jour du repos, pour le sanctifier. Tu travailleras six jours, et tu feras tout ton ouvrage. Mais le septième jour [samedi] est le jour du repos de l'Eternel, ton Dieu : tu ne feras aucun ouvrage, ni toi, ni ton fils, ni ta fille, ni ton serviteur, ni ta servante, ni ton bétail, ni l'étranger qui est dans tes portes. Car en six jours, l'Eternel a fait les cieux, la terre, la mer, et tout ce qui y est contenu, et Il s'est reposé le septième jour ; c'est pourquoi l'Eternel a béni le jour du repos, et l'a sanctifié [4]."

L'Esprit de Dieu opérait dans les cœurs de ces chrétiens qui sondaient Sa Parole. Ils furent bientôt convaincus que, sans le savoir, ils transgressaient ce précepte en négligeant le jour du repos du Créateur. Ils commencèrent à examiner les raisons pour lesquelles on observait le premier jour de la semaine [dimanche] au lieu du septième jour [samedi] que Dieu avait sanctifié. Ils ne purent trouver aucun passage des Ecritures indiquant que le quatrième commandement ait été aboli, ou que le Sabbat ait été changé. La bénédiction qui fut conférée au septième jour, dès l'origine, n'avait jamais été révoquée. Ils avaient honnêtement cherché à connaître et à faire la volonté de Dieu ; et constatant qu'ils étaient transgresseurs de Sa loi, leurs cœurs furent remplis de douleur, mais décidés à rester fidèles à Dieu, ils se mirent à garder Son saint Sabbat [samedi].

Des efforts nombreux et déterminés furent faits pour ébranler leur foi. Chacun pouvait voir que si le sanctuaire terrestre était une figure ou une image du céleste, la loi déposée dans l'arche du sanctuaire terrestre était une copie exacte de celle qui est dans l'arche céleste, et qu'adopter la vérité relative au sanctuaire céleste, c'était reconnaître les droits de la loi de Dieu et l'obligation du Sabbat du quatrième commandement. C'est là le secret de l'opposition violente et résolue à l'exposition rationnelle des passages qui révélaient le ministère du Christ dans le sanctuaire céleste. Les hommes cherchèrent à fermer la porte que Dieu avait ouverte, et à ouvrir la porte qu'Il avait fermée. Mais Celui "qui ouvre, et personne ne ferme ; et qui ferme, et personne n'ouvre", avait dit : "J'ai mis devant toi une porte ouverte, que personne ne peut fermer [5]." Christ avait ouvert la porte [débutait Son nouveau ministère] du lieu très saint, la lumière avait jailli de cette porte ouverte du sanctuaire céleste, et il fut montré que le quatrième commandement était renfermé dans la loi qui s'y trouve ; ce que Dieu avait établi ne pouvait être renversé par l'homme.

Ceux qui avaient accepté la lumière concernant la médiation du Christ et la perpétuité de la loi de Dieu, virent que c'étaient là les vérités présentées dans Apocalypse 14. Les messages de ce chapitre constituent un triple avertissement qui doit préparer les habitants de la terre à la seconde venue du Seigneur, *(Appendice, note 8)*. La déclaration : "L'heure de Son jugement est venue", indique l'œuvre finale du ministère du Christ pour le salut des hommes. Elle proclame une vérité qui doit être annoncée jusqu'à ce que cesse l'intercession du Sauveur et qu'Il revienne sur la terre pour chercher Son peuple. L'œuvre du jugement, qui commença en 1844, doit se poursuivre jusqu'à ce que le sort de tous les hommes, des vivants et des morts, ait été décidé. Elle s'étendra donc jusqu'à la fin de la période d'épreuve accordée à l'humanité. Voici l'exhortation que l'ange chargé du premier message adresse aux hommes, exhortation à laquelle ils doivent prendre garde pour être préparés à subsister au jour du jugement : "Craignez Dieu, et donnez-Lui gloire", "et adorez Celui qui a fait le ciel, et la terre, et la mer et les sources d'eaux."

Le résultat de l'acceptation de ces messages est indiqué dans ces paroles : "C'est ici la persévérance des saints, qui gardent les commandements de Dieu et la foi de Jésus." Afin d'être préparés pour le jugement, il faut garder la loi de Dieu. Cette loi sera la pierre de touche du caractère dans le jugement. L'apôtre Paul dit : "Tous ceux qui ont péché avec la loi seront jugés par la loi… au jour où, Dieu jugera par Jésus-Christ les actions secrètes des hommes." Et il dit que "ce sont ceux qui observent la loi qui seront justifiés [6]." La foi est essentielle afin d'observer la loi de Dieu ; car "sans la foi il est impossible de Lui être agréable." Et "tout ce qui ne résulte pas de la foi est péché [7]."

Le premier ange exhorte les hommes à "craindre Dieu, à Lui donner gloire", et à L'adorer comme le Créateur des cieux et de la terre. Pour faire cela, ils doivent obéir à Sa loi. Le sage dit : "Crains Dieu, et observe Ses commandements. C'est là ce que doit tout homme [8]." Aucun culte ne peut être agréable à Dieu si l'on ne garde pas Ses commandements. "Car l'amour de Dieu consiste à garder Ses commandements." "Si quelqu'un détourne l'oreille pour ne pas écouter la loi, sa prière même est une abomination [9]."

Le devoir d'adorer Dieu est basé sur le fait qu'Il est le Créateur, et que c'est à Lui que tous les autres êtres doivent leur existence. Partout où la Bible parle de Son droit à notre respect et à notre adoration, préférablement aux dieux païens, elle cite des preuves de Son pouvoir créateur. "Tous les dieux des peuples sont des idoles, et l'Eternel a fait les cieux [10]." "A qui Me comparerez-vous, pour que Je lui ressemble ? dit le Saint. Levez vos yeux en haut, et regardez ! Qui a créé ces choses ?" "Car ainsi parle l'Eternel, le Créateur des cieux, le seul, qui a formé la terre, qui l'a faite … Je suis l'Eternel, et il n'y en a point d'autre [11]." Le Psalmiste dit : "Sachez que l'Eternel est Dieu !

C'est Lui qui nous a faits, et nous Lui appartenons. "Venez, prosternons-nous, et humilions-nous, fléchissons les genoux devant l'Eternel, notre Créateur ! [12] La raison pour laquelle les êtres saints, qui adorent Dieu dans le ciel, Lui doivent leurs hommages est donnée en ces termes : "Tu es digne, notre Seigneur et notre Dieu, de recevoir la gloire et l'honneur et la puissance ; car tu as créé toutes choses [13]."

Dans le 14ème chapitre de l'Apocalypse, les hommes sont exhortés à adorer le Créateur, et la prophétie parle d'une classe de personnes qui, conformément au triple message donné, gardent les commandements de Dieu. L'un de ces commandements rappelle directement que Dieu est le Créateur.

Le quatrième précepte contient les déclarations suivantes : "Le septième jour est le jour du repos de l'Eternel, ton Dieu... Car en six jours l'Eternel a fait les cieux, la terre, la mer, et tout ce qui y est contenu, et Il s'est reposé le septième jour ; c'est pourquoi l'Eternel a béni le jour du repos, et l'a sanctifié [14]." Parlant du Sabbat, le Seigneur dit encore : C'est "un signe par lequel on connaîtra que Je suis l'Eternel, votre Dieu [15]." Et la raison donnée est celle-ci : "En six jours l'Eternel a fait les cieux et la terre, et le septième jour Il a cessé Son œuvre et Il s'est reposé [16]."

"L'importance du Sabbat, comme mémorial de la création, provient de ce qu'il nous rappelle constamment la raison même pour laquelle l'homme doit adorer Dieu", à savoir qu'Il est le Créateur, et que nous sommes Ses créatures. "Le Sabbat [samedi] est par conséquent à la base même du culte divin ; car il enseigne cette solennelle vérité de la manière la plus saisissante, ce que ne fait aucune autre institution religieuse. La vraie raison d'être du culte divin, non seulement le septième jour, mais de tout culte, se trouve dans la distinction faite entre le Créateur et Ses créatures. Ce fait capital ne cessera jamais d'exister, et ne devra jamais être oublié" *(J. N. Andrews, History of the Sabbath, ch. 27).* C'est pour conserver à toujours cette vérité dans l'esprit des hommes que Dieu institua le Sabbat en Eden ; et aussi longtemps que Son attribut de Créateur sera la raison pour laquelle nous devons l'adorer, le Sabbat continuera d'être un signe et un mémorial. Si le Sabbat avait été gardé universellement, les pensées et les affections de l'homme auraient été constamment placées sur le Créateur, qui aurait été considéré comme l'objet de Son respect et de Son adoration ; et il n'y aurait jamais eu un idolâtre, ni un athée, ni un incrédule. L'observation du Sabbat [samedi] est un signe de fidélité envers le vrai Dieu, envers "Celui qui a fait le ciel, la terre, la mer et les sources des eaux." Il s'ensuit que le message qui exhorte les hommes à adorer Dieu et à garder Ses commandements, insistera spécialement sur l'observation du quatrième commandement.

En contraste avec ceux qui gardent les commandements de Dieu et la foi de Jésus, le troisième ange signale une autre classe de gens contre les erreurs desquels il prononce ce solennel et terrible avertissement : "Si quelqu'un adore la bête et son image, et reçoit une marque sur son front ou sur sa main, il boira, lui aussi, du vin de la fureur de Dieu, versé sans mélange dans la coupe de sa colère [17]." Pour comprendre ces messages, il faut avoir une compréhension claire des symboles employés. Que représentent la bête, l'image, la marque ? La chaîne prophétique dans laquelle ces symboles sont introduits commence au chapitre douze de l'Apocalypse, avec le grand dragon rouge qui cherche à dévorer le Christ à Sa naissance. Les Ecritures nous informent que le dragon, c'est Satan [18] ; c'est lui qui poussa Hérode à faire mourir le Sauveur. Mais le principal agent de Satan pour faire la guerre contre le Christ et Son peuple durant les premiers siècles de l'ère chrétienne, c'était l'empire romain, dont la religion reconnue était le paganisme. Ainsi, quoique le dragon représente d'abord Satan, il est aussi employé comme un symbole de la Rome païenne.

Une autre bête se trouve décrite au chapitre 13 [19], bête qui "ressemblait à un léopard", et à laquelle le dragon donna "sa puissance, et son trône, et une grande autorité." Ce symbole, comme la plupart des protestants s'accordent à le croire, représente la papauté qui hérita de la puissance, du siège et de l'autorité que possédait autrefois l'ancien empire romain. Voici ce qu'il est dit de cette bête qui ressemblait à un léopard : "Il lui fut donné une bouche qui proférait des paroles arrogantes et des blasphèmes ; ... Et elle ouvrit sa bouche pour proférer des blasphèmes contre Dieu, pour blasphémer Son nom, et Son tabernacle, et ceux qui habitent dans le ciel. Et il lui fut donné de faire la guerre aux saints, et de les vaincre. Et il lui fut donné autorité sur toute tribu, tout peuple, toute langue, et toute nation." Cette prophétie, qui est presque identique avec la description de la petite corne dont parle Daniel 7, se rapporte incontestablement à la papauté.

"Il lui fut donné le pouvoir d'agir pendant quarante-deux mois." "Je vis l'une de ses têtes comme blessée à mort", dit le prophète. Et plus loin : "Si quelqu'un mène en captivité, il ira en captivité ; si quelqu'un tue par l'épée, il faut qu'il soit tué par l'épée." Les quarante-deux mois sont identiques à la période de "un temps, des temps, et la moitié de temps", trois années et demie, ou 1260 jours, de Daniel 7 : temps pendant lequel le pouvoir papal devait opprimer le peuple de Dieu. Cette période, comme nous l'avons vu dans les chapitres précédents, commence avec l'établissement de la papauté, en l'an 538 de notre ère, et se termine en 1798. C'est au moment où la papauté fut renversée et le pape emmené captif par l'armée française, que la puissance papale reçut sa plaie mortelle, et qu'on vit l'accomplissement de cette prédiction : "Si quelqu'un mène en captivité, il ira en captivité."

Le prophète parle maintenant d'un autre symbole : "Puis je vis monter de la terre une autre bête, qui avait deux cornes semblables à celles d'une agneau [20]." Tout, dans cette bête, son apparence et la manière dont elle s'élève, indique que la nation qu'elle représente est différente de celles qui sont représentées par les symboles précédents. Les grands royaumes qui ont gouverné le monde sont présentés au prophète Daniel sous le symbole de bêtes féroces, paraissant lorsque "les quatre vents des cieux firent irruption sur la grande mer [21]." Dans Apocalypse 17, un ange explique à Jean que les eaux représentent "des peuples, des foules, des nations, et des langues [22]." Les vents sont un symbole représentant des luttes, des guerres. Les quatre vents des cieux soufflant sur la grande mer, représentent les terribles scènes de conquêtes et de révolutions par lesquelles les royaumes du monde sont parvenus à leur puissance.

Mais le prophète vit la bête qui avait deux cornes semblables à celles d'un agneau "montant de la terre." Au lieu de renverser d'autres puissances pour s'établir, la nation dont la naissance est ainsi représentée doit s'élever dans des contrées jusque-là inhabitées, et s'accroître graduellement et paisiblement. Elle ne pouvait donc s'élever sur le territoire tout occupé des nations populeuses et agitées de l'Ancien Monde : cette mer orageuse de "peuples, de foules, de nations, et de langues." On doit la chercher dans le Nouveau Monde.

Quelle est la nation du Nouveau Monde qui, s'élevant vers 1798, paraissait réservée à de glorieuses destinées, et attirait l'attention du monde ? L'application de ce symbole n'admet pas de doute. Il n'y a qu'une seule nation qui répond aux traits caractéristiques donnés par cette prophétie ; elle montre indubitablement les Etats-Unis d'Amérique. A maintes reprises, la pensée de l'auteur sacré a été inconsciemment répétée, presque dans ses propres paroles, par les orateurs et les historiens qui ont décrit la naissance et le développement de cette nation. Le prophète vit la bête "montant de la terre" et, suivant les traducteurs, le mot rendu ici par "montant" signifie littéralement "croître ou s'élever comme une plante." Comme nous l'avons vu, cette nation doit s'élever dans un territoire précédemment inoccupé. Un célèbre écrivain, décrivant la manière dont s'élevèrent les Etats-Unis, parle du "mystère de son développement sur une terre vacante", et dit : "Semblable à une semence silencieuse, nous avons crû et sommes devenus un empire", *(Townsend, The New World compared, with the Old, p. 462)*. Un journal européen parlait en 1850 des Etats-Unis comme d'un merveilleux empire qui "s'élevait", et qui, "dans les solitudes de la terre, ajoutait journellement à sa puissance et à sa gloire", *(The Dublin Nation)*. Edward Everett disait dans un discours sur les Pèlerins fondateurs de cette nation : "Cherchèrent-ils un lieu retiré, que son obscurité mettait à l'abri du danger, que son isolement ait sauvé des obsessions des despotes, et où la petite église de Leyde ait pu jouir de la liberté de conscience ? Voyez les immenses régions, où ils ont planté, en une paisible conquête, … le drapeau de la croix !" *(Speech delivered at Plymouth, Massachusetts, Dec. 22, 1824, p. 11)*.

"Elle avait deux cornes semblables à celles d'un agneau." Ces cornes, semblables à celles d'un agneau, dénotent la jeunesse, l'innocence et la douceur, représentation pleine d'à propos du caractère des Etats-Unis lorsqu'ils se présentèrent au prophète comme "montant de la terre", en 1798. Les chrétiens exilés qui, les premiers, s'enfuirent en Amérique, allaient y chercher un asile contre l'oppression royale et l'intolérance cléricale, et ils résolurent d'établir un gouvernement sur la large base des libertés civiles et religieuses. La Déclaration d'Indépendance proclame la grande vérité que "tous les hommes sont créés égaux", et possèdent des droits inaliénables à la "vie, à la liberté, et à la poursuite du bonheur." La Constitution assure au peuple son autonomie ; elle pourvoit à ce que les représentants élus par le suffrage du peuple soient chargés d'élaborer et de faire observer les lois. La liberté religieuse fut ainsi garantie, chacun pouvant servir Dieu suivant les directions de sa conscience. Le républicanisme et le protestantisme devinrent les principes fondamentaux de la nation. Ces principes sont le secret de sa puissance et de sa prospérité. De tous les pays de la chrétienté, les opprimés et les affligés fondaient leurs espérances sur cette contrée. Des millions de gens ont abordé sur ses côtes, et les Etats-Unis ont pris place parmi les nations les plus puissantes du monde.

Mais la bête dont les cornes étaient semblables à celles d'un agneau "parlait comme un dragon. Elle exerçait toute l'autorité de la première bête en sa présence, et elle faisait que la terre et ses habitants adoraient la première bête dont la plaie mortelle avait été guérie, … disant aux habitants de la terre de faire une image à la bête qui avait la blessure de l'épée et qui vivait [23]."

Les cornes semblables à celles d'un agneau et la voix de dragon du symbole, dénotent une contradiction frappante entre la profession de foi, et la pratique de la nation ainsi représentée. Le langage de la nation, ce sont les actes de ses autorités législatives et judiciaires. Par ses actes, cette nation donnera un démenti aux principes libéraux et pacifiques qu'elle a déclarés être la base de sa politique. La prédiction qu'elle parlera "comme le dragon", et exercera "toute la puissance de la première bête", annonce clairement l'apparition de l'esprit d'intolérance et de persécution manifesté par les nations représentées par le dragon et la bête semblable à un léopard. La déclaration que la bête à deux cornes "commandera aux habitants de la terre de dresser une image à la bête", indique que l'autorité de cette nation sera employée à imposer l'observance de quelque pratique qui serait un hommage rendu à la papauté.

Une telle action est contraire aux principes de ce gouvernement, au génie de ses libres institutions, aux aveux clairs et solennels de la Déclaration d'Indépendance, et à la Constitution. Les fondateurs de la nation cherchèrent à empêcher que l'église ne dispose du bras séculier, prérogative qui la conduit invariablement à l'intolérance et à la persécution. La Constitution pourvoit à ce que le "Congrès ne pourra jamais établir une religion d'Etat, ni défendre le libre exercice d'une religion", et à ce "qu'aucune condition religieuse ne soit exigée comme condition d'aptitude pour aucune fonction ou charge publique des Etats-Unis." L'observation d'un devoir religieux ne peut être imposée par l'autorité civile qu'en violation flagrante avec ces sauvegardes de la liberté nationale. Mais l'inconséquence d'un tel acte ne serait pas plus grande que ne le représente le symbole. C'est la bête dont les cornes sont semblables à celles d'un agneau — qui professe être pure, douce et inoffensive — qui parle comme le dragon.

"Commandant aux habitants de la terre de dresser une image à la bête." Il se présente clairement ici une forme de gouvernement dans lequel la puissance législative appartient au peuple ; preuve des plus frappantes que les Etats-Unis sont la nation signalée par la prophétie.

Mais qu'est-ce que "l'image de la bête ?" et comment se formera-t-elle ? L'image est formée par la bête à deux cornes et c'est une image dressée à la première bête. Elle est aussi appelée "l'image de la bête." Il nous faut donc, pour comprendre à quoi se rapporte l'image, et comment elle doit être formée, étudier les traits caractéristiques de la bête elle-même : la papauté. Lorsque la primitive église se corrompit, en abandonnant la simplicité de l'Evangile, et en acceptant les rites et les coutumes des païens, elle perdit l'Esprit et la puissance de Dieu ; et pour dominer les consciences, elle rechercha l'appui du pouvoir séculier. Il en résulta la formation de la papauté, église qui eut la domination sur la puissance de l'Etat, et s'en servit pour arriver à ses propres fins, spécialement pour extirper "l'hérésie." Pour que les Etats-Unis forment une image à la bête, le pouvoir religieux doit influencer le gouvernement civil au point que l'autorité de l'Etat soit employée par l'église.

Toutes les fois que l'église a obtenu la direction du pouvoir séculier, elle s'en est servie pour punir ceux qui n'admettaient pas ses doctrines. Les églises protestantes qui ont marché sur les traces de Rome en s'alliant avec les puissances de ce monde, ont montré le même désir de restreindre la liberté de conscience. Nous en voyons un exemple dans la longue persécution des dissidents par l'église d'Angleterre. Durant les seizième et dix-septième siècles, des milliers de pasteurs non-conformistes furent obligés d'abandonner leurs églises, et un grand nombre de pasteurs et de laïques subirent des amendes, la prison, la torture et le martyre.

C'est l'apostasie qui entraîna l'église primitive à rechercher l'aide du gouvernement civil ; et cela prépara la voie au développement de la bête papale. Paul prédit "une apostasie", et l'apparition de "l'homme du péché [24]." Ainsi, c'est l'apostasie dans l'église qui préparera la voie à l'image de la bête. Or la Bible déclare qu'avant la venue du Seigneur, il y aura un état de déclin religieux semblable à celui des premiers siècles. "Dans les derniers jours, il y aura des temps difficiles. Car les hommes seront égoïstes, amis de l'argent, fanfarons, hautains, blasphémateurs, insensibles, déloyaux, calomniateurs, intempérants, cruels, ennemis des gens de bien, traîtres, emportés, enflés d'orgueil, aimant le plaisir plus que Dieu, ayant l'apparence de la piété, mais reniant ce qui en fait la force [25]." "L'Esprit dit expressément que, dans les derniers temps, quelques-uns abandonneront la foi pour s'attacher à des esprits séducteurs et à des doctrines de démons [26]", Satan agira "avec toutes sortes de miracles, de signes et de prodiges mensongers." Et tous ceux qui "n'ont pas reçu l'amour de la vérité" dans leurs cœurs "pour être sauvés" seront abandonnés à "une puissance d'égarement, pour qu'ils croient au mensonge [27]." Quand on sera arrivé à ce degré d'impiété, il produira les mêmes résultats que dans les premiers siècles de notre ère.

Bien des gens considèrent la grande diversité de croyances des églises protestantes comme une preuve irréfutable que jamais rien ne pourrait être tenté pour les contraindre à l'uniformité. Mais depuis des années, on constate dans les églises protestantes, un courant de plus en plus puissant en faveur d'une union basée sur les articles de foi communs à tous. Pour arriver à une telle union, on évite de discuter des sujets sur lesquels tous ne sont pas d'accord, quelque soit l'importance que la Parole de Dieu y attache.

Charles Beecher, dans un sermon prononcé en 1846, déclare que le ministère des "dénominations protestantes évangéliques" est "non seulement entièrement formé sous la terrible pression d'une crainte purement humaine ; mais que les pasteurs vivent, se meuvent et respirent dans une atmosphère radicalement délétère : l'élément le plus vil de leur nature est sans cesse excité par la nécessité dans laquelle ils se trouvent de cacher la vérité et de ployer les genoux devant le pouvoir de l'apostasie. N'est-ce pas ainsi que les choses se passèrent dans l'église romaine ? Ne refaisons-nous pas son histoire ? Et qu'est-ce qui se trouve précisément devant nous ? — Un nouveau concile universel ! Une assemblée œcuménique protestante, une alliance évangélique, et un credo universel !" Une fois arrivé là, lorsqu'on se sera efforcé d'obtenir une complète uniformité, il ne restera plus qu'un pas à faire pour recourir à la force.

Lorsque les principales églises des Etats-Unis s'uniront sur les points de doctrine qui leur sont communs ; qu'elles exerceront sur l'Etat une action commune pour l'amener à imposer leurs règlements et leurs institutions par la loi, alors l'Amérique protestante aura formé une image à la hiérarchie romaine, et il en résultera inévitablement que le bras de l'autorité civile s'appesantira sur les dissidents.

La bête à deux cornes "fit que tous, petits et grands, riches et pauvres, libres et esclaves, reçoivent une marque sur leur main droite ou sur leur front, et que personne ne puisse acheter ni vendre, sans avoir la marque, le nom de la bête ou le nombre de son nom [28]." L'avertissement du troisième ange est : "Si quelqu'un adore la bête et son image, et reçoit une marque sur son front ou sur sa main, il boira, lui aussi, du vin de la fureur de Dieu." "La bête" mentionnée dans ce message, et que la bête à deux cornes oblige d'adorer, c'est la première bête d'Apocalypse 13, celle qui est semblable à un léopard : la papauté. "L'image de la bête" représente cette forme de protestantisme apostat qui se développera quand les églises protestantes rechercheront l'aide du pouvoir civil pour imposer leurs dogmes. Il nous reste à définir la "marque de la bête."

Après avoir donné l'avertissement contre l'adoration de la bête et de son image, la prophétie dit : "C'est ici la persévérance des saints, qui gardent les commandements de Dieu et la foi de Jésus." Puisque ceux qui gardent les commandements de Dieu sont ainsi mis en contraste avec ceux qui adorent la bête et son image, et reçoivent sa marque, il s'ensuit que l'observation de la loi de Dieu d'un côté, et sa violation de l'autre, formeront la distinction qu'il y aura entre ceux qui servent Dieu et ceux qui servent la bête.

Le trait caractéristique de la bête, et par conséquent de son image, c'est la violation des commandements de Dieu. Daniel dit, en parlant de la petite corne, la papauté, qu'elle "espérera changer les temps et la loi [29]." Et Paul nomme la même puissance "l'homme du péché", qui doit s'élever au-dessus de Dieu. Une prophétie complète l'autre. Ce n'est qu'en changeant la loi de Dieu que la papauté pouvait s'élever au-dessus de Dieu ; quiconque garderait sciemment la loi ainsi changée accorderait un honneur suprême à la puissance par laquelle le changement a été fait. Un tel acte d'obéissance aux lois papales serait une marque de soumission donnée au pape plutôt qu'à Dieu.

La papauté a tenté de changer la loi de Dieu. Elle en a retranché le second commandement qui défend le culte des images, et le quatrième commandement a été changé de manière à autoriser l'observation du premier au septième jour comme Sabbat. Mais les catholiques avancent, pour justifier la suppression du second commandement, qu'il est inutile, étant renfermé dans le premier, et qu'ils donnent la loi exactement comme Dieu avait le dessein qu'elle soit comprise. Cela ne saurait être le changement prédit par le prophète. Celui-ci parle d'un changement intentionnel et délibéré : "il pensera pouvoir changer les temps et la loi." Le changement opéré dans le quatrième commandement accomplit exactement la prophétie. Car la seule autorité à laquelle on en appelle pour ce changement est celle de l'église. Ici, le pouvoir papal s'élève ouvertement au-dessus de Dieu.

Tandis que ceux qui adorent Dieu se distingueront spécialement par leur respect pour le quatrième commandement, — puisque c'est le signe de Sa puissance créatrice, et le témoin de Son droit au respect et à l'hommage de l'homme — les adorateurs de la bête se distingueront par leurs efforts pour renverser le mémorial du Créateur, et élever ce que Rome a établi. Ce fut en faveur du dimanche que la papauté commença à avancer ses arrogantes prétentions, *(Appendice, note 9)* ; et son premier recours au pouvoir de l'Etat eut lieu pour imposer l'observation du dimanche comme "jour du Seigneur." Mais la Bible parle du septième jour, et non du premier, comme jour du Seigneur. Christ dit : "Le Fils de l'homme est Seigneur même du Sabbat." Le quatrième commandement renferme cette déclaration : "Le septième jour est le repos de l'Eternel." Et le Seigneur le désigne par la bouche d'Esaïe par ces mots : "Le jour qui m'est consacré [30]."

La prétention si souvent avancée, que c'est Christ qui a changé le Sabbat, se trouve réfutée par les paroles mêmes du Seigneur. Dans Son sermon sur la montagne, Il dit : "Ne croyez pas que Je sois venu pour abolir la loi ou les prophètes ; Je suis venu non pour abolir, mais pour accomplir. Car, Je vous le dis en vérité, tant que le ciel et la terre ne passeront point, il ne disparaîtra pas de la loi un seul iota ou un seul trait de lettre, jusqu'à ce que tout soit arrivé. Celui donc qui supprimera l'un de ces plus petits commandements, et qui enseignera aux hommes à faire de même, sera appelé le plus petit dans le royaume des cieux ; mais celui qui les observera, et qui enseignera à les observer, celui-là sera appelé grand dans le royaume des cieux [31]."

C'est un fait courant par les protestants, que les Ecritures n'autorisent nulle part le changement du Sabbat. Cela est pleinement établi par des publications éditées par la Société américaine de Traités, et l'Union américaine des Ecoles du dimanche. L'un de ces ouvrages reconnaît "que le Nouveau Testament observe un silence complet à l'égard d'un commandement explicite en faveur du Sabbat [du dimanche, ou premier jour de la semaine] ou de règles définies relatives à son observation", *(George Elliott, The Abiding Sabbath p. 184)*.

On lit dans un autre : "Jusqu'à l'époque de la mort du Christ, aucun changement n'a été fait quant au jour" et "si l'on s'en tient au récit biblique, ils [les apôtres] ne donnèrent aucun commandement explicite ordonnant qu'il faille cesser de considérer le septième jour comme Sabbat, et lui substituer le premier jour de la semaine", *(A. E. Waffle, The Lord's Day, p. 186, 188)*. Les catholiques romains admettent que le changement du Sabbat fut opéré par l'église, et déclarent que les protestants, en observant le dimanche, reconnaissent son autorité. Dans le "Catéchisme catholique de la Religion chrétienne", en réponse à la question demandant quel est le jour dont le quatrième commandement demande l'observation, il est dit : "Sous l'ancienne loi, le samedi était le jour qu'on sanctifiait, mais l'église, instruite par Jésus-Christ, et dirigée par l'Esprit de Dieu, a substitué le dimanche au samedi, de sorte que nous sanctifions maintenant le premier, et non le septième jour. Le mot dimanche signifie jour du Seigneur, et le jour qui porte ce nom est maintenant, en effet, le jour du Seigneur."

Comme signe de l'autorité de l'église catholique, les écrivains qui soutiennent le pape citent : "l'acte même du changement du Sabbat au dimanche, changement auquel les protestants acquièrent… parce qu'en gardant strictement le dimanche, ils reconnaissent le pouvoir de l'église d'ordonner des fêtes, et de les imposer sous peine de péché", *(Henry Tuberville, Abridgment of Christian Doctrine p. 58).* Qu'est-ce donc que le changement du Sabbat, si ce n'est le signe ou la marque de l'autorité de l'église romaine, "la marque de la bête ?"

L'église romaine n'a pas renoncé à ses prétentions à la suprématie, et lorsque le monde et les églises protestantes acceptent le Sabbat qu'elle a institué, plutôt que celui de la Bible, ils admettent virtuellement cette prétention. Ils peuvent, pour appuyer ce changement, en appeler à l'autorité de la tradition et des Pères ; mais en faisant cela, ils renient le principe même qui les sépare de Rome : que "la Bible et la Bible seule est la règle de foi des protestants." Les catholiques peuvent voir que les protestants se séduisent eux-mêmes et ferment volontairement les yeux sur les faits. En voyant le mouvement qui a pour but de rendre l'observation du dimanche obligatoire gagner du terrain, les catholiques se réjouissent à la pensée qu'il amènera enfin tout le monde protestant à se ranger sous la bannière de Rome.

Les catholiques déclarent que "l'observation du dimanche par les protestants est un hommage rendu, malgré eux, à l'autorité de l'église [catholique]", *(Causeries sur le protestantisme d'aujourd'hui, p. 207), (Mgr. Segur, Plain Talk About the Protestantism of Today, p. 213).* Imposer l'observation du dimanche de la part des églises protestantes est une mise en vigueur de l'adoration de la papauté, de la bête. Ceux qui, après avoir compris ce qu'exige le quatrième commandement, choisissent d'observer le faux Sabbat au lieu du vrai, rendent par là hommage à la puissance qui seule en a ordonné l'observation. Mais par l'acte même de recourir au pouvoir séculier pour imposer un devoir religieux, les églises dressent elles-mêmes une image à la bête. L'obligation d'observer le dimanche, aux Etats-Unis, constituerait donc une obligation d'adorer la bête et son image.

Mais les chrétiens des générations passées observaient le dimanche, croyant garder ainsi le Sabbat biblique ; et il y a maintenant de vrais chrétiens dans chaque église, la communion catholique y comprise, qui croient honnêtement que le dimanche est le Sabbat divinement institué. Dieu a égard à leur sincérité et à leur intégrité. Mais lorsque l'observation du dimanche sera rendue obligatoire par la loi, et que le monde aura été éclairé concernant l'obligation du vrai Sabbat, alors, quiconque transgressera le commandement de Dieu pour obéir à un précepte qui n'a pas de plus haute autorité que celle de Rome, honorera par là la papauté au-dessus de Dieu. Il rendra hommage à Rome, et à la puissance qui donne force de loi à l'institution que Rome a établie. Il adorera la bête et son image. Lorsque les hommes rejetteront l'institution que Dieu déclare être le signe de Son autorité, et honoreront à sa place ce que Rome a choisi comme signe de sa suprématie, ils accepteront par là le signe de leur soumission à Rome : "la marque de la bête." Et ce n'est que lorsque la question aura été exposée clairement aux hommes, lorsqu'ils auront été appelés à choisir entre les commandements de Dieu et les commandements des hommes, que ceux qui persévéreront dans leur transgression, recevront "la marque de la bête."

La plus terrible menace qui ait jamais été adressée à des mortels se trouve renfermée dans le message du troisième ange. Ce doit être un terrible péché que celui qui attire la colère de Dieu sans mélange de miséricorde. Les hommes ne doivent pas être laissés dans l'ignorance concernant cette importante question ; le monde doit être mis en garde contre ce péché avant que les jugements de Dieu ne frappent les coupables, afin que tous sachent pourquoi ils devront être affligés, et qu'ils aient l'occasion d'y échapper. Selon la prophétie, la proclamation du premier ange est adressée "à toute nation, à toute tribu, à toute langue et à tout peuple." L'avertissement du troisième ange, qui fait partie de ce triple message, ne doit pas être d'un caractère moins universel. La prophétie nous informe qu'il est proclamé d'une voix forte, par un ange volant par le milieu du ciel ; et il attirera l'attention du monde entier.

Pendant cette contestation, toute la chrétienté sera divisée en deux grands camps : ceux qui gardent les commandements de Dieu et la foi de Jésus, et ceux qui adorent la bête et son image, et qui reçoivent sa marque. L'église et l'Etat s'uniront pour contraindre "tous, petits et grands, riches et pauvres, libres et esclaves", à prendre "la marque de la bête [32]", mais les enfants de Dieu refuseront de la prendre. Le voyant de Patmos contempla "ceux qui avaient vaincu la bête, et son image, et sa marque, et le nombre de son nom, debout sur la mer de verre", et qui chantant le cantique de Moïse, et celui de l'Agneau [33].

1 Apoc. 11 : 19.

2 Mat. 5 : 18.

3 Psa. 119 : 89 ; 111 : 7, 8.

4 Ex. 20 : 8-11.

5 Apoc. 3 : 7, 8.

6 Rom. 2 : 12-16.

7 Héb. 11 : 6 ; Rom. 14 : 23.

8 Eccl. 12 : 15.

9 1 Jean 5 : 3 ; Prov. 28 : 9.

10 Ps. 96 : 5.

11 Esa. 40 : 25, 26 ; 45 : 18.

12 Ps. 100 : 3 ; 95 : 6.

13 Apoc. 4 : 11.

14 Ex. 20 : 10, 11.

15 Ez. 20 : 20.

16 Ex. 31 : 17.

17 Apoc. 14 : 9, 10.

18 Apoc. 12 : 9.

19 Versets 1-10.

20 Apoc. 13 : 11.

21 Dan. 7 : 2.

22 Apoc. 17 : 15.

23 Apoc. 13 : 11-14

24 2 Thés. 2 : 3.

25 2 Tim. 3 : 1-5.

26 1 Tim. 4 : 1.

27 2 Thés. 2 : 9-11.

28 Apoc. 13 : 16, 17.

29 Dan. 7 : 25.

30 Marc 2 : 28 ; Esa. 58 : 13.

31 Mat. 5 : 17-19.

32 Apoc. 13 : 16, 17.

33 Apoc. 15 : 2, 3.

CHAPITRE XXVI

UNE ŒUVRE DE RÉFORME

La réforme du Sabbat qui devait s'accomplir dans les derniers jours est prédite en ces termes par Esaïe : "Ainsi parle l'Eternel : Observez ce qui est droit, et pratiquez ce qui est juste ; car Mon salut ne tardera pas à venir, et Ma justice à se manifester. Heureux l'homme qui fait cela, et le fils de l'homme qui y demeure ferme, gardant le Sabbat, pour ne point le profaner, et veillant sur sa main, pour ne commettre aucun mal !" "Et les étrangers qui s'attacheront à l'Eternel pour Le servir, pour aimer le nom de l'Eternel, pour être Ses serviteurs, tous ceux qui garderont le Sabbat, pour ne point le profaner, et qui persévéreront dans Mon alliance, Je les amènerai sur Ma montagne sainte, et Je les réjouirai dans Ma maison de prière [1]."

Ces paroles s'appliquent à la dispensation chrétienne, comme le contexte le montre : "Le Seigneur, l'Eternel parle, Lui qui rassemble les exilés d'Israël : Je réunirai d'autres peuples à lui, aux siens déjà rassemblés [2]." C'est l'annonce du rassemblement des païens par l'Evangile. Et une bénédiction s'y trouve prononcée sur ceux qui honorent le Sabbat. Ainsi l'obligation du quatrième commandement s'étend — au-delà de la crucifixion, de la résurrection et de l'ascension du Christ — jusqu'au temps où Ses serviteurs prêcheront la bonne nouvelle à toutes les nations.

Le Seigneur dit par la bouche du même prophète : "Enveloppe cet oracle, scelle cette révélation, avec l'aide de Mes disciples [3]," Le sceau de la loi de Dieu se trouve dans le quatrième commandement. C'est le seul des dix préceptes qui donne le nom et le titre du Législateur. Il se déclare le Créateur du ciel et de la terre, et montre ainsi le droit qu'il a, plus que tout autre, au respect et à l'adoration de l'homme. A part ce précepte, il n'y a rien dans le Décalogue qui montre de quelle autorité la loi émane. Lorsque le Sabbat fut transféré par la puissance papale, le sceau fut enlevé de la loi. Les disciples de Jésus sont appelés à le rétablir, en réintégrant le Sabbat du quatrième commandement dans sa juste position, comme mémorial du Créateur et signe de Son autorité. "A la loi et au témoignage." Tandis que les doctrines et les théories contradictoires abondent, la loi de Dieu est la règle infaillible par laquelle toutes les opinions, toutes les doctrines et les théories doivent être éprouvées. Le prophète dit : "S'ils ne parlent pas en accord avec cette parole, c'est qu'ils n'ont pas de lumière en eux [4]."

De nouveau, le commandement est donné : "Crie à plein gosier, ne te retiens pas, élève ta voix comme une trompette, et annonce à Mon peuple ses iniquités, à la maison de Jacob ses péchés !" Ce n'est pas le monde impie, mais ceux que le Seigneur désigne par l'expression "Mon peuple", qui doivent être repris à cause de leurs transgressions. Il dit de plus : "Tous les jours ils Me cherchent, ils veulent connaître Mes voies ; comme une nation qui aurait pratiqué la justice, et n'aurait pas abandonné la loi de son Dieu [5]." Il est question ici de gens qui se croient justes, et semblent montrer un grand intérêt pour le service de Dieu ; mais la censure sévère et solennelle de Celui qui sonde les cœurs montre qu'ils foulent aux pieds les préceptes divins.

Le prophète signale en ces termes l'ordonnance qui a été rejetée : "Les tiens rebâtiront sur d'anciennes ruines, tu relèveras des fondements antiques ; on t'appellera réparateur des brèches, celui qui restaure les chemins, qui rend le pays habitable. Si tu retiens ton pied pendant le Sabbat, pour ne pas faire ta volonté en Mon saint jour, si tu fais du Sabbat tes délices, pour sanctifier l'Eternel en Le glorifiant, et si tu L'honores en ne suivant pas tes voies, en ne te livrant pas à tes penchants et à de vains discours, alors tu mettras ton plaisir en l'Eternel [6]." Cette prophétie s'applique aussi à notre temps. Une brèche a été faite à la loi de Dieu quand Rome a changé le jour du repos – par l'Empereur Constantin le 7 mars 321. Mais le temps est venu où cette divine institution doit être restaurée. La brèche doit être réparée, et les fondements abandonnés d'âge en âge doivent être rétablis.

Sanctifié par le repos et la bénédiction du Créateur, le Sabbat fut gardé par Adam encore innocent lorsqu'il habitait l'Eden ; par Adam déchu, mais repentant, lorsqu'il fut chassé du paradis. Il fut observé par tous les patriarches, depuis Abel au juste Noé, d'Abraham à Jacob. Pendant que le peuple élu soupirait sous le poids de la servitude d'Egypte, beaucoup d'entre les enfants d'Israël, au milieu de l'idolâtrie générale, perdirent la connaissance de la loi de Dieu. Mais lorsque l'Eternel délivra Israël, Il proclama Sa loi à la multitude assemblée au pied du Sinaï au milieu d'une scène d'une impressionnante grandeur, afin qu'elle apprenne à connaître Sa volonté, à Le craindre et à Lui obéir pour toujours.

Dès ce jour, la connaissance de la loi de Dieu a été conservée sur la terre, et le Sabbat du quatrième commandement a été gardé. Quoique "l'homme du péché" ait réussi à fouler aux pieds le saint jour de Dieu, il y eut, dans la période même de sa suprématie, cachées dans des lieux secrets, des âmes fidèles qui le sanctifièrent. Depuis la Réforme, il y eut dans chaque génération des âmes qui l'observèrent. Quoique souvent entouré de mépris et de persécutions, un témoignage constant a été rendu à la perpétuité de la loi de Dieu et à l'obligation sacrée du Sabbat de la création.

Ces vérités, telles qu'elles sont présentées dans Apocalypse 14, conjointement avec "l'Evangile éternel", voilà ce qui distinguera l'église du Christ au temps de Son apparition. Le résultat de ce triple message est résumé dans cette déclaration : "C'est ici la persévérance de ceux qui gardent les commandements de Dieu et la foi de Jésus." Or ce message est le dernier qui doive être proclamé avant la venue du Seigneur. Ce que le prophète voit immédiatement après cette proclamation, c'est le Fils de l'homme venant dans Sa gloire pour recueillir la moisson de la terre.

Ceux qui reçurent la lumière relative au sanctuaire et à l'immutabilité de la loi de Dieu furent remplis de joie et d'admiration en voyant la beauté et l'harmonie des vérités qui leur étaient dévoilées. Ils désiraient faire participer tous les chrétiens à la lumière qui leur paraissait si précieuse, et ils ne doutaient nullement qu'ils ne la reçoivent avec joie. Mais des vérités qui devaient les distinguer du monde ne furent pas bien accueillies par un grand nombre de gens se réclamant du titre de disciples du Christ. L'obéissance au quatrième commandement exige un sacrifice devant lequel la plupart reculèrent.

Comme on présentait les droits du Sabbat, beaucoup dirent, en raisonnant d'un point de vue mondain : "Nous avons toujours observé le dimanche, nos pères l'ont gardé, et bien des hommes bons et pieux sont morts heureux en l'observant. S'ils étaient dans le vrai, nous y sommes donc aussi. L'observation de ce nouveau Sabbat nous mettrait le monde à dos, et nous ferait perdre toute influence sur lui. Que peut espérer faire un petit groupe d'observateurs du septième jour contre le monde entier gardant le dimanche ?" C'est par des arguments semblables que les Juifs essayèrent de justifier leur réjection du Christ. Leurs pères avaient été agréables à Dieu en Lui présentant des offrandes et des sacrifices ; pourquoi les enfants n'obtiendraient-ils pas le salut en suivant la même voie ? De même, au temps de Luther, les disciples du pape disaient que de vrais chrétiens étaient morts dans la foi catholique, et que, par conséquent cette religion suffisait pour obtenir le salut. Un tel raisonnement, une fois admis, serait une barrière qui empêcherait tout progrès dans la foi ou la pratique religieuse.

Beaucoup avançaient que l'observation du dimanche avait été une doctrine établie et une coutume générale de l'église pendant bien des siècles. On opposait à cet argument que le Sabbat et son observation étaient plus anciens et plus généralement reconnus ; qu'ils étaient aussi anciens que le monde même, et qu'ils portaient la sanction des anges et celle de Dieu. C'est lorsque les fondements de la terre furent jetés, que les étoiles poussèrent ensemble des cris de joie, et que tous les enfants de Dieu chantèrent en triomphe, que fut posé le fondement du Sabbat [7]. Cette institution a donc bien droit à notre respect ; car elle n'a pas été ordonnée par une autorité humaine, ni ne repose sur les traditions des hommes ; elle fut établie par l'Ancien des Jours, et ordonnée par Sa Parole éternelle.

Lorsque l'attention des chrétiens fut appelée sur le sujet de la réforme du Sabbat, les ministres populaires, pervertissant la Parole de Dieu, interprétèrent son témoignage de façon à tranquilliser les esprits qui cherchaient la vérité. Ceux qui n'étudiaient pas les Ecritures par eux-mêmes, acceptaient avec empressement des conclusions qui étaient selon leurs désirs. Il en est beaucoup qui cherchaient à détruire la vérité soit par des arguments, soit par des sophismes, soit enfin par les traditions des Pères et l'autorité de l'église. Ses défenseurs devaient recourir à leur Bible pour défendre la validité du quatrième commandement. Des hommes humbles, armés de la seule Parole de vérité, résistèrent aux attaques des savants qui, avec surprise et colère, voyaient leurs éloquents sophismes impuissants contre le raisonnement direct d'hommes qui étaient versés dans les Ecritures plutôt que dans les subtilités des écoles.

En l'absence de tout témoignage biblique, bien des personnes, oubliant que le même raisonnement avait été employé contre Christ et Ses apôtres, disaient avec persistance : "Pourquoi nos grands hommes ne comprennent-ils pas cette question du Sabbat ? Il n'y a que peu de personnes qui croient comme vous. Il est impossible que vous ayez raison, et que tous les savants du monde aient tort."

Pour réfuter de tels arguments, il suffisait de citer les enseignements des Ecritures et l'histoire des voies du Seigneur envers Son peuple dans tous les temps. Dieu opère par l'intermédiaire de ceux qui écoutent Sa voix et y obéissent, de ceux qui diront, s'il le faut, des vérités sévères ; de ceux enfin qui ne craignent pas de censurer les péchés à la mode. La raison pour laquelle Il ne choisit pas plus souvent des hommes savants et hauts placés pour diriger les mouvements de réforme, c'est qu'ils se confient en leurs credos, en leurs théories et en leurs systèmes théologiques, et ne sentent nul besoin d'être enseignés de Dieu. Ceux-là seuls qui entretiennent des relations personnelles avec la Source de la sagesse sont capables de comprendre ou d'expliquer les Ecritures. Des hommes peu instruits dans les connaissances des écoles sont parfois appelés à déclarer la vérité, non pas parce qu'ils sont ignorants, mais parce que les savants sont généralement trop remplis d'eux-mêmes pour être enseignés de Dieu. Ces hommes peu lettrés apprennent à l'école du Christ, et ils sont grands par leur humilité et leur obéissance. En leur confiant la connaissance de la vérité, Dieu leur accorde un honneur en comparaison duquel les honneurs terrestres et les grandeurs humaines sont insignifiants.

La majorité des adventistes rejeta les vérités relatives au sanctuaire et à la loi de Dieu, et beaucoup renoncèrent à leur foi au mouvement adventiste, pour adopter des vues erronées et contradictoires sur les prophéties qui s'appliquent à ce mouvement. Quelques-uns tombèrent dans la manie de fixer sans cesse un temps défini pour la venue du Christ. La lumière qui brillait alors sur le sujet du sanctuaire leur aurait montré qu'aucune période prophétique ne s'étend jusqu'au second avènement ; que le temps exact de cet évènement n'est pas prédit. Mais, se détournant de la lumière, ils continuèrent à fixer date après date pour la venue du Seigneur, et furent à chaque fois déçus.

Lorsque l'église de Thessalonique adopta de fausses croyances concernant la venue du Christ, l'apôtre Paul conseilla à ces chrétiens de soigneusement éprouver leurs espérances par la Parole de Dieu. Il leur cita des prophéties révélant les évènements qui devaient avoir lieu avant que Christ vienne, et leur montra qu'ils n'avaient aucune raison de L'attendre de leur temps. "Que personne ne vous séduise d'aucune manière [8]", tel est son avertissement. S'ils se laissaient aller à des espérances qui n'étaient pas sanctionnées par les Ecritures, ils feraient bientôt fausse route ; les désappointements les exposeraient à la dérision des impies ; ils seraient en danger de céder au découragement, et seraient tentés de douter des vérités essentielles à leur salut. Cette exhortation de l'apôtre aux Thessaloniciens renferme une importante leçon pour ceux qui vivent dans les derniers jours. Beaucoup d'adventistes croyaient que s'ils ne faisaient reposer leur foi sur une date précise marquant le retour du Seigneur, ils ne pouvaient pas s'y préparer avec zèle et ferveur. Mais comme leurs espérances n'étaient sans cesse excitées que pour être ensuite détruites, leur foi était tellement ébranlée que les grandes vérités de la prophétie ne les remuaient presque plus.

La prédication du temps précis du jugement dans la proclamation du premier message, fut ordonnée de Dieu. Nul ne peut contester la justesse du calcul des périodes prophétiques sur lesquelles le message est basé, et qui place la fin des 2300 jours en automne de l'an 1844. Les efforts répétés qu'on a fait pour trouver de nouvelles dates pour le commencement et la fin des périodes prophétiques, et les raisonnements peu rationnels auxquels on est obligé d'avoir recours pour soutenir ces manières de voir, ont non seulement détourné certains esprits de la vérité présente, mais ont jeté le discrédit sur toute interprétation des prophéties. Plus on fixe de dates précises pour la venue du Seigneur, et plus on la répand au loin, mieux cela répond aux desseins de Satan. Lorsque le temps fixé passe, ceux qui l'ont annoncé sont en butte au ridicule et au mépris, et le grand mouvement adventiste de 1843 et 1844 se trouve ainsi décrié. Ceux qui persistent dans cette erreur finiront par fixer une date trop lointaine pour la venue du Christ, ils seront ainsi poussés à se reposer dans une fausse sécurité, et bien des gens reviendront de leurs erreurs que lorsqu'il sera trop tard.

L'histoire de l'ancien peuple d'Israël est un exemple frappant de l'expérience des adventistes. Dieu dirigea Son peuple dans ce mouvement, comme Il conduisit les enfants d'Israël hors d'Egypte. Lors de leur grand désappointement, leur foi fut éprouvée comme celle des Hébreux au bord de la Mer Rouge. S'ils avaient continué à mettre leur confiance dans la main secourable qui les avait conduit dans le passé, ils auraient vu le salut de Dieu. Si tous ceux qui s'étaient unis pour travailler à l'œuvre en 1844 avaient reçu le message du troisième ange, et l'avaient proclamé dans la puissance de l'Esprit Saint, le Seigneur aurait pu agir puissamment par leurs efforts. Un flot de lumière aurait été répandu sur le monde. Il y a des années que les habitants du globe auraient été avertis, l'œuvre finale se serait achevée, et Christ serait venu pour racheter Son peuple.

Ce n'était pas la volonté de Dieu qu'Israël erre quarante ans dans le désert. Il désirait le conduire directement dans le pays de Canaan, l'y établir et en faire un peuple saint et heureux. Mais "ils ne purent y entrer à cause de leur incrédulité [9]." Ils périrent dans le désert à cause de leurs murmures et de leur apostasie, et ce fut une autre génération qui entra dans la Terre Promise. Ce n'était pas non plus la volonté de Dieu que la venue du Christ tardât si longtemps, et que Ses enfants demeurent tant d'années dans ce monde de péché et de misère. Mais l'incrédulité les séparait de Dieu. Comme ils refusaient d'accomplir l'œuvre qu'il leur avait assignée, d'autres furent appelés à proclamer ce message. Par miséricorde envers le monde, Jésus retarde Sa venue, afin que les pécheurs aient l'occasion d'entendre l'avertissement, et trouvent en Lui un abri au jour de la colère de Dieu.

De nos jours comme autrefois, la prédication d'une vérité qui réprime les péchés et les erreurs de l'époque excitera de l'opposition. "Car quiconque fait le mal hait la lumière, et ne vient point à la lumière, de peur que ses œuvres ne soient dévoilées [10]." Voyant qu'ils ne peuvent maintenir leurs croyances par les Ecritures, il en est qui veulent les défendre à tout prix ; et, par des insinuations mensongères, ils s'attaquent au caractère et aux motifs de ceux qui défendent des vérités impopulaires. C'est ici la politique que les ennemis de la vérité de tous les temps ont adoptée. Elie fut accusé de troubler Israël, Jérémie de le trahir, et Paul d'avoir souillé le temple. Dès lors jusqu'à présent, ceux qui ont voulu être fidèles à la vérité ont été accusés de sédition, d'hérésie ou de schisme. Des multitudes qui ont trop peu de foi pour accepter la ferme parole des prophètes, ajouteront une foi aveugle à une accusation dirigée contre ceux qui osent réprouver les péchés à la mode. Cette tendance sera de plus en plus marquée. Et la Bible enseigne clairement que le temps approche où les lois civiles seront en telle contradiction avec la loi de Dieu, que ceux qui voudront obéir à tous les préceptes divins seront accusés et punis comme des malfaiteurs.

En vue de cela, quel est le devoir du messager de la vérité ? Conclura-t-il qu'il ne faut pas prêcher la vérité, puisque souvent elle n'a pour effet que de pousser les hommes à éviter ses droits ou à y résister ? Non, il n'a pas plus de raison de cacher le témoignage de la Parole de Dieu parce qu'il excite l'opposition, que n'en avaient les premiers réformateurs. Les professions de foi des saints et des martyrs furent enregistrées dans l'histoire pour le profit des générations à venir. Ces exemples vivants de sainteté et d'intégrité persévérante nous sont parvenus pour inspirer du courage à ceux qui sont appelés à être les témoins de Dieu. Ils ont reçu la grâce et la vérité, non pas pour eux seuls, mais afin que, par eux, la connaissance de Dieu puisse éclairer la terre. Dieu a-t-il donné quelque lumière à Ses serviteurs dans cette génération ? Dans ce cas, qu'ils la fassent briller dans le monde.

Le Seigneur déclara autrefois à un de Ses serviteurs qui parlait en Son nom : "Mais la maison d'Israël ne voudra pas t'écouter, parce qu'elle ne veut pas M'écouter." Il dit néanmoins : "Tu leur diras Mes paroles, qu'ils écoutent ou qu'ils n'écoutent pas [11]." C'est au serviteur de Dieu de notre temps que ce commandement est adressé : "Crie à plein gosier, ne te retiens pas, élève ta voix comme une trompette, et annonce à Mon peuple ses iniquités, à la maison de Jacob ses péchés !"

Pour autant qu'il en a l'occasion, chacun de ceux qui ont reçu la vérité est sous la même responsabilité solennelle et terrible que le prophète d'Israël auquel la parole du Seigneur fut adressée, disant : "Et toi, fils de l'homme, Je t'ai établi comme sentinelle sur la maison d'Israël. Tu dois écouter la parole qui sort de Ma bouche, et les avertir de Ma part. Quand Je dis au méchant : Méchant, tu mourras ! Si tu ne parles pas pour détourner le méchant de sa voie, ce méchant mourra dans son iniquité, et Je te redemanderai son sang. Mais si tu avertis le méchant pour le détourner de sa voie, et qu'il ne s'en détourne pas, il mourra dans son iniquité, et toi tu sauveras ton âme [12]."

Le grand obstacle qui s'oppose à l'acceptation et à la propagation de la vérité, c'est le fait qu'elle entraîne après elle des persécutions et de l'opprobre. C'est le seul argument contre la vérité que ses défenseurs n'aient jamais pu réfuter. Mais cela ne rebute pas les vrais disciples du Christ. Ceux-ci n'attendent pas qu'une vérité devienne populaire pour l'accepter. Etant convaincus de leur devoir, ils acceptent résolument avec l'apôtre Paul la croix qu'elle leur apporte, sachant que "nos légères afflictions du moment présent produisent pour nous, au-delà de toute mesure, un poids éternel de gloire [13]", "regardant", avec un ancien prophète, "l'opprobre du Christ comme une richesse plus grande que les trésors de l'Egypte [14]."

Quelle que soit leur profession de religion, il n'y a que ceux qui sont esclaves du monde qui agissent par politique plutôt que par principe dans les choses religieuses. Nous devons faire ce qui est juste parce que c'est juste, et nous en remettre à Dieu pour les conséquences. Le monde doit ses principales réformes à des hommes de principes, de foi et de courage. C'est par de tels hommes que l'œuvre de réforme pour notre époque doit être poursuivie.

Ainsi dit le Seigneur : "Ecoutez-Moi, vous qui connaissez la justice, peuple, qui a Ma loi dans ton cœur ! Ne craignez pas l'opprobre des hommes, et ne tremblez pas devant leurs outrages. Car la teigne les dévorera comme un vêtement, et la mite les rongera comme de la laine ; mais Ma justice demeurera éternellement, et Mon salut s'étendra d'âge en âge [15]."

---

1 Esa. 56 : 1, 2, 6, 7.

2 Esa. 56 : 8.

3 Esa. 8 : 16.

4 Esa. 8 : 20.

5 Esa. 58 : 1, 2.

6 Esa. 58 : 12-14.

7 Job 38 : 6, 7 ; Gen. 2 : 1-3.

8 2 Thés. 2 : 3.

9 Héb. 3 : 19.

10 Jean 3 : 20.

11 Ezé. 3 : 7 ; 2 : 7.

12 Ezé. 33 : 7-9.

13 2 Cor. 4 : 17.

14 Héb. 11 : 26.

15 Esa. 51 : 7, 8.

CHAPITRE XXVII

RÉVEILS MODERNES

Partout où la Parole de Dieu a été fidèlement prêchée, les résultats en ont attesté la divine origine. L'Esprit de Dieu accompagnait le message de Ses serviteurs, et leur parole était puissante. Les pécheurs sentaient leur conscience se réveiller. La "lumière qui éclaire tous les hommes en venant au monde", illuminait les lieux secrets de leur âme, et les œuvres des ténèbres qui étaient cachées, étaient rendues manifestes. Leurs esprits et leurs cœurs étaient convaincus de péché, de droiture, et du jugement à venir. Ils avaient le sentiment de la droiture de Jéhovah, et redoutaient de paraître coupables et impurs devant Celui qui sonde les cœurs. Dans leur angoisse, ils s'écriaient : "Qui me délivrera de ce corps de mort !" Et la croix du Calvaire, avec son sacrifice infini pour les péchés des hommes, leur était révélée ; ils voyaient que seuls les mérites du Christ étaient suffisants pour effacer leurs transgressions ; cela seul pouvait réconcilier l'homme avec Dieu. Ils acceptaient avec foi et humilité l'Agneau de Dieu qui ôte les péchés du monde. Par le sang du Christ, ils avaient la rémission de leurs péchés passés.

Ces chrétiens portaient "des fruits dignes de la repentance." Ils croyaient, étaient baptisés, et se relevaient pour vivre en nouveauté de vie : ils étaient des créatures nouvelles en Jésus-Christ ; non pour continuer de marcher selon leurs anciennes convoitises, mais pour marcher par la foi sur les traces du Fils de Dieu, pour refléter Son caractère, et pour se purifier comme Lui aussi est pur. Les choses qu'ils haïssaient autrefois, ils les aimaient désormais ; et les choses qu'ils aimaient autrefois, ils les haïssaient maintenant. Les hommes orgueilleux et opiniâtres devenaient doux et humbles de cœur. Les hommes vains et hardis devenaient sérieux et discrets. Ceux qui étaient profanes devenaient pieux ; les ivrognes, tempérants, et les hommes corrompus, purs. Ils abandonnaient les habitudes vaines du monde. Les chrétiens ne cherchaient plus "cette parure extérieure qui consiste dans les cheveux tressés, les ornements d'or, ou les habits qu'on revêt, mais la parure intérieure et cachée dans le cœur, la pureté incorruptible d'un esprit doux et paisible, qui est d'un grand prix devant Dieu [1]."

Les réveils étaient pour beaucoup l'occasion de faire un humble et profond examen de conscience. Ils étaient caractérisés par des appels solennels et fervents faits aux pécheurs ; par une compassion sincère pour ceux que Christ avait rachetés. Des hommes et des femmes priaient et luttaient avec Dieu pour le salut de leur âme. Les fruits de ces réveils se voyaient chez des âmes qui ne reculaient pas devant le renoncement et les sacrifices, mais se réjouissaient d'être jugées dignes de souffrir le mépris et les épreuves pour l'amour du Christ. On remarquait une transformation dans la conduite de ceux qui avaient confessé le nom de Jésus. L'église bénéficiait de leur influence. Ils assemblaient avec Christ, et semaient pour l'Esprit, afin de moissonner la vie éternelle.

Il pouvait être dit d'eux : "Votre tristesse vous a portés à la repentance." "En effet, la tristesse selon Dieu produit une repentance à salut dont on ne se repent jamais, tandis que la tristesse du monde produit la mort. Et voici, cette même tristesse selon Dieu, quel empressement n'a-t-elle pas produit en vous ! Quelle justification, quelle indignation, quelle crainte, quel désir ardent, quel zèle, quelle punition ! Vous avez montré à tous égards que vous étiez purs dans cette affaire [2]."

Tel est le résultat de l'action de l'Esprit de Dieu. Une réforme dans la conduite : voilà la seule preuve certaine d'une vraie repentance. Le pécheur qui remplit ses engagements, qui restitue ce qu'il a dérobé, qui confesse ses péchés, et qui aime Dieu et ses semblables, possède l'assurance qu'il a trouvé la paix avec Dieu. Tels étaient autrefois les effets que produisaient les réveils. Leurs fruits attestaient leur origine divine, et montraient qu'ils étaient accompagnés de la bénédiction d'en haut pour contribuer au salut des hommes et à leur relèvement moral.

Mais beaucoup de réveils de ces derniers temps ont présenté un contraste frappant avec les manifestations de la grâce divine qui, dans les premiers réveils, accompagnaient les travaux des serviteurs de Dieu. Il est vrai que l'intérêt des masses a fait sensation, que beaucoup ont fait profession de se convertir, et que les églises voient en maints endroits le nombre de leurs membres augmenter. Néanmoins, les résultats ne sont pas de nature à nous autoriser à croire qu'il y a une augmentation correspondante de vie spirituelle réelle. La lumière qui éclaire pour un moment s'éteint bientôt, laissant après elle des ténèbres plus épaisses que jamais.

Les réveils populaires sont trop souvent provoqués par des appels à l'imagination, par le sensationnel et la satisfaction d'un penchant pour tout ce qui est nouveau et frappant. Les convertis recrutés de cette façon sont peu désireux d'écouter la vérité biblique ; le témoignage des prophètes et des apôtres les intéresse peu. Un service religieux qui n'a rien de sensationnel n'a aucun attrait pour eux. Un message qui ne fait appel qu'à la raison ne trouve aucun écho en eux. Ils n'ont nullement égard aux avertissements de la Parole de Dieu se rapportant directement à leurs intérêts éternels.

Pour toute âme vraiment convertie, la grande affaire de la vie c'est d'entrer en communion intime avec Dieu et de s'occuper des choses éternelles. Mais trouve-t-on dans les églises populaires de nos jours un esprit de consécration à

Dieu ? Les convertis ne renoncent ni à leur orgueil, ni à leur amour du monde. Ils ne sont pas plus désireux de renoncer à eux-mêmes, de se charger de la croix, et de suivre Jésus, qui est doux et humble de cœur, qu'avant leur conversion. La religion est devenue un sujet de raillerie pour les sceptiques, parce que tant de gens qui en font profession ignorent ses principes. La puissance de la piété a presque entièrement disparu de beaucoup d'églises. Les réceptions, les belles maisons, les toilettes somptueuses, bannissent les pensées de Dieu. Les richesses terrestres et les soucis mondains remplissent l'esprit à tel point, que c'est tout juste si l'on accorde de temps à autre une pensée furtive aux intérêts éternels.

Malgré le déclin général de la foi et de la piété, il y a dans ces églises de vrais disciples du Christ. Avant que les jugements de Dieu frappent finalement la terre, il y aura chez les enfants de Dieu un réveil de la piété primitive, tel qu'on n'en a jamais vu de pareil depuis les temps des apôtres. L'Esprit et la puissance de Dieu seront répandus sur Ses enfants. En ce temps-là, beaucoup se sépareront des églises dans lesquelles l'amour du monde a supplanté l'amour de Dieu et de Sa Parole. Beaucoup de personnes, pasteurs et laïques, accepteront joyeusement les grandes vérités que Dieu fait proclamer en ce temps pour préparer un peuple pour la seconde venue du Seigneur. L'ennemi des âmes désire entraver cette œuvre ; et avant même qu'un tel réveil se produise, il s'efforcera de l'enrayer, en le contrefaisant par un faux réveil. Il donnera l'apparence que la bénédiction spéciale de Dieu repose sur les églises qu'il peut amener sous sa puissance séductrice. Il s'y manifestera ce que l'on pourrait prendre pour un grand réveil religieux. Des multitudes se réjouiront de ce que Dieu opère merveilleusement en leur faveur, tandis qu'elles seront sous l'influence d'un autre esprit. Sous un déguisement religieux, Satan cherchera à étendre son influence sur le monde chrétien.

Les tendances qui caractériseront ces grands mouvements soi-disant religieux de l'avenir se sont déjà fait sentir dans plusieurs des réveils qui se sont produits pendant les cinquante dernières années. Ils sont caractérisés par la manifestation d'émotions vives et un mélange de vrai et de faux, propre à égarer. Pourtant, nul n'est contraint de se laisser séduire. Il n'est pas difficile, à la lumière de la Parole de Dieu, de déterminer la nature de ces réveils. On peut être sûr que la bénédiction de Dieu n'est pas là où l'on néglige le témoignage des Ecritures et où l'on se détourne des vérités qui exigent le renoncement et la séparation du monde. Par cette règle du Christ Lui-même : "Vous les reconnaîtrez à leurs fruits [3] " il est évident que ces réveils ne sont pas l'œuvre de l'Esprit de Dieu.

Dieu s'est révélé Lui-même aux hommes dans les vérités de Sa Parole ; et ces vérités sont pour tous ceux qui les acceptent un bouclier contre les séductions de Satan. C'est la négligence de ces vérités qui a ouvert la porte aux maux qui sont si largement répandus dans le monde religieux. On a perdu de vue, à un degré déplorable, la nature et l'importance de la loi de Dieu. Une fausse conception du caractère, de la perpétuité et de l'obligation de la loi divine a conduit à des erreurs en relation avec la conversion et à la sanctification et a eu pour résultat d'abaisser le niveau de la piété dans l'église. C'est là le secret de l'absence de l'Esprit et de la puissance de Dieu dans les réveils de notre temps.

Il y a, dans les diverses dénominations, des hommes éminents par leur piété, qui reconnaissent et déplorent ce fait. Le professeur Edward Park, en exposant les dangers qui menacent la religion, signale en termes excellents : "Une cause du danger que courent nos églises, c'est la négligence de proclamer la loi divine. Autrefois, la chaire était un écho de la voix de la conscience... Nos prédicateurs les plus illustres, suivant l'exemple du Maître, donnaient à leurs discours une étonnante majesté en mettant en valeur la loi, ses préceptes et ses menaces. Ils répétaient ces deux grandes maximes ; que la loi est un reflet des perfections divines, et qu'un homme qui n'aime pas la loi, n'aime pas l'Evangile. Car la loi, aussi bien que l'Evangile, est un miroir reflétant le vrai caractère de Dieu. Ce danger en entraîne un autre : celui de sous-estimer le péché et d'empêcher d'en voir toute l'étendue et la laideur. Le degré de culpabilité qu'entraîne la désobéissance à un commandement est proportionné au degré de justice de ce commandement."

"Aux dangers déjà nommés se joint celui de sous-estimer la justice de Dieu. La tendance de la prédication moderne est de séparer la justice de la miséricorde divine, pour faire de la miséricorde un sentiment, plutôt que de l'élever à la hauteur d'un principe. Le nouveau prisme théologique désunit ce que Dieu a uni. La loi divine est-elle un bien ou un mal ? C'est un bien. Alors la justice est bonne ; car c'est une disposition à exécuter la loi. L'habitude de sous-estimer la loi et la justice de Dieu, ainsi que l'étendue et la culpabilité de la désobéissance, entraîne facilement l'habitude de déprécier la grâce qui a pourvu à une expiation pour le péché." De cette manière l'Evangile perd sa valeur et son importance dans l'esprit des hommes, et, pour peu que l'on fasse un pas de plus, on n'hésitera pas à rejeter pratiquement la Parole de Dieu elle-même.

Bien des théologiens prétendent que Christ a aboli la loi par Sa mort, et que dès lors les hommes sont libérés de ses droits. Il en est qui la représentent comme un joug gênant, et ils parlent, par contraste avec l'esclavage de la loi, de la liberté dont on peut jouir sous l'Evangile.

Mais ce n'est pas ainsi que les prophètes et les apôtres envisageaient la sainte loi de Dieu. David dit : "Je marcherai au large, car je recherche tes ordonnances [4]." L'apôtre Jacques, écrivant après la mort du Christ, parle du Décalogue comme de "la loi royale" et de "la loi parfaite, la loi de la liberté [5]." Un demi-siècle après la crucifixion, le prophète de Patmos prononce une bénédiction sur ceux qui "observent Ses commandements, afin d'avoir droit à l'arbre de vie, et d'entrer par les portes dans la ville ! [6]"

L'affirmation que Christ a aboli, par Sa mort, la loi de Son Père, est sans fondement. S'il avait été possible de changer ou d'abolir la loi, Christ n'aurait pas eu besoin de mourir pour sauver l'homme de la pénalité du péché. La mort du Christ, loin d'abolir la loi, prouve qu'elle est immuable. Le Fils de Dieu vint pour "publier une loi grande et magnifique [7]." "Ne croyez pas que Je sois venu pour abolir la loi", dit-il ; "tant que le ciel et la terre ne passeront point, il ne disparaîtra pas de la loi un seul iota ou un seul trait de lettre [8]." Et Il dit en parlant de Lui-même : "Je veux faire ta volonté, Mon Dieu ! Et ta loi est au fond de Mon cœur [9]."

La loi de Dieu, de sa nature même, est immuable. C'est une révélation de la volonté et du caractère de son Auteur. Dieu est amour, et Sa loi est amour. Ses deux grands principes sont l'amour de Dieu et de l'homme. "L'amour est donc l'accomplissement de la loi [10]." Le caractère de Dieu est droiture et vérité ; telle est aussi la nature de Sa loi. Le Psalmiste dit : "Ta loi est la vérité" ; "tous tes commandements sont justes [11]." Et l'apôtre Paul fait cette affirmation : "La loi est donc sainte, et le commandement est saint, juste et bon [12]." Une telle loi, qui est l'expression de la pensée et de la volonté de Dieu, doit être aussi stable que son Auteur.

C'est l'œuvre de la conversion et de la sanctification de réconcilier les hommes avec Dieu, en les mettant d'accord avec les principes de Sa loi. Au commencement, l'homme fut créé à l'image de Dieu. Il était en parfaite harmonie avec la nature et avec la loi de Dieu ; les principes de la droiture étaient écrits dans son cœur. Mais le péché le sépara de son Dieu. Il ne refléta plus son image divine. Son cœur fut en guerre avec les principes de la loi divine. "L'affection de la chair est inimitié contre Dieu ; parce qu'elle ne se soumet pas à la loi de Dieu, et qu'elle ne le peut même pas [13]." Mais "Dieu a tant aimé le monde qu'Il a donné Son Fils unique," afin que l'homme soit réconcilié avec Dieu. Par les mérites du Christ, l'accord a été rétabli entre le Créateur et Sa créature. Le cœur de l'homme doit être renouvelé par la grâce divine, il doit recevoir d'en haut une vie nouvelle. Ce changement est la nouvelle naissance, sans laquelle, dit Jésus, "il ne peut voir le royaume de Dieu."

Le premier pas vers une réconciliation avec Dieu, c'est la conviction du péché. "Le péché est la transgression de la loi." "C'est par la loi que vient la connaissance du péché [14]." Pour voir sa culpabilité, le pécheur doit éprouver son caractère par la règle de droiture que Dieu a donnée à l'homme. C'est un miroir qui montre la perfection d'un caractère juste, et qui permet de discerner les défauts de son propre caractère.

La loi révèle à l'homme ses péchés, mais elle ne pourvoit à aucun remède. Si elle promet la vie à ceux qui lui obéissent, elle déclare que la mort est le salaire du transgresseur. L'Evangile de Christ peut l'affranchir de la condamnation ou de la souillure du péché. Il doit se repentir devant Dieu, dont il a transgressé la loi, et avoir foi en Christ, Son sacrifice expiatoire. Il obtient ainsi "le pardon des péchés commis auparavant", et devient participant de la nature divine. Il est un enfant de Dieu, ayant reçu l'esprit d'adoption, par lequel il crie : "Abba, c'est-à-dire, Père."

Est-il maintenant libre de transgresser la loi de Dieu ? Paul dit : "Anéantissons-nous donc la loi par la foi ? Loin de là ! Au contraire, nous confirmons la loi." "Nous qui sommes morts au péché, comment vivrions-nous encore dans le péché ?" Et Jean déclare : "Car l'amour de Dieu consiste à garder Ses commandements. Et Ses commandements ne sont pas pénibles [15]." Par la nouvelle naissance, le cœur est ramené en harmonie avec Dieu, de même qu'il est mis en harmonie avec Sa loi. Lorsque ce grand changement s'est opéré dans le pécheur, il est passé de la mort à la vie, du péché à la sainteté, de la transgression et de la rébellion à l'obéissance et à la droiture. Son ancienne vie de séparation d'avec Dieu a pris fin. La nouvelle vie de réconciliation, de foi et d'amour, a commencé. Alors, "la droiture de la loi" est "accomplie en nous, qui marchons, non selon la chair, mais selon l'Esprit [16]." Et le langage de l'âme est : "Combien j'aime Ta loi ! Elle est tout le jour l'objet de ma méditation [17]."

"La loi de l'Eternel est parfaite, elle restaure l'âme [18]." Sans la loi, il n'est pas possible aux hommes d'avoir une juste conception de la pureté et de la sainteté de Dieu, ou de leur propre culpabilité et de leur impureté. N'étant pas profondément convaincus de péché, ils ne sentent aucun besoin de repentance. Ne se voyant pas perdus, comme transgresseurs de la loi de Dieu, ils ne sentent pas leur besoin du sang expiatoire du Christ. On accepte l'espérance du salut, sans que cela produise un changement radical du cœur, ou une réforme de la vie. Ainsi les conversions superficielles abondent, et l'on voit entrer dans l'église des multitudes de personnes qui ne se sont jamais unies à Christ.

De fausses théories sur la sanctification, procédant de la négligence ou de la réjection de la loi divine, occupent une place importante dans les mouvements religieux de nos jours. Ces théories sont fausses quant à la doctrine, et dangereuses dans leurs résultats pratiques ; et le fait qu'elles sont si favorablement accueillies par la généralité des chrétiens, rend doublement nécessaire une connaissance parfaite de ce que les Ecritures enseignent sur ce sujet.

La doctrine d'une vraie sanctification est biblique. L'apôtre Paul dit, dans sa lettre à l'église de Thessalonique : "Ce que Dieu veut, c'est votre sanctification." Et voici sa prière : "Que le Dieu de paix vous sanctifie Lui-même tout entiers [19]." La Bible enseigne clairement la sanctification, ainsi que la manière d'y parvenir. La prière du Sauveur en faveur de Ses disciples est : "Sanctifie-les par Ta vérité : Ta parole est la vérité [20]." Et Paul enseigne que les croyants doivent être "sanctifiés par l'Esprit Saint [21]." Quel est le rôle de l'Esprit Saint ? Jésus dit à Ses disciples : "Quand le consolateur sera venu, l'Esprit de vérité, Il vous conduira dans toute la vérité [22]." La Parole et l'Esprit de Dieu font comprendre aux hommes les grands principes de justice renfermés dans la loi. Or la loi de Dieu, reflet de Sa perfection divine, étant "sainte, juste et bonne", il en résulte qu'un caractère formé par l'obéissance à cette loi sera saint. Christ est un exemple parfait d'un tel caractère. Il dit : "J'ai gardé les commandements de Mon Père." "Je fais toujours ce qui Lui est agréable [23]." Les disciples du Christ doivent lui devenir semblables. Par la grâce de Dieu, ils doivent former des caractères conformes aux principes de Sa sainte loi. C'est ici la sanctification de la Bible.

Cette œuvre ne peut s'accomplir que par la foi en Christ, par la puissance de l'Esprit de Dieu dans le cœur. Paul exhorte les croyants par ces paroles :

"Travaillez à votre salut avec crainte et tremblement … car c'est Dieu qui produit en vous le vouloir et le faire, selon Son bon plaisir [24]." Le chrétien sentira les tentations du péché, mais il luttera constamment contre lui. C'est là que l'aide du Christ est nécessaire. La faiblesse humaine s'unit à la puissance divine, et le cri de la foi est : "Grâces soient rendues à Dieu, qui nous donne la victoire par notre Seigneur Jésus-Christ [25]."

Les Ecritures montrent clairement que l'œuvre de la sanctification est progressive. Lorsque le pécheur trouve dans la conversion la paix avec Dieu par le sang expiatoire, la vie chrétienne ne fait que commencer. Il doit dès lors "tendre vers la perfection", afin de parvenir "à la mesure de la stature parfaite du Christ." L'apôtre Paul dit : "Mais je fais une chose : oubliant ce qui est en arrière et me portant vers ce qui est en avant, je cours vers le but, pour remporter le prix de la vocation céleste de Dieu en Jésus-Christ [26]." Voici, selon l'apôtre Pierre, les degrés qu'il faut gravir pour parvenir à la sanctification : "Faites tous vos efforts pour joindre à votre foi la vertu, à la vertu la science, à la science la tempérance, à la tempérance la patience, à la patience la piété, à la piété l'amour fraternel, à l'amour fraternel la charité. … Car en faisant cela vous ne broncherez jamais [27]."

Ceux qui pratiquent la sanctification de la Bible demeureront dans l'humilité. Comme Moïse, ils ont pu voir la redoutable Majesté du Dieu Saint, et ils voient leur propre indignité, en contraste avec la pureté et la haute perfection du Dieu Infini.

Le prophète Daniel est un exemple de ce que c'est qu'une vraie sanctification. Toute sa longue vie fut consacrée au service de son Maître. C'était un homme "bien-aimé [28]" du Ciel. Et au lieu de se prévaloir de sa pureté et de sa sainteté, ce prophète honoré de Dieu s'identifie avec le peuple d'Israël, qui était le vrai coupable, lorsqu'il invoque Dieu en faveur de son peuple. "Car ce n'est pas à cause de notre justice que nous te présentons nos supplications devant Ta face, c'est à cause de Tes grandes compassions." "Nous avons péché, nous avons commis l'iniquité." "Je parlais encore, dit-il, je priais, je confessais mon péché, et le péché de mon peuple." Et lorsque, plus tard, le Fils de Dieu lui apparut pour l'instruire, il dit : "Les forces me manquèrent, mon visage changea de couleur et fut décomposé, et je perdis toute vigueur [29]."

Lorsque Job entendit la voix du Seigneur, lui parlant du sein de la tempête, il s'écria : "Je me condamne et je me repens, sur la poussière et sur la cendre [30]." C'est au moment où Esaïe vit la gloire du Seigneur, et entendit les chérubins crier : "Saint, saint, saint est l'Eternel des armées !" qu'il s'écria : "Malheur à moi ! Je suis perdu [31]." Après avoir été ravi jusqu'au troisième ciel, et avoir entendu des choses qu'il n'est pas permis à l'homme d'exprimer, Paul se reconnaît comme le "moindre de tous les saints [32]." C'est Jean, le disciple bien-aimé, celui qui avait appuyé sa tête sur le sein de Jésus et contemplé Sa gloire, qui tomba comme mort aux pieds d'un ange [33].

Ceux qui marchent à l'ombre de la croix du Calvaire, ne se glorifieront pas eux-mêmes, et ne se vanteront pas d'être exempts de péchés. Ils savent que ce sont leurs péchés qui ont causé l'agonie et brisé le cœur du Fils de Dieu, et cette pensée leur inspire une profonde humilité. Ceux qui vivent le plus près du Christ discernent plus clairement la fragilité et la culpabilité de l'humanité, et leur seule espérance est dans les mérites d'un Sauveur crucifié et ressuscité.

La sanctification, telle qu'on la comprend maintenant dans le monde religieux en général, porte en soi un germe d'orgueil spirituel et de mépris de la loi de Dieu, qui la considère comme étrangère à la religion de la Bible. Ses défenseurs enseignent que la sanctification est une œuvre instantanée, par laquelle, avec la foi seule, ils parviennent à une sainteté parfaite. "Croyez seulement", disent-ils, "et vous obtiendrez cette grâce." On ne suppose pas que celui qui reçoit cette bénédiction doive faire d'autre effort. En même temps, on nie l'autorité de la loi de Dieu, et on prétend être dispensé de l'obligation de garder les commandements. Mais est-il possible à l'homme d'être saint, suivant le caractère et la volonté de Dieu, sans être d'accord avec les principes qui sont l'expression de Sa nature et de Sa volonté, et qui montrent ce qui Lui est agréable ?

Le désir d'avoir une religion facile, qui n'exige ni efforts, ni renoncement, et qui n'impose pas l'abandon des folies de ce monde, a rendu populaire la doctrine de la foi, de la foi seule. Mais que dit la Parole de Dieu ? L'apôtre Jacques dit : "Mes frères, que sert-il à quelqu'un de dire qu'il a la foi, s'il n'a pas les œuvres ? La foi peut-elle le sauver ? ... Veux-tu savoir, ô homme vain, que la foi sans les œuvres est inutile ? Abraham, notre père, ne fut-il pas justifié par les œuvres, lorsqu'il offrit son fils Isaac sur un autel ? Tu vois que la foi agissait avec ses œuvres, et que par les œuvres, la foi fut rendue parfaite... Vous voyez que l'homme est justifié par les œuvres, et non par la foi seulement [34]."

Le témoignage de la Parole de Dieu s'élève contre cette séduisante doctrine de la foi sans les œuvres. Une prétention à la faveur de Dieu, qui refuse de se conformer aux conditions auxquelles la grâce doit être accordée, ne saurait porter le nom de foi. C'est de la présomption ; car la vraie foi se fonde sur les promesses des Ecritures.

Que nul ne se séduise par la pensée qu'il peut parvenir à la sainteté tout en transgressant volontairement un des préceptes divins. Un péché commis de propos délibéré fait taire la voix accusatrice de l'Esprit, et sépare l'âme de Dieu. "Le péché est la transgression de la loi." Et "quiconque demeure en Lui ne pèche point [ne transgresse pas la loi]. Quiconque pèche ne L'a pas vu, et ne L'a pas connu [35]." Quoique Jean parle si souvent de l'amour dans ses épîtres, il n'hésite pas à révéler le vrai caractère de cette classe de gens qui prétendent être sanctifiés, tout en transgressant la loi de Dieu. "Celui qui dit : Je L'ai connu, et qui ne garde pas Ses commandements, est menteur, et la vérité n'est pas en lui. Mais celui qui garde Sa parole, l'amour de Dieu est véritablement parfait en lui [36]." C'est ici le test de la profession de foi de chaque homme. Nous ne pouvons considérer comme saint aucun homme sans le comparer au seul critère de sainteté que Dieu ait donnée dans le ciel et sur la terre. Les hommes qui ne sentent pas le poids de la loi morale, qui déprécient et traitent légèrement les préceptes divins, qui violent le moindre de ces commandements, et enseignent aux hommes à en faire autant, ne jouiront pas de l'estime de Dieu, et leurs prétentions à la sainteté sont sans fondement.

La prétention d'être sans péché constitue, en elle-même, la preuve que celui qui la présente est loin d'être saint. Quiconque l'avance, le fait parce qu'il n'a pas une vraie conception de la pureté et de la sainteté infinies de Dieu, ni de ce que doivent devenir ceux dont le caractère sera conforme au Sien ; c'est parce qu'il n'a pas une vraie conception de la pureté et de la perfection infinies de Jésus, ni de la méchanceté et de la laideur du péché, que l'homme peut se regarder comme saint. Plus grande est la distance qui le sépare du Christ, plus ses conceptions du caractère et des préceptes divins sont défectueuses, et plus il se croit juste.

La sanctification exposée dans les Ecritures embrasse l'être entier : esprit, âme et corps. Paul, priant pour les Thessaloniciens, demandait que tout ce qui était en eux : "l'esprit, l'âme et le corps, soit conservé irrépréhensible, lors de l'avènement de notre Seigneur Jésus-Christ [37]." Ailleurs il écrit aux croyants : "Je vous exhorte donc, frères, par les compassions de Dieu, à offrir vos corps comme un sacrifice vivant, saint et agréable à Dieu [38]." Au temps de l'ancien peuple d'Israël, on examinait soigneusement chaque offrande que l'on apportait à Dieu comme sacrifice. Si l'on découvrait un défaut quelconque dans l'animal offert, on le refusait ; car Dieu exigeait que le sacrifice soit "sans défaut." De même, il est recommandé aux chrétiens d'offrir leurs "corps en sacrifice vivant, saint et agréable à Dieu." Pour le faire, ils doivent conserver toutes leurs facultés dans le meilleur état possible. Toute habitude tendant à affaiblir la force physique ou mentale, rend l'homme impropre pour le service de son Créateur. Et Dieu agréera-t-il autre chose que ce que nous pouvons lui offrir de plus excellent ? Christ dit : "Tu aimeras le Seigneur, ton Dieu, de tout ton cœur." Ceux qui aiment Dieu de tout leur cœur désireront Lui consacrer ce qu'ils ont de meilleur, et ils s'efforceront constamment à mettre chacune des facultés de leur être en harmonie avec les lois qui favoriseront leur aptitude à faire Sa volonté. Ils n'affaibliront ni ne gâteront l'offrande qu'ils présenteront à leur Père céleste en s'abandonnant à leurs appétits ou à leurs passions.

Pierre dit : "Bien-aimés, je vous exhorte, comme étrangers et voyageurs sur la terre, à vous abstenir des convoitises charnelles qui font la guerre à l'âme [39]." Tout plaisir coupable tend à détruire les facultés intellectuelles et la spiritualité, en sorte que l'influence de la Parole et de l'Esprit de Dieu sur le cœur s'affaiblit de plus en plus. Paul dit aux Corinthiens : "Purifions-nous de toute souillure de la chair et de l'esprit, en achevant notre sanctification dans la crainte de Dieu [40]." Au rang des fruits de l'Esprit, — "l'amour, la joie, la paix, la patience, la bonté, la bénignité, la fidélité, la douceur" — il met la tempérance [41].

Combien n'y a-t-il pas de chrétiens qui, en dépit de ces déclarations de la Parole inspirée, amoindrissent leurs facultés par l'amour du gain, et par le culte qu'ils rendent à la mode. Combien ne déshonorent-ils pas en eux l'image de Dieu par la gourmandise, l'usage du vin, et par des plaisirs défendus ! Or l'église, au lieu de réprimer vivement ce mal, l'encourage trop souvent, en faisant appel, pour le support de l'Evangile, à l'appétit, à l'amour du gain ou des plaisirs, l'amour du Christ étant trop affaibli pour y subvenir. Si Christ entrait en personne dans les églises d'aujourd'hui, et découvrait les fêtes et le trafic profane qui s'y font au nom de la religion, n'en chasserait-il pas ces profanateurs, de même qu'Il chassa autrefois les changeurs du temple ?

L'apôtre Jacques, parlant de la sagesse d'en haut, dit qu'elle est "premièrement pure." S'il avait rencontré des personnes prononçant le précieux nom de Jésus avec des lèvres souillées par le tabac, leur haleine et toute leur personne imprégnée par son odeur fétide, et contraignant leur entourage à respirer un air empoisonné, — si l'apôtre s'était trouvé en face d'une habitude si opposée à la pureté de l'Evangile, ne l'aurait-il pas stigmatisée comme "terrestre, sensuelle et diabolique ?" Les esclaves du tabac peuvent prétendre à une complète sanctification et parler d'aller au ciel ; mais la Parole de Dieu déclare positivement "qu'il n'y entrera rien de souillé [42]."

"Ne savez-vous pas que votre corps est le temple de l'Esprit Saint qui est en vous, que vous avez reçu de Dieu, et que vous ne vous appartenez pas à vous-mêmes ? Car vous avez été rachetés à un grand prix. Glorifiez donc Dieu dans votre corps et dans votre esprit, qui appartiennent à Dieu [43]." Celui dont le corps est le temple de l'Esprit ne se rendra pas esclave d'une habitude pernicieuse. Ses facultés appartiennent à Christ, qui l'a acheté au prix de Son sang. Ses biens appartiennent au Seigneur. Comment pourrait-il demeurer innocent tout en dilapidant le capital qui lui a été confié ? Tandis que les âmes périssent faute de la Parole de vie, des chrétiens de profession dépensent chaque année des sommes énormes en plaisirs inutiles et pernicieux. On pille Dieu dans les dîmes et les offrandes, tandis qu'on sacrifie sur l'autel des convoitises qui font la guerre à l'âme, plus qu'on ne donne pour soulager les pauvres ou pour le support de l'Evangile. Si tous ceux qui font profession d'être les disciples du Christ étaient vraiment sanctifiés, au lieu de dépenser leur argent en plaisirs inutiles et même nuisibles, ils le donneraient pour le service de Dieu, et seraient un exemple de tempérance et de renoncement. Ils seraient alors la lumière du monde.

Le monde est livré à ses propres convoitises. "La convoitise de la chair, la convoitise des yeux, et l'orgueil de la vie", gouvernent les masses. Mais les disciples du Christ sont appelés à une vie plus sainte. "Sortez du milieu d'eux, et séparez-vous, dit le Seigneur ; ne touchez pas à ce qui est impur." A la lumière de la Parole de Dieu, nous sommes autorisés à dire que la sanctification qui ne produit pas ce complet renoncement aux désirs et aux plaisirs coupables du monde n'est pas véritable.

Ce sont ceux qui se conforment à ces conditions : "Sortez du milieu d'eux, et séparez-vous ; ne touchez pas à ce qui est impur", qui participent à cette promesse de Dieu : "Je vous accueillerai. Je serai pour vous un Père, et vous serez pour Moi des fils et des filles, dit le Seigneur Tout-Puissant [44]." C'est le privilège et le devoir de tout chrétien d'avoir une expérience bénie dans les choses de Dieu. "Je suis la lumière du monde", dit Jésus. "Celui qui Me suit ne marchera pas dans les ténèbres, mais il aura la lumière de la vie [45]." "Le sentier des justes est comme la lumière resplendissante, dont l'éclat va croissant jusqu'au milieu du jour [46]." Chaque pas que l'on fait dans la foi et l'obéissance, donne à l'âme un rapport plus intime avec la lumière du monde, en qui "il n'y a point de ténèbres." Les rayons lumineux du Soleil de Justice brillent sur les serviteurs de Dieu et ils doivent les refléter. De même que les planètes nous disent qu'il existe une grande lumière dans les cieux, dont la gloire se reflète sur elles, ainsi les chrétiens doivent montrer qu'il y a sur le trône de l'univers un Dieu dont le caractère mérite d'être loué et imité. Les grâces de Son Esprit, la pureté et la sainteté de Son caractère se manifesteront dans Ses témoins.

Paul, dans sa lettre aux Colossiens, parle en ces termes des riches bénédictions accordées aux enfants de Dieu : "Nous ne cessons de prier Dieu pour vous, et de demander que vous soyez remplis de la connaissance de Sa volonté, en toute sagesse et intelligence spirituelle, pour marcher d'une manière digne du Seigneur et Lui être entièrement agréables, portant des fruits en toutes sortes de bonnes œuvres et croissant par la connaissance de Dieu, fortifiés à tous égards par Sa puissance glorieuse, en sorte que vous soyez toujours, et avec joie, persévérants et patients [47]."

Il parle aussi aux frères d'Ephèse de son désir de les voir arriver à comprendre toute la grandeur des privilèges du chrétien. Il leur entrouvre les larges horizons de la merveilleuse vertu et de la connaissance qu'ils peuvent posséder comme fils et filles du Très-Haut. Il ne tenait qu'à eux d'être "puissamment fortifiés par Son Esprit dans l'homme intérieur", d'être "enracinés et fondés dans l'amour", de "comprendre avec tous les saints quelle est la largeur, la longueur, la profondeur et la hauteur, et de connaître l'amour du Christ, qui surpasse toute connaissance." Mais la prière de l'apôtre atteint l'apogée du privilège, lorsqu'il demande à Dieu que ses frères soient "remplis jusqu'à toute la plénitude de Dieu [48]."

Nous voyons ici à quelle hauteur nous pouvons atteindre, par la foi, aux promesses de notre Père céleste, lorsque nous accomplissons Sa volonté. Par les mérites du Christ, nous avons accès au trône de la puissance infinie. "Lui qui n'a point épargné Son propre Fils, mais qui l'a livré pour nous tous, comment ne nous donnera-t-Il pas aussi toutes choses avec Lui ? [49]" Le Père donna à Son Fils Son Esprit sans mesure, et nous pouvons aussi avoir part à Sa plénitude. "Si donc, méchants comme vous l'êtes, vous savez donner de bonnes choses à vos enfants, dit Jésus, à combien plus forte raison votre Père céleste donnera-t-Il l'Esprit Saint à ceux qui le Lui demandent ! [50]" "Si vous demandez quelque chose en Mon nom, Je le ferai." "Demandez, et vous recevrez, afin que votre joie soit parfaite [51]."

Si la vie du chrétien doit être caractérisée par l'humilité, elle ne devrait pas être obscurcie par la tristesse et une mauvaise estime de soi. Il dépend de chacun de vivre de telle manière que Dieu puisse l'approuver et le bénir. Notre Père céleste ne souhaite pas que nous soyons constamment sous la condamnation et les ténèbres. Marcher la tête baissée, le cœur toujours rempli de pensées se rapportant à soi-même, ne prouve nullement qu'on possède la vraie humilité. Après être venu à Jésus pour obtenir la purification de ses péchés, le chrétien peut comparaître devant la loi sans honte ni remords. "Il n'y a donc maintenant aucune condamnation pour ceux qui sont en Jésus-Christ, qui marchent, non selon la chair, mais selon l'Esprit [52]."

Par Jésus, les fils déchus d'Adam deviennent "fils de Dieu." "Car Celui qui sanctifie et ceux qui sont sanctifiés sont tous issus d'un seul. C'est pourquoi Il n'a point honte de les appeler frères [53]." La vie du chrétien devrait être une vie de foi, de victoires et de joie en Dieu. "Parce que tout ce qui est né de Dieu triomphe du monde ; et la victoire qui triomphe du monde, c'est notre foi [54]." C'est avec raison que Dieu dit à Son serviteur Néhémie : "La joie de l'Eternel sera votre force [55]." Et Paul dit : "Réjouissez-vous, toujours dans le Seigneur ; je le répète, réjouissez-vous." "Soyez toujours joyeux. Priez sans cesse. Rendez grâces en toutes choses, car c'est à votre égard la volonté de Dieu en Jésus-Christ [56]."

Tels sont les fruits de la conversion et de la sanctification selon la Bible ; or si ces fruits se voient si rarement, c'est parce que les grands principes de droiture établis par la loi de Dieu sont regardés avec indifférence par le monde chrétien. C'est pour cela que l'on voit si peu se manifester cette œuvre profonde et durable que l'Esprit de Dieu produit, et qui caractérisait les premiers réveils.

Dès que les hommes négligent ces préceptes sacrés dans lesquels Dieu a révélé aux hommes la perfection de Son caractère, et qu'ils portent leur attention sur les enseignements et les théories humaines, il n'y a rien d'étonnant à ce qu'il en découle un déclin de la piété vivante dans l'église. Le Seigneur dit : "Ils M'ont abandonné, Moi qui suis une source d'eau vive, pour se creuser des citernes, des citernes crevassées, qui ne retiennent pas l'eau [57]."

"Heureux l'homme qui ne marche pas selon le conseil des méchants, ... mais qui trouve son plaisir dans la loi de l'Eternel, et qui la médite jour et nuit ! Il est comme un arbre planté près d'un courant d'eau, qui donne son fruit en sa saison, et dont le feuillage ne se flétrit pas ; tout ce qu'il fait lui réussit [58]." Ce n'est que lorsque la loi de Dieu occupera sa place légitime, qu'il pourra se produire un réveil de la foi et de la piété primitives parmi ceux qui professent être Son peuple. "Ainsi parle l'Eternel : Placez-vous sur les chemins, regardez, et demandez quels sont les anciens sentiers, quelle est la bonne voie ; marchez-y ; et vous trouverez le repos de vos âmes ! [59]"

1 1 Pier. 3 : 3, 4.
2 2 Cor. 7 : 9-11.
3 Mat. 7 : 16.
4 Ps. 119 : 45.
5 Jacq. 2 : 8 ; 1 : 25.
6 Apoc. 22 : 14.
7 Esa. 42 : 21.
8 Mat. 5 : 17, 18.
9 Ps. 40 : 9.
10 Rom. 13 : 10.
11 Ps. 119 : 142, 172.
12 Rom. 7 : 12.
13 Rom. 8 : 7.
14 1 Jean 3 : 4 ; Rom. 3 : 20.
15 Rom. 3 : 31 ; 6 : 2 ;
   1 Jean 5 : 3.
16 Rom. 8 : 4.
17 Ps. 119 : 97.
18 Ps. 19 : 8.
19 1 Thés. 4 : 3 ; 5 : 23.
20 Jean 17 : 17, 19.

21 Rom. 15 : 16.
22 Jean 16 : 13.
23 Jean 15 : 10 ; 8 : 29.
24 Phil. 2 : 12, 13.
25 1 Cor. 15 : 57.
26 Phil. 3 : 13, 14.
27 2 Pier. 1 : 5-10.
28 Dan. 10 : 11.
29 Dan. 9 : 18, 15, 20 ; 10 : 8.
30 Job 42 : 6.
31 Esa. 6 : 3, 5.
32 2 Cor. 12 : 2-4 ;
   Eph. 3 : 8.
33 Apoc. 22 : 8.
34 Jacq. 2 : 14-24.
35 1 Jean 3 : 6.
36 1 Jean 2 : 4, 5.
37 1 Thés. 5 : 23.
38 Rom. 12 : 1.
39 1 Pier. 2 : 11.
40 2 Cor. 7 : 1.

41 Gal. 5 : 22.
42 Apoc. 21 : 27.
43 1 Cor. 6 : 19, 20.
44 2 Cor. 6 : 17, 18.
45 Jean 8 : 12.
46 Prov. 4 : 18.
47 Col. 1 : 9-11.
48 Eph. 3 : 16-19.
49 Rom. 8 : 32,
50 Luc 11 : 13.
51 Jean 14 : 14 ; 16 : 24.
52 Rom. 8 : 1.
53 Héb. 2 : 11.
54 1 Jean 5 : 4.
55 Néh. 8 : 10.
56 Phil. 4 : 4 ;
   1 Thés. 5 : 16-18.
57 Jér. 2 : 13.
58 Ps. 1 : 1-3.
59 Jér. 6 : 16.

CHAPITRE XXVIII

LE JUGEMENT INVESTIGATIF

« J e regardais", dit le prophète Daniel, "pendant que l'on plaçait des trônes. Et l'Ancien des Jours s'assit. Son vêtement était blanc comme la neige, et les cheveux de Sa tête étaient comme de la laine pure ; Son trône était comme des flammes de feu, et les roues comme un feu ardent. Un fleuve de feu coulait et sortait de devant Lui. Mille milliers Le servaient, et dix mille millions se tenaient en Sa présence. Les juges s'assirent, et les livres furent ouverts [1]."

Ainsi fut présenté à la vue du prophète le jour grand et solennel où le caractère et la vie des hommes devront être examinés devant le Juge de toute la terre, et où chacun sera jugé "selon ses œuvres." L'Ancien des Jours est Dieu le Père. Le Psalmiste dit : "Avant que les montagnes fussent nées, et que Tu eusses créé la terre et le monde, d'éternité en éternité Tu es Dieu [2]." C'est Lui, l'Auteur de tout être, et l'Auteur de toute loi, qui doit présider au jugement. Et les saints anges, comme assesseurs et témoins, au nombre de "mille milliers et dix mille millions", sont présents devant ce grand tribunal.

"Je regardais … et voici, sur les nuées des cieux arriva quelqu'un de semblable à un Fils de l'homme ; Il s'avança vers l'Ancien des Jours, et on Le fit approcher de Lui. On Lui donna la domination, la gloire et le règne ; et tous les peuples, les nations, et les hommes de toutes langues Le servirent. Sa domination est une domination éternelle qui ne passera point [3]." La venue du Christ dont parle ce passage n'est point Sa seconde venue sur la terre. Il vient à l'Ancien des Jours pour recevoir la domination, la gloire et un royaume qui Lui sera donné à la fin de Son œuvre de Médiateur. C'est cette venue et non Son second avènement sur la terre, que la prophétie prédisait devoir arriver à la fin des 2300 jours, en 1844. Accompagné par une nuée d'anges célestes, notre grand Souverain Sacrificateur entre dans le lieu très saint, et là, en présence de Dieu, Il entreprend le dernier acte de Son ministère en faveur de l'homme – à savoir l'œuvre du jugement investigatif, et celle d'une expiation pour tous ceux qui en sont jugés dignes.

Dans le service typique, seuls ceux se présentant devant le Seigneur dans la confession et la repentance, dont les péchés avaient été transférés dans le sanctuaire par le sang des victimes, pouvaient avoir part au service du Jour des Expiations. De même, au grand Jour des Expiations finales et du jugement investigatif, les seuls cas qui seront considérés seront ceux des hommes professant être les enfants de Dieu. Le jugement des méchants est une œuvre distincte, ayant lieu à une date postérieure. "Le jugement va commencer par la maison de Dieu. Or, si c'est par nous qu'il commence, quelle sera la fin de ceux qui n'obéissent pas à l'Evangile de Dieu ? [4]"

Les registres du ciel, dans lesquels sont inscrits les noms et les actes des hommes, doivent déterminer les décisions du jugement. Le prophète Daniel dit : "Les juges s'assirent, et les livres furent ouverts." Jean, décrivant les mêmes scènes dans l'Apocalypse, ajoute : "Et un autre livre fut ouvert, celui qui est le livre de vie. Et les morts furent jugés selon leurs œuvres, d'après ce qui était écrit dans ces livres [5]."

Le livre de vie contient les noms de tous ceux qui sont entrés au service de Dieu. Jésus dit à Ses disciples : "Réjouissez-vous de ce que vos noms sont écrits dans les cieux [6]." Paul parle de ses fidèles compagnons de travaux, "dont les noms sont dans le livre de vie [7]."

Considérant "une époque de détresse telle qu'il n'y en a point eu depuis que les nations existent jusqu'à cette époque", le prophète Daniel déclare que le peuple de Dieu sera délivré, "savoir, quiconque sera trouvé écrit dans le livre [8]." Et Jean dit, dans son Apocalypse, que ceux-là seulement entreront dans la Cité de Dieu, ceux dont "les noms sont écrits dans le livre de vie de l'Agneau [9]."

"Un livre de souvenir" est écrit devant Dieu, dans lequel sont inscrites les bonnes actions de "ceux qui craignent l'Eternel et qui honorent Son nom [10]." Leurs paroles de foi et leurs actes de charité sont enregistrés dans le ciel. Néhémie y fait allusion lorsqu'il dit : "Souviens-toi de moi, ô mon Dieu, à cause de cela, et n'oublie pas mes actes de piété à l'égard de la maison de mon Dieu [11]." Dans le livre de mémoire de Dieu, tout acte de droiture est immortalisé. Toute tentation repoussée, tout péché surmonté, toute parole de tendre compassion exprimée, toute souffrance et tout chagrin supportés pour l'amour du Christ sont enregistrés. Le Psalmiste dit : "Tu comptes les pas de ma vie errante ; recueille mes larmes dans Ton outre : ne sont-elles pas inscrites dans Ton livre ? [12]"

Il y a également un registre des péchés des hommes. "Car Dieu amènera toute œuvre en jugement, au sujet de tout ce qui est caché, soit bien, soit mal [13]." "Au jour du jugement, les hommes rendront compte" dit le Sauveur, "de toute parole vaine qu'ils auront proférée. Car par tes paroles tu seras justifié, et par tes paroles tu seras condamné [14]." Les motifs et les desseins secrets paraissent dans le registre infaillible ; car Dieu "mettra en lumière ce qui est caché dans les ténèbres, et … manifestera les desseins des cœurs [15]." "Voici cela est écrit devant Moi, … vos iniquités, dit l'Eternel, et les iniquités de vos pères [16]."

L'œuvre de chacun passe en revue devant Dieu, et est enregistrée soit comme fidélité soit comme infidélité. En face de chaque nom, dans les livres du ciel, se trouve indiqué, avec une exactitude terrible, chaque acte égoïste, chaque mauvaise parole, chaque devoir négligé, tout péché secret, tout faux semblant, tout artifice. Les avertissements divins méprisés ; les moments perdus ; les occasions négligées ; l'influence exercée pour le bien ou pour le mal, avec ses résultats étendus ; tout est enregistré par l'ange enregistreur. La loi de Dieu est la règle par laquelle le caractère et la vie des hommes seront éprouvés dans le jugement. L'Ecclésiaste dit : "Crains Dieu et observe Ses commandements. C'est là ce que doit tout homme. Car Dieu amènera toute œuvre en jugement [17]." L'apôtre Jacques exhorte ses frères en disant : "Parlez et agissez comme devant être jugés par une loi de liberté [18]."

Ceux qui, dans le jugement, sont "jugés dignes", auront part à la résurrection des justes. Jésus dit : "Ceux qui seront trouvés dignes d'avoir part au siècle à venir et à la résurrection des morts ... seront semblables aux anges, et ... ils seront fils de Dieu, étant fils de la résurrection [19]." Et Il déclare encore que "ceux qui auront fait le bien ressusciteront pour la vie [20]." Les justes morts ne ressusciteront qu'après le jugement qui les aura jugés dignes de "ressusciter pour la vie." Ils ne seront donc pas personnellement présents devant le tribunal où leurs actions seront examinées et leur sort décidé.

Jésus y paraîtra comme leur Avocat pour plaider en leur faveur. "Si quelqu'un a péché, nous avons un Avocat auprès du Père, Jésus-Christ le juste [21]." "Car Christ n'est pas entré dans un sanctuaire fait de main d'homme, en imitation du véritable, mais Il est entré dans le ciel même, afin de comparaître maintenant pour nous devant la face de Dieu." "C'est aussi pour cela qu'Il peut sauver parfaitement ceux qui s'approchent de Dieu par Lui, étant toujours vivant pour intercéder en leur faveur [22]."

Comme les livres de la mémoire sont ouverts dans le jugement, les vies de tous ceux qui ont cru en Jésus viennent passer en revue devant Dieu. Commençant par ceux qui vécurent les premiers sur la terre, notre Avocat présente les cas de chaque génération successive et termine avec les vivants. Chaque nom est mentionné, chaque cas soigneusement examiné. Des noms sont acceptés, d'autres rejetés. Les personnes qui auront, dans les livres de mémoire, des péchés dont elles ne se sont point repenties et qui par conséquent n'auront pas été pardonnés, auront leurs noms effacés du livre de vie, et le récit de leurs bonnes œuvres sera rayé du livre de mémoire de Dieu. Le Seigneur déclara à Moïse : "C'est celui qui a péché contre moi que J'effacerai de Mon livre [23]." Et le prophète Ezéchiel dit : "Si le juste se détourne de sa droiture et commet l'iniquité, ... toute sa droiture sera oubliée [24]."

Ceux qui se sont véritablement repentis de leurs péchés et se sont confiés par la foi au sang du Christ comme leur sacrifice expiatoire, ont eu le pardon inscrit à côté de leurs noms dans les livres du ciel ; comme ils sont devenus participants de la droiture du Christ, et que leurs caractères sont reconnus comme étant en harmonie avec la loi de Dieu, leurs péchés seront effacés, et ils seront jugés dignes d'obtenir la vie éternelle. Le Seigneur déclare par le prophète Esaïe : "C'est Moi, Moi qui efface tes transgressions pour l'amour de

Moi, et Je ne Me souviendrai plus de tes péchés [25]." Jésus dit : "Celui qui vaincra sera revêtu ainsi de vêtements blancs ; Je n'effacerai point son nom du livre de vie, et Je confesserai son nom devant mon Père et devant ses anges." "C'est pourquoi, quiconque me confessera devant les hommes, je le confesserai aussi devant Mon Père qui est dans les cieux ; mais quiconque Me reniera devant les hommes, Je le renierai aussi devant Mon Père qui est dans les cieux [26]."

Le profond intérêt que les hommes manifestent pour les arrêts des tribunaux terrestres ne représente que très faiblement l'intérêt manifesté dans les cours célestes, lorsque les noms inscrits dans le livre de vie passent en revue devant le Juge de toute la terre. Le divin Intercesseur demande que tous ceux qui ont vaincu par la foi en Son sang, aient leurs transgressions pardonnées, afin qu'ils soient rétablis dans leur demeure en Eden, et couronnés avec Lui, comme cohéritiers de "l'ancienne domination [27]." Satan, dans ses efforts pour tromper et tenter notre race, avait pensé renverser le plan que Dieu avait en créant l'homme ; mais Christ demande maintenant que ce plan soit exécuté comme si l'homme n'avait jamais péché. Il demande pour Son peuple, non seulement le pardon et la justification, pleine et complète, mais aussi une part à Sa gloire et une place sur Son trône.

Tandis que Jésus intercède pour ceux qui doivent avoir part à Sa grâce, Satan les accuse devant Dieu comme transgresseurs. Le grand séducteur a cherché à les entraîner à l'incrédulité, afin qu'ils perdent confiance en Dieu, afin qu'ils se séparent de Son amour et qu'ils transgressent Sa loi. Et maintenant il montre leurs caractères entachés de faiblesses, leur manque de ressemblance avec Christ, tout ce qui a déshonoré leur Rédempteur, tous les péchés auxquels il les a lui-même poussés ; et à cause de cela il prétend qu'ils lui appartiennent.

Jésus n'excuse pas leurs péchés ; Il montre leur repentance et leur foi, et, réclamant leur pardon, Il lève Ses mains percées devant Son Père et devant les saints anges, et dit : Je les connais par leurs noms. Je les ai gravés sur les paumes de Mes mains. "Les sacrifices qui sont agréables à Dieu, c'est un esprit brisé ; ô Dieu ! Tu ne dédaignes pas un cœur brisé et contrit [28]." Et Il dit à l'accusateur de Son peuple : "Que l'Eternel te réprime, Satan ! Que l'Eternel, te réprime, Lui qui a choisi Jérusalem ! N'est-ce pas là un tison arraché du feu ? [29]" Christ veut placer Son propre sceau sur ceux qui Lui sont fidèles, afin qu'Il puisse présenter à Son Père "cette église glorieuse, sans tache, ni ride, ni rien de semblable [30]." Leurs noms sont inscrits dans le livre de vie, et il est écrit à leur égard, "ils marcheront avec Moi en vêtements blancs, parce qu'ils en sont dignes [31]."

Ainsi se réalisera le parfait accomplissement de la promesse de la nouvelle alliance : "Je pardonnerai leur iniquité, et Je ne me souviendrai plus de leur péché." "En ces jours-là, en ce temps-là, dit l'Eternel, on cherchera l'iniquité d'Israël, et elle n'existera plus, le péché de Juda, et il ne se trouvera plus [32]." "En ce temps-là, le germe de l'Eternel aura de la magnificence et de la gloire, et le fruit du pays aura de l'éclat et de la beauté pour les réchappés d'Israël. Et les restes de Sion, les restes de Jérusalem, seront appelés saints, quiconque à Jérusalem sera inscrit parmi les vivants [33]."

L'œuvre du jugement investigatif et l'effacement des péchés doit s'accomplir avant le second avènement du Seigneur. Puisque les morts doivent être jugés selon les choses écrites dans les livres, il est impossible que les péchés des hommes soient effacés avant la fin du jugement où leur vie doit être examinée. Mais l'apôtre Pierre déclare que les péchés des croyants seront effacés "afin que des temps de rafraîchissement viennent de la part du Seigneur, et qu'Il envoie Celui qui vous a été destiné, Jésus-Christ [34]." Lorsque se terminera le jugement investigatif, Jésus viendra, et Sa récompense est avec Lui pour donner à chacun selon ses œuvres.

Dans le service typique, le souverain sacrificateur, ayant fait propitiation pour Israël, sortait et bénissait l'assemblée. De même Christ, à la fin de Son service comme Médiateur, paraîtra "sans péché … à ceux qui L'attendent pour leur salut [35]", et donnera à Son peuple qui L'attend la vie éternelle. Comme le sacrificateur, en enlevant les péchés du sanctuaire, les confessait sur la tête du bouc émissaire, ainsi Christ chargera Satan, l'auteur et l'instigateur du mal, de tous ces péchés. Le bouc émissaire, portant les péchés d'Israël, était envoyé "dans une terre désolée [36]" ; de même Satan, portant la culpabilité de tous les péchés qu'il a fait commettre aux enfants de Dieu, sera relégué durant mille ans sur la terre, qui sera alors désolée et sans habitant ; et il souffrira finalement l'entière pénalité du péché, dans le feu qui détruira complètement les méchants. Ainsi le plan de la rédemption atteindra son accomplissement final dans l'extirpation du péché et la délivrance de tous ceux qui ont voulu renoncer au mal.

C'est au temps marqué pour le jugement — à la fin des 2300 jours, en 1844 — que commença l'œuvre d'investigation et d'effacement des péchés. Tous ceux qui se sont réclamés du nom du Christ doivent passer par ce rigoureux examen. Tant les vivants que les morts doivent être jugés "selon leurs œuvres, par ce qui est écrit dans les livres."

Les péchés dont on ne s'est pas repenti, et qui n'ont pas été abandonnés, ne seront pas pardonnés ni effacés des livres de mémoire, mais ils se lèveront en témoignage contre le pécheur au jour de Dieu. Qu'il ait commis ses mauvaises actions à la lumière du jour ou dans l'obscurité de la nuit, elles ont été découvertes et manifestes devant Celui auquel nous devons rendre compte. Les anges de Dieu, témoins de chacune de nos fautes, les ont infailliblement enregistrées. Le péché peut être caché, nié, couvert par un père, une mère, une épouse, des enfants et des amis. Il se peut que personne n'ait le moindre soupçon du mal, à l'exception des coupables ; mais il n'en est pas moins à découvert devant les intelligences célestes. L'obscurité de la plus sombre nuit, le secret de tous les artifices, ne suffisent pas à voiler une seule pensée à la connaissance de Dieu. Dieu a un récit exact de tout acte injuste et de toute démarche illégale. Il ne se laisse pas tromper par une apparence de piété. Il ne fait aucune erreur dans Son appréciation des caractères. Les hommes peuvent être trompés par des êtres au cœur corrompu ; mais Dieu perce tous les déguisements, et lit les secrets des cœurs.

Combien solennelle est la pensée que, jour après jour, tout ce que nous pensons, disons ou faisons est porté sur les registres du ciel ! Une parole prononcée, un acte commis, ne peuvent plus être retirés. Les anges ont pris note et du bien et du mal. Le plus puissant conquérant ne peut retirer l'enregistrement d'une seule de ses journées. Nos actes, nos paroles, même nos motifs les plus secrets, tous ont leur poids dans la décision de notre sort pour le bonheur ou le malheur. Quoique nous puissions les oublier, ils témoigneront pour ou contre nous afin de nous justifier ou nous condamner.

De même que tous les traits du visage se reproduisent avec une infaillible exactitude sur la plaque du photographe, ainsi le caractère se dessine fidèlement dans les livres du ciel. Pourtant, combien peu de sollicitude on éprouve concernant ce registre qui doit affronter la vue des êtres célestes ! Si le voile qui sépare le monde visible du monde invisible pouvait être déchiré, et que les enfants des hommes pussent voir un ange inscrivant chaque parole et chaque action sur un registre qu'ils devront affronter au jugement, combien de paroles prononcées chaque jour seraient restées inexprimées ; combien d'actes n'auraient pas été accomplis !

Au jour du jugement, on examinera l'emploi que l'on a fait de chaque talent. Comment avons-nous employé le capital que Dieu nous a prêté ? A Sa venue, le Seigneur recevra-t-Il ce qui est à Lui avec intérêt ? Avons-nous perfectionné pour la gloire de Dieu et le bien de nos semblables les facultés qu'Il a mises dans nos mains, nos cœurs, nos cerveaux ? Comment avons-nous employé notre temps, notre plume, notre voix, notre argent, notre influence ? Qu'avons-nous fait pour Christ dans la personne des pauvres, des affligés, des orphelins ou des veuves ? Dieu nous a faits dépositaires de Sa Sainte Parole ; qu'avons-nous fait de la lumière et de la vérité qui nous sont données pour nous rendre sages à salut ? Une simple profession de foi en Christ n'a aucune valeur ; il n'y a que l'amour qui se montre par des œuvres, qui soit reconnu comme bon. Ce n'est que la charité qui donne de la valeur à un acte aux yeux de Dieu. Quoi qu'on fasse par charité, quelque petit que cela paraisse dans l'estimation des hommes, est accepté de Dieu et récompensé.

L'égoïsme caché des hommes se révèle dans les livres du ciel. C'est là qu'est le registre des devoirs envers notre prochain qui n'ont pas été accomplis, et des oublis des appels du Sauveur. C'est là que les hommes verront combien souvent leur temps, leurs pensées, leurs forces, qui appartenaient à Christ, ont été accordés à Satan. Les rapports que les anges font dans les cieux sont bien tristes. Des êtres intelligents, qui font profession d'être des disciples du Christ, sont absorbés par l'acquisition de possessions mondaines ou par la jouissance de plaisirs terrestres. L'argent, le temps et les forces sont sacrifiés à l'orgueil et à l'égoïsme ; mais rares sont les moments consacrés à la prière, à la méditation des Ecritures, à l'humiliation de l'âme et à la confession des péchés.

Satan invente d'innombrables moyens pour distraire nos esprits, afin de les détourner de l'œuvre même qui devrait le plus nous occuper. Le grand séducteur hait les grandes vérités qui nous montrent un sacrifice expiatoire et un Médiateur Tout-Puissant. Il sait que maintenant tout dépend pour lui de la manière dont il réussira à détourner les esprits de Jésus et de Sa vérité.

Ceux qui désirent jouir des bienfaits de la médiation du Sauveur, ne devraient permettre à aucune chose de les empêcher d'accomplir le devoir qu'ils ont d'achever leur sanctification dans la crainte de Dieu. Les moments qui ont été jusqu'à présent consacrés au plaisir, à la vanité, à la recherche du gain, devraient maintenant être affectés à une étude sincère des paroles de vérité. Le sujet du sanctuaire et du jugement investigatif devrait être entièrement compris par le peuple de Dieu. Tous doivent connaître pour eux-mêmes la position et l'œuvre de leur Souverain Sacrificateur. Autrement, il leur sera impossible d'exercer en ces temps-ci une foi suffisante, ou d'occuper la position à laquelle Dieu les appelle. Toute personne a une âme à sauver ou à perdre ; chacun à une cause pendante à la barre du tribunal de Dieu. Chacun doit paraître devant le Juge. N'est-il donc pas important que chaque esprit contemple souvent les scènes solennelles du jugement, alors que les livres seront ouverts, alors que, avec Daniel, chacun demeurera dans son état jusqu'à la fin des jours.

Tous ceux qui ont été éclairés sur ce sujet, ont le devoir de rendre témoignage aux grandes vérités que Dieu nous a confiées. Le sanctuaire dans le ciel est le centre même de l'œuvre du Christ en faveur des hommes. Il concerne toute âme vivante sur la terre. Il ouvre devant nous le plan de la rédemption, nous amenant jusque vers la fin du temps, et révèle le résultat triomphant de la lutte entre la droiture et le péché. Il est d'une extrême importance que tous étudient à fond ces sujets, et soient capables de donner une réponse convenable à quiconque leur demanderait raison de l'espérance qui est en eux.

L'intercession du Christ dans le sanctuaire céleste en faveur de l'homme, est aussi nécessaire au plan du salut que ne l'était Sa mort sur la croix. Par Sa mort, Il commença cette œuvre pour l'achèvement de laquelle Il est monté au ciel après Sa résurrection. Nous devons par la foi aller auprès de Lui au-delà du voile, "où Jésus est entré pour nous comme précurseur [37]." Là, se reflète la lumière de la croix du Calvaire. Là, nous pouvons obtenir une intelligence plus claire des mystères de la rédemption. Le salut de l'homme ne s'accomplit qu'à un prix infini pour le ciel ; le sacrifice consenti est au niveau des plus hautes exigences de la loi de Dieu transgressée. Jésus a ouvert le chemin du trône du Père, et, par Son intercession, les désirs sincères de tous ceux qui viennent à Lui avec foi peuvent être présentés devant Dieu.

"Celui qui cache ses transgressions ne prospère point, mais celui qui les avoue et les délaisse, obtient miséricorde [38]." Si ceux qui cachent et excusent leurs défauts pouvaient voir comme Satan s'en réjouit, comme il se rit du Christ et des saints anges à cause de leur conduite, ils se hâteraient de confesser leurs péchés et d'y renoncer. Par les défauts de caractère, Satan s'efforce de dominer l'intelligence entière ; et il sait que si ces défauts ne sont pas combattus, il réussira. C'est pourquoi il cherche constamment à séduire les disciples du

Christ par cette fatale tromperie : qu'il est impossible pour eux de vaincre. Mais Jésus présente en leur faveur Ses mains percées et Son corps rompu ; et Il déclare à tous ceux qui veulent Le suivre : "Ma grâce te suffit [39]." "Prenez Mon joug sur vous et recevez Mes instructions, car Je suis doux et humble de cœur ; et vous trouverez du repos pour vos âmes. Car Mon joug est doux, et Mon fardeau léger [40]." Que personne donc ne dise que ses défauts sont incurables. Dieu donnera la foi et la grâce nécessaires pour les surmonter.

Nous vivons maintenant dans le jour solennel des expiations. Lorsque, dans le service typique, le sacrificateur faisait l'expiation pour Israël, tous devaient affliger leurs âmes par la repentance de leurs péchés et l'humiliation devant le Seigneur, de crainte d'être retranchés de la congrégation d'Israël. De même, tous ceux qui désirent que leurs noms soient conservés dans le livre de vie, devraient maintenant, dans les quelques jours qui leur restent, affliger leurs âmes devant Dieu par la douleur de leurs péchés et la repentance. Il faut sonder profondément et sincèrement son cœur. Il faut mettre de côté l'esprit léger et frivole que manifestent un si grand nombre de ceux qui professent être chrétiens. Tous ceux qui s'efforcent de soumettre les mauvais penchants qui cherchent à prendre le dessus, ont une lutte ardente devant eux. Cette œuvre de préparation est une œuvre individuelle. Nous ne serons point sauvés par groupes. La pureté et la dévotion de l'un ne suppléeront pas au manque de ces qualités chez un autre. Quoique toutes les nations doivent passer en jugement devant Dieu, le Seigneur examine le cas de chaque individu avec autant de minutie que s'il n'y avait qu'un être sur la terre. Chacun doit être éprouvé et trouvé sans tache ni ride, ni rien de semblable.

Les scènes qui se rattachent à l'œuvre finale de propitiation, sont des plus solennelles. Incalculables sont les intérêts qui s'y trouvent engagés. Le jugement se tient maintenant dans le sanctuaire céleste. Cette œuvre se poursuit maintenant depuis plusieurs années. Bientôt — très tôt peut-être — ce sera au tour des vivants d'être examinés. En l'auguste présence du Très-Haut, nos vies doivent passer en revue. Plus qu'en toute autre époque, il sied à toute âme de prendre garde à l'avertissement du Sauveur : "Veillez et priez ; car vous ne savez quand ce temps viendra [41]." "Si tu ne veilles pas, Je viendrai comme un voleur, et tu ne sauras pas à quelle heure Je viendrai sur toi [42]."

Lorsque le travail du jugement investigatif prend fin, le sort de tous les hommes est décidé, soit pour la vie soit pour la mort. La période d'épreuve se termine un peu avant l'apparition du Seigneur sur les nuées du ciel. Christ, dans l'Apocalypse, considérant ce moment, déclare : "Que celui qui est injuste, soit encore injuste, que celui qui est souillé se souille encore ; et que le juste pratique encore la justice, et que celui qui est saint, se sanctifie encore. Voici, Je viens bientôt, et Ma rétribution est avec Moi, pour rendre à chacun selon ce qu'est son œuvre [43]."

À cette heure-là, les justes et les méchants vivront encore sur la terre dans leur état mortel : les hommes planteront et bâtiront, mangeront et boiront, tous inconscients du fait que la décision finale, irrévocable, aura été prononcée dans le sanctuaire céleste. Avant le déluge, après que Noé fut entré dans l'arche, Dieu l'y enferma, et en exclut les impies ; mais pendant sept jours, le peuple ne sachant point que son sort était décidé, continua sa vie d'indifférence et de plaisir, et se moqua des avertissements sur le jugement qui le menaçait. "Il en sera aussi de même, dit le Sauveur, à l'avènement du Fils de l'homme [44]." Silencieuse, inaperçue comme le voleur de minuit, ainsi viendra cette heure décisive qui fixe la destinée de tout homme, le retrait final de l'offre de grâce faite aux hommes coupables.

"Veillez donc, ... craignez qu'Il ne vous trouve endormis, à Son arrivée soudaine [45]." La condition de ceux qui, fatigués de veiller, se tournent vers les attraits du monde, est dangereuse. Tandis que l'homme d'affaires s'absorbe dans la poursuite du gain, tandis que l'amateur du plaisir en recherche les jouissances, tandis que l'esclave de la mode prépare ses atours, c'est en cette heure même peut-être, que le Juge de toute la terre prononcera la sentence : "Tu as été pesé dans la balance, et tu as été trouvé léger [46]."

1 Dan. 7 : 9, 10.

2 Ps. 90 : 2.

3 Dan. 7 : 13, 14.

4 1 Pier. 4 : 17.

5 Apoc. 20 : 12.

6 Luc 10 : 20.

7 Phil. 4 : 3.

8 Dan. 12 : 1.

9 Apoc. 21 : 27.

10 Mal. 3 : 16.

11 Néh. 13 : 14.

12 Ps. 56 : 9.

13 Eccl. 12 : 16.

14 Mat. 12 : 36, 37.

15 1 Cor. 4 : 5.

16 Esa. 65 : 6, 7 (Osterwald)

17 Eccl. 12 : 15, 16.

18 Jacq. 2 : 12.

19 Luc 20 : 35, 36.

20 Jean 5 : 29.

21 1 Jean 2 : 1.

22 Héb. 9 : 24 ; 7 : 25.

23 Ex. 32 : 33.

24 Ezé. 18 : 24.

25 Esa. 43 : 25.

26 Apoc. 3 : 5 ;
   Mat. 10 : 32, 33.

27 Michée 4 : 8.

28 Ps. 51 : 19.

29 Zach. 3 : 2.

30 Eph. 5 : 27.

31 Apoc. 3 : 4

32 Jér. 31 : 34 ; 50 : 20.

33 Esa. 4 : 2, 3.

34 Act. 3 : 20.

35 Héb. 9 : 28.

36 Lév. 16 : 22.

37 Héb. 6 : 20.

38 Prov. 28 : 13.

39 2 Cor. 12 : 9.

40 Mat. 11 : 29, 30.

41 Marc 13 : 33.

42 Apoc. 3 : 3.

43 Apoc. 22 : 11, 12.

44 Mat. 24 : 39.

45 Marc 13 : 35, 36.

46 Dan. 5 : 27.

CHAPITRE XXIX

L'ORIGINE DU MAL

Pour bien des gens, l'origine du péché et la raison de son existence sont une source de grandes perplexités. Ils voient l'œuvre du mal, les misères et les désolations qui en sont les terribles résultats, et ils se demandent comment tout cela peut exister sous la souveraineté de Celui dont la sagesse, la puissance et l'amour sont infinis. Il y a là un mystère dont ils ne peuvent trouver l'explication. Et dans leur incertitude et leurs doutes, des vérités clairement révélées dans la Parole de Dieu, et essentielles au salut, leur échappent. Il en est qui, dans leurs recherches sur l'existence du péché, voudraient découvrir ce que Dieu n'a jamais révélé ; et par conséquent, ils ne trouvent aucune solution à leurs difficultés ; et ceux qui ont la disposition de douter et de faire des reproches mal fondés, se saisissent de cela comme excuse de ce qu'ils rejettent les paroles de la Sainte Ecriture. D'autres ne peuvent se faire une idée satisfaisante du grand problème du mal, parce que les traditions et les fausses interprétations ont obscurci les enseignements de la Bible concernant le caractère de Dieu, la nature de Son gouvernement, et les principes qui sont à la base de Ses voies envers le péché.

Il est impossible d'expliquer l'origine du péché de manière à donner une raison de son existence. Pourtant, ce que l'on peut comprendre de l'origine et des conséquences finales du péché est suffisant pour manifester pleinement la justice et la bonté de Dieu dans toutes Ses actions envers le mal. Rien n'est enseigné plus clairement dans les Ecritures que le fait que Dieu ne fut en aucune manière responsable de l'introduction du mal ; qu'aucun retrait arbitraire de la grâce divine ni aucune erreur dans le gouvernement de Dieu n'ont donné lieu à la rébellion. Le péché est un intrus, dont aucune raison ne peut expliquer la présence. C'est quelque chose de mystérieux, d'inexplicable ; l'excuser, serait le défendre. Si on pouvait lui trouver une excuse, ou montrer la cause pour laquelle il existe, il cesserait d'être péché. Notre seule définition du péché est celle qu'en donne la Parole de Dieu : c'est "la transgression de la loi" ; c'est la manifestation extérieure d'un principe en lutte contre la grande loi d'amour qui est le fondement du gouvernement divin.

Avant l'apparition du péché, il y avait paix et joie dans l'univers. Tout s'harmonisait parfaitement avec la volonté du Créateur. L'amour pour Dieu était suprême, l'amour des êtres célestes les uns pour les autres, impartial. Christ, la Parole, le Fils unique de Dieu, était un avec le Père éternel : un en nature, en caractère et en desseins ; Il était le seul être dans tout l'univers qui pût entrer dans tous les conseils et les desseins de Dieu. C'est par Christ que Dieu accomplit la création de tous les êtres célestes. "Car en Lui ont été créées toutes les choses qui sont dans les cieux … trônes, dignités, dominations, autorités [1]", et le ciel entier rendait obéissance à Christ comme au Père.

La loi d'amour étant le fondement du gouvernement de Dieu, le bonheur de tous les êtres créés dépendait de leur parfait accord avec ses grands principes de droiture. Dieu désire que toutes Ses créatures Lui rendent un service fondé sur l'amour, un hommage qui provienne d'une appréciation intelligente de Son caractère. Il ne prend aucun plaisir en une soumission forcée, et Il accorde à tous la liberté de la volonté, afin qu'ils Lui rendent un service volontaire.

Mais il en fut un qui préféra pervertir cette liberté. Le péché tire son existence de celui qui, après Christ, avait été le plus honoré de Dieu, et le plus élevé en pouvoir et en gloire parmi les habitants du ciel. Avant sa chute, Lucifer était d'abord un chérubin "protecteur" il était saint, sans souillure. "Ainsi parle le Seigneur, l'Eternel : Tu mettais le sceau à la perfection, tu étais plein de sagesse, parfait en beauté. Tu étais en Eden, le jardin de Dieu ; tu étais couvert de toute espèce de pierres précieuses." "Tu étais un chérubin protecteur, aux ailes déployées ; Je t'avais placé et tu étais sur la sainte montagne de Dieu ; tu marchais au milieu des pierres étincelantes. Tu as été intègre dans tes voies, depuis le jour où tu fus créé jusqu'à celui où l'iniquité a été trouvée chez toi [2]."

Lucifer eût pu demeurer dans la faveur de Dieu, aimé et honoré de toute la multitude des anges, employant ses nobles facultés au bien d'autrui et à la gloire de son Créateur. "Mais", dit le prophète, "ton cœur s'est élevé à cause de ta beauté, tu as corrompu ta sagesse par ton éclat [2]." Peu à peu, Lucifer se laissa aller au désir de s'élever. "Tu prends ta volonté pour la volonté de Dieu." "Tu disais en ton cœur : … J'élèverai mon trône au-dessus des étoiles de Dieu ; je m'assiérai sur la montagne de l'assemblée." "Je monterai sur le sommet des nues, je serai semblable au Très-Haut [3]." Au lieu de chercher à exalter au suprême degré l'affection et l'obéissance envers Dieu chez Ses créatures, il s'efforça de les gagner à son propre service et de les pousser à lui rendre hommage. Et, convoitant les honneurs que le Père infini avait accordés à Son Fils, ce prince des anges aspira à une puissance que Christ seul avait le droit d'exercer.

Tout le ciel avait pris plaisir à réfléchir la gloire du Créateur et à célébrer Sa louange. Et tant que Dieu avait été ainsi honoré, tout avait été paix et joie. Mais une note de discorde venait maintenant troubler les harmonies célestes. L'amour et l'exaltation de soi-même, contraires au plan du Créateur, éveillèrent de sombres pressentiments dans les esprits pour lesquels la gloire de Dieu avait été suprême. Les conseils célestes plaidèrent avec Lucifer. Le Fils de Dieu lui représenta la grandeur, la bonté, la justice du Créateur, et la nature sacrée, invariable de Sa loi. Dieu Lui-même avait établi l'ordre du ciel ; en s'en écartant, Lucifer déshonorerait son Créateur, et attirerait sur lui la ruine. Mais l'avertissement qui lui fut donné dans un esprit d'amour et de miséricorde, ne réveilla en lui qu'un esprit de résistance. Lucifer s'abandonna à la jalousie envers Christ, et il en devint plus obstiné.

L'orgueil de sa propre gloire lui fit désirer la suprématie. Lucifer n'apprécia pas comme un don de son Créateur la haute et honorable position que Dieu lui avait conférée, et il n'en ressentit aucun sentiment de gratitude. Il se glorifia de sa beauté et de son élévation, et aspira à être égal à Dieu. Les hôtes célestes l'aimaient et le révéraient. Les anges prenaient plaisir à exécuter ses ordres, et il était, plus qu'eux, revêtu de sagesse et de gloire. Pourtant, le Fils de Dieu était le souverain reconnu du ciel, un avec le Père en autorité et en puissance. Christ prenait part à tous les conseils de Dieu, tandis qu'il n'était point permis à Lucifer d'entrer dans les desseins de Dieu. "Pourquoi", se demandait cet ange puissant, "Christ aurait-il la suprématie ? Pourquoi est-il ainsi honoré au-dessus de Lucifer ?"

Quittant la place qu'il occupait en la présence immédiate du Père, Lucifer s'en alla répandre un esprit de déplaisir parmi les anges. Agissant avec un mystérieux secret, et cachant pendant un temps son but réel sous un apparent respect pour Dieu, il essaya d'exciter le mécontentement au sujet des lois qui gouvernaient les êtres célestes, prétendant qu'elles imposaient une restriction inutile. Puisqu'ils étaient saints, il prétendit que les anges devaient pouvoir obéir aux inspirations de leur propre volonté. Il chercha à gagner leur sympathie, en déclarant que Dieu avait agi injustement envers lui en accordant à Christ l'honneur suprême. Il prétendit qu'en aspirant à plus de pouvoir et d'honneur, il ne cherchait point à s'élever, mais à procurer plus de liberté à tous les habitants du ciel, afin que par ce moyen ils pussent atteindre un plus haut degré d'épanouissement.

Dieu, dans Sa grande miséricorde, supporta longtemps Lucifer. Ce dernier ne fut pas chassé de sa position élevée lorsqu'il se laissa pour la première fois aller à l'esprit de mécontentement, ni même lorsqu'il commença à avancer ses fausses prétentions devant les anges loyaux. On le retint longtemps dans le ciel. Le pardon lui fut offert à maintes reprises, sous condition de repentance et de soumission. Des efforts que l'Amour infini pouvait seul concevoir furent employés pour le convaincre de son erreur. Jamais l'esprit de mécontentement et de murmure n'avait été connu dans le ciel. Lucifer lui-même ne vit pas d'abord où il allait ; il ne comprit pas la vraie nature de ses sentiments. Mais il fut prouvé que son mécontentement était sans cause, et Lucifer fut convaincu qu'il avait tort, que ce que Dieu exigeait était juste, et qu'il devait le reconnaître devant le ciel entier. S'il l'avait fait, il aurait pu se préserver lui-même et beaucoup d'anges avec lui. A ce moment, il n'avait pas encore complètement refusé toute soumission à Dieu. Quoiqu'il eût quitté sa position de chérubin protecteur, s'il avait été disposé à revenir à Dieu et reconnaître la sagesse du Créateur, s'il s'était contenté d'occuper la place qui lui avait été assignée dans l'auguste plan de Dieu, il eût été rétabli dans son office. Mais l'orgueil l'empêcha de se soumettre. Il défendit opiniâtrement sa conduite, soutint qu'il n'avait pas besoin de se repentir, et se rangea complètement, dans cette grande controverse, contre son Créateur.

Il employa dès lors toutes les puissances de son esprit supérieur à gagner la sympathie des anges qui avaient été sous ses ordres. Le fait même que Christ l'aie averti et conseillé fut dénaturé pour servir à ses perfides desseins. Satan avait déclaré à ceux que avaient des liens affectueux plus intimement attachés à lui, qu'il avait été jugé à tort, qu'on n'avait pas eu égard à sa position, et qu'on voulait restreindre sa liberté. Après avoir dénaturé les paroles du Christ, il en vint à trahir et à mentir directement, accusant le Fils de Dieu de vouloir l'humilier devant les habitants du ciel. En outre il se mit à intervertir les rôles.

Tous les anges loyaux qu'il ne put pas pervertir et amener complètement de son côté, il les accusa d'indifférence envers les intérêts des êtres célestes. Il accusa ceux qui demeurèrent fidèles à Dieu, de la chose même qu'il faisait lui-même. Et pour soutenir contre Dieu l'accusation d'injustice envers lui, il recourut à une fausse interprétation des paroles et des actes du Créateur. Sa politique consistait à embarrasser les anges d'arguments subtils concernant les desseins de Dieu. Tout ce qui était simple, il l'enveloppait de mystère, et, par une perversion artificieuse, il jetait le doute sur les témoignages les plus positifs de Jéhovah. Sa position élevée, ses rapports intimes avec l'administration divine, donnaient une plus grande force à ses représentations, et un grand nombre d'anges furent séduits et se joignirent à lui dans sa rébellion contre l'autorité du ciel.

Dieu dans Sa sagesse permit que Satan poursuivît ses desseins jusqu'à ce que l'esprit de mécontentement se changeât en révolte. Il fallait que ses plans se développent complètement afin que tous voient leur vraie nature et leur tendance. Lucifer, le chérubin qui avait été oint, avait été fort élevé ; il était très aimé des êtres célestes, et il avait beaucoup d'influence sur eux. Le gouvernement de Dieu ne renfermait, pas seulement les habitants du ciel, mais ceux de tous les mondes qu'il avait créés ; aussi Satan pensa-t-il que s'il pouvait entraîner les anges du ciel dans sa rébellion, il pourrait aussi entraîner les habitants des autres mondes. Il avait artificieusement présenté la question à son point de vue, employant le sophisme et la fraude pour atteindre ses fins. Il avait une très grande facilité à séduire, et, en se déguisant sous une fausse apparence, il avait obtenu un avantage. Les anges loyaux eux-mêmes ne pouvaient complètement discerner son caractère, ni voir où son œuvre le conduisait.

Satan avait été si hautement honoré et tous ses actes étaient tellement revêtus de mystère, qu'il était difficile de démontrer aux anges la vraie nature de sa conduite. Avant son complet développement, le péché ne pouvait pas paraître ce qu'il est réellement. Jusqu'alors, il n'avait point trouvé de place dans l'univers de Dieu, et les êtres saints n'avaient aucune idée de sa nature et de sa malignité. Ils ne pouvaient discerner les terribles conséquences qui résulteraient du rejet de la loi divine. Satan avait d'abord caché ses desseins sous une profession spécieuse de loyauté envers Dieu. Il prétendit chercher à élever l'honneur de Dieu, à affermir la stabilité de Son gouvernement, et à travailler au bien des habitants du ciel. Tout en cherchant à insinuer le mécontentement dans les esprits des anges placés sous son commandement, il avait artificieusement fait croire qu'il cherchait à le faire disparaître. Il prétendait que les changements qu'il réclamait dans l'ordre et les lois du gouvernement de Dieu, étaient nécessaires au maintien de l'harmonie dans le ciel.

En agissant contre le péché, Dieu n'avait pour armes que la droiture et la vérité. Satan pouvait employer des moyens auxquels Dieu ne pouvait pas recourir : la flatterie et la tromperie. Il avait cherché à falsifier la Parole de Dieu, et avait faussement représenté Son plan de gouvernement devant les anges, prétendant que Dieu n'était pas juste en imposant des lois et des règles aux habitants du ciel ; qu'en exigeant de Ses créatures soumission et obéissance, Il cherchait plutôt Sa propre exaltation. C'est pourquoi il devra être démontré devant tous les habitants du ciel, aussi bien que devant ceux des mondes, que le gouvernement de Dieu est juste, et Sa loi parfaite. Satan avait fait croire qu'il cherchait le bien de l'univers. Le vrai caractère de l'usurpateur et son but réel devront être compris de tous. Il faudra lui laisser le temps de se manifester par ses actes de méchanceté.

Satan accusa la loi et le gouvernement de Dieu de la discorde que sa propre conduite avait causée dans le ciel. Il déclara que tout le mal provenait de l'administration divine. Il prétendit que son but était de perfectionner les statuts de Jéhovah. Il était par conséquent nécessaire qu'il manifestât, la nature de ses prétentions, et montrât le résultat des changements qu'il proposait dans la loi divine. Sa propre œuvre doit le condamner. Satan avait prétendu dès le début qu'il n'était pas en rébellion. L'univers entier devra voir le séducteur démasqué.

Même lorsqu'il fut décidé qu'il ne pourrait plus demeurer au ciel, la Sagesse infinie ne détruisit pas Satan. Une obéissance basée sur l'amour étant la seule que Dieu puisse accepter, la soumission de Ses créatures doit reposer sur une conviction de Sa justice et de Sa bonté. Les habitants du ciel et des autres mondes, n'étant pas prêts à comprendre la nature ou les conséquences du péché, n'auraient pu alors reconnaître la justice et la miséricorde de Dieu dans la destruction de Satan. S'il avait été immédiatement retranché, ils auraient servi Dieu par crainte plutôt que par amour. L'influence du séducteur n'eût point été complètement détruite, et l'esprit de rébellion n'eût point été entièrement déraciné. Le mal devait pouvoir parvenir à maturité. Pour le bien de l'univers entier à travers des siècles sans fin, Satan devait pouvoir développer plus complètement ses principes, afin que tous les êtres créés voient sous leur vrai jour ses accusations contre le gouvernement divin, et afin que la justice et la miséricorde de Dieu, ainsi que l'immutabilité de Sa loi soient pour toujours incontestables.

La rébellion de Satan, témoignage perpétuel de la nature et des terribles résultats du péché, devait servir de leçon à l'univers pour tous les âges futurs. Le développement du règne de Satan, ses effets sur les hommes et les anges, devaient montrer ce qui résulte du rejet de l'autorité divine. Cela devait témoigner que de l'existence du gouvernement de Dieu et de Sa loi, dépend le bien-être de toutes les créatures qu'Il a faites. Ainsi l'histoire de cette terrible rébellion devait constituer, pour tous les êtres saints, une sauvegarde perpétuelle destinée à les préserver d'être déçus quant à la nature de la transgression, et à les empêcher d'y tomber et d'en souffrir la punition.

Le grand usurpateur continua de se justifier jusqu'à la fin même de la controverse dans le ciel. Lorsqu'on annonça qu'il devait être expulsé, avec tous ceux qui sympathisaient avec lui, des demeures de la félicité, alors le chef rebelle avoua hardiment son mépris pour la loi du Créateur. Il réitéra sa prétention que les anges n'avaient pas besoin de contrôle, mais qu'ils devaient pouvoir suivre leur propre volonté, qui les dirigerait toujours droitement. Il accusa les divins statuts de restreindre leur liberté, et déclara que son dessein était d'obtenir l'abolition de toute loi, afin que, libres de toute contrainte, les hôtes du ciel pussent commencer une existence plus exaltée et plus glorieuse.

D'un commun accord, Satan et son armée rejetèrent entièrement sur Christ le blâme de leur rébellion, déclarant que s'ils n'avaient pas été censurés, ils ne se seraient jamais révoltés. C'est ainsi qu'opiniâtres et pleins d'arrogance dans leur déloyauté, cherchant vainement à renverser le gouvernement de Dieu, tout en prétendant, avec blasphème, d'être eux-mêmes les innocentes victimes d'un pouvoir oppressif, le grand rebelle et tous ceux dont il avait gagné la sympathie, furent finalement bannis du ciel.

L'esprit qui excita la rébellion dans le ciel, inspire encore la rébellion sur la terre. Satan a continué avec les hommes la même politique qu'avec les anges. Son esprit règne maintenant dans les enfants de désobéissance. Comme lui, ils cherchent à supprimer les restrictions de la loi de Dieu, et promettent aux hommes la liberté par la transgression de Ses préceptes. La censure du péché réveille toujours l'esprit de haine et de résistance. Lorsque les messages d'avertissement de la part de Dieu pénètrent dans la conscience, Satan pousse les hommes à se justifier et à chercher la sympathie des autres dans leur voie de péché. Au lieu de corriger leurs erreurs, il excite l'indignation contre celui qui les reprend, comme s'il était la seul cause de la difficulté. Depuis les jours du juste Abel à notre temps, tel est l'esprit qui a été manifesté contre ceux qui osent condamner le péché.

C'est en dénaturant le caractère de Dieu comme il l'avait fait au ciel, c'est en faisant passer le Seigneur pour sévère et tyrannique, que Satan poussa l'homme à pécher. Ayant réussi sur ce point, il déclara que les ordres injustes que Dieu avait donnés étaient la cause de la chute de l'homme, de même qu'ils avaient amené sa propre rébellion.

Mais l'Eternel Lui-même proclame quel est Son caractère : "L'Eternel, l'Eternel, Dieu miséricordieux et compatissant, lent à la colère, riche en bonté et en fidélité, qui conserve Son amour jusqu'à mille générations, qui pardonne l'iniquité, la rébellion et le péché, mais qui ne tiens point le coupable pour innocent [4]."

En bannissant Satan du ciel, Dieu déclara Sa justice et maintint l'honneur de Son trône. Mais lorsque l'homme eut péché, cédant aux séductions de cet esprit apostat, Dieu donna une preuve de Son amour en consentant à ce que Son Fils unique mourût pour la race déchue. Le caractère de Dieu se révèle dans le sacrifice expiatoire du Christ. Le puissant argument de la croix démontre à tout l'univers que le gouvernement de Dieu ne fut aucunement responsable de la voie de péché que Lucifer avait choisie.

Dans la lutte entre Christ et Satan, durant le ministère terrestre du Sauveur, le véritable caractère du grand séducteur se révéla. Rien ne fut plus propre à éteindre chez les anges célestes et chez tous les habitants de l'univers restés loyaux la dernière étincelle d'affection pour Lucifer, que sa guerre cruelle contre le Rédempteur du monde. L'audace blasphématoire avec laquelle il osa demander à Jésus de lui rendre hommage, la hardiesse présomptueuse qui le poussa à Le transporter au sommet de la montagne et sur le haut du temple, la perfidie dont il fit preuve en L'engageant à se jeter de cette hauteur vertigineuse, la malignité inlassable avec laquelle il poursuivit le Sauveur de lieu en lieu, inspirant aux sacrificateurs et au peuple de repousser Son amour, et finalement de pousser le cri de : "Crucifie-Le ! Crucifie-Le !" — tout cela excita la surprise et l'indignation de l'univers.

Ce fut Satan qui poussa le monde à rejeter Christ. Le prince du mal fit tous ses efforts et employa toutes ses ruses pour faire mourir Jésus ; car il voyait que Sa miséricorde et Son amour, Sa compassion et Sa tendre pitié représentaient le caractère de Dieu aux yeux des hommes. Satan contesta tout ce que dit le Fils de Dieu, et employa les hommes comme agents pour remplir la vie du Sauveur de souffrances et de chagrins. Les sophismes et les mensonges par lesquels il avait cherché à entraver l'œuvre de Jésus, la haine manifestée par les enfants de rébellion, ses accusations cruelles contre Celui dans la vie duquel éclatait une bonté sans exemple, tout cela provenait d'un profond sentiment de vengeance. Les feux concentrés de l'envie et de la malice, de la haine et de la vengeance, éclatèrent au Calvaire contre le Fils de Dieu, tandis que le ciel entier regardait cette scène dans une silencieuse horreur.

Lorsque le grand sacrifice eut été consommé, Christ monta au ciel, refusant l'adoration des anges jusqu'à ce qu'il eut présenté cette requête : "Père, Je veux que là où Je suis ceux que tu M'as donnés soient aussi avec Moi [5]." Alors, avec une tendresse inexprimable, le Père répondit de Son trône de gloire : "Que tous les anges de Dieu L'adorent [6]." Il n'y avait aucune tache sur Jésus. Son humiliation achevée, Son sacrifice accompli, il Lui fut donné un nom au-dessus de tout autre nom.

Dès ce moment, la culpabilité de Satan se montra sans excuse. Il s'était révélé tel qu'il était : menteur et meurtrier. On vit que le même esprit par lequel il gouvernait les enfants des hommes qui étaient sous son pouvoir, il l'aurait manifesté dans le ciel, s'il avait pu en gouverner les habitants. Il avait prétendu que la transgression de la loi de Dieu apporterait la liberté et des jouissances supérieures ; mais on vit que les résultats en étaient la servitude et la dégradation.

Ses accusations mensongères contre le caractère et le gouvernement de Dieu parurent sous leur vrai jour. Il avait accusé Dieu de ne chercher, en exigeant la soumission et l'obéissance de Ses créatures, qu'à s'exalter Lui-même, et avait déclaré que tandis que le Créateur exigeait des autres le renoncement, Il n'en pratiquait Lui-même aucun et ne faisait aucun sacrifice. Alors on vit que pour sauver une race déchue et coupable, le Maître de l'univers avait fait le plus grand sacrifice que l'amour pût faire ; "car Dieu était en Christ, réconciliant le monde avec Lui-même [7]." On reconnut aussi que, tandis que Lucifer avait ouvert la porte au péché par sa soif d'honneurs et de suprématie, Christ avait, pour détruire le péché, consenti à s'abaisser et à devenir obéissant jusqu'à la mort.

Dieu avait montré l'horreur qu'Il avait des principes de rébellion. Le ciel entier vit Sa justice se révéler, à la fois dans la condamnation de Satan et dans la rédemption de l'homme. Lucifer avait déclaré que si la loi de Dieu était invariable, et que si sa pénalité ne pouvait être remise, tout transgresseur devait être à jamais exclu de la faveur du Créateur. Il avait prétendu que la race pécheresse s'était placée au-delà de toute possibilité de rédemption, et devenait par conséquent sa légitime proie.

Mais la mort du Christ fut un argument irréfutable en faveur de l'homme. La pénalité de la loi tomba sur Celui qui était égal à Dieu, et l'homme fut libre d'accepter la droiture du Christ, et de triompher par une vie de repentance et d'humiliation, comme le Fils de Dieu avait triomphé de la puissance de Satan. Ainsi Dieu est juste, tout en justifiant tous ceux qui croient en Jésus.

Mais ce ne fut pas seulement pour accomplir la rédemption de l'homme que Christ vint souffrir et mourir sur la terre. Il vint "rendre la loi magnifique et illustre." Ce ne fut pas seulement pour que les habitants de ce monde eussent pour la loi le respect qu'elle réclame ; mais ce fut pour démontrer à tous les mondes de l'univers que la loi de Dieu est immuable. Si ses droits avaient pu être dédaignés, le Fils de Dieu n'aurait pas eu besoin de donner Sa vie pour en racheter la transgression. La mort du Christ prouve qu'elle est immuable. Et le sacrifice auquel l'amour infini poussa le Père et le Fils, afin que les pécheurs pussent être rachetés, démontre à l'univers entier — et rien d'autre que ce plan de rédemption n'eut pu fournir cette démonstration — que la justice et la miséricorde sont le fondement de la loi et du gouvernement de Dieu.

Dans l'exécution finale du jugement, on verra que le péché n'a point de cause. Lorsque le Juge de toute la terre demandera à Satan : "Pourquoi t'es-tu rebellé contre Moi, et M'as-tu ravi les sujets de Mon royaume ?" l'auteur du mal ne pourra donner aucune excuse. Toute bouche sera fermée, et tous les sujets rebelles seront sans voix.

La croix du calvaire, en déclarant l'immutabilité de la loi, proclame à l'univers que le salaire du péché, c'est la mort. Ce cri du Sauveur expirant : "Tout est accompli", fut le glas funèbre de Satan. Le sort de la grande controverse, qui avait duré si longtemps, fut alors décidé, et l'extirpation finale du péché fut rendue certaine. Le Fils, de Dieu passa à travers les portiques de la tombe, "afin que, par la mort, Il anéantît celui qui avait la puissance de la mort, c'est-à-dire, le diable [8]." Le désir que Lucifer avait eu de s'élever l'avait poussé à dire : "J'élèverai mon trône au-dessus des étoiles de Dieu ; … je serai semblable au Très-Haut." Dieu déclare : "Je te réduis en cendre sur la terre, … tu ne seras plus à jamais [9]." Lorsque "le jour, ardent comme une fournaise" viendra, "tous les hautains et tous les méchants seront comme du chaume ; le jour qui vient les embrasera, dit l'Eternel des armées, il ne leur laissera ni racine ni rameau [10]."

Tout l'univers aura été témoin de la nature et des résultats du péché. Et son entière destruction qui, dans l'origine, eût rempli les anges de crainte et eût nui à la gloire de Dieu, démontrera alors Son amour, et établira Sa gloire devant un univers d'êtres qui feront de Sa volonté leurs délices, et dans le cœur desquels Sa loi sera inscrite. Jamais le mal ne reparaîtra. La Parole de Dieu dit : "La détresse ne paraîtra pas deux fois [11]." La loi de Dieu, que Satan a qualifiée de lien de servitude, sera honorée sous le nom de loi de la liberté. La création, d'une fidélité désormais éprouvée, ne se détournera plus jamais de la soumission qu'elle doit à Celui qui s'est manifesté pleinement devant tous comme étant d'un amour insondable et d'une sagesse infinie.

---

1 Col. 1 : 16.

2 Ezé. 28 : 12-15, 17.

3 Ezé. 28 : 6 ;
  Esa. 14 : 13, 14.

4 Ex. 34 : 6, 7.

5 Jean 17 : 24.

6 Héb. 1 : 6.

7 2 Cor. 5 : 19.

8 Héb. 2 : 14.

9 Esa. 14 : 13, 14 ;

10 Mal. 4 : 1.

11 Nahum 1 : 9.

Ezé. 28 : 18, 19.

CHAPITRE XXX

L'INIMITIÉ ENTRE L'HOMME ET SATAN

"Je mettrai inimitié entre toi et la femme, entre ta postérité et sa postérité : celle-ci t'écrasera la tête, et tu lui blesseras le talon [1]." La sentence divine prononcée contre Satan, après la chute de l'homme, était aussi une prophétie, qui, embrassant tous les âges jusqu'aux derniers temps, prédisait la grande lutte qu'auraient à livrer toutes les générations d'hommes qui vivraient sur la terre.

Dieu dit : "Je mettrai inimitié." Cette inimitié ne devait pas être le fait de l'homme. Lorsque l'homme transgressa la loi divine, sa nature devint mauvaise, et il se trouva d'accord et non en mésintelligence avec Satan. Il n'existe naturellement aucune inimitié entre l'homme pécheur et l'auteur du mal. L'un et l'autre devinrent méchants par leur séparation d'avec Dieu. L'apostat n'est en repos que lorsqu'il a pu gagner la sympathie et la complicité des autres, en les engageant à suivre son exemple. C'est pourquoi les anges déchus et les hommes méchants s'unissent en une association désespérée. Si Dieu ne s'était pas interposé, Satan et l'homme se seraient alliés contre le ciel ; et au lieu d'avoir de l'inimitié contre Satan, la famille humaine toute entière eût été unie dans son opposition à Dieu.

Satan tenta l'homme pour le faire pécher, comme il avait poussé les anges à la révolte : afin de s'assurer leur coopération dans sa lutte contre le ciel. Il n'y avait aucune dissension entre lui et les anges déchus quant à la haine qu'ils portaient à Christ ; tandis qu'ils étaient en désaccord sur tous les autres points, ils étaient étroitement unis dans leur opposition à l'autorité du Maître de l'univers. Mais lorsque Satan entendit la déclaration qu'il y aurait inimitié entre lui et la femme, et entre sa postérité et la postérité de la femme, il sut que ses efforts pour corrompre la nature humaine seraient contrecarrés ; que, par un moyen quelconque, l'homme serait mis à même de lui résister.

Ce qui allume l'inimitié de Satan contre la race humaine, c'est qu'elle est, par Christ, l'objet de l'amour et de la miséricorde de Dieu. Tout son désir est de faire échouer le divin plan de la rédemption de l'homme ; de déshonorer Dieu, en mutilant et en souillant Ses ouvrages ; de remplir le ciel de douleur, et la terre de misère et de désolation. Et il montra ce mal à tous, comme le résultat du travail de Dieu en créant l'homme.

La grâce que Christ implante dans l'âme, crée l'inimitié contre Satan. Sans cette grâce transformatrice et cette puissance rénovatrice, l'homme demeurerait l'esclave de Satan, serviteur toujours prêt à exécuter ses ordres. Mais le nouveau principe qui entre dans son âme fait naître un conflit là où la paix avait régné jusqu'à ce moment. La puissance que Christ communique, rend l'homme capable de résister au tyran, à l'usurpateur. Quiconque déteste le péché au lieu de l'aimer, quiconque résiste aux passions qui ont régné dans son cœur et les surmonte, démontre qu'un principe est à l'œuvre en lui, qui vient entièrement d'en haut.

L'opposition existant entre l'esprit du Christ et l'esprit de Satan parut d'une manière frappante dans la réception que le monde fit à Jésus. Ce ne fut point tant parce qu'Il paraissait privé des richesses de ce monde, sans pompe ni grandeur, que les Juifs Le repoussèrent. Ils virent qu'Il avait une puissance qui eût plus que compensé le manque de ces avantages extérieurs. Mais la pureté et la sainteté du Christ attirèrent contre Lui la haine des impies. Sa vie de renoncement, exempte de péché, était une réprimande continuelle pour ce peuple orgueilleux et sensuel. C'était cela qui attirait la haine contre le Fils de Dieu. Satan et ses mauvais anges se joignirent aux hommes impies. Toutes les puissances de l'apostasie conspirèrent contre le Champion de la vérité.

La même inimitié qui se manifesta contre le Maître, se manifeste contre les disciples du Christ. Quiconque comprend la nature repoussante du péché, et, avec la puissance d'en haut, résiste à la tentation, excitera sûrement la colère de Satan et de ses sujets. La haine des purs principes de la vérité, les accusations et les persécutions contre ses défenseurs, existeront aussi longtemps que le péché et les pécheurs. Les disciples et les serviteurs de Satan ne peuvent s'accorder. Le scandale de la croix n'a pas cessé. "Or, tous ceux qui veulent vivre pieusement en Jésus-Christ seront persécutés [2]."

Les agents de Satan travaillent continuellement sous sa direction à établir son autorité et à élever son royaume en opposition au gouvernement de Dieu. A cette fin, ils cherchent à séduire les disciples du Christ, et à les détourner de l'obéissance. Comme leur chef, ils tordent et pervertissent les Ecritures pour mieux y parvenir. De même que Satan essaya de souiller la gloire de Dieu, ses agents cherchent à nuire au peuple de Dieu. L'esprit qui mit à mort Christ, pousse les méchants à faire mourir Ses disciples. Tout cela est prédit dans cette première prophétie : "Je mettrai de l'inimitié entre toi et la femme, entre ta postérité et la postérité de la femme." Tel sera l'état des choses jusqu'à la fin des temps.

Satan rassemble toutes ses forces, et jette toute sa puissance dans le combat. Pourquoi ne rencontre-t-il pas une plus grande résistance ? Pourquoi les soldats du Christ sont-ils si endormis et si indifférents ? — C'est à cause de leur grand défaut de vraie communion avec Christ ; c'est parce qu'ils sont destitués de Son Esprit. Ils n'ont pas le péché en horreur comme leur Maître. Ils ne le repoussent pas, comme Christ, d'une manière ferme et énergique. Ils ne conçoivent pas la hideur et la malignité infinie du péché, et ils sont aveuglés tant sur le caractère que sur la puissance du prince des ténèbres. Il n'y a que peu d'inimitié contre Satan et ses œuvres, parce qu'on ignore grandement sa puissance et sa malice, comme aussi l'immense étendue de sa lutte contre Christ et Son église. Des multitudes sont dans l'erreur à cet égard. Elles ne savent pas que leur ennemi est un puissant capitaine qui dirige les intelligences des mauvais anges, et que par des plans bien calculés et une savante stratégie, il fait la guerre à Christ pour empêcher que des âmes ne soient sauvées. Parmi ceux qui professent le christianisme, même parmi les ministres de l'Evangile, on entend à peine parler de Satan, à part, peut-être, de rares allusions du haut de la chaire. Ils ne font point attention aux signes évidents qui montrent son activité incessante et son succès ; ils négligent les nombreux avertissements de sa subtilité ; ils semblent ignorer jusqu'à son existence.

Tandis que les hommes ignorent ses artifices, cet ennemi vigilant est à chaque moment sur leur trace. Il s'introduit dans tous les ménages, dans toutes les rues de nos villes, dans les églises, dans les conseils de la nation, dans les séances des tribunaux, troublant, trompant, séduisant, partout ruinant les âmes et les corps des hommes, des femmes et des enfants, rompant les liens de famille, semant la haine, les animosités, les séditions et les meurtres. Et le monde chrétien semble regarder ces choses comme si Dieu les avait voulues, et qu'elles dussent exister.

Satan cherche continuellement à ruiner le peuple de Dieu, en rompant les barrières qui séparent les chrétiens des mondains. Les anciens Israélites furent entraînés au péché, lorsqu'ils s'aventurèrent à former des associations défendues avec les païens. L'Israël moderne est entraîné loin de la piété de la même manière. "Le dieu de ce siècle a aveuglé l'esprit des incrédules, afin qu'ils ne vissent pas briller la splendeur de l'Evangile de la gloire du Christ, qui est l'image de Dieu [3]." Tous ceux qui ne sont pas de fervents disciples du Christ sont des serviteurs de Satan. Le cœur non régénéré aime le péché ; il a la disposition de s'y attacher et de l'excuser. Le cœur renouvelé hait le péché et a la détermination d'y résister. Lorsque les chrétiens choisissent la société des impies et des incrédules, ils s'exposent à la tentation. Satan se cache, et leur jette secrètement un bandeau trompeur sur les yeux. Ils ne comprennent pas qu'une telle société ne peut que leur faire du mal, et tandis qu'ils parlent et agissent de plus en plus comme le monde, ils deviennent de plus en plus aveugles.

L'église, en se conformant aux coutumes du monde, devient mondaine ; mais jamais le monde n'en devient chrétien. A mesure qu'on se familiarise avec le péché, il paraît inévitablement moins repoussant. Celui qui, par préférence, s'allie aux serviteurs de Satan, cessera bientôt de craindre leur maître. Lorsque nous sommes éprouvés sur le chemin du devoir, ainsi que le fut Daniel à la cour des rois, nous sommes sûrs de la protection de Dieu ; mais si nous nous plaçons à la merci de la tentation, nous tomberons tôt ou tard.

Le tentateur agit parfois avec le plus de succès par ceux qui sont le moins soupçonnés d'être sous son influence. On admire et on honore des personnes instruites et éminemment douées, comme si ces qualités pouvaient racheter l'absence de la crainte de Dieu, ou étaient des titres à Sa faveur. Considérés en eux-mêmes, les talents, l'instruction sont des dons de Dieu ; mais quand ces avantages sont pris comme remplaçant la piété ; quand, au lieu de rapprocher l'âme de Dieu ils l'en éloignent, ils deviennent une malédiction et un piège. Beaucoup de gens pensent que tout ce qui paraît aimable ou de bon ton doit être, en un certain sens, chrétien. Il n'y eut jamais de plus grande erreur. Ces qualités devraient orner le caractère de tout chrétien, car elles exerceraient une puissante influence en faveur de la vraie religion ; mais elles doivent être consacrées à Dieu, sinon elles sont aussi une puissance pour le mal. Bien des gens affables et intelligents, qui ne voudraient pas se laisser aller à ce qui est généralement regardé comme des actes immoraux, ne sont que de brillants instruments dans les mains de Satan. La nature insidieuse et trompeuse de leur influence et de leur exemple en fait des ennemis de la cause du Christ beaucoup plus dangereux que ne le sont ceux qui sont désagréables, grossiers, brutaux et dégradés.

En priant avec ferveur, et en se confiant en Dieu, Salomon obtint une sagesse qui excita l'étonnement et l'admiration du monde. Mais lorsqu'il se détourna de la Source de sa force, et s'en alla, appuyé sur lui-même, il devint la proie de la tentation. Alors les facultés merveilleuses qui avaient été accordées au plus sage des rois, n'en firent qu'un agent plus influent de l'adversaire des âmes.

Tandis que Satan cherche constamment à aveugler les esprits sur ce fait, que les chrétiens n'oublient jamais que "nous n'avons pas à lutter contre la chair et le sang, mais contre les dominations, contre les autorités, contre les princes de ce monde de ténèbres, contre les esprits méchants dans les lieux célestes [4]." Cet avertissement inspiré retentit à travers les siècles jusqu'à notre temps : "Soyez sobres, veillez ; votre adversaire, le diable, rôde comme un lion rugissant, cherchant qui il dévorera [5]." "Revêtez-vous de toutes les armes de Dieu, afin de pouvoir tenir ferme contre les ruses du diable [6]."

Depuis les jours d'Adam jusqu'à présent, notre grand ennemi a employé sa puissance pour opprimer et détruire. Il se prépare maintenant pour une dernière campagne contre l'église. Tous ceux qui s'efforcent de suivre Jésus se trouveront en lutte avec cet infatigable ennemi. Plus le chrétien imite de près le divin Modèle, plus il deviendra le point de mire des attaques de l'ennemi. Tous ceux qui sont activement occupés à l'œuvre de Dieu, cherchant à démasquer les séductions du méchant, et à présenter Christ au monde, pourront s'unir à Paul lorsqu'il dit qu'il sert le Seigneur en toute humilité d'esprit, avec larmes et dans les tentations.

Satan assaillit Christ de ses tentations les plus violentes et les plus subtiles ; mais il fut battu à chaque assaut. Ces combats ont été livrés en notre faveur ; ces victoires nous donnent la possibilité de vaincre. Christ donnera de la force à tous ceux qui la demandent. Personne ne peut être vaincu par Satan à moins d'y consentir. Le tentateur n'a pas le pouvoir de gouverner la volonté ou de forcer l'âme à pécher. Il peut angoisser, mais non contaminer. Il mettra le chrétien à l'agonie, mais il ne peut le corrompre. Le fait que Christ a vaincu devrait inspirer du courage à Ses disciples, et les pousser à combattre vaillamment dans la lutte contre le péché et contre Satan.

---

1 Gen. 3 : 15.	3 2 Cor. 4 : 4.	5 1 Pier. 5 : 8.
2 2 Tim. 3 : 12.	4 Eph. 6 : 12.	6 Eph. 6 : 11.

CHAPITRE XXXI

LE RÔLE DES MAUVAIS ESPRITS

Les rapports qui existent entre le monde visible et le monde invisible, le ministère des anges de Dieu, et le rôle des mauvais esprits, sont clairement révélés dans les Ecritures, et se relient inséparablement avec l'histoire humaine. Mais aujourd'hui la croyance à l'existence des mauvais esprits tend à disparaître, et un grand nombre de personnes voient dans les saints anges "qui sont envoyés pour exercer un ministère en faveur de ceux qui doivent hériter du salut [1]", ni plus ni moins que les esprits des trépassés. Or les Ecritures enseignent non seulement l'existence des anges, tant des mauvais que des bons, mais elles contiennent des preuves irrécusables qu'ils ne sont nullement les esprits désincarnés d'hommes ayant habité sur la terre.

Les anges existaient avant la création de l'homme ; car il est dit qu'avant que les fondements de la terre fussent posés, "les étoiles du matin éclataient en chants d'allégresse et que tous les fils de Dieu poussaient des cris de joie [2]." Après la chute de l'homme, des anges furent envoyés pour garder l'arbre de vie, alors qu'aucun être humain n'était encore passé par la mort. De leur nature, les anges sont supérieurs à l'homme, car le Psalmiste dit que ce dernier a été "fait de peu inférieur aux anges [3]."

La Parole de Dieu nous apprend le nombre, la puissance et la gloire des êtres célestes ; leurs fonctions dans le gouvernement de Dieu, ainsi que leurs relations avec l'œuvre de la rédemption. "L'Eternel a établi Son trône dans les cieux, et Son règne domine sur toutes choses." "J'entendis, dit le prophète, la voix de beaucoup d'anges autour du trône." Ils siègent dans la salle du trône du Roi des rois, "Ses anges puissants en force", qui obéissent "à la voix de Sa parole [4]." Le prophète Daniel les avait vus, ces êtres célestes, au nombre de mille milliers et de dix mille millions. L'apôtre Paul les appelait les "myriades [5]." Ces messagers de Dieu courent et reviennent "comme la foudre [6]", si éblouissante est leur gloire, et si rapide est leur vol. L'ange qui apparut au sépulcre du Sauveur, le visage "comme la foudre", et le vêtement "blanc comme la neige", causa aux gardes une telle frayeur, qu'"ils devinrent comme morts [7]." Quand Sanchérib, l'insolent monarque Assyrien, eut outragé et insulté Dieu, et menacé Israël de destruction, "cette nuit-là, l'ange de l'Eternel sortit, et frappa dans le camp des

Assyriens cent quatre-vingt-cinq mille hommes." L'ange "extermina ... tous les vaillants hommes, les princes et les chefs" de l'armée de Sanchérib, "et le roi confus retourna dans son pays [8]."

Les anges sont envoyés aux enfants de Dieu en missions de miséricorde. A Abraham, avec de douces promesses ; à Lot, pour l'arracher aux flammes de Sodome ; à Elie, au moment où il allait périr de fatigue et de faim dans le désert ; à Elisée, pour entourer de chariots de feu et de chevaux la petite ville où il était enfermé par ses ennemis ; à Daniel, soit lorsqu'il implorait la sagesse de Dieu à la cour d'un roi païen, soit au moment où il allait devenir la proie des lions ; à Pierre, condamné à mort dans le cachot d'Hérode ; aux prisonniers de Philippe ; à Paul et à ses compagnons, au milieu d'une tempête nocturne ; ils furent envoyés pour ouvrir l'esprit de Corneille à l'Evangile ; pour dépêcher Pierre, avec un message de salut, chez le centenier. Voilà comment, dans tous les siècles, les saints anges ont exercé leur ministère en faveur du peuple de Dieu.

Chaque disciple du Christ a son ange gardien. Ces célestes surveillants protègent les justes de la puissance du malin. Satan lui-même le reconnaissait, lorsqu'il disait : "Est-ce d'une manière désintéressée que Job craint Dieu ? Ne l'as-tu pas protégé, lui, sa maison, et tout ce qui est à lui ? [9]." Le moyen dont Dieu se sert pour protéger Son peuple nous est indiqué dans ces paroles du Psalmiste : "L'ange de l'Eternel campe autour de ceux qui Le craignent, et Il les arrache au danger [10]." Parlant de ceux qui croient en Lui, le Sauveur disait : "Gardez-vous de mépriser un seul de ces petits ; car Je vous dis que leurs anges dans les cieux voient continuellement la face de Mon Père qui est dans les cieux [11]." Les anges chargés de veiller sur les enfants de Dieu ont à toute heure accès auprès de Lui.

Exposé qu'il est à la fourbe puissante et à la malice sans relâche du prince des ténèbres et en lutte contre toutes les forces du mal, le peuple de Dieu est assuré de l'attention soutenue et affectueuse de la protection continuelle des anges du ciel. Cette protection n'est point superflue. Si Dieu a promis à Ses enfants Sa grâce et Son secours, c'est qu'ils ont à affronter les redoutables puissances du mal, puissances multiples, audacieuses et infatigables, dont nul ne peut sans danger ignorer ou mépriser la malignité et la force.

Les mauvais esprits, créés au commencement sans péché, étaient semblables, par leur nature, leur force et leur gloire, aux êtres saints qui sont maintenant les messagers de Dieu. Déchus pour avoir péché, ils ont formé une ligue dont le but est de déshonorer Dieu et de détruire la race humaine. Unis avec Satan dans sa rébellion, et chassés du ciel avec lui, ils ont depuis lors, de siècle en siècle, été ses complices dans sa guerre contre l'autorité divine. Les Ecritures nous parlent de leur fédération, de leur gouvernement, de leurs différents degrés, de leur intelligence et de leur astuce, comme aussi de leurs trames cruelles contre la paix et le bonheur des hommes.

Les faits historiques de l'Ancien Testament mentionnent parfois leur existence et leurs agissements ; mais c'est durant le temps que Christ passa sur la terre, que les mauvais esprits manifestèrent leur puissance de la manière la plus frappante. Christ était venu pour commencer l'exécution du plan formé pour la rédemption de l'homme, et Satan résolut d'affirmer son droit de gouverner le monde. Il avait réussi à établir l'idolâtrie dans tous les lieux de la terre, sauf la Palestine. Christ venait répandre la lumière du ciel sur le seul pays qui ne s'était pas entièrement placé sous le joug du tentateur. Deux pouvoirs y réclamèrent la suprématie. Jésus étendait Ses bras d'amour, invitant tous ceux qui désiraient chercher en Lui le pardon et la paix. Les puissances des ténèbres virent qu'elles ne possédaient pas un pouvoir illimité, et elles comprirent que si Sa mission réussissait, leur règne prendrait bientôt fin. Satan se débattit comme un lion enchaîné, et déploya furieusement son pouvoir sur les corps, aussi bien que sur les âmes des hommes.

Il est clairement démontré dans le Nouveau Testament que des hommes ont été possédés de démons. Les individus ainsi affligés ne souffraient pas seulement de maladies dont les causes étaient naturelles. Christ savait parfaitement avec qui Il avait affaire, et Il reconnaissait la présence et l'action directe des mauvais esprits.

Un exemple frappant de leur nombre, de leur puissance et de leur malice, comme aussi de la puissance miséricordieuse du Christ, nous est donné, dans le récit de la guérison des démoniaques de Gadara. Ces malheureux maniaques, méprisant toute retenue, se tordaient, écumaient, brisaient tout et remplissaient l'air de leurs cris, se maltraitant, et battant ceux qui les approchaient. Leurs corps couverts de sang et défigurés, leur esprit égaré, présentaient un spectacle des plus agréables au prince des ténèbres. Un des démons qui avaient puissance sur ces malades, dit : "Légion est mon nom, … car nous sommes plusieurs [12]." Dans l'armée romaine, la légion se composait de trois à cinq mille hommes. Les armées de Satan sont ainsi disposées par compagnies, et la compagnie seule à laquelle ces démons appartenaient, ne comptait pas moins d'une légion.

Au commandement de Jésus, les esprits malins abandonnèrent leurs victimes, les laissant calmement assis aux pieds du Sauveur, soumis, doux et intelligents. Mais les démons reçurent la permission de précipiter un troupeau de pourceaux dans la mer ; et les Gadaréniens, estimant davantage leurs porcs que les bénédictions que Jésus leur avait apportées, prièrent le divin médecin de s'éloigner de leurs quartiers. C'est là ce que Satan désirait. En jetant la faute de leur perte sur Jésus, il réveilla les craintes égoïstes du peuple, et les empêcha d'écouter Ses paroles. Satan accuse sans cesse les chrétiens d'être la cause d'accidents, de malheurs et de souffrances, au lieu d'en laisser tomber le blâme sur ceux qui le méritent, sur lui et ses agents.

Mais le but du Christ ne fut pas déjoué. Il permit aux esprits malins de détruire ce troupeau de pourceaux, comme une répréhension contre ces Juifs qui, par amour du gain, élevaient ces animaux impurs. Si Christ n'avait pas retenu ces démons, ils auraient précipité non seulement les pourceaux, mais aussi leurs propriétaires et leurs gardiens. La préservation des gardiens et des propriétaires ne fut due qu'à Son intervention miséricordieuse. Bien plus, cette scène fut permise afin que les disciples fussent témoins de la puissance cruelle de Satan sur les hommes et sur les animaux. Le Sauveur désirait que Ses disciples connussent l'ennemi qu'ils auraient à affronter, afin qu'ils ne fussent pas trompés et vaincu par ses artifices. Il voulait aussi que le peuple de cette région voie qu'Il avait la force de briser la puissance de Satan, et de délivrer ceux qu'il retenait captifs. Et quoique Jésus s'éloignât, les hommes si miraculeusement délivrés demeurèrent pour proclamer la miséricorde de leur Bienfaiteur.

D'autres exemples semblables nous sont rapportés dans les Ecritures. La fille d'une femme syro-phénicienne cruellement tourmentée par un démon en fut délivrée par Jésus, qui le chassa par Sa parole [13]. Le "démoniaque aveugle et muet [14]" ; le jeune homme "possédé d'un esprit muet", qui "le jetait par terre", "en quelque lieu qu'il le saisît" et qui l'avait "jeté dans le feu et dans l'eau pour le faire périr [15]" ; le lunatique dont "l'esprit de démon impur [13]" troublait la tranquillité du Sabbat dans la synagogue de Capernaüm ; furent tous guéris par le Sauveur compatissant. Dans presque chaque cas, Christ s'adresse au démon comme à un être intelligent, lui ordonnant de sortir de sa victime et de ne plus la tourmenter. Ceux qui célébraient le culte à Capernaüm, voyant Sa grande puissance, "furent saisis de stupeur, et ils se disaient les uns aux autres : Quelle est cette parole ? Il commande avec autorité et puissance aux esprits impurs, et ils sortent ! [16]"

Ces possédés de démons sont ordinairement représentés comme étant dans une condition de grande souffrance ; pourtant, il y avait des exceptions à cette règle. Dans le but d'obtenir un pouvoir surnaturel, quelques personnes accueillaient volontiers l'influence satanique. Elles n'avaient naturellement aucune lutte avec les démons. Parmi ces gens se trouvaient Simon le magicien, Elimas le sorcier, et la jeune fille devineresse qui suivait Paul et Silas dans la ville de Philippes.

Nul n'est dans un plus grand danger de tomber sous l'influence des malins esprits que ceux qui, malgré le témoignage direct et suffisant des Ecritures, nient l'existence du diable et de ses agents. Tant que nous ignorons leurs ruses, ils ont un avantage inconcevable ; beaucoup écoutent leurs suggestions, et croient suivre les directions de leur propre sagesse. C'est pourquoi, à mesure que nous approchons du temps de la fin, alors que Satan doit travailler avec plus de force que jamais pour séduire et détruire, il répand partout la croyance qu'il n'existe pas. Sa politique est de se cacher, lui et sa manière d'agir.

Ce grand séducteur ne craint rien tant que de nous voir démasquer ses ruses. Pour mieux cacher son caractère réel et ses desseins, il s'est fait représenter de manière à n'exciter que le ridicule et le mépris. Il aime à se voir peint comme un être difforme, comique ou repoussant, moitié animal et moitié homme. Il est content d'entendre son nom employé comme objet de divertissement et de moquerie par des gens qui se croient intelligents et instruits.

C'est parce qu'il a réussi à se masquer avec une habileté consommée, qu'on entend si souvent demander s'il existe réellement un tel être. C'est une preuve de son succès, que des théories qui nient les témoignages les plus positifs des Ecritures, soient si généralement reçues dans le monde religieux. Et c'est parce que Satan peut si vite dominer les esprits qui sont inconscients de son influence, que la Parole de Dieu nous donne tant d'exemples de son action malfaisante, nous dévoilant ses forces cachées et nous mettant ainsi en garde contre ses assauts.

La puissance et la malice de Satan et de son armée devraient nous alarmer à bon droit, si nous ne pouvions trouver appui et délivrance en la puissance supérieure de notre Rédempteur. Nous pourvoyons soigneusement nos maisons de serrures et de verrous pour protéger nos biens et nos vies des méchants ; mais nous pensons rarement aux mauvais anges qui cherchent constamment à avoir accès en nous, et contre les attaques desquels nous n'avons en nos propres forces aucun moyen de défense. S'il leur était permis, ils pourraient troubler notre raison, contrefaire, torturer nos corps, détruire nos biens et nos vies. Ils ne jouissent que de malheurs et de destruction. Terrible est l'état de ceux qui résistent à Dieu et cèdent aux tentations de Satan, jusqu'à ce que Dieu les abandonne au pouvoir des esprits malins. Mais ceux qui suivent Christ sont toujours en sécurité sous Sa protection. Des anges puissants en force sont envoyés du ciel pour les protéger. Le malin ne peut enfoncer la garde que Dieu a placée autour des Siens.

---

1 Héb. 1 : 14.

2 Job. 38 : 7.

3 Ps. 8 : 6.

4 Ps. 103 : 19-21 ;

  Apoc. 5 : 11.

5 Dan. 7 : 10 ; Héb. 12 : 22.

6 Ezé. 1 : 14.

7 Mat. 28 : 3, 4.

8 2 Rois 19 : 35 ;

  2 Chr. 32 : 21.

9 Job 1 : 9, 10.

10 Ps. 34 : 8.

11 Mat. 18 : 10.

12 Marc 5 : 9.

13 Marc 7 : 26-30.

14 Mat. 12 : 22.

15 Marc 9 : 17-27.

16 Luc 4 : 33-36.

CHAPITRE XXXII

LES PIÈGES DE SATAN

La grande controverse entre Christ et Satan, qui se poursuit depuis près de six mille ans, tire à sa fin ; aussi Satan redouble-t-il d'efforts pour faire échouer l'œuvre du Christ en faveur de l'homme, et pour entraîner les âmes dans ses pièges. Retenir les hommes dans les ténèbres et l'impénitence jusqu'à ce que l'œuvre médiatrice du Sauveur soit terminée, et qu'il n'y ait plus de sacrifice pour le péché, tel est son but. Quand aucun effort spécial n'est fait pour résister à sa puissance, quand l'indifférence est à l'ordre du jour dans l'église et le monde, Satan est à son aise ; car il ne court aucun danger de perdre les captifs qu'il conduit à sa volonté. Mais quand l'attention des hommes est appelée sur les choses éternelles, et que les âmes demandent : "Que faut-il que je fasse pour être sauvé ?" il est sur place, opposant sa puissance à la puissance du Christ, et cherchant à contrebalancer l'influence de l'Esprit Saint.

Les Ecritures nous disent qu'un jour les anges de Dieu vinrent se présenter devant l'Eternel, Satan aussi entra parmi eux [1], non point pour se prosterner devant le Seigneur de toute la terre, mais dans l'intérêt de ses desseins criminels contre les justes. C'est dans le même but qu'il a soin de se trouver dans les lieux où les hommes s'assemblent pour adorer Dieu. Quoiqu'invisible, il travaille avec ardeur à prendre possession des fidèles. En habile général, il fait ses plans à l'avance. Lorsqu'il voit le ministre de Dieu sonder les Ecritures, il prend note du sujet qu'il va présenter à sa congrégation. Puis il emploie toute sa ruse et toute son habileté à disposer les circonstances de façon à ce que la Parole de vie ne parvienne point à ceux qu'il entraîne dans l'erreur qui va être démasquée. Il fera en sorte que la personne qui a le plus besoin de l'avertissement soit retenue par quelque affaire nécessitant sa présence, ou empêchée de quelque autre manière d'entendre les vérités qui seraient pour elle une "odeur de vie donnant la vie."

D'autres fois, Satan voit les serviteurs de Dieu angoissés à la vue des ténèbres spirituelles qui enveloppent les hommes. Il entend leurs prières ardentes, lorsqu'ils demandent à Dieu Sa grâce et Sa force pour secouer l'indifférence, l'indolence et la torpeur des âmes. Alors il redouble de zèle et d'adresse. Il tente les hommes par les plaisirs de la table ou par quelque autre sensualité, et de cette manière il endort leur sensibilité au point qu'ils n'entendent point les choses mêmes qu'ils ont le plus besoin d'apprendre.

Satan sait très bien que tous ceux qu'il peut amener à négliger la prière et l'étude de la Parole de Dieu succomberont à ses assauts. Par conséquent, il invente tous les moyens possibles pour distraire les esprits. Il y a toujours eu des gens qui, tout en professant la piété, se sont fait une spécialité de critiquer le caractère, les croyances des personnes dont ils ne partagent pas les opinions. Ce sont là les meilleurs collaborateurs de Satan. Les accusateurs des frères ne sont pas en petit nombre ; ils sont surtout actifs quand Dieu est à l'œuvre, et que Ses enfants Le servent selon la vérité. Ils donnent une fausse interprétation aux paroles et aux actions de ceux qui aiment la vérité et qui y obéissent. Ils font passer les serviteurs du Christ les plus sérieux, les plus zélés et les plus désintéressés pour des séducteurs ou des fourvoyés. Ils se donnent pour tâche de dénaturer les mobiles de toute action droite et noble, de faire circuler des insinuations malveillantes, et d'éveiller des soupçons dans les esprits candides. En un mot, tous les moyens leur sont bons pour faire envisager ce qui est pur et honnête comme étant corrompu et de mauvaise foi.

Mais il n'est pas nécessaire de se laisser égarer par eux. Il est facile de voir à qui ils appartiennent, de qui ils suivent l'exemple, et l'œuvre de qui ils accomplissent. "Vous les reconnaîtrez à leurs fruits [2]." Leur conduite ressemble à celle de Satan, le calomniateur sans scrupule, "l'accusateur de nos frères [3]."

Le grand séducteur a beaucoup d'agents à sa disposition, prêts à mettre en circulation des hérésies de tout genre, adaptées aux goûts et aux diverses capacités de ceux qu'il s'agit de ruiner. Il fait en sorte de faire entrer dans l'église des gens dépourvus de sincérité et irrégénérés, qui encouragent au doute et à l'incrédulité, et qui soient un obstacle pour tous ceux qui désirent voir l'œuvre de Dieu avancer, et avancer avec elle. Bien des personnes qui n'ont aucune foi réelle en Dieu ou en Sa Parole, donnent leur assentiment à quelques principes vrais, et passent pour chrétiennes ; cela les met à même de faire prendre leurs erreurs pour des doctrines scripturaires.

La théorie d'après laquelle ce que l'on croit ne tire pas à conséquence, est l'une des séductions de Satan qui a le plus de succès. Il sait que la vérité reçue avec amour sanctifie l'âme de celui qui l'embrasse ; aussi cherche-t-il constamment à lui substituer de fausses théories, des fables, un nouvel évangile. Dès le commencement, les serviteurs de Dieu ont combattu les faux docteurs non seulement comme des hommes vicieux, mais comme les propagateurs de faussetés qui sont fatales à l'âme. Elie, Jérémie, Paul s'opposèrent fermement et courageusement à ceux qui détournaient les hommes de la Parole de Dieu. Cette libéralité qui n'attache aucune importance à une foi religieuse éclairée et correcte, ne trouvait pas de merci auprès de ces saints défenseurs de la vérité.

Les interprétations des Ecritures vagues et fantaisistes, ainsi que les nombreuses doctrines religieuses contradictoires qui ont cours dans le monde religieux, sont l'œuvre de notre grand adversaire, qui cherche par là à jeter une telle confusion dans les esprits qu'ils ne puissent pas discerner la vérité. Les dissensions et les divisions qui séparent les diverses églises de la chrétienté proviennent en grande partie de la coutume si générale de tordre les Ecritures à l'appui de quelque doctrine favorite. Au lieu d'étudier la Parole de Dieu soigneusement et avec humilité de cœur, dans le but d'obtenir la connaissance de Sa volonté, il est beaucoup de personnes qui ne cherchent qu'à y trouver quelque chose de bizarre et d'original.

Dans le but de soutenir des doctrines erronées ou des pratiques anti-bibliques, on en voit qui s'emparent de passages de l'Ecriture qu'ils séparent du contexte, ne citant parfois, pour prouver leur idée, que la moitié d'un verset, alors que la fin du verset eût renversé leur interprétation. Ils se retranchent avec l'habileté du serpent derrière des phrases isolées, citées de manière à favoriser leurs désirs charnels. C'est ainsi que, de propos délibéré, un grand nombre de personnes pervertissent la Parole de Dieu. D'autres, douées d'une imagination fertile, s'emparent des figures et des symboles du Saint Livre, les interprètent conformément à leur fantaisie, sans s'inquiéter de l'ensemble du témoignage de l'Ecriture qui est son propre interprète, puis présentent leurs extravagances comme les enseignements de la Bible.

Chaque fois que l'on se livre à l'étude des Ecritures sans être animé d'un esprit de prière, avec humilité et sans parti pris, les passages les plus clairs et les plus simples, comme les plus difficiles, seront mal compris. Les ecclésiastiques romains choisissent dans les Ecritures des passages qui leur conviennent, les interprètent à leur façon, puis les présentent au peuple, tout en lui défendant d'étudier la Bible et de comprendre pour lui-même ses vérités sacrées. C'est la Bible tout entière et telle qu'elle est qui devrait être donnée au peuple. Il vaudrait mieux qu'il n'eût aucune instruction religieuse que de recevoir les enseignements de la Bible si grossièrement dénaturés.

La Bible a été destinée à être un guide pour tous ceux qui désirent connaître la volonté de leur Créateur. Dieu a donné aux hommes la parole très ferme de la prophétie ; des anges, et Christ Lui-même, vinrent pour faire connaître à Daniel et à Jean les choses qui doivent arriver bientôt. Les choses importantes qui concernent notre salut n'ont pas été enveloppées de mystère. Elles n'ont pas été révélées de manière à embarrasser et à égarer celui qui cherche la vérité avec sincérité. L'Eternel disait au prophète Habacuc : "Ecris la prophétie, grave-la sur des tables, afin qu'on la lise couramment [4]." La Parole de Dieu est claire pour tous ceux qui l'étudient avec un cœur dirigé vers Dieu. Chaque âme vraiment honnête viendra à la lumière de la vérité. "La lumière est semée pour le juste [5]." Aussi aucune église ne peut faire des progrès dans la sainteté, à moins que ses membres ne recherchent ardemment la vérité comme un trésor caché.

Par le cri, "libéralité", les hommes sont aveuglés par les pièges de l'adversaire, tandis qu'il travaille incessamment et sans relâche à l'accomplissement de ses desseins. A mesure qu'il réussit à supplanter la Bible par les spéculations humaines, la loi de Dieu est mise de côté, et les églises sont placées sous l'esclavage du péché, alors qu'elles prétendent être libres.

Pour un grand nombre, les recherches scientifiques sont devenues une malédiction. En permettant toutes sortes de découvertes dans les sciences et les arts, Dieu a versé sur le monde un déluge de lumière ; mais les esprits les plus puissants eux-mêmes, s'ils ne sont pas guidés par la Parole de Dieu dans leurs recherches, seront frappés d'éblouissement dans leurs tentatives à concilier la science et la Révélation.

La connaissance humaine, tant dans les choses matérielles que dans les choses spirituelles, est limitée et imparfaite ; c'est pour cela que beaucoup d'esprits sont incapables de faire concorder leurs notions scientifiques avec les déclarations des Ecritures. Bien des gens acceptent de simples théories et des spéculations comme des faits scientifiques, et pensent que la Parole de Dieu doit être éprouvée par les enseignements d'une "science faussement ainsi nommée." Le Créateur et Ses œuvres dépassent les limites de leur intelligence ; et comme ils ne peuvent les expliquer par des lois naturelles, ils regardent l'histoire biblique comme n'étant pas digne de foi. Ceux qui doutent de la véracité des récits de l'Ancien et du Nouveau Testament font trop souvent un pas de plus, et en arrivent à douter de l'existence de Dieu et à attribuer une puissance infinie à la nature. Ayant lâché leur ancre, ils viennent se briser contre les écueils de l'incrédulité.

C'est ainsi que bien des hommes s'égarent loin de la foi, et sont séduits par le diable. Les hommes ont voulu être plus sages que leur Créateur ; la philosophie a tenté de sonder et d'expliquer des mystères qui ne seront jamais révélés à travers les âges éternels. Si les hommes se bornaient à sonder et à comprendre ce que Dieu leur a révélé de Lui-même et de Ses desseins, ils obtiendraient une telle conception de la gloire, de la majesté et de la puissance de Jéhovah, qu'ils sentiraient toute leur petitesse, et se contenteraient de ce qui a été révélé pour eux-mêmes et pour leurs enfants.

C'est un chef-d'œuvre de la séduction de Satan que de maintenir les esprits des hommes à la recherche, à travers mille conjectures, des choses que Dieu n'a pas fait connaître et qu'il ne veut pas que nous comprenions. C'est ainsi que Lucifer a perdu sa place dans le ciel. Il devint mécontent de ce que tous les secrets des desseins de Dieu ne lui étaient pas confiés, et il ne tint aucun compte de ce qui lui avait été révélé de son œuvre à lui en vue de la position auguste qui lui avait été confiée. C'est en soulevant le même déplaisir chez les anges qui étaient sous ses ordres, qu'il causa leur chute. Il cherche aujourd'hui à faire pénétrer le même esprit dans les cœurs des hommes, et à les pousser ainsi à mépriser les commandements directs de Dieu.

Ceux qui ne veulent pas consentir à accepter les vérités claires et tranchantes de la Bible sont continuellement à la recherche de fables agréables qui tranquillisent leur conscience. Moins les doctrines qui se présentent à eux sont spirituelles, humiliantes et appelant au renoncement, et plus elles seront acceptées avec faveur. Ces gens-là pervertissent leurs facultés intellectuelles pour servir leurs désirs charnels. Trop sages à leurs propres yeux pour sonder les Ecritures l'âme contrite et demandant ardemment à Dieu de les guider, ils sont sans protection contre l'erreur. Satan est tout prêt à satisfaire les désirs de leurs cœurs, et il jette ses séductions sur leur route à la place de la vérité méprisée. C'est ainsi que la papauté a établi sa puissance sur les esprits ; et en rejetant la vérité pour la raison qu'elle amène l'opprobre, les protestants suivent la même route. Tous ceux qui, négligeant la Parole de Dieu, se livrent à des considérations d'aises et de convenances aux fins de n'être pas en désaccord avec le monde, se laisseront aller à, recevoir des hérésies fatales tout en croyant saisir la vérité religieuse. Ceux qui rejettent volontairement la vérité, accepteront toutes les erreurs imaginables. Se détournant avec horreur d'une séduction, ils tomberont dans une autre. L'apôtre Paul, parlant d'une classe de gens qui "n'ont pas reçu l'amour de la vérité pour être sauvés", ajoute : "Aussi Dieu leur enverra une puissance d'égarement, pour qu'ils croient au mensonge, afin que tous ceux qui n'ont pas cru à la vérité, mais qui ont pris plaisir à l'injustice, soient condamnés [6]." En face d'un pareil avertissement, il nous sied d'être sur nos gardes quant aux doctrines que nous recevons.

Parmi les pièges les plus redoutables du grand séducteur, sont les enseignements fallacieux et les miracles mensongers du spiritisme. Transformé en ange de lumière, l'ennemi tend ses filets là où l'on s'en doute le moins. Si les hommes voulaient seulement étudier le livre de Dieu avec un sérieux esprit de prière et dans le but de le comprendre, ils ne seraient pas tâtonnant dans les ténèbres, exposés à recevoir de fausses doctrines. Mais comme ils rejettent la vérité, ils deviennent la proie de la séduction.

Une autre erreur dangereuse, c'est la doctrine qui nie la divinité du Christ, prétendant qu'il n'existait pas avant sa venue dans ce monde. Cette théorie est reçue avec faveur par un grand nombre de personnes qui professent croire à la Bible ; et pourtant elle contredit d'une manière flagrante les paroles les plus claires de notre Sauveur concernant Ses relations avec le Père, Son caractère divin et Sa préexistence. Cette croyance ne peut se soutenir qu'à condition de faire subir aux Ecritures les violences les plus inqualifiables. Non seulement elle rabaisse nos conceptions de l'œuvre de la rédemption, mais elle sape la foi à la Bible comme révélation de Dieu. En rendant cette doctrine d'autant plus dangereuse, ce dernier fait la rend plus difficile à combattre. Quand les hommes rejettent le témoignage des Ecritures inspirées relativement à la divinité du Christ, il est inutile de vouloir en argumenter avec eux ; aucun argument, si conclusif soit-il, ne pourrait les convaincre. "L'homme naturel ne reçoit pas les choses de l'Esprit de Dieu, car elles sont une folie pour lui, et il ne peut les connaître, parce que c'est spirituellement qu'on en juge [7]." Aucune personne attachée à cette erreur, ne peut avoir une juste conception du caractère ou de la mission du Christ, ni du grand plan de Dieu pour la rédemption de l'homme.

Une autre erreur subtile et maligne, qui fait des progrès rapides, c'est la croyance que Satan n'est pas un être personnel ; que son nom n'est employé dans les Ecritures que pour représenter les mauvaises pensées et les mauvais désirs des hommes.

L'enseignement si généralement proclamé du haut des chaires populaires, que le second avènement du Christ a lieu à la mort de chaque individu, est une ruse habile qui a pour effet de détourner l'attention des hommes de la venue personnelle du Seigneur dans les nuées du ciel. Il y a des années que Satan parcourt ainsi le monde disant : "Voici, Il est dans le désert [8]" ; et bien des âmes se sont perdues en tombant dans ce piège.

La sagesse mondaine enseigne encore que la prière n'est pas essentielle. Des hommes de science déclarent qu'il ne peut pas y avoir un exaucement réel des prières ; que ce serait une violation des lois naturelles, un miracle ; et que les miracles n'existent pas. L'univers, disent-ils, est gouverné par des lois fixes, et Dieu Lui-même ne fait rien contrairement à ces lois. Ils nous montrent ainsi Dieu lié par Ses propres lois ; comme si le jeu des lois divines excluait la liberté divine. D'ailleurs, un enseignement semblable est opposé à l'enseignement des Ecritures. Christ et Ses apôtres ne firent-ils pas des miracles ? Le même Sauveur compatissant vit aujourd'hui, et Il est tout aussi disposé à écouter la prière de la foi que lorsqu'il marchait visiblement parmi les hommes. Le naturel coopère avec le surnaturel. Il rentre dans le plan de Dieu de nous accorder, en réponse à la prière de la foi, ce qu'Il ne nous accorderait pas autrement.

Elles sont innombrables les doctrines erronées et les idées fantaisistes qui prennent pied au sein des églises de la chrétienté. Il est impossible d'évaluer les résultats déplorables qui suivent le mépris d'une seule vérité de la Parole de Dieu. Il en est peu qui, s'engageant sur ce terrain dangereux, s'arrêtent dès les premiers pas. La majorité continue à rejeter l'un après l'autre les principes de la vérité, jusqu'à ce qu'ils soient devenus réellement incrédules.

Les erreurs de la théologie à la mode ont poussé au scepticisme bien des âmes qui autrement auraient cru aux Ecritures. Il en est qui sont incapables d'accepter des doctrines qui blessent leurs sentiments de justice, de bonté et de miséricorde ; et quand on leur présente des doctrines semblables comme étant enseignées dans la Bible, elles refusent de la reconnaître comme la Parole de Dieu.

Or c'est là l'objet de Satan. Il ne désire rien tant que de détruire la confiance en Dieu et en Sa Parole. Il est à la tête de la grande armée des douteurs, et il travaille avec une énergie inconcevable à séduire les âmes et à les attirer dans ses rangs. Le doute est aujourd'hui à la mode. Une catégorie très nombreuse de personnes considère la Bible avec méfiance, pour la même raison qu'on envisagea ainsi Christ : parce qu'elle censure et condamne le péché. Ceux qui ne désirent pas lui obéir, cherchent à renverser son autorité. Ils ne lisent la Bible ou n'écoutent ses enseignements proclamés du haut de la chaire, que pour trouver des fautes dans les Ecritures ou dans le sermon. Ils ne sont pas peu nombreux ceux qui deviennent incrédules pour se justifier ou s'excuser dans la négligence de leur devoir. D'autres adoptent des principes sceptiques par orgueil et par indolence. Trop amateurs de leurs aises pour se distinguer par quelque action digne d'honneur qui exige des efforts et du renoncement, ils aspirent à se faire une réputation de sagesse en critiquant la Bible. Il est bien des choses que l'esprit borné de l'homme, non éclairé par la sagesse divine, est incapable de comprendre ; de là l'occasion de critiquer. Bien des personnes ont l'air de penser qu'il y a vertu à se ranger du côté du doute, du scepticisme, de l'incrédulité. Mais on trouvera que, sous une apparence de candeur et d'humilité, se cachent la suffisance et l'orgueil. D'autres se font un plaisir de chercher dans les Ecritures des choses dont ils se servent pour intriguer les esprits. D'autres encore ne commencent à critiquer et à argumenter contre la vérité que pour le plaisir de discuter. Ils ne voient pas qu'en faisant ainsi ils s'embarrassent dans les filets de l'oiseleur. En effet, ayant ouvertement exprimé leurs doutes, ils ont le sentiment qu'ils doivent maintenir leur position. Ils s'unissent ainsi avec les impies, et se ferment les portes du Paradis.

Dieu a mis dans Sa Parole des preuves suffisantes de Sa divine origine. Les grandes vérités se rapportant à notre rédemption y sont clairement présentées. Avec le secours de l'Esprit Saint, qui est promis à tous ceux qui le demandent avec sincérité, chacun peut comprendre ces vérités pour son propre compte. Dieu a donné aux hommes, pour y appuyer leur foi, un fondement solide.

D'autre part, cependant, l'esprit borné de l'homme est impuissant à embrasser les plans et les desseins du Dieu infini. Nos investigations ne nous révéleront jamais les profondeurs de Dieu. Nous ne devons par conséquent pas tenter de soulever d'une main présomptueuse le voile derrière lequel Il nous cache Sa majesté. L'apôtre s'écrie : "Que Ses jugements sont insondables, et Ses voies incompréhensibles ! [9]" Nous pouvons par contre comprendre suffisamment Ses voies envers nous et les principes qui Le font agir, pour y reconnaître une miséricorde et un amour infinis joints à une puissance illimitée. Notre Père qui est aux cieux dirige toute chose selon Sa sagesse et Sa droiture parfaites, et nous ne devons nous montrer ni mécontents ni méfiants, mais nous incliner dans une révérante soumission. Il nous révélera de Ses desseins tout ce qu'il peut être pour notre bien d'en connaître ; et pour ce qui est du reste, nous devons nous en remettre aux soins de Celui qui est à la fois Tout-Puissant et d'un amour insondable.

Si Dieu a donné à la foi des preuves abondantes, Il n'ôtera jamais toute excuse au doute. Tous ceux qui cherchent des occasions de douter les trouveront. Et ceux qui refusent d'accepter la Parole de Dieu et d'y obéir jusqu'à ce que toute objection ait été levée et qu'ils ne trouvent plus matière à douter, ne parviendront jamais à la lumière.

La défiance envers Dieu est le produit du cœur irrégénéré, qui est ennemi de Dieu ; tandis que la foi est inspirée par l'Esprit Saint, et ne fleurit que lorsqu'elle est cultivée. Nul homme ne peut devenir fort en la foi sans un effort déterminé. L'incrédulité, également, se fortifie à mesure qu'on s'y adonne ; et si les hommes, au lieu d'approfondir toujours plus les preuves que Dieu leur a données pour y asseoir leur foi, se permettent de douter et d'ergoter, ils verront leurs doutes s'affermir de jour en jour.

Or ceux qui doutent des promesses de Dieu et qui se méfient des assurances de Sa grâce, Le déshonorent ; et leur influence, au lieu d'en attirer d'autres à Christ, les en repousse. Ce sont des arbres stériles, qui étendent au loin leurs sombres branchages, interceptant les rayons du soleil aux plantes environnantes, qui bientôt languissent et périssent sous cette ombre glacée. La carrière de ces personnes paraîtra comme un continuel acte d'accusation contre elles. Les semences de doute et de scepticisme qu'elles répandent produiront infailliblement leur moisson.

Il n'y a qu'une ligne de conduite à suivre pour ceux qui désirent sincèrement être débarrassés de leurs doutes. Au lieu de contester sur les choses qu'ils ne comprennent pas et de les révoquer en doute, qu'ils agissent conformément à la lumière qui déjà brille sur eux, et ils recevront de plus grandes lumières. Qu'ils s'acquittent de chaque devoir qui leur est devenu clair, et ils seront mis à même de comprendre et d'accomplir ceux sur lesquels ils sont encore dans le doute.

Satan peut contrefaire la vérité d'une manière si parfaite, que tous ceux qui consentent à être séduits, qui reculent devant le renoncement et les sacrifices que réclame la vérité, seront séduits ; mais il lui est impossible de retenir sous sa puissance une seule âme qui désire honnêtement, quoi qu'il lui en coûte, connaître la vérité. Christ est la vérité, la "Lumière qui éclaire tout homme venant dans le monde [10]." L'Esprit de vérité a été envoyé pour guider les hommes dans toute la vérité. Et cette déclaration est faite, sur l'autorité du Fils de l'homme : "Cherchez, et vous trouverez." "Si quelqu'un veut faire la volonté de Dieu, il reconnaîtra si Ma doctrine est de Dieu [11]."

Les disciples de Christ se doutent peu des complots que Satan et ses armées préparent secrètement contre eux. Mais Celui qui est assis dans les cieux fera servir toutes ces machinations à l'accomplissement de Ses voies profondes. Si le Seigneur permet que Son peuple passe par la fournaise de la tentation, ce n'est point qu'Il prenne plaisir à le voir dans la détresse et l'affliction, mais parce que ces épreuves sont nécessaires à sa victoire finale. Il ne pourrait pas, compte tenu de Sa propre gloire, le préserver de la tentation ; car le but de l'épreuve est précisément de le préparer à résister à tous les attraits du mal.

Ni hommes impies, ni démons, ne peuvent arrêter l'œuvre de Dieu ou cacher Sa présence à Ses enfants, s'ils veulent, le cœur soumis et contrit, confesser leurs péchés, les abandonner, et réclamer avec foi les promesses de Dieu. Toute tentation, toute influence contraire, soit ouverte, soit secrète, pourra être victorieusement repoussée, "ni par la puissance ni par la force, mais c'est par Mon Esprit, dit l'Eternel des armées [12]."

"Les yeux du Seigneur sont sur les justes et Ses oreilles sont attentives à leurs prières. … Et qui vous maltraitera, si vous vous êtes zélés pour le bien ? [13] " Quand Balaam, tenté par de riches présents, recourut à des enchantements contre Israël, et voulut, par des sacrifices offerts à l'Eternel, invoquer une malédiction sur Son peuple, l'Esprit de Dieu arrêta le mal qu'il s'efforçait de prononcer, et il fut forcé de s'écrier : "Comment maudirai-je celui que Dieu fort n'a point maudit ? Comment serais-je irrité quand l'Eternel n'est point irrité ?" "Que je meure de la mort des justes, et que ma fin soit semblable à la leur !" Puis, après avoir offert de nouveaux sacrifices, le prophète infidèle reprit : "Voici, j'ai reçu l'ordre de bénir : il a béni, je ne le révoquerai point. Il n'aperçoit point d'iniquité en Jacob, il ne voit point d'injustice en Israël ; l'Eternel, son Dieu, est avec lui, il est son roi, l'objet de son allégresse." "L'enchantement ne peut rien contre Jacob, ni la divination contre Israël ; au temps marqué, il sera dit à Jacob et à Israël quelle est l'œuvre de Dieu [14]." Un troisième autel fut dressé, et Balaam chercha de nouveau à prononcer une malédiction. Mais, par les lèvres rebelles du prophète, l'Esprit de Dieu annonça la prospérité de Son peuple élu, et censura la malice et la folie de ses ennemis : "Béni soit quiconque te bénira, et maudit soit quiconque te maudira ! [14]" A ce moment, le peuple d'Israël était fidèle à Dieu ; et aussi longtemps qu'il continua à demeurer obéissant à Sa loi, nulle puissance de la terre ou de l'enfer ne put prévaloir sur lui. Mais la malédiction qu'il n'avait pas été permis à Balaam de prononcer sur le peuple de Dieu, il finit par la lui attirer en l'entraînant au péché. Quand Israël transgressa les commandements, il se sépara de Dieu, et il fut abandonné à la puissance du destructeur.

Satan sait très bien que l'âme la plus faible qui demeure en Jésus peut aisément mettre en pleine déroute toute l'armée des ténèbres, et qu'ainsi, s'il se révélait à elle ouvertement, il serait immédiatement repoussé. Il cherche par conséquent à attirer les soldats de la croix hors de leur forteresse, tandis qu'il est lui-même caché avec ses forces dans les broussailles, prêt à détruire tous ceux qui s'aventurent sur son terrain. Ce n'est que dans une humble assurance en Dieu et dans l'obéissance à Ses commandements que nous pouvons être sûrs. Nul homme ne peut être en sûreté un seul jour ou une seule heure sans prier. Nous devrions surtout supplier le Seigneur de nous donner de la sagesse pour comprendre Sa Parole. C'est là que nous sont révélés les artifices du tentateur et les armes qui peuvent victorieusement lui être opposées. Satan est expert à citer les Ecritures, et à interpréter à sa façon des passages par lesquels il espère nous faire trébucher. Nous devrions étudier la Bible avec humilité de cœur, ne perdant jamais de vue notre dépendance de Dieu. Et tout en étant sans cesse sur nos gardes, de crainte des embûches de Satan, nous devrions prier continuellement et avec foi : "Ne nous laisse pas dans la tentation."

---

1 Job 1 : 6.

2 Mat. 7 : 16.

3 Apoc. 12 : 10.

4 Hab. 2 : 2.

5 Ps. 97 : 11.

6 2 Thés. 2 : 10-12.

7 1 Cor. 2 : 14.

8 Mat. 24 : 23-26.

9 Rom. 11 : 33.

10 Jean 1 : 9.

11 Mat. 7 : 7 ; Jean 7 : 17.

12 Zach. 4 : 6.

13 1 Pier. 3 : 12, 13.

14 Nomb. 23 : 8, 10, 20, 21, 23 ; et 24 : 9.

CHAPITRE XXXIII

LA PREMIÈRE ET GRANDE SÉDUCTION

Dès l'apparition de l'homme sur la terre, Satan commença ses efforts pour tromper notre race. Lui qui avait excité la révolte dans le ciel, il désira amener tous les habitants de la terre à s'unir à lui dans sa lutte contre le gouvernement de Dieu. Adam et Eve avaient été parfaitement heureux en obéissant à la loi de Dieu, et ce fait témoignait hautement contre la prétention que Satan avait fait valoir dans le ciel, que la loi de Dieu était oppressive et opposée au bien de Ses créatures. En outre, l'envie et la jalousie de Satan furent excitées, lorsqu'il vit le magnifique séjour préparé à nos premiers parents dans le délicieux Eden. Il conçut alors le dessein de les faire tomber, afin que, les ayant séparés de Dieu et entraînés sous son autorité, il pût s'emparer de la terre et y établir son royaume, en opposition au Dieu Créateur.

Si Satan s'était révélé tel qu'il était, il aurait été aussitôt repoussé ; car Adam et Eve avaient été mis en garde contre ce dangereux ennemi ; mais il travailla dans l'ombre, cachant ses desseins, afin de mieux atteindre son but. Employant comme intermédiaire le serpent, qui était alors une créature d'une beauté fascinatrice, il s'adressa à Eve, en disant : "Dieu a-t-il réellement dit : Vous ne mangerez pas de tous les arbres du jardin ? [1]" Si Eve avait refusé d'entrer en discussion avec le tentateur, elle eût été sauve ; mais elle s'aventura à raisonner avec lui, et devint bientôt la victime de ses artifices. C'est ainsi que beaucoup de personnes sont encore vaincues. Elles doutent et raisonnent concernant la volonté de Dieu, et au lieu d'obéir au commandement divin, elles acceptent des théories humaines, qui ne font que déguiser les pièges de Satan.

"La femme répondit au serpent : Nous mangeons du fruit des arbres du jardin. Mais quant au fruit de l'arbre qui est au milieu du jardin, Dieu a dit : Vous n'en mangerez point et vous n'y toucherez point, de peur que vous ne mouriez. Alors le serpent dit à la femme : Vous ne mourrez point ; mais Dieu sait que, le jour où vous en mangerez, vos yeux s'ouvriront, et que vous serez comme des dieux, connaissant le bien et le mal [2]." Il leur déclara qu'ils deviendraient semblables à Dieu, qu'ils posséderaient une plus grande sagesse qu'auparavant, et qu'ils seraient à même d'entrer dans une existence supérieure. Eve céda à la tentation, et Adam, par son influence, fut aussi séduit. Ils écoutèrent les paroles du serpent qui leur disait que Dieu n'entendait pas dire ce qu'il disait, se méfièrent ainsi de leur Créateur, s'imaginant qu'Il limitait leur liberté, et qu'ils obtiendraient sagesse et liberté en transgressant Sa loi.

Mais comment Adam, après son péché, comprit-il le sens de ces paroles : "Le jour où tu en mangeras, tu mourras ?" Pensa-t-il que cela signifiait, comme Satan le lui avait fait croire, qu'il devait passer dans une phase d'existence plus élevée ? Trouva-t-il qu'il y avait beaucoup à gagner par cette transgression, et que Satan était, le bienfaiteur de la race humaine ? Adam fit l'expérience que ce n'était pas là le sens de la sentence divine. Dieu déclara que, comme pénalité de son péché, l'homme devrait retourner dans la terre d'où il avait été tiré : "Car tu es poussière, et tu retourneras dans la poussière [3]." Les paroles de Satan : "Vos yeux s'ouvriront", ne se montrèrent vraies que dans ce sens : après qu'Adam et Eve eurent désobéi à Dieu, leurs yeux furent ouverts pour discerner leur folie ; ils connurent en effet le mal, et ils goûtèrent le fruit amer de la transgression.

Au milieu du jardin d'Eden croissait l'arbre de vie, dont le fruit avait la puissance de perpétuer l'existence. Si Adam était resté obéissant envers Dieu, il eût continué de jouir d'un libre accès à cet arbre et eût vécu à toujours. Mais quand il pécha, il fut exclu de l'arbre de vie, et devint sujet à la mort. La sentence divine : "Tu es poussière, et tu retourneras dans la poussière", annonce l'extinction complète de la vie.

L'immortalité, promise à l'homme sous condition d'obéissance, avait été compromise par la transgression. Adam ne pouvait transmettre à sa postérité ce qu'il ne possédait pas ; aussi n'y aurait-il plus eu d'espérance pour la race déchue si Dieu, par le sacrifice de Son Fils, n'avait mis l'immortalité à sa portée. Alors que "la mort s'est étendue sur tous les hommes, parce que tous ont péché", Christ "a mis en évidence la vie et l'immortalité par l'Evangile [4]." On ne peut obtenir l'immortalité d'aucune autre manière. Jésus dit : "Celui qui croit au Fils a la vie éternelle ; celui qui ne croit pas au Fils ne verra point la vie [5]." Tout homme peut acquérir ce bien inestimable s'il veut se soumettre aux conditions. Tous "ceux qui, par la persévérance à bien faire, cherchent l'honneur, la gloire, et l'immortalité", recevront la vie éternelle [6].

Le seul qui promit à Adam la vie dans la désobéissance, est le grand séducteur. Et la déclaration du serpent à Eve en Eden "Vous ne mourrez point" fut le premier sermon prêché sur l'immortalité de l'âme. Et pourtant cette déclaration, fondée uniquement sur l'autorité de Satan, retentit du haut des chaires de la chrétienté, et est reçue par la majorité des hommes aussi bien qu'elle le fut de nos premiers parents. On fait dire à cette parole divine : "L'âme qui pèche, c'est celle qui mourra [7]", ceci : L'âme qui péchera ne mourra pas, mais vivra éternellement. On ne peut que s'étonner de l'étrange éblouissement qui rend les hommes si crédules concernant les paroles de Satan, et si incrédules aux paroles de Dieu.

Si l'homme, après sa chute, avait pu avoir un libre accès à l'arbre de vie, il eût vécu à toujours, et ainsi le péché eût été immortalisé. Mais un chérubin armé d'une épée de feu fut placé "pour garder le chemin de l'arbre de vie [8]", et il n'a été permis à aucun des enfants d'Adam de passer cette barrière pour manger du fruit de cet arbre qui donnait la vie. Il n'y a donc pas un seul pécheur immortel.

Mais, après la chute, Satan ordonna à ses anges de faire un effort spécial pour inculquer la croyance de l'immortalité naturelle de l'homme, leur disant que lorsqu'ils auraient induit les hommes à recevoir cette erreur, ils devaient les amener à conclure que le pécheur vivrait dans des peines éternelles. Maintenant, au moyen de ses agents, le prince des ténèbres, représente Dieu comme un tyran vindicatif, déclarant qu'Il plonge en enfer tous ceux qui ne Lui sont pas agréables, et leur fait sentir Sa colère à toujours ; que tandis qu'ils souffrent d'inexprimables tourments et se tordent dans les flammes éternelles, leur Créateur jette sur eux des regards de satisfaction.

C'est ainsi que le terrible ennemi revêt de ses propres attributs le Créateur et Bienfaiteur de l'humanité. La cruauté est satanique. Dieu est amour, et tout ce qu'Il créa était pur, saint, aimable, jusqu'à ce que le péché fut introduit par le premier grand rebelle. Satan lui-même est l'ennemi qui tente l'homme, puis le détruit s'il le peut ; et quand il s'est assuré de sa victime, il se vante de la ruine qu'il a causée. S'il le pouvait, il prendrait toute la race humaine dans ses filets. Si la puissance divine ne s'interposait pas, ni fils ni fille d'Adam n'échapperait.

Comme il a séduit nos premiers parents, il cherche aujourd'hui à séduire les hommes, en ébranlant leur confiance en Dieu, et en leur faisant douter de la sagesse de Son gouvernement et de la justice de Ses lois. Satan et ses émissaires représentent Dieu comme étant pire qu'eux, afin de justifier leur propre malice et leur révolte. Le grand séducteur s'efforce d'attribuer sa propre cruauté de caractère à notre Père céleste, afin qu'il paraisse qu'on lui a fait grandement tort en l'expulsant du ciel, lorsqu'il ne voulait pas se soumettre à un gouvernement aussi injuste. Il présente au monde la liberté dont il jouirait sous son doux sceptre, en contraste avec l'esclavage imposé par les sévères décrets de Jéhovah. Il réussit ainsi à détourner des âmes de leur soumission à Dieu.

Combien la croyance d'après laquelle les méchants morts sont tourmentés dans le feu et le souffre dans un enfer brûlant éternellement ; d'après laquelle, pour les péchés d'une courte vie terrestre, ils doivent souffrir des tortures aussi longtemps que Dieu vivra ; combien cette doctrine, dis-je, ne répugne-t-elle pas à tout sentiment d'amour et de miséricorde, et même à tout sentiment de justice ! Pourtant, cette doctrine a été généralement enseignée, et se trouve encore incorporée dans le credo d'une grande partie de la chrétienté. Un savant docteur en théologie disait : "La vue des tourments de l'enfer augmentera le bonheur des saints à toujours. Lorsqu'ils verront d'autres personnes de même nature qu'eux, et nées dans les mêmes circonstances, plongées dans de telles douleurs, tandis qu'ils seront dans un état si différent, ils éprouveront plus fortement le sentiment de leur bonheur." Un autre dit ce qui suit : "Tandis que la sentence de réprobation s'exécutera éternellement sur les vaisseaux de colère, la fumée de leur tourment montera éternellement à la vue des vaisseaux de miséricorde, qui, au lieu de compatir aux peines de ces malheureux objets de la colère divine, s'écrieront : Amen ! Alléluia ! Louez le Seigneur !"

Dans quelle page de la Parole de Dieu peut-on trouver un tel enseignement ? Les rachetés n'éprouveront-ils dans le ciel aucun sentiment de pitié et de compassion, ni même un simple sentiment d'humanité ? Ces sentiments doivent-ils faire place à l'indifférence du stoïque ou à la cruauté du sauvage ? Non ! Mille fois non ! Tel n'est point ce qu'enseigne la Parole de Dieu. Ceux qui prêchent les croyances exprimées dans les citations précitées peuvent être des savants, même des honnêtes gens ; mais ils sont égarés par les sophismes de Satan. Il les amène à dénaturer de fortes expressions de l'Ecriture, donnant au langage biblique une couleur d'amertume et de malignité qui lui appartient, à lui, mais non pas à notre Créateur. "Je suis vivant ! dit le Seigneur, l'Eternel, ce que je désire, ce n'est pas que le méchant meure, c'est qu'il change de conduite et qu'il vive. Revenez, revenez de votre mauvaise voie ; et pourquoi mourriez-vous ? [9]"

Qu'est-ce que Dieu gagnerait à ce que nous admissions qu'il prend plaisir à voir d'éternelles tortures, qu'il jouit d'entendre les gémissements, les cris de douleur et les imprécations des créatures souffrantes qu'il retient dans les flammes de l'enfer ? Ces horribles sons peuvent-ils être une musique aux oreilles de l'Amour infini ? On avance que ces peines sans fin dont souffrent les méchants montrent la haine que Dieu a du péché, comme étant un mal qui détruit la paix et l'ordre de l'univers. Quel épouvantable blasphème ! Comme si la haine que Dieu a du péché était une raison pour le perpétuer ! Car, suivant les enseignements de ces théologiens, des tourments continuels, sans espérance ni miséricorde, mettent en fureur ces misérables victimes, et comme elles expriment leur rage en jurements et en blasphèmes, elles augmentent continuellement leur poids de culpabilité. La gloire de Dieu ne gagne rien à ce que le péché se trouve continuellement augmenté et perpétué à travers des âges sans fin.

Il est impossible à l'esprit humain d'estimer le mal qui est résulté de cette hérésie des tourments éternels. La religion de la Bible, pleine d'amour et de bonté, et abondante en compassion, est, par elle, obscurcie de superstitions et revêtue de terreurs. Lorsque nous considérons sous quelles fausses couleurs Satan a peint le caractère de Dieu, pouvons-nous être surpris de ce que notre miséricordieux Créateur soit craint, redouté et même haï ? Les idées effrayantes que l'on se fait de Dieu dans le monde entier, idées qui procèdent des enseignements que l'on entend du haut des chaires, ont fait des milliers, même des millions d'incrédules et d'impies.

La théorie des tourments éternels est l'une des fausses doctrines qui constituent le vin des abominations de Babylone, dont elle fait boire à toutes les nations [10]. C'est un vrai mystère que les ministres du Christ aient accepté cette hérésie et l'aient prêchée du haut de la chaire sacrée. Ils l'ont reçue de Rome, comme ils en ont reçu le faux sabbat. Il est vrai qu'elle a été enseignée par des hommes pieux et éminents, mais la lumière sur ce sujet ne leur avait pas été accordée comme à nous. Ils ne furent responsables que de la lumière qui brillait de leur temps ; nous sommes responsables pour celle qui luit de nos jours. Si nous nous détournons du témoignage de Dieu, et que nous acceptions de fausses doctrines parce que nos frères les ont enseignées, nous tombons sous la condamnation prononcée contre Babylone ; nous buvons du vin de ses abominations.

Beaucoup de gens que révolte la doctrine des tourments éternels, se jettent dans l'erreur opposée. Ils voient que les Ecritures représentent Dieu comme un être plein d'amour et de compassion, et ils ne peuvent croire qu'Il veuille livrer Ses créatures au feu d'un enfer brûlant éternellement. Mais, croyant que l'âme est naturellement immortelle, ils ne voient d'autre alternative que de conclure que toute l'humanité sera finalement sauvée. Bien des gens considèrent les menaces de la Bible comme servant plutôt à effrayer les hommes qui vivent dans la désobéissance, et non comme devant être littéralement appliquées. Ainsi, le pécheur peut vivre dans son égoïste plaisir, méprisant ce que Dieu exige de lui, et s'attendre pourtant à être finalement reçu en Sa faveur. Une telle doctrine, présumant de la miséricorde divine, mais ignorant Sa justice, plaît au cœur charnel, et encourage les méchants dans leur iniquité.

Pour montrer comment les partisans du salut universel tordent les Ecritures pour soutenir leurs dogmes, si pernicieux pour les âmes, il suffit de citer leurs propres paroles. Aux funérailles d'un jeune homme impie, qui avait été tué soudainement par accident, un ministre universaliste choisit, comme texte de son discours, ces paroles où il est dit de David : "Il était consolé de la mort d'Amnon [11]."

"On me demande souvent, dit l'orateur, quel sera le sort de ceux qui meurent dans le péché, qui meurent peut-être en état d'ivresse, qui meurent sans avoir lavé leurs robes des taches ensanglantées du crime, ou qui meurent comme ce jeune homme, n'ayant jamais fait profession de religion ni joui d'une expérience religieuse. Nous nous contentons de ce passage ; son contenu doit résoudre ce terrible problème. Amnon était très impie ; il était impénitent ; il s'enivra, et fut tué pendant qu'il était dans cet état d'ivresse. David était un prophète de Dieu ; il doit avoir su si Amnon serait bien ou mal dans le monde à venir. Quelles furent les expressions de son cœur ? "Et le roi David cessa de poursuivre Absalom, parce qu'il était consolé de la mort d'Amnon."

"Et que devons-nous déduire de ces paroles ? N'est-ce pas que les souffrances sans fin ne se trouvaient pas dans sa croyance religieuse ? — Et c'est ce que nous comprenons ; et nous trouvons ici un triomphant argument à l'appui de l'hypothèse plus agréable, plus lumineuse et plus aimable de la pureté et de la paix finales et universelles. Il était consolé de la mort de son fils. Et pourquoi ? — Parce qu'il pouvait, par les yeux de la prophétie, jeter un regard dans le glorieux avenir, et voir ce fils bien éloigné de toutes les tentations, délivré de leur esclavage, purifié des corruptions du péché, et, après avoir été rendu suffisamment saint et éclairé, admis dans l'assemblée des esprits supérieurs, dans la félicité. Sa seule consolation était, qu'étant enlevé de l'état présent de péché et de souffrance, son bien-aimé fils était allé là où les douces brises de l'Esprit Saint souffleraient sur son âme obscurcie ; où son esprit se développerait dans la sagesse du ciel, exposé aux doux transports de l'amour éternel, et préparé ainsi à jouir, avec une nature sanctifiée, du repos et des gloires de l'héritage éternel.

"Dans ces pensées, nous désirons donner à entendre que nous croyons que le salut du ciel ne dépend en rien de ce que nous pouvons faire en cette vie ; ni d'un changement actuel du cœur, ni d'une croyance actuelle ou d'une profession de religion."

Ce prétendu ministre du Christ réitère ainsi le mensonge que prononça le serpent en Eden : "Vous ne mourrez point." "Le jour où vous en mangerez, vos yeux s'ouvriront, et vous serez comme des dieux." Il déclare que les plus vils pécheurs — le meurtrier, le voleur et l'adultère — se prépareront, après la mort, à entrer dans la félicité éternelle.

Et d'où cet homme pervertissant les Ecritures tire-t-il ses conclusions ? D'une simple phrase, exprimant la soumission de David à la dispensation de la Providence : "Et le roi David cessa de poursuivre Absalom, car il était consolé de la mort d'Amnon." La douleur ayant perdu de son amertume à mesure que le temps s'écoulait, ses pensées passèrent de son fils mort sur son fils vivant, qui s'était banni lui-même par la crainte de la juste punition de son crime. Et ceci est une preuve que l'incestueux et ivrogne Amnon fut, à sa mort, aussitôt transporté dans la demeure des bienheureux, pour y être purifié et préparé à la société des anges sans péché ! Fable agréable, assurément, bien propre à satisfaire le cœur charnel ! C'est la doctrine même de Satan, et elle fait efficacement son œuvre. Devons-nous être surpris qu'avec de telles instructions l'iniquité abonde ?

Ce que dit ce faux docteur montre ce que font beaucoup d'autres. On sépare quelques paroles des Ecritures de leur contexte, qui montrerait, dans bien des cas, que leur signification est diamétralement opposée à ce qu'on leur fait dire ; et l'on pervertit ainsi des passages isolés pour s'en servir comme preuves de doctrines n'ayant aucun fondement dans la Parole de Dieu. L'idée qu'Amnon, frappé en état d'ivresse, est au ciel, n'est qu'une conjecture tirée du passage cité, conjecture que contredit directement le passage clair et positif des Ecritures, qui dit qu'aucun ivrogne n'héritera le royaume de Dieu [12]. C'est ainsi que ceux qui doutent, les incrédules et les sceptiques, tournent la vérité en mensonge. Et des multitudes ont été trompées par leurs sophismes, et ont été bercées sur l'oreiller d'une sécurité charnelle.

S'il était vrai que les âmes de tous les hommes passent directement au ciel, à l'heure de la dissolution, alors nous pourrions bien souhaiter la mort plutôt que la vie. Bien des gens ont été poussés, par cette croyance, à mettre fin à leur existence. Lorsqu'on est écrasé par les soucis, les perplexités et les désappointements, il paraît aisé de rompre le léger fil de la vie, et de s'élancer dans la félicité du monde éternel.

Dieu déclare dans Sa Parole d'une manière décisive qu'il punira ceux qui transgressent Sa loi. Ceux qui se flattent qu'Il est trop miséricordieux pour exercer Sa justice contre le pécheur, n'ont qu'à regarder à la croix du Calvaire. La mort du Fils de Dieu témoigne que le "salaire du péché, c'est la mort", que chaque violation de la loi de Dieu doit recevoir sa juste rétribution. Christ, sans péché, devint péché pour l'homme. Il porta la culpabilité de la transgression ; Il vit Son Père cacher Sa face de Lui, jusqu'à ce que Son cœur fût brisé et Sa vie arrachée. Il fit tous ces sacrifices afin de sauver le pécheur. L'homme ne pouvait être libéré de la pénalité du péché en aucune autre manière. Et tout homme qui refuse de devenir participant de l'expiation procurée à un tel prix, doit porter dans sa propre personne la culpabilité et la punition de la transgression.

Voyons ce que la Bible enseigne encore concernant les impies et les impénitents que les universalistes placent au ciel comme des anges saints et heureux. "A celui qui a soif Je donnerai de la source de l'eau de la vie, gratuitement [13]." Cette promesse n'est que pour ceux qui ont soif. Nul autre ne la recevra que celui qui sent le besoin qu'il a de l'eau vive, et qui la cherche sans craindre de perdre toute autre chose. "Celui qui vaincra, héritera ces choses ; Je serai son Dieu et il sera Mon fils [14]." Ici également, il est spécifié des conditions. Pour hériter toutes choses, nous devons résister au péché et le vaincre.

Le Seigneur déclare par le prophète Esaïe : "Dites que le juste prospérera." "Malheur au méchant ! Il sera dans l'infortune, car il recueillera le produit de ses mains [15]." "Cependant, quoique le pécheur fasse cent fois le mal", dit le Sage, "et qu'il y persévère longtemps, je sais aussi que le bonheur est pour ceux qui craignent Dieu, parce qu'ils ont de la crainte devant Lui. Mais le bonheur n'est pas pour le méchant [16]." Et Paul déclare que le pécheur amasse sur lui-même "un trésor de colère pour le jour de la colère et de la manifestation du juste jugement de Dieu, qui rendra à chacun selon ses œuvres" ; "tribulation et angoisse sur toute âme d'homme qui fait le mal [17]."

"Aucun impudique, ou impur, ou cupide, c'est-à-dire idolâtre, n'a d'héritage dans le royaume du Christ et de Dieu [18]." "Recherchez la paix avec tous, et la sanctification, sans laquelle personne ne verra le Seigneur [19]." "Heureux ceux qui observent Ses commandements, afin d'avoir droit à l'arbre de vie, et d'entrer par les portes dans la ville !" "Dehors les chiens, les enchanteurs, les impudiques, les meurtriers, les idolâtres, et quiconque aime et pratique le mensonge [20]."

Dieu a donné aux hommes une déclaration qui dépeint Son caractère et Sa manière d'agir envers le péché. "L'Eternel, l'Eternel, Dieu miséricordieux et compatissant, lent à la colère, riche en bonté et en fidélité, qui conserve Son amour jusqu'à mille générations, qui pardonne l'iniquité, la rébellion et le péché, mais qui ne tient point le coupable pour innocent [21]." "Il détruit tous les méchants." "Les rebelles seront tous anéantis, la postérité des méchants est retranchée [22]."

La puissance et l'autorité du gouvernement de Dieu seront employées à renverser la rébellion ; pourtant, toutes les manifestations de Sa justice sans faille seront parfaitement en rapport avec Son caractère, comme être miséricordieux, patient et bienfaisant.

Dieu ne force la volonté ou le jugement de personne. Il n'a aucun plaisir en une obéissance servile. Il désire que les créatures qu'Il a formées L'aiment parce qu'Il est digne d'être aimé. Il voudrait qu'elles Lui obéissent parce qu'elles apprécient intelligemment Sa sagesse, Sa justice et Sa bonté. Aussi tous ceux qui ont une conception juste de ces qualités l'aimeront, parce qu'ils seront attirés à Lui par l'admiration de Ses attributs.

Les principes de bonté, de miséricorde et d'amour enseignés et mis en pratique par notre Sauveur, sont une transcription de la volonté et du caractère de Dieu. Christ déclara qu'Il n'enseignait rien que ce qu'Il avait reçu de Son Père. Les principes du gouvernement divin sont en parfait accord avec ce précepte du Sauveur : "Aimez vos ennemis." Dieu exécute Sa justice sur les méchants pour le bien de l'univers, et même pour le bien de ceux qui sont frappés par Ses jugements. Il voudrait les rendre heureux, s'Il pouvait le faire sans sacrifier les lois de Son gouvernement et la justice de Son caractère. Il les entoure des marques de Son amour ; Il leur accorde la connaissance de Sa loi, et les entoure des offres de Sa miséricorde ; mais ils méprisent Son amour, annulent Sa loi, et rejettent Sa miséricorde. Tout en recevant constamment Ses dons, ils déshonorent le Donateur. Ils haïssent Dieu parce qu'ils savent qu'Il a en horreur leurs péchés. Le Seigneur supporte depuis longtemps leur perversité ; mais l'heure décisive arrivera finalement où leur sort sera décidé. Enchaînera-t-il alors ces rebelles à Son côté ? Les forcera-t-il à faire Sa volonté ?

Ceux qui ont choisi Satan pour leur chef, et qui ont été sous la direction de sa puissance, ne sont pas préparés à paraître en la présence de Dieu. L'orgueil, la tromperie, l'impureté, la cruauté se sont enracinés dans leurs caractères.

Peuvent-ils entrer au ciel pour demeurer éternellement avec ceux qu'ils méprisèrent et haïrent sur la terre ? La vérité ne sera jamais agréable à un menteur ; l'humilité ne satisfera jamais la suffisance et l'orgueil ; la pureté n'est point désirable à celui qui est corrompu ; la charité désintéressée ne paraît pas attrayante à l'égoïste. Quels plaisirs le ciel pourrait-il offrir à ceux qui sont complètement absorbés dans les choses de la terre ?

Ceux qui ont passé leur vie en rébellion contre Dieu pourraient-ils être tout à coup transportés au ciel et contempler l'état de choses glorieux, saint, parfait qui existe à toujours dans ce lieu : chaque âme remplie d'amour ; chaque visage rayonnant de joie ; la musique ravissante s'élevant en mélodieux cantiques en l'honneur de Dieu et de l'Agneau, et des flots de lumière descendant incessamment sur les rachetés, de la face de Celui qui est assis sur le trône ? — Ceux dont les cœurs sont remplis de haine pour Dieu, pour la vérité et la sainteté, pourraient-ils se joindre à l'armée céleste et s'unir à leurs chants de louanges ? Pourraient-ils endurer la gloire de Dieu et de l'Agneau ? — Non, non ; des années d'épreuves leur ont été accordées, afin qu'ils pussent former un caractère pour le ciel ; mais ils n'ont jamais habitué leur esprit à aimer ce qui est pur ; ils n'ont jamais appris le langage du ciel, et maintenant il est trop tard. Une vie de rébellion contre Dieu les a rendus impropres pour le ciel. La pureté, la sainteté et la paix qui y règnent seraient pour eux une torture, la gloire de Dieu un feu consumant; il leur tarderait de s'enfuir de ce saint lieu. Ils accueilleraient avec joie la destruction afin d'être cachés de devant la face de Celui qui mourut pour les racheter. La destinée des méchants est déterminée par leur propre choix. Leur exclusion du ciel est un acte de leur propre volonté, et un acte de justice et de miséricorde de la part de Dieu.

De même que les eaux du déluge, les flammes du grand jour déclareront que, d'après le verdict de Dieu, les méchants sont incurables. Ils n'ont aucune disposition de se soumettre à l'autorité divine. Ils ont habitué leur volonté à la révolte, et lorsque la vie prend fin, il est trop tard pour tourner dans une direction opposée au courant de leurs pensées, trop tard pour se détourner de la transgression vers l'obéissance, de la haine vers l'amour.

En épargnant la vie de Caïn le meurtrier, Dieu donna au monde un exemple de ce qu'il en résulterait s'il était permis au pécheur de vivre, de continuer à se livrer sans frein au courant du péché. L'influence des enseignements et de la conduite de Caïn entraîna au mal une multitude de ses descendants, jusqu'à ce que "la méchanceté des hommes soit grande sur la terre, et que toutes les pensées de leur cœur se portent chaque jour uniquement vers le mal." "Et la terre était corrompue devant Dieu, la terre était pleine de violence [23]."

C'est par miséricorde pour le monde, que Dieu en extirpa ses impies habitants au temps de Noé. C'est par miséricorde également qu'Il détruisit les habitants corrompus de Sodome. Par les agissements trompeurs de Satan, les ouvriers d'iniquité gagnent la sympathie et l'admiration, et en entraînent ainsi constamment d'autres dans la rébellion. Il en fut ainsi au temps de Caïn et de Noé, comme au temps d'Abraham et de Lot ; et il en est ainsi de nos jours. C'est par miséricorde pour l'univers que Dieu détruira finalement ceux qui rejettent Sa grâce.

"Le salaire du péché, c'est la mort ; mais le don gratuit de Dieu, c'est la vie éternelle en Jésus-Christ notre Seigneur [24]." Tandis que la vie est l'héritage des justes, la mort est la portion des méchants. "Vois, dit l'Eternel à Israël par la voix de Moïse, Je mets aujourd'hui devant toi la vie et le bien, la mort et le mal [25]." La mort mentionnée dans ces passages n'est pas celle à laquelle Adam fut condamné, car toute l'humanité souffre de la pénalité de sa transgression. C'est la "seconde mort", qui est mise en contraste avec la vie éternelle.

En conséquence du péché d'Adam, la mort a passé sur toute l'humanité. Tous descendent également dans la tombe. Mais par les dispositions du plan du salut, tous doivent être ramenés de leurs tombes. "Il y aura une résurrection des justes et des injustes [26]" ; "et comme tous meurent en Adam, de même aussi tous revivront en Christ [27]." Mais une distinction est établie entre les deux classes de personnes ici mentionnées. "Tous ceux qui sont dans les sépulcres entendront Sa voix, et en sortiront. Ceux qui auront fait le bien ressusciteront pour la vie, mais ceux qui auront fait le mal ressusciteront pour le jugement [28]." Ceux qui auront été "jugés dignes" de ressusciter pour la vie sont appelés "heureux et saints." "La seconde mort n'a point de pouvoir sur eux [29]." Mais ceux qui, par la repentance et la foi, ne se seront pas assuré le pardon, devront recevoir la pénalité de la transgression : "le salaire du péché." Ils souffriront des punitions variant en durée et en intensité, "selon leurs œuvres", mais se terminant finalement à la seconde mort. Comme il est impossible à Dieu, sans sacrifier Sa justice et Sa miséricorde, de sauver le pécheur dans ses péchés, Il le privera de l'existence que ses transgressions ont compromise, et dont il s'est montré indigne. Comme dit un auteur inspiré : "Encore un peu de temps, et le méchant n'est plus ; tu regardes le lieu où il était, et il a disparu." Et un autre : "Elles [les nations] seront comme si elles n'eussent jamais été [30]." Couverts d'infamie, les impénitents descendront dans un irréparable et éternel oubli.

Ainsi finira le péché, et avec lui toutes les désolations et les ruines qui en auront été la conséquence. "Tu détruis le méchant, dit le Psalmiste ; Tu effaces leur nom pour toujours et à perpétuité. Plus d'ennemis ! Des ruines éternelles ! [31] " Jean, dans l'Apocalypse, jetant un regard dans l'éternité, y entend un concert universel de louanges qu'aucune dissonance ne vient troubler. Il nous montre toutes les créatures, dans le ciel et sur la terre, rendant gloire à Dieu [32]. Il n'y aura donc point là d'âmes perdues pour blasphémer Dieu en se tordant dans des tourments sans fin ; point d'enfer peuplé d'infortunés mélangeant leurs cris rauques aux hymnes des élus.

Sur l'erreur fondamentale de l'immortalité naturelle, repose la doctrine de l'état conscient des morts, doctrine qui, comme les tourments éternels, est opposée aux enseignements des Ecritures, à la voix de la raison et à nos sentiments d'humanité. Suivant la croyance populaire, les rachetés dans le ciel sont au courant de tout ce qui se passe sur la terre, et spécialement au courant de la conduite des amis qu'ils ont laissés derrière eux. Mais comment cela pourrait-il être une source de joie pour les morts, de connaître les épreuves des vivants, de voir les péchés commis par ceux qu'ils aiment, et de les voir souffrir tous les chagrins, les déceptions et les peines de la vie ? Comment ceux qui planeraient au-dessus de leurs amis sur la terre jouiraient-ils du bonheur du ciel ? Et combien n'est-il pas révoltant de croire qu'aussitôt que le souffle quitte le corps, l'âme de l'impénitent est livrée aux flammes de l'enfer ! Dans quels abîmes de douleur doivent être placés ceux qui voient leurs amis passer de vie à trépas sans y être préparés, et entrer dans une éternité de malheur et de péché ! Bien des gens ont été entraînés à la folie par cette pensée déchirante.

Que disent les Ecritures concernant ces choses ? David déclare que l'homme n'est pas conscient dans sa mort : "Leur souffle s'en va, ils rentrent dans la terre, et ce même jour leurs desseins périssent [33]." Salomon rend le même témoignage : "Les vivants, en effet, savent qu'ils mourront ; mais les morts ne savent rien." "Leur amour, leur haine, et leur envie, ont déjà péri ; et ils n'auront plus jamais aucune part à tout ce qui se fait sous le soleil." "Car il n'y a ni œuvre, ni pensée, ni science, ni sagesse, dans le séjour des morts, où tu vas [34]."

Lorsque, en réponse à ses prières, Ezéchias vit sa vie prolongée de quinze ans, le roi reconnaissant fit monter vers Dieu un tribut de louanges pour Sa grande miséricorde. Dans ce chant il exprimait ainsi la raison de sa joie : "Ce n'est pas le séjour des morts qui Te loue, ce n'est pas la mort qui Te célèbre ; ceux qui sont descendus dans la fosse n'espèrent plus en Ta fidélité. Le vivant, le vivant, c'est celui-là qui Te loue, comme moi aujourd'hui [35]." La théologie populaire place les justes morts dans le ciel, jouissant déjà de la félicité, et louant Dieu de leurs bouches immortelles. Mais Ezéchias n'attendait rien de si glorieux de la mort. Le témoignage du Psalmiste s'accorde avec ses paroles : "Car celui qui meurt n'a plus Ton souvenir ; qui Te louera dans le séjour des morts ?" "Ce ne sont pas les morts qui célèbrent l'Eternel, ce n'est aucun de ceux qui descendent dans le lieu du silence [36]."

Pierre, parlant par l'Esprit Saint, au jour de la Pentecôte, dit : "Hommes frères, qu'il me soit permis de vous dire librement, au sujet du patriarche David, qu'il est mort, qu'il a été enseveli, et que son sépulcre existe encore aujourd'hui parmi nous." "Car David n'est point monté au ciel [37]." Le fait que David demeurera dans la tombe jusqu'au jour de la résurrection, prouve que les justes ne vont pas au ciel, au moment de leur mort. Ce n'est que par la résurrection, et en vertu du fait que Christ est ressuscité, que David pourra finalement s'asseoir à la droite de Dieu.

Paul dit en effet : "Si les morts ne ressuscitent point, Christ non plus n'est pas ressuscité. Et si Christ n'est pas ressuscité, votre foi est vaine, vous êtes encore dans vos péchés, et par conséquent ceux qui sont morts en Christ sont perdus [38]." Si, depuis quatre mille ans, les justes étaient allés directement au ciel, à leur mort, comment Paul aurait-il pu dire que s'il n'y a point de résurrection, "ceux donc aussi qui sont morts en Christ sont péris ?" Il n'y aurait pas besoin de résurrection.

Le martyr Tyndale, défendant la doctrine du sommeil des morts, disait à son adversaire catholique : "En mettant les âmes des trépassés au ciel, en enfer, et au purgatoire, vous détruisez l'argument par lequel Christ et Paul prouvent la résurrection." "Si les âmes sont au ciel, dites-moi pourquoi elles ne sont pas en aussi bon lieu que les anges ? Et alors, quelle est la nécessité d'une résurrection ?" (William Tyndale, Preface to New Testament *(ed. 1534). Reprinted in British Reformers, Tindal, Frith, Barnes, p. 349).*

Il est incontestable que l'espérance de passer dans l'éternelle félicité à la mort, a poussé à une négligence générale de la doctrine biblique de la résurrection. Cette tendance a été remarquée par le pieux commentateur Adam Clarke, qui écrivait au commencement de ce siècle : "La doctrine de la résurrection paraît avoir été envisagée par les chrétiens primitifs comme ayant une importance beaucoup plus considérable qu'on n'y en attache aujourd'hui. Comment cela se fait-il ? Les apôtres s'y arrêtaient constamment, et s'attachaient à exciter par elle les enfants de Dieu à la diligence, à l'obéissance et à la joie ; et leurs successeurs actuels rarement la mentionnent ! Telle la prédication des apôtres, et telle la foi des chrétiens primitifs ; telle notre prédication, et telle la foi de nos auditeurs. Il n'y a pas de doctrine sur laquelle l'Evangile insiste davantage ; et il n'y a pas de doctrine que la prédication du jour laisse dans un plus grand abandon !" *(Commentary, remarks on 1 Corinthians 15, par. 3)*.

Les choses en sont venues au point que la glorieuse vérité de la résurrection est presque complètement obscurcie et perdue de vue par le monde chrétien. Ainsi, un écrivain religieux autorisé, commentant les paroles de Paul dans 1 Thés. 4 : 13-18, dit : "En fait de consolation et d'usage pratique, la doctrine de la bienheureuse immortalité prend pour nous la place de toutes les doctrines indécises sur la seconde venue du Christ ! Pour nous, c'est à la mort que le Seigneur vient. C'est là que nous devons L'attendre avec vigilance. Les morts sont déjà entrés dans la gloire. Ils n'attendent pas le son de la trompette pour comparaître en jugement et pour passer dans la félicité."

Lorsque Jésus était sur le point de quitter Ses disciples, Il ne leur dit point qu'ils iraient bientôt vers Lui. "Je vais vous préparer une place", dit-Il, "et, lorsque Je m'en serai allé, et que Je vous aurai préparé une place, Je reviendrai, et Je vous prendrai avec Moi [39]." Et Paul nous dit que "le Seigneur Lui-même, à un signal donné, à la voix d'un Archange, et au son de la trompette de Dieu, descendra du ciel, et les morts en Christ ressusciteront premièrement. Ensuite, nous les vivants, qui seront restés, nous serons tous ensemble enlevés avec eux sur les nuées, à la rencontre du Seigneur dans les airs, et ainsi nous serons toujours avec le Seigneur." Et il ajoute : "Consolez-vous donc les uns les autres par ces paroles [40]." Quelle immense différence entre ces paroles de consolation et celles du ministre universaliste cité plus haut. Ce dernier consolait les amis en deuil par l'assurance que, quelque pécheur que le défunt eût pu être, aussitôt après avoir rendu le dernier soupir, il devait avoir été reçu au nombre des anges. Paul indique à ses frères la venue prochaine du Seigneur, alors que les portes de la tombe seront brisées, et que "les morts en Christ" ressusciteront en vie éternelle.

Avant qu'aucun homme ne puisse entrer dans le séjour des bienheureux, sa vie doit être examinée ; son caractère et ses actes doivent passer en revue devant Dieu. Tous doivent être jugés selon les choses écrites dans les livres, et être récompensés selon leurs œuvres. Ce jugement n'a pas lieu au moment de la mort. Remarquez ces paroles de Paul : "Il a fixé un jour où Il jugera le monde selon la droiture, par l'Homme qu'Il a désigné, ce dont Il a donné à tous une preuve certaine en Le ressuscitant des morts [41]." L'apôtre enseigne ici pleinement qu'un temps précis, alors futur, avait été fixé pour le jugement du monde.

Jude parle de la même période. "Il a réservé pour le jugement du grand jour, enchaînés éternellement par les ténèbres, les anges qui n'ont pas gardé leur dignité, mais qui ont abandonné leur propre demeure." Puis il cite les paroles d'Hénoc : "Voici, le Seigneur est venu avec Ses saintes myriades, pour exercer un jugement contre tous [42]." Jean déclare qu'il vit "les morts, les grands et les petits, qui se tenaient devant Dieu. Des livres furent ouverts. ... Et les morts furent jugés selon leurs œuvres, d'après ce qui était écrit dans ces livres [43]."

Mais si les morts jouissent déjà du bonheur du ciel, ou se tordent dans les flammes de l'enfer, quelle est la nécessité d'un jugement futur ? Les enseignements de la Parole de Dieu ne sont, à ce sujet, ni obscurs, ni contradictoires ; les intelligences ordinaires peuvent les comprendre. Mais quel esprit impartial peut reconnaître soit de la sagesse, soit de la justice dans la théorie ordinaire ? Les justes recevront-ils, après examen de leur vie au jour du jugement, cette louange : "C'est bien, bon et fidèle serviteur ... entre dans la joie de ton Maître [44]", après qu'ils auront habité avec Lui peut-être durant des siècles ? Et les méchants seront-ils appelés de leur lieu de tourment pour entendre cette sentence sortir de la bouche du Juge de toute la terre : "Retirez-vous de Moi, maudits ; allez dans le feu éternel ? [44]" Oh, moquerie solennelle ! Honteuse atteinte à la sagesse et à la justice de Dieu !

La théorie de l'immortalité de l'âme fut une de ces fausses doctrines que Rome emprunta au paganisme et incorpora dans le christianisme. Martin Luther la met au nombre des "innombrables prodiges du fumier romain des décrétales" *(E. Petavel, The Problem of Immortality, p. 255).* Commentant les paroles de Salomon dans l'Ecclésiaste, où il dit que les morts ne savent rien, le réformateur dit : "Autre preuve que les morts sont insensibles. Salomon pense donc que les morts sont entièrement endormis, et ne pensent à rien. Ils reposent, sans compter ni les jours, ni les années ; mais lorsqu'ils se réveilleront, ils penseront avoir dormi à peine un instant" *(Martin Luther, Exposition of Salomon's Booke Called Ecclesiastes, p. 152).*

On ne trouve nulle part, dans les Ecritures, qu'à la mort les justes reçoivent leur récompense, et les méchants, leur punition. Les patriarches et les prophètes n'en ont pas dit un mot. Christ et Ses apôtres n'en ont pas fait la moindre mention. La Bible enseigne clairement que les morts ne vont pas immédiatement au ciel. Ils sont représentés comme dormant jusqu'au jour de la résurrection [45]. Le jour même où la corde d'argent se rompt et où le vase d'or se casse [46], les pensées de l'homme périssent. Ceux qui descendent dans la tombe demeurent dans le silence. Ils ne savent plus rien des choses qui se font sous le soleil [47]. Repos béni pour les justes fatigués ! Le temps, qu'il soit long ou court, n'est pour eux qu'un instant. Ils dorment, mais ils seront réveillés par la trompette de Dieu pour entrer dans une immortalité glorieuse. "La trompette sonnera, et les morts ressusciteront incorruptibles... Lorsque ce corps corruptible aura revêtu l'incorruptibilité, et que ce corps mortel aura revêtu l'immortalité, alors s'accomplira la parole qui est écrite : La mort a été engloutie dans la victoire [48]." Au moment où ils sont rappelés de leur profond sommeil, ils reprennent le cours des pensées mêmes qu'ils avaient au moment où ils s'endormirent. Leur dernière sensation avait été l'angoisse de la mort ; leur dernier sentiment, celui qu'ils tombaient au pouvoir de la mort. Lorsqu'ils sortent de leur tombeau, leur première pensée trouvera son écho dans ce joyeux cri de triomphe : "O mort, où est ta victoire ? O mort, où est ton aiguillon ? [48]"

---

1 Gen. 3 : 1.
2 Gen. 3 : 2-5.
3 Gen. 3 : 19.
4 Rom. 5 : 12 ;
  2 Tim. 1 : 10.
5 Jean 3 : 36.
6 Rom. 2 : 7.
7 Ezé. 18 : 20.
8 Gen. 3 : 24.
9 Ezé. 33 : 11.
10 Apoc. 14 : 8 ; 17 : 2.
11 2 Sam. 13 : 39.
12 1 Cor. 6 : 10.
13 Apoc. 21 : 6.
14 Apoc. 21 : 7.
15 Esa. 3 : 10, 11.
16 Eccl. 8 : 12, 13.

17 Rom. 2 : 5, 6, 9.
18 Eph. 5 : 5.
19 Héb. 12 : 14.
20 Apoc 22 : 14, 15.
21 Ex. 34 : 6, 7.
22 Ps. 145 : 20 ; 37 : 38.
23 Gen. 6 : 5, 11.
24 Rom. 6 : 23.
25 Deut. 30 : 15.
26 Act. 24 : 15.
27 1 Cor. 15 : 22.
28 Jean 5 : 28, 29.
29 Apoc. 20 : 6.
30 Ps. 37 : 10 ;
  Abdias 16.
31 Ps. 9 : 6, 7.
32 Apoc. 5 : 13.

33 Ps. 146 : 4.
34 Eccl. 9 : 5, 6, 10.
35 Esa. 38 : 18, 19.
36 Ps. 6 : 6 ; 115 : 17.
37 Act. 2 : 29, 34.
38 1 Cor. 15 : 16-18.
39 Jean 14 : 2, 3.
40 1 Thés. 4 : 16-18.
41 Act. 17 : 31.
42 Jude 6, 14, 15.
43 Apoc. 20 : 12.
44 Mat. 25 : 21, 41.
45 1 Thés. 4 : 14 ;
  Job 14 : 10-12.
46 Eccl. 12 : 8.
47 Job 14 : 21.
48 1 Cor. 15 : 52-55.

CHAPITRE XXXIV

LE SPIRITISME

Le ministère des saints anges, tel que le présentent les Ecritures, est une vérité des plus encourageantes et des plus précieuses pour tout disciple du Christ. Mais l'enseignement de la Bible sur ce point a été obscurci et perverti par les erreurs de la théologie populaire. La doctrine de l'immortalité naturelle, empruntée d'abord à la philosophie païenne et incorporée à la foi chrétienne pendant les ténèbres de l'apostasie, a supplanté la vérité si clairement enseignée dans les Ecritures que "les morts ne savent rien." Des multitudes de gens en sont venus à croire que ce sont les esprits des morts qui sont "des esprits destinés à servir et qui sont envoyés pour exercer leur ministère en faveur de ceux qui doivent avoir l'héritage du salut." Et cela, malgré le témoignage de l'Ecriture sur l'existence des anges célestes et sur leurs rapports avec l'histoire de l'homme, avant qu'aucun être humain n'eût encore passé par la mort.

La croyance que l'homme est conscient dans la mort et surtout l'opinion que les esprits des morts reviennent pour servir les vivants, a préparé la voie au spiritisme moderne. Si les morts sont admis en la présence de Dieu et des saints anges, et sont favorisés de connaissances surpassant de beaucoup celles qu'ils possédaient auparavant, pourquoi ne reviendraient-ils pas sur la terre pour éclairer et instruire les vivants ? Si, comme l'enseignent les théologiens populaires, les esprits des morts planent autour de leurs amis sur la terre, pourquoi ne leur serait-il point permis de communiquer avec eux pour les mettre en garde contre le mal ou les consoler dans la douleur ? Comment ceux qui croient à l'état conscient des morts peuvent-ils rejeter ce qui leur apparaît comme une lumière divine communiquée par des esprits glorifiés ? Il y a ici un moyen de communication regardé comme sacré, par lequel Satan travaille à l'accomplissement de ses desseins. Ce sont les anges déchus qui exécutent ses ordres, qui apparaissent comme des messagers du monde des esprits. Tout en professant de mettre les vivants en communication avec les morts, le prince du mal exerce son influence fascinatrice sur leurs esprits.

Il a le pouvoir de faire paraître devant les hommes la ressemblance de leurs amis décédés. La contrefaçon est parfaite, on retrouve des traits connus ; les paroles, le ton de la voix sont reproduits avec une ressemblance merveilleuse. Maintes personnes se consolent à la pensée que leurs bien-aimés jouissent des délices du ciel ; et sans soupçonner aucun danger, elles accordent foi aux "esprits séducteurs et aux doctrines des démons."

Lorsqu'on a fait croire que les morts reviennent communiquer avec les hommes, Satan fait apparaître des individus qui sont descendus dans le sépulcre sans préparation. Ils prétendent être heureux dans le ciel, et même y occuper des positions élevées ; et ainsi se répand partout l'erreur qu'il n'y a aucune différence entre le juste et l'injuste. Ces prétendus esprits qui reviennent d'un autre monde donnent parfois des avertissements qui se trouvent corrects. Ensuite, ayant gagné la confiance, ils avancent directement des choses qui détruisent la foi aux Ecritures. Ayant l'air de s'intéresser vivement au bien-être de leurs amis sur la terre, ils insinuent les plus dangereuses erreurs. Le fait qu'ils disent quelques vérités et peuvent quelquefois prédire des évènements futurs, donnent à leur témoignage une apparence de véracité ; et leurs faux enseignements sont acceptés par les foules aussi promptement, et crus aussi implicitement que si c'étaient les vérités les plus sacrées de la Bible. La loi de Dieu est rejetée, l'Esprit de grâce méprisé, et le sang de l'alliance regardé comme une chose profane. Les esprits nient la divinité du Christ et mettent le Créateur même à leur niveau.

C'est ainsi que, sous un nouveau déguisement, le grand rebelle poursuit sa guerre contre Dieu, guerre qu'il a commencée dans le ciel, et qu'il continue sur la terre depuis près de six mille ans.

Bien des personnes essayent d'expliquer les manifestations spirites en les attribuant complètement à la fraude et aux tours de force des médiums. Mais quoiqu'il soit vrai qu'on ait fait passer pour de vraies manifestations des tours de physique expérimentale, il y a eu aussi des déploiements remarquables de puissance surnaturelle. Les bruits mystérieux qui signalèrent l'apparition du spiritisme n'étaient point le résultat de la jonglerie ou de l'adresse humaine, mais l'action directe de mauvais anges, qui introduisirent ainsi une des tromperies les plus effectives pour la destruction des âmes. Bien des hommes seront séduits par la croyance que le spiritisme n'est qu'un mensonge humain ; lorsqu'ils seront mis en face de manifestations qu'ils ne pourront regarder que comme surnaturelles, ils seront séduits, et seront amenés à les considérer comme la grande puissance de Dieu.

Ces personnes ne prennent point garde à ce que dit l'Ecriture concernant les miracles de Satan et de ses agents. Ce fût grâce à l'aide satanique que les magiciens de Pharaon furent capables de contrefaire l'action de Dieu. Paul déclare qu'avant le second avènement du Christ, on verra se produire de semblables manifestations de la puissance satanique. La venue du Seigneur doit être précédée de "la puissance de Satan, avec toutes sortes de miracles, de signes et de prodiges mensongers, et avec toutes les séductions de l'iniquité [1]."

Et l'apôtre Jean, décrivant cette puissance miraculeuse qui se manifestera aux derniers jours, déclare : "Elle opérait de grands prodiges, même jusqu'à faire descendre du feu du ciel sur la terre, à la vue des hommes. Et elle séduisait les habitants de la terre par les prodiges qu'il lui était donné d'opérer [2]." Ce n'est pas une simple tromperie dont parle l'apôtre ; les hommes seront séduits par les miracles que les agents de Satan auront le pouvoir d'accomplir, et non pas qu'ils prétendront faire.

Le prince des ténèbres, qui a si longtemps employé les puissances de son intelligence supérieure à tromper, adapte habilement ses tentations aux hommes de toutes classes et de toutes conditions. Aux personnes cultivées et développées, il présente le spiritisme sous ses aspects les plus raffinés et les plus intellectuels, et réussit de cette manière à en attirer beaucoup dans ses pièges. La sagesse que communique le spiritisme est celle que décrit l'apôtre Jacques ; elle "n'est point celle qui vient d'en haut ; mais elle est terrestre, charnelle, diabolique [3]." C'est ce que cache pourtant le grand séducteur, lorsque le secret convient mieux à ses desseins. Lui qui, revêtu de l'éclat des célestes séraphins, pouvait paraître devant Christ, dans le désert de la tentation, il se présente à l'homme de la manière la plus attrayante, comme un ange de lumière. Il fait appel à sa raison en l'appelant à méditer des thèmes élevés, il charme ses sens par des scènes captivantes et il s'empare de ses affections par d'éloquentes images de l'amour et de la charité. Il excite l'imagination à de sublimes essors, poussant les hommes à s'enorgueillir tellement de leur propre sagesse, qu'au fond du cœur, ils méprisent le Dieu Eternel. Cet être puissant qui put transporter le Rédempteur du monde sur une très haute montagne et faire passer devant Lui tous les royaumes du monde et leur gloire, présentera ses tentations aux hommes de manière à pervertir les sens de tous ceux qui ne seront pas protégés par la puissance divine.

Satan séduit maintenant les hommes comme il séduisit Eve en Eden, par la flatterie, en allumant en eux le désir d'obtenir une connaissance défendue, en excitant en eux l'ambition de s'élever. C'est en nourrissant en lui ces péchés qu'il tomba, et c'est par eux qu'il s'efforce d'amener la ruine des hommes. "Vous serez comme des dieux", dit-il, "connaissant le bien et le mal [4]." Le spiritisme enseigne "que l'homme est une créature progressive ; que sa destinée, dès sa naissance, est de progresser, cela pendant l'éternité, vers la divinité." Et en outre : "Chaque intelligence se jugera elle-même et non une autre." "Le jugement sera droit, parce que ce sera le jugement de soi-même… Le tribunal est en vous." Un docteur spirite dit, alors que "la conscience spirituelle" se réveilla en lui : "Mes semblables étaient tous des demi-dieux non déchus." Un autre écrit : "Tout être juste et parfait est Christ."

Ainsi, à la droiture et à la perfection du Dieu infini, véritable objet de l'adoration ; à la droiture parfaite de Sa loi, véritable modèle auquel l'homme doit se conformer, Satan a substitué la nature pécheresse, sujette à errer, de l'homme lui-même ; comme seul objet d'adoration, seule règle du jugement, ou modèle du caractère. C'est une progression, non en avant, mais en arrière.

C'est une loi de la nature intellectuelle et spirituelle, que l'intelligence s'adapte aux sujets sur lesquels on la laisse s'arrêter. Elle s'assimile à ce qu'elle s'accoutume à aimer et à révérer. Jamais l'homme ne s'élèvera plus haut que son idéal de pureté, de bonté ou de vérité. S'il se regarde lui-même comme l'idéal le plus sublime, il n'arrivera jamais à quelque chose de plus élevé. Il tombera plutôt de plus en plus bas. La grâce de Dieu seule a le pouvoir d'élever l'homme. Laissé à lui-même, sa conduite doit inévitablement devenir plus mauvaise.

A celui qui s'abandonne à ses passions, à l'amateur du plaisir, à l'homme sensuel, le spiritisme se présente sous un déguisement moins subtil qu'aux esprits plus développés et plus intellectuels ; ses formes plus grossières s'accordent avec ses inclinations. Satan étudie tous les indices de la fragilité de la nature humaine ; il note les péchés que chaque homme est enclin à commettre, et il prend ensuite ses mesures pour que les occasions ne manquent pas de satisfaire sa tendance au mal. Il incite les hommes à faire des excès dans des choses en elles-mêmes légitimes, affaiblissant par l'intempérance leurs capacités physiques, mentales et morales. Il a détruit et il détruit des milliers de personnes par la satisfaction des passions, abrutissant ainsi la nature de l'homme. Et pour compléter son œuvre, il déclare, par les esprits, que "la vraie connaissance place l'homme au-dessus de toute loi" ; "que tout ce qui est, est bien" ; "que Dieu ne condamne point" ; et que "tous les péchés que l'on commet sont innocents." Lorsque les gens sont appelés à croire que le désir est la loi suprême, que la liberté est la licence, et que l'homme n'est responsable qu'envers lui-même, qui peut s'étonner que la corruption et la dépravation se répandent de tous côtés ? Des multitudes reçoivent avidement des enseignements qui leur laissent la liberté d'obéir aux inspirations du cœur charnel. On jette sur le cou de la convoitise les rennes de l'empire sur soi-même ; les facultés de l'esprit et de l'âme deviennent les esclaves des penchants les plus vils, et Satan entraîne joyeusement dans ses pièges des milliers de gens professant être les disciples du Christ.

Mais personne ne doit nécessairement être séduit par les prétentions mensongères du spiritisme. Dieu a donné aux hommes suffisamment de lumière pour leur permettre de découvrir le piège. Comme on l'a déjà vu, la théorie qui forme le fondement même du spiritisme, est en pleine contradiction avec les déclarations les plus positives des Ecritures. La Bible déclare que les morts ne savent rien ; que leurs pensées ont péri ; qu'ils n'ont point de part en ce qui se fait sous le soleil ; qu'ils ne savent rien de la joie ou de la douleur de ceux qui leur étaient le plus chers sur la terre.

Bien plus, Dieu a expressément défendu toute prétendue communication avec les esprits des morts. Au temps des Hébreux, il y avait une classe de gens qui prétendaient, comme les spirites de nos jours, entretenir des rapports avec les morts. Mais les "esprits de Python", ainsi qu'on appelait ces visiteurs des autres mondes, sont appelés par la Bible les "esprits de démons [5]." Il était déclaré que c'était une abomination pour le Seigneur d'avoir affaire avec les esprits de Python, et c'était solennellement défendu sous peine de mort [6]. Le nom même de sorcellerie, de sortilège, est maintenant méprisé. La prétention que les hommes peuvent avoir des rapports avec les mauvais esprits est regardée comme une fable du Moyen Age. Mais le spiritisme, qui compte ses adhérents par centaines de milliers, même par millions, qui s'est frayé une voie dans les sociétés savantes, qui a envahi des églises, et qui a été reçu avec faveur dans des corps législatifs, et même à la cour des rois, — cette séduction colossale n'est que la réapparition, sous une autre forme, de la sorcellerie que Dieu avait condamnée et défendue.

S'il n'existait point d'autre preuve de la vraie nature du spiritisme, il devrait suffire au chrétien que les esprits ne voient aucune différence entre la droiture et le péché, entre le plus noble et le plus saint des apôtres du Christ et les serviteurs de Satan les plus dégradés. En représentant l'homme le plus vil comme étant au ciel, et hautement élevé, Satan déclare virtuellement au monde : "Peu importe que vous soyez méchants ; peu importe que vous croyiez ou que vous ne croyiez pas à Dieu et à la Bible. Vivez à votre guise, le ciel est votre demeure." Les docteurs spirites déclarent virtuellement : "Quiconque fait le mal est bon aux yeux de l'Eternel, et c'est en lui qu'Il prend plaisir ! Ou bien : où est le Dieu du jugement ? [7]" La Parole de Dieu dit : "Malheur à ceux qui appellent le mal bien, et le bien mal, qui changent les ténèbres en lumière, et la lumière en ténèbres [8]."

Les apôtres, tels qu'ils sont personnifiés par ces esprits mensongers, contredisent ce qu'ils écrivirent sous l'inspiration de l'Esprit Saint lorsqu'ils étaient sur la terre. Ils nient l'origine divine de la Bible, sapent ainsi le fondement de l'espérance chrétienne, et éteignent la lumière qui révèle le chemin du ciel. Satan fait croire au monde que la Bible n'est qu'une fiction, ou pour le moins un livre approprié à l'enfance de la race ; mais dont aujourd'hui on ne doit plus faire grand cas, et qu'il faut le mettre de côté comme démodé. Et pour remplacer la Parole de Dieu, il lui offre les manifestations spirites. Ce moyen est entièrement sous sa dépendance ; par lui, il peut faire croire au monde ce qu'il veut. Il met dans l'ombre, juste où il le veut, le Livre qui doit le juger, ainsi que ses serviteurs ; il fait du Sauveur du monde un simple homme. Comme les gardes romains qui veillaient au sépulcre de Jésus répandirent le rapport mensonger que les sacrificateurs et les gouverneurs leur insinuèrent afin de nier Sa résurrection, ainsi ceux qui croient aux manifestations du spiritisme essayent de faire croire qu'il n'y a rien de miraculeux dans les circonstances de la vie du Christ. Après avoir ainsi cherché à placer Jésus à l'arrière-plan, ils attirent l'attention sur leurs miracles, déclarant que ceux-ci surpassent de beaucoup les œuvres du Christ.

Il est vrai que le spiritisme change actuellement ses formes. Voilant quelques-uns de ses traits les plus repoussants, il revêt un déguisement chrétien. Mais ses déclarations malsaines et blasphématoires faites à la tribune et dans la presse depuis des années sont connues du public, et c'est là qu'il montre ce qu'il est réellement. Ces enseignements ne peuvent se nier ni se cacher.

Même sous sa forme actuelle, bien loin d'être plus digne d'être toléré que précédemment, il n'en est réellement que plus dangereux, parce que c'est une séduction plus subtile. Alors il attaquait Christ et la Bible ; il professe maintenant accepter l'un et l'autre. Mais on interprète la Bible de manière à plaire au cœur irrégénéré, et ses vérités solennelles et vitales demeurent sans effet. On prétend que l'amour est le principal attribut de Dieu ; on l'abaisse à un sentimentalisme débilitant, ne faisant que peu de distinction entre le bien et le mal. La justice de Dieu, Ses accusations contre le péché, les exigences de Sa loi, sont toutes laissées dans l'oubli. On enseigne au peuple à regarder le Décalogue comme une lettre morte. Des fables agréables et séduisantes captivent les sens, et poussent les hommes à rejeter la Bible comme fondement de leur foi. Christ est tout autant nié qu'auparavant ; mais Satan a tellement aveuglé les yeux du peuple qu'on ne discerne point la tromperie.

Il est peu de gens qui aient une juste conception de la puissance séductrice du spiritisme et du danger qu'il y a de tomber sous son influence. Beaucoup de gens jouent avec lui, simplement pour satisfaire leur curiosité. Ils n'ont pas une foi réelle, et seraient remplis d'horreur à la pensée de s'abandonner à l'influence spirite. Mais ils s'aventurent sur un terrain défendu, et le puissant destructeur exerce son ascendant sur eux, contre leur volonté. Qu'ils soient un jour induits à abandonner leur intelligence à sa discrétion, et il les tiendra alors captifs. Il est impossible qu'avec leur propre force, ils brisent ce charme fascinateur et attrayant. La puissance de Dieu accordée en réponse à l'ardente prière de la foi, peut seule délivrer ces âmes prises au piège.

Tous ceux qui s'abandonnent à des traits de caractère coupables, ou qui s'adonnent volontairement à un péché connu, attirent les tentations de Satan. Ils se séparent eux-mêmes de Dieu et de la protection de Ses anges ; et lorsque le malin veut les attirer dans ses pièges, ils sont sans défense, et deviennent une proie facile. Ceux qui se placent ainsi sous sa puissance comprennent peu où les mènera leur conduite. Le tentateur, les ayant subjugués, les emploiera comme ses agents, pour en attirer d'autres dans la ruine.

Le prophète Esaïe dit : "Si l'on vous dit : Consultez ceux qui évoquent les morts et ceux qui prédisent l'avenir, qui poussent des sifflements et des soupirs … Un peuple ne consultera-t-il pas son Dieu ? S'adressera-t-il aux morts en faveur des vivants ? A la loi et au témoignage ! S'ils ne parlent pas en accord avec cette parole, c'est qu'il n'y a pas de lumière en eux ! [9] " Si les hommes avaient voulu recevoir la vérité concernant la nature de l'homme et l'état des morts énoncée si simplement dans les Ecritures, ils auraient vu dans le spiritisme les agissements de Satan, se manifestant avec puissance, avec des signes, et des miracles de mensonge. Mais au lieu de renoncer à la liberté si agréable au cœur charnel, et d'abandonner les péchés qu'ils aiment, la plupart des hommes ferment les yeux à la lumière, et marchent de l'avant, sans faire attention aux avertissements, tandis que Satan tend ses pièges autour d'eux pour en faire bientôt ses proies. "Parce qu'ils n'ont pas reçu l'amour de la vérité pour être sauvés. Aussi Dieu leur enverra une puissance d'égarement, pour qu'ils croient au mensonge [10]."

Ceux qui s'opposent aux enseignements du spiritisme, attaquent non seulement les hommes, mais Satan et ses anges. Ils ont commencé une lutte contre les principautés, les puissances, et les mauvais esprits qui sont dans les airs. Satan ne cédera pas d'un pouce, à moins qu'il ne soit repoussé par la puissance des messagers célestes. Les chrétiens devraient pouvoir l'affronter comme fit notre Sauveur, avec ces paroles : "Il est écrit." Satan peut citer les Ecritures, maintenant comme aux jours du Christ, et il pervertira ses enseignements afin de soutenir ses séductions. Ceux qui veulent demeurer fermes dans ce temps de péril, doivent comprendre pour eux-mêmes le témoignage des Ecritures.

Beaucoup de personnes auront à affronter des esprits de démons qui personnifieront des parents bien-aimés ou des amis, et avanceront les hérésies les plus dangereuses. Ces prétendus morts en appelleront à nos sympathies les plus tendres, et feront des miracles pour soutenir leurs prétentions. Nous devons être préparés à leur résister avec la vérité de la Bible, qui déclare que les morts ne savent rien, et que ceux qui apparaissent ainsi sont les esprits des démons.

Voici venir "l'heure de la tentation qui va venir sur le monde entier, pour éprouver les habitants de la terre [11]." Tous ceux dont la foi n'est pas fermement établie sur la Parole de Dieu, seront trompés et vaincus. Satan travaille avec "toutes les séductions qui portent à l'iniquité", pour maîtriser les enfants des hommes ; et ses séductions augmenteront continuellement. Mais il ne peut parvenir à son but que si les hommes cèdent volontairement à ses tentations. Ceux qui cherchent sincèrement à connaître la vérité, et s'efforcent de purifier leur âme par l'obéissance, faisant leur possible pour se préparer à la lutte, trouveront un refuge sûr dans le Dieu de vérité. "Parce que tu as gardé la parole de la persévérance en Moi, Je te garderai aussi à l'heure de la tentation [12]", nous dit le Sauveur. Il enverrait plutôt tous les anges du ciel pour protéger Son peuple, que de laisser une seule âme qui se confie en Lui, succomber sous les attaques de Satan.

Le prophète Esaïe nous dépeint l'effroyable séduction dans laquelle tomberont les méchants, qui se croiront à l'abri des jugements de Dieu. "Nous avons fait une alliance avec la mort, nous avons fait un pacte avec le séjour des morts ; quand le fléau débordé passera, il ne nous atteindra pas, car nous avons la fausseté pour refuge et le mensonge pour abri [13]." Au nombre de ceux qui sont ici décrits, se trouvent ceux qui, dans leur impénitence obstinée, se targuent de l'assurance qu'il n'y aura point de punition pour le pécheur ; que tous les hommes, quel que soit leur état de corruption, seront enlevés au ciel pour y demeurer comme les anges de Dieu. Mais il en est d'autres plus spécialement désignés ici : ceux qui ont fait un accord avec la mort et une entente avec le sépulcre, qui, renonçant aux vérités que Dieu a données comme défense aux justes pour le jour de détresse, acceptent le refuge du mensonge offert à leur place par Satan : à savoir les prétentions mensongères du spiritisme.

L'aveuglement des hommes de notre génération est étonnant au-delà de toute expression. Des milliers de personnes rejettent la Parole de Dieu comme indigne de foi, et croient avec une pleine confiance les tromperies de Satan. Les incrédules et les moqueurs accusent à grands cris le fanatisme de ceux qui luttent pour la foi des prophètes et des apôtres ; ils se divertissent en tournant en ridicule les déclarations solennelles des Ecritures, touchant Christ, le plan du salut, et la rétribution qui attend ceux qui rejettent la vérité. Ils affectent de prendre en pitié des esprits assez étroits, assez faibles et assez superstitieux pour reconnaître les ordres de Dieu et obéir aux ordonnances de Sa loi. Ils montrent en effet autant d'assurance que s'ils avaient fait un accord avec la mort et un pacte avec le sépulcre, que s'ils avaient élevé une barrière infranchissable, indestructible entre eux et la vengeance de Dieu. Rien ne peut éveiller leurs craintes. Ils se sont si complètement soumis au tentateur, ils sont si étroitement unis à lui, et tellement imbus de son esprit, qu'ils n'ont ni la force ni la pensée de rompre ses liens.

Satan s'est préparé dès longtemps à cet effort final pour tromper le monde. Le fondement de cet artifice fut posé par l'assurance qu'il donna à Eve en Eden : "Vous ne mourrez point." "Le jour où vous en mangerez, vos yeux s'ouvriront, et vous serez comme des dieux, connaissant le bien et le mal [14]." Peu à peu il a préparé la voie à son chef-d'œuvre de séduction : le développement du spiritisme. Jusqu'à présent, il n'est pas encore arrivé au parfait accomplissement de ses desseins ; mais il y arrivera dans le court espace de temps qui nous sépare de la fin. Le prophète dit : "Je vis ... trois esprits impurs, semblables à des grenouilles. Car ce sont des esprits de démons, qui font des prodiges, et qui vont vers les rois de toute la terre, afin de les rassembler pour le combat du grand jour du Dieu Tout-Puissant [15]." Sauf ceux qui sont gardés par la puissance de Dieu, par la foi en Sa Parole, le monde entier sera entraîné dans cette séduction. Les hommes s'endorment déjà dans une fausse sécurité, pour n'être réveillés qu'au jour où la colère de Dieu tombera sur la terre.

Ainsi parle l'Eternel, Dieu : "Je ferai de la droiture une règle, et de la justice un niveau ; et la grêle emportera le refuge de la fausseté, et les eaux inonderont l'abri du mensonge. Votre alliance avec les morts sera détruite, votre pacte avec le séjour des morts ne subsistera pas ; quand le fléau débordé passera, vous serez foulés aux pieds [16]."

---

1 2 Thés. 2 : 9, 10.
2 Apoc. 13 : 13, 14
3 Jacq. 3 : 15.
4 Gen. 3 : 5.
5 Comparez Nomb. 25 : 1-3,
   Ps. 106 : 28 ;
   1 Cor. 10 : 20 ;

et Apoc. 16 : 14.
6 Lév. 19 : 31 ; 20 : 27.
7 Mal. 2 : 17.
8 Esa. 5 : 20.
9 Esa. 8 : 19, 20.
10 2 Thés. 2 : 10, 11.
11 Apoc. 3 : 10.

12 Apoc. 3 : 10.
13 Esa. 28 : 15.
14 Gen. 3 : 4, 5.
15 Apoc. 16 : 13, 14
16 Esa. 28 : 17, 18.

CHAPITRE XXXV

LE CARACTÈRE ET LE BUT DE LA PAPAUTÉ

Les protestants considèrent aujourd'hui le catholicisme avec beaucoup plus de faveur qu'autrefois. Dans les contrées où le catholicisme ne domine pas et où les adeptes de la papauté sont conciliants, dans le but d'acquérir de l'influence, on remarque une indifférence croissante à l'égard des doctrines qui séparent les églises réformées de la hiérarchie papale ; l'opinion se répand, qu'après tout, nous ne différons pas tellement, sur les points vitaux, qu'on ne l'a supposé, et qu'une petite concession de notre part nous mettra en meilleure intelligence avec Rome. Il fut un temps où les protestants estimaient hautement la liberté de conscience qu'ils avaient acquise à un si grand prix. Ils enseignaient à leurs enfants à détester la papauté et ils estimaient que rechercher d'être d'accord avec Rome, serait un acte de trahison envers Dieu. Mais combien différents ne sont pas les sentiments que l'on exprime maintenant !

Les défenseurs de la papauté disent qu'on lui a fait du tort ; et le monde protestant est enclin à accepter ce dire. Bien des gens avancent qu'il est injuste de juger l'église romaine de nos jours par les abominations et les absurdités qui signalèrent son règne pendant les siècles d'ignorance et d'obscurité. Ils mettent ses horribles cruautés sur le compte de la barbarie de l'époque, et prétendent que la civilisation moderne a changé ses sentiments.

Ces personnes ont-elles oublié la prétention à l'infaillibilité que ce pouvoir hautain avance depuis huit cents ans ? Loin de se relâcher de cette prétention, l'église du dix-neuvième siècle l'affirme plus positivement que jamais. Comme Rome prétend "n'avoir jamais erré, et ne pouvoir jamais errer", comment peut-elle renoncer aux principes qui ont dirigé sa conduite dans les siècles passés ?

L'église catholique ne cédera jamais ses prétentions à l'infaillibilité. Tout ce qu'elle a fait en persécutant ceux qui rejetaient ses dogmes, elle le tient pour juste. Ne répéterait-elle pas les mêmes actes, si l'occasion s'en présentait ? Que viennent à tomber les restrictions qui lui sont actuellement imposées par les gouvernements ; que Rome vienne à retrouver son ancienne puissance, et l'on ne tardera pas à voir se réveiller son esprit tyrannique et ses persécutions.

Un auteur *(Josiah Strong, Dr théol. dans Our Country, pp. 46-48)* parlait récemment comme suit de l'attitude de la hiérarchie papale concernant la liberté de conscience, et les périls qui menacent spécialement les Etats-Unis par le succès de sa politique :

"Il y a bien des gens disposés à attribuer à la bigoterie ou à la puérilité toute crainte du catholicisme romain aux Etats-Unis. Ils ne voient rien dans le caractère et l'attitude du romanisme qui soit hostile à nos libres institutions, et ne trouvent rien d'inquiétant dans son développement. Comparons donc d'abord quelques-uns des principes fondamentaux de notre gouvernement avec ceux de l'église catholique.

"La Constitution des Etats-Unis garantit la liberté de conscience. Rien n'est plus précieux ni plus fondamental. Le pape Pie IX, dans sa lettre encyclique du 15 août 1854, dit : "Les doctrines ou extravagances absurdes et erronées "en faveur de la liberté de conscience, sont une erreur des "plus pestilentielles : une peste parmi toutes les autres, des "plus à craindre dans un Etat." Le même pape, dans sa lettre encyclique du 8 décembre 1864, lance l'anathème contre "ceux qui soutiennent la liberté de conscience et de culte", ainsi que "tous ceux qui prétendent que l'église ne peut employer la force."

"Le ton pacifique de Rome dans les Etats-Unis n'implique pas de sa part un changement intérieur. Elle est tolérante quand elle est impuissante. L'évêque O'Connor dit : "La liberté n'est supportable que jusqu'à ce qu'on puisse obtenir l'effet contraire sans danger pour le monde catholique." L'archevêque de St Louis dit un jour : "L'hérésie et l'incrédulité sont des crimes ; et dans les pays chrétiens comme "l'Italie et l'Espagne, par exemple, où tout le monde est catholique et où la religion catholique est une partie essentielle de la loi du pays, elles sont punies comme d'autres crimes."

"Tout cardinal, archevêque et évêque de l'église catholique prête un serment d'obéissance au pape, où se trouvent les paroles suivantes : "Je m'opposerai aux hérétiques, aux schismatiques et aux rebelles à notre dit seigneur, le pape, ou à ses successeurs, et je les persécuterai de tout mon pouvoir" *(Ibid., ch. 5, par. 2-4).*

Il est vrai qu'il y a de vrais chrétiens dans l'église catholique romaine. Il y a des milliers de personnes dans cette église qui servent Dieu selon la lumière qu'elles possèdent. Il leur est défendu de lire Sa Parole, c'est pourquoi elles ne peuvent pas discerner la vérité. Elles n'ont jamais vu le contraste existant entre un service vivant et vrai, et une série de formes et de cérémonies. Mais Dieu voit ces âmes avec une tendresse miséricordieuse, élevées comme elles le sont dans une croyance trompeuse et insuffisante. Il fera pénétrer des rayons de lumière à travers les épaisses ténèbres qui les enveloppent. Il leur révélera la vérité telle qu'elle est en Jésus, et beaucoup se joindront encore à Son peuple.

Mais le catholicisme, comme système, n'est pas plus d'accord avec l'Evangile du Christ aujourd'hui qu'il ne l'était à n'importe quelle autre période de son histoire. Les églises protestantes sont dans de grandes ténèbres ; autrement, elles discerneraient les signes des temps. L'église romaine est clairvoyante dans ses plans et ses opérations. Elle emploie toutes les ruses pour étendre son influence et augmenter sa puissance, se préparant à une lutte violente et résolue pour ressaisir le gouvernement du monde, rétablir la persécution, et renverser tout ce que le protestantisme a fait.

Le catholicisme gagne partout du terrain, *(Appendice, note 10).* Voyez le nombre croissant de ses églises et de ses chapelles dans les pays protestants. Voyez la popularité de ses collèges et de ses séminaires, en Amérique, si largement soutenus par les protestants. Voyez l'extension continuelle du ritualisme en Angleterre, et les défections fréquentes qui vont grossir les rangs du catholicisme. Ces choses devraient exciter les craintes de tous ceux qui apprécient les purs principes de l'Evangile.

Les protestants ont négocié et joué avec le catholicisme ; ils ont fait des compromis et des concessions qui surprennent les catholiques eux-mêmes, et leur sont incompréhensibles. Les hommes ferment les yeux au vrai caractère du romanisme, aux dangers dont sa suprématie les menace. Les gens ont besoin d'être avertis, afin de repousser les avances de cet ennemi si dangereux pour la liberté civile et religieuse.

Bien des protestants s'imaginent que la religion catholique n'a point d'attrait, et que son culte est une suite de cérémonies ennuyeuses et insignifiantes. C'est là une erreur. Quoique le romanisme soit basé sur la tromperie, ce n'est pas une imposture grossière et maladroite. Le culte, au sein de l'église romaine, est entouré d'un cérémonial qui fait la plus profonde impression. Ses ornements pompeux et ses rites solennels fascinent les sens du peuple, et font taire la voix de la raison et de la conscience. Tout y charme les yeux. De splendides églises, d'imposantes processions, des peintures de choix, de magnifiques statues, tout réveille le goût du beau. L'oreille s'y trouve également captivée. La musique qu'on y entend n'a pas d'égale. Les sons graves de l'orgue puissant, mêlés à la mélodie de voix nombreuses, et répercutés par les voûtes de leurs grandes cathédrales, ne peuvent manquer de produire sur les esprits une impression saisissante.

Cette splendeur, cette pompe, ces cérémonies extérieures, qui ne font que se moquer des désirs de l'âme malade, sont la preuve d'une corruption intérieure. La religion du Christ n'a pas besoin de tels appâts pour la recommander. A la lumière de la croix, le vrai christianisme paraît si pur et si aimable que nulles décorations extérieures ne peuvent enchérir sur sa véritable valeur. C'est la beauté de la sainteté, c'est un esprit doux et paisible, qui a de la valeur devant Dieu.

L'éclat du style n'est point nécessairement la marque de pensées pures et élevées. Les plus hautes productions de l'art et les raffinements du goût procèdent souvent d'intelligences charnelles, sensuelles. Satan s'en sert souvent pour faire oublier aux hommes les besoins de l'âme, pour leur faire perdre de vue l'avenir de la vie éternelle, pour les détourner de leur Sauveur, et vivre pour ce monde seul.

Une religion de cérémonies extérieures a quelque chose d'attrayant pour le cœur inconverti. La pompe et le cérémonial du culte catholique ont un pouvoir fascinateur, par lequel beaucoup de gens se laissent séduire, et finissent par considérer l'église romaine comme la vraie porte du ciel. Seuls ceux qui ont affermi leurs pieds sur le fondement de la vérité, et dont les cœurs sont renouvelés par l'Esprit de Dieu sont à l'abri de son influence. Des milliers de gens qui n'ont pas une connaissance du Christ éprouvée, sont entraînés à accepter les formes d'une piété dénuée de force. Une telle religion est justement ce que les multitudes désirent.

La prétention de l'église d'avoir le droit d'accorder le pardon, donne aux catholiques le sentiment qu'ils ont la liberté de pécher ; et l'ordonnance de la confession, sans laquelle elle n'accorde pas son pardon, tend aussi à donner licence au mal. Celui qui s'agenouille devant des hommes déchus, et leur confesse les secrètes pensées et les désirs de son cœur, rabaisse sa dignité d'homme et dégrade tous les nobles instincts de son âme. En dévoilant les péchés de sa vie à un prêtre, — mortel, égaré, pécheur, et trop souvent corrompu par le vin et l'impureté — l'homme abaisse à ses yeux sa dignité, et en est souillé. La pensée qu'il se fait de Dieu se trouve ravalée à la ressemblance de l'humanité déchue ; car le prêtre se dit représentant de Dieu.

Cette confession dégradante d'homme à homme, est la source secrète d'où tant de maux ont inondé et souillé le monde, et l'ont préparé pour sa destruction finale. Cependant, pour celui qui aime à se laisser aller à ses penchants, il est plus agréable de se confesser à un mortel que d'ouvrir son âme devant Dieu. Il est plus agréable à la nature humaine de faire pénitence que de renoncer au péché. Il est plus facile de mortifier la chair, en portant une large ceinture de crin sur la peau par pénitence et des chaînes qui blessent, que de renoncer aux convoitises de la chair. Le cœur charnel préfère porter un joug pesant que de se charger du joug du Christ.

Il y a une ressemblance frappante entre l'église romaine et l'église juive du temps du premier avènement du Christ. Tandis que les Juifs foulaient secrètement aux pieds chaque principe de la loi de Dieu, ils étaient extérieurement rigoureux dans l'observance de ses préceptes, l'écrasant de minuties et de traditions qui en rendaient l'obéissance pénible et fatigante. De même que les Juifs professaient de révérer la loi, ainsi les romanistes professent de révérer la croix. Ils exaltent le symbole des souffrances du Christ, tandis qu'ils renient par leur vie Celui qu'il représente.

Les catholiques placent la croix sur leurs églises, sur leurs autels et sur leurs vêtements. Partout on remarque l'insigne de la croix. Elle est partout honorée et exaltée extérieurement. Mais les enseignements du Christ sont ensevelis sous une quantité de traditions insensées, de fausses interprétations et d'exigences rigoureuses. Les paroles du Sauveur concernant les Juifs fanatiques s'appliquent avec une plus grande force encore aux chefs catholiques : "Ils lient des fardeaux pesants, et les mettent sur les épaules des hommes, mais ils ne veulent pas les remuer du doigt [1]." Les âmes consciencieuses tremblent sans cesse, craignant la colère d'un Dieu offensé, tandis que les dignitaires de l'église vivent dans le confort et les plaisirs sensuels. Le culte des images et des reliques, l'invocation des saints et l'exaltation du pape, sont des artifices de Satan pour détourner les esprits du peuple loin de Dieu et de Son Fils. Pour parvenir à les perdre, il essaie de détourner leur attention de Celui auprès duquel seul ils peuvent trouver le salut. Il poussera les âmes vers n'importe quel objet qui puisse être substitué à Celui qui a dit : "Venez à Moi, vous tous qui êtes fatigués et chargés, et Je vous donnerai du repos [2]."

L'effort constant de Satan est de représenter faussement le caractère de Dieu, la nature du péché et la grande alternative qui est devant l'homme. Ses sophismes affaiblissent l'obligation de la loi divine et donnent aux hommes la liberté de pécher. En même temps il leur donne de fausses idées de Dieu, de sorte qu'ils Le considèrent avec crainte et avec haine plutôt qu'avec amour. Attribuant au Créateur la cruauté de son propre caractère, il incorpore la haine à des systèmes religieux et à diverses formes d'adoration. C'est ainsi que les intelligences des hommes sont aveuglées, et Satan s'en fait des agents pour faire la guerre à Dieu. Par des conceptions perverties des attributs de Dieu, les nations païennes furent amenées à croire que les sacrifices humains étaient nécessaires pour s'assurer la faveur de la divinité ; et les plus horribles cruautés ont été commises sous les diverses formes de l'idolâtrie. L'église romaine, unissant les formes du paganisme et du christianisme, et, comme le paganisme, représentant faussement le caractère de Dieu, a recouru à des pratiques non moins cruelles et révoltantes. Aux jours de sa suprématie, Rome avait des instruments de torture pour forcer les hommes à accepter ses doctrines. Elle avait l'échafaud pour ceux qui ne voulaient pas consentir à ce qu'elle demandait. L'église romaine a fait des massacres dont le nombre ne sera pas connu avant qu'il soit révélé au jour du jugement. Les dignitaires de l'église étudiaient, sous la direction de Satan leur maître, les moyens qui puissent causer la plus grande torture possible sans mettre fin à la vie de leur victime.

L'infernal procédé se répétait jusqu'aux plus extrêmes limites, jusqu'à ce que la nature cédât, et que la victime souhaitât la mort comme une heureuse délivrance. Tel était le sort des adversaires de Rome. Pour ses adhérents, elle avait la discipline du fouet, de la faim, et des austérités effrayantes de toutes les espèces imaginables. Pour s'assurer la faveur du ciel, les pénitents violaient les lois de Dieu en violant les lois de la nature. On leur enseignait à rompre tous les liens que Dieu a formés dans le but de rendre agréables les relations de la vie. Le sépulcre renferme des millions de victimes qui usèrent leur vie en de vains efforts pour refouler leurs affections naturelles, pour repousser, comme une offense à Dieu, toute pensée et tout sentiment de sympathie pour leurs semblables.

Si nous désirons comprendre la froide cruauté de Satan, qui se manifeste depuis des siècles, non parmi ceux qui n'ont jamais entendu parler de Dieu, mais au cœur même et dans toute l'étendue de la chrétienté, nous n'avons qu'à considérer l'histoire du romanisme. Par ce gigantesque système de séduction, le prince du mal atteint son but : déshonorer Dieu, et tourmenter l'homme. En considérant comment il réussit à se déguiser et à faire son œuvre par les chefs de l'église, nous pouvons mieux comprendre pourquoi il a une telle antipathie pour la Bible. Si on lisait ce livre, la miséricorde et l'amour de Dieu se révéleraient aux âmes ; on remarquerait qu'Il n'impose nulle part à l'homme de si lourds fardeaux. Tout ce qu'Il demande est un cœur brisé et contrit, un esprit humble, obéissant.

Christ ne donne dans Sa vie aucun exemple montrant que femmes et hommes doivent s'enfermer dans des monastères pour se préparer pour le ciel. Il n'a jamais enseigné qu'on doive refouler ses sentiments de charité et de sympathie. Le cœur du Sauveur débordait d'amour. Plus un homme approche de la perfection morale, plus sa sensibilité est délicate, plus il perçoit promptement le péché, et plus sa sympathie pour l'affligé est profonde. Le pape prétend être vicaire du Christ ; mais comment son caractère supporte-t-il la comparaison avec Celui de notre Sauveur ? A-t-on jamais vu Christ condamner des hommes à la prison ou à la torture parce qu'ils refusaient de Lui rendre hommage comme Roi du ciel ? Entendit-on Sa voix condamner à mort ceux qui ne Le reçurent pas ? Lorsque les gens d'un village samaritain manquèrent d'égards envers Jésus, l'apôtre Jean fut rempli d'indignation, et dit : "Seigneur, veux-Tu que nous commandions que le feu descende du ciel et les consume, comme Elie le fit ?" Jésus regarda avec compassion Ses disciples, et reprit cet esprit amer en disant : "Le Fils de l'homme est venu, non pour perdre les âmes des hommes, mais pour les sauver [3]." Combien l'esprit que manifesta Christ n'est-il pas différent de celui de Son prétendu vicaire !

L'église catholique présente actuellement au monde une avant-garde paisible, couvrant d'apologies le récit de ses horribles cruautés. Elle s'est revêtue des vêtements du Christ, mais elle n'est pas changée. Chaque principe formulé autrefois par l'église catholique, vit encore aujourd'hui. Les doctrines inventées dans les temps passés sont encore professées. Que personne ne s'y trompe. Le catholicisme que les protestants sont si prêts à honorer, à prendre pour allié, est le même que celui qui gouvernait le monde au temps de la réformation, alors que des hommes de Dieu se levèrent, au péril de leur vie, pour dévoiler ses iniquités. Il conserve les mêmes prétentions orgueilleuses et arrogantes qui le faisaient dominer sur les rois et les princes, et s'arroger les prérogatives de Dieu. Son esprit n'est pas moins cruel et despotique à présent que lorsqu'il foulait aux pieds les libertés humaines, et mettait à mort les saints du Très-Haut.

La papauté est précisément ce que la prophétie déclarait qu'elle serait : l'apostasie ou la révolte des derniers temps [4]. C'est une partie de sa politique, de se parer du caractère qui lui permet le mieux de parvenir à ses fins ; mais sous l'apparence changeante du caméléon, elle cache l'invariable venin de la vipère. "Nous ne sommes pas tenus de garder la foi et le serment aux hérétiques" *(Lenfant, vol. 1, p. 516),* déclare Rome. Cette puissance, dont l'histoire est écrite pendant mille ans avec le sang des saints, sera-t-elle reconnue comme une portion de l'église du Christ ?

Ce n'est pas sans raison qu'on a prétendu que dans les pays protestants le catholicisme ne diffère plus autant qu'autrefois du protestantisme. Il y a eu un changement, mais ce changement n'est pas dans l'église papale. Le catholicisme ressemble en effet beaucoup à certain protestants de nos jours ; mais c'est parce que le protestantisme a tellement dégénéré depuis le temps des réformateurs.

En recherchant les faveurs du monde, les églises protestantes ont été aveuglées par une fausse charité. Elles pensent qu'il est juste de voir le bien dans le mal ; et il en résultera finalement qu'elles verront du mal dans tout bien. Au lieu de défendre constamment la foi qui a été donnée aux saints, il semble qu'elles veulent maintenant s'excuser auprès de Rome d'avoir eu d'elle une opinion qui manquait de charité, et lui demander pardon de leur bigoterie.

Une classe nombreuse de personnes, de celles même qui ne voient pas favorablement le catholicisme, n'appréhende que peu le danger dont les menacent sa puissance et son influence. Il en est d'autres qui prétendent que les ténèbres intellectuelles et morales qui régnaient au Moyen Age favorisèrent la propagation de ses dogmes, de ses superstitions et de son oppression, et que les connaissances plus grandes des temps modernes, la diffusion générale des lumières, et la liberté croissante en matières religieuses, empêcheront le retour de l'intolérance et de la tyrannie. La pensée même qu'il n'existera jamais un tel état de choses dans ces temps éclairés, est tournée en ridicule. Il est vrai que de grandes lumières intellectuelles, morales et religieuses, brillent sur cette génération. Des pages ouvertes de la Sainte Parole de Dieu, la lumière du ciel a été répandue sur la terre. Mais il faut se rappeler que plus la lumière accordée est grande, plus grandes aussi sont les ténèbres de ceux qui la pervertissent ou la rejettent.

Une étude sérieuse de la Bible montrerait aux protestants le caractère réel de la papauté, et la leur ferait détester et fuir ; mais les hommes sont si sages à leurs propres yeux qu'ils n'éprouvent aucun besoin de rechercher Dieu humblement, afin d'être conduits dans la vérité. Quoique se vantant d'être éclairés, ils ignorent et les Ecritures et la puissance de Dieu. Il leur faut quelque moyen de calmer leurs consciences ; et ils cherchent celui qui est le moins spirituel et le moins humiliant. Ce qu'ils désirent, c'est une méthode d'oublier Dieu qui passe pour une méthode de le rappeler à la mémoire. La papauté est bien adaptée pour répondre aux besoins de ces personnes. Elle est faite pour deux classes de gens, qui embrassent presque le monde entier : ceux qui voudraient être sauvés par leurs mérites, et ceux qui voudraient être sauvés dans leurs péchés. C'est là le secret de sa puissance.

On a vu que des temps de grandes ténèbres intellectuelles furent favorables aux succès de l'église catholique. Il sera démontré maintenant qu'une époque de grandes lumières intellectuelles est également favorable à sa cause. Dans les siècles passés, lorsque les hommes ne possédaient pas la Parole de Dieu et n'avaient, aucune connaissance de la vérité, leurs yeux étaient aveuglés, et des milliers étaient pris au piège, sans voir le filet tendu sous leurs pieds. Dans cette génération, il en est beaucoup dont les yeux sont aveuglés par l'éclat des raisonnements spéculatifs des hommes, par une "science faussement ainsi nommée" ; ils ne discernent pas le piège, et y marchent aussi hardiment que s'ils étaient aveugles. Dieu veut que l'homme considère ses facultés intellectuelles comme un don de son Créateur, et qu'il les emploie au service de la vérité et de la droiture. Mais lorsque l'orgueil et l'ambition remplissent le cœur, et que les hommes mettent leurs théories au-dessus de la Parole de Dieu, l'intelligence peut faire plus de mal que l'ignorance. Ainsi la fausse science du dix-neuvième siècle, qui sape par sa base la foi en la Bible, préparera tout aussi sûrement la voie à la papauté, avec ses cérémonies agréables, que l'obscurantisme n'ouvrit la voie à son agrandissement dans le sombre Moyen Age.

Dans les mouvements qui sont maintenant sur pied aux Etats-Unis, aux fins d'assurer l'appui de l'Etat aux institutions et aux usages de l'église, les protestants marchent sur les traces des catholiques, *(Appendice, note 11)*. Bien plus, ils ouvrent la porte à la papauté, qui reprendra dans la protestante Amérique la suprématie qu'elle a perdue dans l'Ancien Monde. Et ce qui rend ce mouvement plus significatif, c'est que le principal objet en vue est l'imposition de l'observance du dimanche, coutume qui tire son origine de Rome, et que la papauté réclame comme signe de son autorité. C'est l'esprit de la papauté — l'esprit de conformité aux coutumes mondaines, de vénération pour les traditions humaines plus que pour les commandements de Dieu — qui pénètre dans les églises protestantes, et les pousse à faire la même exaltation du dimanche que la papauté a faite avant elle.

Si le lecteur désire comprendre quels sont les moyens qui seront employés dans la lutte prochaine, il n'a qu'à lire le récit des moyens que Rome employa dans le même but aux siècles passés. S'il désire savoir comment les catholiques et les protestants unis ensemble agiront envers ceux qui rejetteront leurs dogmes, qu'il considère l'esprit que Rome manifesta contre le Sabbat et ses défenseurs.

Des édits royaux, des décisions de conciles généraux, des ordonnances de l'église soutenus par le pouvoir séculier, tels sont les moyens qui furent employés pour donner à une fête païenne une place d'honneur dans le monde chrétien. La première mesure publique commandant l'observance du dimanche fut la loi émise par Constantin, *(321 ap. J.-C.)*. Cet édit recommandait aux habitants des villes de se reposer au vénérable jour du soleil, mais permettait aux habitants des campagnes de continuer leurs travaux agricoles. Quoique ce fût en réalité une loi païenne, elle fut imposée par l'empereur après qu'il eut nominalement adopté la religion chrétienne.

Le mandat royal n'étant pas un substitut suffisant en face de l'autorité divine, un évêque, Eusèbe, qui recherchait la faveur des princes, et qui était l'ami intime et l'un des flatteurs de Constantin, avança la prétention que Christ avait transféré le Sabbat au dimanche. On ne produisit pas une seule preuve de l'Ecriture pour prouver la nouvelle doctrine. Eusèbe lui-même en reconnaît involontairement la fausseté, et signale les auteurs véritables du changement.

"Nous avons transféré au jour du Seigneur, dit-il, toutes les choses qui devaient être faites le Sabbat" *(Robert Cox, Sabbath Laws and Sabbath Duties, p. 538).* Mais l'argument donné en faveur du dimanche, si misérable fût-il, servit à enhardir les hommes à fouler aux pieds le Sabbat de l'Eternel. Tous ceux qui désiraient être honorés du monde, adoptèrent la fête populaire.

A mesure que la papauté s'établissait fermement, le dimanche était plus exalté. Pendant un certain temps, les laboureurs s'occupèrent de leurs travaux agricoles en dehors des heures de culte, et le septième jour fut encore considéré comme Sabbat. Mais lentement, sûrement, un changement s'effectua. Les responsables du saint office reçurent l'interdiction de prononcer un jugement le dimanche sur un quelconque démêlé civil. Bientôt, il fut ordonné à chacun, de quelque rang que l'on fût, de cesser le travail ordinaire, sous peine d'amende pour les gens libres, et de coups de fouet pour les domestiques. Plus tard, on décréta que les riches seraient punis par la perte de la moitié de leurs biens ; et que s'ils s'obstinaient, ils seraient finalement vendus comme esclaves. Les gens de basse classe devaient être bannis à perpétuité.

On eut aussi recours à des miracles. Entre autres merveilles, on racontait qu'un laboureur qui allait labourer son champ, un jour de dimanche, nettoya sa charrue avec un fer, et que le fer lui entra dans la main ; pendant deux ans il le porta partout avec lui "avec une douleur et une honte excessives" *(Francis West, Historical and Practical Discourse on the Lord's Day, p. 174).*

Plus tard, le pape donna des directives pour que les prêtres de la campagne réprimandent les transgresseurs du dimanche, qu'ils les invitent à aller à l'église dire leurs prières, de crainte qu'ils n'attirent quelque grande calamité sur eux et leurs voisins. Un concile ecclésiastique avança l'idée, depuis lors si fréquemment répétée, même par les protestants, d'après lequel des gens travaillant le dimanche avaient été frappés par la foudre, ce qui prouvait que ce jour devait être le jour du repos. "On voit, disaient les prélats, combien grand était le déplaisir de Dieu de les voir négliger ce jour." On fit un appel aux prêtres, aux rois, aux princes, et à tous les fidèles, pour les inviter à faire "tous leurs efforts pour que ce jour fût honoré et fût mieux observé à l'avenir pour le bien de la chrétienté" *(Thomas Morer, Discourse in Six Dialogues on the Name, Notion, and Observation of the Lord's Day, p. 271).*

Les décrets des conciles paraissant insuffisants, les autorités séculières furent invitées à émettre une loi qui frappât de crainte les populations, et les forçât à s'abstenir de tout travail le dimanche. Dans un synode tenu à Rome, toutes les précédentes décisions furent affirmées de nouveau avec une force et une solennité plus grandes. Elles furent incorporées dans la loi ecclésiastique, et exécutées par les autorités civiles dans presque toute la chrétienté *(voir Heylyn, History of the Sabbath, pt. 2, ch. 5, sec. 7).*

L'absence de toute autorité scripturaire pour l'observation du dimanche n'occasionnait pas peu d'embarras. Le peuple demandait à ceux qui l'enseignaient de quel droit ils mettaient de côté une déclaration positive de Jéhovah, "le septième jour est le repos de l'Eternel, ton Dieu", afin d'honorer le jour du soleil. Il fallait d'autres expédients pour suppléer au témoignage de la Bible. Un zélé défenseur du dimanche qui, vers la fin du douzième siècle, visitait les églises d'Angleterre, rencontra la résistance de fidèles témoins de la vérité ; ses efforts furent même si inutiles, qu'il quitta le pays pour un certain temps, cherchant quels moyens il pourrait employer pour appuyer ses enseignements. Lorsqu'il y retourna, il avait suppléé à ce qui lui manquait, et il eut ensuite de grands succès. Il apportait avec lui un rouleau écrit de Dieu Lui-même, et renfermant le commandement dont on avait besoin pour l'observance du dimanche, accompagné de menaces terribles qui devaient effrayer les désobéissants. Ce précieux document — aussi faux que l'institution qu'il devait soutenir — était, disait-on, tombé du ciel, et avait été trouvé à Jérusalem, sur l'autel de St Siméon à Golgotha. Mais, en réalité, il provenait du palais pontifical à Rome. La hiérarchie papale a toujours considéré comme légales la fraude et la falsification lorsqu'il s'agissait de promouvoir la puissance et de la prospérité de l'église.

Le rouleau défendait de travailler, le samedi, à partir de la neuvième heure [trois heures de l'après-midi], jusqu'au lundi au lever du soleil ; et on déclara que son autorité avait été confirmée par maints miracles. On dit que des personnes travaillant au-delà de l'heure fixée furent frappées de paralysie. Un meunier, qui s'occupait à moudre son blé, vit, au lieu de farine, sortir un torrent de sang, et la grande roue s'arrêta, malgré une forte chute d'eau. Une femme qui avait mis de la pâte au four, la retrouva telle qu'elle l'avait mise, quoique le four fût très chaud. Une autre, qui avait préparé de la pâte pour cuire à la neuvième heure, mais qui résolut de la laisser de côté jusqu'au lundi, trouva qu'elle avait été mise en pains et cuite par la puissance divine. Un homme, qui fit cuire du pain après la neuvième heure, le samedi, en vit sortir du sang lorsqu'il le rompit le lendemain. C'est par des inventions aussi absurdes que superstitieuses que les défenseurs du dimanche cherchèrent à le rendre sacré *(voir Roger de Hoveden, Annals, vol. 2, pp. 528-530).*

En Ecosse et en Angleterre, on parvint à faire mieux respecter le dimanche en l'alliant avec une partie du Sabbat. Mais le temps qu'on devait regarder comme sanctifié variait. Un décret du roi d'Ecosse déclarait que l'on devait considérer comme saint le samedi de midi au soir, et que personne, à partir de ce moment jusqu'au lundi matin, ne devait s'occuper de son travail ordinaire *(Morer, p. 290, 291).*

Mais malgré tous les efforts faits pour établir la sainteté du dimanche, les catholiques eux-mêmes confessaient publiquement la divine autorité du Sabbat, et l'origine humaine de l'institution par laquelle il avait été supplanté. Au seizième siècle, un concile papal disait explicitement : "Que tous les chrétiens se rappellent que le septième jour a été consacré par Dieu, a été reçu et observé, non seulement par les Juifs, mais par tous ceux qui ont prétendu adorer Dieu ; néanmoins, nous, chrétiens, nous avons transporté leur Sabbat au jour du Seigneur" *(Morer, p. 281, 282).* Ceux qui foulaient aux pieds la loi divine n'ignoraient pas ce qu'ils faisaient. Ils se plaçaient délibérément au-dessus de Dieu.

Un exemple frappant de la politique de Rome contre ceux qui n'admettaient pas ses lois, se trouve dans la longue et sanguinaire persécution contre les Vaudois, dont quelques-uns observaient le Sabbat. D'autres souffrirent de la même manière à cause de leur fidélité au quatrième commandement. L'histoire des églises d'Ethiopie et d'Abyssinie est particulièrement significative. Au milieu des ténèbres du Moyen Age, on perdit de vue les chrétiens de l'Afrique centrale, qui, oubliés du monde, jouirent d'une pleine liberté dans l'exercice de leur foi. Mais Rome finit par découvrir leur existence, et l'empereur d'Abyssinie fut bientôt amené à reconnaître le pape comme vicaire du Christ. Ce fut le commencement d'autres concessions. On décréta un édit défendant l'observance du Sabbat sous les peines les plus sévères, *(Voir Michael Geddes, church History of Ethiopia, p. 311,312).* Mais la tyrannie papale devint bientôt un joug si blessant, que les Abyssiniens résolurent de le rompre de dessus leur cou. Après une terrible lutte, les Romains furent bannis de leurs provinces, et l'ancienne foi restaurée. Les églises se réjouirent de leur liberté, et n'oublièrent jamais ce qu'elles avaient appris de la tromperie, du fanatisme, et du despotisme du pouvoir romain. Au milieu de leur royaume solitaire, ils étaient contents de demeurer inconnus du reste de la chrétienté.

Les églises d'Afrique observaient le Sabbat, comme l'avait observé l'église papale avant sa complète apostasie. Tout en gardant le septième jour en obéissance au commandement de Dieu, elles s'abstenaient de travailler le dimanche, conformément à la coutume de l'église. En s'emparant du pouvoir suprême, Rome avait foulé aux pieds le Sabbat de Dieu pour élever le sien ; mais l'église d'Afrique, cachée pendant près de mille ans, ne prit point part à cette apostasie. Lorsqu'elle fut mise sous le sceptre romain, elle fut forcée de mettre de côté le vrai Sabbat pour exalter le faux ; mais pas plus tôt eut-elle recouvré son indépendance, qu'elle retourna à l'obéissance au quatrième commandement, *(Appendice, note 12).*

Ces récits du passé révèlent clairement l'inimitié de Rome envers le vrai Sabbat et ses défenseurs, et les moyens que cette église emploie pour honorer l'institution qu'elle a créée. La Parole de Dieu nous enseigne que ces scènes se répéteront lorsque catholiques et protestants s'allieront pour exalter le dimanche.

La prophétie d'Apocalypse 13 déclare que la puissance représentée par la bête avec des cornes semblables à celles d'un agneau forcerait "la terre et ses habitants" à adorer la papauté, qui se trouve symbolisée dans ce chapitre par une bête qui "était semblable à un léopard." La bête à deux cornes doit aussi dire aux "habitants de la terre de faire une image à la bête" ; et, de plus, elle doit commander à "tous, petits et grands, riches et pauvres, libres et esclaves", de recevoir "la marque de la bête [5]." On a vu que les Etats-Unis sont le pouvoir représenté par la bête qui a deux cornes semblables à celles d'un agneau, et que cette prophétie sera accomplie lorsque les Etats-Unis rendront obligatoire l'observation du dimanche, que Rome désigne comme la reconnaissance spéciale de sa suprématie. Mais les Etats-Unis ne seront pas seuls à rendre hommage à la papauté. L'influence de Rome dans les pays qui reconnaissaient jadis sa domination, est encore loin d'être détruite. Et la prophétie prédit une restauration de sa puissance. "Je vis l'une de ses têtes comme blessée à mort ; mais cette blessure mortelle fut guérie. Et toute la terre était dans l'admiration derrière la bête [6]." Cette plaie mortelle qui lui fut infligée se rapporte à l'abolition de la papauté en 1798. Après cela, dit le prophète, "cette blessure mortelle fut guérie. Et toute la terre était dans l'admiration derrière la bête." Paul dit positivement que l'homme du péché durera jusqu'au second avènement [7]. Il poursuivra ses séductions jusqu'au moment même de la fin. Et le Révélateur déclare, parlant aussi de la papauté : "Tous les habitants de la terre l'adoreront, ceux dont le nom n'a pas été écrit dès la fondation du monde dans le livre de vie de l'Agneau qui a été immolé [8]." Dans l'Ancien comme dans le Nouveau Monde, il sera fait hommage à la papauté par l'honneur qui sera rendu à l'institution du dimanche, qui repose uniquement sur l'autorité de l'église romaine.

Depuis environ quarante ans, des hommes qui étudient les prophéties aux Etats-Unis ont rendu ce témoignage au monde. On voit dans les évènements qui ont lieu maintenant dans ce pays un acheminement rapide vers ce dénouement. On entend de la part des ministres protestants la même prétention à l'autorité divine du dimanche, et on constate le même manque de preuves scripturaires qu'à l'époque où les chefs catholiques fabriquaient des miracles pour suppléer à un commandement de Dieu. On répétera l'assertion que les jugements de Dieu frappent les hommes à cause de la violation du repos du dimanche. On l'entend même déjà. Et un mouvement qui a pour but de rendre le dimanche obligatoire gagne de jour en jour du terrain.

L'église romaine est d'une sagacité et d'une ruse étonnantes. Elle peut lire dans l'avenir. Elle prend son temps, en voyant que les églises protestantes lui rendent hommage par leur acceptation du faux sabbat, et qu'elles se préparent à l'imposer par les moyens mêmes qui ont été les siens autrefois. Ceux qui rejettent la lumière de la vérité rechercheront un jour l'aide de cette puissance soi-disant infaillible, aux fins d'élever une institution qui doit son origine à Rome. Il n'est pas difficile de prévoir avec quel empressement elle préviendra les protestants dans ce mouvement. Qui est-ce qui sait mieux que les dignitaires romains comment il faut agir avec ceux qui désobéissent à l'église ?

L'église catholique, avec toutes ses ramifications dans le monde entier, forme une vaste organisation placée sous la direction du siège papal dont elle doit servir les intérêts. Ses millions de communiants, dans chaque contrée du globe, sont instruits à se considérer comme soumis à l'obéissance du pape. Quel que soit leur nationalité ou leur gouvernement, ils doivent regarder l'autorité de l'église comme étant au-dessus de toutes les autres. Quoiqu'ils fassent un serment de fidélité à l'Etat, il y a derrière cela le vœu d'obéissance à Rome, les libérant de tout engagement contraire à ses intérêts.

L'histoire témoigne de ses efforts rusés et persistants pour s'ingérer dans les affaires des nations, et, une fois en place, à servir ses propres intérêts, et même à ruiner les princes et le peuple. En l'an 1204, le pape Innocent III obtint de Pierre II, roi d'Aragon, le serment extraordinaire que voici ; "Moi, Pierre, roi d'Aragon, je déclare et promets d'être toujours fidèle et obéissant à mon seigneur, le pape Innocent, à ses successeurs catholiques et à l'église romaine, à conserver fidèlement mon royaume dans son obéissance, défendant la foi catholique et persécutant la débauche hérétique" *(John Dowling, The History of Romanism, b. 5, ch. 6, sec. 55).* Cet engagement est en accord avec les prétentions du pontife romain "qu'il est légale pour lui de détrôner des empereurs" et "qu'il peut libérer les sujets de leur serment de fidélité envers des souverains impies" *(Mosheim, b. 3, cent. 11, pt. 2, ch. 2, sec. 9, note 17).*

Et qu'on se souvienne que Rome se vante de ne jamais changer. Les principes de Grégoire VII, et d'Innocent III sont encore ceux de l'église romaine, et si elle en avait le pouvoir, elle les mettrait en pratique avec autant de rigueur à présent que dans les siècles passés. Les protestants ne se doutent pas de ce qu'ils font quand ils acceptent le concours de Rome pour assurer l'observation du dimanche. Pendant que ces derniers ne songent qu'à atteindre leur but, Rome, elle, ne vise à rien de moins qu'à reconquérir sa suprématie perdue. Que le principe s'établisse une fois aux Etats-Unis que l'église peut employer ou diriger le pouvoir de l'Etat ; que les lois civiles peuvent rendre les observances religieuses obligatoires ; en un mot, que l'autorité réunie de l'église et de l'Etat dominent les consciences : alors le triomphe de Rome sera assuré dans ce pays.

La Parole de Dieu nous avertit de ce danger imminent ; que cet avertissement soit négligé, et le monde protestant apprendra quels sont les véritables desseins de Rome, mais alors il sera trop tard pour échapper à ses pièges. Elle augmente silencieusement en puissance. Ses doctrines exercent leur influence dans les tribunaux, dans les églises et chez les individus. Elle élève ses fiers et imposants édifices, dont les secrètes retraites verront renaître le cours de ses persécutions. Sournoisement, mystérieusement, elle prépare ses armes pour frapper quand le moment sera venu. Tout ce qu'elle désire, ce sont des occasions favorables, et déjà on lui en offre. Nous verrons et nous éprouverons bientôt quelles sont les fins de la curie romaine. Quiconque croira à la Parole de Dieu et y obéira, sera couvert d'opprobre et persécuté.

---

1 Mat. 23 : 4

2 Mat. 11 : 28.

3 Luc 9 : 54, 56.

4 2 Thes. 2 : 3, 4

5 Apoc. 13 : 11-16.

6 Apoc. 13 : 3.

7 2 Thés. 2 : 8.

8 Apoc 13 : 8.

CHAPITRE XXXVI

LA LUTTE IMMINENTE - SES CAUSES

Dès l'origine de la grande controverse dans le ciel, le dessein de Satan a été de renverser la loi de Dieu. C'est pour arriver à cette fin qu'il se rebella contre son Créateur et que, quoique chassé du ciel, il poursuivit la même lutte sur la terre. Séduire les hommes et les pousser à transgresser la loi de Dieu, tel est le but qu'il poursuit avec persévérance. Que cela se fasse en rejetant toute la loi, ou en mettant de côté un de ses préceptes, le résultat final est le même. Celui qui pèche "contre un seul commandement" montre du mépris contre la loi entière ; son influence et son exemple tendent à la faire transgresser, et il se rend "coupable de tous [1]."

En cherchant à faire mépriser les préceptes divins, Satan a perverti les doctrines de la Bible, et des erreurs se sont ainsi incorporées dans la foi de milliers de gens qui professent croire aux Ecritures. Le dernier grand conflit entre la vérité et l'erreur n'est que le dernier engagement de la controverse qui se poursuit depuis si longtemps au sujet de la loi de Dieu. Nous commençons cette bataille : bataille entre les lois des hommes et les préceptes de Jéhovah, entre la religion de la Bible et la religion de la fable et de la tradition.

Les éléments qui s'uniront contre la vérité et la droiture, dans cette lutte, sont à présent activement à l'œuvre. La Sainte Parole de Dieu qui nous est parvenue au prix des souffrances et du sang des martyrs, n'est que peu appréciée. La Bible est à la portée de tous ; mais il en est peu qui l'acceptent réellement comme le guide de leur vie. L'impiété s'étend d'une manière alarmante, non seulement dans le monde, mais dans l'église. Bien des gens en sont venus à nier des doctrines qui sont les piliers de la foi chrétienne. Les grands faits de la création, tels que les présentent les écrivains sacrés, la chute de l'homme, la rédemption et la perpétuité de la loi de Dieu, sont pratiquement rejetés, soit en entier soit en partie, par une grande proportion de ceux qui professent être chrétiens. Des milliers de personnes, qui se vantent de leur sagesse et de leur indépendance, regardent comme une faiblesse d'avoir une confiance implicite dans la Bible ; elles pensent que c'est une preuve d'un talent supérieur et scientifique d'argumenter contre les Ecritures et de spiritualiser ses plus importantes vérités. Bien des pasteurs enseignent à leurs ouailles, et bien des professeurs et docteurs disent à leurs élèves que la loi de Dieu a été changée ou abrogée, et que ceux qui regardent ses ordonnances comme toujours valides et demandant une obéissance implicite, ne méritent que le ridicule ou le mépris.

En rejetant la vérité, les hommes en rejettent l'Auteur. En foulant aux pieds la loi de Dieu, ils nient l'autorité du Législateur. Il est aussi facile de se faire de fausses doctrines une idole, que de façonner une idole de bois ou de pierre. En représentant faussement les attributs de Dieu, Satan pousse les hommes à Le concevoir sous un faux jour. Beaucoup de gens asseyent une idole philosophique sur le trône de Jéhovah ; tandis que le Dieu vivant, tel qu'Il se révèle dans Sa Parole, en Christ et dans les œuvres de la création, n'est adoré que par un nombre d'hommes comparativement petit. Des milliers déifient la nature, tout en niant le Dieu de la nature. Quoique sous une forme différente, l'idolâtrie existe dans le monde chrétien aussi véritablement qu'elle existait chez l'ancien Israël au temps d'Elie. Le dieu de beaucoup de soi-disant sages, de philosophes, de poètes, d'hommes politiques et de journalistes ; le dieu des cercles polis et mondains, de maints collèges et universités, et même de quelques écoles de théologie, ne vaut guère mieux que Baal, le dieu soleil des Phéniciens.

Il n'est aucune des erreurs reçues par le monde chrétien qui sape autant l'autorité de Dieu ; aucune qui soit plus directement opposée aux enseignements de la raison ; aucune qui soit si pernicieuse dans ses résultats, que la doctrine moderne, qui fait si rapidement son chemin, d'après laquelle la loi de Dieu n'est plus obligatoire pour les hommes. Chaque nation a ses lois, qui exigent le respect et l'obéissance ; aucun gouvernement ne peut exister sans cela. Comment pourrait-il alors se concevoir que le Créateur du ciel et de la terre n'aurait aucune loi pour gouverner les êtres qu'Il a créés ? Supposons que les prédicateurs les plus connus se mettent à prêcher que les lois qui gouvernent leur pays et sauvegardent les droits des citoyens ne sont pas obligatoires, qu'elles restreignent les libertés du peuple, et que par conséquent, elles ne doivent point être suivies ; combien de temps ces pasteurs seraient-ils tolérés en chaire ? Mais est-il plus grave de dédaigner les lois des Etats et des nations, que de fouler aux pieds les divins préceptes qui sont le fondement de tout gouvernement ?

Il serait bien plus raisonnable que les nations abolissent leurs statuts et permettent aux gens de faire ce que bon leur semble, que si le Maître de l'univers devait annuler Ses lois, et laisser le monde sans règle pour condamner le coupable et justifier l'innocent. Désirons-nous savoir ce qui résulterait de l'abolition de la loi de Dieu ? L'expérience en a été faite. Il se commit des scènes horribles en France lorsque l'athéisme devint la puissance prépondérante. Il fut alors démontré au monde que rejeter toutes les règles que Dieu a imposées, c'est accepter le gouvernement du plus cruel des tyrans. Lorsqu'on met de côté la règle de droiture, la voie est ouverte au prince du mal, qui peut alors établir son règne sur la terre.

Partout où les préceptes divins sont rejetés, le péché cesse de paraître coupable, et la droiture désirable. Ceux qui refusent de se soumettre au gouvernement de Dieu sont complètement incapables de se diriger eux-mêmes.

Par leurs pernicieux enseignements, l'esprit d'insubordination est implanté dans les cœurs des enfants et de la jeunesse, naturellement enclin à s'impatienter sous la restriction, et il en résulte un état social où l'anarchie règne en souveraine. En se moquant de la crédulité de ceux qui obéissent à ce que Dieu demande de l'homme, les multitudes acceptent avidement les tromperies de Satan. Elles lâchent les rênes à leurs convoitises et s'adonnent aux péchés qui ont attiré les jugements de Dieu sur les païens.

Ceux qui enseignent au peuple à prendre à la légère les commandements de Dieu, sèment la désobéissance pour recueillir la désobéissance. Qu'on rejette entièrement toute contrainte imposée par la loi divine, et toutes les lois humaines seront aussitôt méprisées. Les hommes sont disposés à fouler aux pieds les lois de Dieu comme un obstacle à leur prospérité matérielle, parce qu'elles défendent l'injustice, la convoitise, le mensonge et la fraude ; mais ils n'ont pas idée de ce qui résulterait de l'abolition de ces préceptes. Si la loi n'était pas en vigueur, pourquoi craindrait-on de la transgresser ? La propriété ne serait plus sûre. Les hommes s'empareraient violemment des biens des autres, et le plus fort deviendrait le plus riche. La vie elle-même ne serait plus respectée. Le mariage ne serait plus le rempart sacré, le protecteur de la famille. Celui qui en aurait la force, prendrait, s'il le désirait, la femme de son voisin. Le cinquième commandement serait mis de côté comme le quatrième. Les enfants n'hésiteraient pas à attenter à la vie de leurs parents, si, en faisant cela, ils pouvaient satisfaire les désirs de leurs cœurs corrompus. Le monde civilisé serait changé en hordes de larrons et d'assassins ; et la paix, le repos et le bonheur seraient bannis de la terre.

Déjà, la doctrine enseignant que les hommes ne sont pas tenus d'obéir aux commandements de Dieu a affaibli le sentiment de responsabilité morale, et ouvert sur le monde l'écluse du mal. La licence, la dissipation et la corruption nous envahissent comme une marée montante. Satan est à l'œuvre au sein de la famille. Sa bannière flotte jusque dans les foyers professant être chrétiens. On y trouve l'envie, les mauvais soupçons, l'hypocrisie, la froideur, la rivalité, la dispute, la trahison, l'abandon aux mauvais penchants. Tout le système des doctrines et des principes religieux, qui devrait former le fondement et le cadre de la vie sociale, semble chanceler sur sa base, prêt à tomber en ruines. Les plus vils criminels, jetés en prison à cause de leurs forfaits, sont souvent les objets de présents et d'attentions qui sembleraient faire croire qu'ils sont parvenus à se distinguer honorablement. On fait une grande publicité à leur caractère et à leurs crimes. La presse publie les détails les plus révoltants sur leurs vices, initiant ainsi d'autres criminels à la pratique de la fraude, du vol et du meurtre, et Satan se réjouit du succès de ses desseins diaboliques. La séduction du vice, la légèreté du crime, la terrible propagation de l'intempérance et de l'iniquité sous toutes ses formes et à tous les degrés, devrait attirer l'attention de tous ceux qui craignent Dieu, pour se demander ce qu'on pourrait faire pour arrêter ce débordement du mal.

Les tribunaux sont corrompus. Les magistrats sont guidés par l'amour du gain et l'amour des plaisirs sensuels. L'intempérance a émoussé les facultés de beaucoup d'entre eux, de sorte que Satan les dirige presque complètement. Les juristes sont pervertis, subornés, trompés. L'ivrognerie et les orgies, la passion, l'envie, la mauvaise foi sous toutes ses formes se trouvent chez ceux qui sont chargés d'administrer les lois. "Le salut se tient éloigné ; car la vérité trébuche sur la place publique, et la droiture ne peut approcher [2]."

L'iniquité et les ténèbres spirituelles qui se propagèrent sous la suprématie papale furent l'inévitable résultat de la suppression des Ecritures ; mais où est la cause de l'incrédulité générale, de la réjection de la loi de Dieu, et conséquemment de la corruption dont nous sommes témoins sous l'éclat de la lumière évangélique en cette époque de liberté religieuse ? Maintenant que Satan ne peut plus tenir le gouvernement du monde en lui enlevant les Ecritures, il a recours à d'autres moyens pour arriver au même but. Détruire la foi en la Bible répond tout aussi bien à ses desseins que de détruire la Bible elle-même. En faisant passer la croyance que la loi de Dieu n'est pas obligatoire, il pousse les hommes à la transgresser tout aussi effectivement que s'ils ignoraient ses préceptes. Et, maintenant comme aux temps passés, il travaille, par les églises, à poursuivre ses desseins. Les congrégations religieuses de nos jours ont refusé d'écouter les vérités impopulaires clairement enseignées dans les Ecritures, et en les combattant, elles ont adopté des interprétations qui ont semé au près et au loin les semences de l'incrédulité. S'attachant à l'erreur papale de l'immortalité naturelle de l'âme et de l'état conscient des morts, elles ont rejeté la seule arme à leur portée contre les séductions du spiritisme. La croyance aux tourments éternels en a poussé beaucoup à douter de la Bible. Et maintenant, comme on présente aux gens l'obligation d'observer le quatrième commandement, on trouve qu'il y est ordonné de garder le repos du septième jour ; aussi, comme seul moyen de s'exempter d'un devoir qu'ils ne désirent pas accomplir, des pasteurs populaires déclarent que la loi de Dieu n'est plus obligatoire. Ils rejettent ainsi et la loi et le Sabbat. A mesure que la réforme sur le Sabbat progressera, cette réjection de la loi divine, pour éviter d'obéir au quatrième commandement, deviendra presque universelle. Les enseignements des conducteurs spirituels ont ouvert la porte à l'incrédulité, au spiritisme, au mépris de la sainte loi de Dieu, et une terrible responsabilité, celle de l'iniquité qui existe dans le monde chrétien, repose sur eux.

Pourtant, ces hommes mêmes avancent que la corruption qui se généralise de plus en plus doit être en grande partie attribuée à la violation du prétendu "Sabbat chrétien", et que si l'on rendait obligatoire l'observance du dimanche, cela améliorerait grandement les mœurs de la société. On avance surtout cette prétention en Amérique, où la doctrine du vrai Sabbat a été largement prêchée. L'œuvre de la tempérance, qui est l'une des plus considérables et des plus importantes réformes morales de ce pays, y est souvent associée au mouvement en faveur du dimanche, et les défenseurs de ce dernier se figurent travailler aux plus grands intérêts de la société ; par conséquent, ceux qui refusent de se joindre à eux sont dénoncés comme ennemis de la tempérance et des réformes. Mais qu'un mouvement pour établir une erreur soit lié à une œuvre bonne en elle-même, cela ne prouve rien en faveur de l'erreur. Nous pouvons déguiser un poison en le mélangeant avec une nourriture saine ; mais nous n'en changeons pas la nature. Au contraire, il devient plus dangereux puisqu'on le prendra sans défiance. C'est une des ruses de Satan de mélanger juste assez de vérité avec l'erreur pour donner à cette dernière quelque crédibilité. Ceux qui sont à la tête du mouvement en faveur du dimanche peuvent propager des réformes dont le peuple a besoin, des principes qui s'accordent avec la Bible ; mais du moment qu'ils y mélangent quelque chose de contraire à la loi de Dieu, Ses serviteurs ne peuvent se joindre à eux. Rien ne peut les autoriser à rejeter les commandements de Dieu pour adopter les préceptes des hommes.

C'est par ces deux erreurs capitales, l'immortalité de l'âme et la sainteté du dimanche, que Satan amènera les hommes dans ses pièges. Tandis que la première forme la base du spiritisme, la seconde crée un lien de sympathie avec Rome. Les protestants des Etats-Unis seront les premiers à tendre, par-dessus l'abîme, les mains au spiritisme et au pouvoir romain ; et sous l'influence de cette triple alliance, ce pays marchera sur les traces de Rome en foulant aux pieds les droits de la conscience.

En se rapprochant de plus en plus du christianisme à la mode, le spiritisme a une grande puissance pour tromper et séduire. Satan lui-même s'est converti à l'état de choses actuel. Il paraîtra sous la forme d'un ange de lumière. Des miracles s'accompliront par les médiums spirites ; on verra des malades guéris, et bien des prodiges indéniables se feront. Et comme les esprits professeront croire en la Bible, et exprimeront leur respect pour le dimanche, leur apparition sera reçue comme une manifestation de la puissance divine.

La ligne de séparation entre ceux qui professent être chrétiens et les impies, est maintenant à peine perceptible. Les membres des églises aiment ce que le monde aime, et sont prêts à se joindre à lui. Satan a pris la résolution de les unir en un seul corps, et de fortifier ainsi sa cause en les attirant tous dans les rangs du spiritisme. Les catholiques, qui se vantent de leurs miracles comme d'un signe attestant que leur église est la vraie, seront vite trompés par ce pouvoir prodigieux ; et les protestants, ayant rejeté le bouclier de la vérité, seront également séduits. Catholiques, protestants et gens du monde accepteront également l'apparence de la piété sans sa force, et ils verront dans cette union un grand mouvement vers la conversion du monde et le commencement du millénium si longtemps attendu.

Le spiritisme fait apparaître Satan comme le bienfaiteur de la race humaine, guérissant les maladies du peuple, et professant de présenter un système religieux nouveau et plus élevé ; mais il agit en même temps comme un destructeur. Ses tentations entraînent des multitudes de gens à la ruine. L'intempérance détrône la raison ; les plaisirs sensuels, les disputes et les crimes la suivent. Satan trouve ses délices dans la guerre, car elle excite les plus viles passions de l'âme, et balaie ses victimes dans l'éternité, plongés dans le vice et le sang. Son but est d'exciter les nations à se faire la guerre les unes aux autres ; car il peut ainsi distraire les esprits des hommes de l'œuvre de préparation nécessaire pour subsister au jour de Dieu.

Satan travaille également par les éléments à moissonner des foules d'âmes non préparées. Il a étudié les secrets des laboratoires de la nature, et il emploie toute sa puissance pour diriger les éléments, dans la mesure où Dieu le lui permet. Lorsqu'il lui fut permis d'affliger Job, avec quelle rapidité troupeaux et bestiaux, serviteurs, maisons et enfants ne furent-ils pas enlevés ? C'est Dieu qui protège Ses créatures, et les tient loin du pouvoir du destructeur. Mais le monde chrétien a témoigné son mépris pour les lois de Jéhovah ; et le Seigneur fait justement ce qu'Il a déclaré vouloir faire : Il retire Ses bénédictions de la terre, et retirera Ses soins protecteurs de ceux qui se rebellent contre Sa loi, et qui forcent les autres à faire de même. Satan gouverne tous ceux que Dieu ne garde pas spécialement. Il en favorise et en fait prospérer quelques-uns, afin de mieux poursuivre ses desseins, et il attire le malheur sur d'autres, en faisant croire aux hommes que c'est Dieu qui les afflige.

Tout en apparaissant aux enfants des hommes comme un grand médecin qui peut guérir toutes leurs maladies, Satan leur apportera des maladies et des désastres au point que des cités populeuses seront réduites en ruines et en désolation. Il est déjà maintenant à l'œuvre. Il exerce son pouvoir en tous lieux et sous mille formes : dans les accidents et les calamités sur mer et sur terre, dans les grands incendies, dans les violents tourbillons et les terribles tempêtes de grêle, dans les inondations, les cyclones et les tremblements de terre. Il détruit les moissons presque mûres, puis viennent la famine et la détresse. Il répand dans l'air des émanations mortelles, et des milliers d'hommes meurent de la peste. Ces fléaux deviendront toujours plus fréquents et plus désastreux. La destruction frappera et les hommes et les bêtes. "Le pays est triste, épuisé" ; "Les chefs du peuple sont sans force. Le pays a été profané par ses habitants ; car ils transgressaient les lois, violaient les ordonnances, ils rompaient l'alliance éternelle [3]."

Et alors le grand séducteur persuadera les hommes que ce sont ceux qui servent Dieu qui causent ces maux. Ceux qui auront attiré le déplaisir de Dieu mettront tous ces maux sur le compte de ceux dont l'obéissance à Ses commandements est une censure continuelle pour ceux qui les transgressent. On déclarera que les hommes offensent Dieu en violant le repos du dimanche ; que ce péché a amené des calamités qui ne cesseront pas avant que l'observance du dimanche soit strictement imposée ; et que ceux qui prêchent l'obligation du quatrième commandement, détruisant ainsi le respect pour le dimanche et repoussant la faveur divine, troublent le peuple, et éloignent la prospérité temporelle.

Ainsi se répétera l'accusation faite autrefois contre les enfants de Dieu, et pour des raisons tout aussi peu fondées. "A peine Achab aperçut-il Elie qu'il lui dit : Est-ce toi qui jettes le trouble en Israël ? Elie répondit : Je ne trouble point Israël ; c'est toi, au contraire, et la maison de ton père, puisque vous avez abandonné les commandements de l'Eternel et que tu es allé après les Baals [4]." Quand la colère des populations sera excitée par de fausses accusations, elles agiront envers les ambassadeurs de Dieu comme l'Israël apostat envers Elie.

La puissance miraculeuse qui se manifestera dans le spiritisme exercera son influence contre ceux qui préféreront obéir à Dieu plutôt qu'aux hommes. Des communications venant des esprits déclareront que Dieu les a envoyés pour convaincre de leur erreur ceux qui rejettent le dimanche, affirmant qu'on doit obéir à la loi du pays comme à la loi de Dieu. Ils se lamenteront sur la grande méchanceté du monde, et appuieront le dire des pasteurs, que la dégradation a pour cause la profanation du dimanche. Grande sera l'indignation excitée contre tous ceux qui refuseront de croire leurs paroles.

La politique de Satan, dans cette lutte finale contre le peuple de Dieu, est celle qu'il suivit dans le ciel au commencement de la grande controverse. Il professa chercher à affermir la stabilité du gouvernement divin, tandis qu'il faisait tous ses efforts pour le renverser. Il accusa les anges fidèles de ce qu'il cherchait à faire lui-même. La même politique détournée a marqué l'histoire de l'église romaine. Elle a professé agir comme vicaire du ciel, tandis qu'elle cherchait à s'élever au-dessus de Dieu et à changer Sa loi. Sous le règne de Rome, ceux qui souffrirent la mort à cause de leur fidélité à l'Evangile furent dénoncés comme malfaiteurs ; on les déclarait ligués avec Satan ; et tous les moyens possibles furent employés pour les couvrir d'opprobre et les faire paraître aux yeux du peuple et à eux-mêmes comme les plus vils criminels. Il en sera de même maintenant. Tandis que Satan cherche à détruire ceux qui honorent la loi de Dieu, il les fera accuser d'être des transgresseurs de la loi, des hommes qui déshonorent Dieu et attirent Ses jugements sur le monde.

Jamais Dieu ne force la volonté ou la conscience ; mais Satan, pour dominer sur ceux qu'il ne peut séduire autrement, emploie toujours la force et la cruauté. Pour y arriver, il agit par les autorités religieuses et civiles, les poussant à imposer des lois humaines contraires à la loi de Dieu.

Ceux qui honorent le Sabbat de la Bible seront dénoncés comme ennemis de la loi et de l'ordre, comme violant les liens moraux de la société, comme amenant l'anarchie et la corruption, et attirant les jugements de Dieu sur la terre. On déclarera que leurs scrupules de conscience sont de l'obstination, de l'opiniâtreté et un mépris de l'autorité. Ils seront accusés de mépriser le gouvernement. Des pasteurs niant l'obligation d'observer la loi divine, prêcheront le devoir d'obéir aux autorités civiles comme étant ordonnées de Dieu. Dans les assemblées législatives et les cours de justice, les observateurs des commandements seront calomniés et condamnés. On interprétera faussement leurs paroles ; on prêtera à leurs motifs les plus mauvaises intentions possibles.

Ayant rejeté des arguments clairs et scripturaires en faveur de la loi de Dieu, les églises protestantes seront impatientes de faire taire la voix de ceux dont ils ne peuvent renverser la foi par la Bible. Quoiqu'elles ne le voient pas, elles suivent maintenant une voie qui les conduira à persécuter ceux qui refusent, par motif de conscience, de faire ce que font les autres chrétiens : reconnaître les droits du sabbat papal.

Les autorités de l'église et de l'Etat s'uniront pour amener tout le monde, par la persuasion, la corruption ou la force, à honorer le dimanche. On suppléera à l'absence d'autorité divine par des règlements oppressifs. La corruption politique détruira l'amour de la justice et les égards pour la vérité. Aux Etats-Unis mêmes, on verra les représentants du peuple et les législateurs, soucieux de plaire à leurs administrés, céder à la clameur populaire demandant une loi qui rende l'observation du dimanche obligatoire. Après avoir tant coûté, la liberté de conscience ne sera plus respectée. La lutte très prochaine au-devant de laquelle nous allons, accomplira ces paroles du prophète : "Et le dragon fut irrité contre la femme, et il s'en alla faire la guerre aux restes de sa postérité, à ceux qui gardent les commandements de Dieu et qui ont le témoignage de Jésus-Christ [5]."

---

1 Jacq. 2 : 10.   3 Esa. 24 : 4, 5.   5 Apoc. 12 : 17.
2 Esa. 59 : 14   4 1 Rois 18 : 17, 18.

CHAPITRE XXXVII

LES ÉCRITURES, UNE SAUVEGARDE

" **A** la loi et au témoignage ! S'ils ne parlent pas en accord avec cette parole, c'est qu'il n'y a pas de lumière en eux ! [1] " Les enfants de Dieu sont renvoyés aux Ecritures comme leur sauvegarde contre l'influence des faux docteurs et contre la puissance séductrice des esprits des ténèbres. Satan emploie tous les moyens possibles pour empêcher les hommes de connaître la Bible, dont les paroles claires révèlent ses artifices. Aussi, à chaque réveil de l'œuvre de Dieu, le prince du mal agit avec plus d'activité ; il fait maintenant ses plus grands efforts pour se préparer à une lutte finale et désespérée contre Christ et Ses disciples. La dernière grande séduction va bientôt paraître. L'antichrist doit faire ses œuvres miraculeuses devant nos yeux. La contrefaçon ressemblera à tel point à l'authentique qu'il sera impossible de les distinguer, si ce n'est par les Saintes Ecritures. C'est par le témoignage qu'on doit éprouver toute parole et tout miracle.

Ceux qui s'efforcent d'obéir à tous les commandements de Dieu devront affronter l'opposition et la raillerie. Ils ne pourront rester debout qu'en Dieu. Afin de pouvoir endurer l'épreuve qui est devant eux, ils doivent comprendre la volonté de Dieu telle qu'elle est révélée dans Sa Parole ; ils ne peuvent L'honorer que s'ils ont une juste conception de Son caractère, de Son gouvernement et de Ses desseins, et qu'ils agissent en harmonie avec ces connaissances. Seuls ceux qui auront fortifié leur esprit par l'étude des vérités de la Bible pourront rester debout pendant le dernier grand conflit. Pour chaque âme viendra l'épreuve scrutatrice : Obéirai-je à Dieu plutôt qu'aux hommes ? L'heure décisive est maintenant très proche. Nos pieds sont-ils posés sur le roc de la Parole immuable de Dieu ? Sommes-nous prêts à défendre fermement les commandements de Dieu et la foi de Jésus ?

Avant la crucifixion, le Sauveur expliqua à Ses disciples qu'Il serait mis à mort, et qu'Il ressusciterait ; les anges étaient présents pour imprimer Ses paroles dans leurs esprits et dans leurs cœurs ; mais les disciples attendaient une délivrance temporelle du joug romain, et ils ne pouvaient supporter la pensée que Celui en qui ils concentraient toutes leurs espérances, dût souffrir une mort ignominieuse. Les paroles dont ils avaient besoin de se souvenir furent bannies de leur mémoire ; et lorsque le temps d'épreuve vint, il les trouva non préparés. La mort de Jésus détruisit tout aussi bien leurs espérances, que s'Il ne les avait pas avertis. Dans les prophéties, l'avenir est dévoilé à nos yeux aussi clairement qu'il avait été découvert aux disciples par les paroles du Christ. Les évènements qui se rattachent à la fin de la période d'épreuve et à la préparation pour le temps de détresse, sont clairement mis en lumière. Mais les masses n'ont pas plus l'intelligence de ces vérités importantes que si celles-ci n'avaient jamais été révélées. Satan a soin de repousser toute impression qui les rendrait sages à salut, et le temps de détresse les trouvera non préparés.

Lorsque Dieu envoie aux hommes des avertissements si importants qu'ils sont représentés comme étant proclamés par de saints anges volant par le milieu du ciel, Il exige que toute personne douée d'intelligence prenne garde à ces messages. Les terribles menaces faites contre l'adoration de la bête et de son image [2], devraient conduire chacun à étudier diligemment les prophéties pour apprendre ce qu'est la marque de la bête, et comment ne pas la recevoir. Mais les masses populaires détournent leurs oreilles de la vérité et se tournent vers des fables. L'apôtre, considérant, à travers les âges, les derniers temps, s'écrie : "Il viendra un temps où les hommes ne supporteront pas la saine doctrine [3]." Ce temps est bien venu. Les multitudes ne désirent pas entendre les vérités bibliques, parce qu'elles contrecarrent les désirs du cœur naturel, impie et plein d'amour du monde ; et Satan leur procure les fables qu'elles aiment.

Mais Dieu aura sur la terre un peuple qui s'attachera à la Bible et à la Bible seule, comme la pierre de touche de toutes les doctrines, et la base de toutes les réformes. Les opinions des savants, les déductions de la science, les confessions de foi élaborées par des conciles ecclésiastiques, aussi nombreux et aussi discordants que les églises qu'elles représentent, l'opinion de la majorité, aucune de ces choses ne doit être considérée comme une preuve pour ou contre aucun point de foi religieuse. Avant d'accepter une doctrine ou un précepte quelconque, nous devrions examiner s'il existe en sa faveur un catégorique : "Ainsi parle l'Eternel."

Satan s'efforce sans cesse d'attirer l'attention sur l'homme plutôt que sur Dieu. Il incite les esprits à choisir pour guides des évêques, des pasteurs, des professeurs de théologie, au lieu de sonder les Ecritures pour y trouver eux-mêmes quel est leur devoir. Puis, s'emparant de l'esprit de ces chefs, il mène les multitudes à sa guise.

Lorsque Christ vint apporter Ses paroles de vie, le commun peuple l'écouta avec joie ; plusieurs, même parmi les sacrificateurs et les principaux, crurent en Lui. Mais le souverain sacrificateur et les chefs de la nation étaient résolus à condamner et à répudier Ses enseignements. Quoiqu'ils fussent déçus dans leurs efforts pour trouver des accusations contre Lui, quoiqu'ils ne pussent faire autrement que sentir l'influence de la puissance et de la sagesse divines qui accompagnaient Ses paroles, ils se drapèrent pourtant dans leurs préjugés ; ils rejetèrent la preuve la plus claire de Son caractère messianique, par crainte de devenir Ses disciples. Ces adversaires de Jésus étaient des hommes que le peuple avait appris dès l'enfance à respecter, et devant l'autorité desquels tous étaient accoutumés à s'incliner. "Comment se fait-il, se demandaient-ils, que nos gouverneurs et nos savants scribes ne croient pas en Jésus ? Ces hommes pieux ne Le recevraient-ils pas, s'Il était le Christ ?" Ce fut l'influence de tels docteurs qui poussa la nation juive à rejeter son Rédempteur.

L'esprit qui animait ces sacrificateurs et ces gouverneurs se retrouve chez beaucoup de gens qui font une haute profession de piété. Ils refusent d'examiner le témoignage des Ecritures concernant les vérités spéciales qui s'appliquent à ce temps-ci. Considérant leur nombre, leur richesse et leur popularité, ils voient avec dédain le petit nombre des défenseurs de la vérité, pauvres et impopulaires, professant une croyance qui les sépare du monde.

Jésus-Christ savait que l'autorité usurpée que s'attribuaient les scribes et les pharisiens ne prendrait pas fin à la dispersion des Juifs. Il avait la vision prophétique de la manière dont on exalterait l'autorité humaine pour dominer sur les consciences, domination qui a été une si grande malédiction pour l'église dans tous les âges. Aussi le récit biblique a-t-il conservé, comme un avertissement pour les générations futures, Ses terribles accusations contre les scribes et les pharisiens, et les avertissements qu'Il adressa au peuple, l'engageant à ne pas suivre ces conducteurs aveugles.

L'église romaine réserve au clergé le droit d'interpréter les Ecritures. Sous la prétention que les ecclésiastiques seuls peuvent expliquer la Parole de Dieu, on en prive le commun peuple. Mais si la Réformation a donné les Ecritures à tous, le même principe empêche pourtant une foule de protestants d'étudier les Ecritures pour eux-mêmes. On leur a enseigné à recevoir ses enseignements tels qu'ils sont interprétés par l'église ; et il en est des milliers qui n'osent rien croire, — même si cela est clairement révélé dans les Ecritures —, qui soit contraire à leur credo, ou à l'enseignement adopté par leur église.

Quoique la Bible soit remplie d'avertissements contre les faux docteurs, plusieurs n'hésitent pas à confier le soin de leur âme au clergé. De nos jours, des milliers de chrétiens de professions ne peuvent citer en faveur de leur foi d'autre raison que leur enseignement, venant de leurs conducteurs religieux. Ils passent par-dessus les enseignements du Sauveur sans y faire attention, tandis qu'ils accordent une pleine confiance aux paroles des pasteurs. Mais les pasteurs sont-ils infaillibles ? Comment pouvons-nous confier nos âmes à leur direction à moins que la Parole de Dieu ne nous montre qu'ils sont des messagers de vérité ? Beaucoup d'hommes sont entraînés, faute d'avoir le courage moral nécessaire pour sortir des sentiers battus, à marcher sur les pas des savants ; et leur répugnance à étudier eux-mêmes et pour eux-mêmes, les enchaîne définitivement dans l'erreur. Ils voient que la vérité s'appliquant à ces temps-ci est clairement enseignée dans la Bible, et ils sentent la puissance de l'Esprit Saint accompagnant sa proclamation ; pourtant, ils se laissent détourner de la lumière par l'opposition du clergé.

Quoique leur raison et leur conscience soient convaincues, ces âmes aveuglées n'osent pas penser autrement que le pasteur ; et on les voit sacrifier leur jugement individuel et leurs intérêts éternels à l'incrédulité, à l'orgueil et aux préjugés d'autrui.

Nombreuses sont les voies par lesquelles Satan travaille, au moyen des influences humaines, pour asservir ses captifs. Il attire des multitudes à lui au moyen des cordons de soie des affections qui les lient aux ennemis de la croix du Christ. Quel que puisse être cet attachement, paternel, filial, conjugal ou autre, l'effet est le même : les ennemis de la vérité exercent un pouvoir qui paralyse les consciences, et les âmes qui sont sous leur autorité n'ont pas assez de courage ou d'indépendance pour obéir aux convictions qu'elles ont de leur devoir.

La vérité et la gloire de Dieu sont inséparables ; il ne nous est pas possible, avec la Bible à la main, d'honorer Dieu par des opinions erronées. Bien des gens prétendent qu'il importe peu que l'on croie ceci ou cela, si la conduite est bonne ; mais la vie se modèle sur la foi. Si la lumière et la vérité sont à notre portée et que nous négligeons de profiter du privilège que nous avons de les entendre et de les voir, nous les rejetons virtuellement ; nous rejetons la lumière pour lui préférer les ténèbres.

"Telle voie paraît droite à un homme, mais son issue c'est la voie de la mort [4]." L'ignorance n'est pas une excuse pour l'erreur ou le péché, lorsqu'on a toutes les occasions possibles de connaître la volonté de Dieu. Un homme est en voyage, et arrive en un lieu où se trouvent plusieurs chemins ; un poteau indicateur lui montre où conduit chaque chemin. S'il ne prête aucune attention au poteau indicateur, et choisit le chemin qui lui paraît être bon, quelque sincère qu'il soit, il se trouvera probablement sur le mauvais chemin.

Dieu nous a donné Sa Parole afin que nous prenions connaissance de ses enseignements et que nous sachions ce qu'Il attend de nous. Lorsque le docteur de la loi vint demander à Jésus : "Maître ! Que faut-il que je fasse pour hériter de la vie éternelle ?", le Sauveur le renvoya aux Ecritures, disant : "Qu'est-ce qui est écrit dans la loi, et qu'y lis-tu ?" L'ignorance n'excusera ni vieux ni jeunes, ni ne les délivrera de la punition due à la transgression de la loi de Dieu ; car ils ont en main une exposition fidèle de cette loi, de ses principes et de ce qu'elle exige de l'homme. Il ne suffit pas d'avoir de bonnes intentions ; il ne suffit pas de faire ce que les hommes croient juste, et ce que le pasteur dit être juste. Le salut de l'âme est en jeu, et chacun doit sonder les Ecritures pour soi-même. Quelque soit la force des convictions d'un homme, quelque soit la confiance qu'il porte au pasteur, sachant que celui-ci connaît la vérité, cela ne doit pas être le fondement de sa foi. Il a une carte indiquant tous les jalons de la route qui conduit au ciel, et il ne doit pas se contenter de suppositions en quoi que ce soit.

Le premier devoir, le devoir essentiel de tout être raisonnable, est d'apprendre par les Ecritures ce qu'est la vérité, puis de marcher dans la lumière, et d'encourager les autres à suivre son exemple. Nous devrions chaque jour étudier diligemment la Bible, pesant chaque pensée et comparant passage avec passage. Avec le secours de Dieu, nous devons nous faire des opinions personnelles, nous rappelant que nous devons répondre devant Dieu, chacun pour son propre compte.

Les vérités les plus clairement enseignées dans la Bible ont été enveloppées de doutes et d'obscurité par des savants qui, avec de grandes prétentions de sagesse, enseignent que les Ecritures ont une signification mystique, secrète, spirituelle, qui ne ressort pas du langage qu'elle emploie. Ces hommes sont de faux docteurs. C'est à des hommes de cette sorte que Jésus déclarait : "Vous ne comprenez ni les Ecritures, ni la puissance de Dieu [5]." Le langage de la Bible doit s'expliquer selon son sens le plus évident, à moins qu'on y trouve une figure de style ou un symbole. Christ nous a fait cette promesse : "Si quelqu'un veut faire Sa volonté, il connaîtra si ma doctrine est de Dieu [6]." Si seulement les hommes voulaient prendre la Bible telle qu'elle est, s'il n'y avait pas de faux docteurs pour égarer et troubler leur entendement, une œuvre s'accomplirait, qui ferait la joie des anges, et qui amènerait à Christ des milliers et des milliers de personnes qui se perdent dans l'erreur.

Nous devrions employer toutes les facultés de notre esprit à l'étude des Ecritures, et faire des efforts d'intelligence pour comprendre, autant qu'il est possible à des mortels, les choses profondes de Dieu ; pourtant, nous ne devons pas oublier que la docilité et la soumission d'un enfant sont les caractéristiques de celui qui veut apprendre. On en saurait résoudre les difficultés scripturaires au moyen des méthodes utilisées pour surmonter les problèmes philosophiques. Nous ne devrions pas entreprendre l'étude de la Bible avec cette propre confiance avec laquelle tant de personnes se lancent dans le domaine de la science ; nous devons y apporter une dépendance filiale envers Dieu, et un sincère désir d'apprendre Sa volonté. Nous devons avoir un esprit humble et docile, si nous voulons obtenir la connaissance du grand JE SUIS. Dans le cas contraire, les mauvais anges aveugleront nos esprits et endurciront nos cœurs, au point que la vérité ne fera aucune impression sur nous.

Bien des parties des Ecritures que des savants déclarent être des mystères, ou estiment être sans importance, sont remplies d'encouragements et d'instructions pour celui qui a appris à l'école du Christ. Une des raisons pour lesquelles bien des théologiens n'ont pas une compréhension plus claire des Ecritures, c'est qu'ils ferment les yeux aux vérités qu'ils ne désirent pas pratiquer. La compréhension de la vérité biblique ne dépend pas tant de la puissance intellectuelle qu'on apporte à l'étudier, que de la sincérité du cœur, de la soif de la droiture.

Jamais on ne devrait étudier la Bible sans prier. L'Esprit Saint seul peut nous faire sentir l'importance des choses faciles à comprendre, ou nous empêcher de tordre des vérités difficiles à saisir. La mission des saints anges est de préparer le cœur à comprendre la Parole de Dieu, de manière à ce que nous soyons charmés de ses beautés, repris par ses avertissements, ou animés et fortifiés par ses promesses. Nous devrions nous placer dans la position du Psalmiste : "Ouvre mes yeux, pour que je contemple les merveilles de Ta loi ! [7]"

La tentation paraît souvent irrésistible, parce qu'en ayant négligé la prière et l'étude de la Bible, l'âme tentée ne peut se souvenir aisément des promesses de Dieu et affronter Satan avec les armes des Ecritures. Mais les anges entourent ceux qui cherchent à s'instruire dans les choses divines, et, dans les moments difficiles, ils rappellent à leur mémoire les précieuses vérités dont ils ont besoin. Aussi "quand l'ennemi viendra comme un fleuve, l'Esprit de l'Eternel le mettra en fuite [8]."

Jésus dit à Ses disciples : "Le Consolateur, l'Esprit Saint, que le Père enverra en Mon nom, vous enseignera toutes choses, et vous rappellera tout ce que Je vous ai dit [9]." Mais les enseignements du Christ doivent d'abord avoir été recueillis par l'intelligence, afin que l'Esprit Saint puisse les rappeler à notre mémoire dans le moment du danger. "Je serre Ta parole dans mon cœur", dit David, "afin de ne pas pécher contre Toi [10]."

Tous ceux qui ont à cœur leurs intérêts éternels doivent se garder du scepticisme. Les piliers mêmes de la vérité seront attaqués. Il est impossible de se tenir en dehors des atteintes des sarcasmes, des sophismes et des enseignements insidieux et empoisonnés de l'impiété moderne. Satan adapte ses tentations à toutes les classes. Il assaille les illettrés par une plaisanterie ou un ricanement, tandis qu'il se présente devant les lettrés avec des objections scientifiques et des raisonnements philosophiques, également propres à provoquer la méfiance ou le mépris contre les Ecritures. Une jeunesse inexpérimentée elle-même, présume aujourd'hui de lancer des doutes sur les principes fondamentaux du christianisme. Et cette jeunesse impie, quelque bornée soit-elle, exerce son influence. Beaucoup se laissent ainsi entraîner à tourner en ridicule la piété de leurs pères, et à outrager l'Esprit de la grâce [11]. Nombre de vies, qui promettaient de faire honneur à Dieu et d'être en bénédiction au monde, ont été desséchées par le souffle impur de l'impiété. Tous ceux qui se fient aux décisions orgueilleuses de la raison humaine, s'imaginant pouvoir expliquer les mystères divins, et arriver à la vérité sans l'aide de la sagesse de Dieu, sont enlacés dans les filets de Satan.

Nous vivons dans la période la plus solennelle de l'histoire de ce monde. Le sort des grandes multitudes qui peuplent la terre va se décider. Notre bonheur futur ainsi que le salut des autres âmes dépendent de la manière dont nous nous conduisons actuellement. Nous avons besoin d'être dirigés par l'Esprit de vérité. Tout vrai disciple du Christ devrait s'écrier avec ferveur : "Seigneur, que veux-tu que je fasse ?" Nous devons nous humilier devant le Seigneur, dans le jeûne et la prière, et méditer constamment Sa Parole, surtout les passages qui traitent des scènes du jugement. Nous devons acquérir une expérience profonde et vivante des choses de Dieu. Nous n'avons pas un moment à perdre. Des évènements d'une importance capitale se passent autour de nous ; nous sommes sur un terrain enchanté, celui de Satan. Ne dormez pas, sentinelles de Dieu ; l'ennemi est en embuscade, tout près de vous, toujours prêt, si vous vous relâchez, si vous vous assoupissez, à se lancer sur vous comme sur une proie.

Bien des gens se trompent quant à leur vraie condition devant Dieu. Ils se glorifient de ne pas faire tels ou tels actes répréhensibles, et oublient d'énumérer les actes de bonté que Dieu demande d'eux et qu'ils ont négligé d'accomplir. Il ne leur suffit pas d'être des arbres dans le jardin de Dieu. Ils doivent répondre à ce que le Seigneur attend d'eux ; ils doivent porter du fruit. Dieu les tient responsables de tout le bien qu'ils n'ont point accompli, et qu'ils auraient pu faire par Sa grâce qui les fortifie. Dans les livres du ciel, ils se trouvent enregistrés comme embarrassant le terrain. Pourtant, le cas de telles personnes n'est pas entièrement désespéré. Un Dieu plein de patience et d'amour plaide encore avec ceux qui ont méprisé Sa grâce et négligé Sa miséricorde. "C'est pour cela qu'il est dit : Réveille-toi, toi qui dors, relève-toi d'entre les morts, et Christ t'éclairera. Prenez donc garde de vous conduire avec prudence, ... rachetez le temps, car les jours sont mauvais [12]."

Lorsque le moment terrible de l'épreuve arrivera, ceux qui auront fait de la Parole de Dieu leur règle de conduite seront révélés. En été, il y a peu de différence entre les arbres toujours verts et ceux qui perdent leurs feuilles ; mais lorsque les bises froides de l'hiver arrivent, les premiers demeurent verts tandis que les autres perdent leur feuillage. Ainsi ceux qui font faussement profession de piété peuvent ne pas se distinguer actuellement des vrais chrétiens ; mais voici venir le temps où la différence éclatera aux yeux. Que l'opposition s'élève, que la bigoterie et l'intolérance reprennent le glaive, que la persécution s'allume, et les cœurs partagés et hypocrites chancelleront et abandonneront la foi ; mais le vrai chrétien sera ferme comme un roc, sa foi sera plus forte, plus joyeuse qu'aux jours de prospérité.

Le Psalmiste dit : "Tes préceptes sont l'objet de ma méditation." "Par Tes ordonnances je deviens intelligent ; aussi je hais toute voie de mensonge [13]."

"Heureux l'homme qui a trouvé la sagesse." "Il est comme un arbre planté près des eaux, et qui étend ses racines vers le courant ; il n'aperçoit point la chaleur quand elle vient, et son feuillage reste vert ; dans l'année de sécheresse, il n'a point de crainte, et il ne cesse de porter du fruit [14]."

---

1 Esa. 8 : 20.

2 Apoc. 14 : 9-12.

3 2 Tim. 4 : 3.

4 Prov. 16 : 25.

5 Marc 12 : 24.

6 Jean 7 : 17.

7 Ps. 119 : 18.

8 Esa. 59 : 19.

9 Jean 14 : 26.

10 Ps. 119 : 11.

11 Héb. 10 : 29.

12 Eph. 5 : 14-16.

13 Ps. 119 : 99, 104.

14 Prov. 3 : 13 ;

Jér. 17 : 8.

CHAPITRE XXXVIII

L'AVERTISSEMENT FINAL

« Je vis descendre du ciel un autre ange, qui avait une grande autorité ; et la terre fut éclairée de sa gloire. Il cria d'une voix forte, disant : Elle est tombée, elle est tombée, Babylone la grande ! Elle est devenue une habitation de démons, un repaire de tout esprit impur, un repaire de tout oiseau impur et odieux." "J'entendis du ciel une autre voix qui disait : Sortez du milieu d'elle, Mon peuple, afin que vous ne participiez point à ses péchés, et que vous n'ayez point de part à ses fléaux [1]."

Ce passage nous transporte dans l'avenir à un moment où la chute de Babylone, annoncée par le second ange d'Apocalypse 14 [2], sera répétée avec la mention additionnelle des corruptions qui se sont introduites dans les diverses corporations religieuses qui constituent Babylone, depuis que ce message a été annoncé pour la première fois, pendant l'été de 1844. On voit ici une terrible description de l'état du monde religieux. A mesure que les hommes rejetteront la vérité, leurs esprits s'obscurciront, leurs cœurs s'endurciront, jusqu'à ce qu'ils finissent par se retrancher dans l'impiété la plus arrogante. Au mépris des avertissements de Dieu, ils continueront de fouler aux pieds un des préceptes du Décalogue. Ils en viendront à persécuter ceux qui regardent la loi comme sacrée. On méprisera Christ par le dédain que l'on témoignera à Sa loi et à Son peuple. Les enseignements du spiritisme étant reçus dans les églises, les cœurs charnels n'auront plus rien qui les gêne, et la religion deviendra un manteau cachant les péchés les plus inavouables. La croyance aux manifestations spirites laisse le champ libre aux esprits séducteurs et aux doctrines des démons ; et de cette manière on sentira l'influence des mauvais anges dans les églises.

Il est dit de Babylone, au moment où elle est présentée dans cette prophétie : "Ses péchés se sont accumulés jusqu'au ciel, et Dieu s'est souvenu de ses iniquités [3]." Elle a comblé la mesure de sa culpabilité, et la ruine va tomber sur elle. Mais Dieu a encore un peuple dans Babylone ; et avant que les jugements du ciel la frappent, ces fidèles doivent être appelés à en sortir, "de peur que, participant à ses péchés, ils n'aient aussi part à ses plaies." C'est pourquoi cet appel est symbolisé par un ange descendant du ciel, éclairant la terre de sa gloire, et déclarant avec force les péchés de Babylone. On entend, en même temps que ce message, cet appel : "Sortez de Babylone, Mon peuple." Ces déclarations jointes au message du troisième ange, constituent l'avertissement final qui doit être donné aux habitants de la terre.

Le monde va au-devant d'un moment terrible. Les puissances du monde, se coalisant contre les commandements de Dieu, décréteront que "tous, petits et grands, riches et pauvres, libres et esclaves [4]", auront à se conformer aux coutumes de l'église et à observer le faux sabbat. Tous ceux qui refuseront de se soumettre seront punis par l'autorité civile, et finalement on décrétera qu'ils devront être mis à mort. D'un autre côté, la loi de Dieu enjoignant le jour du repos du Créateur, exige l'obéissance et menace de la colère de Dieu ceux qui en transgressent les préceptes.

Le dilemme étant ainsi clairement posé, quiconque foulera aux pieds la loi de Dieu pour obéir à un ordre humain, recevra la marque de la bête : il acceptera le signe de soumission à la puissance à laquelle il préfère obéir au lieu d'obéir à Dieu. L'avertissement du ciel est celui-ci : "Si quelqu'un adore la bête et son image, et reçoit une marque sur son front ou sur sa main, il boira, lui aussi, du vin de la fureur de Dieu, versé sans mélange dans la coupe de Sa colère [5]."

Mais nul ne sera l'objet de la colère de Dieu avant que la vérité n'ait été présentée à son esprit et à sa conscience, et qu'il l'ait rejetée. Nombreux sont ceux qui n'ont jamais eu l'occasion d'entre les vérités spéciales s'appliquant à notre temps. Jamais l'obligation d'observer le quatrième commandement ne leur a été présentée sous son vrai jour. Celui qui lit dans tous les cœurs et éprouve tous les motifs, ne permettra pas qu'aucun de ceux qui désirent connaître la vérité soit trompé quant au dénouement final de la lutte. Ce décret ne frappera pas les hommes aveuglément. Chacun aura assez de lumière pour prendre une décision intelligente.

Le Sabbat sera la grande pierre de touche qui dévoilera la loyauté des caractères ; car c'est le point de vérité spécialement controversé. Lorsque cette pierre de touche sera appliquée aux hommes, la ligne de démarcation sera alors tirée entre ceux qui servent Dieu et ceux qui ne Le servent pas. Tandis que l'observance d'un faux sabbat, par soumission à la loi de l'Etat, en opposition au quatrième commandement, sera un aveu d'obéissance au pouvoir qui est en opposition à Dieu, l'observation du vrai Sabbat, en obéissance à la loi de Dieu, sera une preuve de fidélité au Créateur. Tandis que les uns, en acceptant le signe de la soumission aux puissances du monde, recevront la marque de la bête, les autres, choisissant le signe d'obéissance à l'autorité divine, recevront le sceau de Dieu *(Appendice, note 13).*

Jusqu'à présent, ceux qui ont prêché les vérités du message du troisième ange n'ont été regardés que comme des alarmistes. Leurs assertions que l'intolérance religieuse prendrait le dessus aux Etats-Unis, que l'église et l'Etat s'uniraient pour persécuter ceux qui gardent les commandements de Dieu, ont été traitées de mal fondées et d'absurdes. On a déclaré avec pleine confiance que ce pays ne pourrait jamais être autre chose que ce qu'il a été, le défenseur de la liberté religieuse. Mais à mesure que sera agité la question de rendre obligatoire l'observation du dimanche, on verra s'approcher l'évènement dont on a si longtemps douté, et le troisième message produira un effet qu'il n'aurait pas pu produire auparavant.

A chaque génération, Dieu a envoyé Ses serviteurs pour censurer le péché dans le monde comme dans l'église. Mais les hommes désirent entendre des choses agréables, et n'acceptent pas la vérité pure et simple. Bien des réformateurs, en commençant leur œuvre, prirent la résolution d'user d'une grande prudence en attaquant les péchés de l'église et de la nation. Ils espéraient qu'en donnant l'exemple d'une vie pure et chrétienne, ils ramèneraient le peuple aux doctrines de la Bible. Mais l'Esprit de Dieu s'empara d'eux comme il s'empara d'Elie, le poussant à réprimer les péchés d'un roi impie et d'un peuple apostat, et ils ne purent s'empêcher de proclamer ouvertement les avertissements de la Bible, qu'ils avaient hésité de présenter. Ils étaient forcés de déclarer la vérité avec ferveur, et de signaler les dangers qui menaçaient les âmes. Ils faisaient entendre les paroles que le Seigneur mettait dans leurs bouches, sans en craindre les conséquences, et le peuple était contraint d'entendre l'avertissement de Dieu.

C'est ainsi que sera proclamé le message du troisième ange. Quand le temps sera venu où il doit se faire entendre avec une grande force, le Seigneur agira par de faibles instruments, dirigeant l'esprit de ceux qui se consacreront à Son service. Ces hommes seront plutôt préparés à remplir leur charge par l'onction de Son Esprit que par les cours universitaires. Des hommes de foi et de prière se sentiront poussés par un saint zèle à prêcher les paroles que Dieu leur inspirera. Ils dévoileront les péchés de Babylone. Les terribles conséquences résultant de lois religieuses imposées par l'autorité civile, les ravages du spiritisme, les progrès insidieux mais rapides du pouvoir papal : tout sera démasqué. Les populations seront remuées par ces avertissements solennels. Des milliers et des millions de personnes qui n'auront jamais entendu de telles paroles, les écouteront. On entendra avec surprise prêcher que Babylone est l'église déchue à cause de ses erreurs et de ses péchés, à cause de sa réjection de la vérité envoyée d'en haut. Les gens, tout inquiets, demanderont à leurs conducteurs spirituels si ces choses sont vraies ; les ministres prêchent des fables, prophétisent des choses agréables pour calmer les craintes et tranquilliser les consciences réveillées. Mais comme bien des gens ne se contenteront pas des raisonnements humains et demanderont un positif : "Ainsi a dit l'Eternel", les pasteurs populaires, comme autrefois les pharisiens, remplis de colère de voir leur autorité mise en doute, dénonceront le message d'avertissement comme venant de Satan, et exciteront les foules attachées au péché, à injurier et à persécuter ceux qui le proclament.

Satan sera furieux de voir la vérité entrer dans de nouveaux champs, et l'attention des esprits appelée sur la loi de Dieu foulée aux pieds. La puissance qui accompagnera le message ne fera qu'irriter ceux qui s'y opposeront. Le clergé fera des efforts presque surhumains pour repousser la lumière, de crainte qu'elle n'éclaire les troupeaux. Par tous les moyens en leur pouvoir, des pasteurs essaieront d'éviter toute discussion sur ces questions vitales. L'église fera appel à la puissance du bras séculier, et dans cet effort, les catholiques se joindront aux protestants. La campagne entreprise pour rendre l'observation du dimanche obligatoire s'enhardissant et se dessinant toujours plus, on invoquera la loi contre ceux qui observent les commandements. Ils seront menacés d'amendes et d'emprisonnement, et l'on offrira à quelques-uns des places honorables et autres avantages, pour les engager à renoncer à leur foi. Mais ils répondront fermement, comme Luther en pareilles occurrences : "Démontrez-nous par la Parole de Dieu que nous sommes dans l'erreur." Ceux qui seront cités à paraître devant les tribunaux, défendront fortement la vérité, et quelques-uns de ceux qui les entendront se décideront à garder tous les commandements de Dieu. La lumière brillera ainsi aux yeux de milliers de gens qui, sans cela, n'auraient jamais rien su de ces vérités.

On qualifiera de rébellion l'obéissance consciencieuse à la Parole de Dieu. Des parents, aveuglés par Satan, seront durs et sévères envers leurs enfants croyants ; des maîtres ou des maîtresses de maison opprimeront leurs domestiques qui observeront les commandements. On verra les liens de l'affection se briser, des enfants déshérités et chassés de la maison paternelle. Ces paroles de Paul s'accompliront à la lettre : "Tous ceux qui veulent vivre pieusement en Jésus-Christ seront persécutés [6]." Les défenseurs de la vérité refusant d'honorer le repos du dimanche, quelques-uns seront jetés en prison, quelques-uns exilés, d'autres traités comme des esclaves. A vue humaine, tout cela paraît impossible ; mais à mesure que la puissance de l'Esprit Saint qui agit encore sur les hommes se retirera, ils seront dominés par Satan, l'ennemi des préceptes divins, et on verra se passer d'étranges choses. Lorsque la crainte et l'amour de Dieu se retirent d'un cœur, il peut être bien cruel.

A mesure que la tempête approche, beaucoup de gens ayant professé croire au message du troisième ange, mais qui n'ont pas été sanctifiés en obéissant à la vérité, abandonnent leur foi et vont grossir les rangs de l'opposition. En s'alliant au monde et en participant à son esprit, ils en étaient venus à envisager les choses du même point de vue ; aussi, lorsque l'épreuve arrive, ils sont prêts à entrer dans la voie facile et populaire. Des hommes de talent, à la parole éloquente, qui s'étaient réjouis autrefois dans la vérité, emploient leurs facultés à séduire et à détourner les âmes du droit chemin. Ils deviennent les ennemis les plus acharnés de leurs frères d'autrefois. Lorsque les observateurs du Sabbat doivent paraître devant les tribunaux pour répondre de leur foi, ces apostats sont les agents les plus actifs de Satan par leurs faux rapports et leurs accusations, et par les insinuations au moyen desquelles ils excitent les magistrats contre eux.

En ces temps de persécution, la foi des serviteurs de Dieu sera éprouvée. Ils ont fidèlement proclamé l'avertissement, regardant uniquement à Dieu et à Sa Parole. L'Esprit de Dieu, agissant sur leurs cœurs, les a contraints de parler. Stimulés par un saint zèle, et poussés par une impulsion divine, ils ont accompli leur devoir, ils ont déclaré au peuple les paroles que le Seigneur leur a données sans en calculer froidement les conséquences. Ils n'ont pas consulté leurs intérêts temporels ni cherché à conserver leur réputation ou leur vie. Pourtant, voyant l'opposition et le mépris fondre sur eux comme une tempête, quelques-uns, remplis de consternation, seront disposés à s'écrier : "Si nous avions prévu les conséquences de nos paroles, nous nous serions tus." Ils sont entourés de difficultés, et Satan les assaille de tentations. Il leur semble impossible d'accomplir l'œuvre qu'ils ont entreprise. Ils sont menacés de ruine. Leur enthousiasme s'est refroidi ; pourtant, ils ne peuvent revenir en arrière. Sentant alors leur complète incapacité, ils cherchent le secours et la force du Tout-Puissant. Ils se rappellent que les paroles qu'ils avaient prononcées n'étaient pas les leurs, mais celles de Celui qui leur avait commandé de proclamer l'avertissement. Dieu avait mis la vérité dans leurs cœurs, et ils n'avaient pu que la proclamer. Les hommes de Dieu des temps passés eurent les mêmes épreuves. Wiclef, Hus, Luther, Tyndale, Baxter, Wesley prêchèrent que toutes les doctrines devaient être éprouvées par la Bible, et déclarèrent vouloir renoncer à tout ce qu'elle condamnait. La persécution les attaqua avec une fureur infatigable, sans qu'on les vît cesser de déclarer la vérité. L'histoire de l'église renferme plusieurs périodes, marquées chacune par le développement de quelque vérité spéciale adaptée aux besoins du peuple de Dieu en ce moment même. Chaque vérité s'est frayée un chemin à travers la haine et l'opposition ; ceux qui furent favorisés de sa lumière furent tentés et éprouvés. Le Seigneur envoie toujours une vérité spéciale au monde dans les temps critiques. Qui oserait refuser de la publier ? Il commande à Ses serviteurs de prêcher au monde le dernier appel de la miséricorde divine. Ils ne peuvent se taire qu'au péril de leurs âmes. Les ambassadeurs du Christ n'ont pas à s'inquiéter des conséquences. Ils doivent accomplir leur devoir, et laisser à Dieu le soin des résultats.

A mesure que l'opposition devient plus violente, les serviteurs de Dieu sont de nouveau perplexes ; car il leur semble avoir eux-mêmes précipité cette crise. Mais leur conscience et la Parole de Dieu leur assurent qu'ils sont dans le vrai ; et malgré les difficultés croissantes, ils se sentent assez forts pour les supporter. La lutte devient plus vive et les serre de plus près, mais leur foi et leur courage grandissent avec le danger. Ils rendent ce témoignage : "Nous n'osons nous jouer de la Parole de Dieu, divisant Sa sainte loi, appelant une portion essentielle et une autre non essentielle, pour obtenir la faveur du monde. Le Seigneur que nous servons peut nous délivrer. Christ a vaincu les puissances du monde ; devrions-nous craindre un monde déjà vaincu ?"

La persécution, sous ses diverses formes, est le développement d'un principe qui subsistera aussi longtemps que Satan existera, et que le christianisme aura une puissance vitale. Personne ne peut servir Dieu sans exciter contre lui l'opposition de l'armée des ténèbres. Les mauvais anges l'assailliront, alarmés de voir son influence leur arracher leur proie. Des impies, repris par son exemple, s'allieront à eux, cherchant à le séparer de Dieu par des tentations subtiles. Lorsque la séduction ne réussira pas, la violence sera employée pour forcer la conscience.

Mais tant que Jésus demeure l'intercesseur de l'homme dans le sanctuaire céleste, les gouverneurs et le peuple sont encore retenus par l'influence de Son Esprit. Il continue de dominer, à un certain degré, les lois du pays. Sans ces lois, l'état du monde serait encore pire qu'il ne l'est maintenant. Si maints dignitaires sont d'actifs agents de Satan, Dieu a aussi Ses agents parmi les principaux de la nation. L'ennemi pousse ses serviteurs à proposer des mesures destinées à beaucoup entraver l'œuvre de Dieu ; mais les hommes d'Etat qui sont sous l'inspiration des saints anges opposent à ces propositions des arguments irréfutables. C'est ainsi que quelques hommes arrêteront parfois une énorme avalanche de maux. L'opposition des ennemis de la vérité sera tenue en échec afin que le message du troisième ange puisse faire son œuvre. Lorsqu'on entendra l'avertissement final, il attirera l'attention de ces hommes haut placés par lesquels le Seigneur agit actuellement, et quelques-uns d'entre eux l'accepteront, et seront avec les enfants de Dieu pendant le temps de détresse.

L'ange qui se joindra à la proclamation du troisième message, doit éclairer toute la terre de sa gloire. Il représente une œuvre s'étendant au monde entier, et d'une puissance extraordinaire. Le mouvement de 1840 -1844 fut une glorieuse manifestation de la puissance de Dieu ; le message du premier ange fut porté dans chaque station missionnaire du monde, et fut même marqué, dans quelques contrées, par le plus puissant réveil qui se soit opéré, dans n'importe quel pays, depuis les jours de la Réformation ; mais cela doit être dépassé de beaucoup par le grand mouvement qui se produira sous la proclamation du dernier avertissement du troisième ange.

Cette œuvre sera semblable à une nouvelle Pentecôte. Comme la "pluie de la première saison" fut une effusion de l'Esprit Saint, au commencement du ministère évangélique, pour faire croître la précieuse semence, de même la "pluie de l'arrière-saison" sera donnée à la fin de ce ministère pour hâter la maturité de la moisson. "Connaissons, cherchons à connaître l'Eternel ; Sa venue est aussi certaine que celle de l'aurore. Il viendra pour nous comme la pluie. Comme la pluie du printemps arrose la terre [7]." "Et vous, enfants de Sion, soyez dans l'allégresse et réjouissez-vous en l'Eternel, votre Dieu, car Il vous donnera la pluie en son temps, Il vous enverra la pluie de la première et de l'arrière saison, comme autrefois [8]." "Dans les derniers jours, dit Dieu, Je répandrai de Mon Esprit sur toute chair." "Alors quiconque invoquera le nom du Seigneur sera sauvé [9]." Le ministère de l'Evangile ne doit pas se terminer avec une manifestation de la puissance de Dieu inférieure à celle qui a marqué son commencement. Les prophéties qui s'accomplirent lors de la pluie de la première saison, à l'origine du ministère évangélique, doivent s'accomplir de nouveau lors de la pluie de la dernière saison, à la fin de ce ministère. Ce sont là "les temps du rafraîchissement" qu'attendait l'apôtre Pierre, lorsqu'il disait : "Repentez-vous donc et convertissez-vous, pour que vos péchés soient effacés [dans le jugement investigatif] ; afin que les temps de rafraîchissement viennent de la part du Seigneur, et qu'Il envoie Celui qui vous a été destiné, Jésus-Christ [10]."

Des serviteurs de Dieu, le visage éclairé et rayonnant d'une sainte consécration, iront de lieu en lieu proclamer l'avertissement de Dieu. Des milliers de voix proclameront le message par toute la terre. Des miracles s'accompliront, des malades seront guéris, des signes et des prodiges marqueront la présence des croyants. Mais Satan accomplira aussi des miracles de mensonge, jusqu'à faire descendre le feu du ciel à la vue des hommes [11]. C'est ainsi que ceux qui habitent sur la terre seront appelés à prendre une décision pour ou contre la vérité.

Le message se proclamera non pas tant par des arguments, que par la conviction profonde inspirée par l'Esprit de Dieu. Les arguments ont été donnés. La semence a été jetée ; alors elle se lèvera et portera son fruit. Les publications distribuées par les ouvriers missionnaires ont exercé leur influence ; pourtant, beaucoup de gens dont les esprits ont été impressionnés, ont été empêchés de saisir complètement la vérité ou d'y obéir. Alors les rayons de lumière pénétreront partout ; la vérité paraîtra dans toute sa clarté, et les enfants de Dieu au cœur droit briseront les liens qui les ont retenus. Les liens de famille, les relations d'église seront impuissants à les empêcher de marcher sous la bannière de la vérité. La vérité leur sera plus précieuse que toute autre chose. En dépit des ennemis de la vérité ligués contre le message, un grand nombre de personnes se rangera du côté du Seigneur.

---

1 Apoc. 18 : 1, 2, 4.

2 Apoc. 14 : 8.

3 Apoc. 18 : 5.

4 Apoc. 13 : 16.

5 Apoc. 14 : 9, 10.

6 2 Tim. 3 : 12.

7 Osée 6 : 3.

8 Joël 2 : 23.

9 Act. 2 : 17, 21.

10 Act. 3 : 19, 20.

11 Apoc. 13 : 13.

CHAPITRE XXXIX

"LE TEMPS DE DÉTRESSE"

"En ce temps-là, se lèvera Michaël, le grand chef, le défenseur des enfants de ton peuple ; et ce sera une époque de détresse, telle qu'il n'y en a point eu depuis que les nations existent jusqu'à cette époque. En ce temps-là, ceux de ton peuple qui seront trouvés inscrits dans le livre seront sauvés [1]."

Lorsque le troisième message s'achèvera, la miséricorde divine n'intercédera plus en faveur des habitants coupables de la terre. Le peuple de Dieu a accompli son œuvre ; il a reçu "la pluie de la dernière saison", le "rafraîchissement de la part du Seigneur", et il est préparé pour l'heure de l'épreuve qui est devant lui. Les anges s'empressent, ils vont et viennent çà et là dans le ciel. Un ange revenant de la terre annonce que son œuvre est terminée ; le monde a subi son épreuve finale ; et tous ceux qui se sont montrés fidèles aux préceptes divins ont reçu le "sceau du Dieu vivant" *(Appendice, note 13).* Alors Jésus cesse d'intercéder dans le sanctuaire céleste. Il lève Ses mains, et d'une voix forte, Il dit : "C'en est fait" ; et toutes les armées angéliques déposent leurs couronnes lorsqu'Il annonce solennellement : "Que celui qui est injuste soit encore injuste, que celui qui est souillé se souille encore ; et que le juste pratique encore la justice, et que celui qui est saint se sanctifie encore [2]." Chaque cas a été décidé, soit pour la vie, soit pour la mort. Christ a fait propitiation pour Son peuple, et effacé leurs péchés. Le nombre de Ses sujets est complet ; "le règne, la domination, et la grandeur des royaumes qui sont sous tous les cieux" vont être donnés aux héritiers du salut, et Jésus va régner comme Roi des rois et Seigneur des seigneurs.

Au moment où Il quitte le sanctuaire, les ténèbres enveloppent les habitants de la terre. Un temps terrible est venu, où les justes doivent vivre sans intercesseur à la vue du Dieu saint. Rien ne retient plus les méchants, et Satan domine entièrement les impénitents incorrigibles. La patience de Dieu a pris fin. Le monde a rejeté Sa miséricorde, méprisé Son amour, et foulé aux pieds Sa loi. Les méchants ont franchi la limite de leur temps de grâce ; l'Esprit de Dieu, volontairement repoussé, s'est finalement retiré d'eux. Privés désormais de toute protection de la part de la grâce divine, ils sont à la merci du méchant. Satan plongera alors les habitants de la terre dans une détresse suprême et finale.

Lorsque les anges de Dieu cesseront de retenir les vents violents des passions humaines, tous les éléments de discorde seront déchaînés. Le monde entier sera enveloppé dans une ruine plus terrible que celle qui éclata sur l'ancienne Jérusalem.

Un ange seul détruisit tous les premiers-nés des Egyptiens, et remplit le pays de deuil. Lorsque David offensa Dieu en faisant le dénombrement du peuple, un seul ange causa la terrible destruction par laquelle son péché fut puni. La même puissance destructrice exercée par les saints anges au commandement de Dieu, sera exercée par les mauvais anges lorsqu'Il le permettra. Il y a maintenant des forces toutes prêtes, et qui n'attendent que la permission divine pour semer partout la désolation.

Ceux qui honorent la loi de Dieu seront accusés d'attirer ces calamités sur le monde, et ils seront regardés comme la cause des terribles convulsions de la nature et des luttes sanglantes entre les hommes qui dévasteront la terre. La puissance accompagnant le dernier avertissement aura rempli de rage les méchants ; leur colère s'embrasera contre tous ceux qui auront reçu le message, et Satan poussera à une plus grande intensité encore l'esprit de haine et de persécution.

Lorsque la présence de Dieu se retira finalement de la nation juive, tant les sacrificateurs que le peuple l'ignorèrent. Quoique sous le contrôle de Satan, et emportés par les passions les plus horribles et les plus malfaisantes, ils se regardaient encore comme le peuple choisi de Dieu. Le service continua dans le temple ; des sacrifices s'offraient sur ses autels profanés, et journellement on invoquait la bénédiction divine sur le peuple coupable du sang du bien-aimé Fils de Dieu, et qui cherchait à faire mourir Ses ministres et Ses apôtres. De même, lorsque la décision irrévocable du sanctuaire sera prononcée, et que la destinée du monde aura été fixée pour toujours, les habitants de la terre n'en sauront rien. Les formes de la religion se continueront chez des populations du milieu desquelles l'Esprit de Dieu aura été finalement retiré, et le zèle satanique dont le prince du mal les inspirera pour l'accomplissement de ses desseins cruels, ressemblera au zèle pour Dieu.

Le Sabbat [samedi, jour de repos] étant devenu le point spécial de controverse dans la chrétienté, et les autorités religieuses et civiles s'étant unies pour imposer l'observance du dimanche, le refus persistant, de la part d'une faible minorité, de céder à la demande populaire, en fera les objets de haine universelle. On avancera que les quelques personnes qui s'opposent à une institution de l'église et à une loi de l'Etat ne doivent pas être tolérées ; qu'il vaut mieux que ces quelques-uns souffrent que de jeter toute la nation dans la confusion et l'illégalité. Le même argument fut avancé contre Christ, il y a dix-huit cents ans, par les principaux du peuple. "Il est de votre intérêt", dit le rusé Caïphe, "qu'un seul homme meure pour le peuple, et que la nation entière ne périsse pas [3]." Cet argument paraîtra concluant, et un décret sera finalement lancé contre tous ceux qui sanctifient le Sabbat du quatrième commandement, les dénonçant comme méritant le plus sévère châtiment, et autorisant le peuple, après un certain temps, à les mettre à mort. Le romanisme dans l'Ancien Monde et le protestantisme apostat dans le Nouveau, agiront de la même façon envers ceux qui honorent tous les préceptes divins.

Les enfants de Dieu seront alors plongés dans les scènes d'affliction et de détresse décrites par le prophète, et appelées le temps de détresse de Jacob : "Ainsi parle l'Eternel : Nous entendons des cris d'effroi ; c'est l'épouvante, ce n'est pas la paix." "Pourquoi tous les visages sont-ils devenus pâles ? Malheur ! Car ce jour est grand ; il n'y en a point eu de semblable. C'est un temps d'angoisse pour Jacob ; mais il en sera délivré [4]."

La nuit d'angoisse de Jacob, lorsqu'il lutta en prières pour être délivré de la main d'Esaü [5], représente l'expérience que fera le peuple de Dieu pendant le temps de détresse. A la suite de la tromperie qu'il avait employée pour s'assurer la bénédiction que son père avait l'intention de donner à Esaü, Jacob avait fui pour sauver sa vie, effrayé par les menaces de mort que son frère proférait. Après être demeuré plusieurs années en exil, il s'était mis en route, au commandement de Dieu, pour retourner dans sa patrie, avec ses femmes, ses enfants et ses troupeaux. En approchant de la frontière du pays, il fut rempli d'effroi en apprenant que son frère approchait avec une troupe de soldats, sans doute pour se venger. Le clan de Jacob, sans arme et sans défense, semblait devoir tomber victime de la violence sous l'épée de son frère. A cette angoisse extrême s'ajoutait le poids écrasant des reproches qu'il s'adressait à lui-même ; car c'était son propre péché qui les avait amenés lui et les siens dans ce danger. Son seul espoir était en la miséricorde de Dieu ; sa seule défense devait être la prière. Pourtant, il ne négligea rien pour se faire pardonner ses torts envers son frère et pour éviter le danger qui le menaçait. Les disciples du Christ devraient agir de même à mesure qu'ils approchent du temps de détresse ; ils doivent s'efforcer de se montrer sous un jour convenable devant le monde, pour désarmer les préjugés et pour écarter le danger qui menace leur liberté de conscience.

Ayant envoyé sa famille de l'autre côté du torrent afin qu'on ne vît point sa détresse, Jacob demeura seul pour plaider avec Dieu. Il confessa son péché, et témoigna sa reconnaissance pour la bonté de Dieu à son égard, tandis qu'en s'humiliant profondément, il se réclama de l'alliance faite avec ses pères, et de la promesse qui lui a été faite dans sa vision nocturne à Béthel et dans le pays de son exil. La crise de sa vie est arrivée ; tout est en jeu. Dans l'obscurité et la solitude, il continue de prier et de s'humilier devant Dieu. Tout à coup, une main se pose sur son épaule. Il pense qu'un ennemi en veut à sa vie, et, avec toute l'énergie du désespoir, il lutte contre son assaillant. Comme le jour commence à se lever, l'étranger fait usage de sa puissance surnaturelle ; à son contact, l'homme fort semble paralysé, et il tombe, impuissant, sanglotant, suppliant, sur le cou de son mystérieux adversaire. Jacob sait maintenant que c'est avec l'Ange de l'alliance qu'il a lutté. Quoique défait, et souffrant beaucoup, il n'abandonne pas son dessein. Depuis longtemps il a souffert de perplexité, de remords et d'angoisse à la suite de son péché ; maintenant, il veut avoir l'assurance qu'il est pardonné. L'Ange semble vouloir partir ; mais Jacob s'attache à Lui, et Lui demande Sa bénédiction. L'ange lui dit : "Laisse-Moi, car l'aube du jour se lève" ; mais le patriarche s'écrie : "Je ne Te laisserai point partir que Tu ne m'aies béni." Quelle confiance, quelle fermeté et quelle persévérance ne montre pas Jacob ! Si ces paroles avaient été une orgueilleuse et présomptueuse prétention, Jacob eût été instantanément détruit ; mais c'était l'assurance d'un homme qui confesse sa faiblesse et son indignité, se confiant pourtant en la miséricorde d'un Dieu qui garde l'alliance.

"Dans sa vigueur, il lutta avec Dieu [6]." Par l'humiliation, la repentance et la soumission, ce mortel, faillible et pécheur, fut le plus fort en luttant avec la Majesté du ciel. Il avait saisi en tremblant les promesses de Dieu, et l'Amour Infini ne pouvait repousser la supplication du pécheur. Comme preuve de son triomphe, et comme encouragement pour ceux qui imiteraient son exemple, son nom fut changé ; au lieu de celui qui rappelait son péché, il en eut un autre qui commémorait sa victoire. Et le fait que Jacob avait été le plus fort avec Dieu était une assurance qu'il serait le plus fort en luttant avec les hommes. Il ne craignit plus de rencontrer son frère irrité ; car le Seigneur était sa défense.

Satan avait accusé Jacob devant les anges de Dieu, prétendant au droit de le détruire à cause de son péché ; il avait inspiré à Esaü l'idée de marcher contre lui, et, durant la longue nuit de lutte du patriarche, Satan essaya d'inspirer à ce dernier un sentiment tel de sa culpabilité qu'il se décourageât et s'éloignât de Dieu. Jacob fut presque poussé au désespoir ; mais il savait qu'il périrait sans l'aide de Dieu. Il s'était sincèrement repenti de son grand péché, et il fit appel à la miséricorde de Dieu. Il ne se laissa point détourner de son but, mais s'attacha fermement à l'Ange, et fit sa prière avec des cris ardents, angoissants, jusqu'à ce qu'il l'emportât.

De même que Satan poussa Esaü à marcher contre Jacob, il poussera aussi les méchants à détruire les enfants de Dieu dans le temps de détresse. Et de même qu'il accusa Jacob, il soulèvera ses accusations contre les enfants de Dieu. Il compte les mondains au nombre de ses sujets ; mais le petit nombre de ceux qui gardent les commandements de Dieu résiste à sa suprématie. S'il pouvait les effacer de dessus la terre, son triomphe serait complet. Il voit que les saints anges les gardent, et il en conclut que leurs péchés ont été pardonnés ; mais il ne sait pas que leurs cas ont été décidés dans le sanctuaire céleste. Il a une connaissance exacte des péchés qu'il leur a fait commettre, et il les présente devant Dieu sous le jour le plus exagéré, prétendant que ce peuple mérite aussi bien que lui d'être exclu de la faveur de Dieu. Il déclare qu'en justice, le Seigneur ne peut pas pardonner leurs péchés, et le détruire lui et ses anges. Il les réclame comme sa proie, et demande qu'ils lui soient remis afin de les détruire.

Tandis que Satan accuse les enfants de Dieu à cause de leurs péchés, le Seigneur lui permet de les tenter à l'extrême. Leur confiance en Dieu, leur foi et leur fermeté sont rigoureusement éprouvées. Le souvenir de leur passé fait sombrer leurs espérances ; car ils ne peuvent voir que peu de bien dans leur vie entière. Ils ont pleinement conscience de leur faiblesse et de leur indignité. Satan cherche à les terrifier par la pensée que leur cas est désespéré, que les taches de leur souillure ne seront jamais lavées. Il espère détruire ainsi leur foi, les faire céder à ses tentations, et les détourner de leur soumission à Dieu.

Les enfants de Dieu seront, il est vrai, entourés d'ennemis qui chercheront à les faire mourir ; pourtant, l'angoisse dont ils souffrent ne provient point de la crainte d'être persécutés pour l'amour de la vérité ; ils craignent de ne point s'être repentis de chaque péché, et que, par une faute quelconque, ils ne puissent voir se réaliser en eux l'accomplissement de la promesse du Sauveur : "Je te garderai aussi à l'heure de la tentation qui va venir sur le monde entier [7]." S'ils pouvaient avoir l'assurance de leur pardon, ils ne reculeraient point devant la torture et la mort ; mais s'ils étaient reconnus comme indignes de pardon, et s'ils devaient perdre la vie à cause de leurs propres défauts de caractère, alors le saint nom de Dieu serait déshonoré.

De tous côtés, ils entendent parler de complots, de trahisons, et voient les agissements menaçants de la rébellion. Cela fait naître en eux le désir intense de voir cette grande apostasie se terminer, et la malice des méchants arriver à une fin. Mais tandis qu'ils demandent à Dieu d'arrêter le progrès de la rébellion, c'est avec un profond sentiment de regret de n'avoir pas en eux-mêmes plus de force pour résister au puissant flot du mal et pour le repousser. Ils ont le sentiment que s'ils avaient toujours employé toutes leurs capacités au service du Christ, avançant de vertu en vertu, les forces de Satan auraient moins de pouvoir sur eux.

Ils affligent leurs âmes devant Dieu, lui rappelant leur repentance de leurs nombreux péchés, et faisant appel à la promesse du Sauveur : "A moins qu'on ne Me prenne pour refuge, qu'on ne fasse la paix avec Moi [8]." Leur foi ne défaille point bien que leurs prières ne soient pas immédiatement exaucées. Quoique souffrant l'anxiété la plus cuisante, pleins de détresse et de terreur, ils ne cessent de prier. Ils s'attachent à la puissance de Dieu comme Jacob s'attachait à l'Ange ; et de leurs âmes s'échappe ce cri : "Je ne Te laisserai point aller que Tu ne m'aies béni."

Si Jacob ne s'était point repenti auparavant du péché qu'il avait commis en s'emparant par la fraude du droit d'aînesse d'Esaü, Dieu n'aurait point exaucé sa prière ni sauvé miséricordieusement sa vie. De même, dans le temps de détresse, si les enfants de Dieu, tandis qu'ils sont tourmentés par la crainte et l'angoisse, se rappelaient des péchés qu'ils n'eussent point confessés, ils seraient écrasés ; le désespoir anéantirait leur foi, et ils ne pourraient plus avoir de confiance pour prier Dieu de les délivrer. Mais quoiqu'ils aient un sentiment profond de leur indignité, ils n'ont point de torts cachés à révéler. Leurs péchés ont été examinés dans le jugement, et effacés ; et ils ne peuvent les rappeler à leur mémoire.

Satan pousse bien des gens à croire que Dieu ne prend point garde à leur infidélité dans les petites affaires de la vie ; mais, dans sa manière d'agir avec Jacob, le Seigneur montre qu'Il ne sanctionnera ni ne tolérera le mal en aucune manière. Tous ceux qui essaient d'excuser ou de cacher leurs péchés, et permettent qu'ils restent, non pardonnés, sur les livres du ciel, seront vaincus par Satan. Plus leur position est élevée, plus elle est honorable, et plus leurs fautes sont graves aux yeux de Dieu, et plus sûr est le triomphe du grand adversaire. Ceux qui renvoient le moment de se préparer pour le jour de Dieu, ne pourront le faire ni pendant, ni après le temps de détresse. Le cas de telles personnes est sans espoir.

Ces chrétiens de profession qui arriveront non préparés à cette dernière et terrible lutte, confesseront, désespérés, leurs péchés, en des paroles d'une brûlante angoisse, tandis que les méchants se moqueront de leur détresse. Ces confessions ressembleront à celles d'Esaü et de Judas. Ceux qui les font déplorent les résultats de leurs transgressions, mais non leur culpabilité. Ils n'éprouvent aucune véritable contrition, aucune horreur du mal. Ils reconnaissent leurs péchés par crainte de la punition ; mais, comme autrefois Pharaon, ils maudiraient de nouveau le Ciel, si les jugements de Dieu étaient détournés.

L'histoire de Jacob nous assure en outre que Dieu ne rejettera pas ceux qui ont été tentés, séduits, et entraînés dans le péché, mais qui sont revenus à l'Eternel avec une vraie repentance. Tandis que Satan cherchera à détruire cette classe de personnes, Dieu enverra Ses anges pour les fortifier et les protéger dans le temps du péril. Les assauts de Satan seront violents et résolus, ses séductions terribles ; mais les yeux du Seigneur seront sur Ses enfants, et Son oreille sera attentive à leurs cris. Leur affliction sera grande, les flammes de la fournaise sembleront sur le point de les consumer ; mais Celui qui les épure les en sortira comme de l'or éprouvé par le feu. L'amour de Dieu pour Ses enfants durant cette période de leur cuisante épreuve est aussi grande et aussi tendre que dans les jours de leur prospérité la plus florissante ; mais il est nécessaire qu'ils passent par la fournaise de l'épreuve ; tout ce qu'il y a de terrestre en eux doit disparaître, pour que l'image du Christ se reflète parfaitement en eux.

Le temps de détresse et d'angoisse qui nous attend exigera une foi qui puisse supporter la fatigue, les délais et la faim, une foi qui ne faiblira pas, quoique rigoureusement éprouvée. La période d'épreuve est accordée à tous pour qu'ils se préparent pour ce temps-là. Jacob fut le plus fort, parce qu'il fut persévérant et résolu. Sa victoire montre la puissance de la prière importune. Tous ceux qui s'attacheront aux promesses de Dieu comme il le fit, et qui sont sincères et persévérants comme il le fut, réussiront comme il a réussi. Ceux qui ont de la répugnance à renoncer à eux-mêmes, à s'humilier jusqu'à l'agonie devant Dieu, à prier longtemps et ardemment pour obtenir Sa bénédiction, ne l'obtiendront pas.

Combien peu de chrétiens savent ce que c'est que de lutter avec Dieu ! Combien peu ont soupiré après Dieu, avec une ardeur qui mette en jeu toutes les puissances de l'âme ! Quand les ténèbres d'un désespoir qu'aucun langage ne peut exprimer passent sur le suppliant, combien peu s'attachent avec une foi inébranlable aux promesses de Dieu !

Ceux qui n'exercent maintenant que peu de foi sont dans le plus grand danger de tomber sous la puissance des tromperies sataniques et du décret qui fera violence aux consciences. Et même s'ils endurent l'épreuve, ils seront plongés, au temps de détresse, dans une angoisse d'autant plus grande parce qu'ils n'ont pas pris l'habitude de se confier en Dieu. Les leçons de foi qu'ils ont négligées, ils devront les apprendre sous la terrible pression du découragement.

Nous devrions maintenant nous mettre en rapport avec Dieu en mettant Ses promesses à l'épreuve. Les anges prennent note de chaque prière fervente et sincère. Nous devrions plutôt nous priver de nos aises que de négliger la communion avec Dieu. La plus grande pauvreté, les plus grands renoncements avec Son approbation, valent mieux que les richesses, les honneurs, l'aise et l'amitié des hommes sans elle. Nous devons prendre le temps de prier. Si nous laissons nos esprits s'absorber dans les affaires de ce monde, le Seigneur peut nous donner ce temps en nous enlevant nos idoles, qu'elles soient faites d'argent, de maisons ou de champs fertiles. Les jeunes gens ne se laisseraient point entraîner dans le péché s'ils refusaient d'entrer dans aucune voie autre que celle où ils peuvent réclamer la bénédiction de Dieu. Si les messagers qui portent le dernier et solennel avertissement adressé au monde, demandaient la bénédiction de Dieu, non d'une manière froide et insouciante, mais avec ferveur et foi, comme le fit Jacob, ils trouveraient maints endroits où ils pourraient dire : "J'ai vu Dieu face à face, et mon âme a été sauvée [9]." Ils seraient considérés dans le ciel comme des princes, comme ayant été les plus forts en luttant avec Dieu et avec les hommes.

Le "temps de détresse tel qu'il n'y en a point eu" va bientôt nous surprendre ; et nous aurons alors besoin d'une expérience que nous ne possédons pas encore, et que beaucoup ne peuvent obtenir à cause de leur négligence à la rechercher. Il arrive souvent que les dangers auxquels on s'attend soient moins grands qu'on se l'était imaginé ; mais tel n'est point le cas de la crise que nous attendons. L'imagination la plus fertile ne peut se représenter la grandeur de cette scène. Dans ce temps d'épreuve, chaque âme devra se présenter pour elle-même devant Dieu. Si Noé, Daniel et Job se trouvaient dans le pays, "Je suis vivant ! dit le Seigneur, l'Eternel, ils ne sauveraient ni fils ni filles, mais ils sauveraient leur âme par leur droiture [10]."

Or, pendant que notre grand Souverain Sacrificateur fait propitiation pour nous, nous devrions chercher à devenir parfaits en Christ. Notre Sauveur ne put être amené à céder à la tentation, pas même par une pensée. Satan trouve toujours dans le cœur humain non régénéré quelque coin par où il peut y pénétrer : quelque désir coupable que l'on garde, et par le moyen duquel ses tentations acquièrent de la puissance. Mais Christ déclare, en parlant de Lui-même : "Le prince de ce monde vient. Il n'a rien en Moi [11]." Satan ne pouvait rien trouver dans le Fils de Dieu, qui lui permît de remporter la victoire. Il avait gardé les commandements de Son Père, et il n'y avait en Lui aucun péché dont Satan pût tirer avantage. C'est la condition dans laquelle doivent se trouver ceux qui pourront passer à travers le temps de détresse.

C'est dans cette vie que nous devons nous séparer du péché par la foi au sang expiatoire du Christ. Notre précieux Sauveur nous a invités à nous unir à Lui, à joindre notre faiblesse à Sa force, notre ignorance à Sa sagesse, notre indignité à Ses mérites. La providence de Dieu est l'école dans laquelle nous devons apprendre la douceur et l'humilité de Jésus. Le Seigneur présente sans cesse devant nous, non la voie que nous choisirions, celle qui nous semble plus agréable et plus facile, mais le vrai but de la vie. Nous avons à coopérer avec les moyens que Dieu emploie, afin que nous arrivions à conformer nos caractères au divin modèle. Nul ne peut négliger ou renvoyer cette œuvre qu'au péril de son âme.

L'apôtre Jean, étant en vision, entendit dans le ciel une voix forte, disant : "Malheur à la terre et à la mer ! Car le diable est descendu vers vous, animé d'une grande colère, sachant qu'il a peu de temps [12]." Effrayantes sont les scènes qui provoquent cette exclamation de la voix céleste. Plus la colère de Satan augmente, plus le temps tire vers sa fin, et son action trompeuse et destructive atteindra son point culminant pendant le temps de détresse.

Des signes effrayants d'un caractère surnaturel, paraîtront bientôt dans le ciel, indiquant l'action miraculeuse des démons. Les esprits des démons s'en iront vers les rois de la terre pour les séduire, et les engager à s'unir à Satan dans sa dernière lutte contre le gouvernement de Dieu. Par ces agents, princes et sujets seront également trompés. On verra paraître des gens se donnant pour le Christ Lui-même, et prétendant aux titres et au culte qui n'appartiennent qu'au Rédempteur du monde. Ils accompliront d'étonnantes guérisons, et prétendront avoir reçu du Ciel des révélations qui contredisent le témoignage des Ecritures.

L'acte capital qui couronnera le grand drame de la séduction, c'est que Satan lui-même personnifiera Christ. L'église a professé longtemps attendre l'avènement du Sauveur comme consommation de son espérance. Le séducteur en chef fera alors paraître que Christ est venu. Dans diverses parties de la terre, Satan se manifestera parmi les hommes comme un être majestueux d'une éclatante splendeur, ressemblant à la description que Jean donne du Fils de Dieu dans l'Apocalypse [13]. La gloire qui l'environne dépasse tout ce qu'ont jamais vu les yeux des mortels. Ce cri de triomphe retentit : "Christ est venu ! Christ est venu !"

Le peuple s'agenouille devant lui avec les marques de l'adoration, tandis qu'il lève les mains, et prononce une bénédiction sur eux exactement comme Jésus lorsqu'Il bénissait Ses disciples quand Il était sur la terre. Sa voix est douce, contenue et cependant fort mélodieuse. D'un ton aimable, compatissant, il énonce quelques-unes de ces vérités célestes, pleines de grâce, que le Sauveur prononçait ; il guérit les malades, et ensuite, en son prétendu caractère du Christ, il prétend avoir changé le Sabbat au dimanche, et commande à tous de sanctifier le jour qu'il a béni. Il déclare que ceux qui persistent à sanctifier le septième jour blasphèment son nom, en refusant d'écouter les anges qu'il leur a envoyés avec la lumière de la vérité. C'est la tromperie la plus forte, le chef-d'œuvre de la séduction. Comme les Samaritains avaient été trompés par Simon le magicien, les foules, des plus petits jusqu'aux plus grands, croient à ce sortilège et s'écrient : "Celui-ci est la puissance de Dieu, celle qui s'appelle la grande [14]."

Mais les enfants de Dieu ne se laisseront point égarer. Les enseignements de ce faux christ ne s'accordent point avec les Ecritures. Ses bénédictions s'adressent à ceux qui adorent la bête et son image, à ceux mêmes sur lesquels la Bible déclare que la colère de Dieu sera versée sans mélange.

En outre, il n'est point permis à Satan de contrefaire la manière dont Christ viendra. Le Sauveur a mis en garde Ses disciples contre cette tromperie, et a clairement prédit la manière dont Il viendrait Lui-même. "Il s'élèvera de faux christs et de faux prophètes ; ils feront de grands prodiges et des miracles, au point de séduire, s'il était possible, même les élus... Si donc on vous dit : Voici, Il est dans le désert, n'y allez pas ; voici, Il est dans les chambres, ne le croyez pas. Car, comme l'éclair part de l'Orient et se montre jusqu'en Occident, ainsi sera l'avènement du Fils de l'homme [15]." Il n'est pas possible de contrefaire une telle apparition. Elle sera connue de tout l'univers, le monde entier en sera témoin.

Il n'y aura que ceux qui auront diligemment étudié la Bible et reçu l'amour de la vérité dans leurs cœurs, qui seront préservés de cette puissante séduction qui captivera le monde. Ils pourront, par le témoignage de la Bible, découvrir le trompeur sous son déguisement. Le temps d'épreuve arrivera pour tous. C'est au contact de la tentation, que les vrais chrétiens se reconnaîtront. Les enfants de Dieu sont-ils actuellement si bien affermis sur la Parole de Dieu qu'ils ne céderont pas à l'évidence de leurs sens ? S'appuieront-ils, dans une telle crise, sur la Bible, et sur la Bible seule ? Satan les empêchera, si possible, de se préparer à être fermes dans ce jour-là. Il disposera les choses de telle manière que leur chemin sera obstrué ; il les enlacera dans des intérêts mondains, il leur fera porter un pesant et fatigant fardeau, afin que leurs cœurs soient appesantis par les soucis de cette vie, et que ce jour d'épreuve les surprenne comme un voleur.

Comme le décret promulgué par les divers gouvernements de la chrétienté contre les observateurs des commandements leur retirera la protection de la loi, et les abandonnera à ceux qui cherchent leur ruine, les enfants de Dieu s'enfuiront des villes et des villages, et se réuniront en groupes, pour habiter les lieux les plus désolés et les plus solitaires [Il faut noter ici que cette phrase de l'auteur a été écrite avant 1897, date à laquelle une loi du dimanche restreinte "a été promulguée" en Amérique, et suite à laquelle l'auteur a indiqué "la nécessité pour le peuple de Dieu de s'éloigner des villes et de se retirer à la campagne" ; pour plus de précisions voir Ellen White, Commentaire Biblique vol. 7, p. 976 (The signes of the times, 6 mai 1897) et Lettre 90,1897 (2 MC p. 412)]. Beaucoup se réfugieront dans les antres des montagnes ; comme les chrétiens des vallées vaudoises, ils feront des lieux élevés de la terre leurs sanctuaires, et remercieront Dieu pour "les rochers fortifiés [16]." Mais beaucoup de personnes de toutes nations et de tous rangs, grands et petits, riches et pauvres, noirs et blancs, seront jetés dans la plus injuste et cruelle captivité. Les bien-aimés de Dieu passeront des jours pénibles, liés de chaînes, enfermés dans les prisons, condamnés à mort ; quelques-uns exposés à mourir de faim dans de sombres et hideux cachots. Aucune oreille humaine ne sera attentive à leurs plaintes ; aucune main ne sera prête à les secourir.

Le Seigneur oubliera-t-il Ses enfants dans cette heure d'épreuve ? Oublia-t-il le fidèle Noé lorsque Ses jugements tombèrent sur le monde antédiluvien ? Oublia-t-Il Lot lorsque le feu du ciel descendit sur les villes de la plaine ? Oublia-t-Il Joseph entouré d'idolâtres égyptiens ? Oublia-t-Il Elie lorsque le serment de Jézabel le condamnait au sort des prophètes de Baal ? Oublia-t-Il Jérémie dans le sombre et humide puits où il avait été jeté ? Oublia-t-Il les trois jeunes gens dans la fournaise, ou Daniel dans la fosse aux lions ?

"Sion disait : L'Eternel m'abandonne, le Seigneur m'oublie ! Une femme oublie-t-elle l'enfant qu'elle allaite ? N'a-t-elle pas pitié du fruit de ses entrailles ? Quand elle l'oublierait, Moi Je ne t'oublierai point. Voici, Je t'ai gravée sur mes mains [17]." Ainsi a dit l'Eternel des armées : "Celui qui vous touche, touche la prunelle de Son œil [18]."

Quoique des ennemis puissent les jeter en prison, les murs des cachots ne peuvent pourtant pas rompre les rapports établis entre leurs âmes et Christ. Celui qui connaît chacune de leurs faiblesses, qui sait toutes leurs épreuves, est au-dessus de toutes les puissances terrestres ; et les anges viendront auprès d'eux dans leurs cellules solitaires, leur apportant la lumière et la paix du ciel. Ces prisons seront comme un palais ; car là habitent ceux qui sont riches en la foi ; leurs tristes murailles seront éclairées de la lumière céleste, comme lorsque Paul et Silas priaient et chantaient les louanges de Dieu à l'heure de minuit dans le cachot de Philippes.

Les jugements de Dieu frapperont ceux qui chercheront à opprimer et à détruire Son peuple. Sa longue patience envers les méchants enhardit les hommes dans leurs transgressions ; mais leur punition ne sera pas moins certaine et terrible pour avoir tardé si longtemps. "Car l'Eternel se lèvera comme à la montagne de Pératsim, Il s'irritera comme dans la vallée de Gabaon, pour faire Son œuvre, Son œuvre étrange, pour exécuter Son travail, Son travail inouï [19]." Pour notre Dieu miséricordieux, l'action de punir est un travail non accoutumé. "Je suis vivant ! dit le Seigneur, l'Eternel, ce que Je désire, ce n'est pas que le méchant meure [20]." L'Eternel est "miséricordieux, compatissant, lent à colère, riche en bonté et en fidélité" ; Il "pardonne l'iniquité, la rébellion et le péché." Pourtant, Il ne tiendra "point le coupable pour innocent." "L'Eternel est lent à la colère, Il est grand par Sa force ; Il ne laisse pas impuni [21]." Il vengera l'autorité de Sa loi foulée aux pieds, par de terribles actes de droiture. La sévérité de la rétribution qui attend le coupable peut se juger par la répugnance du Seigneur à exécuter la justice. La nation qu'Il supporte longtemps, et qu'Il ne détruira pas qu'elle n'ait rempli la mesure de ses iniquités selon le calcul du Seigneur, boira finalement la coupe de Sa colère sans mélange de miséricorde. Lorsque Christ cessera d'intercéder dans le sanctuaire, la colère de Dieu sans mélange dont sont menacés ceux qui adorent la bête et son image et qui reçoivent sa marque [22], sera répandue sur eux. Les plaies qui frappèrent l'Egypte lorsque Dieu était sur le point de délivrer Israël, étaient de même nature que celles, plus terribles et plus étendues, qui doivent fondre sur le monde immédiatement avant la délivrance finale du peuple de Dieu. On lit dans l'Apocalypse, où ces terribles fléaux sont décrits : "Un ulcère malin et douloureux frappa les hommes qui avaient la marque de la bête et qui adoraient son image." "La mer devint du sang, comme celui d'un mort ; et tout être vivant mourut, tout ce qui était dans la mer." "Les fleuves et les sources d'eaux … devinrent du sang [23]." Quelque terribles que soient ces châtiments, la justice de Dieu est pleinement justifiée. L'ange de Dieu déclare : "Tu es juste, Seigneur, parce que Tu as exercé ce jugement. Car ils ont versé le sang des saints et des prophètes, et Tu leur as donné du sang à boire ; ils en sont dignes [23]." En condamnant à mort les enfants de Dieu, ils sont aussi coupables de leur sang que s'ils l'avaient répandu de leurs propres mains. De la même manière, Christ déclare les Juifs de Son temps coupables de tout le sang des saints qui avait été répandu depuis le temps d'Abel, car ils étaient animés du même esprit, et cherchaient à agir de la même manière que les meurtriers des prophètes.

Dans la plaie qui suit, il est donné au soleil le pouvoir de "brûler les hommes par le feu ; et les hommes furent brûlés par une grande chaleur [24]." Les prophètes décrivent ainsi l'état de la terre dans ce moment terrible : "La terre est attristée ; …parce que la moisson des champs est perdue… Tous les arbres des champs sont flétris … la joie a cessé parmi les fils de l'homme." "La semence pourrit sous les mottes ; les greniers sont vides. … Comme les bêtes gémissent ! Les troupeaux de bœufs sont consternés, parce qu'ils sont sans pâturage ; … Les torrents sont à secs, et le feu a dévoré les plaines du désert." "En ce jour-là, les chants du palais seront des gémissements, dit le Seigneur, l'Eternel ; on jettera partout en silence une multitude de cadavres [25]."

Ces plaies ne seront point universelles, car alors les habitants de la terre seraient entièrement détruits. Pourtant ce seront les plus terribles jugements de la colère divine que les mortels n'aient jamais connus. Tous les jugements qui ont frappé les hommes antérieurement à la fin du temps de grâce, ont été mélangés de miséricorde. Le sang propitiatoire du Christ a empêché que le pécheur reçoive la mesure complète de sa culpabilité ; mais dans le jugement final, la colère de Dieu est versée sans mélange de miséricorde.

En ce jour-là, des multitudes de gens désireront la protection de Dieu qu'ils ont si longtemps dédaignée. "Voici, les jours viennent, dit le Seigneur, l'Eternel, où J'enverrai la famine dans le pays, non pas la disette du pain et la soif de l'eau, mais la faim et la soif d'entendre les paroles de l'Eternel. Ils seront alors errants d'une mer à l'autre, du Septentrion à l'Orient. Ils iront çà et là pour chercher la parole de l'Eternel, et ils ne la trouveront pas [26]."

Les enfants de Dieu ne seront pas exempts de souffrances ; mais quoique persécutés et tourmentés, quoique souffrant la privation et manquant de nourriture, ils ne seront point abandonnés à la mort. Dieu qui prit soin d'Elie ne délaissera pas un de Ses enfants qui se sont sacrifiés. Celui qui compte les cheveux de leurs têtes, aura soin d'eux, et Il les nourrira au temps de la famine. Tandis que les méchants meurent de la famine et de la peste, les anges protègent les justes et suppléent à leurs besoins. A "celui qui marche dans la droiture" est faite la promesse : "du pain lui sera donné, de l'eau lui sera assurée." "Les malheureux et les indigents cherchent de l'eau, et il n'y en a point ; leur langue est desséchée par la soif. Moi, l'Eternel, Je les exaucerai ; Moi, le Dieu d'Israël, Je ne les abandonnerai pas [27]."

"Le figuier ne fleurira pas, la vigne ne produira rien, le fruit de l'olivier manquera, les champs ne donneront pas de nourriture, les brebis disparaîtront du pâturage, et il n'y aura plus de bœufs dans les étables." Malgré cela ceux qui Le craignent se "réjouiront en l'Eternel, ils se réjouiront dans le Dieu de leur salut [28]."

"L'Eternel est Celui qui te garde, l'Eternel est ton ombre à ta main droite. Pendant le jour le soleil ne te frappera point, ni la lune pendant la nuit. L'Eternel te gardera de tout mal, Il gardera ton âme." "Car c'est Lui qui te délivre du filet de l'oiseleur, de la peste et de ses ravages. Il te couvrira de ses plumes, et tu trouveras un refuge sous Ses ailes ; Sa fidélité est un bouclier et une cuirasse. Tu ne craindras ni les terreurs de la nuit, ni la flèche qui vole de jour, ni la peste qui marche dans les ténèbres, ni la contagion qui frappe en plein midi. Que mille tombent à ton côté, et dix mille à ta droite, tu ne seras pas atteint ; de tes yeux seulement tu regarderas, et tu verras la rétribution des méchants. Car tu es mon refuge, ô Eternel ! Tu fais du Très-Haut ta retraite. Aucun malheur ne t'arrivera, aucun fléau n'approchera de ta tente [29]."

Pourtant, à vue humaine, il semblera que les enfants de Dieu devront bientôt sceller leur témoignage de leur sang, comme le firent les martyrs avant eux. Ils commencent eux-mêmes à croire que le Seigneur les a abandonnés entre les mains meurtrières de leurs ennemis. C'est un moment de terrible angoisse. Jour et nuit, ils crient à Dieu pour être délivrés. Les méchants triomphent, et on entend ce cri moqueur : "Où est maintenant votre foi ? Pourquoi Dieu ne vous délivre-t-Il pas d'entre nos mains, si vous êtes vraiment Ses enfants ?" Mais ces fidèles dans l'attente se souviennent de Jésus mourant sur la croix du calvaire, et des sacrificateurs et des principaux s'écriant en se moquant : "Il a sauvé les autres, et Il ne peut se sauver Lui-même ! S'Il est Roi d'Israël, qu'Il descende de la croix, et nous croirons en Lui [30]." Comme Jacob, tous luttent avec Dieu. Leurs physionomies expriment les luttes de leur âme. Leurs visages sont pâles ; pourtant ils ne cessent de prier avec ferveur.

Si les hommes avaient alors les yeux ouverts, ils verraient des compagnies d'anges qui excellent en force, stationnées autour de ceux qui ont gardé la parole de la patience du Christ. Les anges ont vu leur détresse et entendu leurs prières avec une tendresse compatissante. Ils attendent la parole de leur Chef pour les arracher à leur danger. Mais ils doivent encore attendre un peu plus longtemps. Les enfants de Dieu doivent boire la coupe et être baptisés du baptême de l'épreuve. Le délai même, si pénible pour eux, est la meilleure réponse à leurs prières. En s'efforçant d'attendre avec confiance que le Seigneur agisse, ils sont portés à l'exercice de la foi, de l'espérance et de la patience qu'ils ont trop peu connues durant leur expérience religieuse. Pourtant le temps de détresse sera abrégé par amour pour les élus. "Et Dieu ne fera-t-Il pas justice à Ses élus, qui crient à Lui jour et nuit ? …

Je vous le dis, Il leur fera promptement justice [31]." La fin viendra plus vite que les hommes ne s'y attendent. Le blé sera rassemblé et lié en gerbes pour les greniers de Dieu ; l'ivraie sera liée en faisceaux pour être jetée aux flammes dévorantes.

Les sentinelles célestes, fidèles à leur poste, continuent de veiller. Quoiqu'un décret général ait fixé le moment où les observateurs des commandements devront être mis à mort, leurs ennemis, dans quelques cas, anticiperont le décret, et essayeront de les faire mourir avant le temps donné. Mais personne ne peut franchir le cordon des puissants gardiens qui sont stationnés autour de toute âme fidèle. Quelques-uns sont attaqués dans leur fuite hors des villes et des villages ; mais les épées levées contre eux se brisent et tombent comme de la paille. D'autres sont défendus par des anges sous forme de guerriers.

Dans tous les âges, Dieu s'est servi des saints anges pour secourir et délivrer Ses élus. Les êtres célestes ont pris une part active dans les affaires humaines. Ils ont paru dans des vêtements qui, resplendissaient comme l'éclair, ils se sont présentés comme des hommes en habits de voyageurs. Les anges ont paru sous une forme humaine aux hommes de Dieu. Ils se sont reposés, comme s'ils étaient fatigués, sous les chênes de Mamré. Ils ont accepté l'hospitalité de demeures humaines. Ils ont servi de guides à des voyageurs attardés. Ils ont, de leurs propres mains, allumé les feux de l'autel. Ils ont ouvert des portes de prisons, et libéré les serviteurs du Seigneur. Revêtus de l'armure céleste, ils vinrent rouler la pierre du sépulcre du Sauveur.

Les anges se trouvent souvent, sous la forme d'hommes, dans les assemblées des justes, et ils visitent les assemblées des méchants comme ils visitèrent Sodome, pour prendre note de leurs actes, pour déterminer s'ils ont passé les limites de la patience de Dieu. Le Seigneur aime la miséricorde ; aussi, pour l'amour du petit nombre de ceux qui Le servent réellement, Il retient les calamités, et prolonge la tranquillité des multitudes. Ceux qui pèchent contre Dieu comprennent bien peu qu'ils sont redevables de leurs propres vies aux quelques fidèles qu'ils aiment à ridiculiser et à opprimer.

Quoique les grands de ce monde n'en sachent rien, des anges ont paru souvent comme orateurs dans leurs assemblées. Des yeux humains les ont regardés ; des oreilles humaines ont écouté leurs appels ; des lèvres humaines se sont opposées à leurs suggestions et ont tourné leurs conseils en ridicule ; des mains humaines les ont maltraités. Dans les salles des conseils et les cours de justice, ces messagers célestes ont montré une grande connaissance de l'histoire de l'humanité ; ils se sont montrés plus capables de plaider la cause des opprimés que les avocats les plus habiles et les plus éloquents. Ils ont renversé des projets et arrêté des maux qui eussent grandement retardé l'œuvre de Dieu, et eussent causé de grandes calamités parmi Son peuple. Qu'on n'oublie jamais, dans les heures de péril et d'angoisse, que "l'ange de l'Eternel campe autour de ceux qui Le craignent, et il les arrache au danger [32]."

Les enfants de Dieu attendent avec d'ardents désirs les signes de la venue de leur Roi. Comme on interroge les sentinelles et qu'on leur demande : "Sentinelle, que dis-tu de la nuit ?" elles répondent sans hésitation : "Le matin vient, et la nuit aussi [33]." La lumière dore les nuages qui enveloppent le sommet des monts. Bientôt Sa gloire y sera révélée. Le Soleil de Justice va paraître. Le matin et la nuit sont à la porte tous deux : le matin du jour éternel pour les justes, la nuit perpétuelle pour les méchants."

Comme les enfants de Dieu font monter leurs prières devant Dieu, le voile qui les sépare du monde invisible semble presque se lever. Les cieux s'empourprent de l'aurore du jour éternel, et, semblables à la mélodie du chant des anges, ces paroles frappent leurs oreilles : "Tenez ferme à votre espérance. Voici le secours." Christ, le puissant Vainqueur, réserve à Ses soldats fatigués une couronne de gloire immortelle ; et Sa voix se fait entendre des portes des cieux : "Voici, Je suis avec vous. Ne craignez point. Je connais toutes vos peines ; J'ai porté vos douleurs. Vous ne luttez point contre des ennemis inconnus. J'ai combattu la bataille en votre faveur, et en Mon nom vous êtes plus que vainqueurs."

Notre précieux Sauveur nous enverra Son secours juste au moment où nous en aurons besoin. Le chemin du ciel est consacré par la trace de Ses pas. Chaque épine qui nous blesse a blessé Ses pieds. Il a porté avant nous chaque croix que nous sommes appelés à porter. Le Seigneur permet les luttes pour préparer l'âme à la paix. Le temps de détresse est une épreuve terrible pour le peuple de Dieu ; mais c'est le moment pour tout vrai croyant de regarder en haut, et il peut se voir par la foi entouré de l'arc-en-ciel des promesses divines.

"Les rachetés de l'Eternel retourneront, ils iront à Sion avec chants de triomphe, et une joie éternelle couronnera leurs têtes ; l'allégresse et la joie s'approcheront, la douleur et les gémissements s'enfuiront. C'est Moi, c'est Moi qui vous console. Qui es-tu, pour avoir peur de l'homme mortel, et du fils de l'homme, pareil à l'herbe ? Et tu oublierais l'Eternel, qui t'a fait, … et tu tremblerais continuellement tout le jour devant la colère de l'oppresseur, parce qu'il cherche à détruire ! Où donc est la colère de l'oppresseur ? Bientôt celui qui courbe sous les fers sera délivré ; il ne mourra pas dans la fosse, et son pain ne lui manquera pas. Je suis l'Eternel, ton Dieu, qui soulève la mer, et fait mugir ses flots. L'Eternel des armées est Son nom. Je mets Mes paroles dans ta bouche, et Je te couvre de l'ombre de Ma main [34]."

"C'est pourquoi, écoute ceci, malheureuse, ivre, mais non de vin ! Ainsi parle ton Seigneur, l'Eternel, ton Dieu, qui défend Son peuple : Voici, Je prends de ta main la coupe d'étourdissement, la coupe de Ma colère ; tu ne la boiras plus ! Je la mettrai dans la main de tes oppresseurs, qui te disent : Courbe-toi et nous passerons ! Tu faisais alors de ton dos comme une terre, comme une rue pour les passants [35]."

Dieu, regardant à travers les âges, décrivait dans ces paroles la crise que Son peuple devra affronter, lorsque les puissances de la terre se ligueront contre lui. Comme des captifs exilés, ils seront dans la crainte de mourir par la faim ou par la violence. Mais le Dieu Saint, qui partagea les eaux de la mer Rouge devant les Israélites, manifestera Son grand pouvoir et les délivrera de la captivité. "Ils seront à Moi, dit l'Eternel des armées, ils M'appartiendront, au jour que Je prépare ; J'aurai compassion d'eux, comme un homme a compassion de son fils qui le sert [36]." Si le sang des fidèles serviteurs du Christ était alors versé il ne pourrait plus, comme le sang des martyrs, être une semence destinée à porter des fruits précieux. Leur fidélité ne serait point un témoignage qui pût porter la conviction dans les cœurs ; car les cœurs endurcis ont repoussé les appels de la miséricorde au point qu'ils ne se feront plus entendre. Si les justes devaient alors tomber sous les coups de leurs ennemis, ce serait un triomphe pour le prince des ténèbres. "Car Il me protègera dans Son tabernacle au jour du malheur, dit le Psalmiste, Il me cachera sous l'abri de Sa tente [37]." Christ a parlé de ce moment : "Va, Mon peuple, entre dans ta chambre, et ferme la porte derrière toi ; cache-toi pour quelques instants, jusqu'à ce que la colère soit passée. Car voici, l'Eternel sort de Sa demeure, pour punir les crimes des habitants de la terre [38]." Glorieuse sera la délivrance de ceux qui L'ont patiemment attendu, et dont les noms sont écrits dans le livre de vie.

---

1 Dan. 12 : 1.

2 Apoc. 22 : 11.

3 Jean 11 : 50.

4 Jér. 30 : 5-7.

5 Gen. 32 : 24-30.

6 Osée 12 : 4.

7 Apoc. 3 : 10.

8 Esa : 27 : 5.

9 Gen. 32 : 30.

10 Ezé. 14 : 20.

11 Jean 14 : 30.

12 Apoc. 12 : 12.

13 Apoc. 1 : 13-15.

14 Act. 8 : 10.

15 Mat. 24 : 24-27, 31 ; 25 : 31 ; Apoc. 1 : 7 ; 1 Thés. 4 : 16, 17.

16 Esa. 33 : 16.

17 Esa. 49 : 14-16.

18 Zach. 2 : 8.

19 Esa. 28 : 21.

20 Ezé. 33 : 11.

21 Ex. 34 : 6, 7 ; Nah. 1 : 3.

22 Apoc. 14 : 9, 10.

23 Apoc. 16 : 2-6, 8.

24 Apoc. 16 : 9.

25 Joël 1 : 10-12, 17-20 ; Amos 8 : 3.

26 Amos 8 : 11, 12.

27 Esa. 33 : 16 ; 41 : 17.

28 Hab. 3 : 17, 18.

29 Ps. 121 : 5-7 ; 91 : 3-10.

30 Mat. 27 : 42.

31 Luc 18 : 7, 8.

32 Ps. 34 : 8.

33 Esa. 21 : 11, 12.

34 Esa. 51 : 11-16.

35 Esa. 21-23.

36 Mal. 3 : 17.

37 Ps. 27 : 5.

38 Esa. 26 : 20, 21.

CHAPITRE XL

LE PEUPLE DE DIEU DÉLIVRÉ

Lorsque ceux qui honorent la loi de Dieu seront privés de la protection des lois humaines, il y aura, dans divers pays, un mouvement simultané pour les détruire. A mesure que le temps fixé par le décret approchera, on conspirera à l'extermination de la secte haïe. Il sera décidé de frapper en une nuit un coup décisif, pour réduire complètement au silence la voix de la dissidence et de l'avertissement.

Les enfants de Dieu — quelques-uns dans des cachots, d'autres cachés dans les retraites solitaires des forêts et des montagnes — prient encore Dieu de leur accorder Sa protection, tandis que, de toutes parts, des troupes d'hommes armés, poussées par des légions de mauvais anges, se préparent pour leur œuvre de mort. C'est à ce moment, à l'heure de la plus grande extrémité, que le Dieu d'Israël s'interposera pour délivrer Ses élus. Le Seigneur dit : "Vous chanterez comme la nuit où l'on célèbre la fête, vous aurez le cœur joyeux comme celui qui marche au son de la flûte, pour aller à la montagne de l'Eternel, vers le Rocher d'Israël. Et l'Eternel fera retentir Sa voix majestueuse, Il montrera Son bras prêt à frapper, dans l'ardeur de Sa colère, au milieu de la flamme d'un feu dévorant, de l'inondation, de la tempête et des pierres de grêle [1]."

Des foules d'hommes cruels, proférant des cris de triomphe, des moqueries et des imprécations, sont sur le point de se jeter sur leur proie. Mais soudain, d'épaisses ténèbres, plus sombres que la nuit, descendent sur la terre. Ensuite, un arc-en-ciel, reflétant la gloire du trône de Dieu, se détache dans le firmament, et semble entourer chaque groupe d'enfants de Dieu en prière. Les multitudes irritées s'arrêtent, surprises. Leurs cris moqueurs expirent sur leurs lèvres. Elles oublient ceux qui sont les objets de leur rage meurtrière. Elles considèrent, pleines de sombres pressentiments, le symbole de l'alliance divine, et voudraient bien être à l'abri de son éblouissante clarté.

Les enfants de Dieu entendent alors une voix claire et mélodieuse, disant : "Regardez en haut" ; sur quoi, levant les yeux vers le ciel, ils voient l'arc de la promesse. Les nuages sombres et menaçants qui couvraient le firmament se sont dissipés, et comme Etienne, les yeux attachés au ciel, ils voient la gloire de Dieu et le Fils de l'homme assis sur Son trône. Ils peuvent distinguer sur Sa divine personne les marques de Son humiliation ; et ils entendent de Ses lèvres sortir cette requête présentée devant Son Père et les saints anges : "Je veux que là où Je suis, ceux que tu M'as donnés soient aussi avec Moi [2]." Puis on entend de nouveau une voix musicale et triomphante qui s'écrie : "Les voici, les voici ! Saints, innocents et purs. Ils ont gardé la parole de Ma patience ; ils marcheront parmi les anges" ; alors, des lèvres pâles et tremblantes de ceux qui ont gardé fermement leur foi, s'échappe un grand cri de victoire.

C'est à l'heure de minuit que Dieu manifeste Sa puissance pour délivrer Son peuple. Le soleil paraît alors dans tout son éclat. Des signes et des miracles se succèdent rapidement. Les méchants regardent ces scènes avec terreur, tandis que les justes contemplent avec une joie solennelle les signes de leur délivrance. Tout, dans la nature, semble s'affranchir de ses lois. Les fleuves cessent de couler. De sombres nuages s'élèvent et se jettent les uns contre les autres. Au milieu des cieux agités, se distingue un espace éclairé d'une indescriptible gloire, d'où descend la voix de Dieu, semblable au bruit de grosses eaux, disant : "C'en est fait ! [3]"

Cette voix ébranle les cieux et la terre. Il se produit un puissant tremblement de terre, "tel qu'il n'y en avait jamais eu d'aussi puissant et d'aussi grand depuis que les hommes étaient sur la terre [4]." Les cieux semblent s'ouvrir et se fermer. La gloire du trône de Dieu semble percer l'atmosphère. Les montagnes sont ébranlées comme un roseau au souffle du vent, et des rochers brisés s'éparpillent de tous côtés. On entend comme le bruit d'une tempête qui approche. La mer soulève ses flots en fureur. On entend le hurlement de l'ouragan semblable à la voix de démons en mission de destruction. Toute la terre se soulève, s'abaisse et s'agite comme les vagues de la mer. Sa surface se brise ; ses fondements semblent s'effondrer. Des chaînes de montagnes s'affaissent. Des îles disparaissent. Les ports de mer qui sont devenus semblables à Sodome et à Gomorrhe par leur méchanceté, sont emportés par les flots en fureur. "Dieu se souvint de Babylone la grande, pour lui donner la coupe du vin de son ardente colère [4]." Une grosse grêle, dont les grêlons ont chacun le "poids d'un talent [4]" opère une grande destruction. Les plus fières cités sont renversées. Les somptueux palais sur lesquels les grands de la terre ont prodigué leurs richesses en vue de leur gloire personnelle, tombent en ruine devant leurs yeux. Les murs des prisons s'effondrent du haut en bas, et les enfants de Dieu jetés dans les fers à cause de leur foi, sont délivrés.

Les sépulcres s'ouvrent, et "plusieurs de ceux qui dorment dans la poussière de la terre se réveilleront, les uns pour la vie éternelle, et les autres pour l'opprobre, pour la honte éternelle [5]." Tous ceux qui sont morts dans la foi au message du troisième ange sortent de leurs tombeaux glorifiés, pour entendre l'alliance de paix que Dieu fera avec ceux qui ont gardé Sa loi. "Ceux qui l'ont percé [6]", ceux qui se moquèrent et tournèrent en dérision les souffrances du Christ sur la croix, ainsi que les ennemis les plus acharnés de Sa vérité et de Son peuple, sont ressuscités pour le voir dans Sa gloire, et pour voir de quel honneur seront récompensés ceux qui ont été droits de cœur et obéissants.

D'épais nuages obscurcissent encore le ciel ; pourtant, le soleil perce de temps en temps l'obscurité, semblable à l'œil vengeur de Jéhovah. De grands éclairs déchirent la nue, enveloppant la terre d'un ruban de flammes. On entend, dominant le grondement terrible du tonnerre, des voix mystérieuses et sinistres annoncer le sort des méchants. Tous ne comprennent pas les paroles prononcées ; mais les faux docteurs les comprennent très bien. Ceux qui, jusqu'alors, étaient si insouciants, et qui triomphaient en exerçant leur cruauté sur les enfants de Dieu gardant les commandements, sont abattus et consternés. Ils tremblent de frayeur. Leurs cris dominent le bruit des éléments. Les démons reconnaissent la divinité du Christ, et tremblent devant Sa puissance, tandis que les hommes demandent grâce et se traînent sur le sol en proie à une folle terreur.

Les prophètes, considérant le jour de Dieu dans leurs visions prophétiques, s'écrient : "Gémissez, car le jour de l'Eternel est proche ; il vient comme un ravage du Tout-Puissant [7]." "Entre dans les rochers, et cache-toi dans la poussière, pour éviter la terreur de l'Eternel, et l'éclat de Sa majesté. L'homme au regard hautain sera abaissé, et l'orgueilleux sera humilié ; l'Eternel seul sera élevé ce jour-là. Car il y a un jour pour l'Eternel des armées contre tout homme orgueilleux et hautain, contre quiconque s'élève, afin qu'il soit abaissé." "En ce jour-là, les hommes jetteront leurs idoles d'argent et leurs idoles d'or, qu'ils s'étaient faites pour les adorer, … et ils entreront dans les fentes des rochers et dans les creux des pierres, pour éviter la terreur de l'Eternel et l'éclat de Sa majesté. Quand Il se lèvera pour effrayer la terre [8]."

A travers une éclaircie dans les nuages, on aperçoit une étoile qui brille d'un éclat d'autant plus grand que les ténèbres sont plus épaisses. Elle parle d'espérance et de joie aux fidèles ; mais de sévérité et de colère aux violateurs de la loi de Dieu. Ceux qui ont tout sacrifié pour Christ sont alors à l'abri de tout mal, cachés comme dans le secret du pavillon de Dieu. Ils ont été éprouvés, et ils ont montré, devant le monde et les ennemis de la vérité, leur fidélité à Celui qui est mort pour eux. Un changement merveilleux s'opère en ceux qui ont gardé leur foi en présence même de la mort. Ils se trouvent subitement délivrés de l'affreuse et cruelle tyrannie d'hommes transformés en démons. Leurs visages, si pâles un instant auparavant, si anxieux et si effrayés, brillent maintenant d'admiration, de foi et d'amour. Leurs voix s'élèvent en chants de triomphe : "Dieu est pour nous un refuge et un appui, un secours qui ne manque jamais dans la détresse. C'est pourquoi nous sommes sans crainte quand la terre est bouleversée, et que les montagnes chancellent au cœur des mers, quand les flots de la mer mugissent, écument, se soulèvent jusqu'à faire trembler les montagnes [9]."

Tandis que s'élèvent à Dieu ces paroles de sainte confiance, les nuages se retirent, laissant voir dans les cieux un espace étoilé d'une splendeur indescriptible faisant contraste avec l'aspect sombre et irrité du ciel. La splendeur de la cité céleste rayonne à travers cette ouverture. Alors paraît dans les cieux une main tenant deux tables de pierre posées l'une sur l'autre. "Et les cieux publieront Sa droiture, dit le Psalmiste ; car c'est Dieu qui est juge [10]." Cette sainte loi, la droiture de Dieu, qui fut proclamée du milieu des tonnerres et des flammes du Sinaï comme le guide de la vie, est alors révélée aux hommes comme la règle du jugement. La main ouvre les tables, et on y voit les préceptes du Décalogue, tracés en lettres de feu. Les mots sont si distincts que tout le monde peut les lire. La mémoire se réveille, les ténèbres de la superstition et de l'hérésie disparaissent de tous les esprits, et les dix paroles de Dieu, brèves, compréhensibles et pleines d'autorité, frappent la vue de tous les habitants de la terre.

Il est impossible de dépeindre l'horreur et le désespoir de ceux qui ont foulé aux pieds les saints préceptes de la loi divine. Elle leur avait été donnée, afin qu'ils pussent y comparer leurs caractères et voir ce qui leur manquait pendant qu'ils pouvaient se repentir et réformer leur vie ; mais, afin d'acquérir la faveur du monde, ils ont mis de côté ses préceptes et ont enseigné aux autres hommes à les transgresser. Ils ont essayé de forcer le peuple de Dieu à profaner Son Sabbat. Maintenant ils sont condamnés par cette loi qu'ils ont méprisée. Ils voient avec une clarté effrayante qu'ils se trouvent inexcusables. Ils ont choisi celui qu'ils ont voulu servir et adorer. "Convertissez-vous donc, et vous verrez la différence qu'il y a entre le juste et le méchant, entre celui qui sert Dieu et celui qui ne le sert pas [11]."

Les ennemis de la loi de Dieu, depuis les ministres jusqu'aux plus ignorants de leurs troupeaux, ont en ce moment une idée toute nouvelle du vrai et du juste. Ils reconnaissent trop tard que le Sabbat du quatrième commandement est le sceau du Dieu vivant. Ils voient trop tard la vraie nature de leur sabbat emprunté, le fondement sablonneux sur lequel ils ont bâti. Ils reconnaissent qu'ils ont combattu contre Dieu. Les conducteurs spirituels ont conduit les âmes à la perdition en professant de les guider aux portes du paradis. On ne saura pas, avant le jour du jugement final, quelle responsabilité pèse sur les hommes qui ont un office sacré, et quels sont les funestes résultats de leur infidélité. L'éternité seule pourra nous faire apprécier à sa juste valeur la perte d'une seule âme. Terrible sera le sort de celui auquel Dieu dira : Retire-toi de Moi, méchant serviteur !

On entend, venant du ciel, la voix de Dieu déclarant le jour et l'heure du retour de Jésus, et déclarant à Son peuple l'alliance éternelle. Sa voix retentit sur la terre comme les grondements du tonnerre le plus éclatant. L'Israël de Dieu écoute, les yeux levés vers le ciel. Leurs visages sont éclairés de Sa gloire, et resplendissent comme le visage de Moïse lorsqu'il descendit du Mont Sinaï. Les méchants ne peuvent arrêter leurs regards sur eux. Et lorsque la bénédiction est prononcée sur ceux qui ont honoré Dieu en observant Son saint Sabbat, on entend retentir un immense cri de victoire.

On voit bientôt, du côté de l'Est, apparaître un petit nuage noir, pas plus grand que la paume de la main. C'est la nuée qui entoure le Sauveur et qui paraît très obscure à distance. Les enfants de Dieu savent que c'est le signe du Fils de l'homme. Au milieu d'un silence solennel, ils arrêtent les yeux sur ce nuage, qui, à mesure qu'il approche de la terre, devient plus brillant et plus magnifique jusqu'à ce qu'il paraisse comme une grande nuée blanche, dont la base est comme un feu consumant, et dont le haut est surmonté de l'arc-en-ciel de l'alliance. Jésus marche en tête comme un puissant conquérant. Ce n'est plus maintenant un "homme de douleurs", qui doit boire la coupe amère de la honte et de la malédiction ; victorieux au ciel et sur la terre, Il vient juger les vivants et les morts. "Fidèle et Véritable", "Il juge et combat avec droiture." Et "les armées qui sont dans le ciel le suivent [12]." Les saints anges, en une armée immense, innombrable, l'accompagnent dans Son chemin, en chantant des cantiques d'une mélodie céleste. Le firmament semble rempli d'êtres glorieux ; il y en a "des myriades de myriades, et des milliers de milliers." Aucune plume humaine ne peut décrire cette scène, aucun esprit mortel n'est capable d'en concevoir la splendeur. "Sa majesté couvre les cieux, et Sa gloire remplit la terre. C'est comme l'éclat de la lumière [13]." A mesure que la nuée vivante approche, chaque œil peut reconnaître le Prince de la vie. Aucune couronne d'épines ne blesse Sa tête sacrée ; mais un glorieux diadème orne Son front divin. Son visage resplendit plus que la lumière éblouissante du soleil de midi. "Il avait sur Son vêtement et sur Sa cuisse un nom écrit : ROI DES ROIS ET SEIGNEUR DES SEIGNEURS [14]."

En Sa présence, "tous les visages sont devenus pâles" ; la terreur d'un désespoir éternel s'empare de ceux qui ont rejeté la miséricorde de Dieu. "Les cœurs sont abattus, les genoux chancellent" ; "tous les visages pâlissent [15]." Les justes s'écrient en tremblant : "Qui pourra subsister ?" Le chant des anges a cessé, et il y a un moment de silence effrayant. Puis on entend la voix de Jésus, disant : "Ma grâce vous suffit." Les justes lèvent les yeux, le cœur plein de joie. Puis les anges entonnent une mélodie plus élevée, et chantent de nouveau en se rapprochant de la terre. Le Roi des rois descend avec la nuée, entouré de flammes de feu. La terre tremble devant Lui, les cieux sont roulés comme un livre que l'on roule, et toutes les montagnes et les îles sont arrachées de leur place. Ainsi s'exprime le Psalmiste : "Il vient, notre Dieu, Il ne reste pas en silence ; devant Lui est un feu dévorant, autour de Lui une violente tempête. Il crie vers les cieux en haut, et vers la terre, pour juger Son peuple [16]."

"Les rois de la terre, les grands, les chefs militaires, les riches, les puissants, tous les esclaves et les hommes libres, se cachèrent dans les cavernes et dans les rochers des montagnes. Et ils disaient aux montagnes et aux rochers : Tombez sur nous, et cachez-nous devant la face de Celui qui est assis sur le trône, et devant la colère de l'Agneau, car le grand jour de Sa colère est venu, et qui peut subsister ? [17]"

Leurs moqueries et leurs plaisanteries ont cessé. Les lèvres menteuses sont réduites au silence. Le cliquetis des armes, le tumulte de la bataille, "avec un bruit confus, et les vêtements roulés dans le sang" [18], a pris fin. On n'entend plus que des voix en prières et le bruit des pleurs et des lamentations. Des bouches moqueuses auparavant, s'échappe ce cri ; "Le grand jour de Sa colère est venu, et qui pourra subsister ?" Les méchants demandent à être ensevelis sous les rochers des montagnes, plutôt que de voir la face de Celui qu'ils ont méprisé et rejeté.

Ils connaissent cette voix qui parvient jusqu'aux oreilles des morts. Que de fois ne s'est-elle pas fait entendre, douce et plaintive, les appelant à la repentance ? Que de fois n'a-t-elle pas été entendue dans les touchantes exhortations d'un ami, d'un frère, d'un Rédempteur ? Aucune autre voix ne pourrait être maintenant plus pleine de condamnation, plus chargée d'accusations, que cette voix qui les a exhortés si longtemps, en disant : "Revenez, revenez de votre mauvaise voie ; et pourquoi mourriez-vous ? [19]" Oh ! Si seulement c'était pour eux la voix d'un étranger ! Jésus dit : "J'appelle, et vous résistez, J'étends Ma main et personne n'y prend garde, vous rejetez tous Mes conseils, et vous n'aimez pas Mes réprimandes [20]." Cette voix réveille des souvenirs qu'ils voudraient bien effacer ; avertissements méprisés, invitations repoussées, privilèges méconnus.

Ceux qui se moquèrent du Christ dans Son humiliation se trouvent dans cette foule. Ils se souviennent avec une force terrifiante des paroles de Jésus lorsque, interrogé par le souverain sacrificateur, Il répondit solennellement : "Vous verrez désormais le Fils de l'homme assis à la droite de la puissance de Dieu, et venant sur les nuées du ciel [21]." Ils voient maintenant Christ dans Sa gloire, et doivent Le voir encore assis à la droite de la puissance de Dieu.

Ceux qui se moquaient de Ses prétentions au titre de Fils de Dieu ont maintenant la bouche fermée. Là se trouve le fier Hérode qui se riait de la royauté du Sauveur, et commandait aux soldats moqueurs de Le couronner. Là sont les hommes mêmes qui, de leurs mains impies, Le revêtirent de la robe de pourpre, mirent sur Son front sacré la couronne d'épines, et dans Ses mains dociles le sceptre de roseau, puis s'inclinèrent devant Lui, moqueurs et blasphémateurs. Les hommes qui frappèrent le Prince de la vie, qui lui crachèrent au visage, cherchent à éviter Son regard perçant, et à fuir loin de la splendeur éblouissante qui marque Sa présence. Ceux qui enfoncèrent les clous dans Ses mains et dans Ses pieds, le soldat qui Lui perça le côté, voient ces marques avec terreur et remords.

Les sacrificateurs et les principaux se rappellent avec une effrayante clarté les scènes du Calvaire. Pleins d'horreur, ils se rappellent comment, branlant la tête, dans un triomphe satanique, ils s'écriaient : "Il a sauvé les autres, et Il ne peut se sauver Lui-même ! S'Il est Roi d'Israël, qu'Il descende de la croix, et nous croirons en Lui. Il s'est confié en Dieu : que Dieu Le délivre maintenant, s'Il L'aime. [22]"

Ils se souviennent distinctement de la parabole des vignerons qui refusèrent de rendre à leur maître le fruit de la vigne, qui maltraitèrent ses serviteurs et tuèrent son fils. Ils se rappellent la sentence qu'ils avaient eux-mêmes prononcée : Le maître de la vigne viendra et fera périr ces vignerons. Les sacrificateurs et les principaux voient dans le péché et la punition de ces impies vignerons leur propre conduite et leur juste sort. Alors ils poussent un cri d'une mortelle angoisse. Plus fort que le cri : "Crucifie-Le ! Crucifie-Le !" A travers les rues de Jérusalem, s'élèvent maintenant leurs gémissements désespérés : "C'est le Fils de Dieu ! C'est le vrai Messie !" Ils cherchent à fuir la présence du Roi des rois dans les profondes cavernes de la terre déchirée, ébranlée par le choc des éléments. Vainement ils cherchent à se cacher.

Il y a dans la vie de tous ceux qui rejettent la vérité, des moments où la conscience se réveille, où la mémoire rappelle d'une manière effrayante une vie d'hypocrisie, où l'âme est tourmentée de vains regrets. Mais qu'est-ce que cela, comparé aux remords de ce jour où "la terreur saisira comme une tempête", où "le malheur enveloppera comme un tourbillon ? [23]" Ceux qui auraient voulu faire mourir Christ et Ses fidèles disciples, voient maintenant dans quel état glorieux se trouvent ces derniers. Au milieu de leur terreur, ils entendent les voix des saints s'écriant en de joyeux transports : "Voici, c'est notre Dieu, et nous avons confiance en Lui, c'est Lui qui nous sauve [24]."

Pendant que la terre chancelle, que l'éclair déchire la nue et que rugit le tonnerre, la voix du Fils de Dieu appelle les saints hors de leurs tombeaux. Il jette un regard sur les tombes des justes, puis élevant Ses mains vers le ciel, Il s'écrie : "Réveillez-vous, réveillez-vous, réveillez-vous, vous qui dormez dans la poussière de la terre, et levez-vous !" Sur toute l'étendue de la terre, les morts entendront cette voix, et ceux qui l'entendront vivront. Et toute la terre tremblera sous les pas de l'immense armée de gens de toute nation, de toute tribu, de toute langue et de tout peuple. Ils sortent des prisons de la mort, revêtus d'une gloire immortelle, criant : "O mort, où est ta victoire ? O mort, où est ton aiguillon ? [25]" Puis les justes vivants et les saints ressuscités unissent leurs voix dans un long et joyeux cri de triomphe.

Tous sortent de la tombe avec la même stature que lorsqu'on les y déposa. Adam, qui se trouve parmi la foule des ressuscités, est d'une taille gigantesque et d'un port majestueux ; mais d'une stature un peu moins élevée que le Fils de Dieu. Il offre un contraste frappant avec les hommes des dernières générations ; ce qui permet de constater la profonde dégénérescence de la race humaine. Mais tous ressuscitent avec la fraîcheur et la vigueur d'une éternelle jeunesse. Au commencement, l'homme avait été créé à l'image de Dieu, non seulement en caractère, mais avec la forme et les traits de Dieu. Le péché effaça et fit presque complètement disparaître l'image divine ; mais Christ est venu rétablir ce qui a été perdu. Il changera nos corps vils pour les rendre semblables à Son corps glorieux. Ce corps mortel, corruptible, dépourvu de grâce, souillé par le péché, deviendra parfait en beauté et immortel. Toutes les imperfections et les difformités seront laissées dans la tombe.

Réintégrés dans leur droit à l'arbre de vie, en cet Eden si longtemps perdu, les rachetés "croîtront [26]" jusqu'à la stature complète de la race humaine dans sa gloire primitive. Les dernières traces de la malédiction du péché disparaîtront, et les fidèles disciples du Christ apparaîtront dans la beauté "de l'Eternel, notre Dieu" ; l'esprit, l'âme et le corps réfléchiront l'image parfaite du Seigneur. Oh ! Merveilleuse rédemption ! Tant décrite, si longtemps espérée et contemplée avec impatience, une attente fébrile, mais jamais bien comprise !

Les justes vivants sont changés "en un moment, en un clin d'œil." A la voix de Dieu, ils ont été glorifiés ; maintenant, ils sont devenus immortels, et ils sont enlevés avec les saints ressuscités pour monter dans les airs avec leur Seigneur. Les "anges rassemblent Ses élus des quatre vents, d'une extrémité de la terre à l'autre." De saints anges viennent déposer de petits enfants dans les bras de leur mère. Des amis que la mort avait longtemps séparés, sont réunis pour ne plus se quitter, et tous ensemble montent vers la Cité de Dieu avec des chants d'allégresse.

Le chariot constitué par la nuée – muni de chaque côté d'ailes et de roues vivantes – remonte vers le ciel. A mesure qu'il s'élève, les roues et les ailes répètent : "Saint ! Le cortège d'anges s'écrie : "Saint, saint, saint est le Seigneur Dieu Tout-Puissant !" Et à mesure que le chariot s'avance dans la direction de la Nouvelle Jérusalem, les rachetés s'écrient : "Alléluia !"

Avant d'entrer dans la Cité de Dieu, le Sauveur munit Ses disciples des emblèmes de la victoire, et les revêt des insignes de leur royauté. Leurs phalanges étincelantes sont rangées en carré autour de leur Roi, dont la stature s'élève majestueusement au-dessus des saints et des anges, et dont le visage rayonne sur eux avec l'expression d'un tendre amour. Dans tous les rangs innombrables des rachetés, les yeux sont fixés sur Lui ; tous considèrent la gloire de Celui dont "l'aspect différait tant de celui des fils de l'homme." De Sa main droite, Jésus place sur la tête des vainqueurs la couronne de gloire. Chacun en reçoit une portant son "nouveau nom [27]" et l'inscription : "Sainteté à l'Eternel." Chacun reçoit la palme de la victoire et la harpe éclatante. Alors, les anges qui commandent donnent le ton, et chaque main touche habilement les cordes de sa harpe, produisant la musique la plus riche et la plus mélodieuse. Tous tressaillent d'un ravissement inexprimable, et, pleins de reconnaissance, s'écrient : "A Celui qui nous aime, qui nous a lavés de nos péchés par Son sang, et qui a fait de nous un royaume, des sacrificateurs pour Dieu Son Père, à Lui soient la gloire et la puissance, aux siècles des siècles ! [28]"

Devant la foule des rachetés se trouve la Sainte Cité. Jésus en ouvre les portes de perles, et les nations qui ont gardé la vérité y entrent. Elles peuvent admirer dans ce lieu le Paradis de Dieu, la demeure d'Adam dans son innocence. Et l'on entend cette voix, plus harmonieuse que toutes les musiques que des oreilles humaines ont pu entendre, disant : "Votre lutte est achevée." "Venez, vous qui êtes bénis de Mon Père, possédez en héritage le royaume qui vous a été préparé dès la création du monde."

Alors est exaucée cette prière du Sauveur pour Ses disciples "Père, Je veux que là où Je suis ceux que tu M'as donnés soient aussi avec Moi." Christ présente au Père, "devant Sa gloire irrépréhensibles et dans l'allégresse [29]", ceux qu'Il a rachetés par Son sang, et Il dit : "Me voici, et les enfants que tu M'as donnés." "J'ai gardé ceux que tu M'as donnés." Oh, quel amour que celui du Rédempteur ! Quels ravissements que ceux de cette heure où le Père infini, jetant les yeux sur les rachetés, considérera en eux Son image, la discordance et la souillure du péché étant disparue, et la nature humaine de nouveau en harmonie avec la nature divine !

Plein d'un amour inexprimable, Jésus accueille Ses fidèles dans la "joie de leur Seigneur." Ce qui fait la joie du Sauveur, c'est de voir dans le royaume de gloire, les âmes qui ont été sauvées par Ses souffrances, Son humiliation et Sa mort. Et les rachetés partageront cette joie, en voyant, parmi les bienheureux, ceux qui auront été gagnés à Christ par leurs prières, leurs travaux et leurs sacrifices motivés par l'amour. Comme ils se rassemblent autour du grand trône blanc, un bonheur indicible remplit leurs cœurs en voyant ceux qu'ils ont gagnés à Christ, et en constatant que l'un en a gagné d'autres, et ceux-ci d'autres encore, qui tous sont amenés au port, pour y déposer leurs couronnes aux pieds de Jésus, et Le louer durant les siècles infinis de l'éternité.

Au moment où les rachetés sont accueillis dans la Cité de Dieu, un cri de triomphe et d'adoration retentit. Les deux Adam vont se rencontrer. Le Fils de Dieu étend les bras pour recevoir le père de notre race, l'être qu'Il créa, qui pécha contre Son Maître, et pour le péché duquel le Sauveur porte les marques de la crucifixion. En voyant ces cruelles cicatrices, Adam ne se jette pas dans les bras de Son Maître ; mais, il se prosterne humblement à Ses pieds en s'écriant : "Digne, digne est l'Agneau qui a été immolé !" Tendrement, le Sauveur le relève, et l'invite à revoir l'Eden, demeure d'où il a été si longtemps exilé.

Après son expulsion d'Eden, Adam vécut sur la terre le cœur rempli de douleur. Chaque feuille qui tombait, chaque victime destinée aux sacrifices, chaque flétrissure de la nature auparavant si belle, chaque tache à la pureté de l'homme, lui rappelait son péché. Aussi les remords qui le rongeaient devinrent-ils une véritable agonie, lorsqu'il vit l'iniquité abonder, ses avertissements méprisés, et lui-même abreuvé de reproches et durement accusé d'être la cause du péché. Il supporta avec une patiente humilité, pendant près de mille ans, la peine de sa transgression. Il se repentit sincèrement de son péché, se confia dans les mérites du Sauveur promis, et mourut dans l'espérance de la résurrection. Le Fils de Dieu a racheté l'homme de sa chute, et maintenant, grâce à Son œuvre de propitiation, Adam peut maintenant réintégrer son premier domaine.

Transporté de joie, il considère les arbres qui faisaient autrefois ses délices, les arbres mêmes dont il cueillit les fruits lorsqu'il jouissait de son état d'innocence et de bonheur. Il voit les vignes qu'il a cultivées de ses propres mains, les fleurs mêmes au soin desquelles il prenait plaisir. Son esprit saisit la réalité de la scène ; il comprend que c'est bien là l'Eden restauré, bien plus beau maintenant que lorsqu'il en fut banni. Le Sauveur le conduit auprès de l'arbre de vie, en cueille le fruit glorieux, et l'invite à en manger. Adam regarde autour de lui et contemple une multitude de rachetés, membres de sa famille, qui se tiennent dans le Paradis de Dieu. Mais il jette sa brillante couronne aux pieds de Jésus, et, tombant sur Sa poitrine, il embrasse le Rédempteur. Il touche ensuite la harpe d'or, et les voûtes du ciel retentissent du chant de triomphe : "Digne, digne, digne est l'Agneau qui a été immolé, mais qui est vivant !" La famille d'Adam suit son exemple ; ils prennent tous leurs couronnes, et les jettent aux pieds du Sauveur en s'inclinant devant Lui pour L'adorer.

Les anges qui pleurèrent lors de la chute d'Adam et qui se réjouirent lorsque Jésus, après Sa résurrection, monta au ciel, après avoir ouvert la tombe de tous ceux qui croiraient en Son nom, sont présents à cette réunion. Ils contemplent maintenant l'accomplissement de l'œuvre de la rédemption, et ils joignent leurs voix au chant de louange qui s'élève à Dieu et à l'Agneau.

Sur la mer de verre qui est devant le trône, — cette mer de verre qui est comme mélangée de feu, tant elle resplendit de la gloire de Dieu — sont réunis "ceux qui ont vaincu la bête et son image, et sa marque, et le nombre de son nom [30]." Avec l'Agneau sur la montagne de Sion, "ayant des harpes pour louer Dieu", ils se tiennent là, au nombre de cent quarante-quatre mille, rachetés d'entre les hommes ; et l'on entend comme le bruit de grosses eaux, et comme le son d'un grand tonnerre, "une voix comme celle de joueurs de harpes jouant de leurs harpes [31]." Et ils chantent un nouveau cantique devant le trône, cantique que nul ne peut apprendre que les cent quarante-quatre mille. C'est le cantique de Moïse et de l'Agneau, un chant de délivrance. Personne d'autre qu'eux ne peut l'apprendre, parce que c'est le chant de leur expérience, et aucune génération n'a fait une expérience semblable à la leur. "Ils suivent l'Agneau partout où Il va." Ayant été enlevés de la terre, d'entre les vivants, ils sont comptés comme "des prémices pour Dieu et pour l'Agneau." "Ce sont ceux qui viennent de la grande tribulation [32]." Ils ont passé par un temps de détresse tel qu'il n'y en eut jamais, depuis qu'il y a des nations ; ils ont supporté l'angoisse de la détresse de Jacob ; ils ont été sans intercesseur au temps du déchaînement final des jugements de Dieu fondant sur les méchants. Ils ont été témoins de la tribulation la plus terrible que le monde ait contemplée, mais ils en ont été délivrés, car ils "ont lavé leurs robes et ils les ont blanchies dans le sang de l'Agneau." "Dans leur bouche il ne s'est point trouvé de mensonge, car ils sont irrépréhensibles" devant Dieu. "C'est pour cela qu'ils sont devant le trône de Dieu, et le servent jour et nuit dans Son temple. Celui qui est assis sur le trône dressera Sa tente sur eux [32]." Ils ont vu la terre dévastée par la famine, la peste, le soleil ayant le pouvoir de tourmenter les hommes par le feu, et ils ont souffert eux-mêmes la soif et la faim ; mais "ils n'auront plus faim, ils n'auront plus soif, et le soleil ne les frappera point, ni aucune chaleur. Car l'Agneau qui est au milieu du trône les paîtra et les conduira aux sources des eaux de la vie, et Dieu essuiera toute larme de leurs yeux [32]."

De tous temps, les élus du Seigneur ont été formés et disciplinés à l'école de l'épreuve. Ils ont marché dans des sentiers étroits sur la terre ; ils ont été purifiés dans la fournaise de l'affliction. Ils ont enduré, pour l'amour de Jésus, l'opposition, la haine et la calomnie. Ils l'ont suivi à travers des luttes douloureuses ; ils ont souffert le renoncement et éprouvé d'amères déceptions. Par l'expérience pénible qu'ils ont faite, ils ont appris à connaître les maux que le péché entraîne après lui, sa puissance, sa culpabilité, sa malédiction ; et ils l'envisagent avec horreur. La compréhension du sacrifice infini accompli pour en guérir l'homme, les humilie à leurs propres yeux, et remplit leurs cœurs d'une reconnaissance et d'une louange que ceux qui ne sont jamais tombés ne peuvent apprécier. Ils aiment beaucoup parce qu'il leur a été beaucoup pardonné. Ayant participé aux souffrances du Christ, ils sont participants de Sa gloire.

Les héritiers de Dieu sont sortis des chaumières, des cavernes, des prisons, des échafauds, des montagnes, des déserts, des antres de la terre, des cavernes de l'océan. Sur la terre, ils étaient "destitués de tout, affligés, maltraités." Des millions d'entre eux étaient descendus dans la tombe chargés d'infamie, pour s'être opposés avec fermeté et persévérance aux prétentions mensongères de Satan. Les tribunaux humains les avaient déclarés comme les plus vils criminels. Mais maintenant, "c'est Dieu qui est juge [33]." Maintenant les jugements du monde sont renversés. "Il fait disparaître l'opprobre de Son peuple [34]." "On les appellera peuple saint, rachetés de l'Eternel." Il a résolu de "leur donner un diadème au lieu de la cendre, une huile de joie au lieu du deuil, un vêtement de louange au lieu d'un esprit abattu [35]." Ils ne seront plus faibles, affligés, dispersés et opprimés. Dès ce moment, ils seront toujours avec le Seigneur. Ils sont devant le trône de Dieu vêtus plus richement que ne l'ont jamais été les plus honorés de la terre. Ils sont couronnés avec des diadèmes plus glorieux que ceux qui furent placés sur le front des monarques de ce monde. Les jours de souffrance et de larmes sont pour toujours passés. Le Roi de gloire a essuyé les pleurs de tous les visages ; toute cause de chagrin a été écartée. Ils agitent des branches de palmier, et poussent des cris de réjouissance, qui forment une harmonie claire et suave ; chaque voix s'unit au concert de louange, jusqu'à ce que la voûte du ciel retentisse de chants d'allégresse. "Le salut est à notre Dieu qui est assis sur le trône, et à l'Agneau." Et tous les habitants du ciel répondent en chœur : "Amen ! La louange, la gloire, la sagesse, l'action de grâce, l'honneur, la puissance, et la force, soient à notre Dieu, aux siècles des siècles ! Amen ! [36]"

Dans cette vie, nous ne pouvons que commencer à comprendre le merveilleux thème de la rédemption. Avec notre intelligence limitée, nous pouvons sentir vivement l'ignominie et la gloire, la vie et la mort, la justice et la miséricorde qui se rencontrent à la croix ; pourtant, la plus grande tension de nos facultés mentales ne nous permet pas d'en comprendre toute la signification. La longueur et la largeur, la profondeur et la hauteur de l'amour rédempteur ne se comprennent que confusément. Le plan de la rédemption ne sera pas même parfaitement compris lorsque les rachetés verront comme ils sont vus, et connaîtront comme ils sont connus ; mais à travers les siècles éternels, de nouvelles vérités apparaîtront continuellement à leur esprit étonné et charmé. Quoique les chagrins, les épreuves et les tentations de ce monde aient pris fin, et quoique la cause qui les produisait soit écartée, les enfants de Dieu auront toujours une connaissance claire et intelligente de ce que leur salut a coûté.

La croix du Christ sera la science et le chant des rachetés pendant toute l'éternité. En Christ glorifié, ils considéreront Christ crucifié. On n'oubliera jamais que Celui dont la puissance créa et soutient des mondes innombrables à travers l'immensité de l'espace, que le Bien-Aimé de Dieu, la Majesté du ciel, Celui que les chérubins et les glorieux séraphins prennent plaisir à adorer, — s'humilia jusqu'en terre pour relever les hommes déchus ; qu'Il porta la culpabilité et l'opprobre du péché, qu'Il vit Son Père détourner Sa face de Lui, jusqu'à ce que les misères d'un monde perdu brisent Son cœur, et Lui arrachent la vie sur la croix du Calvaire. Cela provoquera toujours l'étonnement et l'admiration de l'univers : que le Créateur des mondes, l'Arbitre de toutes les destinées, ait quitté une telle gloire, se soit humilié à un tel point, par amour pour l'homme. Lorsque les nations des rachetés arrêtent les yeux sur leur Rédempteur, et considèrent l'éternelle gloire du Père éclatant sur Son visage ; lorsqu'elles voient Son trône, qui est d'éternité en éternité, et se disent que Son royaume n'aura point de fin, elles éclatent en un chant d'allégresse : "Digne, digne est l'Agneau qui a été immolé, et qui nous a rachetés à Dieu par Son sang précieux !"

Le mystère de la croix explique tous les autres mystères. A la lumière qui rayonne du Calvaire, les attributs de Dieu qui nous ont remplis d'une admiration craintive apparaissent dans toute leur attrayante beauté. On y voit la miséricorde, la compassion et l'amour paternels s'unir à la sainteté, à la justice et à la puissance. Tandis que nous considérons la majesté de Son trône, si grande, si élevée, nous voyons Son caractère dans Ses manifestations miséricordieuses, et nous saisissons, comme jamais auparavant, la signification de ce titre si cher à nos âmes : notre Père.

On verra que Celui dont la sagesse est infinie ne pouvait imaginer aucun autre plan pour nous sauver que le sacrifice de Son Fils. La compensation de ce sacrifice est la joie de peupler la terre d'êtres rachetés, saints, heureux et immortels. Le résultat de la lutte du Sauveur contre les puissances des ténèbres est la joie, des rachetés, qui rehausse la gloire de Dieu pendant l'éternité. Et telle est la valeur de l'âme humaine, que le Père n'estime pas que la rançon payée soit trop forte ; Christ Lui-même, en considérant les fruits de Son grand sacrifice, est satisfait.

1 Esa. 30 : 29, 30.

2 Jean 17 : 24

3 Apoc. 16 : 17, 18.

4 Apoc. 16 : 19, 21.

5 Dan. 12 : 2.

6 Apoc. 1 : 7.

7 Esa. 13 : 6.

8 Esa. 2 : 10-12, 20, 21.

9 Ps. 46 : 2-4.

10 Ps. 50 : 6.

11 Mal. 3 : 18.

12 Apoc. 19 : 11, 14.

13 Hab. 3 : 3, 4.

14 Apoc. 19 : 16.

15 Jér. 30 : 6 ; Nahum 2 : 11.

16 Ps. 50 : 3, 4.

17 Apoc. 6 : 15-17.

18 Esa. 9 : 4.

19 Ezé. 33 : 11.

20 Prov. 1 : 24, 25.

21 Mat. 26 : 64.

22 Mat. 27 : 42, 43.

23 Prov. 1 : 27.

24 Esa. 25 : 9.

25 1 Cor. 15 : 55.

26 Mal. 4 : 2.

27 Apoc. 2 : 17.

28 Apoc. 1 : 5-6.

29 Jude 24.

30 Apoc. 15 : 2.

31 Apoc. 14 : 1, 2.

32 Apoc. 14 : 3-5 ;
15 : 3 ; 7 : 14-17.

33 Ps. 50 : 6.

34 Esa. 25 : 8.

35 Esa. 62 : 12 ; 61 : 3.

36 Apoc. 7 : 10, 12.

CHAPITRE XLI

DÉSOLATION DE LA TERRE

"**S**es péchés se sont accumulés jusqu'au ciel, et Dieu s'est souvenu de ses iniquités." "Dans la coupe où elle a versé, versez-lui au double. Autant elle s'est glorifiée et plongée dans le luxe, autant donnez-lui de tourment et de deuil. Parce qu'elle dit en son cœur : Je suis assise en reine, je ne suis point veuve, et je ne verrai point de deuil ! A cause de cela, en un même jour, ses fléaux arriveront, la mort, le deuil et la famine, et elle sera consumée par le feu. Il est puissant, le Seigneur Dieu qui l'a jugée. Et les rois de la terre, qui se sont livrée avec elle à l'impudicité et aux luxe, pleureront et se lamenteront à cause d'elle, … ils diront : Malheur ! Malheur ! La grande ville, Babylone, la ville puissante ! En une seule heure est venu ton jugement ! [1]"

"Les marchands de la terre" qui "se sont enrichis par la puissance de son luxe", "se tiendront éloignés, dans la crainte de son tourment ; ils pleureront et seront dans le deuil, et diront : Malheur ! Malheur ! La grande ville, qui était vêtue de fin lin, de pourpre et d'écarlate, et parée d'or, de pierres précieuses et de perles ! En une seule heure tant de richesses ont été détruites ! [1]" Ce sont là les jugements qui fondent sur Babylone au jour de la colère de Dieu. Elle a rempli la mesure de son iniquité ; son temps est venu ; elle est mûre pour la destruction.

Lorsque la voix de Dieu mettra fin à la captivité de Son peuple, il se produira un terrible réveil chez ceux qui auront tout perdu dans le combat de la vie. Tant que le temps d'épreuve durait, ils étaient aveuglés par les séductions de Satan, et justifiaient leur vie de péché. Les riches s'enorgueillissaient de leur supériorité sur ceux qui étaient moins favorisés qu'eux ; mais ils avaient obtenu leurs richesses en violant la loi de Dieu. Ils avaient négligé de rassasier ceux qui avaient faim, d'habiller ceux qui étaient nus, d'agir avec justice, et d'aimer la miséricorde. Ils avaient cherché à s'élever et à être honorés de leurs semblables. Maintenant ils sont dépouillés de tout ce qui les élevait ; ils sont dépourvus de tout, et sans défense. Ils assistent, remplis d'effroi, à la destruction des idoles qu'ils préféraient à leur Créateur. Ils ont vendu leur âme pour des plaisirs et des joies terrestres, et n'ont point cherché à devenir riches en Dieu. Le résultat en est que leur vie est manquée ; leurs plaisirs sont changés en amertume, et leurs trésors sont anéantis. Le gain d'une vie tout entière est perdu en un moment. Les riches pleurent la destruction de leurs superbes maisons, la dispersion de leur or et de leur argent. Mais leurs lamentations cessent, dans la crainte de devoir eux-mêmes périr avec leurs idoles.

Les méchants sont pleins de regrets, non pas à cause de leur indifférence coupable envers Dieu et envers leurs semblables ; mais parce que Dieu a vaincu. Ils se lamentent de ce que le résultat soit ce qu'il est ; mais ils ne se repentent pas de leur méchanceté. Ils ne négligeraient aucun moyen de remporter la victoire s'ils le pouvaient.

Les hommes voient ceux qu'ils ont tourné en dérision, et qu'ils ont désiré détruire, passer sans dommage à travers la tempête, le tremblement de terre et la peste. Celui qui est un feu dévorant pour les transgresseurs de Sa loi, est pour Son peuple une sûre retraite.

Le ministre de l'Evangile qui a sacrifié la vérité pour gagner la faveur des hommes, discerne maintenant le caractère et l'influence de ses instructions. Il apprend qu'un œil omniscient le suivait : lorsqu'il était en chaire, lorsqu'il traversait les rues, lorsqu'il se mêlait avec les hommes, dans les différentes scènes de la vie. Chaque émotion de son âme, chaque ligne écrite, chaque mot prononcé, chaque action ayant pour effet de bercer les hommes dans un refuge de mensonges, toutes ces choses ont été autant de semences jetées en terre ; et maintenant, dans les âmes malheureuses et perdues qui l'entourent, il contemple la moisson.

Ainsi a dit l'Eternel : "Ils pansent la plaie de la fille de Mon peuple : Paix ! Paix ! Disent-ils. Et il n'y a point de paix." "Vous affligez le cœur du juste par des mensonges, quand Moi-même Je ne l'ai point attristé, et vous fortifiez les mains du méchant pour l'empêcher de quitter sa mauvaise voie et pour le faire vivre [2]."

"Malheur aux pasteurs qui détruisent et dispersent le troupeau de Mon pâturage ! ... Voici, Je vous châtierai à cause de la méchanceté de vos actions." "Gémissez, pasteurs, et criez ! Roulez-vous dans la cendre, conducteurs de troupeaux ! Car les jours sont venus où vous allez être égorgés... Plus de refuge pour les pasteurs ! Plus de salut pour les conducteurs de troupeaux [3]."

Pasteurs et fidèles voient alors qu'ils n'ont pas entretenu une relation juste avec Dieu. Ils voient qu'ils se sont rebellés contre l'Auteur de toute loi juste et droite. La méconnaissance des préceptes divins a donné naissance à des milliers de sources de maux, à la discorde, à la haine, à l'iniquité, jusqu'à ce que la terre soit devenue un vaste champ de guerre, un abîme de corruption. C'est là ce qui frappe la vue de ceux qui ont rejeté la vérité, et qui ont préféré s'attacher à l'erreur. Nulles paroles ne peuvent exprimer l'ardeur avec laquelle les désobéissants et les rebelles désirent ce qu'ils ont perdu pour toujours : la vie éternelle. Des hommes que le monde a adorés à cause de leurs talents et de leur éloquence, voient maintenant les choses sous leur véritable jour. Ils reconnaissent ce qu'ils ont perdu par leurs transgressions ; ils tombent aux pieds de ceux qu'ils ont méprisés et dont ils ont tourné la fidélité en dérision, et ils confessent que Dieu les a aimés. Les hommes voient qu'ils ont été trompés. Ils s'accusent amèrement les uns les autres de s'être conduits à la destruction ; mais tous s'accordent à accumuler leurs plus sévères condamnations sur les ministres. Des pasteurs infidèles ont prophétisé des choses agréables ; ils ont entraîné leurs auditeurs à mépriser la loi de Dieu et à persécuter ceux qui voulaient la sanctifier. Maintenant, dans leur désespoir, ces enseignants confessent devant le monde leur œuvre de tromperie. La multitude est remplie de fureur. "Nous sommes perdus", crie-t-elle, "et c'est vous qui êtes la cause de notre perdition" ; et elle se retourne contre les faux pasteurs. Ceux-là mêmes qui autrefois les admiraient le plus, prononcent sur eux les plus terribles malédictions. Les mains mêmes qui les couronnèrent de lauriers, se lèvent pour les détruire. Les épées qui étaient destinées à tuer les enfants de Dieu, sont à présent employées à tuer leurs ennemis. On ne voit partout que discorde et effusion de sang.

"Le bruit parvient jusqu'aux extrémités de la terre ; car l'Eternel est en dispute avec les nations, Il entre en jugement contre toute chair ; Il livre les méchants au glaive [4]." La grande controverse se poursuit depuis six mille ans ; le Fils de Dieu et Ses messagers célestes ont lutté contre les puissances des ténèbres pour avertir, éclairer et sauver les enfants des hommes. Maintenant, tous ont pris leur décision ; les méchants se sont tout à fait unis à Satan dans sa guerre contre Dieu. Le temps est venu où Dieu doit venger l'autorité de Sa loi foulée aux pieds. Maintenant la controverse ne se poursuit point seulement avec Satan, mais avec les hommes. "L'Eternel est en dispute avec les nations." "Il livrera les méchants au glaive."

La marque de la délivrance a été faite sur ceux "qui gémissent et qui soupirent, à cause de toutes les abominations qui se commettent." C'est maintenant que va sortir l'ange de la mort représenté dans la vision d'Ezéchiel par les hommes armés d'un instrument de destruction, et auxquels ce commandement est donné : "Tuez, détruisez les vieillards, les jeunes hommes, les vierges, les enfants et les femmes ; mais n'approchez pas de quiconque aura sur lui la marque ; et commencez par Mon sanctuaire ! [5]" Le prophète dit : "Ils commencèrent par les anciens qui étaient devant la maison [5]." L'œuvre de destruction commence parmi ceux qui ont professé être les conducteurs spirituels du peuple. Les fausses sentinelles tombent les premières. Il n'y a de pitié pour personne ; on ne fait point de quartiers. Hommes, femmes, vierges et petits enfants périssent ensemble.

"Car voici, l'Eternel sort de Sa demeure, pour punir les crimes des habitants de la terre ; et la terre mettra le sang à nu, elle ne couvrira plus les meurtres [6]." "Voici la plaie dont l'Eternel frappera tous les peuples qui auront combattu contre Jérusalem : leur chair tombera en pourriture tandis qu'ils seront sur leurs pieds, leurs yeux tomberont en pourriture dans leurs orbites, et leur langue tombera en pourriture dans leur bouche. En ce jour-là, l'Eternel produira un grand trouble parmi eux ; l'un saisira la main de l'autre, et ils lèveront la main les uns sur les autres [7]." C'est à la fois par leurs furieuses passions, se livrant à une lutte violente, et par l'effroyable déchaînement de la colère de Dieu versée sur eux sans mélange de pitié, que tombent les méchants habitants de la terre : prêtres, magistrats et peuple, riches et pauvres, grands et petits. "Ceux que tuera l'Eternel en ce jour seront étendus d'un bout à l'autre de la terre ; ils ne seront ni pleurés, ni recueillis, ni enterrés [8]."

A la venue du Christ, les méchants sont effacés de la surface de toute la terre, consumés par le souffle de Sa bouche, et détruits par l'éclat de Sa gloire. Christ prend Son peuple dans la Cité de Dieu, et la terre est vide de ses habitants. "Voici, l'Eternel dévaste le pays vide et le rend désert, Il en bouleverse la face et en disperse les habitants." "Voici, l'Eternel vide la terre, et en fait un terrain vague, Il en bouleverse la face et en disperse les habitants." "Le pays était profané par ses habitants ; car ils transgressaient les lois, violaient les ordonnances, ils rompaient l'alliance éternelle. C'est pourquoi la malédiction dévore le pays, et ses habitants portent la peine de leurs crimes ; c'est pourquoi les habitants du pays sont consumés [9]."

Toute la terre paraît désolée comme un désert. Les décombres des villes et des villages détruits par le tremblement de terre, des arbres déracinés, des rochers rejetés par les vagues furieuses, ou arrachés du sein de la terre, tout cela est éparpillé sur sa surface, tandis que de vastes cavernes marquent la place où les montagnes ont été arrachées de leurs fondements.

Maintenant arrive l'évènement prédit dans le dernier et solennel service du Jour des Expiations. Lorsque le service du lieu très saint était achevé, et que les péchés d'Israël étaient enlevés du sanctuaire en vertu du sang du sacrifice pour le péché, alors le bouc émissaire était amené vivant devant le Seigneur ; et, en présence de la congrégation, le souverain sacrificateur confessait sur lui "toutes les iniquités des enfants d'Israël et toutes les transgressions par lesquelles ils ont péché ; il les mettra sur la tête du bouc [10]." De même, lorsque le service de propitiation dans le sanctuaire céleste sera achevé, alors, en présence de Dieu, des saints anges et de l'armée des rachetés, les péchés du peuple de Dieu seront placés sur Satan ; il sera déclaré coupable de tous les maux qu'il leur a fait commettre. Et comme le bouc émissaire était chassé dans un lieu désert, ainsi Satan sera banni sur la terre désolée, un désert lugubre et inhabité.

L'Esprit Saint a prédit dans l'Apocalypse le bannissement de Satan, et l'état de chaos et de désolation auquel la terre doit être réduite ; et il déclare que la terre demeurera mille ans dans cet état. Après avoir dépeint les scènes de la seconde venue du Seigneur et de la destruction des méchants, le prophète continue : "Je vis descendre du ciel un ange, qui avait la clef de l'abîme et une grande chaîne à la main. Il saisit le dragon, le serpent ancien, qui est le diable et Satan, et il le lia pour mille ans. Il le jeta dans l'abîme, ferma et scella l'entrée au-dessus de lui, afin qu'il ne séduisît plus les nations, jusqu'à ce que les mille ans fussent accomplis. Après cela il faut qu'il soit délié pour un peu de temps [11]."

Le mot "abîme" représente ici la terre dans son état de confusion et d'obscurité ; c'est ce que d'autres passages prouvent. Le récit biblique, parlant de l'état de la terre "au commencement", dit : "La terre était informe et vide ; il y avait des ténèbres à la surface de l'abîme [12]." La prophétie nous enseigne qu'elle sera, partiellement du moins, ramenée à cet état. Considérant, à travers les siècles, le jour de Dieu, le prophète Jérémie déclare : "Je regarde la terre, et voici, elle est informe et vide ; les cieux, et leur lumière a disparu. Je regarde les montagnes, et voici, elles sont ébranlées ; et toutes les collines chancellent. Je regarde, et voici, il n'y a point d'homme ; et tous les oiseaux des cieux ont pris la fuite. Je regarde, et voici, le Carmel est un désert ; et toutes ses villes sont détruites [13]."

C'est notre terre qui sera pendant mille ans la demeure de Satan et de ses mauvais anges. Ayant la terre pour limites, il ne pourra pas se rendre dans d'autres mondes pour tenter et tourmenter des êtres qui ne sont jamais tombés. C'est dans ce sens qu'il est lié ; il ne reste personne sur qui il puisse exercer son pouvoir. Il est entièrement empêché de séduire et de ruiner, œuvre à laquelle il a pris son plaisir pendant tant de siècles.

Le prophète Esaïe voyant dans l'avenir le moment du renversement de Satan, s'écrie : "Te voilà tombé du ciel, astre brillant, fils de l'aurore ! Tu es abattu à terre, toi, le vainqueur des nations ! Tu disais en ton cœur, je monterai au ciel, j'élèverai mon trône au-dessus des étoiles de Dieu." "Je serai semblable au Très-Haut. Mais tu as été précipité dans le séjour des morts, dans les profondeurs de la fosse. Ceux qui te voient fixent sur toi leurs regards, ils te considèrent attentivement : Est-ce là cet homme qui faisait trembler la terre, qui ébranlait les royaumes, qui réduisait le monde en désert, qui ravageait les villes, et ne relâchait point ses prisonniers ? [14]"

La rébellion de Satan a fait "trembler la terre" depuis six mille ans. Il a fait de la terre "un désert, et a détruit ses villes." Et "il n'a point relâché ses prisonniers." Pendant six mille ans, sa prison a reçu les enfants de Dieu, et il les tiendrait à toujours captifs, si Christ n'avait pas rompu leurs fers et libéré ses prisonniers.

Les méchants mêmes sont maintenant placés hors de la puissance de Satan ; et, seul avec ses mauvais anges, il va subir les effets de la malédiction dont le péché a été la cause. "Tous les rois des nations, oui tous, reposent avec honneur, chacun dans son tombeau. Mais toi, tu as été jeté loin de ton sépulcre, comme un rameau qu'on dédaigne… Tu n'es pas réuni à eux dans le sépulcre, car tu as détruit ton pays, tu as fait périr ton peuple [15]."

Pendant mille ans, Satan s'en ira errant çà et là sur la terre désolée, pour considérer les résultats de sa rébellion contre la loi de Dieu. Pendant ce temps, ses souffrances sont extrêmes. Depuis sa chute, sa vie d'activité continuelle a banni de lui toute réflexion ; mais il est maintenant privé de sa puissance. Il est ainsi libre de contempler le rôle qu'il a joué depuis qu'il se rebella contre le gouvernement du ciel, et de regarder en avant avec tremblement et terreur au sort qui l'attend, lorsqu'il devra souffrir pour tout le mal qu'il a fait, et être puni pour tous les péchés qu'il a fait commettre.

Pour le peuple de Dieu, la captivité de Satan sera un sujet de contentement et de joie. Le prophète dit : "Et quand l'Eternel t'aura donné du repos, après tes fatigues et tes agitations, et après la dure servitude qui te fut imposée, alors tu prononceras ce chant sur le roi de Babylone [représentant ici Satan], et tu diras : Eh quoi ! Le tyran n'est plus ! ...

L'Eternel a brisé le bâton des méchants, la verge des dominateurs. Celui qui dans sa fureur frappait les peuples, par des coups sans relâche, celui qui dans sa colère subjuguait les nations sans ménagement [16]."

Durant les mille ans qui s'écouleront entre la première et la seconde résurrection, le jugement des méchants aura lieu. L'apôtre Paul parle de ce jugement comme d'un évènement qui suit le second avènement : "Ne jugez de rien avant le temps, jusqu'à ce que vienne le Seigneur, qui mettra en lumière ce qui est caché dans les ténèbres, et qui manifestera les desseins des cœurs [17]." Daniel déclare que lorsque l'Ancien des Jours vint, "le jugement fut donné aux saints du Souverain [18]." Dès ce moment, les justes règnent comme rois et sacrificateurs. L'apôtre Jean déclare dans l'Apocalypse : "Je vis des trônes ; et à ceux qui s'y assirent fut donné le pouvoir de juger." "Ils seront sacrificateurs de Dieu et de Christ, et ils régneront avec Lui pendant mille ans [19]." C'est en ce temps, comme le prédit Paul, que "les saints jugeront le monde [19]." Unis à Christ, ils jugent les méchants, comparant leurs actions avec le livre de référence pour légiférer, la Bible, et jugeant chaque cas d'après les œuvres faites dans le corps. Alors la portion que doivent souffrir les méchants leur est mesurée d'après leurs œuvres, et la chose est inscrite en face de leurs noms dans le livre de mort.

Satan, également, et les mauvais anges, sont jugés par Christ et Son peuple. Paul dit : "Ne savez-vous pas que nous jugerons les anges ? [19]" Et Jude déclare que le Seigneur "a réservé pour le jugement du grand jour, enchaînés éternellement par les ténèbres, les anges qui n'ont pas gardé leur dignité, mais qui ont abandonné leur propre demeure [20]."

A la fin des mille ans aura lieu la seconde résurrection. Alors les méchants ressusciteront, et paraîtront devant Dieu pour l'exécution du "jugement qui est écrit." Aussi, après avoir décrit la résurrection des justes, le prophète de Patmos dit : "Les autres morts ne revinrent point à la vie jusqu'à ce que les mille ans fussent accomplis [21]." Et Esaïe déclare des méchants : "Ils seront assemblés captifs dans une prison, ils seront enfermés dans des cachots, et après un grand nombre de jours, ils seront châtiés [21]."

---

1 Apoc. 18 : 5-10, 3, 15-17.

2 Jér. 8 : 11 ; Ezé. 13 : 22.

3 Jér. 23 : 1, 2 ; 25 : 34, 35.

4 Jér. 25 : 31.

5 Ezé. 9 : 1-6.

6 Esa. 26 : 21.

7 Zach. 14 : 12, 13.

8 Jér. 25 : 33.

9 Esa. 24 : 1, 3, 5, 6.

10 Lév. 16 : 21.

11 Apoc. 20 : 1-3.

12 Gen. 1 : 2.

13 Jér. 4 : 23-27.

14 Esa. 14 : 12-17.

15 Esa. 14 : 18-20.

16 Esa. 14 : 3-6.

17 1 Cor. 4 : 5.

18 Dan. 7 : 22.

19 Apoc. 20 : 4, 6 ;

Cor. 6 : 2, 3.

20 Jude 6.

21 Apoc. 20 : 5 ; Esa. 24 : 22.

CHAPITRE XLII

FIN DE LA CONTROVERSE

A la fin des mille ans, Christ redescend de nouveau sur la terre. Il est accompagné de l'armée des rachetés et suivi d'un cortège d'anges. Tandis qu'Il descend, entouré d'une majesté terrifiante, Il commande aux injustes morts de se relever pour recevoir leur condamnation. Ils sortent de la terre comme une puissante armée, aussi nombreux que le sable de la mer. Mais quel contraste entre eux et ceux qui s'étaient relevés à la première résurrection ! Les justes étaient revêtus d'une jeunesse et d'une beauté éternelles. Les méchants portent les traces de la maladie et de la mort.

Dans cette vaste multitude, tous les yeux sont fixés sur la gloire du Fils de Dieu. D'une même voix, la multitude des méchants s'écrie : "Béni soit Celui qui vient au nom du Seigneur !" Ce n'est pas l'amour qu'ils ont pour Jésus qui leur fait pousser cette exclamation. C'est la force de la vérité, qui fait involontairement sortir ces paroles de leurs bouches. Les méchants ressortent de leurs tombes, tels qu'ils y descendirent : avec la même haine pour Christ et le même esprit de rébellion. Il n'est pas question d'un nouveau temps d'épreuve au cours duquel ils puissent réparer les manquements de leur vie passée. L'expérience serait inutile. Toute une vie de transgressions n'a pas attendri leurs cœurs. Si une seconde occasion leur était accordée, ils l'emploieraient comme la première, à négliger ce que Dieu demande de l'homme, et à fomenter la rébellion contre Lui.

Christ descend sur le Mont des Oliviers, d'où, après Sa résurrection, Il était monté au ciel et où les anges avaient répété la promesse de Son retour. Le prophète dit : "L'Eternel, mon Dieu, viendra, et tous Ses saints avec Lui." "Ses pieds se poseront en ce jour sur le Mont des Oliviers, qui est vis-à-vis de Jérusalem, du côté de l'Orient ; le Mont des Oliviers se fendra par le milieu, …et il se formera une très grande vallée." "L'Eternel sera roi de toute la terre ; en ce jour-là, l'Eternel sera le seul Eternel [1]." Alors la Nouvelle Jérusalem, éclatante de splendeur, descend du ciel et s'arrête sur le lieu purifié et préparé pour la recevoir. Puis Christ, accompagné de Son peuple et de Ses anges, entrent dans la Sainte Cité.

Alors Satan se prépare à livrer un assaut puissant et décisif pour obtenir la suprématie. Tandis qu'il était privé de sa puissance et éloigné de son œuvre de séduction, le prince du mal était misérable et abattu ; mais voyant les cadavres des injustes ressuscités, et toute cette multitude se mettre de son côté, ses espérances renaissent et il est résolu à ne pas abandonner la grande controverse. Il veut ranger en bataille, sous sa bannière, toutes les armées des perdus, et tenter avec leur concours, la réalisation de ses plans. Les méchants sont ses captifs. En rejetant Christ, ils ont accepté la règle du chef des rebelles. Ils sont prêts à écouter ses suggestions et à exécuter ses ordres. Mais, toujours fidèle à son ancienne tactique il ne se dévoile pas sous les traits de Satan. Il déclare être le prince qui a droit à la possession de la terre. Il dit que son héritage lui a été ravi injustement. Il se présente à ses sujets abusés comme un rédempteur. Il leur assure que sa puissance les a fait sortir de leurs tombeaux, et qu'il est prêt à les délivrer de la plus cruelle tyrannie. Christ ayant disparu de devant eux, Satan fait des miracles pour confirmer ses prétentions. Il rend les faibles forts, et leur inspire à tous son esprit et sa propre énergie. Il leur propose de les conduire contre le camp des saints, et de prendre possession de la Cité de Dieu. Il montre d'un air de triomphe et de rage les innombrables millions qui ont été ressuscités des morts, et déclare qu'étant leur chef, il est capable de détruire la ville, et de reprendre son trône et son royaume.

Dans cette foule immense se trouvent des multitudes d'une grande longévité, de la lignée de ceux qui vivaient avant le Déluge. Ces hommes, de taille élevée et d'une très grande capacité intellectuelle, s'étaient abandonnés à la direction des anges déchus, avaient consacré toute leur habileté et toutes leurs connaissances à s'exalter eux-mêmes. Par de merveilleuses œuvres d'art, ils avaient entraîné le monde à adorer leur génie, mais par des inventions cruelles et malfaisantes ils avaient souillé la terre et effacé l'image de Dieu, de sorte que le Créateur les avait fait disparaître de Sa création. Il y a là des rois et des généraux qui conquirent des nations, des hommes vaillants, qui jamais ne perdirent une bataille, des guerriers fiers et ambitieux, dont l'approche faisait trembler des royaumes. La mort ne les a pas changés. En sortant de la tombe, ils ont repris le cours de leurs pensées au point où elles s'étaient arrêtées. Ils sont animés du même désir de conquérir que lorsqu'ils tombèrent.

Satan consulte ses anges, et ensuite ces rois, ces conquérants et ces hommes puissants. Ils considèrent leurs forces, leur grand nombre, déclarent que l'armée qui est dans la ville est peu nombreuse comparée à la leur, et qu'elle peut être vaincue. Ils préparent leurs plans, en vue de prendre possession des richesses et de la gloire de la Nouvelle Jérusalem. Tous se préparent immédiatement pour la bataille. Des artisans habiles fabriquent du matériel de guerre. Des généraux célèbres organisent ces foules de guerriers par compagnies et par divisions.

Finalement, l'ordre d'avancer est donné, et l'innombrable armée s'ébranle, armée telle que n'en commandèrent jamais les conquérants de ce monde, armée que les forces combinées de tous les siècles, depuis que les guerres ont commencé sur la terre, n'eussent jamais pu égaler. Satan, le plus puissant des guerriers, marche en tête, ses anges se joignent à lui pour cette dernière lutte.

Des rois et des hommes de guerre viennent ensuite. La multitude suit, organisée en grandes compagnies, chacune avec son chef. Avec une précision militaire, cette masse en rangs serrés avance sur la surface bouleversée de la terre, en direction de la Cité de Dieu.

Sur l'ordre de Jésus, les portes de la Nouvelle Jérusalem se ferment, et les armées de Satan entourent la ville et se préparent à l'assaut. Alors le Fils de Dieu apparaît de nouveau à la vue de Ses ennemis. Bien au-dessus de la ville, sur une plate-forme d'or étincelant, se trouve un trône haut et élevé. Sur ce trône est assis le Fils de Dieu, et autour de Lui sont les sujets de Son royaume. Aucune langue ne peut exprimer, aucune plume ne peut décrire la puissance et la majesté de Christ. La gloire du Père Eternel entoure Son Fils. L'éclat de Sa présence remplit la Cité de Dieu, et rayonne au-delà de ses murs, sur toute l'étendue de la terre.

Près du trône se trouvent placés ceux qui furent zélés dans la cause de Satan, mais qui, comme des tisons arrachés du feu, ont suivi leur Sauveur avec un attachement profond et intense. Après eux se tiennent ceux qui manifestèrent un caractère chrétien au milieu du mensonge et de l'infidélité, ceux qui honorèrent la loi de Dieu lorsque le monde chrétien la déclarait abolie, ainsi que les millions d'hommes qui, dans tous les siècles, furent des martyrs pour leur foi. Puis plus loin est la "grande foule, que personne ne pouvait compter, de toute nation, de toute tribu, de tout peuple, et de toute langue. Ils se tenaient devant le trône et devant l'Agneau, revêtus de robes blanches, et des palmes dans leurs mains [2]." Leur lutte est finie, ils ont remporté la victoire. Ils ont achevé la course, ils ont atteint le but et obtenu le prix. La palme qu'ils ont à la main est un symbole de leur triomphe et la robe blanche, un emblème de la parfaite droiture du Christ qui est maintenant la leur.

Les rachetés font entendre ce chant de louanges que répercutent les voûtes du ciel : "Le salut vient de notre Dieu, qui est assis sur le trône, et de l'Agneau." Les anges et les séraphins joignent leurs voix à cette adoration. En voyant la puissance et la méchanceté de Satan, les rachetés comprennent, comme jamais auparavant, qu'aucune autre puissance que celle du Christ n'aurait pu leur faire remporter la victoire. Dans toute cette foule éclatante, il n'y a personne qui s'attribue son salut, et qui s'imagine avoir vaincu par sa propre puissance ou sa bonté. Les saints ne disent rien de ce qu'ils ont fait ou souffert ; mais le sujet de chacun de leurs chants, le fait central de chaque cantique est celui-ci : Le salut vient de notre Dieu et de l'Agneau.

Le couronnement final du Fils de Dieu a lieu en présence des habitants de la terre et du ciel assemblés. Puis, revêtu de la majesté et de la puissance suprêmes, le Roi des rois prononce la sentence finale contre ceux qui se sont rebellés contre Son gouvernement, et exerce Sa justice sur ceux qui ont transgressé Sa loi et opprimé Son peuple. Le prophète de Dieu dit : "Puis je vis un grand trône blanc, et Celui qui était assis dessus. La terre et le ciel s'enfuirent devant Sa face, et il ne fut plus trouvé de place pour eux. Et je vis les morts, les grands et les petits, qui se tenaient devant Dieu. Des livres furent ouverts. Et un autre livre fut ouvert, celui qui est le livre de vie. Et les morts furent jugés selon leurs œuvres, d'après ce qui était écrit dans ces livres [3]."

Aussitôt que les livres du souvenir sont ouverts, et que le regard de Jésus se porte sur les méchants, ceux-ci se souviennent de tous les péchés qu'ils ont commis. Ils voient le moment précis où leurs pieds ont quitté le sentier de la pureté et de la sainteté, ils voient combien la fierté et la rébellion les ont conduits loin dans la violation de la loi de Dieu. Les tentations qu'ils ont favorisées en s'adonnant au péché, les bénédictions qu'ils ont méprisées, les messagers de Dieu méprisés, les avertissements rejetés, les offres de la miséricorde refoulées par l'obstination d'un cœur obstiné et non repentant – tout cela leur apparaît comme écrit en lettres de feu.

Au-dessus du trône, se révèle la croix. Une vue panoramique apparaît, représentant les scènes de la tentation et de la chute d'Adam, ainsi que les phases successives du sublime plan de la rédemption. L'humble naissance du Sauveur, Sa jeunesse passée dans la simplicité et l'obéissance, Son baptême dans le Jourdain, le jeûne et la tentation dans le désert, Son ministère public révélant aux hommes les bénédictions du ciel les plus précieuses, Ses journées remplies d'œuvres d'amour et de compassion, Ses nuits de prière et de veille dans la solitude des montagnes, les complots de l'envie, de la haine et de la méchanceté qui étaient la récompense de Ses bienfaits, la terrible et mystérieuse agonie de Gethsémané, Jésus passant sous le poids écrasant des péchés du monde entier, Sa trahison entre les mains de la foule meurtrière, et les terribles évènements de cette nuit d'horreur : l'innocent prisonnier abandonné par les disciples qu'Il aimait le plus, conduit avec rudesse le long des rues de Jérusalem, le Fils de Dieu amené devant Anne au milieu des clameurs de Ses ennemis et conduit au palais du souverain sacrificateur, au tribunal de Pilate, puis devant le lâche et cruel Hérode où il est en butte à la moquerie, aux insultes, à la torture, et finalement condamné à mourir. Tout cela défile avec une réalité saisissante.

Puis sous les yeux de la multitude saisie passent les scènes finales des annales humaines. On voit le Sauveur, accablé et brisé, prenant le sentier du Calvaire ; le Prince du ciel, cloué sur la croix ; les sacrificateurs hautains et la populace moqueuse tournant en dérision Son agonie mortelle ; l'obscurité surnaturelle, la terre tremblant, les rochers fendus et les sépulcres ouverts marquant le moment où le Rédempteur du monde expire.

Cette scène effrayante apparaît exactement telle qu'elle a été. Satan, ses anges et ses sujets n'ont pas le pouvoir de détourner leurs yeux du tableau qui représente leur œuvre. Chaque acteur se rappelle le rôle qu'il a joué. Hérode, qui tua les innocents enfants de Bethléhem afin de faire mourir le Roi d'Israël ; l'infâme Hérodias, dont la conscience coupable est chargée du sang de Jean Baptiste ; le faible et opportuniste Pilate ; les soldats moqueurs ; les sacrificateurs, les gouverneurs et la foule furieuse, qui criaient : "Que son sang retombe sur nous et sur nos enfants !" Tous voient l'énormité de leur culpabilité. Ils essaient, mais en vain, de se cacher devant la divine majesté de Son visage plus resplendissant que la lumière du soleil, tandis que les rachetés jettent leurs couronnes aux pieds du Sauveur, en s'écriant : "Il est mort pour moi !"

Au milieu de la foule des rachetés se trouvent les apôtres du Christ, l'héroïque Paul, l'ardent Pierre, Jean le disciple aimant et bien-aimé, ainsi que leurs frères convertis, et la grande armée des martyrs. Tandis qu'en dehors des murailles, en compagnie de toutes les choses viles et abominables, se tiennent ceux qui les ont persécutés, emprisonnés et mis à mort. Néron, ce monstre de cruauté et de vice, est là, regardant la joie et le triomphe de ceux qu'il torturait autrefois, et dans les souffrances desquels il éprouvait une joie satanique. Sa mère est là, pour être témoin du résultat de son propre ouvrage, pour voir comment le funeste caractère qu'elle transmit à son fils, comment les passions encouragées et développées par son influence et son exemple, ont produit pour fruits des crimes dont le monde frissonne d'horreur.

Il y a là des prêtres et des évêques catholiques, qui ont prétendu être les ambassadeurs du Christ, et qui pourtant ont employé le chevalet, les cachots et l'échafaud pour soumettre les consciences de Son peuple. Là se trouvent les orgueilleux pontifes qui se sont élevés au-dessus de Dieu, et ont osé changer la loi du Très-Haut. Ces prétendus pères de l'église, ont à rendre à Dieu un compte dont ils souhaiteraient bien être dispensés. Trop tard, ils voient que le Dieu Omniscient est jaloux de Sa loi, et qu'Il ne tiendra pas le coupable pour innocent. Ils apprennent en ce moment que Christ identifie Ses intérêts avec ceux de Son peuple souffrant, et ils sentent la force de ces paroles : "Toutes les fois que vous avez fait ces choses à l'un de ces plus petits de Mes frères, c'est à Moi que vous les avez faites [4]."

Tous les méchants du monde sont debout à la barre du tribunal de Dieu, accusés de haute trahison contre le gouvernement du Ciel. Ils n'ont personne pour plaider leur cause, ils sont sans excuse, et la sentence de la mort éternelle est prononcée contre eux.

Il est désormais évident pour tous que le salaire du péché n'est ni une noble indépendance, ni la vie éternelle, mais bien l'esclavage, la ruine et la mort. Les méchants voient ce qu'ils ont perdu par leur vie de rébellion. Ils méprisèrent, lorsqu'on le leur offrit, le poids éternel d'une gloire infiniment excellente ; mais combien elle leur paraît désirable à cet instant ! "Tout cela", s'écrie l'âme perdue, "j'aurais pu l'avoir ; mais j'ai préféré le repousser. Oh ! Quel étrange égarement ! J'ai échangé la paix, le bonheur et la gloire contre la misère, l'infamie et le désespoir." Tous voient que leur exclusion du ciel est juste. Par leur vie, ils ont dit : "Nous ne voulons point que cet homme [Jésus] règne sur nous."

Comme fascinés, les méchants ont suivi des yeux le couronnement du Fils de Dieu. Ils voient dans Ses mains les tables de la loi divine, les statuts qu'ils ont méprisés et transgressés. Ils sont témoins des exclamations de surprise, d'admiration et d'adoration des rachetés, et lorsque leurs accents mélodieux parviennent aux oreilles de la multitude qui est en dehors de la ville, tous s'écrient d'une même voix : "Tes œuvres sont grandes et admirables, Seigneur Dieu Tout-Puissant ! Tes voies sont justes et véritables, Roi des nations ! [5]" Et tombant sur leurs faces, ils adorent le Prince de la vie.

Satan semble paralysé. En contemplant la gloire et la majesté de Christ, l'ancien chérubin protecteur se souvient d'où il est tombé. Quelle chute pour ce brillant séraphin, pour ce "fils de l'aurore" ! Combien il est maintenant changé et déchu ! Il se voit exclu pour toujours du conseil où il était autrefois honoré. Debout auprès du Père, qui voile en ce moment Sa gloire, il a vu un ange glorieux et de haute stature à l'aspect majestueux placer la couronne sur la tête du Christ, haute fonction qui, il le sait, aurait pu être la sienne.

Il se souvient des jours de son innocence et de sa pureté ; il revit la paix et la joie qu'il jouissait jusqu'au moment où il s'est permis de murmurer contre Dieu et de jalouser son Fils. Ses accusations, sa rébellion, ses ruses mensongères en vue de gagner la sympathie et l'approbation des anges, son obstination à refuser le pardon quand Dieu le lui offrait ; tout cela revient vivement à sa pensée. Il repasse dans sa mémoire son œuvre parmi les hommes, et ses résultats : la haine de l'homme envers ses semblables, d'innombrables homicides, des royaumes tour à tour fondés et renversés, des trônes abattus, une longue suite de troubles, de combats et de révolutions. Il se rappelle de son opposition acharnée à l'œuvre du Christ, afin de plonger l'homme toujours plus bas dans la ruine. Il voit l'impuissance de ses infernales machinations contre ceux qui ont mis leur confiance en Jésus. En pensant à son royaume et aux fruits de ses travaux, il ne voit que la ruine de toutes ses entreprises avec toutes les désolations qu'elles ont fait naître. Et s'il a fait croire aux foules qui l'entourent que la Cité de Dieu serait une proie facile, il sait que cela est faux. Maintes et maintes fois, au cours de la grande controverse, il a été défait et a dû céder. Il ne connaît que trop bien la puissance et la majesté de l'Eternel.

Le plan du grand rebelle a toujours été de se justifier, et de chercher à prouver que le gouvernement divin était responsable de la rébellion. Dans ce but, il a mis en œuvre toute la puissance de sa gigantesque intelligence. Il a travaillé résolument, avec méthode, et avec un succès merveilleux, de sorte que de grandes multitudes ont accepté, concernant la grande controverse qui dure depuis si longtemps, la version qu'il a inventée. Pendant des milliers d'années, ce grand chef des conspirateurs a proclamé le mensonge pour la vérité. Mais le temps est maintenant venu où la rébellion doit finalement être étouffée, et où l'histoire et le caractère de Satan doivent être dévoilés. Le grand séducteur vient d'être complètement démasqué dans son suprême et dernier effort pour détrôner Christ, détruire son peuple, et prendre possession de la Cité de Dieu. Ceux qui se sont unis à lui, voient sa cause totalement perdue. Les disciples du Christ et les anges loyaux voient toute l'étendue de ses machinations contre le gouvernement de Dieu. Il est l'objet de l'horreur universelle.

Satan voit que sa rébellion volontaire le disqualifie pour le ciel. Il a exercé sa puissance à faire la guerre contre Dieu. La pureté, la paix et l'harmonie du ciel seraient pour lui une suprême torture. Ses accusations contre la compassion et la justice de Dieu sont maintenant réduites au silence. Le blâme qu'il a essayé de jeter sur l'Eternel, retombe entièrement sur lui. Aussi, à cet instant, Satan s'incline et reconnaît la justice de la sentence qui le frappe.

"Qui ne craindrait, Seigneur, et ne glorifierait Ton nom ? Car seul Tu es saint. Et toutes les nations viendront et se prosterneront devant Toi, parce que Tes jugements ont été manifestés [6]." Toute question de vérité ou d'erreur dans la controverse qui a tant duré, est maintenant éclaircie. Les résultats de la révolte, les fruits du rejet des lois divines ont été clairement dévoilés à toutes les intelligences créées. Tout l'univers a reconnu le rôle qu'a joué Satan dans son opposition au gouvernement de Dieu. Satan a été condamné par ses propres œuvres. La sagesse de Dieu, Sa justice et Sa bonté sont pleinement établies. On reconnaît que tous Ses actes, dans cette grande controverse, ont été accomplis pour le bien éternel de Son peuple et le bien de tous les mondes qu'Il a créés. "Toutes Tes œuvres Te loueront, Ô Eternel, et Tes fidèles Te béniront [7]." L'histoire du péché restera pendant toute l'éternité un témoignage selon lequel le bonheur de tous les êtres qu'Il a créés dépend de l'existence de la loi de Dieu. En présence de tous les éléments de la grande controverse, l'univers entier, les justes comme les rebelles, déclare d'une seule voix : "Tes voies sont justes et véritables, ô Roi des nations."

Tout l'univers comprend clairement le grand sacrifice fait par le Père et le Fils en faveur de l'homme. L'heure est venue où Christ va occuper la position à laquelle Il a droit, et où Il doit être glorifié au-dessus des principautés, des puissances et de tout nom qui puisse être nommé. Ce fut pour la joie qui L'attendait, afin qu'Il en amenât plusieurs à la gloire, qu'Il endura la croix et méprisa l'ignominie. Et si la douleur et l'opprobre furent inconcevablement intenses, la joie et la gloire sont plus ineffables encore. Il jette un regard sur les rachetés ; ils sont transformés à Sa propre image, chaque cœur porte un cachet de perfection divine, tous les visages reflètent la ressemblance de leur Roi. Il contemple en eux le résultat du travail de Son âme, et Il en est satisfait. Alors, d'une voix qui est entendue de toute la multitude des justes et des méchants, Il s'écrie : "Contemplez ceux que Mon sang a rachetés ! J'ai souffert pour eux ; Je suis mort pour eux, afin qu'ils puissent demeurer en Ma présence durant l'éternité." Et ce chant de louange éclate au milieu des rachetés revêtus de robes blanches, autour du trône : "L'Agneau qui a été immolé est digne de recevoir la puissance, la richesse, la sagesse, la force, l'honneur, la gloire et la louange [8]."

Quoique Satan ait été obligé de reconnaître la justice de Dieu, et de s'incliner devant la suprématie du Christ, son caractère reste le même. L'esprit de rébellion, comme un puissant torrent, éclate en lui avec une nouvelle violence. Plein de frénésie, il est déterminé à ne pas abandonner la grande controverse. Le temps est venu de faire un effort désespéré contre le Roi du ciel. Il s'élance au milieu de ses sujets, et s'efforce de leur inspirer sa propre fureur et de les pousser à livrer immédiatement bataille. Mais parmi ces innombrables millions d'hommes qu'il a poussés à la rébellion par son astuce, il n'y a maintenant plus personne qui reconnaisse sa suprématie. Sa puissance a pris fin. Tout en nourrissant contre Dieu la même haine que lui, les méchants voient que leur cause est désespérée, et qu'ils ne peuvent rien contre l'Eternel. Leur rage se tourne alors contre Satan et contre ceux qui ont été ses agents pour les tromper, et remplis d'une fureur de démons, ils se tournent contre eux.

Ainsi a dit l'Eternel : "Parce que tu prends ta volonté pour la volonté de Dieu, voici, Je ferai venir contre toi des étrangers, les plus violents d'entre les peuples ; ils tireront l'épée contre ton éclatante sagesse, et ils souilleront ta beauté. Ils te précipiteront dans la fosse." "Je te fais disparaître, chérubin protecteur, du milieu des pierres étincelantes. ... Je te jette par terre, Je te livre en spectacle aux rois. ... Je te réduis en cendre sur la terre, aux yeux de tous ceux qui te regardent. Tous ceux qui te connaissent parmi les peuples sont dans la stupeur à cause de toi ; tu es réduit au néant, tu ne seras plus à jamais ! [9]"

"Toute bataille de guerrier est avec un bruit confus, et les vêtements roulés dans le sang ; mais ils seront livrés aux flammes, pour être dévorés par le feu." "La colère de l'Eternel va fondre sur toutes les nations, et Sa fureur sur toute leur armée : Il les voue à l'extermination, Il les livre au carnage." "Il fait pleuvoir sur les méchants des charbons, du feu et du soufre ; un vent brûlant, c'est le calice qu'ils ont en partage [10]." Du feu descend du ciel d'auprès de Dieu. La terre s'entrouvre ; les armes qu'elle recèle dans son sein jaillissent de toutes les crevasses. Les rochers même sont en feu. Le jour embrasé comme une fournaise est venu. "Les éléments embrasés sont dissous, et la terre est entièrement consumée avec tout ce qu'elle contient [11]." La surface de la terre ressemble à une masse en fusion, à un vaste lac de feu. C'est le jour du jugement et de la destruction des hommes impies, "un jour de vengeance pour l'Eternel, une année de représailles pour la cause de Sion [12]."

Les méchants reçoivent sur la terre leur rétribution [13]. Ils "seront comme du chaume ; le jour qui vient les embrasera, dit l'Eternel des armées [14]." Certains sont détruits en un instant, tandis que d'autres souffrent durant plusieurs jours. Chacun reçoit "selon ses œuvres." Les péchés des justes ayant été transférés sur Satan, celui-ci souffrira, non seulement à cause de sa propre rébellion, mais pour tous les péchés qu'il a fait commettre aux enfants de Dieu. Sa punition excède de beaucoup celle de ceux qu'il a séduits. Lorsque tous ceux qui sont tombés par ses tromperies auront péri, il devra vivre encore et continuer de souffrir. Les méchants sont finalement détruits, racine et rameaux, dans ces flammes purificatrices. Satan est la racine et ses disciples, les rameaux. La complète pénalité de la loi a été appliquée. Il a été répondu aux droits de la justice ; aussi le ciel et la terre, en contemplation, proclament la justice de l'Eternel.

L'œuvre de ruine que poursuivait Satan a pris fin pour toujours. Pendant six mille ans il a fait sa volonté, remplissant la terre de maux, et l'univers de douleur.

Toute la création n'a fait que soupirer et gémir. Maintenant, les créatures de Dieu sont pour toujours délivrées de sa présence et de ses tentations. "Toute la terre jouit du repos et de la paix ; on [les justes] éclate en chants d'allégresse [15]." Un cri de victoire et de louange s'élève de l'univers entier. "La voix d'une grande multitude, ... comme le bruit des grosses eaux, et comme le bruit des grands tonnerres", se fait entendre, disant : "Alléluia ! Car le Seigneur Dieu, le Tout-Puissant, est entré dans son règne."

Tandis que la terre était enveloppée du feu de la destruction, les justes habitaient en sûreté dans la Cité Sainte. La seconde mort n'a point de pouvoir sur ceux qui eurent part à la première résurrection [16]. Tandis que Dieu est pour les méchants un feu dévorant, Il est pour Son peuple un soleil et un bouclier [16].

"Puis je vis un nouveau ciel et une nouvelle terre ; car le premier ciel et la première terre avaient disparu [17]." Le feu qui consume les méchants, purifie la terre. Toute trace de malédiction disparaît. Aucun enfer de flammes éternelles ne subsistera gardant devant les yeux des rachetés les conséquences effrayantes du péché.

Un seul souvenir demeurera : notre Sauveur portera toujours les marques de Sa crucifixion. Sur Sa tête blessée, Son côté, Ses mains et Ses pieds, se trouvent les seules traces de l'œuvre cruelle que le péché a accomplie. Le prophète, contemplant Christ dans Sa gloire, dit : "Des rayons sortaient de Son côté : c'est là que Sa force était cachée [18]." C'est de ce côté percé, d'où s'écoula le sang qui réconcilia l'homme avec Dieu. C'est là, la gloire du Sauveur ; "c'est là que Sa force était cachée." Ayant "tout pouvoir de sauver", par le sacrifice de la rédemption, Il eut par conséquent la force d'exécuter la justice sur ceux qui méprisèrent la miséricorde de Dieu. Et les signes de Son humiliation sont Son plus grand honneur. Pendant les siècles éternels, les meurtrissures du Calvaire proclameront Sa louange et déclareront Sa puissance.

"Et toi, tour du troupeau, colline de la fille de Sion, à toi viendra, à toi arrivera l'ancienne domination [19]." Le temps après lequel les saints ont soupiré depuis que l'épée de feu a éloigné nos premiers parents de l'Eden, le temps de la "rédemption de ceux que Dieu s'est acquis [19]" est arrivé. La terre donnée au commencement à l'homme comme royaume, livrée par lui entre les mains de Satan, et si longtemps gardée par ce puissant ennemi, a été rendue à l'homme par le grand plan de la rédemption. Tout ce qui avait été perdu par le péché, a été restauré. "Car ainsi parle l'Eternel… qui a formé la terre, qui l'a faite et qui l'a affermie, qui l'a créée pour qu'elle ne fût pas déserte, qui l'a formée pour qu'elle fût habitée [20]." Le dessein primitif de Dieu dans la création de la terre est accompli, en ce qu'elle devient la demeure éternelle des rachetés. "Les justes posséderont le pays, et ils y demeureront à jamais [21]."

La crainte de rendre l'héritage des saints trop matériel en a poussé beaucoup à spiritualiser les promesses qui nous font considérer la Nouvelle Terre comme notre patrie. Christ assura à Ses disciples qu'Il allait leur préparer des demeures dans la maison de Son Père. Ceux qui acceptent les enseignements de la Parole de Dieu ne seront pas entièrement ignorants concernant les demeures célestes. Et pourtant, "ce sont des choses que l'œil n'a point vues, que l'oreille n'a point entendues, et qui ne sont point montées au cœur de l'homme, des choses que Dieu a préparées pour ceux qui L'aiment [22]." Le langage humain est impuissant à décrire la récompense des justes. Elle ne sera connue que de ceux qui la verront. Aucune intelligence limitée ne peut comprendre la gloire du Paradis de Dieu.

Dans la Bible, l'héritage des élus est appelé une patrie [23]. Là, le céleste Berger conduit Son troupeau aux sources d'eaux vives. L'arbre de vie produit son fruit chaque mois, et les feuilles de cet arbre sont au service des nations. Des ruisseaux intarissables d'une eau claire comme le cristal sont bordés d'arbres verdoyants qui jettent leur ombre sur les sentiers préparés pour les rachetés de l'Eternel. Il y a là des plaines, parsemées de magnifiques collines, et les montagnes de Dieu avec leurs majestueux sommets. C'est dans ces plaines paisibles, sur les bords des ruisseaux d'eaux vives, que les enfants de Dieu, si longtemps étrangers et voyageurs, trouveront une demeure. "Mon peuple demeurera dans le séjour de la paix, dans des habitations sûres, dans des asiles tranquilles." "On n'entendra plus parler de violence dans ton pays, ni de ravage et de ruine dans ton territoire ; tu donneras à tes murs le nom de salut, et à tes portes celui de gloire." "Ils bâtiront des maisons, et les habiteront ; ils planteront des vignes, et en mangeront le fruit. Ils ne bâtiront pas des maisons pour qu'un autre les habite, ils ne planteront pas des vignes pour qu'un autre en mange le fruit ; …et Mes élus jouiront de l'œuvre de leurs mains [24]."

"Le désert et le pays aride se réjouiront ; la solitude s'égaiera, et fleurira comme un narcisse." "Au lieu de l'épine s'élèvera le cyprès, au lieu de la ronce croîtra le myrte [25]." "Le loup habitera avec l'agneau, et la panthère se couchera avec le chevreau ; …et un petit enfant les conduira." "Il ne se fera ni tort ni dommage sur toute Ma montagne sainte [26]", dit l'Eternel.

La souffrance ne pourra pas exister dans l'atmosphère du ciel. Il n'y aura plus de larmes, plus de convois funèbres, plus de vêtements de deuil. "La mort ne sera plus, et il n'y aura plus ni deuil, ni cri, ni douleur, car les premières choses ont disparu [27]." "Aucun habitant ne dit : Je suis malade ! Le peuple de Jérusalem reçoit le pardon de ses iniquités [26]."

C'est là qu'est la Nouvelle Jérusalem, la métropole de la nouvelle terre glorifiée, "une couronne éclatante dans la main de l'Eternel, un turban royal dans la main de ton Dieu [26]." "Son éclat était semblable à celui d'une pierre très précieuse, d'une pierre de jaspe transparente comme du cristal." "Les nations qui auront été sauvées marcheront à Sa lumière, et les rois de la terre y apporteront leur gloire [27]." Le Seigneur dit : "Je ferai de Jérusalem Mon allégresse, et de Mon peuple Ma joie [26]." "Voici le tabernacle de Dieu avec les hommes ! Il habitera avec eux, et ils seront Son peuple, et Dieu Lui-même sera avec eux et Il sera leur Dieu [27]."

Dans la Cité de Dieu, "il n'y aura plus de nuit." Personne n'aura besoin de repos, nul n'en désirera. On ne se fatiguera pas de faire la volonté de Dieu ou de chanter Ses louanges. Nous sentirons toujours la fraîcheur d'un éternel matin. "Et ils n'auront besoin ni de lampe ni de lumière, parce que le Seigneur Dieu les éclairera [28]." La lumière du soleil sera surpassée par un éclat qui, sans être éblouissant, dépassera pourtant d'une manière incommensurable, la clarté de notre midi [voir Esaïe 30 : 26]. La gloire de Dieu et de l'Agneau couvre la Cité Sainte d'une lumière qui ne s'éteint point. Les rachetés marchent dans la glorieuse lumière d'un jour éternel qui n'a pas besoin de soleil.

"Je ne vis point de temple dans la ville ; car le Seigneur Dieu Tout-Puissant est Son temple, ainsi que l'Agneau [29]." Le peuple de Dieu a le privilège de communiquer directement avec le Père et le Fils. "Aujourd'hui nous voyons au moyen d'un miroir, d'une manière obscure [30]." Nous contemplons l'image de Dieu, réfléchie comme dans un miroir dans les œuvres de la nature et dans la manière dont Il agit envers les hommes ; mais alors nous Le verrons face à face et sans voile. Nous serons en Sa présence, et nous contemplerons la gloire de Son visage.

Là, les rachetés seront connus, "comme ils ont été connus." Les affections et les sympathies que Dieu Lui-même a implantées dans l'âme, y trouveront l'exercice le plus vrai et le plus doux. Une pure communion avec des êtres saints, une vie sociale pleine d'harmonie passée en compagnie des saints anges et des fidèles de tous les temps qui ont lavé leurs robes et les ont blanchies dans le sang de l'Agneau, les liens sacrés qui unissent "toute famille dans les cieux et sur la terre [31]", tout cela contribuera au bonheur des rachetés. Les esprits immortels étudieront avec des délices infinis les merveilles de la puissance créatrice, les mystères de l'amour rédempteur. Là, il n'y aura point d'ennemis cruels et séducteur pour nous pousser à oublier Dieu. Chaque faculté se développera, chaque capacité augmentera. L'acquisition de nouvelles connaissances ne fatiguera pas l'esprit et n'épuisera pas l'énergie. Les plus grandes entreprises pourront y être menées à bonne fin, les aspirations les plus élevées et les plus hautes ambitions pourront s'y réaliser ; et pourtant il s'élèvera de nouvelles hauteurs à gravir, de nouvelles merveilles à admirer, de nouvelles vérités à comprendre, de nouveaux objets dignes d'exciter les facultés de l'esprit, de l'âme et du corps.

Tous les trésors de l'univers seront ouverts à l'étude des rachetés. Dégagés de l'obstacle de la mortalité, ils parcourront d'un vol infatigable les mondes lointains ; ces mondes auxquels le spectacle des misères humaines avait arraché un tressaillement douloureux, retentissaient de chants de réjouissance à la vue d'une âme rachetée. Pleins de délices inexprimables, les enfants de la terre entrent dans la joie et la sagesse des êtres qui ne sont point tombés. Ils partagent les trésors de connaissances et d'intelligence acquis pendant des siècles dans la contemplation des œuvres de Dieu. Ils voient à découvert la gloire de la création : soleils, étoiles et systèmes, tous dans l'ordre qui leur a été assigné, entourant le trône de la Divinité. Le nom du Créateur se trouve écrit sur toutes choses, depuis la plus petite jusqu'à la plus grande, et les richesses de Son pouvoir se déploient dans tout ce qui est créé.

A mesure que les années de l'éternité s'écouleront, elles apporteront de plus riches et de plus glorieuses révélations sur Dieu et sur Christ. Et comme la connaissance progressera, de même augmenteront l'amour, le respect de Dieu et le bonheur. Plus les hommes apprendront à connaître Dieu, plus ils admireront Son caractère. A mesure que Jésus leur dévoilera les richesses de la rédemption et les ineffables résultats de la grande controverse avec Satan, les cœurs des rachetés battront d'une gratitude plus profonde, et ils accompagneront de leurs harpes d'or les extases d'une joie toujours plus profonde ; mille milliers et dix mille millions de voix s'uniront à ce puissant cantique de louange.

"Et toutes les créatures qui sont dans le ciel, sur la terre, sous la terre, sur la mer, et tout ce qui s'y trouve, je les entendis qui disaient : A Celui qui est assis sur le trône, et à l'Agneau, soient la louange, l'honneur, la gloire, et la force aux siècles des siècles ! [32]"

La grande controverse a pris fin. Le péché et les pécheurs ne sont plus. Tout l'univers est pur. Toute la création ne respire qu'harmonie et allégresse. De Celui qui a tout créé, émanent la vie, la lumière et le bonheur à travers toute l'étendue de l'espace infini. Depuis l'atome le plus imperceptible jusqu'au monde le plus vaste, de tous les objets animés ou inanimés, dans leur beauté sans mélange et leur parfaite joie, s'élève ce cri : Dieu est amour.

1 Zach. 14 : 5, 4, 9.

2 Apoc. 7 : 9.

3 Apoc. 20 : 11, 12.

4 Mat. 25 : 40.

5 Apoc. 15 : 3.

6 Apoc. 15 : 4.

7 Ps. 145 : 10.

8 Apoc. 5 : 12.

9 Ezé. 28 : 6-8, 16-19.

10 Esa. 9 : 4 ; 34 : 2 ; Ps. 11 : 6.

11 Mal. 4 : 1 ; 2 Pier. 3 : 10.

12 Esa. 34 : 8.

13 Prov. 11 : 31.

14 Mal. 4 : 1.

15 Esa. 14 : 7.

16 Apoc. 20 : 6 ; Ps. 84 : 11.

17 Apoc. 21 : 1.

18 Hab. 3 : 4, Vers, angl., de Stier.

19 Mich. 4 : 8. ; Eph. 1 : 14.

20 Esa. 45 : 18.

21 Ps. 37 : 29.

22 1 Cor. 2 : 9.

23 Héb. 11 : 14-16.

24 Esa. 32 : 18 ; 60 : 18 ; 65 : 21, 22.

25 Esa 35 : 1 ; 55 : 13.

26 Esa. 11 : 6, 9 ; 33 : 24 ; 62 : 3 ; 65 : 19.

27 Apoc. 21 : 4, 11, 24, 3.

28 Apoc. 22 : 5.

29 Apoc. 21 : 22.

30 1 Cor. 13 : 12.

31 Eph. 3 : 15.

32 Apoc. 5 : 13.

APPENDICE
NOTES EXPLICATIVES

NOTE 1. PAGE 43. — La loi de Constantin sur le dimanche, promulguée le 7 mars 321 de notre ère, était conçue en ces termes :

"Que les juges, les habitants des villes, et ceux qui trafiquent se reposent le jour vénérable du soleil ; mais que ceux qui habitent les campagnes s'occupent tranquillement et en toute liberté des travaux de l'agriculture ce jour-là ; parce qu'il arrive souvent que ce jour est le meilleur pour semer le blé et planter la vigne ; de peur que le moment opportun n'échappe, et que l'on ne perde les libéralités du ciel."

Une autorité compétente, Encyclopedia Britannica, dit de cette loi : "Ce fut Constantin le Grand qui, le premier, fit une loi pour l'observance convenable du dimanche, et qui, suivant Eusèbe, déclara qu'il devait être régulièrement célébré dans tout l'empire romain. Avant lui, et même de son temps, on observait le Sabbat juif aussi bien que le dimanche." Quant au degré de respect dont le dimanche était entouré, et à la manière de l'observer, Mosheim dit qu'en conséquence de la loi décrétée par Constantin, le premier jour de la semaine "fut observé avec plus de solennité qu'auparavant [1]." Et pourtant Constantin permettait de s'adonner à toutes sortes de travaux agricoles le dimanche ! L'évêque Taylor déclare que "les premiers chrétiens faisaient toutes sortes de travaux le jour du Seigneur [2]." Morer constate le même fait : "Ce jour [le dimanche] n'était pas entièrement observé par l'abstention des travaux ordinaires, et ils [les chrétiens] ne laissaient leurs affaires ordinaires (telles étaient les nécessités de ces temps-là) que le temps pendant lequel durait le service divin [3]." Cox dit : "Il n'y a aucune preuve qu'à cette époque [au temps de Constantin] ou dans une période postérieure, l'observance de ce jour ait été envisagée comme tirant quelque obligation du quatrième commandement ; ce jour semble avoir été regardé comme une institution correspondant, par sa nature, avec Noël, Vendredi Saint, et autres fêtes de l'église [4]."

NOTE 2. PAGE 44. — Dans le douzième chapitre de l'Apocalypse, nous avons comme symbole un grand dragon roux. Dans le neuvième verset de ce chapitre, ce symbole est expliqué en ces termes : "Et le grand dragon, le serpent ancien, appelé le diable et Satan, qui séduit tout le monde, fut précipité en terre, et ses anges furent précipités avec lui." Evidemment, le dragon représente primitivement Satan. Mais Satan ne paraît pas sur la terre en personne ; il agit par ses agents. Ce fut dans la personne d'hommes méchants qu'il chercha à faire mourir Jésus aussitôt après sa naissance. Partout où Satan peut diriger un gouvernement au point de lui faire exécuter ses desseins, cette nation devient, pour le moment, le représentant de Satan. Ce fut le cas de toutes les grandes nations païennes. Voyez par exemple Ezéchiel 28, où Satan est directement appelé roi de Tyr. C'était parce qu'il avait un entier ascendant sur ce gouvernement. Dans les premiers siècles de l'ère chrétienne, l'empire romain fut, de toutes les nations païennes, le principal agent de Satan pour s'opposer à l'Evangile, et fut par conséquent représenté par le dragon.

Mais il vint un temps où, dans l'empire romain, le paganisme tomba devant le christianisme envahissant. Alors *(ainsi qu'il est dit à la page 60, 61)*, le "paganisme avait fait place à la papauté." Le dragon avait donné à la bête, "sa force, et son trône, et un grand pouvoir." C'est-à-dire que Satan commença dès lors à agir par la papauté, précisément comme il avait agi auparavant par le paganisme. Mais la papauté n'est pas représentée par le dragon, parce qu'il est nécessaire d'introduire un autre symbole afin de montrer le changement qui est survenu dans la forme de l'opposition à Dieu. Avant l'élévation de la papauté, toute opposition à la loi de Dieu avait été faite par le paganisme : on avait ouvertement nié et défié le vrai Dieu ; mais depuis ce moment, l'opposition se cacha sous le déguisement d'une prétendue soumission à sa volonté. Pourtant, la papauté ne fut pas moins l'instrument de Satan que ne l'avait été la Rome païenne ; car la force, le trône et le grand pouvoir de la papauté lui avaient été donnés par le dragon. Il s'ensuit que le pape, qui professe être le vicaire du Christ, est en réalité le vicaire de Satan — il est l'antichrist.

La bête, symbole de la papauté, apparaît dans le chapitre 13 de l'Apocalypse ; elle est suivie, dans la même chaîne prophétique, "d'une autre bête" que Jean vit "monter [5]", qui exerce "toute l'autorité de la première bête en sa présence." Cette autre bête doit donc être, elle aussi, un pouvoir persécuteur ; et cela se trouve démontré en ce qu'elle parlait comme le dragon." La papauté a reçu toute sa puissance de Satan ; or la bête à deux cornes exerce le même pouvoir ; elle devient ainsi l'agent direct de Satan. Son caractère satanique se montre ensuite en ce qu'elle impose l'adoration de l'image de la bête, par le moyen de faux miracles. "Elle opérait de grands prodiges, même jusqu'à faire descendre du feu du ciel sur la terre, à la vue des hommes. Et elle séduisait les habitants de la terre par les prodiges qu'il lui fut donné d'opérer."

Le premier pouvoir persécuteur est représenté par le dragon lui-même ; dans le paganisme, il y avait une alliance déclarée avec Satan, et une guerre ouverte et déclarée contre Dieu. Dans le deuxième pouvoir persécuteur, le dragon se trouve masqué ; mais l'esprit de Satan l'inspire : c'est toujours le dragon qui est à l'œuvre. Dans le troisième pouvoir persécuteur, on ne voit plus aucune trace du dragon ; et on voit même apparaître une bête semblable à un agneau ; mais lorsqu'elle parle, sa voix de dragon trahit la puissance satanique cachée sous son extérieur agréable, et montre qu'il est de la même famille que les deux pouvoirs précédents. Dans toute opposition à Christ et à sa sainte religion, la puissance agissante est "ce serpent ancien, appelé le diable et Satan, ou le dieu de ce siècle" ; les pouvoirs persécuteurs de la terre ne sont que des instruments entre ses mains.

NOTE 3. PAGES 234, 235, 268, 285. — Afin de montrer au lecteur combien est raisonnable la croyance défendue par Miller en ce qui concerne les périodes prophétiques, nous reproduisons ce qui suit, publié en mars 1850 dans l'Advent Herald de Boston, en réponse à un correspondant :

"C'est par le canon de Ptolémée que l'on fixe la période prophétique des soixante-dix semaines. Ce canon place la septième année d'Artaxerxès en l'an 457 avant Jésus-Christ ; or l'exactitude de ce canon est démontrée par le témoignage concordant de plus de vingt éclipses. Les soixante-dix semaines datent de la promulgation du décret touchant la restauration de Jérusalem. Il n'y eut aucun décret promulgué entre la septième et la vingtième année d'Artaxerxès. Partant de la septième, les quatre cent quatre-vingt-dix ans doivent commencer en 457 avant Jésus-Christ, et finir en l'an 34 de notre ère. Partant de la vingtième, elles devraient se compter depuis 444 et finir en l'an 47 de notre ère. Comme aucun évènement ne se passa en l'an 47 pour marquer son terme, nous ne pouvons compter cette période depuis la vingtième ; nous devons donc revenir à la septième année d'Artaxerxès. Pour placer cette année sur une autre date que l'an 457 avant Jésus-Christ, il faut d'abord démontrer l'inexactitude du canon de Ptolémée. Pour le faire, il faudrait montrer que le grand nombre d'éclipses par lesquelles on a si souvent démontré son exactitude n'ont pas été correctement comptées ; or un tel résultat renverserait toutes les dates chronologiques, et livrerait la fixation des époques et l'ajustement des ères à la merci du premier venu, au point que la chronologie n'aurait pas plus de valeur que l'art de deviner. Comme les soixante-dix semaines doivent se terminer en l'an 34 de notre ère, à moins que la septième année d'Artaxerxès ne soit mal placée, et comme on ne peut changer cela sans avoir quelque preuve à l'appui, nous demanderons : Quel évènement marqua la fin de cette période ? Le moment où les apôtres se tournèrent vers les gentils s'accorde avec cette date mieux qu'aucun autre qui ait été nommé. Et la crucifixion, en l'an 31, au milieu de la dernière semaine, est appuyée par une foule de témoignages qu'on ne peut facilement évincer."

Comme les 70 semaines et les 2300 jours ont un point de départ commun, le calcul de M. Miller se vérifie en un clin d'œil en soustrayant les 457 années avant Jésus-Christ de 2300. Ainsi 2300-457 = 1843 ap. J.-C.

L'année 1843 fut pourtant regardée comme s'étendant jusqu'au printemps de 1844. Voici en quelques mots quelle en est la raison. Anciennement, l'année ne commençait pas au milieu de l'hiver, comme de nos jours, mais à la première nouvelle lune qui suit l'équinoxe du printemps. Par conséquent, la période des

2300 ans commençant dans le cours d'une année calculée selon l'ancienne méthode, on crut nécessaire de se conformer à cette méthode pour la fin de cette période. C'est pourquoi l'on compta que l'année 1843 se terminait au printemps et non en hiver.

Mais les 2300 jours ne peuvent se compter à partir du commencement de l'an 457 avant Jésus-Christ, car le décret d'Artaxerxès — qui en est le point de départ — ne fut pas mis à exécution avant l'automne de cette année. Par conséquent, les 2300 jours commençant dans l'automne de l'an 457 avant Jésus-Christ doivent s'étendre à l'automne de l'an 1844 après Jésus-Christ *(Voyez le petit diagramme de la page 245).*

Ce fait ayant d'abord échappé à l'observation de Miller et de ses collaborateurs, ils attendirent la venue du Christ en 1843, ou au printemps de l'an 1844 ; de là le premier désappointement et le délai apparent. Ce fut la découverte du moment correct, en accord avec d'autres passages des Ecritures, qui amena le mouvement connu sous le nom de "cri de minuit." Et dès ce moment, on ne put douter de l'exactitude de la computation des périodes prophétiques, plaçant la fin des 2300 jours en l'automne de l'an 1844.

NOTE 4. PAGE 267. — Le faux bruit qui a couru, que les Adventistes avaient fait des robes pour aller "à la rencontre du Seigneur dans les airs", fut inventé par ceux qui désiraient attirer du mépris sur la cause. Il fut si habilement répandu, que plusieurs y ajoutèrent foi, mais le reconnurent faux après information. Pendant plusieurs années, on offrit une grande récompense à quiconque prouverait qu'une telle chose s'était passée ; mais la preuve n'a jamais pu être produite. Aucun de ceux qui aimaient l'apparition de leur Sauveur n'était assez ignorant des enseignements des Ecritures pour supposer qu'il leur faudrait faire des robes à cette intention. La seule robe dont les saints auront besoin, pour aller à la rencontre de leur Seigneur, sera celle de la justice du Christ. Voyez Apoc. 19 : 8.

NOTE 5. PAGE 268. — Le Dr. George Bush, professeur d'hébreu et de littérature orientale à l'université de New York, dans une lettre adressée à M. Miller, et publiée dans l'Advent Herald de mars 1844, fait quelques aveux très importants quant au calcul des temps prophétiques. M. Bush dit :

"On ne peut, j'imagine, blâmer ni vous ni vos amis d'avoir consacré beaucoup de temps et d'attention à l'étude de la chronologie de la prophétie, et d'avoir beaucoup travaillé à déterminer les dates qui en commencent et en terminent les grandes périodes. Si ces périodes ont réellement été données par l'Esprit Saint dans les livres prophétiques, c'était sans doute avec l'intention qu'on les étudie, et, probablement, qu'on les comprenne enfin pleinement ; on ne peut donc accuser de folle présomption quelqu'un qui s'y attache respectueusement... En prenant un jour comme terme prophétique pour une année, je crois que vous êtes justifiés par l'exégèse la plus rationnelle, aussi bien qu'appuyés par de grands noms, tels que Mede, Sir Isaac Newton, l'évêque Newton, Kirby, Scott, Keith, et une foule d'autres qui, depuis longtemps, sont arrivés de fait à vos conclusions sur ce chef. Tous sont d'accord à penser que les principales périodes mentionnées par Daniel et Jean expirent réellement non loin de l'époque où nous sommes, et ce serait user d'une étrange logique que de vouloir vous convaincre d'hérésie pour avoir, en fait, les mêmes opinions que celles qui ressortent si fortement des remarques de ces savants théologiens." "Vos résultats, dans cette direction, sont loin de me paraître suffisamment inexacts pour affecter aucun des grands intérêts de la vérité et du devoir." "Votre erreur, à ce que je crains, est ailleurs que dans votre chronologie." "Vous vous êtes entièrement mépris quant à la nature des évènements qui doivent se passer à l'expiration de ces périodes. Là gît votre erreur exégétique tout entière... Le grand évènement que le monde doit attendre n'est point sa conflagration physique, mais sa régénération morale. Quoique, dans un certain sens, on puisse dire sans doute que Christ viendra lorsque le quatrième empire et la puissance ottomane disparaîtront, et que son royaume sera établi avec gloire, il se trouvera pourtant que c'est une venue spirituelle, dans la puissance de son Evangile, dans la grande effusion de son Esprit, et la glorieuse dispensation de sa providence." M. Bush attendait évidemment la conversion du monde comme l'évènement qui marquerait la fin des 2300 jours. Tant M. Miller que M. Bush avaient raison sur la question du temps ; et tous deux se trompaient quant à l'évènement qui devait avoir lieu à la fin des grandes périodes.

M. Miller n'enseignait pas des doctrines qu'il eût découvertes ; chaque point qu'il présentait dans son explication des prophéties, pris séparément, était admis par quelqu'un de ses adversaires. Il n'y en avait par conséquent aucun qui condamnait toutes ses croyances ; et ceux qui essayaient de le réfuter découvraient qu'il y avait autant de diversité parmi eux, qu'entre lui et eux. Ils n'avaient pas seulement à renverser la théorie de M. Miller, mais chacun d'eux avait à redresser celle des autres. Tel étant le cas, leurs arguments ne pouvaient naturellement pas avoir beaucoup de poids auprès de ceux qui avaient adopté ses vues.

Pour s'opposer à Miller, on voyait des hommes qu'on avait regardés comme des guides de l'opinion religieuse, prêts à abandonner des principes d'interprétation protestante dès longtemps établis. Le journal Recorder, de Boston, disait : "Il faut reconnaître que notre foi aux interprétations sur lesquelles, d'accord avec la plupart de nos propres frères, nous nous étions jusqu'à présent reposés, et qui forment le fondement des vaines théories de Miller, est grandement ébranlée.

Bien résolus à réfuter les croyances de M. Miller, quelques-uns étaient prêts à s'unir aux universalistes, adoptant des méthodes d'interprétation vagues et mystiques, au lieu des principes d'interprétation littérale qui sont un trait essentiel de la foi protestante. Evangelist de New York parle ainsi des arguments avancés par les professeurs Stuart et Bush : "La tendance de ces vues est de détruire la preuve biblique de la doctrine d'une fin du monde, d'un jour de jugement final, ou d'une résurrection générale des corps. Nous soutenons que ce genre d'interprétation penche d'une manière effrayante vers l'Universalisme. Nous sommes prêts à le prouver. L'*Universalist* de Hartford dit du professeur Stuart : "Il met un veto inflexible à toute interprétation populaire des livres de Daniel et de l'Apocalypse, et s'unit aux universalistes en soutenant que la plus grande partie de leur contenu se rapportait spécialement à des scènes et à des évènements qui se sont passés quelques années seulement après que ces livres eurent été écrits." C'est ainsi que des ministres populaires préparèrent les esprits de milliers de personnes à dédaigner le témoignage des Ecritures.

NOTE 6. PAGE 294. — On concluait que la terre était le sanctuaire, en partant de certains passages qui nous enseignent que la terre sera purifiée et rendue propre à servir de demeure éternelle aux saints, selon le dessein originel du Créateur. Les Adventistes comprirent ce sujet tel qu'il avait été enseigné par Wesley et d'autres. Et ils ne pouvaient pas penser à quelque autre demeure ou à quelque autre chose qui eût besoin d'être purifié. Les seuls passages que nous ayons jamais vu présenter pour montrer que la terre, demeure de l'homme, est appelée le sanctuaire, sont néanmoins tout à fait contraires à cette croyance. Il n'y en a que trois :

Ex. 15 : 17. "Tu les [les enfants d'Israël] amèneras et tu les établiras sur la montagne de ton héritage, au lieu que tu as préparé pour ta demeure, ô Eternel ! Au sanctuaire, Seigneur ! Que tes mains ont fondé." Sans entrer ici dans une explication de ce texte, il nous suffira pour le but que nous nous proposons de remarquer qu'il contredit l'idée que la terre soit regardée comme le sanctuaire. Quelque explication que nous puissions tirer de ce texte, il enseigne que le peuple n'était pas alors dans le sanctuaire ; et pourtant il était sur la terre. Ensuite, on prétend que cela se rapporte à la partie de la terre où il devait être amené, savoir la Palestine. Cela est réfuté par le second texte.

Jos. 24 : 26. "Josué écrivit ces choses dans le livre de la loi de Dieu. Et il prit une grande pierre, et il la dressa là, sous le chêne qui était auprès du sanctuaire de l'Eternel." (Lausanne) La pierre et le chêne étaient en Palestine, mais ils étaient auprès du sanctuaire de l'Eternel, et non dans le sanctuaire. Le dernier texte est encore plus restrictif, et tout aussi concluant contre l'idée qu'on voudrait y trouver.

Ps. 78 : 54. "Et qui les avait introduits dans sa terre sainte [ou sanctuaire] dans cette montagne que sa droite a conquise" La montagne était le Mont Morijah, sur lequel fut bâti le temple de Salomon ; et les y amener est appelé "introduits dans sa terre sainte [ou sanctuaire]." Ainsi ces textes ne prouvent pas que la terre soit le sanctuaire, mais plutôt le contraire.

La prière de Josaphat donne une vraie idée des rapports existant entre le pays de Canaan et le sanctuaire : "N'est-ce pas toi, ô notre Dieu ! Qui as chassé les habitants de ce pays devant ton peuple d'Israël, et qui l'as donné pour toujours à la postérité d'Abraham qui t'aimait ? Ils l'ont habité, et t'y ont bâti un sanctuaire pour ton nom" 2 Chr. 20 : 7, 8. Cela correspond au commandement que l'on trouve dans Ex. 25 : 8 : "Et ils me feront un sanctuaire, et j'habiterai au milieu d'eux." Dans ce même livre, on trouve une description détaillée du sanctuaire, de son érection, et de son approbation par le Seigneur. La cérémonie de la purification du sanctuaire se trouve décrite dans Lévitique 16. Pendant que les enfants d'Israël possédaient le pays de Canaan, Salomon construisit un temple, dans lequel il y avait un lieu saint et un lieu très saint ; et les vaisseaux du sanctuaire mobile qui avait été fait dans le désert de Sinaï, furent transportés dans le temple. C'était alors le sanctuaire : la demeure de la gloire de Dieu sur la terre.

Quelques-uns ont avancé que le sanctuaire terrestre était un symbole de l'église, tirant ce raisonnement des passages où l'église est appelée le temple de Dieu. Mais il n'est pas rare de voir dans l'Ecriture la même image employée dans des rapports différents, pour représenter différents objets. La Bible enseigne positivement que les lieux saints du sanctuaire terrestre "représentaient les choses qui sont dans le ciel." Héb. 9 : 23. L'expression "temple de Dieu" est employée pour désigner parfois le sanctuaire dans le ciel, et parfois, l'église. Dans chaque cas, on doit déterminer sa signification par le contexte.

NOTE 7. PAGE 307. — Presque tous les Adventistes, y compris M. Miller, crurent pendant une courte période, après le désappointement de 1844, que le monde avait reçu son dernier avertissement. Ils pouvaient difficilement croire autrement, vu leur foi au message qu'ils avaient proclamé : "L'heure de son jugement est venue" Apoc. 14 : 6, 7. Ils avaient naturellement pensé que cette proclamation terminait cette dispensation.

Mais l'idée que l'œuvre de l'Evangile était achevée fut bientôt abandonnée, sauf par quelques fanatiques qui ne voulurent recevoir ni conseil, ni instruction. Une certaine classe de croyants qui abandonnèrent l'idée "que la porte de la miséricorde fût fermée", furent amenés à cela par la découverte du fait que d'autres messages devaient être proclamés après Celui qui déclarait : "L'heure de son jugement est venue", et que le troisième message, le dernier, devait être proclamé à "plusieurs peuples, nations, langues et rois." Ils apprirent que le jugement se tient dans le ciel avant la venue du Seigneur ; que le jugement des justes doit complètement s'achever tandis que Jésus est encore leur avocat devant le trône du Père ; que la vie éternelle sera donnée instantanément aux saints lorsque leur Sauveur viendra, ce qui est une preuve qu'ils auront été jugés et acquittés.

Avec la connaissance du troisième message, ils reçurent aussi des lumières sur le sanctuaire et sa purification ; ils comprirent ainsi que l'œuvre anti typique du Jour des Expiations, qui s'accomplissait dans le lieu très saint, était l'évènement même indiqué par le message qu'ils avaient proclamé. Ils virent que le temple de Dieu avait deux voiles ou portes (Héb. 9 : 3), et que dans ce moment l'une était fermée et l'autre ouverte. Ils prêchèrent ces vérités avec un zèle ardent et une nouvelle espérance, et engagèrent leurs semblables à s'efforcer d'entrer par la foi dans le lieu très saint, au-dedans du second voile, où notre Souverain Sacrificateur est allé pour effacer les péchés de ses disciples, depuis Abel jusqu'à ceux de l'heure actuelle.

NOTE 8. PAGE 311. — Le texte d'Apoc. 14 : 6, 7, prédit la proclamation du message du premier ange. Puis le prophète poursuit : "Et un autre, un second ange suivit, en disant : Elle est tombée, elle est tombée, Babylone… Et un troisième ange, les suivit." Le mot rendu ici par "suivit", signifie dans des constructions telles que celle de ce texte, "aller avec." Liddel et Scott rendent ce mot ainsi : "Suivre quelqu'un, aller après ou avec lui." Robinson dit : "Suivre, aller avec, accompagner quelqu'un." C'est le même mot qui se trouve dans Marc 5 : 24 : "Jésus s'en alla avec lui. Et une grande foule le suivait et le pressait." Il est également employé lorsqu'il est question des cent quarante-quatre mille rachetés, où il est dit : "Ce sont ceux qui suivent l'Agneau, partout où il va" Apoc. 14 : 4. Dans ces deux endroits, il est évident que l'idée qu'on a eu l'intention d'exprimer, est celle d'aller ensemble, de compagnie. De même, dans 1 Cor. 10 : 4, où il est dit que les enfants d'Israël "buvaient de l'eau du rocher spirituel qui les suivait", le mot "suivait" est traduit du même mot grec que d'autres traduisent : "allait avec eux." Nous apprenons par là que l'idée exprimée dans Apoc. 14 : 8, 9, n'est pas simplement que les deuxième et troisième anges suivirent le premier dans l'ordre des temps, mais qu'ils allèrent avec lui. Les trois messages ne sont qu'un triple message. Ils ne sont trois que dans l'ordre de leur apparition. Mais ayant paru, ils vont ensemble et sont inséparables.

NOTE 9. PAGE 319. — Les évêques de Rome commencèrent très tôt à exiger que les autres églises leur obéissent. Nous en avons un exemple frappant dans la dispute qui s'éleva entre les églises d'Orient et celles d'Occident à l'égard de la Pâque. Cette dispute eut lieu au deuxième siècle. Voici comment Mosheim raconte la chose : "Les chrétiens de ce siècle célébraient des fêtes en commémoration de la mort et de la résurrection de Jésus-Christ… On appelait Pâques le jour destiné à rappeler la mort du Sauveur… A l'imitation des Juifs, ils [les chrétiens] mangeaient tous l'agneau pascal, en mémoire de la dernière cène de notre Sauveur. Mais les chrétiens d'Asie célébraient cette fête le quatorzième jour du premier mois de l'année sainte des Juifs, c'est-à-dire de la lune de mars, dans le même temps que les Juifs célébraient leur Pâque ; et trois jours après, ils faisaient la commémoration de la résurrection de Jésus-Christ." Les églises d'Occident, par contre, célébraient la résurrection du Christ le dimanche qui suivait la Pâque juive, et observaient le souper pascal le soir qui précédait ce dimanche, en sorte qu'elles liaient ensemble la commémoration de la mort du Sauveur et celle de sa résurrection.

"Vers la fin de ce siècle [deuxième siècle], Victor, évêque de Rome, se mit dans la tête de forcer les chrétiens d'Asie à suivre, à cet égard, l'usage de ceux d'Occident, et d'employer pour cela l'autorité prétendue de ses décrets ; en conséquence, …il écrivit à ceux d'Asie une lettre fort catégorique, par laquelle il leur ordonnait de se conformer à la pratique reçue en Occident. Les chrétiens d'Asie répondirent à cette sommation impérieuse par la plume de Polycrate, évêque d'Ephèse, qui déclara avec beaucoup de fermeté, que sur ce point, ils ne s'écarteraient jamais de la coutume de leurs ancêtres. Là-dessus, la foudre de l'excommunication commença à éclater : Victor, irrité d'une réponse aussi ferme de la part des évêques d'Asie, rompit toute communication avec eux, leur refusa le nom de frères, et les exclut de toute communion avec l'église de Rome [6]." "Ce fut là, dit Bower, le premier attentat de l'usurpation papale."

Pendant un certain temps, pourtant, les efforts de Victor parurent produire peu d'effet. On ne portait aucune attention à ses lettres, et les chrétiens d'Asie continuaient à suivre leur ancienne coutume. Mais en s'appuyant sur le pouvoir impérial, que l'église influença pendant tant de siècles pour servir à ses fins, Rome finit par l'emporter. Le concile de Nicée, "pour complaire à Constantin le Grand, ordonna que la fête de Pâques fût observée partout le même jour, selon la coutume romaine [7]." Ce décret, "appuyé de l'autorité d'un si grand empereur", fut décisif ; "personne, sauf quelques schismatiques isolés, apparaissant çà et là, n'osa s'opposer à la décision de ce fameux synode [8]."

NOTE 10. PAGE 403 — Il n'y a pas de nos jours de mouvement plus remarquable et qui se relie à des conséquences plus vitales pour les hommes et les nations que la recrudescence rapide de l'influence papale dans les affaires des nations. La papauté est en voie d'exercer prochainement une influence plus grande que n'importe quelle autre puissance humaine. Ce fait est constaté par les observateurs les plus compétents et les plus autorisés. Donnons-en quelques témoignages. L'église libre, premier journal protestant de France : "A la faveur d'une liberté dont il maudit le principe, le parti clérical s'organise : avec l'étonnant esprit de discipline qui lui est propre, il groupe ses forces, enrôle toutes les activités, tous les volontaires disposés à le servir, et travaille à établir de toutes pièces… un nouvel état social, en attendant qu'il puisse réaliser ses ambitions politiques."

Le Temps de Paris : "La papauté qu'on croyait n'être plus qu'une puissance métaphysique, apparaît tout à coup comme un facteur puissant dans les luttes politiques de chaque pays. Ce qui se passe aujourd'hui fait inévitablement songer à ce qui pourrait se passer dans d'autres circonstances et dans d'autres pays, et cela ne peut laisser personne indifférent… Etrange retour des choses … que l'on puisse entrevoir la possibilité de ce rêve du Moyen Age, la papauté décidant en fait du gouvernement politique de toutes les nations !"

La Saturday Review : "Tandis qu'aux yeux de certains hommes, la papauté semblait réaliser le portrait fait au dix-septième siècle, par Bunyan, de ce géant décrépit, édenté, grimaçant dans sa rage impuissante devant ses ennemis triomphants, … Rome était en train, tranquillement, de reprendre, comme elle ne l'a pour ainsi dire pas fait depuis la Réforme, sa position de pouvoir central de la chrétienté." Le Journal de Genève : "Tout le monde est frappé du prestige moral et politique qu'en neuf années la politique de Léon XIII a rendu à la papauté. Il y a un contraste saisissant entre l'obscurité et l'humilité où se fit, dans la chapelle Sixtine, l'exaltation du successeur de Pie IX, et le spectacle qu'on a vu depuis, de ce pape traitant avec les puissants de ce monde toutes les grandes questions internationales, et pouvant espérer devenir l'arbitre de l'Europe chrétienne."

Ces appréciations ont été justifiées avant et depuis par des faits de la plus haute importance. Mentionnons l'intervention du pape comme arbitre dans un conflit entre l'Espagne et l'Allemagne ; puis son intervention, à la demande de l'Allemagne, dans les luttes électorales de ce pays qui doit sa gloire à Luther. Le Témoignage de Paris, parlant de cette seconde intervention, disait : "Le pape Léon XIII intervenant dans les luttes intérieures de l'Allemagne, prenant parti dans ses luttes intimes, venant appuyer de l'autorité de son grand nom la politique électorale du chancelier ! Quelle chose nouvelle et vraiment inouïe, même chez les peuples catholiques ! Quel comble !" Un troisième fait, c'est l'abolition, en Allemagne, des "Lois de Mai", destinées à combattre les progrès du catholicisme, et le rappel des corporations monastiques abolies par ces lois, à la seule exception des jésuites. On peut juger de l'inefficacité de cette clause d'exception, comme des progrès effrayants du catholicisme en Allemagne, par la statistique suivante, publiée récemment, et donnant le nombre des diverses catégories de jésuites avant et après la loi d'expulsion. En 1872, il y avait 372 pères ou profès ; en 1888, il y en a 473, soit exactement 101 de plus ; en 1872, il y avait 190 scolastiques ou novices ; en 1888, il y en a 212 ; soit une augmentation de 22 ; en 1872, il y avait 202 affiliés laïques ; en 1888, il y en a 327, soit 125 de plus. Soit une augmentation totale de 248. Comme l'Allemagne, l'Angleterre s'est également montrée désireuse d'accepter sinon de demander l'intervention du pape dans ses troubles intérieurs avec l'Irlande.

Chacun se rappelle le grand jubilé pontifical de Léon XIII qui a duré pendant toute l'année 1888, et à l'occasion duquel tous les gouvernements, protestants aussi bien que catholiques, sauf le royaume d'Italie et le royaume uni de Suède et de Norvège, ont envoyé leurs hommages et des présents au pontife des bords du Tibre. Les progrès du catholicisme sont également très marqués en Suisse, comme vient de le mettre en évidence le dernier recensement fédéral de 1888 ; en Angleterre, où le ritualisme, toujours plus puissant, lui ouvre une large voie au sein même du protestantisme ; en Norvège, où l'opinion publique subit un étrange revirement en faveur du romanisme ; et surtout aux Etats-Unis, où, contre toute attente, ses progrès sont peut-être les plus marqués.

Ce fait se manifeste dans ce dernier pays de mille manières diverses : par les faveurs accordées officiellement aux dignitaires catholiques romains ; par le nombre étonnant de charges publiques qui leur sont confiées ; par le haut patronage donné à leurs établissements d'éducation par la haute classe protestante ; par la redoutable organisation politique du catholicisme et son influence prépondérante dans les élections, et enfin par l'indifférence que ces progrès mêmes inspirent à la presse religieuse protestante, indifférence qui tend généralement à devenir une complaisance réelle à l'endroit du catholicisme en général et du souverain pontife en particulier.

NOTE 11. PAGE 408 — Ces mouvements apparaissent sous diverses formes et de diverses manières ; mais l'organisation qui revêt presque toutes les formes, et qui travaille de toutes les manières à atteindre son but, est la National Reform Association. Elle prit naissance dans une conférence représentant "onze dénominations diverses de chrétiens établis dans sept Etats de l'Union." Elle a maintenant l'appui d'hommes marquants de "toutes les branches de l'église", de la National Women's Christian Tempérance Union, et du Prohibition Party. Son but est d'obtenir un amendement à la Constitution nationale, "afin de constituer un gouvernement chrétien" "reconnaissant le Dieu Tout-Puissant comme source de toute autorité et de tout pouvoir dans le gouvernement civil, le Seigneur Jésus-Christ comme gouverneur des nations, sa volonté révélée comme loi suprême du pays" ; et plaçant ainsi "toutes les lois chrétiennes, les institutions et les usages de notre gouvernement sur une base légale indéniable, dans la loi fondamentale du pays." Une de ses propositions, énoncée par David Gregg, D. D., pasteur de Park Street Church à Boston, est que "l'Etat a le droit de commander à la conscience des hommes."

Une autre, exprimée par le "Christian Statesman", est que le gouvernement doit "imposer à tous ceux qui vivent parmi nous les lois de la moralité chrétienne." Une autre, énoncée par le Rév. E. -B. Graham, est que "si les adversaires de la Bible n'aiment pas notre gouvernement et ses formes chrétiennes, qu'ils se rendent dans quelque pays sauvage et désolé ; et qu'au nom et pour l'amour de Satan, ils le soumettent, et y établissent un gouvernement de leur choix, fondé sur leurs idées incrédules et athées, et puis, s'ils le peuvent, qu'ils y demeurent jusqu'à leur mort." Une autre, exprimée par Jonathan Edwards, D. D., est que les Juifs, et tous les chrétiens qui gardent le septième jour doivent être classés parmi les athées, et "doivent être regardés, au point de vue du mouvement dominical, comme formant un même parti", et comme "ne pouvant vivre sur le même continent" que les chrétiens de la "Réforme Nationale."

Chacun peut voir facilement, que la théorie gouvernementale de la "Réforme Nationale" est la théocratie. Et c'est au fond ce qu'ils se proposent d'établir. Ils disent qu' "une république ainsi gouvernée est de Dieu par le peuple, et qu'elle est aussi réellement et vraiment une théocratie que le gouvernement d'Israël." Une feuille mensuelle du "National W. G. T. U.", écrite par Miss Willard, sur "Dieu dans le gouvernement", dit : "Nous sommes destinés à voir se former une vraie démocratie, et à voir Christ reconnu et rendu souverain par la loi et les législateurs ; c'est pourquoi je prie avec ferveur, comme patriote chrétien, pour que les femmes entrent en possession du droit de vote." Dans son discours annuel à la "National W. G. T. U. Convention" de 1887, Miss Willard dit : "Le royaume du Christ doit entrer dans l'ordre de la loi par la porte de la politique... Il y a assez de partisans de la tempérance dans les deux partis [démocratique et républicain] pour prendre possession du gouvernement, et pour former autour de la prohibition nationale le parti de l'avenir, qui sera le parti de Dieu... Nous prions Dieu de ne leur laisser aucun repos ... jusqu'à ce qu'ils ... fassent un vœu de soumission à Christ en politique, et qu'ils marchent en une grande armée vers le scrutin pour adorer Dieu... Je crois fermement que l'œuvre patiente et persévérante des femmes chrétiennes influera tellement sur la politique de la prochaine génération, que le parti de Dieu sera en tête." Or, une théocratie d'origine humaine n'est qu'un système de gouvernement qui met l'homme à la place de Dieu. C'est précisément la théorie sur laquelle la papauté fut édifiée, et c'est justement ce qu'est la papauté. La théorie de la "Réforme Nationale" est identique à celle de la papauté ; par conséquent, l'établissement de la théorie de la "Réforme Nationale" dans le gouvernement, ne sera que l'érection d'une image vivante de la papauté. Défendant, comme ils le font, la théorie papale, on ne doit pas s'étonner que ces partis soient désireux d'obtenir la coopération de la papauté pour arriver à leurs fins. Le "Christian Statesman" est l'organe officiel de "l'Association de la Réforme Nationale." Dans un article de fond du 11 décembre 1884, ce journal dit : "Nous reconnaissons avec bonheur le fait que dans les républiques de l'Amérique du Sud, en France et dans d'autres contrées européennes, les catholiques romains sont les défenseurs convaincus du christianisme national, et s'opposent à toutes les propositions de sécularisation... Dès le jour où ils voudront coopérer avec nous dans notre résistance aux progrès de l'athéisme politique, nous leur donnerons joyeusement la main. Dans une conférence universelle pour l'avancement du christianisme national, — qui devrait être convoquée prochainement — maintes contrées de l'Europe ne pourraient être représentées que par des catholiques romains." Et dans ce même journal, le 31 août 1881, le Rév. Sylvester Scovil disait : "Cet intérêt commun [que tous les hommes religieux prennent au dimanche] devrait fortifier notre ardeur au travail, et nous disposer à coopérer de toutes manières avec nos concitoyens catholiques romains. Nous pouvons nous exposer à quelques rebuffades dans nos premières propositions, et le temps n'est pas encore venu où l'église romaine consentira à donner la main à d'autres églises comme telles ; mais le temps est venu de lui faire des avances réitérées, et d'accepter de bon cœur sa coopération sous quelque forme qu'elle veuille consentir à la donner. C'est une des nécessités de la situation. Le terrain commun entre les deux grandes divisions de la chrétienté sur des questions de législation morale, est une chose digne de la considération de nos meilleurs esprits et de nos hommes qui ont le plus d'expérience dans ces sortes d'affaires." Une récente Encyclique de Léon XIII (1885) est parfaitement d'accord avec cela ; elle porte que "tous les catholiques devraient faire tout ce qui est en leur pouvoir pour faire que les Constitutions des Etats et les législations soient modelées sur les principes de la vraie église, et que tous les écrivains et journalistes catholiques ne devraient jamais perdre de vue, un seul moment, le but des prescriptions ci-dessus." Par conséquent, comme le but de la "Réforme Nationale" est identique à celui de Rome, on ne peut s'attendre qu'à les voir prêtes à se "donner joyeusement la main." Aussi, dès le jour où le protestantisme emploiera le pouvoir civil à l'appui de ses dogmes, que ce soit avec ou sans l'aide de Rome, il n'aura pas fait autre chose qu'élever une image à la papauté.

NOTE 12. PAGE 411. — Il y a encore des observateurs du Sabbat en Abyssinie. Joseph Wolff, dans son journal de 1836, donnant le récit de sa visite dans ce pays, dit que "le Sabbat des Juifs, c'est-à-dire le samedi, est strictement observé chez les Abyssiniens de la province de Hamazien."

NOTE 13. PAGES 430, 436. — Le mot "sceau" est employé dans les Ecritures en divers sens, de même que dans la vie ordinaire. Voici la définition qu'en donne Littré : "Grand cachet sur lequel sont gravés en creux la figure, les armoiries, la devise d'un souverain, d'un Etat, d'un prince, d'un corps, d'une communauté, d'un seigneur, dont on fait des empreintes sur des lettres, des diplômes, des actes publics, etc., pour les rendre authentiques" Les termes "marque" et "signe" sont employés dans les Ecritures comme synonymes de sceau ; voir Rom. 4 : 11.

Dans l'alliance avec Noé, le terme "signe" est employé dans le sens d'assurance ou preuve de stabilité. L'arc-en-ciel fut donné comme un signe ou un gage que Dieu ne détruirait plus la terre par les eaux. Gen. 9 : 13. Dans l'alliance avec Abraham, la circoncision fut la marque ou le signe de cette alliance. Elle la ratifiait, la rendait sûre ; car ceux qui n'avaient pas ce signe étaient retranchés. Gen. 17 : 11, 14. Ce signe était une institution, un rite. Gesenius donne le mot "mémorial" comme l'une des définitions du terme de l'original. Or un mémorial est un gage ou un signe.

Dans Ex. 31 : 17 et Ezé. 20 : 12, 20, le Sabbat de l'Eternel est appelé un signe. C'est un mémorial de l'œuvre du Créateur, et ainsi un signe de sa puissance et de sa divinité. Rom. 1 : 20. C'est également une institution, comme le fut la circoncision ; mais il y a cette distinction : la circoncision était un signe en la chair, tandis que le Sabbat est un signe dans l'intelligence. "Sanctifiez mes Sabbats, qu'ils soient entre moi et vous un signe, auquel on connaisse que je suis l'Eternel, votre Dieu." Ezé. 20 : 20.

Dans Ezé. 9 : 4, le mot employé dans le texte original est traduit : "marque." Gesenius le définit "une marque, un signe." La Bible des Septante emploie ici le même mot que le grec de Rom. 4 : 11, rendu par "signe." Ainsi les mots "signe", "marque" et "sceau", se trouvent appliqués aux mêmes choses, ou employés comme ayant la même signification, dans les Ecritures.

Dans Ezé. 9 : 4, et Apoc. 7 : 2, 3, il est dit qu'une marque ou un signe doit être placé sur le front des serviteurs de Dieu. Ces deux passages se rapportent à un temps où une destruction complète viendra frapper les impies. Les enfants de Dieu seront scellés afin qu'ils soient sauvegardés du mal. Mais "le front" est évidemment employé figurativement pour représenter l'intelligence ou l'esprit, comme "le cœur" est employé pour désigner la disposition ou les affections. Marquer ou sceller au front, signifie la même chose "qu'écrire dans l'entendement" Héb. 10 : 16.

Le Sabbat est le signe de Dieu ; c'est le sceau de sa loi. Esa. 8 : 16. C'est un signe par lequel nous pouvons savoir qu'il est Dieu ; et par conséquent, il est dit avec à propos qu'il est placé sur le front.

Les adorateurs de la bête (Apoc. 13) reçoivent, est-il dit, sa marque sur le front ou sur la main. De même que le front représente l'intelligence, la main représente la puissance, comme dans le Ps. 89 : 49, version Lausanne : Dégagera-t-il "son âme de la main du séjour des morts ?" Le culte forcé n'est pas agréable à Dieu ; c'est pourquoi ses serviteurs ne sont scellés qu'au front. Mais ce culte est agréable aux pouvoirs impies ; la hiérarchie romaine en a toujours été avide. Voyez sur la nature de cette marque, notre chapitre vingt-cinquième. Le signe ou sceau de Dieu est son Sabbat ; le sceau ou la marque de la bête lui est directement opposé ; c'est un sabbat contrefait, le "jour du soleil." Suivant Apoc. 14 : 9-12, ceux qui ne reçoivent pas la marque de la bête gardent les commandements de Dieu ; or le Sabbat se trouve dans le quatrième précepte. Ils gardent le Sabbat de l'Eternel ; ils portent son signe ou sceau. L'importance de ce signe se voit en ceci, que le quatrième commandement est le seul de la loi qui distingue le Créateur des faux dieux. Comparez Jér. 10 : 10-12 ; Act. 17 : 23, 24 ; Apoc. 14 : 6, 7, etc. Et c'est parce qu'ils gardent cette partie de la loi, que les enfants de Dieu souffriront la persécution ; mais lorsque la colère de Dieu fondra sur les persécuteurs qui voudront leur imposer le signe ou la marque de la bête, alors ils comprendront l'importance du Sabbat, du sceau du Dieu vivant. Ceux qui se détournent de ce que Dieu a prononcé lorsque sa voix ébranla la terre, confesseront leur fatale erreur lorsque sa voix ébranlera non seulement la terre mais aussi les cieux. Héb. 12 : 25, 26 ; Joël 3 : 9-16, et autres.

NOTES BIOGRAPHIQUES

COLOMBAN — C'est au second siècle que l'Evangile fut porté pour la première fois en Grande-Bretagne ; de là, par les travaux de Succat ou St Patrick, au quatrième siècle, il se répandit en Irlande. L'invasion de la Grande-Bretagne par les païens Saxons, l'an 449, fit presque entièrement disparaître le christianisme de l'Angleterre et de l'Ecosse. Mais il reprit vie une centaine d'années plus tard, suite aux travaux de Colomban, natif d'Irlande, et qui sortait d'une des églises fondées par Succat. Colomban répandait l'Evangile avec une grande activité dans son propre pays, lorsque son attention se porta sur les Piétés, encore païens ; il résolut de travailler à leur conversion. Avec quelques compagnons, il s'établit dans la petite île d'Hy ou Iona, sur la côte occidentale de l'Ecosse. Une église et un collège s'y fondèrent bientôt, et l'Evangile fut répandu dans une partie considérable de l'Europe par les évangélistes qui furent envoyés de cette île.

Colomban était d'origine noble, "d'une haute stature, et d'un port majestueux. C'était un homme d'une perception prompte, et d'une grande force de caractère ; une de ces intelligences puissantes qui forment et subjuguent les autres intelligences." "Il avait un ardent amour pour la Parole de Dieu, et employait beaucoup de temps à la lire, à l'étudier et à la copier. Il consacrait également beaucoup de temps à la prière et à la direction des communautés qui s'étaient placées sous ses soins, s'efforçant de les former aux arts utiles aussi bien que de leur inculquer la connaissance du christianisme."

Colomban travailla personnellement et avec un grand succès, en Ecosse et en Angleterre, et visita plusieurs fois l'Irlande. Il passa la dernière partie de sa vie à Iona "l'île de son cœur", comme il se plaisait à la nommer. Sa fin fut des plus touchantes. Le jour avant sa mort, ayant été transporté sur une colline d'où la vue s'étendait sur la maison de mission et sur sa petite ferme, il les regarda un moment, puis, levant les mains, il invoqua la bénédiction du ciel sur elles. "De retour dans sa hutte, il acheva son travail quotidien en copiant dans le livre des Psaumes et, arrivant au passage où il est écrit : "Rien ne manque à ceux qui le craignent", "il dit : Voici la fin de "la page, où je dois m'arrêter." Lorsque la cloche sonna les matines, il se rendit en hâte à l'église et, avant que les frères puissent arriver auprès de lui, il défaillit devant l'autel. Incapable de parler, il fit un faible effort pour lever encore une fois une main bénissante, et, la joie brillant sur son visage, il entra dans son repos."

Colomban était né à Gartan, comté de Donegal Irlande, en 521 après Jésus-Christ ; il mourut à Iona, Ecosse, l'an 597.

LES VAUDOIS — C'est, croit-on, à Pierre Valdo, négociant lyonnais, qui vivait vers l'an 1150 qu'ils doivent leur nom. Trouvant le temps d'étudier les lettres au milieu de l'activité de la vie commerciale, il fut amené à étudier la Bible et, ayant trouvé les vérités de l'Evangile, il consacra sa vie à les propager. Il rendit d'importants services à l'œuvre de la Réforme, en faisant exécuter à ses propres frais, et sous sa surveillance, une traduction du Nouveau Testament en langue romane, alors l'idiome du sud de la France. C'était la première traduction complète des Ecritures dans une des langues de l'Europe au Moyen Age, et c'était la seule qui pût servir à l'usage du peuple.

Mais les chrétiens primitifs, connus sous le nom de Vaudois, existaient avant les jours de Valdo. Dès les premiers temps, il y eut des chrétiens gardant la foi de l'église apostolique, et protestant contre la tyrannie et la corruption romaines. Le diocèse de Milan, — qui comprenait les plaines de la Lombardie, les Alpes piémontaises et les provinces du Sud de la France — dépassait en étendue les domaines temporels du siège de Rome ; et ce ne fut que vers le milieu du onzième siècle que Milan reconnut la suprématie du pape. Même alors, bien des gens repoussèrent le joug de ses prélats, et maintinrent leur indépendance dans les montagnes du Piémont. Dans le Sud de la France, les Albigeois firent la même résistance aux usurpations papales.

La persécution qui sévit sous Innocent III, au treizième siècle, et qui eut pour résultat l'extermination des Albigeois, sévit pendant des siècles sur les Vaudois avec une violence extraordinaire. Pour avoir la paix, beaucoup firent à Rome une soumission apparente. Mais à la Réformation, une nouvelle vie ranima les habitants des vallées du Piémont. Ils rendirent de nouveau témoignage à leur foi, et les feux de la persécution furent rallumés. Maintes fois réitérées, des troupes de soldats furent envoyées contre eux. Un massacre succédait à un autre. Les tortures les plus terribles qui furent jamais infligées par des démons à face humaine, furent exercées contre des vieillards, des femmes et de petits enfants. En 1685, la victoire restait aux persécuteurs. Tous les habitants des vallées qui avaient survécu aux massacres furent emmenés pour remplir les prisons des vainqueurs. Les privations, les traitements barbares et la peste accomplirent leur œuvre meurtrière ; et en moins d'une année, des quatorze mille détenus qui étaient entrés dans les prisons, trois mille seulement en ressortirent lorsqu'on leur en ouvrit les portes. Condamnés au bannissement, au milieu de l'hiver, un grand nombre traversa les Alpes pour aller chercher un lieu de refuge. Des centaines moururent, et les survivants atteignirent, après de terribles souffrances, les portes de Genève. Quelques années plus tard, une partie d'entre eux retournèrent dans leurs montagnes, et reprirent possession de leurs maisons désertes.

Au dix-huitième siècle, la persécution religieuse se ralentit généralement. Pourtant, en 1799, les Vaudois étaient encore soumis à maintes restrictions civiles : on volait souvent leurs enfants, ou on les leur enlevait de force, afin de les élever dans la foi catholique, et ils devaient payer les dîmes au clergé romain. Ce ne fut qu'en 1848 que les Etats du Piémont leur accordèrent la jouissance de tous leurs droits de citoyens. Dans les Etats de l'église, pourtant, le pape continua à régner en souverain, et sa puissance était une menace constante pour la liberté religieuse. Mais en 1870, la forteresse de la papauté tomba. Bientôt, le Nouveau Testament s'imprima à Rome, par les soins d'un jeune Vaudois, sous les fenêtres mêmes du Vatican. Une prison fut transformée en imprimerie, et, dans une salle où retentissaient les cris des martyrs de Jésus, on établit une presse qui servit à l'impression de l'Evangile de paix, envoyé de là dans tout le pays.

JEAN WICLEF, ou de Wiclef, le plus grand des "réformateurs avant la Réforme", naquit vers l'an 1324 dans le village du même nom, dans le Yorkshire, en Angleterre. Il mourut en 1384. On sait peu de chose sur ses premières années. Il fit ses études à l'université d'Oxford qui ne comptait, déjà à cette date arriérée, pas moins de trente mille étudiants. C'est là qu'il résida et qu'il enseigna jusque vers la fin de sa vie. Par sa défense de l'Acte d'Edouard III, qui refusait de payer le tribut demandé par le pape, et sa défense des droits populaires lorsqu'il fut envoyé dans les Pays-Bas comme délégué pour traiter avec les envoyés du pape, Wiclef gagna la confiance et l'appui du roi et du peuple. Quoique poursuivi par la haine infatigable du pape et de ses partisans, et finalement chassé de l'université, il fut nommé par le roi recteur de Lutterworth ; c'est là qu'il se voua à la traduction de la Bible dans sa langue maternelle. "Wiclef se distingua comme savant, comme diplomate et prédicateur." "L'étendue de ses connaissances et la supériorité de son intelligence lui donnaient une vaste influence sur l'université. Mais la Bible était son drapeau et son fondement ; ses sermons en sont véritablement saturés. Son but y est toujours de défendre la vérité du Christ."

JEAN HUS, de Hussinetz, Bohême, né en 1378, fut un des principaux de ceux qui, reprenant le flambeau de la vérité des mains de Wiclef, le passèrent aux réformateurs du seizième siècle. Il fit ses études à l'université de Prague, et devint en 1402 recteur de l'université, et prédicateur de la chapelle de Bethléhem. Il ne saisit pas la vérité aussi clairement que Wiclef ; il conserva des doctrines papales que les réformateurs anglais avaient répudiées ; mais il défendit la grande vérité fondamentale de l'infaillibilité des Ecritures, et réprima fidèlement les vices de l'église ; il sacrifia sa vie comme témoignage de sa fidélité à ses principes. Il fut brûlé à Constance en 1415.

"Hus se distingua bien moins par ses talents et ses connaissances, que par la droiture avec laquelle il forma ses convictions, la ténacité avec laquelle il les conserva, et l'enthousiasme désintéressé avec lequel il en fit part. On ne peut pas dire qu'il ait ajouté à la fortune intellectuelle du monde ; mais il a apporté un immense capital à sa moralité." On l'a nommé avec raison "un des plus braves martyrs qui soient morts pour la cause de la droiture et de la liberté, du progrès et de l'avancement vers la lumière."

JÉRÔME DE PRAGUE, l'ami dévoué de Hus, était issu d'une famille noble de Bohême. Après avoir passé plusieurs années à l'université de Prague, il continua ses études dans les principales universités de France, d'Allemagne et d'Angleterre, recevant dans chacune le brevet de docteur en théologie. A Oxford, il apprit à connaître les écrits de Wiclef, et les étudia avec un grand enthousiasme. "Jusqu'à présent, dit-il, nous n'avons eu que l'écorce de la science ; c'est Wiclef qui, le premier, en découvrit le noyau." Il se mit à traduire les écrits de Wiclef dans sa langue maternelle, le bohème, et, de retour en Bohême, il se joignit à Hus pour proclamer les doctrines réformées. Jérôme naquit en 1365, et fut brûlé à Constance en 1416.

MARTIN LUTHER — Eisleben, petite ville de la forêt de Thuringe, fut le lieu de naissance de Luther, le plus grand des réformateurs. Né en 1483, alors que la renaissance des lettres avait déjà commencé, et que les esprits se réveillaient de la torpeur du Moyen Age, Luther fut suscité par Dieu pour les faire sortir de la servitude de la superstition. Il fut d'abord envoyé à l'école, à Mansfeld, à Magdebourg et à Eisenach, et montra très tôt une grande intelligence. A Eisenach, comme il chantait devant les maisons, demandant du pain pour l'amour du Christ, il attira l'attention de la bonne Ursula Gotta, qui le reçut chez elle et entoura de ses soins maternels le pauvre jeune étudiant. En 1501, Luther entra à l'université d'Erfurt ; quatre ans plus tard, il abandonna ses études pour le monastère. Il fut ordonné prêtre en 1507, et fut appelé l'année suivante à occuper une chaire de l'université de Wittenberg. Il afficha ses fameuses thèses contre les indulgences en 1517 ; et en 1521, il parut devant la diète de Worms. Le décret de proscription qui fut prononcé dans cette diète fut appliqué sur lui pendant vingt-cinq ans ; pourtant, comme Wiclef, il devait mourir en paix. Quoique près de la moitié de sa vie active se fût passée à Wittenberg, c'est à Eisleben, son lieu natal, qu'il expira le 18 février 1546, épuisé par ses grands travaux.

"Luther fut appelé à endurer beaucoup de souffrances physiques. Il avait eu dès son enfance un corps grêle, quoiqu'il approchât plus tard de la corpulence. Le visage arrondi qu'on lui donne dans ses derniers portraits, provenait, dit-on, non pas d'une santé robuste, mais d'une tendance à l'hydropisie, résultat des austérités de sa jeunesse. Il avait des habitudes de sobriété. Sa voix n'était ni haute, ni forte ; c'était l'éclair plutôt que le tonnerre de ses paroles qui produisait ces effets puissants.

"Le caractère de Luther se montre si clairement dans sa vie, qu'il est à peine nécessaire d'en indiquer les principaux traits. Il était si ingénu que si le monde entier avait conspiré pour couvrir ses fautes, il les aurait découvertes de sa propre main. Sa violence était celle d'une nature puissante, forte dans ses convictions, livrant la bataille de la vérité contre d'implacables ennemis. Tout le monde admet qu'il était généreux, sincère, droit, d'une bravoure inflexible dans le danger, plein de tendresse et d'humanité ; qu'il fut un des génies de sa race, puissant en paroles et en actes, incomparable comme orateur populaire, véritable homme du peuple, quoique prince parmi les princes, un enfant de la foi, un enfant de Dieu."

PHILIPPE MÉLANCHTHON, l'ami et collaborateur de Luther dans la Réformation en Allemagne, naquit en 1497. Il était fils d'un maître armurier de Bretten, dans le duché de Bade, et parent et élève du célèbre Reuchlin, qui fit tant pour introduire l'étude du grec et de l'hébreu en Allemagne. Doué d'une intelligence remarquable, les études faisaient ses délices. A l'âge de douze ans, il entra à l'Université de Heidelberg, et à dix-sept ans, il prit ses grades de docteur. Ce fut vers cette époque qu'il changea son nom de Schwartzerd (terre noire) contre le grec Mélanchthon, qui a la même signification. Dans ce temps-là, il n'était pas rare que les savants traduisent leurs noms allemands en latin ou en grec. A vingt-et-un ans, Mélanchthon fut appelé à occuper la chaire de professeur de grec à Wittenberg. C'est alors que commença cette amitié avec Luther qui dura jusqu'à la mort du grand réformateur. Mélanchthon compare Luther à Elie et l'appelle "l'homme plein de l'Esprit Saint..." "De son côté, Luther disait de son ami : Mélanchthon est une merveille : tous le reconnaissent maintenant. Il est l'ennemi le plus redoutable de Satan et des scolastiques, car il connaît leur folie et le rocher qui est Christ." La diversité qui caractérisait ces deux hommes était cependant frappante. "L'Ecriture, disait Mélanchthon, abreuve l'âme d'une sainte et merveilleuse volupté ; elle est une céleste ambroisie." "La Parole de Dieu, s'écriait Luther, est un glaive, une guerre, une destruction ; elle fond sur les enfants d'Ephraïm comme la lionne dans la forêt." Ce fut de l'esprit logique et de la plume élégante de Mélanchthon que sortit la confession d'Augsbourg, dont ses ennemis mêmes reconnaissaient la clarté, la force, la simplicité et l'élégance. Il mourut à Wittenberg en 1560, et fut enterré à côté de Luther dans l'église du château.

ULRICH ZWINGLE naquit le jour de l'an 1484, dans le petit village de Wildhaus, dans une vallée des Alpes suisses, le Toggen-bourg. Ce fut le premier des réformateurs suisses, et son œuvre exerça une influence très étendue. Zurich fut le théâtre de ses plus importants travaux. Il fut appelé dans cette ville en 1519 ; en 1525, la réformation s'y était établie sans violence, et presque sans dérangement. Comme d'autres villes et des districts entiers adoptaient la foi réformée, les cantons catholiques prirent les armes pour s'opposer à la liberté religieuse. Dans la lutte qui s'en suivit, Zwingle, qui accompagnait les forces réformées en qualité de chapelain, tomba sur le champ de bataille de Cappel, le 11 octobre 1531.

"Zwingle fut un hardi réformateur, un savant capable, un prédicateur éloquent, un patriote républicain et un homme d'Etat clairvoyant. Il n'avait pas le génie et la profondeur de Luther et de Calvin, la science de Mélanchthon et d'Œcolampade ; mais il était leur égal en droiture, en intégrité de caractère, en courage héroïque, en dévouement à la cause de la réformation, et il les surpassait en libéralité."

JEAN ŒCOLAMPADE est appelé le "réformateur de Bâle ; "mais son influence fut fort étendue. Il ressemblait d'une manière frappante à Mélanchthon par son intelligence et ses qualités morales. "Il y a dans la période de la Réformation, plusieurs exemples qui nous montrent que Dieu aime à envoyer ses disciples deux à deux lorsqu'il a une grande œuvre à accomplir. Luther marcha côte à côte avec Mélanchthon, Calvin avec Bèze et Œcolampade avec Zwingle."

Œcolampade naquit en 1482, dans le royaume actuel de Wurtemberg. Il eut, tout jeune, du plaisir à lire les écrits de Luther, aussi, en 1522, étant appelé à Bâle, il commença immédiatement à travailler pour la Réforme. Cette ville était alors le centre intellectuel le plus important de la Suisse, le siège de son unique université, et la résidence de ses plus grands imprimeurs. Œcolampade fut bientôt appelé à occuper une chaire de l'université, et en 1529 la Réformation fut établie à Bâle. C'est dans cette même ville que mourut Œcolampade, en 1531.

JACQUES LEFÈVRE, savant éminent et un des premiers réformateurs français, naquit en 1450 et mourut en 1536. Lefèvre était professeur à l'université de Paris, lorsque, en 1507, il se mit à étudier la Bible. Il publia des Commentaires sur diverses portions des Ecritures, et en 1521 un de ses ouvrages fut condamné comme hérétique. Mais grâce à la faveur de François Ier et de la princesse Marguerite, les poursuites dirigées contre lui s'arrêtèrent. En 1523 parut sa traduction française du Nouveau Testament. Pourtant, après la bataille de Pavie et l'emprisonnement de François Ier, le parti du pape recourut aux mesures les plus violentes contre les réformateurs, et Lefèvre fut obligé de s'enfuir à Strasbourg, à l'âge de soixante-quinze ans. Peu après le retour du roi, il fut rappelé et, après avoir traduit l'Ancien Testament, il se retira à Nérac, résidence de Marguerite de Navarre, où il mourut. Lefèvre avait adopté les principes fondamentaux de la Réformation, et les avait soutenus par ses écrits ; pourtant, il ne rompit pas avec l'église romaine, espérant qu'une réforme pourrait avoir lieu dans l'église elle-même. Aimant l'étude et la tranquillité, il reculait devant une lutte ouverte. Mais son manque de hardiesse à confesser la vérité lui causa de cuisants remords dans ses derniers moments. "Je suis condamné. J'ai caché la vérité que j'aurais dû professer et confesser ouvertement." Jour et nuit, il poussait ce même cri ; mais il put finalement remettre son fardeau sur Christ, et mourut confiant dans la miséricorde divine.

GUILLAUME FAREL, un des plus hardis pionniers de la Réformation en Suisse et en France, naquit dans le Dauphiné (France) en 1489. Etudiant zélé et capable, il devint professeur dans un des collèges de Paris. Ayant adopté les principes de la foi réformée, il se jeta, avec toute l'ardeur de sa bouillante nature, dans l'œuvre de l'Evangile. Obligé de s'enfuir de France, il se rendit à Bâle, et se lia intimement avec Zwingle et Œcolampade, qui ne pouvaient que se sentir attirés par son énergie et son dévouement, tout en reconnaissant son manque de discrétion qui lui fit commettre parfois des imprudences et même des actes de rudesse. Mais le savant Erasme, politique et utilitaire, ne put souffrir le compromettant réformateur, qu'il obligea, par son influence, à quitter Bâle. Farel passa une grande partie de sa vie active en Suisse, s'occupant de travaux à la fois vastes et périlleux, et qui eurent pour résultat l'établissement de la foi réformée dans la plus grande partie de la Suisse réformée.

En 1532, Farel fut envoyé par les réformés comme député au Synode vaudois, dans la vallée d'Angrogne. Il fut ensuite considéré avec beaucoup d'estime par les Vaudois, et exerça une grande influence sur eux. A travers bien des vicissitudes, des dangers et des souffrances, il continua de travailler pour la Réformation jusqu'au jour de sa mort, qui eut lieu à Neuchâtel, en 1565. "Farel était un homme ardent, impétueux ; un missionnaire plutôt qu'un organisateur, un iconoclaste plutôt qu'un théologien." Bèze dit que dans sa prédication, "il excellait dans une certaine sublimité, de sorte que nul ne pouvait entendre ses foudres sans trembler."

JEAN CALVIN — Calvin naquit à Noyon, en Picardie, à environ quatre-vingts kilomètres de Paris, au nord-est, en 1509 ; il mourut à Genève en 1564. Calvin renonça de bonne heure au romanisme, et, en 1534, il fut forcé de fuir hors de France. En 1536, il publia à Bâle le plus célèbre de ses ouvrages, l'Institution de la Religion chrétienne. La même année, il commença ses travaux à Genève, où il passa dès lors la plus grande partie de sa vie. Il y fit strictement observer ses méthodes de gouvernement et de réforme ; et c'est à cette condition seule qu'il consentit à rester. Sous son influence, toute immoralité fut fermement réprimée. Outre les réfugiés qui se rendaient à Genève de toutes les parties de l'Europe, des milliers d'étudiants y accouraient aussi, attirés par la renommée de ses cours et de ceux de Bèze.

"Calvin était frugal et sans ostentation. Il avait une intelligence vive, une mémoire extraordinaire, et une fermeté et une inflexibilité qu'aucune opposition ne pouvait vaincre, et que nulles vicissitudes ne pouvaient ébranler. Dans ses principes, il était pieux et sincère." Quelques actes d'intolérance ont jeté une ombre sur sa carrière publique ; mais son caractère, dans la vie privée, est sans tache. Comme prédicateur, auteur et pasteur, et comme chef de la Réformation dans toute l'Europe, ses travaux sont presque incroyables. Il ne jouissait pas d'une bonne santé, pourtant il ne cessa de travailler presque jusqu'à son dernier jour. Il vécut dans la pauvreté, refusant qu'on augmente son modique salaire, refusant même les présents, sauf lorsqu'il pouvait les donner aux pauvres. Quoique accusé souvent d'avoir amassé des richesses, il ne laissa, à sa mort, qu'un peu plus de mille francs. A sa propre requête, on l'enterra sans pompe, et aucun monument ne marqua sa tombe.

MENNO SIMONS, "réformateur dont l'esprit et les travaux apostoliques n'ont pas, jusqu'à présent, été reconnus comme ils le méritent." Il naquit en 1492, dans le Nord de la Hollande. Il mourut dans le Holstern en 1559.

En 1536, Menno se sépara de l'église romaine. Son opposition au baptême des enfants le sépara des églises luthériennes et réformées. Tout en s'opposant fermement au fanatisme, il fit tous ses efforts pour rétablir dans l'église la pureté et la simplicité des jours apostoliques ; il demandait des candidats au baptême une profession personnelle, et faisait de la pureté de la vie une condition nécessaire d'admission dans l'église.

HANS TAUSEN, naquit au Danemark en 1494 ; il mourut en 1561. Il commença à prêcher les doctrines réformées en 1524. Il fut le premier prédicateur de la Réforme au Danemark et, avec Bugenhagen, le principal agent qui la fit établir dans ce pays.

OLAF ET LAURENTIUS PETRI naquirent à Orebro, Suède, le premier en 1497, le deuxième en 1499. Olaf mourut à Stockholm en 1552, Laurentius à Upsal en 1573. C'est essentiellement par leurs travaux que la Réformation s'établit en Suède, sous la protection du roi Gustave Vasa.

WILLIAM TYNDALE fut un des plus éminents réformateurs anglais du seizième siècle ; il naquit en 1484. Peu après avoir adopté la foi réformée, il résolut de traduire la Bible en langue anglaise, et fut obligé de s'enfuir sur le continent pour échapper à la persécution. Son Nouveau Testament fut imprimé à Cologne et à Worms en 1525. Dès ce moment, l'histoire de sa vie est enveloppée d'obscurité. Il s'occupa de la traduction et de l'impression de l'Ancien Testament, ainsi que de la publication de divers ouvrages exposant les doctrines de la Réformation. Pour échapper aux émissaires du roi et des prélats anglais, il poursuivit son travail en secret, et cacha si soigneusement les lieux de sa retraite, qu'ils sont demeurés inconnus jusqu'à aujourd'hui. En 1534, il s'aventura jusqu'à Anvers où il fut arrêté. Il fut pendu et brûlé au château de Vilvorde, à quelques kilomètres de Bruxelles, le 6 octobre 1536. On ne peut prouver qu'Henri VIII prit directement part à son exécution ; mais il ne fit aucun effort pour le sauver. La dernière prière du martyr fut : "Seigneur, ouvre les yeux du roi d'Angleterre !"

De son vivant même, ses enseignements furent adoptés et promulgués par maints chefs de la Réformation en Angleterre, qui scellèrent également leur témoignage de leur sang.

HUGH LATIMER, appelé parfois "le Jean Knox de l'Angleterre", naquit en 1470. Son père était un simple paysan "qui, dit Latimer, élevait ses enfants dans la piété et la crainte de Dieu." Latimer fit ses classes à Cambridge ; il était un fidèle disciple du pape ; mais suite aux travaux du martyr Bildney il adopta les doctrines de la Réformation. Sa hardie confession de la vérité lui gagna la faveur d'Henri VIII, qui le nomma évêque de Worcester ; mais lorsque fut adopté "l'acte de sang des six articles", qui imposait la croyance à la transsubstantiation, ainsi que d'autres erreurs catholiques, Latimer donna aussitôt sa démission. Il fut ensuite arrêté, et retenu pendant six ans dans les prisons de la Tour de Londres. Relâché à la demande d'Edouard VI, on lui offrit son évêché ; mais il déclina fermement cet honneur, et continua à réprimer fidèlement les vices de son époque. Lorsque Marie Stuart monta sur le trône, il fut de nouveau enfermé dans la Tour. Quoiqu'il eût alors quatre-vingts ans, on n'eut aucun égard à son âge. Il garda fermement sa foi, et fut brûlé à Oxford en 1555. Latimer n'était pas un savant ; il parlait avec simplicité ; mais il était courageux, droit et dévoué ; il réprouvait le péché, chez les grands et chez les petits.

NICOLAS RIDLEY, évêque et martyr anglais, éminent par sa science et sa piété ; il naquit en 1500. Il fit ses études à Cambridge ainsi que dans les meilleures universités de France et des Pays-Bas. Grâce à Cranmer, il fut nommé chapelain du roi Henri, et, sous le règne d'Edouard, il devint évêque de Londres. Après l'ascension de Marie au trône, il fut brûlé sur le bûcher avec Latimer, en 1555. La permission de parler lui étant refusée à moins que ce ne fût pour se rétracter, il dit : "Aussi longtemps que le souffle est en moi, je ne renierai jamais mon Seigneur Jésus-Christ et sa vérité que je connais. La volonté de Dieu s'accomplira en moi."

On dit que dans sa vie privée, l'évêque Ridley était "un modèle de piété, d'humilité, de tempérance et de régularité." Fox parle de lui comme "d'un homme doué des plus excellentes qualités, divinement instruit et maintenant inscrit sans doute dans le livre de vie."

JOHN KNOX, le réformateur de l'Ecosse, naquit en 1505. Il fut instruit à l'université de Glasgow, et fut ordonné prêtre catholique. Les écrits de Jérôme et d'Augustin, ainsi que l'influence du martyr Wishart, le libérèrent des chaînes de Rome, et il devint prédicateur de l'Evangile. Lorsque les Français s'emparèrent du château St-Andrews, Knox fut fait prisonnier, et conduit à Rouen, où il servit dix-neuf mois sur les galères. Lorsqu'il fut libéré, les affaires d'Ecosse l'empêchèrent d'y retourner, et il passa quelque temps en Angleterre comme chapelain d'Edouard VI. Lorsque Marie Stuart monta sur le trône, il se rendit à Francfort, puis à Genève, devenant dans chacune de ces villes, pasteur des exilés anglais. Il était très estimé de Calvin, dont il avait embrassé les doctrines. De retour en Ecosse, en 1559, les partisans de Rome réussirent à le faire déclarer hors la loi et rebelle ; mais, ne craignant rien, il continua ses travaux, prenant une part active à l'établissement de la Réformation dans ce pays jusqu'à sa mort (1572).

JOHN BUNYAN, l'auteur bien connu du "Voyage du Chrétien", naquit en Angleterre en 1628. Il était fils d'un chaudronnier d'Elstow, et pratiqua lui-même ce métier. Il acquit pourtant une certaine instruction, et quoique peu enclin aux choses religieuses, il était supérieur aux gens de sa classe par sa moralité. Il servit quelque temps dans l'armée parlementaire, où l'un de ses camarades qui le remplaçait fut tué. Bunyan sentit qu'une main divine s'était interposée pour lui sauver la vie, et il fut ainsi amené à porter son attention sur les choses religieuses. Après de longues et pénibles luttes, il trouva la paix en Christ. Il se joignit aux Baptistes, et devint un frère chargé d'exhorter, puis un de leurs prédicateurs les plus distingués.

En 1660, sous les mesures coercitives employées par la Restauration, Bunyan fut jeté dans la prison de Bedfort, où il demeura douze ans. Pour soutenir sa famille, il se mit à faire des lacets de bottines ; mais il refusa résolument, soit de renier sa foi, soit de s'échapper de sa prison par stratagème, comme il eût pu le faire aisément. On lui offrit la liberté s'il voulait renoncer à prêcher, et on lui dit que s'il persistait à braver la loi, il serait condamné au bannissement, puis à la mort, s'il retournait en Angleterre. Il répondit : "Si vous me laissez sortir aujourd'hui, je prêcherai demain." Mais ses persécuteurs furent déçus ; car le "Voyage du Chrétien", qu'il écrivit dans son cachot et qui a été traduit en diverses langues, a annoncé les vérités du salut dans toute la chrétienté. C'est, après les Ecritures, un des livres favoris que le missionnaire parmi les païens traduit pour ses convertis.

Après avoir obtenu sa liberté, Bunyan prêcha avec un grand zèle et un grand succès, méritant l'appellation "d'évêque Bunyan." La Bible était sa constante compagne, la source de sa sagesse, et l'inspiration de son génie. Se sacrifier pour l'amour de la vérité et le bien des autres, telle était la règle de sa vie. Il mourut à l'âge de soixante ans pour s'être exposé à une tempête en revenant de faire une démarche par laquelle il réussit à réconcilier un père avec son fils. Il y a peu d'exemples plus frappants de la puissance éducatrice et transformatrice des Saintes Ecritures sur l'intelligence comme sur le cœur, que celui que présente l'histoire de John Bunyan.

JOHN WESLEY, le fondateur du méthodisme, naquit à Epwoz, Angleterre, l'année 1703. Son père était ministre de l'église d'Angleterre. Sa mère, qui lui donna sa première éducation et sa première instruction, était une femme d'une grande intelligence et d'une sincère piété, ferme quoique sage dans la discipline, et habile institutrice. Il étudia à Oxford et s'acquit une haute réputation par son savoir. Ce fut là que se forma le fameux "Club Saint", où John et Charles Wesley, Whitefield et d'autres s'unirent pour s'exercer à la dévotion, pour visiter les prisonniers, les malades et les pauvres, etc.

En 1725, Wesley fut ordonné ministre. Lorsqu'une mission en Géorgie pour la conversion des Indiens fut projetée et qu'on invita un "ministre capable à échanger le luxe et les commodités de la vie contre les austérités physiques et les pensées sérieuses", Wesley répondit à l'appel. Il demeura deux ans dans la colonie, mais sans pouvoir accomplir l'objet de sa mission. Il retourna en Angleterre en 1738, et la même année il adopta tout à fait la doctrine de la justification par la foi, et commença à la prêcher. Il consacra spécialement ses travaux à la prédication de l'Evangile parmi les pauvres et les déshérités. Voyant que les églises lui étaient fermées, il recourut aux prédications en plein air. "Je pouvais à peine consentir, dit-il, à cette manière étrange de prêcher dans les champs. J'ai été toute ma vie (jusqu'à ces derniers temps) si tenace pour tout ce qui concernait la décence et l'ordre, que j'aurais pensé commettre un péché en sauvant des âmes autre part que dans une église." Jusqu'à sa mort, en 1791, il travailla en Angleterre, en Ecosse et en Irlande. Il voyagea énormément, et prêcha quarante mille sermons, sans compter la surveillance qu'il avait à exercer sur toutes ses églises et ses congrégations, une immense correspondance et la préparation de ses volumineux écrits.

GEORGE WHITEFIELD, un des plus célèbres évangélistes des temps modernes, était natif de Gloucester, en Angleterre. Il suivit le cours d'Oxford, et fut le premier membre du Club méthodiste qui professa la conversion. Consacré au saint ministère en 1736, il travailla spécialement en faveur des foules que n'atteignaient pas les moyens ordinaires d'édification employés par l'église. Il visita sept fois l'Amérique, prêchant dans toutes les grandes villes. Il travailla aussi dans une grande partie de l'Angleterre, de l'Ecosse et de l'Irlande, et visita la Hollande. Whitefield différait de Wesley sur la doctrine de la prédestination ; la séparation qui en résulta donna lieu aux deux fractions du méthodisme : les méthodistes calvinistes et les méthodistes wesleyens. Il mourut en 1770, à l'âge de cinquante-six ans, vers le temps où il se préparait à faire une septième tournée missionnaire dans les Etats-Unis.

La puissance de la prédication de Whitefield était reconnue de tous ; des multitudes accouraient pour l'entendre, et de grands réveils succédaient à ses travaux. Il n'était pas rare qu'il prêche deux ou trois fois par jour. Le jour avant sa mort, il parla à Exeter, Massachusetts, tenant un grand auditoire suspendu à ses lèvres pendant deux heures. Il se rendit à Newburyport, ayant l'intention de prêcher le jour suivant. Comme il se retirait dans sa chambre pour la nuit, voyant des gens réunis dans le corridor en dessous, il s'arrêta et leur parla du haut de l'escalier, jusqu'à ce que sa chandelle fût entièrement brûlée. Le matin suivant, il était mort.

JOHN ROBINSON, le pasteur pèlerin, naquit en Angleterre, en 1575. Il fut instruit à Cambridge, et devint ministre de l'église nationale ; mais persuadé que la suprématie ecclésiastique accordée au roi par cette église était contraire aux enseignements du Christ, il résolut de s'en séparer. Cette décision lui fut très pénible, et il dit à ce sujet : "Si la vérité n'avait pas été comme un feu brûlant dans mes os, je n'aurais jamais rompu ces liens ; mais j'aurais consenti à ce que les ténèbres d'autres hommes éteignent la lumière divine dans mon pauvre cœur." Robinson fut parmi les exilés qui trouvèrent un refuge en Hollande, et il devint pasteur de l'église des Pèlerins de Leyde, où il fut fort estimé, et pour sa piété et pour ses connaissances. Lorsque les Pèlerins résolurent d'aller chercher une patrie en Amérique, on reconnut la nécessité de se diviser, et comme la plupart restaient à Leyde, pour suivre leurs frères plus tard, ils réclamèrent le ministère de leur pasteur. Mais Robinson ne devait pas accompagner son troupeau dans le Nouveau Monde. Il mourut à Leyde, en 1625. Sa famille rejoignit plus tard les exilés, et ses descendants se trouvèrent parmi les colons de la Nouvelle-Angleterre.

On peut lire le caractère de Robinson dans son discours d'adieu aux Pèlerins. Il fut un de ces rares hommes qui, dans toutes les époques, sont l'espoir de la réforme : hommes qui, au lieu de fonder leur foi sur les credo ou les enseignements de l'église, n'édifient que sur le fondement éternel de la Parole de Dieu.

ROGER WILLIAMS, défenseur distingué de la liberté religieuse, était natif de la principauté de Galles, et naquit vers 1600. Il mourut à Rhode-Island, en 1633. Il fut consacré dans l'église anglicane ; mais bientôt sa conscience réprouva l'organisation de l'église nationale avec ses cérémonies et ses évêques. Il se rendit en Amérique en 1631 ; mais étant trop radical et ayant un trop franc parler, même pour les colonies puritaines, il fut expulsé. Une des règles établies par ces législateurs était : "Toute personne qui, dans cette juridiction, …nierait leur autorité [des magistrats] légale ou leur droit… de punir la violation extérieure de la première table [du Décalogue] …sera condamnée au bannissement." Comme Williams niait fermement la compétence des magistrats en matières religieuses, il fut condamné.

Il avait été accusé d'avancer des opinions subversives à la paix et à l'ordre de la communauté. Il se rendit donc à Rhode-Island où il fonda une communauté dans laquelle régnait une parfaite liberté religieuse, et où ces enseignements étaient librement répandus ; pourtant la vie, la propriété et le respect du gouvernement y étaient tout aussi bien assurés que dans le Massachusetts. Il fut ainsi démontré que les enseignements de Williams n'avaient rien de dangereux pour la paix et l'ordre de l'Etat, que les accusations faites contre lui étaient sans fondement, et que son bannissement du Massachusetts était injuste.

"Le caractère de Williams comme homme et comme chrétien était au-dessus de tout reproche. Ses adversaires les plus violents parlaient de lui personnellement en termes très respectueux. C'était un ami spécial des Indiens. Il apprit leur langue ; il respectait et défendait leurs droits ; et lorsque la colonie du Massachusetts et d'autres établissements de blancs furent menacés par les hostilités des Indiens, il put, grâce à ses relations et à ses liens d'amitié avec les principaux chefs indiens, conjurer les dangers qui menaçaient les colons." C'est ainsi que Williams se vengea de l'injustice dont il avait été victime.

WILLIAM MILLER, l'interprète prophétique bien connu, naquit à Pittsfield, Massachusetts en 1782. Il passa pourtant la plus grande partie de sa vie dans sa maison à Low Hampton, New York, où il mourut en 1849. Fils d'un officier de l'armée de la Révolution, Miller servit lui-même, dans la guerre de 1812, avec le grade de capitaine dans l'armée régulière. Il avait été imbu de sentiments déistes avant d'entrer dans l'armée ; mais la droiture de son caractère le dégoûta tellement de la corruption des camps, qu'à l'expiration de la guerre, il abandonna joyeusement la vie militaire.

Le fait que le déisme nie toute existence future l'empêcha d'adopter complètement cette doctrine, quoiqu'il n'acceptât pas les Ecritures comme inspirées. Pourtant, lorsqu'il vint à considérer la Bible comme son propre interprète, au lieu d'adopter l'enseignement théologique ordinaire comme explication de la Révélation, tous ses doutes s'évanouirent. Dès l'année 1818, alors qu'il arriva à la conclusion que la venue personnelle du Christ était proche, il continua encore treize ans d'étudier ce sujet avec prières, ne parlant de ses convictions qu'à ses intimes amis. C'est en 1831 qu'il commença à les prêcher publiquement, et dès ce moment jusqu'en l'année 1844, il fit quatre mille conférences dans cinq cents villes diverses. Environ deux cents ministres adoptèrent ses vues et cinq cents conférenciers s'occupèrent à les propager. Dans près de mille endroits différents des congrégations de croyants se formèrent, comprenant ensemble environ cinquante mille personnes. Par les travaux de Miller seul, au moins six mille âmes se convertirent à Christ, et ce nombre est probablement au-dessous de la réalité. Parmi ces convertis, au moins sept cents étaient des incrédules déclarés avant d'assister à ses conférences.

Quoique dans l'erreur à l'égard du temps exact du second avènement, sa croyance ne changea pas quant à la manière et à la proximité de la venue du Sauveur. Il écrivait, en 1845 : "J'ai pesé soigneusement les objections avancées contre ces vues ; mais je n'ai trouvé aucun argument qui fût appuyé par les Ecritures, qui, à mon sens, renverse ma manière de voir. Je ne puis donc pas consciencieusement m'empêcher d'attendre mon Seigneur, ni d'exhorter mes semblables selon que j'en ai l'occasion, à être prêts pour ce grand évènement."

Pourtant, il sentait que son œuvre approchait de sa fin. "Je laisserai à mes jeunes frères, disait-il, la tâche de lutter pour la vérité. Pendant bien des années j'ai lutté seul ; Dieu en a suscité maintenant qui prendront ma place !" Il continua pourtant de prêcher de temps à autre selon que le lui permettaient les infirmités de l'âge qui augmentaient ; et il mourut dans une foi complète aux doctrines qu'il avait prêchées.

JOSEPH WOLFF, le fameux missionnaire et voyageur hébreu, naquit en 1795, en Bavière. "Doué d'un talent linguistique presque sans exemple, d'une force de perception très vive, d'un tempérament gai, et d'une grande prudence, il fit, très jeune, connaissance des hommes les plus éminents des divers pays de l'Europe. En 1812, il fut baptisé à Prague par un moine bénédictin. A Rome, où il se rendit pour recevoir l'instruction d'un missionnaire, il se voua à l'étude des langues orientales, ayant l'intention de porter l'Evangile et aux Juifs et aux

Mahométans. Il possédait la faveur des hommes les plus éminents, y compris le pape Pie VII ; mais les idées libérales qu'il exprima en maintes occasions le rendirent suspect à l'Inquisition, et il dut quitter son collège et la Ville éternelle. En Angleterre, il trouva immédiatement des amis. Les fondateurs de la Société de Londres en faveur des Juifs, voyant son aptitude spéciale pour l'œuvre missionnaire, le firent entrer à l'université de Cambridge, où il continua ses études des langues orientales.

"Durant sa vie aventureuse comme voyageur, — en Europe, en Asie, en Amérique et dans une partie de l'Afrique — il fit la connaissance de rois et de princes, aussi bien que celle d'hommes savants de toutes les dénominations religieuses. Dans les plus grands dangers, il montra un courage indomptable et une grande présence d'esprit. Il prêchait partout, — une fois dans une langue, une autre fois dans une autre — et partout où il se rendait, il savait intéresser à sa mission les personnages du plus haut rang." Epuisé par ses travaux et par les privations qu'il avait dû s'imposer au cours de ses longs voyages, il passa les dernières années de sa vie comme recteur d'une paroisse de campagne où il mourut en 1862.

JEAN ALBERT BENGEL naquit dans le Wurtemberg en 1687, et mourut en 1751. Il est universellement considéré comme un critique sagace, et comme ayant possédé une science étendue et une solide piété. Il fut l'auteur de plusieurs ouvrages bibliques d'une grande valeur sur la critique et l'exégèse, qui sont encore actuellement considérés comme des trésors par les théologiens. La règle d'interprétation de Bengel fut "de ne rien mettre dans les Ecritures, mais d'en tirer toute chose, et de ne rien cacher de ce qui est réellement en elles."

LOUIS GAUSSEN, né à Genève en 1790 fut d'abord pasteur de l'église nationale de ce canton. Bien connu comme défenseur convaincu et représentant autorisé du christianisme évangélique, il s'associa à Merle d'Aubigné et d'autres pour chercher à substituer une foi scripturaire à la philosophie rationaliste qui s'était répandue à Genève. Il rencontra une opposition résolue, et fut finalement suspendu de ses fonctions par le consistoire. Dès 1834, il occupa la chaire dogmatique dans l'école de théologie libre de Genève, dont il avait été l'un des fondateurs. Il fut l'auteur d'ouvrages importants sur les Ecritures. Sa mort eut lieu en 1863.

PIE IX ET LE DÉCRET DE L'INFAILLIBILITÉ — Nous donnons comme suit d'après un traité de M. Gladstone, The Vatican Decrees, un court aperçu de la promulgation du décret de l'infaillibilité sous le pape Pie IX. Le Concile du Vatican fut ouvert solennellement, au milieu du bruit d'innombrables cloches et au son du canon de St-Ange, le 8 décembre 1869, dans la Basilique du Vatican. Dans la quatrième session publique, le 18 juillet 1870, le décret de l'infaillibilité papale fut proclamé. Ce décret affirme non seulement le pouvoir

du pontife romain sur toutes les autres églises, mais il lui attribue "une juridiction immédiate, à laquelle tous les catholiques, prêtres et laïques, sont tenus de
se soumettre, non seulement dans les choses concernant la foi et les mœurs, mais
même pour les affaires de discipline et de gouvernement." Il déclare que lorsque
le pape parle "officiellement au monde chrétien sur des sujets se rapportant à la foi
et aux mœurs, il est infaillible", et que ses décisions sont finales et irrévocables.

Cet acte, couronnement des prétentions blasphématoires de la papauté, fut
rapidement suivi de la chute de la souveraineté temporelle du pape. Le deux
septembre 1870, six semaines après la promulgation du décret de l'infaillibilité,
"l'empire français, qui avait été le principal appui du pouvoir temporel du pape,
tomba, avec la reddition de Napoléon III dans la vieille citadelle huguenote de
Sedan, entre les mains du roi protestant Guillaume de Prusse ; et le 20 septembre,
les troupes italiennes au nom du roi Victor Emmanuel, s'emparèrent de Rome,
la future capitale de l'Italie unifiée." Depuis le jour où Pie IX parut devant le
peuple de Rome lors de la déclaration de son infaillibilité, il ne se montra plus
en public. Privé de son pouvoir temporel, et refusant de se reconnaître sujet
de l'autorité nationale, l'orgueilleux pontife de Rome demeura jusqu'à sa mort,
survenue en 1878, prisonnier volontaire dans son palais du Vatican.